Das Gesetz

über das

Verfahren in Versorgungssachen

mit Ausführungsbestimmungen und ergänzenden Vorschriften

Erläutert von

Dr. Th. Schulte-Holthausen
Senatspräsident
beim Reichsversicherungsamt

4. Auflage

1 9 3 5
München, Berlin und Leipzig
J. Schweitzer Verlag (Arthur Sellier)

Printed in Germany

Dr. F. P. Datterer & Cie., Freising-München

Vorwort zur 4. Auflage.

Seit dem Erscheinen der 3. Auflage, für die noch der inzwischen verstorbene Präsident der Reichsversicherungsanstalt für Angestellte, Geheimer Regierungsrat Dr. Theodor von Olshausen verantwortlich mitzeichnete, hat das Verfahrensrecht der Reichsversorgung in vielen Punkten eine ganz wesentliche Umgestaltung erfahren. Die Verschärfung der Fristvorschriften durch die Notverordnung vom 26. Juli 1930 stellte sich formell als eine Änderung des materiellen Rechts dar, hatte aber die bedeutsame und überhaupt in erster Linie bezweckte Folge, daß in den einschlägigen Fällen die Anrufung der Spruchbehörden unzulässig wurde. Die späteren Notverordnungen bis Anfang des Jahres 1933 enthielten vielfache Änderungen des materiellen Versorgungsrechts. Die Notverordnung vom 5. Juni 1931 brachte eine Reihe von Änderungen zu Einzelvorschriften des Verfahrensgesetzes. Im Jahre 1932 veröffentlichte der Reichsarbeitsminister das zweibändige Handbuch der Reichsversorgung, das alle früheren Erlasse aufhob und ersetzte und auch die Ausführungsbestimmungen zum Verfahrensgesetz in vielfach geänderter Fassung enthielt. Nach dem Siege der nationalen Erhebung ermöglichte die Verordnung über die Ehrenämter vom 18. Mai 1933 die Neubestellung der ehrenamtlichen Beisitzer und der Gerichtsärzte bei den Spruchbehörden. Im Jahre 1934 ergingen das Gesetz über die Versorgung der Kämpfer für die nationale Erhebung vom 27. Februar 1934, das Gesetz über Änderungen auf dem Gebiete der Reichsversorgung vom 3. Juli 1934 und das Fünfte Gesetz zur Änderung des Gesetzes über das Verfahren in Versorgungssachen ebenfalls vom 3. Juli 1934, das zum Teil sofort, im übrigen aber am 1. Dezember 1934 in Kraft getreten ist. Im November 1934 wurden das Verfahrensgesetz in neuer Fassung amtlich veröffentlicht und die Ausführungsbestimmungen geändert. Die wichtigsten Änderungen des Verfahrensrechts sind die Vorschrift, daß nur ehemalige Soldaten zu Vorsitzenden und Beisitzern der Kammern und Senate der Spruchbehörden bestellt werden sollen, die Neuregelung der Vertretung der

Versorgungsberechtigten vor den Versorgungsbehörden, die Beseitigung des Rekurses außer in anhängigen Sachen, die Einführung eines besonderen Rechtszuges für die Frontzulage und die Aufhebung des Bayerischen Landesversorgungsgerichts. Infolge der Beseitigung des Rekurses umfaßt das Spruchverfahren, soweit es nach den verschärften Fristvorschriften überhaupt noch zulässig ist, nur noch eine einzige Instanz; es entscheiden in den bisher schon nicht rekursfähigen Sachen die Versorgungsgerichte, in allen anderen Sachen das Reichsversorgungsgericht.

Durch die zahlreichen und z. T. grundlegenden Änderungen des materiellen und des Verfahrensrechts ist die 3. Aufl. des vorliegenden Werkes überholt. Die hiermit vorgelegte 4. Auflage beruht auf einer völligen Überarbeitung des gesamten Inhalts. Gesetzgebung, Rechtsprechung, Verwaltungsanordnungen und Schrifttum wurden auf den neuesten Stand gebracht. Wie bisher enthalten die Erläuterungen außer den eigenen Ausführungen des Verfassers nur ganz kurze Hinweise, die das Auffinden der einschlägigen Vorschriften, Entscheidungen usw. ermöglichen, deren näherer Inhalt ohnehin nur in Ausnahmefällen gebraucht wird. Bei den einzelnen Vorschriften wurde jetzt erstmalig auf die entsprechenden Vorschriften der Reichsversicherungsordnung und die dazu ergangene Rechtsprechung des Reichsversicherungsamts und wie bisher auf die Entstehungsgeschichte und das Übergangsrecht hingewiesen. Im Anhang wurde das Gesetz über die Versorgung der Kämpfer für die nationale Erhebung mit Ausführungsbestimmungen und Durchführungsverordnung abgedruckt.

Während der Drucklegung konnte die für April 1935 in Aussicht stehende 4. Ausgabe der Deckblätter zum Handbuch der Reichsversorgung noch berücksichtigt werden.

Berlin-Wilmersdorf, im März 1935.

Inhaltsübersicht.

Dritter Teil

Anhang

Abkürzungen.

AB.	= Ausführungsbestimmungen.
a. M.	= anderer Meinung.
AN. RVA.	= Amtliche Nachrichten des Reichsversicherungsamts, seit 1. 1. 28 Amtl. Nachrichten für Reichsversicherung (Teil IV des Reichsarbeitsblatts).
AGr.	= Grundsätze für die Anstellung der Inhaber eines Versorgungsscheins (HdR. S. 1593 ff.).
ArbVers.	= Zeitschrift „Arbeiterversorgung“.
ARG.	= Altrentnergesetz.
BGB.	= Bürgerliches Gesetzbuch.
Begr.	= Begründung zum Entwurf des VersG. (Reichstagsdrucksache 2856/1921).
Bek.	= Bekanntmachung.
BesBest.	= Besondere Bestimmungen des RAM. (z. B. zum RVG.).
DB.	= Dienstbeschädigung.
Dbl.	= Deckblatt zum HdR.
DJZt.	= Deutsche Juristenzeitung.
E.	= Entscheidungen des Reichsversorgungsgerichts, Verlag Julius Springer (früher Behrend & Co.), Berlin (III, 120 = Band III Seite 120).
FSt.	= Fürsorgestelle der Kriegsbeschädigten u. Kriegshinterbliebenenfürsorge.
GOB.	= Geschäftsordnung f. d. Versorgungsdienststellen.
GVG.	= Gerichtsverfassungsgesetz.
HdR.	= Handbuch der Reichsversorgung (mit Deckblättern); näheres Anm. 4 zu § 1.
HFSt.	= Hauptfürsorgestelle der Kriegsbeschädigten- und Kriegshinterbliebenenfürsorge.
HptVersAmt (u. HVA.)	= Hauptversorgungsamt.
JW.	= Juristische Wochenschrift.
KapEntschGes.	= Kapitulantenentschädigungsgesetz.
Kb.-Fürsorge	= Die Kriegsbeschädigten-Fürsorge (Zeitschrift).
Kb.- u. Kh.-Fürsorge	= Die Kriegsbeschädigten- und Kriegshinterbliebenen-Fürsorge (Zeitschrift).
KPG. u. KPSG.	= Kriegspersonenschädengesetz.
LVGer.	= (ehem.) Bayer. Landesversorgungsgericht.
MdE.	= Minderung der Erwerbsfähigkeit.
MHG.	= Militärhinterbliebenengesetz.

MfA.	=	Monatsschrift für Arbeiter- und AngestVers.
MVG.	=	Mannschaftsversorgungsgesetz.
NKVG.	=	Ges. über die Versorgung der Kämpfer für die nationale Erhebung vom 27. 2. 34 (RGBl. I S. 133).
NotVO.	=	Notverordnung (des Reichspräsidenten auf Grund des Art. 48 RV.).
NSKOV.	=	National-Sozialistische Kriegsopferversorgung e. V.
OffEntschGes.	=	Offizierentschädigungsgesetz.
OPG.	=	Offizierpensionsgesetz.
OVA.	=	Oberversicherungsamt.
OVAO.	=	VO. über Geschäftsgang und Verfahren der OVA. vom 24. 12. 11. (RGBl. S. 1095).
PAV.	=	Personal-Abbau-Verordnung vom 27. 10. 23 (RGBl. I S. 999).
RABl.	=	Reichsarbeitsblatt.
RAM.	=	Reichsarbeitsminister.
Rechtspr.	=	Rechtsprechung.
RG.	=	Reichsgericht.
RGEZ.	=	Entscheidungen des RG. in Zivilsachen.
RGBl.	=	Reichsgesetzblatt.
RMBl.	=	Reichsministerialblatt.
RRH.	=	Rechnungshof des Deutschen Reichs.
RVA.	=	Reichsversicherungsamt.
RVAO.	=	VO. über Geschäftsgang und Verfahren des RVA. vom 24. 12. 11 (RGBl. S. 1083).
RVBl.	=	Reichsversorgungsblatt.
RVG.	=	Reichsversorgungsgesetz.
RVGer.	=	Reichsversorgungsgericht.
RVO.	=	Reichsversicherungsordnung.
SozPrax.	=	Soziale Praxis und Archiv für Volkswohlfahrt.
StGB.	=	Strafgesetzbuch.
VAO.	=	VO. über Geschäftsgang und Verfahren der Versicherungsämter v. 24. 12. 11. (RGBl. S. 1107).
VersG.	=	Gesetz über das Verfahren in Versorgungssachen.
VersAmt (u. VA.)	=	Versorgungsamt.
VersB.	=	Zeitschrift „Der Versorgungsbeamte" (seit 1. 1. 35 „Die Reichsversorgung"), Verlag Kohlhammer, Stuttgart.
VersBeh.	=	Versorgungsbehörde.
VersBerechtigte	=	Versorgungsberechtigte.
VersGeb.	=	Versorgungsgebührnisse.
VersGer. u. VGer	=	Versorgungsgericht(e).
VO.	=	Verordnung.
Zentralbl.	=	Zentralblatt für das Deutsche Reich.
ZPO.	=	Zivilprozeßordnung.

Einleitung.

Unmittelbar nach Beendigung des Krieges wurde neben der Änderung des materiellen Militärversorgungsrechts auch die Neugestaltung des Verfahrens in Versorgungssachen in Angriff genommen. Zunächst wurde durch die Verordnung der Reichsregierung über Änderung des Verfahrens in Militärversorgungssachen vom 1. Februar 1919 (RGBl. S. 149) die gerichtliche Nachprüfung der Verwaltungsbescheide in einem besonderen Spruchverfahren eingeführt. Sodann wurden die im Verwaltungsverfahren entscheidenden Stellen als Zivilbehörden dem Reichsarbeitsminister unterstellt. Mit der Neuregelung ihrer sachlichen und örtlichen Zuständigkeit ging die Änderung des Verfahrens einher. Besondere Maßnahmen wurden insbesondere durch das Inkrafttreten des Reichsversorgungsgesetzes vom 12. Mai 1920 (RGBl. S. 989) erforderlich. Eine Zusammenfassung der bisher ergangenen Vorschriften, deren Handhabung in der Praxis infolge ihrer großen Zahl zu Schwierigkeiten geführt hatte, brachte das inzwischen mehrfach geänderte Gesetz über das Verfahren in Versorgungssachen vom 10. Januar 1922 (RGBl. S. 59).

Das Verfahrensgesetz behandelt in drei Hauptteilen die Versorgungsbehörden, das Versorgungsverfahren und die Schutz-, Straf- und Schlußvorschriften. Unter den Versorgungsbehörden sind die Versorgungsämter und Hauptversorgungsämter als Verwaltungsbehörden und die Versorgungsgerichte und das Reichsversorgungsgericht als Spruchbehörden zu verstehen. Während die Verwaltungsbehörden der Reichsversorgung ausschließlich Reichsbehörden sind, sind die Versorgungsgerichte infolge ihrer Angliederung an die Oberversicherungsämter Landesbehörden.

Das Versorgungsverfahren zerfällt in das Verwaltungsverfahren und das Spruchverfahren. Die für beide gemeinsam geltenden Vorschriften sind der Übersichtlichkeit halber in einem besonderen Abschnitt zusammengefaßt. Wichtig ist insbesondere die Vorschrift, daß in Versorgungssachen der ordentliche Rechtsweg, der bisher im sogenannten „Regelungsverfahren" zulässig war, ausgeschlossen ist.

Im Verwaltungsverfahren liegt der Schwerpunkt bei den für die Versorgungsberechtigten am leichtesten erreichbaren Ortsbehörden, da alle Angelegenheiten, die nicht den Hauptversorgungsämtern besonders vorbehalten sind, zur Zuständigkeit der Versorgungsämter gehören. Der Sachverhalt ist von Amts wegen aufzuklären, die Beteiligten sind jedoch verpflichtet, zur Aufklärung mitzuwirken. Gegen die Bescheide der Verwaltungsbehörden kann der

Antragsteller, soweit das Spruchverfahren zulässig ist, durch Berufung die Spruchbehörden anrufen. Sonderregelungen enthalten § 96a VersG. (Frontzulage) und das Gesetz über die Versorgung der Kämpfer für die nationale Erhebung.

Die Vorschriften über das Spruchverfahren gelten mit den besonders hervorgehobenen Abweichungen einheitlich für die Versorgungsgerichte und das Reichsversorgungsgericht. Die Berufung ist zulässig gegen alle Bescheide der Verwaltungsbehörden mit Ausnahme der Bescheide über Gebührnisse, deren Gewährung durch die Versorgungsgesetze in das pflichtgemäße Ermessen der Verwaltungsbehörden gestellt ist („Kannbezüge"). Über die Berufung entscheiden in Sachen von geringerer Bedeutung die Versorgungsgerichte, sonst entscheidet das Reichsversorgungsgericht. Ein weiteres Rechtsmittel (bisher Rekurs) gibt es, abgesehen von anhängigen Sachen, seit dem 1. 12. 1934 nicht mehr. Die Entscheidungen der Kammern und Senate ergehen durch Urteil, und zwar auf Grund mündlicher und öffentlicher Verhandlung, doch ist für glattliegende Fälle Entscheidung ohne mündliche Verhandlung durch Verfügung des Vorsitzenden zugelassen.

Die Schutz- und Strafvorschriften sichern die Erfüllung der den Beisitzern der Spruchbehörden obliegenden Pflichten, die unbehinderte Ausübung des Amtes als Beisitzer der Spruchbehörden und die Beobachtung der zum Schutze der Versorgungsberechtigten vorgesehenen Pflicht zur Verschwiegenheit. Die Schlußvorschriften regeln einige Besonderheiten und den Erlaß von Ausführungsbestimmungen.

Die mehrfachen Änderungen des Verfahrensgesetzes sind in der vorliegenden Bearbeitung bei den einzelnen Vorschriften unter *) angeführt. Die vielfach geänderten Ausführungsbestimmungen (ursprünglich vom 30. Januar 1922) und sonstige ergänzenden Vorschriften sind im Anschluß an die einzelnen Vorschriften des Gesetzes in lateinischer Schrift abgedruckt.

Bekanntmachung der neuen Fassung des Gesetzes über das Verfahren in Versorgungssachen.

Vom 2. November 1934 (RGBl. I S. 1113).

Auf Grund des Artikels 5 des Fünften Gesetzes zur Änderung des Gesetzes über das Verfahren in Versorgungssachen vom 3. Juli 1934 (RGBl. I S. 544) wird der Wortlaut des Gesetzes über das Verfahren in Versorgungssachen in der vom 1. Dezember 1934 an geltenden Fassung bekanntgemacht.

Berlin, den 2. November 1934.

Der Reichsarbeitsminister
Franz Seldte.

Gesetz über das Verfahren in Versorgungssachen

Erster Teil
Versorgungsbehörden

Erster Abschnitt
Allgemeine Vorschriften

§ 1

Das Reichsversorgungsgesetz vom 12. Mai 1920 (Reichsgesetzbl. S. 989) und das Altrentnergesetz vom 18. Juli 1921 (Reichsgesetzbl. S. 953) sowie die vor ihrem Inkrafttreten ergangenen Militärversorgungsgesetze (Versorgungsgesetze)[1] werden, soweit nicht in diesem Gesetz ein anderes vorgeschrieben ist[2], im Verwaltungsverfahren von den Versorgungsämtern und den Hauptversorgungsämtern (Verwaltungsbehörden der Reichsversorgung), im Spruchverfahren von den Versorgungsgerichten und dem Reichsversorgungsgerichte (Spruchbehörden der Reichsversorgung) durchgeführt[3]. Die oberste Leitung des Versorgungswesens hat der Reichsarbeitsminister[4].

AB. zu § 1

Außer den „Versorgungsbehörden" (Verwaltungs- und Spruchbehörden)*) bestehen Orthopädische Versorgungsstellen, Versorgungsärztliche Untersuchungsstellen, Versorgungskuranstalten und Versorgungskrankenhäuser. Diese Einrichtungen und die Verwaltungsbehörden der Reichsversorgung, jedoch nicht die Spruchbehörden, fallen unter die gemeinsame Bezeichnung „Versorgungsdienststellen"[5].

*) Das RVG. versteht unter „Versorgungsbehörden" nur die „Verwaltungsbehörden" im Sinne des Gesetzes vom 10. 1. 22.

1. Das hauptsächlichste Tätigkeitsgebiet der Behörden der Reichsversorgung, der Versorgungsbehörden (vgl. § 2 und AB. zu § 1), ist die Durchführung der Versorgungsgesetze. Versorgungsgesetze im Sinne des § 1 sind nur die dort als solche ausdrücklich bezeichneten Gesetze, nämlich das Reichsversorgungsgesetz, das Altrentnergesetz und die vor deren Inkrafttreten ergangenen Militärversorgungsgesetze. Weitere Versorgungsgesetze im Sinne des allgemeinen Sprachgebrauchs s. unten Anm. 3.

a) Das Reichsversorgungsgesetz (Gesetz über die Versorgung der Militärpersonen und ihrer Hinterbliebenen bei Dienstbeschädigung) vom 12. 5. 20 (RGBl. S. 989)†) regelt die Versorgung

†) Kommentare zum RVG.: Arendts, Das Reichsversorgungsgesetz, 2. Aufl. 1929, Verlag Franz Vahlen, Berlin; der Anhang „Ärztliche und richterliche Stellungnahme zu einzelnen Leiden" ist 1933 als Band 2 der 3. Aufl. erschienen; Kommentar zum RVG. von Reichsversorgungsbeamten, 1. und 2. (unveränderte) Aufl. 1929, Verlag Hans Markert, Berlin. Die Kommentare von Gerth, Kerschensteiner und Seelmann sind seit Jahren nicht neuerschienen. — Textausgaben: Burmeister, Das RVG. in der Fassung vom 22. 12. 27, 5. Aufl. (mit Änderungen bis 1. 8. 34, Ges. über Änderungen auf dem Gebiete der Reichsversorgung vom 3. 7. 34, Begr. und AB. dazu, Zusatzrentenordnung usw.), Leipzig 1934 (Verlag Wordel); Kollmann-Stiefel, Reichsversorgung und Fürsorge (RVG., ARG., KPG., RKVG. und VerfG. nebst DurchfBest. usw., Fürsorge- und Jugendwohlfahrtsrecht), als Loseblattbuch ergänzt bis März 1934, Stuttgart 1934 (Verlag Kohlhammer); mit ausführlichen Anmerkungen Arendts, RVG., ARG., KPG. mit AB. usw., Berlin 1928 (Stilkes Rechtsbibliothek Nr. 78). — Das Handbuch von Behrend, Versorgungsrecht und Versorgungsverfahren (Text der wichtigsten Ge-

der alten Wehrmacht, soweit sie sich auf eine Dienstleistung nach dem 31. 7. 1914 und vor dem 1. 4. 1920 gründet (§ 101 Abs. 2—4 RVG.). Es ist nach § 101 Abs. 1 zum 1. April 1920 in Kraft getreten und mehrfach geändert. Neue Fassungen vom 31. 7. 25 (RGBl. I S. 165) und 22. 12. 27 (RGBl. I S. 515). Die seitdem bis 31. 7. 1934 eingetretenen Änderungen sind in dem Abdruck des RVG. im HdR. S. 1 ff. nebst Deckblättern (vgl. unten Anm. 4) berücksichtigt, desgl. die Ergänzungen durch den 4. Abschnitt, 3. Titel, Art. 1 und 2 der NotVO. vom 26. 7. 30 (RGBl. I S. 311/327) und den 1. Teil Kap. III Art. 2 der NotVO. vom 14. 6. 32 (RGBl. I S. 273/277). Von besonderer Bedeutung war die Außerkraftsetzung des § 53 RVG. (nachträgliche Anspruchsanmeldung) und die Einschränkung des § 57 RVG. (Neufeststellung der Gebührnisse wegen Änderung der Verhältnisse) durch die erwähnte NotVO. vom 26. 7. 30; Näheres s. Anm. 3 h Abs. 1 zu § 65, Anm. 1 a zu § 78 und Anm. 3 b und 4 zu § 91. Noch bedeutungsvoller ist das Gesetz über Änderungen auf dem Gebiete der Reichsversorgung vom 3. 7. 34 (RGBl. I S. 541 und HdR. S. 368 c), weil es die Umgestaltung der Reichsversorgung im national-sozialistischen Sinne einleitet. Begründung dazu und AusfBest. vom 5. 7. 34 mit Zusatzrentenordnung und Bestimmungen über die Abrechnung der Ausgaben an Zusatzrenten für Beschädigte s. RVBl. 34 S. 35 ff. und HdR. S. 368 g ff. (ohne die Begründung). Dieses Gesetz vom 3. 7. 34 nimmt insofern eine Sonderstellung ein, als es sich formell nicht als eine Änderung des RVG. darstellt, sondern neben dem RVG. anzuwenden ist. Trotzdem ist es nach den Vorschriften des VerfG. durchzuführen, soweit es materiell Änderungen und Ergänzungen des RVG. enthält (Art. 1 bis 3 und 7; bezüglich Art. 4 vgl. unten Anm. 2); für die durch Art. 1 eingeführte Frontzulage für Frontkämpfer ist im § 96 a VerfG. ein besonderes Verfahren an Stelle des Spruchverfahrens vorgeschrieben.

Zum RVG. sind ergangen: die mehrfach geänderten AB. vom 16. 11. 20 (RGBl. S. 1907), die nach § 114 RVG. bindende VO. der Reichsregierung zur Durchführung des § 25 Abs. 3 (Versehrtheitsrente) und des § 28 RVG. (Ausgleichszulage) vom 1. 9. 20/21. 12. 27 (RGBl. 20 S. 1633/27 I S. 491); die AB. zu §§ 72—85 (Kapitalabfindung) vom 13. 12. 20 (RGBl. S. 2146); die nach § 114 RVG. bindende VO. zur Durchführung des § 7 — ursprünglich vom 3. 7. 22 (RVBl. Nr. 578) mit Ergänzungsbestimmungen RVBl. 24 S. 108 — vom 8. 5. 29 (RGBl. I S. 93 = HdR. S. 29) mit Ergänzungsbestimmungen vom 22. 6. 29 (RVBl. S. 41, jetzt HdR. S. 238) — letztere nicht bindend im Sinne des § 114 Satz 1 (E. IV,

---

setze mit Hinweisen auf Schrifttum, Rechtsprechung usw.; Carl Heymanns Verlag, Berlin) ist seit 1926 nicht mehr erschienen. — Wörterbuch: Behrend, Versorgungs- und Fürsorgerecht, Halberstadt 1928 (Verlag H. Meyer).

120); die durch die vorerwähnte Zusatzrentenordnung ersetzten AB. zu §§ 88—95 (Zusatzrente). Die z. Zt. geltende Fassung all dieser Ausführungsvorschriften ergibt sich aus dem HdR.

b) Das Altrentnergesetz†) (Gesetz über die Versorgung der vor dem 1. 8. 14 aus der Wehrmacht ausgeschiedenen Militärpersonen und ihrer Hinterbliebenen) vom 18. 7. 21, das nach § 10 des Ges. mit Wirkung vom 1. 1. 21 in Kraft getreten ist. Neue Fassungen vom 30. 6. 23 und 22. 12. 27 (RGBl. I S. 531). Zu ihm sind am 7. 11. 21 AB. ergangen. Die z. Zt. geltende Fassung des Gesetzes und der AB. ist im HdR. S. 371 ff. abgedruckt.

c) Die vor dem 1. 1. 21 ergangenen Militärversorgungsgesetze. Als solche früheren Militärversorgungsgesetze kommen in erster Linie in Betracht das Mannschaftsversorgungsgesetz und das Offizierpensionsgesetz††) vom 31. 5. 06 sowie das Militärhinterbliebenengesetz vom 17. 5. 07. Dazu treten die älteren Militärversorgungsgesetze, die zum Teil auch heute noch für die Beurteilung von Ansprüchen Bedeutung haben, so das Militärpensionsgesetz vom 27. 6. 71 (RGBl. S. 275) nebst den ergänzenden Reichsgesetzen vom 4. 4. 74 (RGBl. S. 25), 22. 5. 93 (RGBl. S. 171), 14. 1. 94 (RGBl. S. 107), 22. 5. 95 (RGBl. S. 237) und das Gesetz betr. Versorgung der Kriegsinvaliden und der Kriegshinterbliebenen vom 31. 5. 01 (RGBl. S. 193). Auch das Fürsorgegesetz für militärische Luftfahrer vom 29. 6. 12 (RGBl. S. 415), das Gesetz über die Kriegsversorgung von Zivilbeamten vom 4. 8. 14 (RGBl. S. 335) hinsichtlich der Hinterbliebenen dieser Zivilbeamten, das Gesetz über Kapitalabfindung an Stelle der Kriegsversorgung vom 3. 7. 16 (RGBl. S. 680 nebst dem Ergänzungsgesetz vom 26. 7. 18, RGBl. S. 993), das Kapitalabfindungsgesetz für Offiziere vom 26. 7. 18 (RGBl. S. 994) und das Gesetz über Fürsorge für die Kriegsgefangenen vom 18. 8. 17 (RGBl. S. 725) sind als solche Versorgungsgesetze anzusehen. Hingegen rechnet nicht hierher das Unfallfürsorgegesetz für Beamte und Personen des Soldatenstandes vom 18. 6. 01 (RGBl. S. 211; Näheres s. HdR. S. 2066), weil es nicht ein Versorgungsgesetz, sondern eine Art Versicherungsgesetz ist; ähnlich E. V, 5 und RVBl. 25 Nr. 83³. Das RVGer. (Großer Senat 25. 2. 28, E. VII, 200) hat diese Frage offengelassen und entschieden, daß die Anwendbarkeit des VersG. aus § 9 des Unfallfürsorgegesetzes zu folgern sei. An Stelle des Unfallfürsorgegesetzes kommt jetzt für Unteroffiziere und Gemeine, denen Pension nach § 1 des Unfallfürsorgegesetzes zuerkannt war, das Altrentnergesetz in Frage (Großer Senat E. VII, 200). Auch das KapEntschG. und das Off.-EntschG., beide vom 13. 9. 19 (RGBl. S. 1654 und S. 1659) sind

---

†) Vgl. Fußnote zu Anm. 1 a.

††) Arendts, Die Versorgung der ehem. aktiven Offiziere der alten Wehrmacht (einschl. ihrer Hinterbliebenen), Berlin 1927 (Verlag Stilke).

Versorgungsgesetze; vgl. § 160 a. F. Erwähnt seien ferner das Gesetz über die Bildung einer vorläufigen Reichswehr vom 6. 3. 19 (RGBl. S. 295), das Gesetz über die Bildung einer vorläufigen Reichsmarine vom 16. 4. 19 (RGBl. S. 431) und das Gesetz zur Ergänzung des MVG., des OPG. und des MHG. vom 4. 10. 19 (RGBl. S. 1787).

2. Vgl. § 37 Abs. 2—5 (Heilbehandlung und soziale Fürsorge), § 151 (Reichsversicherungsamt). Die Zusatzrente (früher §§ 88—95 RVG.) ist jetzt durch Art. 4 und 9 des Gesetzes über Änderungen auf dem Gebiete der Reichsversorgung vom 3. 7. 34 (RGBl. I S. 541 und RVBl. Nr. 42) geregelt. Ihre Feststellung und Zahlung obliegt für die Hinterbliebenen den Versorgungsämtern, im übrigen den Fürsorgestellen; gegen die Entscheidung ist Beschwerde an das Hpt.-VersAmt oder die Hauptfürsorgestelle, aber nicht das Spruchverfahren nach dem VerfG. gegeben (Art. 4 § 5 a. a. O.).

3. Neben den im § 1 genannten Versorgungsgesetzen (vgl. Anm. 1) sind auf dem Gebiete des Militärversorgungswesens noch weitere Gesetze in Geltung. Für die Durchführung dieser nicht unter § 1 fallenden Gesetze kommt das Verfahrensgesetz nicht ohne weiteres, sondern nur insoweit zur Anwendung, als diese Gesetze selbst es für anwendbar erklären oder auf Vorschriften verweisen, an deren Stelle es getreten ist (vgl. § 158 Abs. 2 a. F.). So erklärt das Wehrmachtversorgungsgesetz vom 4. 8. 21 (RGBl. S. 993) das VerfG. für anwendbar.

a) Das Wehrmachtversorgungsgesetz (Gesetz über die Versorgung der Angehörigen des Reichsheeres und der Reichsmarine sowie ihrer Hinterbliebenen) vom 4. 8. 21 (RGBl. S. 993) regelt die Versorgung der neuen Wehrmacht. Es erklärt im § 90 für die besondere Versorgung nach dem WVG. die Vorschriften des VerfG. über das Spruchverfahren und im § 103 für die nach ihm zu gewährende Versorgung nach dem RVG. die Vorschriften des VerfG. über das Verwaltungs- und Spruchverfahren für anwendbar. Die geltende Fassung des Gesetzes und der AB. ist im HdR. S. 433 ff. abgedruckt. Neueste Änderung vom 21. 1. 35 (RGBl. I S. 21). Einen Auszug des Gesetzes s. unten Anhang 1. — Vgl. auch das Ultimatumversorgungsgesetz vom 27. 7. 22 (HVBl. S. 349) mit AB. vom 12. 8. 22 (HVBl. S. 350).

b) Das Pensionsergänzungsgesetz (Gesetz betr. Ergänzung und Regelung von Bezügen der Ruhegehalts- und Wartegeldempfänger sowie der Hinterbliebenen) vom 21. 12. 20 (RGBl. S. 2109) gilt auch für die in § 1 Abs. 2 ARG. genannten Personen: die mit Ruhegehalt verabschiedeten Berufsoffiziere, -Deckoffiziere und -beamten der Wehrmacht und ihre Hinterbliebenen. Die VersBehörden sind zuständig, soweit sie für die Grundversorgung zuständig sind; über die Zuständigkeit der Spruchbehörden vgl. § 8 des Gesetzes.

c) Nicht durch die Versorgungsbehörden durchzuführen ist das Schwerbeschädigtengesetz (Gesetz über die Beschäftigung

Schwerbeschädigter) vom 6. 4. 20 (RGBl. S. 458) in der Fassung der Bek. vom 12. 1. 23 (RGBl. I S. 57 und RVBl. Nr. 45). Es regelt die Unterbringung der Volksgenossen, die durch Dienstbeschädigung oder Betriebsunfall um wenigstens 50 v. H. in ihrer Erwerbsfähigkeit beschränkt sind und entsprechende Versorgung beziehen. Die geltende Fassung nebst ergänzenden Vorschriften ist im HdR. S. 942 ff. abgedruckt.

d) Die VO. über Abfindung von Versorgungsanwärtern vom 30. 10. 23 (RGBl. I S. 1050 und RVBl. Nr. 989) betraf die Gewährung einmaliger Entschädigung an Versorgungsanwärter gegen Rückgabe des Versorgungsscheins und hat keine praktische Bedeutung mehr (vgl. HdR. S. 419).

e) Auf Behörden und Verfahren des VerfG. verweist auch das Kriegspersonenschädengesetz (Gesetz über Ersatz der durch den Krieg verursachten Personenschäden) vom 15. 7. 22 (RGBl. I S. 620) in der Fassung der Bekanntmachung vom 22.12.27 (RGBl. I S. 533) und des Ges. vom 27. 2. 34 (RGBl. I S. 135). Es gewährt den durch den Krieg 1914—18 (§§ 1 ff.) oder durch innere Unruhen (§ 18) an Leib oder Leben zu Schaden gekommenen und nicht ohnehin unter das RVG. fallenden Personen Versorgung nach dem RVG. mit Besonderheiten. Haftung der Länder und Gemeinden für die Tumultschäden nach § 18 beruht auf der Verordnung zur Überleitung der Tumultschädenregelung auf die Länder†) vom 29. 3. 24 (RGBl. I S. 381). Verordnung der Reichsregierung zur Durchführung des KPG. vom 28. 5. 32 (RVBl. Nr. 53). Die geltende Fassung des Gesetzes und der AB. ist im HdR. S. 423 ff. abgedruckt, ein Auszug aus dem Gesetz unten im Anhang 2. Die Außerkraftsetzung des § 53 (nachträgliche Anspruchsanmeldung) und die Einschränkung des § 57 RVG. (Neufeststellung der Gebührnisse wegen Veränderung der Verhältnisse) durch den 4. Abschnitt, 3. Titel, Art. 1 und 2 der NotVO. vom 26. 7. 30 (RGBl. I S. 311/327) ist durch den 1. Teil, Kap. III, Art. 2 Abs. 2 der NotVO. vom 14. 6. 32 (RGBl. I S. 273/278) auf das KPG. ausgedehnt worden; Näheres hierzu s. Anm. 3 h Abs. 1 zu § 65, Anm. 1 a zu § 78 und Anm. 3 b und 4 zu § 91. Durch das gleichzeitig mit dem Gesetz über die Versorgung der Kämpfer für die nationale Erhebung (unten zu h) erlassene Gesetz zur Änderung des KPG. vom 27. 2. 34 (RGBl. I S. 135) sind Angehörige und Förderer staatsfeindlicher Parteien usw. von der Versorgung ausgeschlossen worden; s. Anhang 2. Begründung dazu RVBl. 34 S. 20, AB. vom 27. 2. 34 (RVBl. Nr. 16). Über „staatsfeindliche Parteien" vgl. die neue Ziff. II der AB. zu § 18 KPG. (HdR. S. 432). Für Ansprüche nach § 18 KPG., die auf

---

†) Zur Überleitung der Tumultschädensachen (§ 18 KPG.) auf die Länder vgl. Liebrecht im Preuß. Verwaltungsbl. 24 S. 283. Vgl. ferner Waschow, Kriegspersonenschädengesetz, in der JW. vom 1. 6. 25. — Vgl. auch Fußnote zu Anm. 1 a.

Handlungen beruhen, die mit der nationalsozialistischen Erhebung und Staatserneuerung zusammenhängen, kommt Aussetzung des Verfahrens und Ausschluß des Rechtsweges nach dem Ges. über den Ausgleich bürgerlich-rechtlicher Ansprüche vom 13. 12. 34 (RGBl. I S. 1235) in Frage; s. § 2 der VO. vom 22. 2. 35 (RGBl. I S. 219). Vgl. auch Anm. 1 b zu § 50, Anm. 7 und 8 zu § 71 VerfG.

Im Gegensatz zum KPG. fallen folgende z. T. geänderten Gesetze nicht unter das VerfG.:

A. das Ges. über Feststellung von Kriegsschäden im Reichsgebiet vom 3. 7. 16 (RGBl. S. 675);

B. das Reichstumultschädenges. vom 12. 5. 20 (RGBl. S. 941), aus dem später die Personenschäden, d. h. Schäden an Leib und Leben, herausgenommen und in § 18 des KPG. geregelt sind;

C. das Verdrängungsschädenges. vom 28. 7. 21 (RGBl. S. 1021);

D. das Kolonialschädenges. vom 28. 7. 21 (RGBl. S. 1031);

E. das Auslandsschädenges. vom 28. 7. 21 (RGBl. S. 1045);

F. das Besatzungspersonenschädenges. vom 17. 7. 22 (RGBl. I S. 624); vgl. hierzu E. IV, 214.

f) Nach dem Reichsgesetz über die Schutzpolizei der Länder vom 17. 7. 22 (RGBl. I S. 597) konnte bis zu dessen Aufhebung (s. unten) durch Landesgesetz den Schutzpolizeibeamten und ihren Hinterbliebenen Versorgung im Rahmen des RVG. und des WVG. zugebilligt werden. Die Versorgung nach dem RVG. wird von den Verwaltungs- und Spruchbehörden der Reichsversorgung, die besondere Schutzpolizeiversorgung (nach Art. des WVG.) von den Verwaltungsbehörden der Länder und den Spruchbehörden der Reichsversorgung unter Ausschluß des ordentlichen Rechtsweges bearbeitet. Der Ausschluß des ordentlichen Rechtsweges steht nach der Rechtsprechung des RVGer. mit Art. 129 der Reichsverfassung nicht in Widerspruch; Näheres, auch über die z. T. abweichende Auffassung des Reichsgerichts, vgl. Anm. 2 zu § 73.

Das Reichsgesetz über die Schutzpolizei der Länder mit den AB. des RAM., die auch die Zuständigkeit, die Abrechnung mit den Ländern usw. regeln, s. HdR. S. 541 ff. Die früheren Schutzpolizeigesetze der einzelnen Länder waren in folgenden Übertragungserlassen im RVBl. zitiert: für Preußen 23 Nr. 569; Bayern 23 Nr. 570; Sachsen 26 Nr. 17; Württemberg 23 Nr. 834; Baden 23 Nr. 835; Thüringen 24 Nr. 291; Hessen 24 Nr. 73; Hamburg 23 Nr. 683; Mecklenburg-Schwerin 24 Nr. 74; Oldenburg 24 Nr. 182; Braunschweig 23 Nr. 940; Anhalt 24 Nr. 290; Bremen 24 Nr. 336; Lübeck 23 Nr. 684; Mecklenburg-Strelitz 24 Nr. 217.

Das Reichsgesetz über die Schutzpolizei der Länder ist durch Ges. vom 10. 7. 26 (RGBl. I S. 402 und RVBl. Nr. 91) zum 14. 7. 26 unter Vorbehalt der Rechte der bereits angestellten Schutzpolizeibeamten aufgehoben. Die erst am 14. 7. 26 oder später angestellten

Beamten der Schutzpolizei der Länder können nicht mehr nach dem Reichsges. vom 17. 7. 22 und den entsprechenden Landesgesetzen versorgt werden (HdR. S. 552).

g) Die Polizeibeamten beim Reichswasserschutz waren Reichsbeamte. Das Gesetz über die Versorgung der Polizeibeamten beim Reichswasserschutz vom 26. 2. 26 (RGBl. I S. 149 und RVBl. Nr. 44) gewährt entsprechend den Vorschriften des Reichsgesetzes über die Schutzpolizei der Länder eine dem WVG. ähnliche Versorgung, die also teils der Versorgung nach dem RVG., teils der besonderen Versorgung nach dem WVG. entspricht. Demgemäß war die Anwendbarkeit des VerfG. und die Zuständigkeit der Verwaltungs- und Spruchbehörden der Reichsversorgung ebenso geregelt wie beim WVG. und bei der Versorgung der Schutzpolizei (vgl. oben zu a und f). Durch Verordnung vom 26. 3. 31 (RGBl. I S. 78) ist der Reichswasserschutz als Reichsorganisation am 31. 3. 31 aufgelöst worden. Nach der Verordnung vom 31. 3. 31 (RMBl. S. 296 = RVBl. Nr. 39) ist die Durchführung des Gesetzes über die Versorgung der Polizeibeamten beim Reichswasserschutz mit dessen Auflösung auf den RAM. und die Verwaltungsbehörden der Reichsversorgung auch insoweit übergegangen, als es sich um die besondere Versorgung nach dem WVG. handelt. Das Gesetz und die zugehörigen Verordnungen, AB. usw. sind im HdR. S. 529 ff. abgedruckt.

h) Das Gesetz über die Versorgung der Kämpfer für die nationale Erhebung vom 27. 2. 34 (RGBl. I S. 133 = RVBl. Nr. 12) mit Begründung RVBl. 34 Nr. 12 S. 17, Durchführungsverordnung vom 27. 2. 34 (RGBl. I S. 135 = RVBl. Nr. 13) und AB. vom 27. 2. 34 (RVBl. Nr. 14/Nr. 48) — mit Ausnahme der Begründung sämtlich abgedruckt im HdR. S. 432 c ff. — sieht für Angehörige der Nationalsozialistischen Deutschen Arbeiterpartei und anderer nationaler Verbände, die im Zusammenhang mit dem politischen Kampf für die nationale Erhebung Gesundheitsschäden durch politische Gegner erlitten haben, und ihre Hinterbliebenen Versorgung nach dem RVG. vor. Bis zum Inkrafttreten dieses Gesetzes kam für verletzte oder getötete nationale Kämpfer nur Versorgung nach § 18 KPG. (Tumultschäden; oben zu e) in Frage, die vielfach mit der Begründung abgelehnt wurde, daß der Tatbestand der „inneren Unruhen" (über diesen Begriff vgl. E. IV, 227; X, 169) nicht erfüllt gewesen sei oder ein eigenes Verschulden des Verletzten mitgewirkt habe. Der Antrag auf Versorgung nach dem Gesetz vom 27. 2. 34 bedarf der Zustimmung der Hilfskasse, Hauptabteilung der Reichsleitung der Nationalsozialistischen Deutschen Arbeiterpartei, die den Antrag auch selbst stellen kann. Über den Antrag entscheiden die Verwaltungsbehörden der Reichsversorgung (§ 8), gegen deren Entscheidung kann nicht Berufung an eine Spruchbehörde der Reichsversorgung eingelegt, sondern der „Ausschuß für Versorgungsansprüche der Kämpfer für die nationale Erhebung beim HptVersAmt Bayern" angerufen werden, dessen Verfahren sich nach den Vorschriften des VerfG. über das Verwaltungsverfahren richtet (§ 8 Abs. 3). Die hier einschlägigen Vorschriften sind im Anhang 3 abgedruckt.

4. Die oberste Leitung des Versorgungswesens durch den RAM., dem sie bereits durch die VO. des Reichskanzlers vom 5. 10. 19 (RGBl. S. 1784) übertragen worden war, umfaßt auch die Dienstaufsicht über die Versorgungsdienststellen (AB. zu § 1) und das RVGer.; vgl. dazu Anm. 1 zu § 3. Mit Wirkung vom 20. 7. 34 hat das RAM. auch die — früher in der Hauptsache vom Preuß. Ministerium für Volkswohlfahrt wahrgenommenen — Geschäfte des Preuß. Ministeriums für Wirtschaft und Arbeit auf dem Gebiete der sozialpolitischen Angelegenheiten übernommen, die er unter der Bezeichnung „Der RAM. (Preuß. Ministerium für Wirtschaft und Arbeit)" führt; vgl. Rundschreiben des Preuß. Ministerpräsidenten vom 19. 7. 34 nebst Vereinbarung vom 14. 7. 34 und Erlaß des RAM. vom 28. 7. 34 (RABl. S. I 187). Dazu gehört auch die Aufsicht über die preußischen VGer.; vgl. Anm. 1 zu § 7. Die Anschrift des Reichsarbeitsministeriums lautet seit Juni 1934 „Berlin W 8, Unter den Linden 33/35", Fernruf Sammel-Nr. A 6 Merkur 4241, für Anrufe von auswärts A 6 Merkur 4240.

Amtliches Organ des RAM. für das Versorgungswesen ist das als Teil V des Reichsarbeitsblatts seit 1. 1. 35 bei der Otto Stollberg GmbH. in Berlin erscheinende Reichsversorgungsblatt (RVBl.). Als Sonderanlage zum Reichsarbeitsbl. Teil V — Reichsversorgungsblatt — ist im Jahre 1932 das Handbuch der Reichsversorgung (HdR.) erschienen. Das HdR. enthält in der am 31. 12. 1931 geltenden Fassung die wichtigsten Versorgungsgesetze und das Verfahrensgesetz nebst den ergänzenden Vorschriften und Bestimmungen, aber auch sonstige Gesetze, Bestimmungen, Weisungen, Verzeichnisse usw., die für die Versorgungsbehörden und sonst mit der Bearbeitung der Versorgungsangelegenheiten befaßten Stellen in Frage kommen. Es ist durch Deckblätter auf den Stand vom 28. 2. und 31. 12. 1933 und 31. 7. 1934 gebracht worden. Die AB. zu den Versorgungsgesetzen und dem VerfG. sind, soweit sie mit Zustimmung des Reichsrats, eines Reichstagsausschusses usw. erlassen waren, in der bisherigen Fassung, im übrigen aber vielfach mit erheblichen Änderungen aufgenommen worden. Die Verordnung über das Handbuch der Reichsversorgung vom 1. 7. 1932 (RVBl. Nr. 67) bestimmt, daß die bisherigen AB. außer Kraft traten und durch die AB. in der Fassung des HdR. ersetzt wurden, daß alle DurchfBest., Anweisungen und Erlasse des RAM., der früher zuständigen Obersten Reichs- und Landesbehörden auf dem Gebiete des Versorgungswesens, die den Gegenstand des HdR. bilden — insoweit ist also der Inhalt des RVBl. bis Jahrgang 1931 einschließlich, unbeschadet ausdrücklicher Vorbehalte im HdR. selbst, als überholt anzusehen — außer Kraft traten und durch die Bestimmungen im HdR. ersetzt wurden und daß das

HdR. — damit wurde die Rechtsgrundlage für die Gültigkeit der neuen Bestimmungen geschaffen — als Sonderanlage zum RABl. Teil V — RVBl. — zu veröffentlichen war.

5. „Versorgungsdienststellen" ist die gemeinsame Bezeichnung für die Verwaltungsbehörden und die ärztlichen Dienststellen der Reichsversorgung (§ 2 Abs. 4 GOV.; HdR. S. 1012). Die Geschäftsordnungen für die Versorgungsdienststellen s. Anm. 1 zu § 4. Als Dienststellen für besondere Aufgaben bestehen im Versorgungswesen außerdem noch die Kriegsinvalidenhäuser in Berlin, Stolp und Carlshafen, ferner die Betriebskrankenkassen in Altona, Berlin, Hannover, Königsberg, Leipzig und Pillau, die Ausführungsbehörde für Unfallversicherung (VersAmt I) in Berlin, die Dienststellen für Arbeiter- und Angestellten-Unterstützungen (für die früheren Heeres- und Marinebetriebe), das Hilfswerk Rothenstein (beim VersAmt) in Königsberg, die Krankenbuchlager bei den VersÄmtern IV Berlin, München-Land, Dresden und Stuttgart und das Prüfamt für Heilbedarf im Versorgungswesen Berlin in Berlin; vgl. §§ 44—51 GOV. (HdR. S. 1027 ff.). Das Prüfamt für Heilbedarf usw. ist seit dem 1. 4. 34 eine selbständige Versorgungsdienststelle. Es hieß bis dahin „Einkaufsstelle für Sanitätsbedarf im Versorgungswesen" und war ursprünglich selbständig, seit RVBl. 28 Nr. 51 aber dem HauptVersAmt Brandenburg angegliedert; § 51 Abs. 1 GOV. (HdR. S. 1029 f.) ist insoweit überholt.

§ 2*)

Die bei den Verwaltungs- und Spruchbehörden (Versorgungsbehörden) tätigen Personen[1] haben über die vermöge ihrer dienstlichen Tätigkeit ihnen bekanntgewordenen Angelegenheiten, deren Geheimhaltung ihrer Natur nach erforderlich oder dienstlich vorgeschrieben ist, Verschwiegenheit[2] †) zu beobachten[3]; zu diesen Angelegenheiten gehören insbesondere die gesundheitlichen und wirtschaftlichen Ver-

---

†) Weinhold, über Umfang der Verschwiegenheitspflicht des VersG., MfA. 24 Sp. 696—99 und Arb.-Versorgung 25 S. 257 bis 260; dazu v. Lewinski in MfA. 25 Sp. 172/73; Schroeder, Die Pflicht zur Amtsverschwiegenheit unter besonderer Berücksichtigung der Verhältnisse im Versorgungswesen, VersB. 33 S. 37 ff. Umfang der Schweigepflicht der Mitglieder der Organe der Versicherungsträger s. ArbVers. 26 S. 533; vgl. ferner Kleff, Die Schweigepflicht in der RVO., Krankenversicherung 27 S. 144—147; Kleeis, Die Schweigepflicht in der Krankenversicherung, Deutsche Krankenversicherung 28 Sp. 122—124.

hältnisse der Beteiligten, in Hinterbliebenenangelegenheiten auch des Verstorbenen. Die Verpflichtung bleibt nach dem Ausscheiden aus dem Dienste bestehen.

*) Vgl. § 141 RVO.; Rechtspr. dazu VersB. 27/28 S. 90; § 300 StGB.

AB. zu § 2

(1) Die Pflicht zur Verschwiegenheit liegt in dem im Gesetz bestimmten Umfang ob den Beamten und Angestellten der Verwaltungs- und Spruchbehörden sowie den Mitgliedern der Kammern und Senate der Spruchbehörden.

(2) Sie ist insbesondere bei der Erteilung von Auskünften (§ 5 Abs. 2) zu beachten; siehe die AB. zu §§ 59, 60.

(3) Auf die Strafvorschrift des § 150 wird verwiesen.

1. Hierunter fallen nach Abs. 1 der AB. bei den Spruchbehörden die Vorsitzenden und die beamteten Beisitzer einschließlich der Richter wie auch die Beisitzer aus der sozialen Fürsorge und aus den Vers.-Berechtigten. Wegen der besonderen Verpflichtung der Mitglieder der Spruchbehörden, den Hergang bei der Beratung und das Stimmenverhältnis bei der Abstimmung geheimzuhalten, vgl. § 131 Abs. 2. Auf die Geheimhaltungspflicht aus §§ 2 und 131 Abs. 2 werden die Beisitzer bei ihrer Verpflichtung besonders hingewiesen (§ 19).

2. § 2 regelt die Verschwiegenheitspflicht der bei den Versorgungsbehörden tätigen P e r s o n e n, nicht der Versorgungsbehörden als solcher. Für den Verkehr der Versorgungsbehörden mit anderen Behörden gelten die Grundsätze der Rechtshilfe- und Beistandspflicht, insbesondere Ziff. I der AB. zu §§ 59, 60 und §§ 105 ff GOB. (HdR. S. 1072 ff.). Auch den S t e u e r b e h ö r d e n, denen nach den AB. zu §§ 59, 60 wie allen öffentlichen Behörden auf Ersuchen die Akten in der Regel zu überlassen sind, werden deshalb gewünschte Auskünfte aus den Akten zu erteilen sein ohne Rücksicht darauf, ob eine Verpflichtung dazu aus der ReichsabgabenO. (RGBl. 19 S. 1993; vgl. §§ 177, 181, 191, 192, 209 und Reichssteuerblatt 20 S. 377) hergeleitet werden kann.

3. Die u n b e f u g t e O f f e n b a r u n g ist unter die Strafvorschrift des § 150 gestellt. Außerdem kann die Verletzung der Schweigepflicht dienststrafrechtliche Ahndung und zivilrechtliche Schadenersatzpflicht nach sich ziehen. Bei Anfragen von Personen ohne Vollmacht des Versorgungsberechtigten (auch von Verwandten) ist Vorsicht geboten. Im allgemeinen können Auskünfte (vgl. auch § 5 Abs. 2 Satz 3) aus den Versorgungsakten insoweit erteilt werden, als der anfragenden Person nach § 59 und den AB. zu §§ 59, 60 Einsicht in die Akten gestattet werden kann oder muß (Ziff. VI der AB. zu §§ 59, 60). Dabei ist zu beachten, daß ein rechtliches Interesse im

Sinne des § 59 Abs. 2 zwar durch die Absicht, die Versorgungsgebührnisse auf Grund eines vollstreckbaren Urteils pfänden zu lassen, aber nicht durch die Absicht, Klage (z. B. auf Unterhalt) zu erheben, begründet wird.

§ 3*)

(1) Als Vorsitzender oder Beisitzer einer Kammer oder eines Senats der Spruchbehörden der Reichsversorgung soll nur bestellt werden, wer als Soldat in der deutschen Wehrmacht gedient hat. Kriegsteilnehmer, insbesondere Kriegsbeschädigte, sollen in erster Linie bestellt werden.

(2) Die Vorsitzenden und Beisitzer der Kammern und Senate der Spruchbehörden sind bei der Rechtsprechung unabhängig[1] und nur dem Gesetz unterworfen[2], insbesondere sind sie an Aufträge und Weisungen irgendwelcher Art nicht gebunden[3].

*) Vgl. §§ 1, 8 GVG. — Abs. 1 ist durch Art. 1 Nr. 1 des Ges. vom 3. 7. 34 (RGBl. I S. 544) eingefügt. Er soll nach der Begründung dazu dem berechtigten Wunsche der Kriegsopfer und der RSKOB. Rechnung tragen, daß als Richter in Versorgungsangelegenheiten möglich nur Personen tätig werden, die selbst Soldat und möglichst an der Front gewesen sind.

AB. zu § 3 Abs. 1

§ 1 der Verordnung zur Durchführung des Fünften Gesetzes zur Änderung des Gesetzes über das Verfahren in Versorgungssachen vom 3. 7. 34 (RGBl. I S. 547) bestimmt:

Die Vorschrift des § 3 Abs. 1, wonach als Vorsitzender oder Beisitzer einer Kammer oder eines Senats der Spruchbehörden der Reichsversorgung nur bestellt werden soll, wer als Soldat in der deutschen Wehrmacht gedient hat, kann nur allmählich durchgeführt werden; eine Verminderung der Arbeitsleistung der Spruchbehörden durch Mitwirken von Vorsitzenden und Beisitzern, die mit dem Versorgungsrecht nicht vertraut sind, muß vermieden werden.

Die Bestellung der Beisitzer aus den Versorgungsberechtigten, bei denen die im § 3 Abs. 1 bestimmten Voraussetzungen nicht erfüllt sind, ist von den Hauptfürsorgestellen oder dem Reichsausschuß der Kriegsbeschädigten- und Kriegshinterbliebenenfürsorge auf Antrag der National-Sozialistischen Kriegsopferversorgung oder des Reichstreubundes ehemaliger Berufssoldaten zu widerrufen, wenn andere Beisitzer in genügender Zahl vorhanden sind oder vorgeschlagen werden.

Die Bestellung der gemäß § 11 Satz 3 des Gesetzes über das Verfahren in Versorgungssachen bestellten Vorsitzenden der Kammern der Versorgungsgerichte und der Beisitzer aus der sozialen

Fürsorge sowie die Bestellung der richterlichen Beisitzer bei dem Reichsversorgungsgericht und dem Bayerischen Landesversorgungsgericht, bei denen die im § 3 Abs. 1 bestimmten Voraussetzungen nicht erfüllt sind, kann widerrufen werden, wenn an ihrer Stelle Vorsitzende oder Beisitzer bestellt werden können, die die erforderlichen Kenntnisse auf dem Gebiet des Versorgungsrechts bereits besitzen.

Der Vollzug der Vorschrift des § 3 Abs. 1 wird der zuständigen obersten Landesverwaltungsbehörde übertragen, soweit es sich um die Enthebung der Vorsitzenden der Kammern der Versorgungsgerichte, der Vorsitzenden, Mitglieder und richterlichen Beisitzer der Senate des Bayerischen Landesversorgungsgerichts und der Beisitzer aus der sozialen Fürsorge bei den Versorgungsgerichten und beim Bayerischen Landesversorgungsgericht von ihrem Amt handelt.

1. Die Mitglieder der Kammer der VersGerichte und der Senate des RVGer. — die beamteten sowohl wie z. B. auch die Beisitzer aus der sozialen Fürsorge und aus den VersBerechtigten — sind bei der Rechtsprechung wie die Richter der ordentlichen Gerichtsbarkeit unabhängig und nur dem Gesetz unterworfen (vgl. Art. 102 der Reichsverfassung und § 1 des Gerichtsverfassungsgesetzes), während ihnen Unabsetzbarkeit und Unversetzbarkeit†) nicht in gleichem Umfange wie den Richtern der ordentlichen Gerichte (vgl. Art. 104 der Reichsverfassung und § 8 des Gerichtsverfassungsgesetzes) gewährleistet ist. Die einschlägigen Verhandlungen im Jahre 1921 s. Reichstagsdrucksache Nr. 3226 S. 10 ff., 23, 26 und Stenographische Berichte 152. Sitzung S. 5326. Eine gewisse Sicherung bietet die Anstellung auf Lebenszeit, die für das RVGer. in § 24 Abs. 2 vorgeschrieben ist. Aus der im § 3 gewährleisteten Unabhängigkeit der Rechtsprechung folgt, daß die Dienstaufsicht der Landesverwaltungen über die VersGerichte wie die des RAM. über das RVGer. sich nur auf die ordnungsmäßige Ausführung der Amtsgeschäfte, nicht aber auf die Rechtsprechung erstrecken kann.

2. Die Gerichte können mithin zwar sozialen Erwägungen durch wohlwollende Auslegung des Gesetzes Raum geben, aber nicht über die gesetzlichen Vorschriften hinausgehen. Der Ausgleich etwaiger Härten des Gesetzes ist vielmehr Sache der sozialen Fürsorge und der Verwaltungsbehörden (vgl. z. B. § 113 RVG.).

---

†) Hassenstein, Die richterliche Unabhängigkeit der Spruchkammervorsitzenden bei den Militärversorgungsgerichten, ArbVers. 19 S. 361; Aufseß, Zur richterlichen Unabhängigkeit der Spruchkammern bei den Militärversorgungsgerichten, ArbVers. 19 S. 461; Fuisting, Der Verwaltungsrichter und seine Unabhängigkeit, DJZ. 27 Sp. 849; Arendts, Ist die bisherige Kriegsopferversorgung reformbedürftig? Deutsche Kriegsopferversorgung, 2. Jahrg. 1933/34 S. 11 ff.

3. Für die Gerichte sind auch Ausführungsbestimmungen, Erlasse und sonstige Verwaltungsanordnungen nur insoweit bindend, als sie mit den Gesetzen im Einklang stehen. Jedoch haben die zur Durchführung der §§ 7, 25 Abs. 3 und 28 RVG. von der Reichsregierung erlassenen Vorschriften nach ausdrücklicher Vorschrift des § 114 RVG. bindende Kraft. Auch die vom RAM. herausgegebenen „Anhaltspunkte für die ärztliche Beurteilung der Erwerbsfähigkeit nach dem RVG." (HdR. S. 691 ff.; vgl. insbesondere Nr. 18 der Vorbemerkung) und die vom Wissenschaftlichen Senat der ehemaligen Kaiser-Wilhelms-Akademie für das militärärztliche Bildungswesen 1908 aufgestellten und vom preußischen Kriegsministerium neu herausgegebenen Anhaltspunkte für die militärärztliche Beurteilung der Frage der DB. oder KDB. bei den häufigsten psychischen und nervösen Erkrankungen der Heeresangehörigen (zuletzt abgedruckt in der Deutschen Militärärztlichen Zeitschrift, 47. Jahrg. Heft 21/22 und in E. II, 289 ff.) sind nicht bindend und stellen nur wertvolle Hilfsmittel dar.

Zweiter Abschnitt

Verwaltungsbehörden

§ 4*)

Die Verwaltungsbehörden[1] der Reichsversorgung sind Reichsbehörden[2]; ihren Sitz und Bezirk[3] bestimmt der Reichsarbeitsminister.

Die Beamten der Verwaltungsbehörden sollen für ihren Beruf besonders vorgebildet sein[4].

*) Zu Abs. 2 vgl. § 39 Abs. 1 Satz 3 RVO.

1. Verwaltungsbehörden der Reichsversorgung†) sind nur die HptVersÄmter und die VersÄmter. Nicht zu den Verwaltungsbehörden in diesem Sinne rechnen daher z. B. die Orthopädischen Versorgungsstellen und die übrigen in den AB. zu § 1 aufgeführten Versorgungsdienststellen. Auch die Organe der sozialen Fürsorge, die HptFürsorgestellen und Fürsorgestellen, sind nicht hierher zu zählen; sie sind keine Reichsbehörden, sondern Dienststellen der Länder oder der Selbstverwaltungskörperschaften (näheres Anm. 2 zu § 12 und Anm. 11 zu § 37). Auf sie findet das VerfG. daher keine Anwendung.

Für die Verwaltungsbehörden der Reichsversorgung gelten die für alle Reichsbehörden im allgemeinen und die für sie vom RAM. im besonderen erlassenen Vorschriften. Die wichtigsten davon, ins-

†) Schroeder, Ein Jahrzehnt Versorgungsbehörden und Versorgungsbeamte (geschichtliche Entwicklung), VersB. 30 S. 112 ff.

besondere über Haushalts- und Wirtschaftsangelegenheiten, Kassen- und Rechnungswesen, sind im HdR. Bd. II zusammengestellt, ebenso die Geschäftsordnung für die Versorgungsdienststellen — GOV. — (S. 1001 ff.), die Dienstordnung für die Orthopädischen Versorgungsstellen (S. 1285 ff.), die Dienstordnung für die Versorgungskrankenanstalten (S. 1305 ff.) und die Verpflegungsordnung für die Versorgungskrankenanstalten (S. 1353 ff.).

2. a) Die Beamten der Verwaltungsbehörden sind mithin **Reichsbeamte**, die den Vorschriften des RBG. unterstehen. Die wichtigsten Vorschriften über die Besoldungsangelegenheiten, Dienstverhältnisse und Ruhegeldangelegenheiten, Beihilfen, Unterstützungs- und Wohlfahrtsangelegenheiten der Beamten sind im HdR. Bd. II zusammengestellt. Über Ernennung und Entlassung der Reichsbeamten vgl. jetzt Erlaß des Führers und Reichskanzlers vom 1. 2. 35 (RGBl. I S. 74).

b) Neben den Beamten werden bei den Verwaltungsbehörden die zur Bearbeitung der Sachen erforderlichen **Angestellten** als nichtbeamtete Hilfskräfte beschäftigt; ihre Haftung bestimmt sich nach den Vorschriften des Bürgerlichen Gesetzbuchs über den Dienstvertrag. Über ihre Dienstverhältnisse vgl. HdR. S. 1797—2032 h, auch S. 2058—2061.

3. Der Sitz der HptVersÄmter und VersÄmter geht aus dem Verzeichnis hervor, das unten im Anhang 5 abgedruckt ist.

4. Die weittragende sozialpolitische Bedeutung des Versorgungswesens macht eine besondere **Vorbildung der Beamten** für ihren Beruf erforderlich. Der Nachweis der fachlichen Befähigung ist deshalb durch Ablegung besonderer Prüfungen zu erbringen. Prüfungsordnung für die Assistentenprüfung bei den Versorgungsdienststellen s. HdR. S. 1722 ff., desgl. für die Obersekretärprüfung bei den Versorgungsdienststellen s. HdR. S. 1726 ff. Über Bewerbung und Annahme, Vorbereitungsdienst und Anstellung vgl. HdR. S. 1721 ff., 1728 ff. Der Versorgungsbeamte soll sich bei seiner Tätigkeit nicht als Vertreter des Fiskus fühlen, sondern unparteiisch und im sozialen Geiste auch die Belange der Versorgungsberechtigten in Grenzen der Gesetze und Verwaltungsvorschriften wahrnehmen †).

§ 5 *)

(1) **Dem Reichsarbeitsminister unmittelbar unterstellt sind die Hauptversorgungsämter[1]. Diesen unterstehen die Versorgungsämter[2]. An Orten, die nicht Sitz eines Versorgungsamts sind, können nach näherer Anordnung des**

†) v. Ardenne, Ist der Versorgungsbeamte Fiskuspartei? VersB. 26/27 S. 183.

Reichsarbeitsministers Versorgungssprechtage [3] abgehalten werden.

(²) Die Hauptversorgungsämter [4] und Versorgungsämter [5] nehmen nach den Vorschriften dieses Gesetzes die Geschäfte der Reichsversorgung wahr. Die Hauptversorgungsämter leiten das Versorgungswesen für ihren Bezirk und überwachen die Gleichmäßigkeit der Gesetzesanwendung [6]. Die Versorgungsämter erteilen in Angelegenheiten der Reichsversorgung Auskunft [7, 8].

*) Zu Abs. 2 vgl. § 37 Abs. 1 RVO.; Rechtspr. dazu VersB. 22/28 S. 90.

1. An der Spitze des HptVersAmts steht als Leiter ein Direktor. Die HptVersÄmter gliedern sich seit Mitte 1924 in Referate, die jetzt Sachgebiete heißen (Sachgebiet I: Verwaltung, II: Kassen- und Rechnungswesen, III: Rechtsangelegenheiten, IV: Versorgung und V: Ärztlicher Dienst). Näheres über Gliederung und Zuständigkeit der Sachgebiete s. §§ 4—9 GOV. (HdR. S. 1013 ff.).

Die bei Überleitung der Tätigkeit der Pensionsregelungsbehörden auf die HptVersÄmter und VersÄmter eingerichteten besonderen Regelungsabteilungen sind bereits zum 31. 3. 24 wieder aufgehoben worden; vgl. RVBl. 24 Nr. 48. Die Kataster der früheren Pensionsregelungsbehörden lagern bei den im HdR. S. 1284 a—d aufgeführten HptVersÄmtern und VersÄmtern. Die Kassengeschäfte des HptVersAmtes nimmt — seit 1924 — in der Regel die Amtskasse des am Orte befindlichen VersAmtes wahr.

2. An der Spitze des VersAmts steht als Leiter ein Oberregierungsrat oder Regierungsrat. Seit Anfang 1924 gliedern sich die VersÄmter ebenfalls in Sachgebiete (Sachgebiet I: Verwaltung, II: Versorgung, III: Ärztlicher Dienst). Zum Sachgebiet I gehört die Amtskasse. Das Sachgebiet II „Versorgung" gliedert sich in R-Abschnitte (Rentenangelegenheiten), K-Abschnitte (Kapitulantenangelegenheiten) und P-Abschnitte (Pensionsangelegenheiten), letztere nur soweit das VersAmt für Pensionsangelegenheiten zuständig ist (vgl. Anhang 5). Jeder Abschnitt ist in der Regel mit 4 Beamten des mittleren Dienstes besetzt. Die Versorgungsberechtigten sind den Abschnitten nach den Anfangsbuchstaben ihrer Namen zugeteilt. Näheres s. §§ 11—17 GOV. (HdR. S. 1015 ff.).

Die früheren Rechnungsstellen sind zum 1. 4. 1924 mit den Amtskassen vereinigt worden; vgl. RVBl. 24 Nr. 131.

3. An Stelle der bisherigen Versorgungssprechtage und der ärztlichen Untersuchungstage sind sog. Versorgungstage eingerichtet. Ihre Abhaltung soll den VersBerechtigten den persönlichen Verkehr mit den VersÄmtern möglichst erleichtern sowie zeitraubende und kostspielige Reisen vermeiden. Näheres s. §§ 94, 267 GOV.

(HdR. S. 1062, 1194); über Orthopädische Versorgungstage vgl. § 12 der Dienstordnung f. d. Orth. VerfStellen (HdR. S. 129 ff.).

4. Über die sachliche Zuständigkeit der HptVersÄmter vgl. § 77 mit AB., für die örtliche Zuständigkeit gelten die §§ 38—42 mit AB. Besonderheiten f. AB. zu § 49 (Vertretung des Reichsfiskus im Spruchverfahren), § 65 Abs. 2 Satz 2, § 71 Abs. 1 Satz 2, § 88 (Zustimmung zu Bescheiden der VersÄmter) und § 152 in Verbindung mit Nr. II der AB. zu § 49 (Vertretung des Reichsfiskus vor den Versicherungsbehörden).

5. Die VersÄmter, die Ortsbehörden des Versorgungswesens, entscheiden über die Anträge auf Versorgung, und zwar sowohl über Rechtsansprüche wie über Kannbezüge und Härteausgleiche, soweit nicht der RAM. die HptVersÄmter für zuständig erklärt (vgl. § 77) oder sich selbst die Entscheidung vorbehalten hat. Ihre Aufgabe beschränkt sich aber nicht auf die Bewilligung der VersGebührnisse, vielmehr haben sie darüber hinaus die Entwicklung eines Vertrauensverhältnisses zu den VersBerechtigten anzustreben, indem sie sich ihrer nach Möglichkeit annehmen und ihnen mit Rat und Tat zur Seite stehen (Begr.). Die in der Öffentlichkeit viel beachteten und als vorbildlich bezeichneten Richtlinien des RAM. über den „Verkehr zwischen Versorgungsdienststellen und Vers.-Berechtigten" vom 16. 9. 25 (RVBl. Nr. 138) sind ersetzt durch § 52 Abs. 12 und §§ 92, 93 GOV. (HdR. S. 1031, 1059 ff.).

6. Die Überwachung der Gleichmäßigkeit der Anwendung der Versorgungsgesetze erfolgt z. B. durch Aufstellung allgemeiner Grundsätze für die VersÄmter und durch Besichtigungen dieser.

7. Die Auskunftspflicht erstreckt sich auf Fragen tatsächlicher wie rechtlicher Natur, sofern sie nicht für den Anfragenden rein theoretische Bedeutung haben. Vor Schaden infolge unrichtiger Auskunftserteilung müssen die VersBerechtigten nach Möglichkeit bewahrt werden. Die VersÄmter werden daher mit großer Sorgfalt vorzugehen und in Zweifelsfällen die Ansicht des HptVersAmts einzuholen haben. Sind infolge einer falschen Auskunft Verfahrensfristen versäumt worden, so ist Wiedereinsetzung in den vorigen Stand zu erteilen (vgl. Anm. 4 zu § 54). Allgemeine Bestimmungen über Auskünfte und Schreibgebühren f. § 86 GOV. (HdR. S. 1055), über das Verhalten bei Zweifeln über die Persönlichkeit am Fernsprecher f. § 169 Abs. 7 GOV. (HdR. S. 1126). Über die Verschwiegenheitspflicht bei Anfragen Dritter ohne Vollmacht Anm. 3 zu § 2, gegenüber den Steuerbehörden Anm. 2 zu § 2.

8. Den HptVersÄmtern und VersÄmtern sind ferner zahlreiche Aufgaben übertragen, die weder unmittelbar (§ 1) noch durch Verweisung in anderen Gesetzen unter das Verfahrensgesetz fallen. Sie wirken mit in den Zivilruhegeld- usw. Angelegenheiten der Empfänger aus dem Geschäftsbereich des RAM. und anderer Reichsverwaltungen, der ehemals elsaß-lothringischen Beamten nach dem

Gesetz vom 11. 1. 22 (RGBl. S. 29), der Empfänger des ehemaligen Reichskolonialamts, der ehemaligen Kolonialzentralverwaltung und der ehemaligen Schutzgebiete, sowie der Beamten der ehemaligen Wehrmacht (HdR. S. 825—832; dazu Ergänzung RVBl. 34 Nr. 56). Sie haben mitzuwirken bei der Anrechnung von Versorgungsgebührnissen auf die Arbeitslosenunterstützung und auf die Bezüge aus der Invaliden-, Angestellten- und knappschaftlichen Pensionsversicherung (HdR. S. 835—842). Ihre Ärzte und die ärztlichen Versorgungsdienststellen haben Gutachten für Reichs- und Landesbehörden, Versicherungsträger und sonstige Stellen zu erstatten (HdR. S. 664 bis 672, 843 f., 869). Das VersAmt I Berlin ist Ausführungsbehörde des Reichs für Unfallversicherung und den VersÄmtern Hamburg, I Berlin, Hannover, Königsberg und Leipzig sind Betriebskrankenkassen des Reichs angegliedert (HdR. S. 845—852). Einzelne HptVersÄmter und VersÄmter sind befaßt mit den Unterstützungen für dienstunfähige Arbeiter und Angestellte der ehemaligen Heeres- und Marineverwaltung (HdR. S. 855—870). Dem VersAmt Königsberg ist die Verwaltung des Hilfswerks Rothenstein (Munitionsexplosionen vom 7. 8. 1916 und 10. 4. 1920) übertragen (HdR. S. 869). Das VersAmt I Berlin ist auch mit Haftpflichtrenten aus dem Bereich der alten Wehrmacht befaßt (HdR. S. 869). Den HptVersÄmtern und VersÄmtern obliegt endlich auch die Bearbeitung der Anträge auf Beihilfen, Unterstützungen usw. für ehemalige Angehörige der alten und der neuen Wehrmacht (HdR. S. 875—896).

Dritter Abschnitt
Spruchbehörden

I. Versorgungsgerichte

§ 6*)

Die Versorgungsgerichte[1] sind bei den Oberversicherungsämtern (§ 62 der Reichsversicherungsordnung) errichtet. Für den Bezirk mehrerer benachbarter Oberversicherungsämter kann bei einem von ihnen ein gemeinsames Versorgungsgericht durch die oberste Landesverwaltungsbehörde[2] oder, wenn sein Bezirk über das Gebiet eines Landes hinaus sich erstrecken soll, durch die beteiligten Landesregierungen errichtet werden.

*) Vgl. §§ 61 ff. RVO.

1. a) Über Einrichtung und Geschäftsbetrieb der VersGer. haben die Länder Ausführungsbestimmungen erlassen; vgl. z. B. für Bayern die VO. vom 9. 6. 22 und die Bek. vom 17. 6. 22 (Bayer. Staatszeitung Nr. 139 S. 9); für Sachsen die AusfVO. vom

7. 3. 23 (Sächs. GesBl. S. 52); für Württemberg die Verfg. vom 29. 12. 22 (Regierungsbl. f. Württ. 23 S. 39). Preußen hat neue AB. aus Anlaß des VersG. nicht erlassen.

b) Da die VersGerichte staatsrechtlich die Stellung der Oberversicherungsämter teilen, sind sie nicht Gerichte des Reichs, sondern solche der Länder. Die Oberversicherungsämter sind je nach den besonderen Verhältnissen der einzelnen Länder entweder selbständige Behörden oder ihrerseits wieder nur anderen Behörden angegliedert†). Die Bezirke der VersGerichte decken sich mit denen der Oberversicherungsämter. Im übrigen vgl. das im Anhang 4 abgedruckte Verzeichnis der VersGerichte. Für das VGer. Saarbrücken vgl. § 3 Abs. 4 des Ges. über die vorläufige Verwaltung des Saarlandes vom 30. 1. 35 (RGBl. I S. 66); es ist durch § 5 der VO. vom 18. 2. 35 (RGBl. I S. 245) zum 1. 3. 35 dem OVA. Saarbrücken angegliedert.

2. Oberste Landesverwaltungsbehörde ist nach dem Sprachgebrauch des VersG. die Zentralbehörde des betreffenden Landes, der das OVA. untersteht (vgl. § 7). Sie kann die ihr durch das VersG. zugewiesenen Aufgaben auf andere Stellen übertragen (§ 153 Abs. 2).

§ 7*)

Die Dienstaufsichtsbehörde[1] für das Oberversicherungsamt führt auch die Dienstaufsicht über das Versorgungsgericht. Soweit zur ordnungsmäßigen Durchführung des Versorgungswesens erforderlich, kann der Reichsarbeitsminister mit den Versorgungsgerichten unmittelbar in Verbindung treten[2].

*) Vgl. § 79 RVO.

1. Dienstaufsichtsbehörde für die Oberversicherungsämter war in Preußen das Ministerium für Volkswohlfahrt. Die einschlägigen Aufgaben sind bei Auflösung dieses Ministeriums durch die 2. VO. zur Vereinfachung und Verbilligung der Verwaltung vom 28. 10. 32 (preuß. Gesetzsamml. S. 333) dem preuß. Ministerium für Wirtschaft und Arbeit übertragen worden und mit dem 20. 7. 34 auf den RAM. übergegangen; Näheres s. Anm. 4 zu § 1. In den übrigen Ländern bewendet es vorläufig bei der Zuständigkeit der Landesministerien. Umfang der Dienstaufsicht s. Anm. 1 zu § 3.

2. Hierdurch wird die Dienstaufsicht der obersten Landesverwaltungsbehörden nicht berührt; dem RAM. steht ein Aufsichtsrecht über die Versorgungsgerichte, insbesondere auch eine Anordnungsbefugnis, nicht zu. Für Preußen s. jedoch Anm. 1.

---

†) Vgl. Kollmann, Die Oberversicherungsämter, VersB. 32 S. 135 ff.

§ 8*)

Die Kosten der Versorgungsgerichte tragen die Länder. Die Einnahmen[1] der Versorgungsgerichte verbleiben den Ländern.

*) Vgl. § 80 RVO. — Die Fassung des § 8 beruht auf Art. I das Ges. vom 4. 8. 24 (RGBl. I S. 677), in Kraft seit dem 1. 4. 24. Die ursprüngliche Fassung hatte Kostenersatz durch Pauschbeträge seitens des Reiches vorgesehen. Ein Ausgleich für die Zeit vor dem 1. 4. 24 fand nach Art. II a. a. O. nicht statt.

1. Als Einnahmen der VersGer. kommen vor allem Ordnungsstrafen in Betracht, während Gebühren seit dem 1. 4. 28 nicht mehr auferlegt werden können (§ 142).

§ 9*)

(1) Der Vorsitzende des Oberversicherungsamts ist zugleich der Vorsitzende des Versorgungsgerichts[1].

(2) Ist ein Direktor des Oberversicherungsamts als ständiger Stellvertreter des Vorsitzenden bestellt[2], so ist er auch sein ständiger Vertreter für Versorgungssachen. In den Angelegenheiten des Versorgungsgerichts führt er die Amtsbezeichnung „Direktor des Versorgungsgerichts". Seine Vertretung wird durch die oberste Landesverwaltungsbehörde[3] geregelt.

*) Vgl. § 67 RVO.

1. Der Vorsitzende des VGer. braucht nicht die Befähigung zum höheren Verwaltungsdienste oder zum Richteramte zu besitzen, da diese Voraussetzung von der RVO. für den Vorsitzenden des OVA. nicht aufgestellt ist. Anders liegt es bei den Kammervorsitzenden, soweit sie nicht Mitglieder der OVA. sind (vgl. § 11 Satz 3).

2. Ein Direktor als ständiger Vertreter ist bestellt, wo das OVA., wie z. B. in Preußen und Bayern, an eine höhere Staatsbehörde angegliedert ist (vgl. § 67 RVO.).

3. Vgl. Anm. 2 zu § 6.

§ 10*)

(1) Bei den Versorgungsgerichten werden nach Anordnung der obersten Landesverwaltungsbehörde[1] eine oder mehrere Kammern gebildet. Nach Bedarf können auch außerhalb des Sitzes der Versorgungsgerichte Kammern eingerichtet oder Sitzungen abgehalten werden[2].

(2) Jede Kammer besteht aus einem Vorsitzenden sowie

einer in der sozialen Fürsorge erfahrenen, mit dem Versorgungswesen vertrauten Person und einem aus der Wehrmacht ausgeschiedenen[3] Versorgungsberechtigten[4] als Beisitzer[5].

(3) Zu den Verhandlungen über Hinterbliebenenangelegenheiten soll an die Stelle des aus der Wehrmacht ausgeschiedenen Versorgungsberechtigten eine versorgungsberechtigte Hinterbliebene[6] treten.

(4) Richterliche Beamte[7] können an Stelle des in der sozialen Fürsorge erfahrenen Beisitzers verwendet werden.

*) Vgl. § 77 RVO. — Nach Art. II § 3 der VO. vom 1. 2. 19 (RGBl. S. 149) und Ges. vom 15. 5. 20 (RGBl. S. 1064) hatten die Kammern 5 Mitglieder. § 10 sieht nur 3 Mitglieder vor. Abs. 4 ist durch Art. 21 Ziff. V 1 PAB. und Ges. vom 17. 3. 28 (RGBl. I S. 63) geändert worden. Durch letzteres wurde hier — wie auch an anderen Stellen — der Ausdruck „Richterliche Mitglieder eines ordentlichen Gerichts" durch „Richterliche Beamte" ersetzt.

AB. s. hinter § 13.

1. Nach § 153 Abs. 2 kann die Bildung der Kammern auch dem Vorsitzenden des VGer. übertragen werden.

2. Die Einrichtung von Kammern außerhalb des Sitzes des VGer. kann ohne Rücksicht darauf erfolgen, ob an dem Orte eine Spruchkammer des OVA. besteht oder nicht. In Preußen ist angeordnet, daß vom 1. 4. 1932 ab bis auf weiteres auswärtige Sitzungen der OVA. und VGer. nicht mehr stattfinden (VersB. 32 S. 95).

3. Das Erfordernis „aus der Wehrmacht ausgeschieden" ist bei jeder Militärperson erfüllt, sobald sie aus dem aktiven Militärdienst ausgeschieden ist. Ohne Bedeutung ist es, ob die ehemalige Militärperson ein Kapitulant war oder nicht, ob sie dem Mannschaftsstande angehört hat oder Offizier gewesen ist. Zur Bestellung als Beisitzer nicht geeignet ist, wer der Reichswehr angehört, während z. B. der Eintritt in eine Polizeiformation der Ausübung des Beisitzeramts nicht im Wege stehen würde.

4. Versorgungsberechtigte im Sinne des § 10 sind zunächst und ohne Zweifel solche ehemalige Militärpersonen, denen Ansprüche aus den Versorgungsgesetzen zustehen. Darunter fallen Personen, die eine Erwerbsunfähigkeitsrente beziehen, wie auch Empfänger von Dienstzeitrenten, kriegsbeschädigte Rentenempfänger und solche, die Ansprüche aus der Zeit vor oder nach dem Kriege haben. Auch solche Versorgungsberechtigte werden bestellt werden können, deren Ansprüche auf einem Gesetz beruhen, das nicht im § 1 erwähnt ist, aber seinerseits das Verfahrensgesetz für anwendbar erklärt, wie das Wehrmachtversorgungsgesetz. Nach § 3 Abs. 1 Satz 2 sollen

Kriegsteilnehmer, insbesondere Kriegsbeschädigte, in erster Linie bestellt werden. Zum Beisitzer geeignet sind auch solche Versorgungsberechtigte, deren Rente z. B. wegen Anstellung im Zivildienst oder wegen Erreichung einer bestimmten Einkommensgrenze ruht. Väter mit Elternrente können nicht bestellt werden, für Mütter gilt Abs. 3. Im Sinne von §§ 38, 42, 46, 48, 80, 81 sind auch die Bezieher von Kannbezügen (Anm. 3 zu § 91) als „Versorgungsberechtigte" anzusehen. Ob jetzt wenigstens die Bezieher von Kannbezügen neuer Art als Versorgungsberechtigte im Sinne des § 10 zu Beisitzern der VGer. bestellt werden können, ist noch nicht geklärt†) (vgl. Anm. 3 b zu § 91).

5. Eine Altersgrenze ist für die Beisitzer aus den Versorgungsberechtigten im Gesetz nicht vorgesehen. Über Nichtbestellungsgründe vgl. § 15, über Ablehnungsgründe § 16, über Ausschließung ungeeigneter Personen vgl. § 42 Abs. 1 Nr. 8.

6. Die Zuziehung einer versorgungsberechtigten Hinterbliebenen ist nur durch eine Sollvorschrift angeordnet, deren Verletzung keinen Mangel des Verfahrens darstellt. § 3 Abs. 1 steht der Bestellung von Hinterbliebenen nicht entgegen, wie in der Begründung zum Ges. vom 3. 7. 34 (RVBl. S. 55) hervorgehoben ist.

7. Als richterliche Beamte kommen in erster Linie die richterlichen Mitglieder der ordentlichen Gerichte, aber auch die Vorsitzenden und die stellvertretenden Vorsitzenden der Arbeitsgerichte, soweit sie ordentliche Richter sind, in Frage.

§ 11*)

Den Vorsitz der Kammer führt der Vorsitzende oder der Direktor des Versorgungsgerichts. Die oberste Landesverwaltungsbehörde[1] bestellt nach Bedarf weitere Vorsitzende aus den anderen Mitgliedern des Oberversicherungsamts für die Dauer ihrer Beschäftigung bei diesem. Sie kann auch andere Personen, welche die Befähigung zum höheren Justiz- oder Verwaltungsdienste[2] besitzen, im Einverständnis mit dem Reichsarbeitsminister[3] auf bestimmte Zeit[4] zu Vorsitzenden bestellen. Ihre Bestellung kann gegen ihren Willen nur widerrufen werden, wenn sie ihren Wohnort verlegen und ihre Heranziehung zu den Sitzungen dadurch wesentlich erschwert wird oder wenn die Zahl der Versorgungsgerichte oder der Kammern herabgesetzt wird.

---

†) Vgl. dazu Angerer, VersB. 32 S. 49 ff.; Loesch, VersB. 32 S. 102 ff.; Geiger, Bayer. Fürsorgeblätter 32 Nr. 4; Weinmayer ebenda.

*) Vgl. § 77 Abs. 2 RVO. — Durch Art. I Ziff. 1 der VO. vom 12. 2. 24 (RGBl. I S. 59) ist der Schluß von „oder wenn" ab mit sofortiger Wirkung zugesetzt.

AB. s. hinter § 13.

1. Vgl. Anm. 2 zu § 6; Übertragungsbefugnis s. § 153 Abs. 2.

2. Die Befähigung zum höheren Justizdienst ist die Befähigung zum Richteramt, deren Voraussetzungen in den §§ 2—5 des Gerichtsverfassungsgesetzes geregelt sind; es genügt aber auch die Befähigung zum höheren Verwaltungsdienst nach Maßgabe der landesgesetzlichen Bestimmungen. Es werden insbesondere im Ruhestande befindliche Reichs- oder Landesbeamte, Rechtsanwälte usw. in Betracht kommen. Durch diese Regelung ist dem Ermessen der Landesregierung weitester Spielraum gelassen und die Berücksichtigung der örtlichen Verhältnisse ermöglicht.

3. Das Einverständnis des RAM. ist hingegen zum Widerruf der Bestellung dieser Vorsitzenden nicht erforderlich.

4. Die Bestellung „auf bestimmte Zeit" dient der Wahrung der Unabhängigkeit der Vorsitzenden (Begr.). Nach Ablauf der „bestimmten Zeit" bedarf es eines Widerrufs nicht.

§ 12

(1) Die in der sozialen Fürsorge erfahrenen, mit dem Versorgungswesen vertrauten Personen [1] werden auf Vorschlag der Hauptfürsorgestelle der Kriegsbeschädigten- und Kriegshinterbliebenenfürsorge [2], in deren Besitz das Versorgungsgericht seinen Sitz hat, von der obersten Landesverwaltungsbehörde im Einverständnis mit dem Reichsarbeitsminister bestellt [3].

(2) Die Bestellung dieser Beisitzer erfolgt auf 4 Jahre. Sie bleiben nach Ablauf dieser Zeit im Amte, bis ihre Nachfolger eintreten. Wer ausscheidet, kann wiederbestellt werden. Die Vorschrift des § 11 Satz 4 findet Anwendung [4].

AB. s. hinter § 13.

1. a) Die Beisitzer aus der sozialen Fürsorge brauchen die Befähigung zum höheren Justiz- oder Verwaltungsdienst nicht zu besitzen (vgl. die AB. hinter § 13).

b) Eine Verpflichtung zur Annahme des Amtes als Beisitzer aus der sozialen Fürsorge besteht auch dann nicht, wenn die Ablehnungsgründe des § 16 nicht vorliegen.

c) Wegen der Entschädigung dieser Beisitzer vgl. § 20 Abs. 2.

2. Nach § 5 der VO. über die soziale Kriegsbeschädigten- und Kriegshinterbliebenenfürsorge vom 8. 2. 19 (RGBl. S. 187) können die Länder für ihr Gebiet eine oder mehrere amtliche Hauptfürsorgestellen der Kriegsbeschädigten- und Kriegshinterbliebenenfürsorge errichten. In Preußen bestehen sechzehn solcher amtlichen Stellen (vgl. Preuß. VO. vom 20. 3. 19, GesS. S. 83), in den übrigen Ländern je eine. In Durchführung der VO. über die Fürsorgepflicht vom 13. 2. 24 (näheres s. Anm. 11 zu § 37) sind die Hauptfürsorgestellen vielfach anderweit eingegliedert †); vgl. das Verzeichnis HdR. S. 2429.

3. Die oberste Landesverwaltungsbehörde bestimmt auch die Zahl der für jedes VGer. zu bestellenden Beisitzer aus der sozialen Fürsorge (vgl. die AB. hinter § 13).

4. Die Bestellung der Beisitzer aus der sozialen Fürsorge kann hiernach gegen ihren Willen nur widerrufen werden, wenn sie ihren Wohnort verlegen und ihre Heranziehung zu den Sitzungen dadurch wesentlich erschwert wird oder wenn die Zahl der VersGer. oder der Kammern herabgesetzt wird. Über Amtsenthebung nach dem Ges. über Ehrenämter usw. s. die Anm. hinter AB. zu §§ 10—13.

§ 13

(1) Die als Beisitzer zuzuziehenden Versorgungsberechtigten werden auf Vorschlag der im Bezirke des Versorgungsgerichts vertretenen Verbände von Versorgungsberechtigten [1] von den Hauptfürsorgestellen der Kriegsbeschädigten- und Kriegshinterbliebenenfürsorge [2] bestellt, deren Bezirk sich auf den des Versorgungsgerichts erstreckt; sie sollen im Bezirke des Versorgungsgerichts und mindestens zur Hälfte am Sitzungsorte wohnen [3]. Sind mehrere Hauptfürsorgestellen beteiligt, so regeln sie die Verteilung unter sich. Kommt eine Einigung nicht zustande, so entscheidet der Reichsausschuß der Kriegsbeschädigten- und Kriegshinterbliebenenfürsorge [4]. Die oberste Landesverwaltungsbehörde kann über die Bestellung näheres bestimmen [5].

(2) Die Bestellung der Versorgungsberechtigten erfolgt für je vier Kalenderjahre [6]. Sie bleiben nach Ablauf dieser Zeit im Amte, bis ihre Nachfolger eintreten. Wer ausscheidet, kann wiederbestellt werden.

(3) Solange und soweit eine Bestellung nicht erfolgt, beruft der Vorsitzende des Versorgungsgerichts die erfor-

---

†) Vgl. auch Schulte-Holthausen, Die Durchführung der FürsorgepflichtVO. in den einzelnen Ländern, RABl. 24, nichtamtl. Teil S. 740*—48*.

derlichen Beisitzer aus der Zahl der Personen, die als solche bestellt werden können[7].

AB. s. hinter den Anm.

1. Von den früher vorhanden gewesenen Verbänden von VersBerechtigten haben sich der Reichsverband deutscher Kriegsbeschädigter und Kriegerhinterbliebenen und der Zentralverband deutscher Kriegsbeschädigter und Kriegerhinterbliebener im Juli 1932 zum Reichsverband deutscher Kriegsopfer e. V., Sitz Berlin, zusammengeschlossen (VersB. 32 S. 141). Im März 1933 bildeten der Bund erblindeter Krieger, der Deutsche Offizier-Bund, der Kyffhäuser-Verband der Kriegsbeschädigten und Kriegerhinterbliebenen, der Reichsverband deutscher Kriegsopfer und die Nationalsozialistische Kriegsopferversorgung die Nationale Kampfgemeinschaft deutscher Kriegsopferverbände (VersB. 33 S. 69); um dieselbe Zeit wurden der Reichsbund und der Internationale Bund von der Welle der nationalen Erhebung verschlungen (VersB. 33 S. 95). Dann vereinigten sich die Nationalsozialistische Kriegsopferversorgung und der Reichsverband deutscher Kriegsopfer e. V. zum Nationalsozialistischen Reichsverband deutscher Kriegsopfer e. V. unter Führung des Reichstagsabgeordneten Oberlindober-München. Unter Auflösung der Nationalen Kampfgemeinschaft haben sodann die darin vertretenen Organisationen am 5. 5. 1933 einen einheitlichen Bund mit der Bezeichnung „Nationalsozialistische Kriegsopferversorgung e. V. (NSKOV.) gegründet und sich der Führung des Reichstagsabgeordneten Oberlindober-München unterstellt (VersB. 33 S. 95). Anschriften: NSKOV. — Reichskriegsopferführer — Berlin W 8, Wilhelmstr. 48, Fernruf A 2 Flora 4524; NSKOV. — Reichsdienststelle —, Berlin SW 68, Charlottenstr. 85, Fernruf: A 7 Dönhoff 5501—5503; NSKOV., Fachabteilung Bund erblindeter Krieger e. V., Berlin-Tempelhof, Kanzlerweg 5, Fernruf F 6 Bärwald 3500; für Angelegenheiten auf rein fürsorgerischem Gebiete: Reichsverband Deutscher Offiziere e. V., Berlin W 35, Potsdamer-Str. 109, Fernruf B 2 Lützow 9571; für Versorgungsangelegenheiten der früheren Offiziere ist die NSKOV., Abteilung Offizierversorgung, zuständig.

2. Vgl. Anm. 2 zu § 12.

3. Durch die Vorschrift, daß mindestens die Hälfte der Beisitzer am Sitzungsort wohnen soll, sollen Verzögerungen des Verfahrens durch Ausbleiben oder Verspätung von Beisitzern nach Möglichkeit vermieden werden.

4. Der Reichsausschuß, eine Körperschaft des öffentlichen Rechts, ist auf Grund der VO. vom 8. 2. 19 (RGBl. S. 187), geändert durch Art. 21 Ziff. VI der Personal-Abbau-Verordnung und § 34 der VO. über die Fürsorgepflicht (Anm. 11 zu § 37) — geltende Fassung s. HdR. S. 935 —, zur Durchführung der sozialen Fürsorge für die Kriegsbeschädigten und die Kriegshinterbliebenen bei dem

Reichsarbeitsministerium errichtet. Der Reichsausschuß ist nach der nationalsozialistischen Erhebung neugebildet worden; seine derzeitige Zusammensetzung s. RVBl. 33 Nr. 68, 75 und HdR. S. 938.

5. Vgl. Anm. 2 zu § 6.

6. Über Enthebung dieser Beisitzer vom Amte vor Ablauf der 4 Kalenderjahre vgl. § 17 und über Amtsenthebung nach dem Ges. über Ehrenämter usw. vgl. die Anm. hinter den AB. zu §§ 10—13.

7. Berufung nichtversorgungsberechtigter Personen bildet einen wesentlichen Verfahrensmangel (E. I 242).

AB. zu §§ 10 bis 13[1]

(1) Die oberste Landesverwaltungsbehörde bestimmt die Zahl der für jedes Versorgungsgericht zu bestellenden Beisitzer aus der sozialen Fürsorge und den Versorgungsberechtigten, letztere getrennt nach aus der Wehrmacht Ausgeschiedenen und Hinterbliebenen.

(2) Bei der Bestellung der Beisitzer muß in erster Linie darauf Bedacht genommen werden, daß die Leistungen der einzelnen Kammern keine Beeinträchtigung erfahren. Aus diesem Grunde sollen als Beisitzer aus der sozialen Fürsorge nur Personen bestellt werden, die befähigt sind, die Berichterstattung (§ 100) einschließlich der Abfassung der Urteile zu übernehmen. Es ist nicht erforderlich, daß sie die Befähigung zum höheren Justiz- oder Verwaltungsdienst besitzen. Für Verhandlungen über Hinterbliebenenangelegenheiten können auch Frauen als Beisitzer aus der sozialen Fürsorge bestellt werden, jedoch dürfen in einer Sitzung nicht beide Beisitzer Frauen sein.

(3) Die Vorschläge der Hauptfürsorgestellen (§ 12) sollen mehr Namen enthalten als Beisitzer zu bestellen sind. Sie müssen Angaben über die frühere Zugehörigkeit der Vorgeschlagenen zur deutschen Wehrmacht, über ihre Kriegsteilnahme und Kriegsbeschädigung (§ 3 Abs. 1) sowie über ihr Alter, ihren Stand und ihre bisherige Tätigkeit enthalten und, soweit daneben noch erforderlich, auch ersehen lassen, in welcher Weise sie sich Erfahrung in der sozialen Fürsorge und Vertrautheit mit dem Versorgungswesen angeeignet haben.

(4) Richterliche Beamte (§ 10 Abs. 4) werden in gleicher Weise neu bestellt wie die Beisitzer aus der sozialen Fürsorge. Die Neubestellung richterlicher Beamter kommt vor allem da in Betracht, wo Beisitzer aus der sozialen Fürsorge, die zur Berichterstattung und Urteilsfassung besonders geeignet sind, fehlen.

1. Nach dem Ges. über Ehrenämter in der sozialen Versicherung und der Reichsversorgung vom 18. 5. 33 (RGBl. I S. 277 = RVBl. Nr. 42) können Beisitzer aus der sozialen Fürsorge und aus den Versorgungsberechtigten bei dem RVGer. durch den RAM., bei den VGer. durch die oberste Landesverwaltungsbehörde ihres Amtes enthoben und durch andere Personen ersetzt werden. Nach der 1. DurchfVO. vom 19. 5. 33 (RGBl. I S. 283 = RVBl. Nr. 43)

gelten für die Amtsenthebung und die Neubestellung im allgemeinen die Grundsätze des — mehrfach geänderten und ergänzten — Ges. zur Wiederherstellung des Berufsbeamtentums vom 7. 4. 33 (RGBl. I S. 175) und der dazu ergangenen DurchfBest. und Richtlinien. Nach der 3. DurchfVO. vom 3. 7. 33 (RGBl. I S. 450) sind Beisitzer aus den Versorgungsberechtigten ihres Amtes zu entheben, wenn die Nationalsozialistische Kriegsopferversorgung e. V. (NSKOV.) die Enthebung beantragt; dieser steht dann das Vorschlagsrecht für die Neubestellung zu.

§ 14*)

Ein Beisitzer eines Versorgungsgerichts darf nicht zugleich Beisitzer beim Reichsversorgungsgerichte sein[1].

*) Vgl. § 71 Abs. 3 RVG.

1. Ist z. B. ein VersBerechtigter oder eine in der sozialen Fürsorge erfahrene Person zugleich bei einem VGer. und beim RVGer. als Beisitzer bestellt worden, so wird, gleichviel welche Bestellung zuerst ausgesprochen worden ist, die Bestellung zum Beisitzer beim höchsten Gericht vorgehen müssen. Dafür spricht auch, daß diese Vorschrift sich im Gesetz unter denen findet, die bestimmen, wer nicht Beisitzer beim VGer. sein darf.

§ 15*)

Als Beisitzer aus den Versorgungsberechtigten kann nicht bestellt werden,

1. wer infolge strafgerichtlicher Verurteilung die Fähigkeit zur Bekleidung öffentlicher Ämter verloren hat[1], oder wer wegen eines Verbrechens oder Vergehens, das den Verlust dieser Fähigkeit zur Folge haben kann, verfolgt wird, falls gegen ihn das Hauptverfahren eröffnet ist[2],
2. wer entmündigt[3] ist oder unter vorläufiger Vormundschaft[4] steht,
3. wer infolge körperlicher oder geistiger Gebrechen zur Ausübung des Amtes nicht geeignet ist[5].

*) Vgl. § 12 Abs. 2 RVG.

1. Der Verlust der Fähigkeit zur Bekleidung öffentlicher Ämter tritt mit der Verurteilung zu Zuchthaus für dauernd, mit der Aberkennung der bürgerlichen Ehrenrechte für deren Dauer ein (§§ 31, 34 Nr. 4 StGB.). Neben einer Gefängnisstrafe, mit der die Aberkennung der bürgerlichen Ehrenrechte überhaupt hätte verbunden werden können, kann auf die Unfähigkeit zur Bekleidung öffentlicher Ämter auf die Dauer von 1 bis 5 Jahren erkannt werden (§ 35

StGB.). Außerdem kommen die Sonderfälle der §§ 128, 129, 358 a. a. O. in Betracht.

2. Wegen der Eröffnung des Hauptverfahrens vgl. insbes. § 201 der Strafprozeßordnung.

3. Entmündigt wegen Geisteskrankheit, Geistesschwäche, Verschwendung oder Trunksucht (vgl. § 6 BGB.).

4. Wenn Entmündigung beantragt ist, kann zur Abwendung einer erheblichen Gefährdung Stellung unter vorläufige Vormundschaft erfolgen (vgl. § 1906 BGB.).

5. Geistige Gebrechen werden unter Umständen es unmöglich machen, langen Sitzungen mit der erforderlichen Aufmerksamkeit zu folgen. Blinde werden, vielleicht von ganz seltenen Ausnahmen abgesehen, zum Beisitzer nicht geeignet sein. Wer trotz mangelnder Eignung bestellt wurde, ist nach § 42 Abs. 1 Nr. 8 von der Mitwirkung ausgeschlossen.

§ 16*)

Ein Versorgungsberechtigter kann die Übernahme des Amtes als Beisitzer nur ablehnen[1], wenn er

1. das sechzigste Lebensjahr vollendet hat[2],
2. mehr als vier minderjährige[3] eheliche oder legitimierte Kinder[4] hat; Kinder, die ein anderer an Kindes Statt angenommen hat, werden dabei nicht gerechnet,
3. durch Krankheit oder Gebrechen verhindert ist, das Amt ordnungsmäßig zu führen,
4. mehr als eine Vormundschaft oder Pflegschaft führt; die Vormundschaft oder Pflegschaft über mehrere Geschwister gilt nur als eine; zwei Gegenvormundschaften stehen einer Vormundschaft, ein Ehrenamt[5] der Reichsversicherung einer Gegenvormundschaft gleich.

*) Vgl. § 12 RVO.

1. Die Übernahme des Amtes als Beisitzer aus den Versorgungsberechtigten — dagegen nicht als Beisitzer aus der sozialen Fürsorge (Anm. 1 zu § 12) — ist allgemeine Bürgerpflicht, der sich grundsätzlich niemand entziehen darf. Eine Ablehnung der Übernahme ist daher nur in den aufgeführten Fällen zulässig. Eine ausdrückliche Annahme des Amtes ist nicht erforderlich. Beisitzer, die sich der Erfüllung ihrer Obliegenheiten entziehen, werden nach § 148 Abs. 1 in Ordnungsstrafe genommen.

2. Die Vollendung des sechzigsten Lebensjahres nach erfolgter Bestellung ist kein wichtiger Grund zur Entbindung vom Amte des Beisitzers gemäß § 17 Abs. 1.

3. Die Minderjährigkeit endet mit der Vollendung des einundzwanzigsten Lebensjahres (vgl. § 3 BGB.).

4. Wegen der ehelichen Kinder vgl. § 1591 BGB. Den ehelichen Kindern stehen die durch nachfolgende Ehe oder Ehelichkeitserklärung legitimierten oder vom VersBerechtigten an Kindes Staat angenommenen Kinder gleich (vgl. §§ 1719, 1736, 1757 BGB.).

5. Ehrenämter der Reichsversicherung sind alle auf Grund der RVO., des Angestelltenversicherungsgesetzes, des Reichsknappschaftsgesetzes und des Ges. über Arbeitsvermittlung und Arbeitslosenversicherung bekleideten Ehrenämter.

§ 17*)

(1) Der Vorsitzende des Versorgungsgerichts kann einen Beisitzer aus den Versorgungsberechtigten auf seinen Antrag vom Amte entbinden, wenn ein wichtiger Grund[1] vorliegt. Eines Antrags bedarf es nicht, wenn der Beisitzer seinen Wohnort verlegt und seine Heranziehung zu den Sitzungen dadurch wesentlich erschwert wird[2].

(2) Die Beisitzer haben dem Vorsitzenden des Versorgungsgerichts Mitteilung zu machen, wenn infolge einer Veränderung in ihren persönlichen Verhältnissen[3] die Voraussetzungen für ihre Bestellung wegfallen.

(3) Werden von einem Beisitzer Tatsachen bekannt, die seine Bestellung ausschließen[4] oder eine grobe Verletzung seiner Amtspflicht[5] darstellen, so hat ihn der Vorsitzende des Versorgungsgerichts nach Anhören seines Amtes zu entheben[6].

(4) Gegen die Verfügung nach den Absätzen 1 und 3 ist die Beschwerde[7] an die oberste Landesverwaltungsbehörde zulässig.

*) Vgl. §§ 52, 76 RVO.

1. Ein wichtiger Grund wird z. B. vorliegen, wenn in den Lebensverhältnissen des Beisitzers Veränderungen eingetreten sind, welche die Wahrnehmung des Amtes derartig erschweren, daß sie ihm billigerweise nicht mehr zugemutet werden kann. Ein wichtiger Grund kann u. a. auch darin gefunden werden, daß nachträglich ein Ablehnungsgrund nach § 16 Nr. 2—4 eintritt.

2. Die Verminderung der VersGer. oder der Kammern bildet hier im Gegensatz zu §§ 11, 12 keinen Grund für die Entbindung vom Amte.

3. Die wichtigste Veränderung in den persönlichen Verhältnissen, die hier in Betracht kommt, ist die Entziehung der Rente,

da der Beisitzer dadurch die Eigenschaft eines VersBerechtigten verliert.

4. Wegen der Tatsachen, welche die Bestellung ausschließen, vgl. §§ 14, 15. Auch die Entziehung der Rente gehört hierher, aber nicht das Ruhen der Rente.

5. Hier kommt insbesondere die Verletzung der Schweigepflicht aus §§ 2 und 131 Abs. 2 Satz 2 in Frage.

6. In solchen Fällen wird der Vorsitzende den Beisitzer, den er seines Amtes zu entheben beabsichtigt, einstweilen zu den Sitzungen nicht heranziehen. Hierzu ist er befugt, da nach § 18 Satz 2 aus besonderen Gründen von der Reihenfolge abgewichen werden kann. Über Amtsenthebung nach dem Ges. über Ehrenämter usw. vgl. die Anm. hinter den AB. zu §§ 10—13.

7. Die Beschwerde (vgl. §§ 61 ff.) ist gegeben, sowohl wenn der Vorsitzende des Gerichts den Antrag eines Beisitzers auf Entbindung vom Amte ablehnt, wie auch wenn ein Beisitzer — z. B. wegen Verletzung der Amtspflicht — seines Amtes enthoben wird.

§ 18*)

Der Vorsitzende des Versorgungsgerichts setzt im voraus für jedes Kalenderjahr die Reihenfolge fest, in der die Beisitzer aus den Versorgungsberechtigten zu den Verhandlungen der Kammern zuzuziehen sind[1]. Von der Reihenfolge darf nur aus besonderen Gründen[2] abgewichen werden. Die Gründe sind in den Akten zu vermerken.

*) Vgl. § 1684 RVO.

1. Hierdurch soll die Möglichkeit ausgeschlossen werden, daß eine Versorgungssache aus irgendwelchen Gründen bestimmten Richtern zur Entscheidung zugeleitet wird. Die Verteilung der Sachen erfolgt wie bei den ordentlichen Gerichten nach einem feststehenden Plan und ist jeder persönlichen Einflußnahme entzogen.

2. Die besonderen Gründe werden in der Regel in den Lebensverhältnissen der Beisitzer liegen; meistens wird daher ein Antrag des Beisitzers zu der Abweichung von der Reihenfolge den Anlaß geben.

§ 19*)

Der Vorsitzende der Kammer[1] verpflichtet[2] die Beisitzer[3] vor der ersten Verhandlung, an der sie teilnehmen, durch Handschlag auf die gewissenhafte Erfüllung ihrer Pflichten unter Hinweis auf die Vorschriften der §§ 2 und 131 Abs. 2 Satz 2. Die Verpflichtung, über die eine Niederschrift[4] aufzunehmen ist, gilt für die Dauer der Bestellung[5]. Bei Wiederbestellung[6] genügt die Verweisung auf die frühere Verpflichtung.

*) Vgl. § 53 Abs. 1, § 76 RVO.

1. Nicht der Vorsitzende des VGer. (vgl. § 9).

2. Die Verpflichtung wird in öffentlicher Sitzung zu erfolgen haben.

3. § 19 bezieht sich auf alle Beisitzer nach § 10 Abs. 2—4. Es sind also die VersBerechtigten wie auch die Beisitzer aus der sozialen Fürsorge und die richterlichen Beisitzer zu verpflichten.

4. Die Niederschrift ist durch den vereidigten Schriftführer (vgl. § 123) aufzunehmen.

5. Die Pflicht zur Verschwiegenheit und Geheimhaltung bleibt auch nach Ablauf der Amtszeit bestehen (§ 2 Satz 2).

6. Wiederbestellung infolge Ausscheidens nach vier Jahren (vgl. § 13 Abs. 2).

§ 20 *)

(1) Die Beisitzer aus den Versorgungsberechtigten erhalten eine angemessene Entschädigung für den durch die Teilnahme an einer Sitzung bedingten Ausfall an Arbeitseinkommen und für Aufwand sowie Ersatz der Fahrkosten. Die nähere Regelung trifft der Reichsarbeitsminister im Benehmen mit dem Reichsminister der Finanzen.

(2) Die Sitzungsgebühr für die übrigen Beisitzer[1] setzt die oberste Landesverwaltungsbehörde im Benehmen mit dem Reichsarbeitsminister fest; hierbei ist für die Tätigkeit als Berichterstatter[2] eine besondere Vergütung zu gewähren.

*) Vgl. §§ 54, 76 RVO. — In § 20 VerfG. ist Abs. 1 durch Art. 21 Ziff. V 2 der PAV. und den 1. Teil, Kap. III Art. 4 Nr. 1 der NotVO. vom 14. 6. 1932 (RGBl. I S. 273/278), Abs. 2 durch das Ges. vom 17. 3. 28 (RGBl. I S. 63) geändert worden.

1. Unter den übrigen Beisitzern sind die Beisitzer aus der sozialen Fürsorge und die richterlichen Beisitzer zu verstehen, die an Stelle der Beisitzer aus der sozialen Fürsorge verwendet werden können (vgl. § 10). Die Vergütung der nach § 11 Satz 3 bestellten Kammervorsitzenden wird von den Ländern ohne Beteiligung des RAM. festgesetzt.

2. Die Tätigkeit als Berichterstatter umfaßt auch die Absetzung der Urteile. Vgl. im übrigen Anm. 1 zu § 100.

Verordnung über die Entschädigung der Beisitzer aus den Versorgungsberechtigten bei den Spruchbehörden der Reichsversorgung

vom 31. März 1933 (RVBl. Nr. 28), in den §§ 2 und 3 mit den Änderungen durch die Verordnung vom 24. März 1934 (RMBl. S. 292 Nr. 14)

Auf Grund des Gesetzes über das Verfahren in Versorgungssachen (RGBl. 1928 I S. 71) § 20 Abs. 1 in der Fassung der Verordnung des Reichspräsidenten über Maßnahmen zur Erhaltung der Arbeitslosenhilfe und der Sozialversicherung sowie zur Erleichterung der Wohlfahrtslasten der Gemeinden vom 14. 6. 32, Erster Teil, Kapitel III (Reichsversorgung), Artikel 4 Nr. 1 (RGBl. I S. 273, 278) wird hiermit verordnet:

§ 1

Entschädigung für Ausfall an Arbeitseinkommen

Die Beisitzer aus den Versorgungsberechtigten bei den Spruchbehörden der Reichsversorgung erhalten für den durch die Teilnahme an einer Sitzung bedingten Ausfall an Arbeitseinkommen eine Entschädigung. Sie beträgt für jede angefangene Stunde der versäumten Arbeitszeit wenigstens 20 Reichspfennig und höchstens 1,50 Reichsmark. Die Höhe der Entschädigung wird im Einzelfall unter Berücksichtigung der regelmäßigen Erwerbstätigkeit festgesetzt. Die Entschädigung wird für höchstens zehn Stunden für den Tag gewährt.

§ 2

Entschädigung für Aufwand

(1) Neben der Vergütung für den Ausfall an Arbeitseinkommen erhalten die Beisitzer für jeden Sitzungstag eine Aufwandsentschädigung, die bei den Versorgungsgerichten bei einer Sitzungsdauer bis zu vier Stunden 1 Reichsmark, bei längerer Sitzungsdauer 3 Reichsmark beträgt.

(2) Beisitzer bei den Versorgungsgerichten, die nicht innerhalb der politischen Gemeinde des Sitzungsorts wohnen oder ihre Berufstätigkeit ausüben, erhalten außerdem eine weitere Entschädigung von 3 Reichsmark für den Sitzungstag und für jeden weiteren Reisetag. Die oberste Landesbehörde kann für Orte, die der politischen Gemeinde des Sitzungsorts unmittelbar benachbart sind, bestimmen, daß sie den zu dieser politischen Gemeinde gehörenden Ortsteilen im Sinne dieser Vorschrift gleichzustellen sind.

(3) Für Beisitzer beim Reichsversorgungsgericht, die innerhalb der politischen Gemeinde des Sitzungsorts wohnen, beträgt die Entschädigung 5 Reichsmark für den Sitzungstag. Auswärtige Beisitzer erhalten für den Sitzungstag und jeden Reisetag eine Entschädigung von 9 Reichsmark.

(4) Für die nicht mit einem Sitzungstage zusammenfallenden Tage des Antritts oder der Beendigung der Dienstreise wird die in Abs. 2 und Abs. 3 Satz 2 vorgesehene Entschädigung dann nicht gezahlt, wenn die Reise um 18 Uhr oder später angetreten oder die Rückreise nach dem Wohnort bis 6 Uhr beendet wird.

§ 3
Übernachtungsgeld

Wird durch die Teilnahme an einer Sitzung eine auswärtige Übernachtung erforderlich, so wird außer den Entschädigungen nach §§ 1 und 2 ein Übernachtungsgeld gewährt. Es beträgt
a) für Beisitzer bei den Versorgungsgerichten 5 Reichsmark,
b) für die Beisitzer beim Reichsversorgungsgericht 6 Reichsmark.

§ 4
Fahrkosten

(1) Beisitzer, die nicht innerhalb der politischen Gemeinde des Sitzungsorts wohnen oder ihre Berufstätigkeit ausüben, erhalten als Fahrkostenentschädigung
a) für Wegstrecken, die auf Eisenbahnen, Schiffen, Kraftposten oder sonstigen regelmäßig fahrenden Verkehrsmitteln zurückgelegt sind oder hätten zurückgelegt werden können, die wirklich erwachsenden Auslagen einschließlich der Kosten für Beförderung des notwendigen Gepäcks, jedoch bei Eisenbahnen, Kleinbahnen oder Schiffen höchstens den Fahrpreis der dritten Wagenklasse in Personenzügen oder der zweiten Schiffsklasse. Die Mehrkosten für Benutzung der zweiten Wagenklasse oder der ersten Schiffsklasse werden Oberschenkelamputierten und Krückenträgern stets, anderen Beisitzern dann gezahlt, wenn die Benutzung dieser Klasse vom Arzt als notwendig bescheinigt wird. Daneben können Zuschläge erstattet werden:
für die Benutzung eines Eilzugs, wenn sie nach Lage der Verkehrsgelegenheiten, insbesondere zur Abkürzung der Gesamtdauer der Reisezeit, zweckmäßig war;
für die Benutzung eines Schnellzugs, wenn dadurch die Reise und Abwesenheit vom Wohnort derart abgekürzt wurde, daß die Mehrkosten der Benutzung gegenüber den Kosten der Benutzung eines Eilzugs durch eine Minderausgabe an Entschädigung für Ausfall an Arbeitseinkommen, Aufwandsentschädigung und Übernachtungsgeldern ausgeglichen werden;
b) für Wegstrecken, die nicht mit den unter a genannten Verkehrsmitteln zurückgelegt werden können, für je 1 Kilometer (angefangene Kilometer werden als voll gerechnet) 10 Reichspfennig.

Ist der Beisitzer durch besondere Umstände genötigt, sich eines Fuhrwerkes zu bedienen, so sind die dadurch erwachsenen Unkosten in angemessenen Grenzen zu ersetzen. Dies gilt auch dann, wenn ein eigenes Fuhrwerk benutzt worden ist; in diesem Falle sind in der Regel zwei Drittel der ortsüblichen Kosten eines Mietfuhrwerkes als ausreichende Entschädigung anzusehen.

(2) Kosten für Fahrten oder Wege innerhalb der politischen Gemeinde des Wohnorts und des Sitzungsorts werden nicht erstattet,

es sei denn, daß sie die im § 2 Abs. 1 vorgesehene Aufwandsentschädigung übersteigen. In diesen Fällen werden die mehr erwachsenen Auslagen zusätzlich erstattet.

§ 5

Der Reichsarbeitsminister kann weitere Vorschriften zur Durchführung dieser Verordnung erlassen.

§ 6

Diese Verordnung tritt am 1. Mai 1933 in Kraft.

Durchführungsbestimmungen zur Verordnung über die Entschädigung der Beisitzer aus den Versorgungsberechtigten bei den Spruchbehörden der Reichsversorgung. Vom 31. März 1933 (RVBl. Nr. 29)

1. Der Ausfall an Arbeitseinkommen (§ 1) ist durch eine Bescheinigung des Arbeitgebers oder in sonstiger Weise zu belegen. Ausfall an Arbeitslosenunterstützung steht einem Ausfall an Arbeitseinkommen gleich. Bei Festbesoldeten kann auf Grund der Tatsache, daß sie die versäumten Arbeiten nachholen müssen, ein Ausfall an Arbeitseinkommen nicht angenommen werden. Bei Angehörigen freier Berufe liegt ein erstattungsfähiger Ausfall an Arbeitseinkommen nicht vor, wenn ein Betrieb kaufmännischer, gewerblicher, landwirtschaftlicher oder sonstiger Art trotz Abwesenheit des Inhabers weiterläuft, ohne daß die Annahme eines bezahlten Vertreters notwendig ist. Wird jedoch ein Ausfall an Arbeitseinkommen, z. B. von kaufmännischen Vertretern, Reisenden, Kleinhandwerkern, Heimarbeitern überzeugend dargetan, so kann Ersatz beansprucht werden. Für die Berechnung des Ausfalls ist der Jahresverdienst maßgebend, wenn sonstige ausreichende Unterlagen nicht beigebracht werden können.

2. Sind Wegestrecken, die auf Eisenbahnen, Schiffen, Kraftposten oder sonstigen regelmäßig fahrenden Verkehrsmitteln (Trambahnen, Omnibussen) hätten zurückgelegt werden können, mit anderen Verkehrsmitteln zurückgelegt worden (§ 4 Abs. 1 a), so sind die Auslagen zu erstatten, die bei Benutzung der genannten Verkehrsmittel entstanden sein würden.

3. Zum Nachweis der benutzten Wagenklasse auf Zugart genügt die pflichtmäßige Versicherung des Ersatzberechtigten.

Zweite Durchführungsbestimmungen zur Verordnung über Entschädigung der Beisitzer aus den Versorgungsberechtigten bei den Spruchbehörden der Reichsversorgung. Vom 7. November 1933 (RMBl. S. 678 Nr. 51)

1. Für Ersparnisse in der eigenen Wirtschaft des Beisitzers ist ein angemessener Betrag von der Entschädigung für den Ausfall an Arbeitseinkommen (§ 1) abzuziehen.

2. Kosten für die Benutzung von Schlafwagen werden nicht erstattet.

§ 21

Die für das Versorgungsgericht erforderlichen Hilfskräfte[1] werden aus den Beamten und Angestellten des Oberversicherungsamts vom Vorsitzenden des Amtes bestellt[2].

1. Möglichst sollen Kriegsbeschädigte aus den Beamten und Angestellten des OVA. überwiesen werden (Begr.).

2. Die VersGerichte haben also keinen eigenen Beamtenkörper; lediglich die nach § 11 Satz 3 bestellten Vorsitzenden gehören nicht dem OVA. an.

§ 22*)

(1) Das Versorgungsgericht wählt für je vier Kalenderjahre, in der Regel nach Anhören der zuständigen Ärztevertretung, aus seinem Bezirke die Ärzte aus, die nach Bedarf zu den Verhandlungen des Versorgungsgerichts als Sachverständige zugezogen werden sollen (Gerichtsärzte)[1]. Sie sollen mindestens zur Hälfte am Sitzungsorte wohnen. Ärzte, die bei einem Hauptversorgungsamt oder Versorgungsamte dauernd tätig sind[2], können nicht ausgewählt werden[3].

(2) Über die Auswahl beschließt nach Stimmenmehrheit die Kammer, welche der Vorsitzende bestimmt. Die Namen der Gewählten sind öffentlich bekanntzumachen.

(3) Die oberste Landesverwaltungsbehörde regelt die Durchführung dieser Bestimmungen.

*) Vgl. § 1686 RVO.; Rechtspr. dazu VersB. 27/28 S. 90.

Zweite VO. zur Durchführung des Ges. über Ehrenämter in der sozialen Versicherung und der Reichsversorgung vom 23. Juni 1933 (RGBl. I S. 397)

Auf Grund des § 5 des Gesetzes über Ehrenämter in der sozialen Versicherung und der Reichsversorgung vom 18. 5. 33 (RGBl. I S. 277) wird für den ärztlichen Dienst in der sozialen Versicherung und der Reichsversorgung folgendes verordnet:

§ 1

Die Sachverständigen bei den Oberversicherungsämtern und Versorgungsgerichten (§ 1686 RVO., § 22 VerfG.) sind mit Wirkung vom 1. 8. 33 neu auszuwählen; dabei sind die Grundsätze des Gesetzes zur Wiederherstellung des Berufsbeamtentums vom 7. 4. 33 und der dazu ergangenen Durchführungsbestimmungen entsprechend anzuwenden. Wer hiernach nicht ausgewählt werden kann, kann auch nicht auf Grund des § 1681 der RVO. oder des § 104 des VerfG. als Gutachter benannt werden.

§§ 2—4

(betreffen Vertrauens- und Durchgangsärzte usw. bei den Versicherungsträgern)

§ 5

In der sozialen Versicherung und der Reichsversorgung kann jeder die Untersuchung durch einen nichtarischen Arzt vor Beginn der Untersuchung ablehnen. In diesem Falle ist dafür Sorge zu tragen, daß die Untersuchung von einem geeigneten Arzt arischer Abstammung vorgenommen werden kann.

§ 6

Was vorstehend für Ärzte vorgeschrieben ist, gilt entsprechend für Zahnärzte.

1. Der Ausdruck Gerichtsarzt†) (ursprünglich Vertrauensarzt genannt), soll nach der Begr. die vollständige Unabhängigkeit und Unparteilichkeit dieser Ärzte hervorheben. Die Gerichtsärzte werden zu den Verhandlungen als Sachverständige, nicht etwa als Obergutachter zugezogen. Ihre Aufgabe ist in erster Linie, das Gericht mit ihrem sachverständigen Rate zu unterstützen, insbesondere den Krankheitszustand des Klägers dem Gericht darzulegen und erforderlichenfalls die erstatteten Gutachten zu erläutern. Unter Umständen wird der Gerichtsarzt auf die Notwendigkeit fachärztlicher Untersuchung oder einer Beobachtung des Klägers in einem Krankenhause hinzuweisen haben. — Die beim Inkrafttreten des Gesetzes tätigen Vertrauensärzte blieben zunächst im Amte (§ 159 Abs. 3).

2. Hierunter fallen die beamteten Ärzte der Verwaltungsbehörden wie auch die in einem Angestelltenverhältnis zu einem VersAmt oder HptVersAmt stehenden Ärzte, nicht aber Fachärzte, die nur in Einzelfällen einer Verwaltungsbehörde Gutachten über Fragen ihres Arbeitsgebiets erstatten (Begr.).

Ein im Reichstagsausschuß gestellter Antrag, ehemalige Militärärzte als Gerichtsärzte auszuschließen, wurde abgelehnt, nachdem die Regierung erklärt hatte, daß ein Militärarzt, der früher Vorgesetzter eines VersBerechtigten gewesen ist, von diesem wegen Befangenheit abgelehnt werden könne.

3. Diese Ärzte sind daher nicht nur ausgeschlossen, wenn im Einzelfall einer der Ausschließungsgründe des § 42 vorliegt, sondern sie sind allgemein von der Wahl zum Gerichtsarzt ausgeschlossen.

---

†) Döllner, Gerichtsärztl. Erfahrungen aus dem MilVers.-Wesen, Ärztl. Sachverst.-Zeitung 24 S. 92—94 und S. 104—107; Weil, Die Stellung des ärztlichen Sachverständigen beim RVA. und VGer., Ärztl. Sachverst.-Zeitung 27 S. 267—268.

Wirkt ein entgegen dieser Vorschrift gewählter Arzt mit, so liegt ein wesentlicher Mangel des Verfahrens vor. — Umgekehrt würden Unzuträglichkeiten entstehen, wenn die gewählten Gerichtsärzte von den Verwaltungsbehörden um Erstattung von Gutachten ersucht würden, weil sie dann im anschließenden Spruchverfahren nach § 42 Abs. 1 Nr. 6 von der Mitwirkung ausgeschlossen wären.

II. Das Reichsversorgungsgericht†)

§ 23*)

Das Reichsversorgungsgericht ist die oberste Spruchbehörde in Versorgungssachen[1]. Seine Entscheidungen sind endgültig[2], soweit nicht dieses Gesetz ein anderes vorschreibt[3].

*) Über die umfassendere Stellung des RVA. vgl. §§ 83, 84 RVO. und Abschn. III des Ges. über den Aufbau der Sozialversicherung vom 5. 7. 34 (RGBl. I S. 577).

1. In seiner Eigenschaft als oberste Spruchbehörde ist das RVGer. nach § 3 unabhängig und an keinerlei Weisungen gebunden. Insbesondere erstreckt sich die Dienstaufsicht des RAM. (§ 1 Satz 2) nicht auf die Rechtsprechung.

Obschon das RVGer. seit dem 1. 12. 1934 nicht mehr Rekurs-, sondern Berufungsinstanz ist, bleibt es auch weiterhin die oberste Spruchinstanz in Versorgungssachen. Die VGer. sind nämlich wie früher an seine veröffentlichten grundsätzlichen Entscheidungen gebunden und müssen die an sich zu ihrer Zuständigkeit gehörenden Sachen zur Entscheidung an das RVGer. abgeben, wenn sie von einer veröffentlichten grundsätzlichen Entscheidung des RVGer. abweichen wollen oder wenn es sich um die noch nicht festgestellte Auslegung einer gesetzlichen Vorschrift von grundsätzlicher Bedeutung handelt. Zum 1. 12. 1934 ist ferner die Zuständigkeit des RVGer. durch die Aufhebung des BayLVGer. auf das gesamte Reichsgebiet ausgedehnt worden; nach der VO. vom 18. 1. 35 (RGBl. I S. 19) gehen die beim LVGer. anhängigen Sachen am 1. 7. 35 auf das RVGer. über.

2. Gegen die Entscheidungen der Senate des RVGer. ist weder ein Rechtsmittel noch Beschwerde gegeben. Hingegen ist die Beschwerde gegen Entscheidungen des Vorsitzenden des Senats in den im Gesetz besonders hervorgehobenen Fällen, z. B. Verweigerung der Akteneinsicht (§ 60 Abs. 2) und Festsetzung der Vergütung für persönliches Erscheinen (§ 144 Abs. 3) gegeben.

3. Ein anderes ist z. B. in den §§ 66 ff. vorgeschrieben, wonach

---

†) Ansprache des Präsidenten Dr. Kaufmann in der ersten Senatssitzung des RVGer. s. RVBl. 19 S. 781.

auch ein durch rechtskräftige Entscheidung des RVGer. abgeschlossenes Verfahren unter bestimmten Voraussetzungen wieder aufgenommen werden kann, ferner in Art. 2 des Ges. vom 3. 7. 34 (RGBl. I S. 544; hier abgedruckt hinter § 71), wonach auch eine Entscheidung des RVGer. in einem besonderen Verfahren geändert werden kann, wenn sie der Sach- oder Rechtslage nicht entspricht. Endgültig sind auch die Entscheidungen der Senatsvorsitzenden nach § 101.

§ 24 *)

(1) Der Präsident des Reichsversicherungsamtes ist, solange sich das Reichsversorgungsgericht und das Reichsversicherungsamt an demselben Orte befinden, zugleich der Präsident des Reichsversorgungsgerichts. Der Vizepräsident ist sein ständiger Vertreter und leitet unter seiner Oberleitung die Geschäfte des Reichsversorgungsgerichts 1.

(2) Der Vizepräsident, die Senatspräsidenten und die übrigen Mitglieder des Reichsversorgungsgerichts 2 (Oberregierungsräte und Regierungsräte) werden vom Führer und Reichskanzler auf Lebenszeit ernannt 3. Sie müssen die Befähigung zum höheren Justiz- oder Verwaltungsdienste besitzen 4.

AB. s. hinter § 25.

*) Vgl. § 86 RVO. — Durch Ges. vom 17. 3. 28 (RGBl. I S. 63 und RVBl. Nr. 44) ist der bisherige Abs. 3, der die Ernennung der übrigen Beamten dem RAM. zuwies, gestrichen worden, um die für die Reichsbeamten allgemein geltenden Regeln gelten zu lassen; vgl. jetzt Erlaß des Führers und Reichskanzlers vom 1. 2. 35 (RGBl. I S. 74). In Abs. 2 beruht die Fassung „Führer und Reichskanzler" statt vorher „Reichspräsidenten" auf der Bek. der neuen Fassung des VerfG. vom 2. 11. 34 (RGBl. I S. 1113).

1. Die Leitung der Geschäfte umfaßt die Regelung des gesamten Geschäftsgangs, soweit sie nicht dem Präsidium vorbehalten ist (vgl. § 33). Der Vizepräsident ist deshalb für die ordnungsmäßige Erledigung der Geschäfte in den Grenzen des Möglichen verantwortlich.

Das RVGer. ist im Gebäude des RVA., Berlin W 35, Tirpitzufer 50—54, untergebracht. Die im April 1923 eingerichtete Zweigstelle in Berlin-Schöneberg, General-Pape-Straße (RVBl. 23 Nr. 326) wurde nach kurzer Zeit wieder aufgehoben. Dann war vorübergehend ein Teil der Amtszimmer nach der Potsdamer-Str. 10/11 verlegt.

2. Unter den „Mitgliedern" des RVGer. sind der Vizepräsident, die Senatspräsidenten sowie die Oberregierungsräte und Regierungsräte zu verstehen.

3. Die Ernennung auf Lebenszeit soll der Unabhängigkeit der Rechtsprechung (§ 3) dienen. Über die weitergehende Sicherung der Richter bei den ordentlichen Gerichten vgl. Anm. 1 zu § 3.

4. Die Befähigung zum höheren Justizdienst ist in den §§ 2—5 des Gerichtsverfassungsgesetzes geregelt. Über die Befähigung zum höheren Verwaltungsdienst bestehen reichsgesetzliche Bestimmungen nicht; man wird deshalb die Vorschriften des Heimatstaates anwenden müssen (vgl. Anm. 2 zu § 11).

§ 25

Im Falle des Bedarfs können ständige Mitglieder des Reichsversicherungsamts an das Reichsversorgungsgericht und Mitglieder des Reichsversorgungsgerichts an das Reichsversicherungsamt versetzt werden[1].

AB. zu §§ 24, 25

(1) Nach Anordnung des Präsidenten können gemeinsame Verwaltungseinrichtungen (insbesondere Kalkulatur, Kanzlei, Bücherei, Botendienst) für das RVGer. und das RVA. geschaffen werden.

(2) Im Falle des Bedarfs kann der Präsident Büro- und Kanzleibeamte und Angestellte des RVA. an das RVGer. und solche des RVGer. an das RVA. vorübergehend abordnen.

1. Wenngleich die Mitglieder des RVGer., ebenso wie die des RVA., auf Lebenszeit ernannt werden (§ 24 Abs. 2), so kann doch ihre Versetzung im dienstlichen Interesse, insbesondere bei Veränderungen des Geschäftsandranges notwendig werden (Begr.).

§ 26*)

Beim Reichsversorgungsgerichte werden Senate[1] und ein Großer Senat[2] gebildet. Die Zahl der Senate bestimmt der Reichsarbeitsminister[3].

*) Vgl. § 98 Abs. 1, § 101 Abs. 1 RVO.

1. Über die Zusammensetzung der Senate vgl. § 27; die VO. vom 23. 9. 22, die einen besonderen Saarsenat vorsah, ist durch § 2 der VO. zur Überleitung des Reichsversorgungsrechts im Saarland vom 18. 2. 35 (RGBl. I S. 245) zum 1. 3. 35 aufgehoben worden.

2. Wegen Zusammensetzung des Großen Senats vgl. § 34, wegen seiner Zuständigkeit § 130.

3. Die Zahl der Senate bestimmt der RAM., weil ihm die Sorge für die Bewilligung der planmäßigen Stellen und die Verantwortung für die Einhaltung des Haushaltsplanes bei dem RVGer. obliegt. Insbesondere kommt auch die Festsetzung der Zahl der nach

§ 32 zu bildenden Hilfssenate in Frage. Z. Zt. (1934) bestehen 11 ordentliche und keine Hilfssenate.

§ 27*)

(1) Jeder Senat besteht aus dem Vorsitzenden und vier Beisitzern[1].

(2) Den Vorsitz führt der Präsident, der Vizepräsident oder ein Senatspräsident. Den Vorsitzenden vertritt im Behinderungsfalle der dem Senat angehörende Oberregierungsrat[2].

(3) Als Beisitzer[1] wirken mit ein Mitglied[2] des Reichsversorgungsgerichts, ein richterlicher Beamter, eine in der sozialen Fürsorge erfahrene, mit dem Versorgungswesen vertraute Person[3] sowie ein aus der Wehrmacht ausgeschiedener Versorgungsberechtigter oder eine aus dem Kreise der Hinterbliebenen[4] zu entnehmende Beisitzerin.

(4) Nach Bedarf kann an die Stelle des richterlichen Beamten ein weiteres Mitglied des Reichsversorgungsgerichts oder ein weiterer Beisitzer aus der sozialen Fürsorge oder an die Stelle des Beisitzers aus der sozialen Fürsorge ein weiteres Mitglied des Reichsversorgungsgerichts oder ein weiterer richterlicher Beamter treten[5].

*) Vgl. § 98 Abs. 2, § 99 RVO. — Nach der VO. vom 1. 2. 19 (RGBl. I S. 149) und dem Ges. vom 15. 5. 20 (RGBl. I S. 1064) hatten die Senate 7 Mitglieder. § 27 sieht nur 5 Mitglieder vor. Abs. 4 ist durch Art. 21 Ziff. V 3 der PAV. mit Wirkung vom 31. 10. 23 angefügt. Wegen des Ausdrucks „richterlicher Beamter" s. die Angabe bei § 10; in den DurchfBest. zum Ges. vom 17. 3. 28 ist darauf hingewiesen, daß nunmehr „auch die Vorsitzenden und stellvertretenden Vorsitzenden der Arbeitsgerichte, soweit sie ordentliche Richter sind, als richterliche Beisitzer beim RVGer. zugezogen werden können" (RVBl. 28 Nr. 45).

1. Wegen der richterlichen Beamten vgl. § 28, wegen der Beisitzer aus der sozialen Fürsorge § 29, wegen der aus den VersBerechtigten § 30.

2. Über Mitglieder vgl. § 24, über Hilfsrichter § 32.
Die Mitglieder, die Hilfsrichter und die richterlichen Beisitzer haben in den Senatssitzungen eine mit der Amtstracht des RVA. übereinstimmende Amtstracht zu tragen; VO. vom 21. 1. 35 (RVBl. Nr. 6).

3. Für die Beisitzer aus der sozialen Fürsorge konnten nach § 159 Abs. 2 bis zum 1. 1. 1924 die am 1. 2. 1922 bereits bestellten

Beisitzer aus dem Versorgungswesen mitwirken. Seitdem können Versorgungsbeamte als Beisitzer aus der sozialen Fürsorge bestellt werden, wenn sie die Voraussetzung als solche erfüllen.

4. An Stelle des aus der Wehrmacht ausgeschiedenen Vers.-Berechtigten kann auch eine Hinterbliebene treten, aber nur für die Verhandlung von Hinterbliebenenangelegenheiten. Wenngleich das Gesetz es nicht besonders hervorhebt, so muß die Hinterbliebene auch hier, wie im § 10, versorgungsberechtigt sein. Vgl. im übrigen Anm. 6 zu § 10.

5. Es darf stets nur entweder der richterliche oder der Beisitzer aus der sozialen Fürsorge ersetzt werden.

§ 28*)

Die als Beisitzer zuzuziehenden richterlichen Beamten[1] werden vom Reichsarbeitsminister für die Dauer des Hauptamts[2] berufen. Bei vorübergehendem Bedarfe kann die Berufung auch auf Zeit erfolgen. Sie sind tunlichst aus Richtern in höherer Stellung[3] zu entnehmen[4].

*) Vgl. § 99 Abs. 2 RVO. — Wegen des Ausdrucks „richterlichen Beamten" vgl. die Angabe bei § 10 und Anm. * zu § 27.

1. Über richterliche Beamte s. Anm. 7 zu § 10.

2. Es erlischt mithin die Berufung als Beisitzer im RVGer., wenn z. B. der für die Dauer seines Hauptamts als Landgerichtsrat Bestellte zum Landgerichtsdirektor befördert wird.

3. Die Bedeutung der dem RVGer. zugewiesenen Aufgaben macht es erforderlich, daß die richterlichen Beisitzer nach Möglichkeit Richtern in höherer Stellung entnommen werden.

4. Für die Vergütung der Richter gilt § 36 Abs. 2.

§ 29*)

(1) Die Beisitzer aus der sozialen Fürsorge[1] werden vom Reichsarbeitsminister für je vier Kalenderjahre bestellt. Sie bleiben auch nach Ablauf dieser Zeit im Amte, bis ihre Nachfolger eintreten. Wer ausscheidet, kann wiederbestellt werden.

(2) Sie können zunächst vorläufig bis zur Dauer eines Jahres bestellt werden. Werden sie endgültig bestellt, so bleibt die Zeit der vorläufigen Bestellung bei der Berechnung der vier Jahre außer Ansatz.

(3) Die Bestellung dieser Beisitzer kann gegen ihren Willen nur widerrufen werden, wenn sie ihren Wohnort verlegen und ihre Heranziehung zu den Sitzungen dadurch

wesentlich erschwert oder wenn die Zahl der Senate herabgesetzt wird[2].

AB. s. bei § 31.

*) Der Schluß von „oder wenn" ab ist durch Art. I 2 der VO. vom 12. 2. 24 (RGBl. I S. 59) angefügt.

1. Für die Entschädigung der Beisitzer aus der sozialen Fürsorge gilt § 36 Abs. 2.

2. Die Vorschrift dient der Sicherung der Unabhängigkeit des Gerichts.

§ 30

Die Beisitzer aus den Versorgungsberechtigten[1] werden nach Anhören von Verbänden Versorgungsberechtigter[2] vom Reichsausschusse der Kriegsbeschädigten- und Kriegshinterbliebenenfürsorge[3] bestellt. Der Reichsarbeitsminister kann näheres bestimmen[4].

1. a) Die Beisitzer aus den VersBerechtigten sind aus der Wehrmacht ausgeschiedene Versorgungsberechtigte oder versorgungsberechtigte Hinterbliebene (vgl. § 27 Abs. 3). Über den Begriff „Versorgungsberechtigte" vgl. Anm. 4 zu § 10.

b) Für die Entschädigung der Beisitzer aus den VersBerechtigten gilt § 36 Abs. 2.

2. Vgl. Anm. 1 zu § 13. Im Gegensatz zu § 13 ist hier kein Vorschlagsrecht der Verbände vorgesehen.

3. Wegen des Reichsausschusses der Kriegsbeschädigten- und Kriegshinterbliebenenfürsorge vgl. Anm. 4 zu § 13.

4. Er setzt insbesondere die Zahl der als Beisitzer zu bestellenden VersBerechtigten fest.

§ 31

Für die in den §§ 28 bis 30 genannten Beisitzer gelten die Vorschriften des § 19[1], für die Beisitzer aus den Versorgungsberechtigten auch die Vorschriften des § 13 Absätze 2 und 3 sowie der §§ 15, 16, 17 Absätze 1 bis 3 entsprechend[2].

AB. zu §§ 27 bis 31

Für Verhandlungen über Hinterbliebenenangelegenheiten können auch Frauen als Beisitzer aus der sozialen Fürsorge bestellt werden[3].

1. Die richterlichen Beisitzer, die Beisitzer aus der sozialen Fürsorge wie auch die aus den VersBerechtigten sind vor der ersten Verhandlung auf die gewissenhafte Erfüllung ihrer Pflichten zu verpflichten. Näheres vgl. zu § 19.

2. Die Beisitzer aus den VersBerechtigten werden ebenso wie bei den Versorgungsgerichten auf 4 Jahre bestellt (§ 13 Abs. 2, 3).

Es gelten auch die gleichen Ausschließungs- und Ablehnungsgründe (vgl. §§ 15, 16), wie auch die Vorschriften über Entbindung und Enthebung vom Amte (§ 17 Abs. 1—3). Aus der Nichterwähnung des § 17 Abs. 4 folgt, daß gegen die Enthebung oder Entbindung vom Amte durch den Präsidenten Beschwerde nicht gegeben ist. Über Amtsenthebung nach dem Ges. über Ehrenämter usw. vgl. die Anm. hinter den AB. zu §§ 10—13.

3. Hier ist entgegen AB. zu §§ 10—13 die gleichzeitige Mitwirkung von zwei weiblichen Beisitzern nicht ausdrücklich verboten.

§ 32*)

(1) Bis auf weiteres[1] können beim Reichsversorgungsgerichte Hilfssenate errichtet werden; ihre Zahl[2] darf nicht größer sein als die Zahl der ordentlichen Senate. An Stelle von Mitgliedern des Reichsversorgungsgerichts dürfen Personen, die die Befähigung zum höheren Justiz- oder Verwaltungsdienst[3] besitzen, als Beisitzer (Hilfsrichter) zugezogen werden.

(2) Mit dem Vorsitz in einem Hilfssenate dürfen Oberregierungsräte (§ 24 Abs. 2) und im aktiven Dienste oder im einstweiligen oder dauernden Ruhestande befindliche Reichs- oder Landesbeamte, die zu Hilfsrichtern ernannt sind, beauftragt werden.

(3) Die Übertragung des Vorsitzes und die Ernennung der Hilfsrichter erfolgt auf Vorschlag des Präsidenten des Reichsversorgungsgerichts durch den Reichsarbeitsminister.

*) Zu Abs. 2 vgl. § 99 Abs. 1 Satz 2 RVO. — Die Fassung des § 32 ist zum 1. 1. 23 durch Ges. vom 22. 12. 22 (RGBl. I S. 982) und zum 1. 1. 27 durch Ges. vom 23. 12. 26 (RGBl. I S. 527) geändert worden.

1. Die Bildung von Hilfssenaten und die Zuziehung von Hilfsrichtern ist nur eine vorübergehende Maßnahme, um dem großen Andrange der Geschäfte beim RVGer. zu begegnen. Z. Zt. (1934) bestehen keine Hilfssenate mehr.

2. Die Zahl der Hilfssenate bestimmt nach § 26 der RAM.

3. Über Befähigung zum höheren Justiz- oder Verwaltungsdienste vgl. Anm. 4 zu § 24. Die Hilfsrichter können sowohl in einem ordentlichen als auch in einem Hilfssenat mitwirken.

§ 33*)

(1) Über die Zuteilung der Vorsitzenden und die Verteilung der Sachen auf die Senate beschließt für je ein

Kalenderjahr im voraus das Präsidium nach Stimmenmehrheit. Das Präsidium besteht aus dem Präsidenten, dem Vizepräsidenten, den beiden dienstältesten Senatspräsidenten sowie dem als Beisitzer mitwirkenden dienstältesten Mitglied[1]. Zur Beschlußfassung genügt die Anwesenheit von drei Mitgliedern[2]; bei Stimmengleichheit gibt die Stimme des Präsidenten, im Falle seiner Behinderung die des Vizepräsidenten den Ausschlag.

(²) In gleicher Weise wird für bestimmte Zeiträume, in der Regel für die Dauer eines Vierteljahrs, im voraus festgesetzt, in welchem Senat und an welchen Tagen die Beisitzer an den Sitzungen teilnehmen[3]. Der Präsident regelt im Einzelfall, unbeschadet der Vorschrift des § 27 Abs. 2 Satz 2[4], die Vertretung verhinderter Vorsitzender und Beisitzer[5].

*) Vgl. §§ 15—17 RVAO.

AB. zu § 33

Die Beisitzer aus der sozialen Fürsorge und aus den Versorgungsberechtigten sollen mindestens zwei Wochen vor der Sitzung einberufen werden.

1. Das als Beisitzer mitwirkende Mitglied kann ein Oberregierungsrat oder ein Regierungsrat sein. Ein gemäß § 32 mit dem Vorsitz in einem Hilfssenat beauftragter Oberregierungsrat kann nicht dem Präsidium angehören.

2. Für behinderte Mitglieder des Präsidiums haben mithin Vertreter nicht einzutreten.

3. Diese Regelung bezieht sich im Gegensatz zu § 18 auf alle Beisitzer. Vgl. Anm. 1 zu § 18.

4. Nach § 27 Abs. 2 Satz 2 vertritt den Vorsitzenden der dem Senat angehörende Oberregierungsrat.

5. Es kommt vor allem die Regelung der Vertretung verhinderter Beisitzer aus den VersBerechtigten und der sozialen Fürsorge in Betracht.

§ 34 *)

(¹) Der Große Senat[1] besteht aus dem Vorsitzenden und acht Beisitzern.

(²) Den Vorsitz führt der Präsident oder der Vizepräsident des Reichsversorgungsgerichts[2]. Als Beisitzer wirken mit zwei weitere Mitglieder des Reichsversorgungsgerichts, zwei richterliche Beamte und je zwei Beisitzer aus der sozialen Fürsorge und aus den Versorgungsberechtigten.

(3) Die Auswahl der Beisitzer erfolgt für je ein Kalenderjahr im voraus durch das Präsidium nach Maßgabe des § 33 Abs. 1. Für jeden Beisitzer sind mindestens zwei Stellvertreter zu bezeichnen, die bei Behinderung der zunächst benannten Beisitzer in der Reihenfolge ihrer Bezeichnung eintreten.

(4) Der verweisende Senat (§ 130)[3] bestimmt eines seiner Mitglieder, das für die Entscheidung der Sache in den Großen Senat eintritt. Gehört dieses Mitglied nicht zu den nach Abs. 3 bestimmten Beisitzern, so scheidet von den Beisitzern der gleichen Gruppe der dem Dienstalter, bei gleichem Dienstalter der dem Lebensalter nach jüngere für die Entscheidung der Sache aus.

*) Vgl. § 101 Abs. 2, § 102 Abs. 2 RVO.; § 18 RVAO. — Über den Ausdruck „richterliche Beamte" vgl. die Angabe bei § 10.

1. Der Einheitlichkeit der Rechtsprechung innerhalb des RVGer. dient die im § 26 vorgesehene Bildung eines Großen Senats. Der Große Senat entscheidet in öffentlicher mündlicher Verhandlung nicht nur die streitige Rechtsfrage, sondern den vorliegenden Rechtsstreit überhaupt.

2. Vgl. § 24.

3. Die Verweisung an den Großen Senat erfolgt, wenn ein Senat des RVGer. in einer grundsätzlichen Rechtsfrage von einer früheren Entscheidung eines anderen Senats oder von einer Entscheidung des Großen Senats abweichen will (vgl. § 130).

§ 34 a*)

(1) Über gesetzliche Vorschriften von grundsätzlicher Bedeutung, deren Auslegung noch nicht feststeht, kann der Reichsarbeitsminister die Entscheidung des Reichsversorgungsgerichts herbeiführen[1]. In diesem Falle hat ein vom Präsidium (§ 33) zu bestimmender Senat des Reichsversorgungsgerichts grundsätzlich zu entscheiden.

(2) Die Vorschriften des § 102 finden entsprechende Anwendung. Beteiligte im Sinne des § 102 Abs. 2 sind der Reichsarbeitsminister und die von ihm bezeichneten Personen.

*) Vgl. § 1715a RVO. — § 34a ist durch die NotVO. vom 5. 6. 31 (RGBl. I S. 279), 2. Teil, Kap. IV, Art. 4 Nr. 1 eingefügt.

AB. zu § 34a

(1) Die HVA. haben dem RAM. unter Beifügung der Akten zu berichten, wenn sie die Herbeiführung einer grundsätzlichen Entscheidung des RVGer. nach § 34a für angebracht halten.

(2) Anträge von Verbänden der Versorgungsberechtigten auf Herbeiführung einer solchen grundsätzlichen Entscheidung sind an den RAM. unter Darlegung des Sachverhalts und Benennung der Vertreter zu richten, die zur mündlichen Verhandlung geladen werden sollen.

1. Mit Rücksicht darauf, daß Auslegungen durch den RAM. nur die Verwaltungsbehörden binden, ist hier die Möglichkeit geschaffen, außerhalb des regelmäßigen Instanzenzuges und unabhängig vom Einzelfall eine grundsätzliche Entscheidung des RVGer. herbeizuführen, die auch die Spruchbehörden bindet (§§ 129, 130) und damit eine zuverlässige Grundlage für die Behandlung der Einzelfälle schafft.

Nur die Auslegung eines Rechtsbegriffs oder einer gesetzlichen Vorschrift, für deren Deutung es auf die Lage des einzelnen Falles nicht ankommt, kann Gegenstand einer grundsätzlichen Entscheidung nach § 34a sein. § 34a bietet keine Handhabe, um auf dem Wege über § 130 (Anrufung des Großen Senats) eine vom RVGer. erlassene grundsätzliche Entscheidung außer Kraft zu setzen, außer wenn einander widersprechende grundsätzliche Entscheidungen des RVGer. ergangen sind.

§ 35 *)

(1) Wichtige Angelegenheiten, insbesondere zweifelhafte Rechtsfragen, können auf Anordnung des Präsidenten oder des Vizepräsidenten in Gesamtsitzungen[1] erörtert werden. Eine Abstimmung in der Gesamtsitzung bindet nicht für eine spätere Abstimmung in einem Senate[2].

(2) Zur Teilnahme an einer Gesamtsitzung sind einzuladen

1. die Mitglieder[3] und die Hilfsrichter des Reichsversorgungsgerichts[4],
2. die Beisitzer des Großen Senats[5], die am Sitze des Reichsversorgungsgerichts oder in der näheren Umgebung wohnen oder am Sitzungstage dort anwesend sein werden; ist ein Beisitzer verhindert, so ist tunlichst

sein nach § 34 Abs. 3 zur Vertretung berufener Stellvertreter einzuladen.

(3) Bei der Einladung ist die Tagesordnung mitzuteilen.

*) Vgl. §§ 9—13 RVAO.

1. Die Vorschrift des § 35 über Gesamtsitzungen dient ebenso wie die im § 26 vorgesehene Bildung eines Großen Senats der Einheitlichkeit der Rechtsprechung des RVGer. Dem gleichen Ziele dienen gemeinsame Besprechungen über aufgetauchte Fragen innerhalb der Behörde.

2. Daß die Abstimmung des einzelnen Beisitzers im Senat (vgl. §§ 131—133) unabhängig von einer in der Gesamtsitzung erfolgten Abstimmung ist, ergibt sich auch schon aus der Vorschrift des § 3.

3. Vgl. § 24 Abs. 2.

4. Vgl. § 32 Abs. 1.

5. Vgl. § 34 Abs. 2.

§ 36*)

(1) Für die Entschädigung der Beisitzer aus den Versorgungsberechtigten gilt § 20 Abs. 1.

(2) Die Sitzungsgebühr für die übrigen Beisitzer setzt der Reichsarbeitsminister fest; hierbei ist für die Tätigkeit als Berichterstatter eine besondere Vergütung zu gewähren.

*) Vgl. § 96 RVO. — § 36 ist durch Ges. vom 17. 3. 28 (RGBl. I S. 63) neugefaßt worden.

AB. zu § 36

Die Vorschriften der Verordnung über die Entschädigung der Beisitzer aus den Versorgungsberechtigten bei den Spruchbehörden der Reichsversorgung vom 31. 3. 33, der Verordnung zur Änderung dieser Verordnung vom 24. 3. 34 und der Durchführungsbestimmungen vom 31. 3. und 7. 11. 33 finden Anwendung[1].

1. Die in den AB. zu § 36 angeführten Vorschriften sind oben bei § 20 abgedruckt.

Zweiter Teil

Versorgungsverfahren [1]

Erster Abschnitt

Allgemeine Vorschriften [2]

I. Gegenstand des Versorgungsverfahrens [3]

Vorbemerkung:

1. Unter dem Begriff Versorgungsverfahren ist nur das Verfahren vor den Verwaltungs- und Spruchbehörden der Reichsversorgung (vgl. § 1) zu verstehen. Das Gesetz beschäftigt sich hingegen nicht mit dem Verfahren vor den Fürsorgestellen der Kriegsbeschädigten- und Kriegshinterbliebenenfürsorge (vgl. §§ 21—23 RVG.) und mit dem Verfahren vor den Trägern und Behörden der Reichsversicherung bei Erledigung der diesen Stellen in den Versorgungsgesetzen zugewiesenen Aufgaben (vgl. § 8 Abs. 3 RVG., § 3 ANG. und § 37 Abs. 2—5 VerfG.).

2. Die allgemeinen Vorschriften gelten, soweit sich nicht aus der Fassung etwas anderes ergibt, für das Verwaltungs- und das Spruchverfahren. Wegen der besonderen Vorschriften für das Verwaltungsverfahren vgl. §§ 77—89, für das Spruchverfahren §§ 90 bis 147.

3. Der Gegenstand des VerfVerfahrens ist im § 37 in der Weise näher umschrieben, daß diejenigen Angelegenheiten aufgezählt sind, die an sich unter § 1 fallen, trotzdem aber nicht zur Zuständigkeit der VerfBehörden gehören und deshalb nicht unter die Verfahrensvorschriften des Gesetzes fallen. Dabei regelt Abs. 2 die Teilung der Zuständigkeit zwischen den Verwaltungsbehörden der Reichsversorgung und den Krankenkassen, während Abs. 3 die Rechtsbehelfe gegen die Maßnahmen der Krankenkassen bestimmt. Wegen der sachlichen Zuständigkeit der Verwaltungsbehörden vgl. im übrigen § 77, während die örtliche Zuständigkeit in den §§ 38—41 und den dazu gehörigen AB. geregelt ist.

§ 37 *)

(1) Die Versorgungsbehörden [1] entscheiden über die nach den Versorgungsgesetzen (§ 1) [2] zu gewährenden Versorgungsgebührnisse [3] sowie über die Anerkennung einer Ge-

sundheitsstörung als Folge einer Dienstbeschädigung[4]. Der Antrag auf Anerkennung einer Gesundheitsstörung als Folge einer Dienstbeschädigung ist ausgeschlossen, wenn nur eine Versorgung in Betracht kommt, deren Gewährung in das pflichtmäßige Ermessen der Verwaltungsbehörde gestellt ist[4].

(2) Heilbehandlung und Krankengeld (§§ 4 bis 12 des Reichsversorgungsgesetzes) werden durch die Krankenkassen gewährt[5]. Soweit die Gewährung der Heilbehandlung dem Reiche obliegt oder von ihm übernommen wird, (§ 8 Absätze 1, 2 und 7 des Reichsversorgungsgesetzes) oder es sich um die Einleitung einer neuen Heilbehandlung im Sinne des § 18 des Reichsversorgungsgesetzes handelt, entscheiden die Versorgungsbehörden. Das Krankengeld wird auch in diesen Fällen durch die Krankenkasse gewährt. Hausgeld (§ 13 des Reichsversorgungsgesetzes) wird von der Stelle angewiesen, welche die Heilanstaltspflege[6] oder die Badekur anordnet.

(2) Gegen die Berechnung[7] des Hausgeldes durch die Krankenkasse kann der Berechtigte innerhalb eines Monats nach der Bekanntgabe die Entscheidung der Verwaltungsbehörde (§ 4) anrufen. Im übrigen werden Streitigkeiten über die von den Krankenkassen zu gewährenden Leistungen[8], soweit nicht ihre Gewährung von dem pflichtgemäßen Ermessen der entscheidenden Stelle abhängt[9], in dem in der Reichsversicherungsordnung für die Krankenversicherung vorgeschriebenen Spruchverfahren entschieden.

(4) Für die Ersatzansprüche der Krankenkassen gilt § 17 des Reichsversorgungsgesetzes[10].

(5) Für die soziale Fürsorge[11] gelten die Vorschriften der §§ 21 bis 23 des Reichsversorgungsgesetzes.

*) In Abs. 1 sind die Worte „sowie" bis „Dienstbeschädigung" durch das Ges. vom 17. 3. 28 (RGBl. I S. 63) zugesetzt, Satz 2 ist durch den 1. Teil, Kap. III, Art. 4 Nr. 2 der NotVO. vom 14. 6. 31 (RGBl. I S. 273/278) angefügt worden.

AB. zu § 37

1. (1) Zur Entscheidung über Ansprüche auf Lieferung von Körperersatzstücken, orthopädischen und anderen Hilfsmitteln sowie von Führerhunden für Blinde sind die VBeh. zuständig, auch

soweit die Lieferung von Körperersatzstücken (Zahnersatz usw.) den Krankenkassen übertragen ist.

(²) Die VBeh. sind ferner zur Entscheidung über Anträge auf Schadenersatz wegen verspäteter Feststellung oder Zahlung von Versorgungsgebührnissen, wegen verspäteter Lieferung oder Schadhaftigkeit eines Körperersatzstückes oder Hilfsmittels (RVG. § 5) zuständig, soweit der Anspruch nicht auf Verletzung einer Amtspflicht im Sinne der RV. Art. 131 gestützt wird.

II. 1. (¹) Der Antrag auf Feststellung des ursächlichen Zusammenhangs einer Gesundheitsstörung oder des Todes mit einer DB. (Feststellungsklage)[12] ist nur zulässig, wenn ein Anspruch auf Leistung (Gewährung von Versorgung)[13] künftig in Frage kommen, aber zur Zeit noch nicht geltend gemacht werden kann[14]. Bei Versorgungsansprüchen Beschädigter nach dem RVG., dem ARG. und dem KPSG.[15] kann daher die Feststellung des ursächlichen Zusammenhangs zwischen einer DB. und einer Gesundheitsstörung nur dann verlangt werden, wenn die durch die Gesundheitsstörung bewirkte MdE. unter 25 v. H. beträgt[16]. Andernfalls kann nur Gewährung der Versorgung verlangt werden. In solchen Fällen ist auf die Möglichkeit, Versorgung zu beantragen, hinzuweisen.

(²) Kommen nur Leistungen in Betracht, deren Gewährung in das pflichtmäßige Ermessen der VBeh. gestellt ist (Kannbewilligungen, Härteausgleiche)[17], so ist ein Antrag auf Feststellung des ursächlichen Zusammenhangs einer Gesundheitsstörung mit einer DB. als Grundlage solcher Leistungen nicht zulässig; daher ist insbesondere für Beschädigte, die vor dem 1. 8. 1920 aus dem Militärdienst ausgeschieden sind, der Antrag auf Feststellung des ursächlichen Zusammenhangs hinsichtlich solcher Gesundheitsstörungen unzulässig, für die am 31. 7. 1930 keine Rente bezogen wurde (Verordnung vom 26. 7. 1930, Vierter Abschnitt, Dritter Teil [Reichsversorgung], Artikel 1 und 2 — RGBl. I S. 311, 327 —), siehe auch §§ 91 Abs. 2 mit AB. hierzu.

2. Der Antrag auf Feststellung kann, soweit er nach vorstehenden Ausführungen zulässig ist, auch noch im Berufungsverfahren unter der Voraussetzung gestellt werden, daß die Berufung zulässig und das Gericht daher zu einer sachlichen Entscheidung befugt ist.

3. (¹) Gegenstand der Feststellung kann bei Ansprüchen Beschädigter nur der ursächliche Zusammenhang einer bestehenden Gesundheitsstörung mit einer DB. sein[18]. Sind die Folgen einer früher vorhandenen Gesundheitsstörung durch Heilung vollkommen beseitigt worden, so liegt keine Gesundheitsstörung mehr vor, die Gegenstand der Feststellung sein könnte.

(²) Feststellungen, die nicht die Anerkennung einer Gesundheitsstörung als Folge einer DB. oder des ursächlichen Zusammenhangs des Todes mit einer DB. zum Gegenstande haben (z. B. die Frage, ob der Verstorbene der Ernährer seiner Eltern gewesen ist oder geworden wäre), sind nicht zulässig[12].

4. Wird dem Antrag auf Rente nicht stattgegeben, weil die MdE. weniger als 25 v. H. beträgt, so ist er als Antrag auf Anerkennung der geltend gemachten Gesundheitsstörung als Folge einer DB. zu behandeln[19]), falls ein solcher Antrag nach Nr. 1 und 3 zulässig wäre.

III. Beantragt ein Beschädigter, der wegen einer als Folge einer DB. anerkannten Gesundheitsstörung Rente unter Anerkennung eines Rechtsanspruchs bezieht, beim VersAmt oder der Krankenkasse Heilbehandlung wegen Verschlimmerung dieser Gesundheitsstörung, so ist unverzüglich ein berufungsfähiger Bescheid zu erteilen, wenn die Verschlimmerung nicht als Folge der DB. anerkannt werden kann. Zur Vereinfachung des Verfahrens ist davon abzusehen, den Beschädigten vor Erteilung des Bescheids an die Krankenkasse zu verweisen, wenn er sich unmittelbar an das VersAmt gewandt hat.

1. Versorgungsbehörden sind die Verwaltungs- und Spruchbehörden der Reichsversorgung (vgl. § 2).

2. Die Zuständigkeit der Verwaltungsbehörden der Reichsversorgung für Angelegenheiten, die ihnen nicht durch die VersGesetze übertragen sind (vgl. Anm. 8 zu § 5), wird durch § 37 nicht berührt.

3. Vers Gebührnisse sind alle in den VersGesetzen vorgesehenen Geld- und sonstigen Leistungen, z. B. Rente, Beamtenschein, gleichviel, ob sie als Pflichtleistungen oder als Kannbezüge (vgl. Anm. 3 zu § 91) vorgesehen sind; s. auch Anm. 1—3 zu § 73.

4. Über die sog. Feststellungsklage s. oben Ziff. II der AB. zu § 37 und unten Anm. 12—20; zu § 37 Abs. 1 Satz 2 vgl. insbesondere Anm. 17.

5. Es kommen in Frage Ortskrankenkassen, Landkrankenkassen, Betriebskrankenkassen und Innungskrankenkassen (§ 225 RVO.), ferner die Ersatzkassen (§§ 503 ff. RVO.) und die an die Stelle der knappschaftlichen Krankenkassen getretene Reichsknappschaft mit den Bezirksknappschaften (§§ 12 ff. des Reichsknappschaftsgesetzes vom 1. 7. 26 — RGBl. I S. 369 — und Art. 31 Ziff. 12 ff. des EinfGes. vom 23. 6. 23 — RGBl. I S. 454). Welche Krankenkasse zuständig ist, ergibt sich aus § 8 Abs. 3 RVG. Über die Zuständigkeit der Ersatzkassen vgl. Nr. 5 c der AB. zu § 8 RVG. (HdR. S. 39 a), über die Mitwirkung der Fürsorgestellen bei der Heilbehandlung vgl. § 22 RVG. und § 28 der Reichsgrundsätze (HdR. S. 924).

Über Kostenersatz für selbstgewählte Heilbehandlung vgl. Nr. 4 der AB. zu § 77 und Nr. 28 der AB. zu § 8 RVG.; da danach ein Anspruch auf Ersatz dieser Kosten nicht mehr besteht, können die Spruchbehörden der Reichsversicherung oder der Reichsversorgung (erstere wären zuständig, soweit die Leistung Sache der Krankenkasse gewesen wäre; E. VII, 269) darüber nicht sachlich entscheiden; über Kosten selbstbeschaffter orthopädischer Hilfsmittel vgl. jedoch § 5 der VO. zu § 7 RVO. und Anm. 3 a zu § 91. Das Krankengeld (§ 12 RVG.) ist nach Abs. 2 Satz 3 auch dann von der Krankenkasse zu gewähren, wenn der VersBerechtigte keiner Krankenkasse angehört (E. III, 50). Über Krankengeld entscheiden die Spruchbehörden der Reichsversicherung. Reisekosten†) aus Anlaß einer Heilbehandlung kann der Berechtigte von der Krankenkasse nach dem Rechte der Krankenversicherung beanspruchen und im Rechtszuge der Krankenversicherung geltend machen (E. III, 98). Wenn aber die Heilbehandlung dem Reiche obliegt oder von ihm übernommen ist, auch wenn es sich um Zahnersatz handelt, kommt nur Ersatz vom Reiche nach § 20 RVG. in Frage; hier ist jetzt das Spruchverfahren ausgeschlossen und nur Beschwerde nach § 61 gegeben (§ 20 Abs. 4 RVG.). Vgl. auch Anm. 6 und 7 zu § 82.

6. Heilanstaltspflege bewilligt die Krankenkasse oder das HptVersAmt (vgl. § 8 Abs. 7 RVG. und Ziff. I 5 der AB. zu § 77).

7. Über Einwendungen des Berechtigten gegen die Höhe des von der Krankenkasse bewilligten Hausgeldes entscheidet das VersAmt (vgl. § 77), gegen dessen Bescheid nach § 90 die Berufung an das VGer. gegeben ist. Will die Krankenkasse überhaupt nicht oder nach anfänglicher Zahlung nicht weiter zahlen, so entscheidet auf Berufung das Oberversicherungsamt (vgl. Abs. 3 Satz 2).

8. Vgl. § 8 RVG. und § 37 Abs. 2 VerfG. — Aus der Fassung des § 4 RVG. folgt, daß die Heilbehandlung von den Krankenkassen erst beansprucht werden kann, wenn DB. und ein Rechtsanspruch auf Rente für die fragliche Gesundheitsstörung anerkannt ist. Über das Vorliegen von DB. haben also zunächst immer das VersAmt und die Spruchbehörden der Reichsversorgung zu entscheiden. Aus den §§ 37 und 90 ergibt sich somit, daß gegen die Bescheide der VersÄmter und HptVersÄmter ohne Rücksicht auf ihren Inhalt immer nur das Spruchverfahren der Reichsversorgung, und nicht der Krankenversicherung in Frage kommt.

Die VersBehörden haben nur zu entscheiden, ob das geltend gemachte Leiden Folge von DB. ist und einen Rechtsanspruch auf Rente begründet. Ob es im Sinne des § 4 RVG. für eine Heilbehandlung geeignet ist und worin diese zu bestehen hat, entscheiden die Spruchbehörden der Krankenversicherung (E. IV, 203), ebenso über die Frage, ob die als DB. anerkannte Gesundheitsstörung Arbeitsunfähigkeit verursacht hat (RVA. vom 26. 7. 30 II a K 63/29). Für Gesundheitsstörungen, für die Rente überhaupt nicht oder nur als Kannbezug oder Härteausgleich bezogen wird, besteht kein Anspruch auf Heilbehandlung (§ 4 RVG.), soweit der Erkrankte nicht Mitglied der Kasse ist. Insoweit ist die Gewährung von Heilbehandlung nur mit ausdrücklicher Genehmigung des VersAmts zu gewähren, die nur befristet erteilt wird (vgl. AB. zu § 4 RVG.). Auch soweit ein Anspruch auf Heilbehandlung besteht, kann das VersAmt bei Beschädigten, die nicht Kassenmitglied sind, im Einzel-

---

†) Heep, Reise-, Transport- und Zehrkosten bei Versorgungsheilbehandlung, VersB. 34 S. 180 f.

fall Art, Umfang und Dauer der Heilbehandlung bestimmen (§ 8 Abs. 4 Satz 2 und 3 RVG.). Eine solche Bestimmung ist für die Krankenkasse bindend, aber nicht für den Antragsteller und die zur Entscheidung über seinen Anspruch auf Heilbehandlung im Spruchverfahren berufenen Stellen (AN.RVA. 33 S. IV 13 Nr. 4510). Zahnersatz gehört zu den Leistungen der Heilbehandlung, die nach § 8 Abs. 1 RVG. vom Reiche zu gewähren sind; deshalb sind Streitigkeiten über die Gewährung von Zahnersatz, insbesondere über seine Art (z. B. ob Edelmetall zu verwenden) im Rechtszuge der Reichsversorgung zu entscheiden, obschon der RAM. die Lieferung durch Nr. 2 der AB. zu § 8 RVG. und Nr. 8 der Ergänzungsbestimmungen zu § 7 RVG. (HdR. S. 238) den Krankenkassen übertragen hat (E. IX, 5; ebenso RVA. 22. 8. 28 = AN. 28 S. 336 Nr. 3276; so jetzt auch Ziff. I Abs. 1 der AB. zu § 37). Über Rückforderung des von der Krankenkasse zu Unrecht gezahlten Kranken- und Hausgeldes vgl. Anm. 4 zu § 73 und Anm. 7 zu § 74. Abrechnung mit den Krankenkassen s. AB. zu § 15 RVG.

9. Sog. Kannbezüge (vgl. Anm. 3 zu § 91).

10. Hiernach wird ein Streit über Ersatzansprüche zwischen Krankenkassen und dem Reich in dem für die Krankenversicherung vorgesehenen Spruchverfahren entschieden. Die Revision ist ausgeschlossen. Die Entscheidung der DB.-Frage gegenüber dem Beschädigten ist auch für den Ersatzanspruch der Krankenkasse bindend (E. V, 159). — Vgl. im übrigen § 152.

11. Die soziale Fürsorge†) tritt der Rentenversorgung ergänzend zur Seite; dem Verwaltungsermessen der Fürsorgeeinrichtungen ist zur Anpassung an die individuellen Bedürfnisse des Einzelfalles ein freierer Spielraum gelassen, als den VersBehörden. Die Zusatzrenten werden teils von den Fürsorgestellen, teils von den VersÄmtern festgesetzt und gezahlt (vgl. Anm. 1a zu § 1).

Für die Soziale Fürsorge sind jetzt unter Fortfall der Zuständigkeitsgrundsätze (Amtl. Nachr. des RAM. 19 Nr. 225) in der Hauptsache maßgebend: die VO. über die soziale Kriegsbeschädigten- und Kriegshinterbliebenenfürsorge vom 8. 2. 19 (RGBl. S. 187), die VO. über die Fürsorgepflicht vom 13. 2. 24, die Reichsgrundsätze über Voraussetzungen, Art und Umfang der öffentlichen Fürsorge vom 1. 8. 31 und das Gesetz über die Beschäftigung Schwerbeschädigter vom 12. 1. 23. Diese Vorschriften sind in der z. Zt. geltenden Fassung nebst ergänzenden Bestimmungen in HdR. S. 899 ff. abgedruckt. Verzeichnis der Hauptfürsorgestellen s. HdR. S. 2429. Vgl. auch Anm. 2 zu § 12. Übertragung der Kriegsblinden- und

---

†) Simon, Über Versorgung und Fürsorge, Ein Beitrag zur Begriffsbildung, Soz. Prax. 22 Sp. 857—60, Sp. 894—96, Sp. 939 bis 940.

Hirnverletztenfürsorge auf die Landesfürsorgeverbände (HptFSt.) s. RVBl. 34 Nr. 66, 67, 83.

12. Eine Feststellungsklage, d. h. eine Klage auf Feststellung einzelner Anspruchsvoraussetzungen vor Entstehung oder jedenfalls ohne Geltendmachung eines Versorgungsanspruchs, hatte das RVGer. bis zum Erlaß des Ges. vom 17. 3. 28 (RGBl. I S. 63) nur beim Vorliegen eines rechtlichen Interesses an der Feststellung zugelassen, insbesondere wenn Heilbehandlung nach § 4 Abs. 2 RVG., der in der damaligen Fassung auch ohne Rentenbezug einen Anspruch auf Heilbehandlung für DB.-Folgen vorsah, beansprucht wurde (E. I, 147; III, 95; IV, 136, 203). Nach der jetzigen Fassung des § 37 Abs. 1 Satz 1 ist der Antrag (und die Klage) auf Feststellung des ursächlichen Zusammenhangs einer Gesundheitsstörung mit einer DB. schlechthin zulässig, vorausgesetzt daß überhaupt noch Rechtsansprüche in Frage kommen können (§ 37 Abs. 1 Satz 2, Ziff. II 1 Abs. 2 der AB. zu § 37, § 91 Abs. 1, 2). Der Antrag auf Feststellung des ursächlichen Zusammenhangs setzt kein selbständiges Leiden voraus, er kann sich auch auf eine Störung beziehen, für die streitig ist, ob sie Symptom eines anerkannten Anspruchs-Rentenleidens ist (z. B. Kopfschmerz bei anerkanntem Ohrenleiden). Ein Antrag auf Feststellung sonstiger Anspruchsvoraussetzungen (vgl. Anm. 18), kann nicht auf § 37 gestützt werden. Seine Zulässigkeit ist nach wie vor nach der erwähnten Rechtsprechung zu beurteilen (E. VII, 14). Wenn solche Anträge in Ziff. II 3 Abs. 2 der AB. schlechthin als unzulässig bezeichnet sind, so dürfte das praktisch richtig sein, da sich seit Einschränkung der Berufung in Angelegenheiten der Heilbehandlung ein rechtliches (also nicht nur „berechtigtes") Interesse an der alsbaldigen Feststellung sonstiger Anspruchsvoraussetzungen kaum jemals wird annehmen lassen.

13. Gemeint ist ein im Spruchverfahren verfolgbarer Rechtsanspruch auf Versorgung. Wenn überhaupt nur oder infolge der Fristvorschriften nur noch Kannbezüge in Frage kommen, so gilt § 37 Abs. 1 Satz 2 und Ziff. II 1 Abs. 2 der AB.

14. Wenn es in den AB. heißt, daß Antrag und Klage auf Feststellung nur zulässig sind, wenn der Anspruch auf Leistung noch nicht geltend gemacht werden kann, so dürfte das der — allerdings nicht zum Ausdruck gekommenen — Absicht des Gesetzgebers und dem praktischen Bedürfnis entsprechen. Für die gegenteilige Auffassung könnte geltend gemacht werden, daß im Zivilprozeß die Unzulässigkeit der Feststellungsklage lediglich daraus hergeleitet wird, daß § 256 ZPO. — im Gegensatz zu § 37 VerfG. — ein rechtliches Interesse an der alsbaldigen Feststellung voraussetzt und ein solches bei möglicher Leistungsklage im Regelfall nicht besteht. Geht man von der in den AB. vertretenen Auffassung aus, so ergibt sich aus der unveränderten Fortgeltung des § 127, daß das Gericht bei erhobener Leistungsklage sich nicht ohne weiteres auf die Feststellung des von der Vorinstanz verneinten ursächlichen Zusammenhangs beschränken kann; näheres s. Anm. 4 zu § 127. — Die Feststellungsklage kann auch von Hinterbliebenen, insbesondere von Eltern erhoben und auf Anerkennung des Todes als Folge von DB. gerichtet werden (E. VIII, 179), aber nicht mehr, wenn die Anmeldefristen (§§ 54, 111 RVG.) versäumt sind (E. X, 81). Die Feststellung des Todes als Folge von DB. zu Lebzeiten des Beschäschädigten ist allerdings begrifflich unmöglich.

15. Für die übrigen Versorgungsgesetze, soweit sie der DB. anspruchsbegründende Bedeutung beilegen, muß dasselbe gelten.

16. Nach den erwähnten Gesetzen besteht nur dann ein Anspruch auf Rente, wenn die Erwerbsfähigkeit durch DB.-Folgen um mindestens 25 v. H. gemindert ist.

17. Daß die Klage (Berufung) auf Feststellung des ursächlichen Zusammenhangs mit einer DB. unzulässig ist, wenn nur Kannbezüge in Frage kommen, ist jetzt durch § 37 Abs. 1 Satz 2 gesetzlich festgelegt, um klarzustellen, daß über sämtliche Voraussetzungen der Kannbezüge einschließlich der DB. ausschließlich die Verwaltungsbehörden zu entscheiden haben. Schon vorher hatte das RVGer. mehrfach die gleiche Auffassung ausgesprochen z. T. mit der Begründung, daß die Feststellung durch die Spruchbehörde für die Verwaltungsbehörde bei der Entscheidung über den beantragten Kannbezug nicht bindend sein würde (E. VI, 244; X, 81, 161). Auch im Verwaltungsverfahren ist einem Feststellungsantrag nicht weiter nachzugehen, wenn sich ergibt, daß nur noch Kannbezüge oder Härteausgleiche in Frage kommen und die Voraussetzungen für deren Bewilligung nicht vorliegen; vgl. Abs. 1 der VefBest. zu §§ 52—54 RVG. und Nr. 1 Abs. 2, 3 der VefBest. zu § 57 RVG. (HdR. S. 153 und 163 mit Deckblättern).

18. Über den Begriff der Dienstbeschädigung und die Voraussetzungen für die Anerkennung einer Gesundheitsstörung als Folge einer DB. vgl. § 2 RVG. Auch für die Feststellungsklage ist die Wahrscheinlichkeit des ursächlichen Zusammenhangs maßgebend. Nur der ursächliche Zusammenhang einer bestehenden Gesundheitsstörung mit einer DB. kann Gegenstand der Feststellungsklage nach § 37 sein (vgl. Anm. 12), nicht sonstige Voraussetzungen eines Versorgungsanspruchs, wie Zugehörigkeit zum Heere, Erleiden einer DB., Ernährereigenschaft bei der Elternrente usw., auch nicht der ursächliche Zusammenhang einer beseitigten oder erst erwarteten, also einer nicht mehr oder noch nicht feststellbaren Gesundheitsstörung mit einer DB.

19. Infolge dieser Anordnung können die Verwaltungsbehörden einen Rentenantrag wohl mit der Begründung ablehnen, daß kein Leiden feststellbar sei, dagegen besteht nicht mehr die Möglichkeit, mangels MdE. um mindestens 25 v. H. abzulehnen und dabei die DB.-Frage offen zu lassen, falls ein Feststellungsantrag nach Ziff. II 1 Abs. 2 der AB. überhaupt zulässig wäre. Bei

Ablehnung aus sonstigen Gründen, z. B. Nichtzugehörigkeit zum Heere, Nichtigkeit der Ehe, Nichtehelichkeit oder Überschreitung der Altersgrenze bei Waisen, Verneinung der Ernährereigenschaft des Sohnes, ist die Entscheidung der DB.-Frage in den AB. nicht angeordnet und abgesehen z. B. von Verneinung der Ernährereigenschaft auch zwecklos, weil eine Ablehnung aus den angedeuteten Gründen den Anspruch für alle Zeiten erledigt. Abweichende Entscheidung auf Berufung würde allerdings die nachträgliche Klärung der DB.-Frage notwendig machen. Wird ein Leiden als vorhanden festgestellt, so muß in allen Fällen die DB.-Frage zur Entscheidung kommen, es sei denn, daß es sich um ein Leiden handelt, das der Antragsteller selbst nicht als Folge einer DB. ansieht. Doch kann die ausdrückliche Feststellung auch in diesen Fällen zweckmäßig sein, um späteren Anträgen vorzubeugen. Ist kein Leiden feststellbar, so ist eine Entscheidung über den ursächlichen Zusammenhang mit einer DB. begrifflich unmöglich. Ist eine ablehnende Entscheidung damit begründet, daß keine DB. oder daß weder DB. noch eine MdE. um 25 v. H. vorliege, so hat der Abgewiesene die Wahl, ob er im Berufungsverfahren Rente oder nur Feststellung des ursächlichen Zusammenhangs beantragen will. Für die Spruchbehörden gilt die Anordnung in Ziff. II 4 der AB. zu § 37 nicht. Das RBGer. hat vielmehr den Grundsatz aufgestellt, daß der Feststellungsantrag nicht im Leistungsantrag enthalten ist und daß er besonders, und zwar an sich bei der Verwaltungsbehörde erhoben werden muß, daß aber die Spruchbehörde über ihn entscheiden kann, wenn er erst im Laufe des Spruchverfahrens erhoben wird und die ursprüngliche Leistungsklage zulässig war (E. VIII, 150; IX, 10). Wird gegen die Ablehnung des Leistungsantrags von vorneherein Berufung nur mit dem Antrag auf Feststellung des ursächlichen Zusammenhangs eingelegt, so muß im Berufungsverfahren — Zulässigkeit vorausgesetzt, darüber entschieden werden. — Über die Rechtskraft der Feststellung vgl. Anm. 3 b, 3 d und 3 e zu § 65. Durch Stellung eines Feststellungsantrags wurde die Frist für die Erhebung der Versorgungsansprüche (§§ 52, 54 RBG.) nicht gewahrt.

II. Örtliche Zuständigkeit†)

Vorbemerkung: Die Vorschriften über die örtliche Zuständigkeit regeln die Verteilung der Geschäfte unter mehrere sachlich gleichgeordnete Behörden; sie beantworten also z. B. die Frage, ob das VersAmt X oder das VersAmt Y zuständig ist. Demgegenüber betrifft die sachliche Zuständigkeit (vgl. §§ 77, 90) die Verteilung der Geschäfte unter den Behörden verschiedener Ordnung, also z. B. die Frage, ob das VersAmt oder das übergeordnete HptVersAmt zuständig ist.

---

†) Piske, Örtliche Zuständigkeit usw. MfA. 22 Sp. 481--83.

§ 38*)

(1) Örtlich zuständig ist diejenige Versorgungsbehörde, in deren Bezirk[1] der Versorgungsberechtigte[2] zur Zeit[3] der Stellung des Antrags oder der Einlegung der Berufung[4] wohnt[5].

(2) Bei Geltendmachung von Ansprüchen[6] Hinterbliebener[7] ist der Wohnort[8] der Witwe[9] und, wenn eine Witwe in dem nach Abs. 1 maßgebenden Zeitpunkt nicht vorhanden[10] ist, der letzte Wohnort[11] des Verstorbenen oder Verschollenen maßgebend. Sind für den Berechtigten[12] Versorgungsgebührnisse[13] bereits früher bewilligt[14], so ist sein Wohnort maßgebend[15].

(3) In Fällen, in denen es eines Antrags[16] nicht bedarf, finden die Vorschriften der Absätze 1, 2 mit der Maßgabe Anwendung, daß an Stelle des Zeitpunktes der Stellung des Antrags der Zeitpunkt der Einleitung des neuen Verfahrens[17] entscheidet.

(4) Für die Fälle, in denen nach den Absätzen 1 bis 3 eine Zuständigkeit nicht begründet ist, bestimmt[18] der Reichsarbeitsminister die zuständige Versorgungsbehörde.

*) Vgl. §§ 1637—1639, 1677 RVO.; Rechtspr. dazu VersB. 27/28 S. 90; vgl. hier jedoch § 41 Abs. 2.

Die AB. sind hinter den Anm. zu § 38 abgedruckt.

1. Für Pensionsangelegenheiten und einen Teil der Versorgungsangelegenheiten der neuen Wehrmacht sind nur bestimmte VersÄmter zuständig, deren „Bezirk" im Sinne des § 38 insoweit die Bezirke mehrerer VersÄmter umfaßt; vgl. Ziff. II Abs. 1 und 2 der AB. zu §§ 38, 41 Abs. 1 und die Anm. dazu.

2. Unter dem Ausdruck „VersBerechtigter" sind in den das Verwaltungs- und das Spruchverfahren umfassenden Vorschriften auch solche Personen zu verstehen, die zwar Versorgung beanspruchen, über deren Anspruch aber noch nicht oder noch nicht endgültig entschieden ist, während das Gesetz im Verwaltungsverfahren auch von dem „Antragsteller" und im Spruchverfahren von dem „Kläger" spricht. Bezieher von Kannbezügen nehmen hier keine Sonderstellung ein.

3. Maßgebend ist die Zeit, zu der der Antrag oder die Berufung bei der zuständigen Behörde oder einer anderen amtlichen Stelle (vgl. §§ 78, 93) eingehen. Ohne Bedeutung ist der Tag der Abfassung oder der Absendung des Schriftstücks.

4. Ob über die Berufung das RVGer. oder ein VGer. zu entscheiden hat, ist eine Frage der sachlichen Zuständigkeit und deshalb nicht hier, sondern im § 90 geregelt.

5. Das Gesetz hat den Wohnort†) entscheidend sein lassen, weil die Behörde, in deren Bezirk der VersBerechtigte wohnt, für diesen am leichtesten zu erreichen und zugleich am besten in der Lage ist, die notwendigen Feststellungen zu treffen und die maßgebenden Verhältnisse zu beurteilen. Im übrigen vgl. Ziff. I der AB. zu §§ 38, 41 Abs. 1. Reichswehrangehörige wohnen am Standort ihres Truppenteils.

6. a) Bei Beantragung von „Kannbezügen" gilt dasselbe. Auch die Zuständigkeit des VGer. richtet sich bei diesen, wenn unzulässigerweise (vgl. § 91) Berufung eingelegt wird, nach § 38.

b) Sterbegeld und die Gebührnisse für das Sterbevierteljahr (§§ 34, 35 RVG.) sind keine Hinterbliebenenansprüche im Sinne des § 38 Abs. 2, wie sie auch im RVG. nicht in dem Abschnitt „Hinterbliebenenrente" geregelt sind. Sie sind von dem VersAmt zu bewilligen, das für den Beschädigten zuständig war.

7. Hinterbliebene sind die Witwen, Kinder, Eltern, Großeltern und die geschiedenen Ehefrauen (vgl. §§ 36—50 RVG.). Erben als solche sind nicht Hinterbliebene. Für sie gilt § 38 Abs. 1 und demgemäß Ziff. I Abs. 3 und, wenn sie selbst den das Verfahren einleitenden Antrag stellen oder Berufung einlegen Ziff. II Abs. 2 der AB. zu §§ 38, 41 Abs. 1.

Für die Versorgung aller bei ein und demselben Todesfall als Hinterbliebene in Betracht kommenden Personen ist zunächst dieselbe Stelle zuständig, damit die einmal beschafften Unterlagen für sämtliche Angelegenheiten verwertet werden können und widersprechende Entscheidungen, z. B. hinsichtlich der DB. oder der Ausgleichszulage (vgl. §§ 37, 46 in Verbindung mit § 28 RVG.) vermieden werden. Für andere Hinterbliebene als die Witwe, z. B. Kinder 1. Ehe des Verstorbenen, ist der eigene Wohnort erst maßgebend, wenn durch Bewilligung von Gebührnissen auch für sie die einheitlich zu entscheidenden Fragen geklärt sind; vgl. Anm. 12. Abweichend von dieser Regel ist für Eltern deren Wohnort nach Ziff. III Abs. 2 der AB. zu §§ 38, 41 Abs. 1 von vorneherein maßgebend.

8. D. h. der Wohnort (Anm. 5) zur Zeit der Stellung des Antrages oder der Einlegung der Berufung. Die Zuständigkeit bleibt unverändert, wenn die Witwe während eines schwebenden Verfahrens (z. B. des Berufungsverfahrens) stirbt (vgl. E. I, 10). Über den Einfluß des Wohnortswechsels auf die einmal begründete Zuständigkeit einer Verwaltungsbehörde vgl. § 39. Die Zuständig-

†) Arendts, Wohnort und Wohnsitz im Sinne der Versorgungsvorschriften (VersG., RVG.), VersB. 27/28 S. 61—64 und 73—76.

keit des VersGerichts bestimmt sich, wenn die Witwe während des Verwaltungsverfahrens gestorben ist, nach dem letzten Wohnort des Verstorbenen.

9. Nur die Witwe des Verstorbenen, von dem die Versorgungsberechtigung sich herleitet, ist gemeint, nicht etwa auch dessen verwitwete Mutter. Eine Frau, die eine neue Ehe eingeht, bleibt trotzdem die Witwe des verstorbenen ersten Mannes. In solchem Falle ist demnach eine Witwe im Sinne des § 38 Abs. 2 vorhanden (vgl. auch E. II, 194).

Über Ansprüche der geschiedenen Frau (§ 38 RVG.) entscheidet die Behörde, in deren Bezirk die Witwe, d. h. die überlebende Frau der neuen Ehe, wohnt oder der ohne Hinterlassung einer Witwe Verstorbene zuletzt gewohnt hat; ihr eigener Wohnort kommt erst in Frage, wenn für sie Gebührnisse bewilligt sind (§ 38 Abs. 2 Satz 2). Auch für Kinder aus einer früheren Ehe des Verstorbenen bestimmt sich die Zuständigkeit nach dem Wohnort der Witwe (vgl. E. II, 50).

10. Eine Witwe ist nicht vorhanden, wenn der Verstorbene ledig, verwitwet oder rechtskräftig geschieden und nicht wieder verheiratet war, oder wenn die Witwe vor Antragstellung oder Einlegung der Berufung gestorben ist. Es ist also für diejenigen Anträge und Berufungen der Waisen, wie endlich auch der Erben der Witwe, die nach dem Tode der Witwe eingehen, der letzte Wohnort des Verstorbenen maßgebend.

11. Hat der Verstorbene zuletzt im Ausland gewohnt, so gilt ohne Rücksicht darauf, ob er früher einmal im Inland gewohnt hat, Ziff. II Abs. 2 in Verbindung mit Ziff. V und VII der AB. zu § 38.

12. „Berechtigter" ist hier nicht etwa der verstorbene Rentenempfänger, sondern im Verwaltungsverfahren der Antragsteller, im Spruchverfahren der Kläger; vgl. Anm. 2. Es müssen gerade für denjenigen, bei dessen Angelegenheit die Zuständigkeit fraglich wird, Gebührnisse bereits bewilligt sein.

13. Auch Kannbezüge sind VersGebührnisse im Sinne dieser Vorschrift, dagegen nicht Sterbegeld und Gebührnisse für das Sterbevierteljahr (§§ 34, 35 RVG.), weil sie nicht den Hinterbliebenen als solchen zustehen.

14. a) Für die Berufung gegen die erste Bewilligung bleibt der Wohnort der Witwe oder der letzte Wohnort des Verstorbenen maßgebend, weil in solchen Fällen für den Kläger Gebührnisse nicht „bereits früher", sondern erst durch den angefochtenen Bescheid bewilligt sind. Auch die Absicht des Gesetzes, in Hinterbliebenenangelegenheiten widersprechende Entscheidungen über die grundlegenden Voraussetzungen zu vermeiden (vgl. Anm. 7 e), nötigt dazu, auch für die Berufungsinstanz eine einheitliche Zuständigkeit für alle Hinterbliebenen anzunehmen. So auch E. III, 202. Für Eltern vgl. jedoch Anm. 7.

b) Im Falle der Ablehnung von Gebührnissen würde für künftige weitere Anträge der Wohnort der Witwe maßgebend bleiben; die Akten sind deshalb nicht an den Wohnort des Antragstellers abzugeben.

15. Gemeint ist auch hier der Wohnort zur Zeit der Stellung des (weiteren) Antrages oder der Einlegung der (weiteren) Berufung.

16. Die erste Bewilligung von VersGebührnissen setzt stets einen Antrag voraus (vgl. § 1 RVG.). Ohne Antrag erfolgen z. B. die Neufestsetzung oder Entziehung der Gebührnisse wegen Änderung der Verhältnisse (§ 57 RVG.), die Neufestsetzung der ruhenden Rententeile (§§ 61 ff. RVG.), der Ortszulage § 51 RVG.) und der Teuerungszulage (§ 87 RVG.). Auch die Einstellung der Zahlung beim Tode des Berechtigten, bei Wiederverheiratung oder Erreichung der Altersgrenze sowie beim Erlöschen oder vollständigen Ruhen der Gebührnisse (§§ 60 ff. RVG.) geschieht von Amts wegen; da es sich in diesen Fällen jedoch nicht um die „Einleitung eines neuen Verfahrens" handelt, ist die Einstellung von der bisher zuständigen Behörde zu erledigen.

17. Ein neues Verfahren wird schon dadurch eingeleitet, daß die Behörde z. B. Ermittelungen anstellt oder vorbereitende Anordnungen erläßt.

18. Die zuständige VersBehörde kann sowohl im Einzelfalle als auch allgemein für besondere Arten von Fällen bestimmt werden. Letzteres ist im weitesten Umfange durch die AB. zu § 38 geschehen.

AB. zu §§ 38, 41 Abs. 1

I. (1) Die örtliche Zuständigkeit wird durch den Wohnort des Versorgungsberechtigten, nicht durch den seines etwaigen gesetzlichen Vertreters bestimmt.

(2) Wohnort ist der Ort des tatsächlichen länger dauernden, nicht bloß zufälligen Verweilens; ob dieser Ort zugleich Wohnsitz im Sinne des BGB. § 7 ist, ist unerheblich. Demgemäß ist Wohnort eines Geisteskranken der Ort der Anstalt, in der er untergebracht ist, eines Strafgefangenen der Ort der Strafanstalt, sofern der Aufenthalt in der Strafanstalt mehr als 6 Monate dauert.

(3) Der Ausdruck „Versorgungsberechtigter" im Sinne des § 38 umfaßt auch Personen, die Versorgung beanspruchen, über deren Anspruch aber noch nicht entschieden ist.

(4) Betreiben Erben das von dem Berechtigten selbst anhängig gemachte Verfahren weiter, so bleibt die einmal begründete Zuständigkeit unberührt.

II. Zu § 38 Abs. 1

(1) Die zuständigen VA.
für die ehemaligen aktiven Offiziere der alten Wehrmacht, die Ruhegeld nach den Vorschriften des OPG. oder des OEG.. beziehen, und ihre nach dem MHG. versorgten Hinterbliebenen, sowie

für ehemalige Polizeibeamte des früheren Reichswasserschutzes, die Ruhegeld in entsprechender Anwendung der Vorschriften des WVG. beziehen, und ihre in entsprechender Anwendung des WVG. § 76 versorgten Hinterbliebenen
ergeben sich aus der Übersicht C (HdR. S. 2405 ff.)[1].

(2) Wegen der zuständigen VA. für Versorgungsberechtigte der neuen Wehrmacht — Heer und Marine — wird auf den Erlaß I a 4641/34 vom 15. Oktober 1934 (RVBl. 34 S. V 74 Nr. 75) hingewiesen[2].

(3) Hat der Versorgungsberechtigte keinen Wohnort oder ist er verstorben oder verschollen, so richtet sich die Zuständigkeit nach seinem letzten Wohnort. Liegt der nach § 38 Abs. 1 maßgebende Wohnort oder der nach vorstehendem maßgebende letzte Wohnort nicht im Bezirk einer VBeh., so gelten für die Zuständigkeit Ziff. V und die vorstehenden Abs. 1 und 2 entsprechend.

III. Zu § 38 Abs. 2 Satz 1

(1) Liegt der Wohnort der Witwe oder, wenn eine Witwe nicht vorhanden ist, der letzte Wohnort des Verstorbenen oder Verschollenen nicht im Bezirk einer VBeh., so gelten in Hinterbliebenensachen für die Zuständigkeit Ziff. V und Ziff. II Abs. 1 und 2 entsprechend.

(2) Bei Anträgen auf Elternrente (Elternbeihilfe) ist für die Zuständigkeit in Abweichung von § 38 Abs. 2 Satz 1 der Wohnort des Antragstellers maßgebend. Liegt er nicht im Bezirk einer VBeh., so gilt für die Zuständigkeit Ziff. V und Ziff. II Abs. 2. Sind außer dem Antragsteller Hinterbliebene vorhanden, für die eine Versorgung in Betracht kommen kann, so hat das VA. mit den sonst in Frage kommenden VA. zur Vermeidung widersprechender Entscheidungen ins Benehmen zu treten, wenn eine sachliche Entscheidung über den Antrag auf Elternrente (Elternbeihilfe) zulässig ist; ggf. ist die Entscheidung des übergeordneten HVA. oder, wenn die VA. verschiedenen HVA. unterstehen, die Entscheidung des RAM. herbeizuführen.

(3) Wird in einer Elternrenten- (Elternbeihilfe-) Angelegenheit infolge einer Beschwerde usw. die Prüfung eines abgelehnten Antrages notwendig, so sind die Akten ggf. stets an das nach vorstehendem Abs. 2 zuständige VA. abzugeben.

IV. Zu § 38 Abs. 2 Satz 2

Nach Bewilligung von Versorgungsgebührnissen ist für Waisen der Wohnort der Mutter maßgebend. Darunter ist auch die Stief-, Pflege- und Adoptivmutter zum mindesten dann zu verstehen, wenn sie die Kinder bei sich hat oder für sie sorgt, insbesondere auch, wenn sie zum Vormund bestellt ist. Ist eine Mutter nicht vorhanden, so ist für die Waisen der Wohnort der jüngsten Waise maßgebend. Liegt der hiernach maßgebende Wohnort nicht im Bezirk einer VBeh., so gelten für die Zuständigkeit Ziff. V und Ziff. II Abs. 1

und 2 entsprechend. Es ist Frage der Zweckmäßigkeit und nach Lage des Einzelfalles zu beurteilen, ob z. B. die Angelegenheiten von Vollwaisen aus einer früheren Ehe mit denen der Witwe und der Waisen aus letzter Ehe des Verstorbenen bei einer Stelle zu vereinigen sind. Hierfür wird insbesondere zu berücksichtigen sein, in welcher Weise die Versorgungsgebührnisse ausgezahlt werden.

V. 1. Für die Versorgungsangelegenheiten aller im Ausland wohnenden reichsdeutschen Rentenversorgungsberechtigten (ohne neue Wehrmacht) sind zuständig:

a) das VA. Freiburg i. Br. für die Schweiz*),
b) das VA. München-Land für Österreich, Ungarn und die Balkanstaaten ohne Türkei — siehe VA. IV Berlin —,
c) das VA. Dresden für die Tschechoslowakei,
d) das VA. Ratibor für das Hultschiner Gebiet,
e) das VA. Schneidemühl für Polen, soweit nicht das VA. Gleiwitz zuständig ist,
f) das VA. Gleiwitz für Polnisch-Oberschlesien und die polnischen Kreise Bielitz/Biala, Czenstochau, Bendzin, Oswiecim,
g) das VA. Insterburg für das Memelgebiet, die Union der Sozialistischen Sowjetrepubliken, Estland, Finnland, Lettland, Litauen,
h) das VA. Marienburg (Westpreußen) für das Gebiet der Freien Stadt Danzig,
i) das VA. Flensburg für Dänemark,
j) das VA. Aachen für die Niederlande und Belgien,
k) das VA. Trier für Luxemburg,
l) das VA. Saarbrücken für Frankreich,
m) das VA. Hamburg für England,
n) das VA. Stettin für Schweden und Norwegen,
o) das VA. München-Stadt für Italien,
p) das VA. Stuttgart für Spanien und Portugal,
q) das VA. IV Berlin für die Türkei und das übrige Ausland.

2. Über die Berufung der unter Nr. 1 sowie der im Ausland wohnenden in Ziff. II Abs. 1 und 2 bezeichneten Versorgungsberechtigten entscheidet das VGer., in dessen Bezirk das VA seinen Sitz hat, soweit nicht das RVGer. zuständig ist (§ 90).

3. Für die orthopädische Versorgung ist diejenige OVSt. zu-

*) Bei den nach dem RVG. Versorgungsberechtigten ist eine Verlegung des Wohnorts in die Schweiz nur anzunehmen, wenn der Wohnort im Deutschen Reich aufgegeben und eine Niederlassungsbewilligung für die Schweiz auf die Dauer von mindestens 2 Jahren erteilt ist oder wenn die erste für kürzere Zeit ausgesprochene Niederlassungsbewilligung derart verlängert wird, daß sich eine zusammenhängende Zeitdauer von 2 Jahren ergibt. Steht eine dauernde Niederlassung von Rentenempfänger in der Schweiz in dem erwähnten Sinne nicht zweifellos fest, so sind die Versorgungsakten dem VA. Freiburg i. Br. zunächst ohne Zahlungseinstellung zu übersenden; es prüft im Einvernehmen mit der FSt. Zürich, ob eine Übernahme des Falles in Betracht kommt. Das Ergebnis ist dem VA., das die Akten übersandt hat, möglichst bald mitzuteilen.

ständig, zu deren Bezirk das in Nr. 1 bezeichnete VA. gehört, für die Freie Stadt Danzig jedoch die OVSt. in Königsberg i. Pr. und für die Niederlande die OVSt. Essen. Dasselbe gilt für die im Ausland wohnenden in Ziff. II Abs. 1 und 2 bezeichneten Versorgungsberechtigten.

VI. Für die Bearbeitung der Versorgungsangelegenheiten der Versorgungsberechtigten mit französischer Staatsangehörigkeit ist das VA. Saarbrücken zuständig.

1. Die nach Ziff. II Abs. 1 der AB. zu §§ 38, 41 Abs. 1 für Ruhegeld- usw. Angelegenheiten zuständigen Versämter sind im Anhang 5 mit P. (= Pensionsamt) gekennzeichnet.

2. Die nach Ziff. II Abs. 2 der AB. zu §§ 38, 41 Abs. 1 für die neue Wehrmacht zuständigen Versämter sind im Anhang 5 durch NW. (= Neue Wehrmacht) kenntlich gemacht.

§ 39[1]

Bei einem Wechsel des Wohnorts ist die Verwaltungsbehörde[2], in deren Bezirk der neue Wohnort liegt, zuständig, sobald[3] die Versorgungsakten[4] an sie abgegeben sind[5].

AB. zu § 39

(1) Steht fest, daß der neue Wohnort nicht für längere Zeit beibehalten werden soll, oder ist ein vor dem Wohnortswechsel gestellter Antrag noch nicht erledigt, so sind die Akten nur beim Vorliegen besonderer Gründe[6] an die für den neuen Wohnort zuständige Verwaltungsbehörde abzugeben. Die bisher zuständige Behörde hat eine etwa erforderliche Einstellung von Zahlungen oder Entziehung sonstiger Leistungen stets noch zu veranlassen.

(2) Die Übernahme der Versorgungsakten kann aber von der Verwaltungsbehörde des neuen Wohnorts nicht deshalb abgelehnt werden, weil die Akten nicht hätten abgegeben werden sollen; mit der Abgabe der Akten ist die neue Zuständigkeit ohne weiteres begründet. Wird von der für den früheren Wohnort zuständigen Behörde noch eine Bewilligung ausgesprochen, so liegt die Zahlbarmachung dem VA. des neuen Wohnorts ob, an das die Akten zur Vermeidung eines besonderen Überweisungsverfahrens abzugeben sind.

(3) Verzieht ein Versorgungsberechtigter, der eine Kapitalabfindung erhalten hat, in den Bereich eines anderen HVA., so sind die Kapitalabfindungsakten an dieses abzugeben. Die VA. haben vor Abgabe der Versorgungsakten zu prüfen, ob der Versorgungsberechtigte eine Kapitalabfindung erhalten hat, und ggf. dem HVA. die Verlegung des Wohnorts mitzuteilen.

1. Die Vorschrift greift Platz, gleichviel ob auf einen schwebenden Antrag die Entscheidung noch aussteht oder nicht. Naturgemäß kann es sich nur um den Wechsel des nach § 38 und den AB. maßgebenden Wohnorts handeln; unerheblich ist es daher z. B., wenn ein Kind erster Ehe des Verstorbenen verzieht, solange nach § 38 Abs. 2 der Wohnort der Witwe maßgebend ist.

Beim Tode des VersBerechtigten bleibt die bisherige Zuständigkeit bestehen, da kein Wechsel des Wohnorts eintritt. Das gleiche gilt für Fälle, in denen ein neuer Wohnort nicht begründet wird.

2. Für das Spruchverfahren gilt § 39 überhaupt nicht, vielmehr nur § 38. Es entscheidet lediglich der Wohnort zur Zeit der Einlegung der Berufung; das einmal mit der Sache befaßte Gericht hat das Verfahren daher bis zur Erledigung durchzuführen (E. I, 10), falls nicht nach § 41 eine Ausnahme angeordnet wird (AB. zu § 41). Legt der verzogene Kläger gegen einen weiteren Bescheid Berufung ein, so ist für diese der neue Wohnort maßgebend.

3. Bis zur Abgabe der VersAkten bleibt mithin die einmal begründete Zuständigkeit bestehen, auch wenn vor der Stellung eines weiteren Antrags der für die Zuständigkeit maßgebende Wohnort verlegt worden ist; die Verwaltung des alten Wohnorts ist für alle notwendig werdenden Anordnungen noch zuständig. Wann die Versorgungsakten abzugeben sind, ist in den AB. zu § 39 gesagt. Übersendung von Auszügen aus den VersAkten und der Rechnung s. § 35 der DO. f. d. Zahlung und Rechnungslegung (HdR. S. 2296); Behandlung des Kartenblatts bei Verzug s. § 239 Abs. 7 GOB. (HdR. S. 1175).

4. Die Zuständigkeit für die Aufbewahrung der Akten†) ist nicht besonders geregelt, sie richtet sich wie die Zuständigkeit für die zu treffenden Entscheidungen nach den Vorschriften der §§ 38, 39 und den AB. dazu. Die Akten sind stets dort aufzubewahren, wo sie gegebenenfalls wieder gebraucht werden, also bei derjenigen Behörde, die für einen etwa eingehenden Antrag zuständig sein würde. Mit Ausnahme der Akten über Kapitalabfindung, die bei den HptVersÄmtern aufbewahrt werden, werden die Akten bei den VersÄmtern aufbewahrt, da nach § 77 alle Versorgungsangelegenheiten außer den ausdrücklich den HptVersÄmtern vorbehaltenen zur Zuständigkeit der VersÄmter gehören.

5. Für die Entschließung der Verwaltungsbehörde, ob die Akten aus Anlaß des Wohnortswechsels abzugeben sind, dürfen lediglich Zweckmäßigkeitsgründe und die Interessen der VersBerechtigten maßgebend sein.

6. Als solche besonderen Gründe sind Umstände anzusehen, welche die Abgabe zweckmäßig erscheinen lassen, obschon bei der in Aussicht stehenden baldigen Wiederaufgabe des neuen Wohnorts die Akten zurückgegeben oder an ein anderes VersAmt weitergegeben werden müssen, wenn z. B. das VersAmt des neuen Wohnorts ohne-

---

†) Hartung, Die Behandlung der Versorgungsakten, VersB. 26/27 S. 120—123. Vgl. auch §§ 216 ff. GOB. (HdR. S. 1159 ff.).

hin um Mitwirkung gemäß §§ 75, 83 Abs. 2 ersucht werden müßte, wie etwa beim Verpassen von Körperersatzstücken.

§ 40 *)

(1) Hält eine Versorgungsbehörde eine andere für zuständig [1], so gibt sie die Sache an diese weiter [2]. Hält sich auch diese nicht für zuständig, so entscheidet [3] über die Zuständigkeit

1. des Versorgungsamts das beiden Ämtern übergeordnete Hauptversorgungsamt oder, wenn ein solches nicht vorhanden ist, der Reichsarbeitsminister,
2. des Hauptversorgungsamts der Reichsarbeitsminister,
3. des Versorgungsgerichts das Reichsversorgungsgericht durch Beschluß ohne mündliche Verhandlung.

(2) Die Entscheidung ist für die Instanzen bindend [4].

*) Vgl. § 1640 RVO.; Rechtspr. dazu VersB. 27/28 S. 90.

1. Der § 40 gilt nur für die örtliche Zuständigkeit. Wegen der sachlichen Zuständigkeit der Verwaltungsbehörden vgl. § 77, der Spruchbehörden § 90, insbes. Abs. 5.

2. Die Weitergabe hat nur zu erfolgen, wenn unzweifelhaft stichhaltige Gründe gegen die örtliche Zuständigkeit der zunächst angegangenen Behörde vorliegen (vgl. auch § 41 Abs. 2). Das gleiche gilt entsprechend für die Einholung einer Entscheidung gemäß § 40 Abs. 1 Satz 2. Die Ablehnung eines Antrages oder der Berufung mit der Begründung, daß die angegangene Behörde örtlich unzuständig sei, ist infolge des § 40 nicht angängig. Wegen der sachlichen Zuständigkeit vgl. entsprechend § 78 Satz 3 und § 93 Satz 3.

3. Eine Anfechtung der Entscheidung ist nicht möglich, auch nicht durch Beschwerde (vgl. § 61).

4. Eine Zurückverweisung gemäß § 126 aus Gründen der örtlichen Zuständigkeit ist unzulässig, wie sich auch aus § 41 Abs. 2 ergibt.

§ 41

(1) Von den Vorschriften der §§ 38, 39 kann der Reichsarbeitsminister Ausnahmen [1] zulassen.

(2) Bescheide und Urteile sind nicht deshalb unwirksam oder anfechtbar, weil sie von einer örtlich [2] unzuständigen Versorgungsbehörde erlassen sind.

AB. zu § 41

Die örtliche Zuständigkeit der Verwaltungs- oder Spruchbehörden kann auch in Einzelfällen abweichend von den allgemeinen

Vorschriften bestimmt werden, z. B. bei Wechsel des Wohnorts nach Einlegung der Berufung.

1. Ausnahmen bilden z. B. Ziff. III Abs. 2 (Eltern) und für Fälle, in denen der nach § 38 Abs. 1—3 maßgebende Wohnort im Inland liegt, auch Ziff. V der AB. zu § 38. Ausnahmen können auch im Einzelfall angeordnet werden (AB. zu § 41). Das mangelnde Zutrauen eines VersBerechtigten zur zuständigen VersBehörde bildet aber keinen Grund, eine Ausnahme anzuordnen, da gegen die Entscheidungen Beschwerde oder Berufung gegeben ist und bei schuldhaften Verstößen eines Beamten die Dienstaufsichtsbehörde einschreiten kann.

2. Die Entscheidung einer sachlich unzuständigen Behörde, z. B. des VersAmts in Kapitalabfindungsangelegenheiten (vgl. Ziff. I AB. zu § 77) ist unwirksam (abweichend für die Unfallversicherung Handbuch der Unfallversicherung I S. 472, Kompaß, Entscheidungen 07 S. 108). Die örtliche Zuständigkeit dagegen ist im Spruchverfahren weder von Amts wegen noch auf Rüge einer Partei nachzuprüfen (a. M. Kaufmann-Fuisting Anm. 4 zu § 41). Eine abweichende Entscheidung des BayLVGer. ist in JW. 27 S. 2598 abgedruckt und ablehnend besprochen.

III. Ausschließung und Ablehnung der bei den Versorgungsbehörden mitwirkenden Personen

Vorbemerkung: Unter „Mitwirkung in Versorgungssachen" ist hier nur die Tätigkeit bei der Entscheidung und deren Vorbereitung zu verstehen. Wer also z. B. den Bescheid unterzeichnet hat, ist durch § 42 Nr. 7 nicht gehindert, den Fiskus im Spruchverfahren zu vertreten.

§ 42 *)

(1) Von der Mitwirkung [1] in Versorgungssachen [2] ist ausgeschlossen [3],

1. wer in der Sache selbst Partei [4] ist,
2. wer einer Partei ersatzpflichtig [5] ist,
3. wer mit einer Partei verheiratet ist oder gewesen ist,
4. wer mit einer Partei in gerader Linie verwandt [6] oder verschwägert [7] oder in der Seitenlinie im zweiten oder dritten Grade verwandt [8] oder im zweiten Grade verschwägert [9] ist,
5. wer in der Sache als Bevollmächtigter [10] oder Beistand [10] einer Partei zugezogen oder als ihr gesetzlicher Vertreter [11] aufzutreten berechtigt ist oder gewesen ist,

6. wer in der Sache als Zeuge oder Sachverständiger vernommen ist,
7. wer beim Erlasse[12] des angefochtenen Bescheids oder Urteils[13] mitgewirkt hat,
8. wer infolge körperlicher oder geistiger Gebrechen zur Ausübung des Amtes nicht geeignet ist.

(²) Ist der Versorgungsberechtigte bei einer Versorgungsbehörde beschäftigt, so ist diese von der Entscheidung ausgeschlossen[14].

*) Vgl. §§ 1641, 1679, 1701 RVO.; Rechtspr. dazu VersB. 27/28 S. 90. — In § 42 Abs. 1 ist Nr. 8 durch Ges. vom 17. 3. 28 (RGBl. I S. 63) eingefügt.

AB. zu § 42

1. Die Anfertigung des Entwurfs eines Bescheides durch einen Bürobeamten ist keine Mitwirkung bei dem Erlaß des Bescheides im Sinne des § 42 Abs. 1 Nr. 7; der Beamte ist daher von der Mitwirkung bei der Entscheidung im Spruchverfahren nicht ausgeschlossen.

2. (¹) Eine Entscheidung der Versorgungsbehörde im Sinne des § 42 Abs. 2 liegt auch dann vor, wenn sie der Genehmigung einer vorgesetzten Behörde bedarf, wie die Erteilung eines Berichtigungsbescheides, eines neuen Bescheides oder die Genehmigung einer Badekur.

(²) An Stelle der VBeh., bei welcher der Versorgungsberechtigte beschäftigt ist, entscheidet diejenige Behörde gleicher Ordnung, die vom Sitz der ausgeschlossenen Behörde auf dem kürzesten Wege erreichbar ist und, wenn ein VA. ausgeschlossen ist, demselben HVA. untersteht. Die hiernach zuständige VBeh. hat in dem Bescheid ersichtlich zu machen, daß ihre Zuständigkeit auf der Vorschrift des VerfG. § 42 Abs. 2 und der dazu ergangenen AB. beruht. Die Zustellung des Bescheides und die etwa zu seiner Durchführung notwendigen Maßnahmen sind Sache der nach den allgemeinen Vorschriften zuständigen VBeh.

3. Die Vorschrift des § 42 Abs. 2 gilt nicht für ärztliche Untersuchungen und sonstige der Vorbereitung der Entscheidung dienende Maßnahmen. Die entsprechende Anwendung dieser Vorschrift auf solche Maßnahmen ist aber dem Ermessen des Leiters der in § 42 Abs. 2 bezeichneten Behörde überlassen. Ersuchen um Vornahme einer ärztlichen Untersuchung, Vernehmung von Zeugen usw., die in entsprechender Anwendung des § 42 Abs. 2 gestellt werden, dürfen von der ersuchten VBeh. nicht abgelehnt werden.

4. Die Vorschrift des § 42 gilt nicht für die Vertretung des Reichsfiskus im Spruchverfahren; vertritt aber den Reichsfiskus

die VBeh., bei welcher der Kläger beschäftigt ist, so hat sie von der Erklärung eines Anerkenntnisses abzusehen.

5. Wegen des Rechts der Ablehnung der Untersuchung durch einen nichtarischen Arzt siehe die Zweite Verordnung zur Durchführung des Gesetzes über Ehrenämter in der sozialen Versicherung und der Reichsversorgung vom 23. Juni 1933 § 5 (HdR. S. 746 b) †).

1. Wer eine der Voraussetzungen des § 42 Abs. 1 erfüllt, ist nicht nur von der Entscheidung, sondern auch von der vorbereitenden Mitwirkung, z. B. der ärztlichen Begutachtung ausgeschlossen. Anders liegt es im Falle des Abs. 2 (vgl. Anm. 14). Außer dem Vorsitzenden und den Beisitzern der Kammer eines VGer. kann z. B. auch der Gerichtsarzt ausgeschlossen sein (vgl. Anm. 3 zu § 22).

2. § 42 gilt für das Verwaltungs- und das Spruchverfahren, während § 43 (Ablehnung wegen Befangenheit) nur für die Spruchbehörden anwendbar ist.

3. Die Mitwirkung einer ausgeschlossenen Person ist ein wesentlicher Mangel des Verfahrens (§ 126) und bildet einen Wiederaufnahmegrund (§ 66 Nr. 2). Entsteht Streit darüber, ob jemand von der Mitwirkung ausgeschlossen ist, so muß sich die entscheidende Verwaltungs- oder Spruchbehörde selbst darüber schlüssig werden. Die Entscheidung hierüber kann nur zusammen mit dem in der Hauptsache einzulegenden Rechtsmittel oder gegebenenfalls (vgl. § 66 Abs. 2) im Wege des Wiederaufnahmeverfahrens angefochten werden. Bei „Kannbezügen" kann eine Entscheidung im Dienstaufsichtswege herbeigeführt werden und zwar auch schon vor Erlaß der Entscheidung zur Hauptsache.

4. Es kann also ein Beschädigter, der Angestellter eines Vers.-Amtes ist, nicht bei der Bearbeitung einer eigenen Versorgungssache mitwirken.

5. Ersatzpflichtig ist dem Berechtigten z. B., wer die Beschädigung vorsätzlich oder fahrlässig verursacht hat (vgl. § 823 BGB.).

6. In gerader Linie verwandt††) sind Personen, die von einander abstammen. Ein uneheliches Kind und dessen Vater gelten im Rechtssinne nicht als verwandt (vgl. § 1589 BGB.).

7. Verschwägert sind die Verwandten eines Ehegatten mit dem anderen Ehegatten. Die Auflösung der Ehe läßt die durch sie begründete Schwägerschaft bestehen (§ 1590 BGB.). Die Linie und der Grad der Schwägerschaft bestimmen sich nach der Linie und dem Grade der sie vermittelnden Verwandtschaft. In gerader Linie verschwägert sind z. B. Stiefvater und Stiefkind, Schwiegervater und Schwiegersohn.

8. In der Seitenlinie verwandt sind Personen, die nicht in

---

†) Hier abgedruckt bei § 22.

††) Über Verwandtschaft und Schwägerschaft s. die Zusammenstellung VersB. 26/27 S. 27—29.

gerader Linie verwandt sind, aber von derselben dritten Person abstammen. Der Grad der Verwandtschaft bestimmt sich nach der Zahl der sie vermittelnden Geburten. Es sind daher in der Seitenlinie im zweiten Grade verwandt Brüder und im dritten Grade Onkel und Neffe.

9. In der Seitenlinie im zweiten Grade verschwägert sind Schwäger.

10. Über Bevollmächtigte und Beistände vgl. § 48.

11. Gesetzlicher Vertreter — im Gegensatz zum Bevollmächtigten — ist der, dessen Vertretungsmacht auf dem Gesetz, entweder unmittelbar (z. B. Vater eines Minderjährigen, § 1630 BGB.) oder kraft behördlicher Anordnung (z. B. Vormund, § 1793 BGB.) beruht. Wegen des besonderen Vertreters vgl. § 46 Abs. 2 Satz 2.

12. Wer nur bei der Vorbereitung des angefochtenen Bescheids mitgewirkt hat, ist von der Mitwirkung im Spruchverfahren nicht ausgeschlossen; für Bürobeamte vgl. Nr. 1 der AB. zu § 42 (früher ebenso E. VIII, 58). Wer ein ärztliches Gutachten erstattet hat, ist im weiteren Verfahren nach Abs. 1 Nr. 6 von der Mitwirkung bei der Entscheidung ausgeschlossen, kann aber um ein ergänzendes Gutachten ersucht werden. Ein „Obergutachten" eines Arztes, der schon ein Gutachten abgegeben hat, würde in der Hauptsache nur als ergänzendes Gutachten zu würdigen sein.

13. Da nur die Mitwirkung beim Erlasse von Bescheiden und Urteilen, nicht von sonstigen Entscheidungen, einen Ausschließungsgrund bildet, kann z. B. der Vorsitzende der Kammer bei der Beschlußfassung über eine Beschwerde gegen eine von ihm erlassene Verfügung mitwirken (Begr.).

Wer beim Erlaß einer Entscheidung mitgewirkt hat, ist von der Mitwirkung im Wiederaufnahmeverfahren nicht nach Abs. 1 Nr. 7 ausgeschlossen, weil diese Vorschrift nur die mit einem ordentlichen Rechtsmittel angefochtenen Entscheidungen der Vorinstanz im Auge hat und § 69 ausdrücklich vorschreibt, daß im Wiederaufnahmeverfahren dieselbe Stelle entscheidet, die die angefochtene Entscheidung erlassen hat; in § 41 Nr. 6 ZPO. ist das durch den Zusatz „in einer früheren Instanz" ausdrücklich klargestellt.

14. a) Die ganze Behörde ist ausgeschlossen, aber nur von der Entscheidung, nicht von der ärztlichen Untersuchung oder sonstigen Vorbereitung. Die Vorschrift will verhüten, daß die Entscheidung etwa durch persönliches, auf den dienstlichen Beziehungen beruhendes Wohl- oder Übelwollen gegenüber dem bei der Behörde selbst beschäftigten Antragsteller oder Kläger beeinflußt wird. Es steht deshalb der Behörde frei, den bei ihr beschäftigten Antragsteller bei einem anderen VersAmt untersuchen und begutachten zu lassen. Welche Behörde an Stelle derjenigen zu entscheiden hat, bei welcher der VersBerechtigte beschäftigt ist, ist durch Nr. 2 Abs. 2 der AB. zu § 42 bestimmt. Die Beisitzer aus der sozialen Fürsorge und aus den VersBerechtigten sind nicht bei den Spruchbehörden „beschäftigt", auch nicht die Beamten des Oberversicherungsamtes und des Reichsversicherungsamts.

b) Nicht nur von der erstmaligen Entscheidung, sondern auch von allen späteren Bescheiden und Urteilen ist die Behörde ausgeschlossen, solange der Berechtigte bei ihr beschäftigt ist. Wenn nur eine „Benachrichtigung" zu ergehen hat, so kommt es darauf an, ob die Behörde mit Rücksicht auf Art und Inhalt der zu treffenden Anordnung nach dem Zweck des § 42 Abs. 2 (vgl. Anm. 14 a) Veranlassung hat, sich der Erledigung zu enthalten. Die Entschließung hierüber ist für die benachbarte Behörde bindend. Je eindeutiger im Gesetz die maßgebenden Voraussetzungen umschrieben sind, um so unbedenklicher kann die Behörde die Angelegenheit selbst erledigen.

c) Über Einzelheiten zu § 42 Abs. 2 vgl. Nr. 2—4 der AB.

d) Das RBGer. hat, wenn der Kläger bei ihm beschäftigt ist, trotz § 42 Abs. 2 selbst zu entscheiden (E. III, 201).

§ 43 *)

(1) Die Mitglieder der Kammern und Senate der Spruchbehörden[1] können sowohl aus Gründen, die sie von der Mitwirkung ausschließen, als auch wegen Befangenheit abgelehnt werden[2]. Die Ablehnung wegen Befangenheit ist begründet, wenn Tatsachen vorliegen, die Mißtrauen gegen die Unparteilichkeit[3] des Abgelehnten rechtfertigen können.

(2) Der Ablehnungsgrund muß glaubhaft[4] gemacht werden. Lehnt die Partei eine Person als befangen ab, nachdem sie sich in eine Verhandlung eingelassen hat[5], so muß sie glaubhaft machen, daß der Ablehnungsgrund erst später entstanden oder ihr bekannt geworden ist.

*) Vgl. §§ 1643, 1645, 1679, 1701 RVO.; Rechtspr. dazu VersB. 27/28 S. 90.

1. Im Verwaltungsverfahren ist eine Ablehnung nicht zulässig. Hat jedoch z. B. beim Erlaß des Bescheides ein Beamter oder Angestellter mitgewirkt, von dem der Antragsteller Befangenheit behauptet, so werden diese Behauptungen in dem etwaigen Berufungsverfahren zu besonders sorgfältiger Nachprüfung des Bescheides Anlaß geben.

§ 43 regelt nur die Ablehnung von Mitgliedern der Kammern und Senate. Über die Ablehnung von Sachverständigen treffen § 107 Abs. 1 und die bei § 22 abgedruckten §§ 5 und 6 der 2. DurchfVO. zum Gesetz über Ehrenämter in der sozialen Versicherung und der Reichsversorgung Bestimmung.

2. Hat eine abgelehnte Person mitgewirkt, obgleich die Ablehnung für begründet erklärt worden war, so bildet das nach § 66 Nr. 3 einen Grund zur Wiederaufnahme des Verfahrens.

3. Nur die einzelnen Mitglieder, nicht die ganze Kammer als solche, können abgelehnt werden (Anm. 3 zu § 44). Ein Grund zu Mißtrauen in die Unparteilichkeit des Richters liegt vor, wenn z. B. Äußerungen oder Handlungen auf Vorurteile für oder gegen eine Partei schließen lassen. Stets muß es sich aber um Tatsachen handeln, die die Besorgnis der Befangenheit des Richters aus seinen persönlichen Beziehungen zur Partei selbst oder der zur Verhandlung stehenden Sache rechtfertigen. Auf persönliche Beziehungen des Richters zu dem Bevollmächtigten oder Beistand einer Partei kann die Ablehnung nicht gegründet werden (E. I, 162). Aus der Mitwirkung des Richters an einer dem Kläger ungünstigen grundsätzlichen Entscheidung oder einem Verweisungsbeschluß (§ 130), überhaupt aus der Einstellung zu einer Rechtsfrage, wie auch aus dem Maß von Sachkunde in rechtlicher oder tatsächlicher Beziehung kann ein Ablehnungsgrund nicht hergeleitet werden.

4. „Glaubhaftmachen" ist weniger als nachweisen und hier wohl gleichbedeutend mit „näher darlegen".

5. Der Ablehnungsantrag muß vom Kläger gestellt werden, bevor er sich in eine Verhandlung eingelassen hat; der Antrag ist also vor dem Vortrag des Sachverhalts durch den Berichterstatter oder Vorsitzenden (§ 120 Abs. 1) zu stellen. Eine erst nach Eintritt der Rechtskraft bekannt gewordene Befangenheit eines Richters kann auch im Wege der Wiederaufnahme nicht mehr geltend gemacht werden.

§ 44*)

(1) Über die Ablehnung entscheidet[1] die Kammer oder der Senat durch Beschluß ohne mündliche Verhandlung endgültig[2]. Von einer Entscheidung kann abgesehen werden, wenn der Abgelehnte die Ablehnung für begründet hält.

(2) Bei der Entscheidung über die Ablehnung darf der Abgelehnte nicht mitwirken. Bei Stimmengleichheit gilt die Ablehnung als zurückgewiesen. Dürfen bei der Entscheidung nicht mindestens zwei Mitglieder mitwirken, so überträgt der Vorsitzende des Gerichts einer anderen Kammer oder einem anderen Senate die Entscheidung über die Ablehnung[3].

(3) Diese Vorschriften gelten auch, wenn ein Mitglied selbst eine Tatsache anzeigt, welche die Ablehnung rechtfertigen könnte.

*) Vgl. §§ 1646—1648, 1679, 1701 RVO.

1. Das für die Sonderfälle des § 43 vorgesehene Ablehnungsverfahren greift nur Platz, wenn einer der im § 42

aufgeführten Ausschließungsgründe oder Befangenheit geltend gemacht wird. Werden sonstige Einwendungen gegen die Person eines Richters erhoben, er habe z. B. nach § 15 nicht zum Beisitzer bestellt werden können, so finden die §§ 43, 44 keine Anwendung. Die Begründetheit solcher Einwendungen ist Gegenstand der Nachprüfung in dem gegen die Entscheidung zur Hauptsache etwa zulässigen Rekursverfahren (E. I, 165).

2. Gegen die Entscheidung über die Ablehnung ist kein Rechtsbehelf gegeben. Soweit in der Hauptsache noch Rekurs möglich ist, kann das Urteil nur aus sonstigen Gründen, nicht aber etwa deshalb aufgehoben werden, weil die vom VGer. zurückgewiesene Ablehnung begründet gewesen sei.

3. Durch Abs. 2 Satz 3 ist der Fall geregelt, daß außer einem Mitglied alle oder überhaupt alle Mitglieder einer Kammer oder eines Senats abgelehnt werden. Wenn auch ein Richterkollegium als solches nicht abgelehnt werden kann, so ist es doch möglich, die einzelnen Mitglieder unter namentlicher Benennung und Anführung von Ablehnungsgründen abzulehnen (E. I, 162).

§ 45 *)

Kann die Entscheidung der Sache infolge der Vorschriften der §§ 42 bis 44 nicht durch die örtlich zuständige Versorgungsbehörde erfolgen[1], so bestimmt der Reichsarbeitsminister[2], welche andere Behörde gleicher Ordnung zu entscheiden hat.

*) Vgl. §§ 1649, 1679, 1701 RVO.

1. Ist bei einem VGer. nur eine Kammer eingerichtet und wird diese durch Ablehnung beschlußunfähig, so muß der RAM. einem anderen VGer. die Entscheidung übertragen.

2. Für den Fall des § 42 Abs. 2 ist die Bestimmung bereits durch die AV. zu § 42 allgemein erfolgt.

IV. Die Parteien und ihre Vertreter

Vorbemerkung: Die §§ 46—50 gelten wie alle Vorschriften in dem ersten Abschnitt sowohl für das Verwaltungs- wie für das Spruchverfahren, soweit nicht der Wortlaut des Gesetzes etwas anderes ergibt. Unter dem Ausdruck „Parteien" sind im Verwaltungsverfahren der Antragsteller, im Spruchverfahren der Kläger und das Reich, u. U. auch Länder, Gemeinden, Gemeindeverbände und Träger der Unfallversicherung (§§ 49, 90 Abs. 2, 3, §§ 146, 147) zu verstehen. Nicht zu den Parteien gehören z. B. die Zeugen und Sachverständigen. Über Dritte, die am Verfahren beteiligt sind, vgl. § 50. Über Parteien in Sonderfällen vgl. Anm. 1 zu § 50.

§ 46 *)

(1) Die Geschäftsfähigkeit [1] des Versorgungsberechtigten und die Vertretungsbefugnis eines gesetzlichen Vertreters [2] sind von Amts wegen [3] zu prüfen.

(2) Für Geschäftsunfähige [4] oder beschränkt Geschäftsfähige [5] ist die Bestellung eines Vormundes oder Pflegers zu veranlassen [6]. Bis zur Bestellung eines gesetzlichen Vertreters durch die Vormundschaftsbehörde und bis zu dessen Eintritt in das Verfahren kann von der Verwaltungsbehörde, im Spruchverfahren vom Vorsitzenden der Kammer oder des Senats, ein besonderer Vertreter [7] bestellt werden. Dem besonderen Vertreter stehen alle Rechte des Vertretenen außer der Empfangnahme von Zahlungen zu.

(3) Minderjährige, die das 16. Lebensjahr vollendet haben, können selbständig [8] Anträge stellen und Rechtsmittel einlegen. Macht ein Minderjähriger von dieser Befugnis Gebrauch, so ist zur Zurücknahme des Antrags oder Rechtsmittels das Einverständnis des Minderjährigen und seines gesetzlichen oder besonderen Vertreters erforderlich [9].

*) Vgl. § 1613 Abs. 6, § 1650 Abs. 3, §§ 1679, 1701 RVO.; §§ 17, 18 VAO., § 15 OVAO.; Rechtspr. dazu VersB. 27/28 S. 90 f.

AB. zu § 46

1. Die Bestellung eines besonderen Vertreters kann veranlaßt sein, wenn nach dem Tode der Mutter die Vollwaisenrente zu beantragen und mit der alsbaldigen Bestellung eines Vormunds nicht zu rechnen ist; als Vertreter werden in erster Linie Beamte der Fürsorgeverbände in Betracht kommen. Bis zur Bestellung eines Vormunds kann die Rente an den Bezirksfürsorgeverband (FSt.) gezahlt werden, wenn er die Verwendung des Geldes für die Waise übernimmt.

2. Durch die Vorschrift des Abs. 3 wird die in Abs. 2 Satz 1 vorgesehene Verpflichtung, die Bestellung eines gesetzlichen Vertreters zu veranlassen, nicht berührt; auch für Minderjährige, die das 16. Lebensjahr vollendet haben, kann ein besonderer Vertreter (Abs. 2 Satz 2) bestellt werden.

3. Von der Bestallung zum Vormund (Pfleger) ist eine Abschrift (Formbl. I 71) zu den Versorgungsakten zu nehmen.

1. Für die Entscheidung der Frage, ob ein VersBerechtigter geschäftsfähig ist, sind die Grundsätze des bürgerlichen Rechts maßgebend (vgl. §§ 104 ff. BGB.). Geschäftsfähig ist, wer wirksam Rechtsgeschäfte vornehmen kann.

2. Wegen des Begriffs „gesetzlicher Vertreter" vgl. Anm. 11 zu § 42.

3. Mängel der Geschäftsfähigkeit, z. B. das Vorliegen von Geschäftsunfähigkeit (vgl. Abs. 2), und der Vertretungsbefugnis sind auch dann zu berücksichtigen, wenn sie von keiner Seite geltend gemacht werden. Ihre Nichtberücksichtigung führt zur Aufhebung der Entscheidung im Rechtsmittel- oder Wiederaufnahmeverfahren (§ 66 Abs. 1 Nr. 4).

4. Geschäftsunfähig sind Kinder unter sieben Jahren, entmündigte Geisteskranke sowie Geistesgestörte, deren freie Willensbestimmung nicht nur vorübergehend ausgeschlossen ist (§ 104 BGB.). Verfahrenshandlungen Geschäftsunfähiger können durch Genehmigung des gesetzlichen Vertreters nicht wirksam gemacht werden.

5. Beschränkt geschäftsfähig sind Minderjährige vom vollendeten 7. bis zum vollendeten 21. Lebensjahre sowie Personen, die wegen Geistesschwäche, Verschwendung oder Trunksucht entmündigt oder nach § 1906 BGB. unter vorläufige Vormundschaft gestellt worden sind (vgl. §§ 106, 114 BGB.). Hingegen wird die Geschäftsfähigkeit durch eine sog. Gebrechlichkeitspflegschaft, die z. B. für Blinde, Taube und Stumme mit deren Einwilligung nach § 1910 BGB. angeordnet werden kann, nicht berührt. Verfahrenshandlungen beschränkt Geschäftsfähiger werden rückwirkend voll wirksam, wenn sie vom gesetzlichen Vertreter oder nach erlangter Geschäftsfähigkeit von dem Erklärenden selbst genehmigt werden (AN.RVA. 05 S. 407; 09 S. 523; 10 S. 495).

6. Aus der Notwendigkeit der Bestellung eines Vormundes oder Pflegers folgt, daß Geschäftsunfähige und beschränkt Geschäftsfähige im Versorgungsverfahren nicht „prozeßfähig", d. h. nicht in der Lage sind, selbständig Anträge zu stellen und Rechtsmittel einzulegen (Ausnahme Abs. 3). Die Prozeßfähigkeit des Versorgungsverfahrens deckt sich nicht mit der Prozeßfähigkeit der Zivilprozeßordnung. Nach dieser sind beschränkt Geschäftsfähige prozeßfähig, soweit sie sich durch Verträge verpflichten können (§ 52 ZPO.), d. h. für Verträge, die dem beschränkt Geschäftsfähigen lediglich einen rechtlichen Vorteil bringen, und für Erwerbsgeschäfte oder Dienstverhältnisse nach Ermächtigung seitens des gesetzlichen Vertreters (§§ 107, 112, 113 BGB.). Diese Gesichtspunkte scheiden hier aus (vgl. auch AN.RVA. 18 S. 491). — Die Anhörung des geschäftsunfähigen oder beschränkt geschäftsfähigen Berechtigten ist zulässig und zuweilen zweckmäßig.

Die Bestellung eines Vormunds oder Pflegers ist bei der zuständigen Vormundschaftsbehörde anzuregen. Vormundschaftsbehörde ist in der Regel das Amtsgericht (anders in Württemberg, Hamburg, Mecklenburg). Welches Amtsgericht zuständig ist, bestimmt sich nach dem Wohnsitz, gegebenenfalls dem inländischen Aufenthaltsort oder dem letzten inländischen Wohnsitz des Schutzbedürftigen, bei mehreren Geschwistern nach dem Wohnsitz oder Aufenthaltsort des jüngsten Mündels.

7. Die Kosten (Auslagen usw.) des besonderen Vertreters fallen dem Vertretenen zur Last; sie werden nach Maßgabe des § 143 erstattet. Sein persönliches Erscheinen kann ebensowenig angeordnet werden, wie das eines anderen Vertreters (vgl. §§ 81, 103, 121, 144). Im übrigen vgl. die AB. zu § 46.

8. Selbständig, d. h. ohne Mitwirkung des gesetzlichen Vertreters (vgl. §§ 106 ff. BGB.). Der 16jährige Minderjährige kann z. B. auch Vollmacht erteilen, er ist aber nicht prozeßfähig, was insbesondere für den Lauf der Fristen Bedeutung hat (E. V, 215); vgl. im übrigen Anm. 4 zu § 57. Ein besonderer Vertreter gemäß Abs. 2 muß beim Fehlen eines gesetzlichen Vertreters bestellt werden, auch wenn der minderjährige Berechtigte 16 Jahre alt ist und das Verfahren selbständig betreibt.

9. Die Vertretungsmacht des gesetzlichen Vertreters wird durch § 46 Abs. 3 nicht berührt. Der gesetzliche Vertreter kann jederzeit einem von dem Minderjährigen eingeleiteten Verfahren beitreten; die gleiche Befugnis hat umgekehrt der Minderjährige, wenn das Verfahren von dem gesetzlichen Vertreter eingeleitet worden ist. Zum Schutze des Minderjährigen erfolgen alle Zustellungen an den Vertreter, auch wenn dieser sich an dem Verfahren nicht beteiligt, während der Minderjährige selbst eine Abschrift des zuzustellenden Schriftstücks erhält (vgl. § 57 Abs. 1 Satz 2). Der 16 Jahre alte Minderjährige soll die Möglichkeit haben, seine Rechte selbst wahrzunehmen, auch gegen den Willen seines gesetzlichen Vertreters. Für die Zurücknahme des Antrags oder des Rechtsmittels ist das Einverständnis des Minderjährigen vorgeschrieben, damit der gesetzliche Vertreter das Recht des Minderjährigen auf selbständige Wahrnehmung seiner Rechte nicht durch einseitige Zurücknahme hintertreiben kann; die übereinstimmende Erklärung ist andererseits auch deshalb erforderlich, weil der gesetzliche oder besondere Vertreter für das Ergehen des Minderjährigen verantwortlich ist. Der Minderjährige ist also nicht unbedingt Herr des Verfahrens. Praktisch ist hiernach für die Zurücknahme des Antrags oder Rechtsmittels das Einverständnis des gesetzlichen oder besonderen Vertreters stets erforderlich, während das des Minderjährigen nur dann in Frage kommt, wenn dieser den Antrag gestellt oder das Rechtsmittel eingelegt hatte oder dem Verfahren vor Zurücknahme durch irgendeine Verfahrenshandlung beigetreten war. Über die teilweise abweichende Stellung des Minderjährigen und seines gesetzlichen Vertreters in der Sozialversicherung vgl. AN.RVA. 30 S. 57 = EuM. 26 S. 320 und AN. 30 S. 428 = EuM. 28 S. 234.

§ 47*)

Die Bestellung eines besonderen Vertreters ist auch zulässig, wenn der Aufenthaltsort des Berechtigten oder seines gesetzlichen Vertreters nicht zu ermitteln ist[1].

*) Vgl. § 15 Abs. 2 OVAO.

1. Die Bestellung eines besonderen Vertreters wird z. B. in Frage kommen, um ein von dem Berechtigten eingeleitetes Verfahren durch Zustellung der Entscheidung zum Abschluß zu bringen oder wenn es sich um eine von der Verwaltungsbehörde in die Wege geleitete Minderung oder Entziehung der Rente handelt (vgl. § 55 Abs. 3 RVG.). Ist der Aufenthalt des **Vaters** des minderjährigen Berechtigten unbekannt und lebt die Mutter noch, so kommt die Bestellung eines besonderen Vertreters nicht in Frage, weil in solchen Fällen die Mutter die elterliche Gewalt an Stelle des Vaters ausübt (§ 1685 BGB.). Ist der Vater für tot erklärt, so ist die Mutter selbst gesetzliche Vertreterin (§ 1684 a. a. O.).

§ 48*)

(1) Der Berechtigte, sowie die gesetzlichen und besonderen Vertreter können sich durch Bevollmächtigte[1] vertreten lassen. Bei Verhandlungen[2] können sie mit einer geschäftsfähigen[3] Person als Beistand erscheinen.

(2) Als Bevollmächtigte und Beistände dürfen nur zugelassen werden: Mitglieder der National-Sozialistischen Kriegsopferversorgung und des Reichstreubundes ehemaliger Berufssoldaten, wenn sie von diesen Verbänden mit der Übernahme von Vertretungen vor den Versorgungsbehörden allgemein beauftragt sind, ferner Rechtsanwälte sowie geschäftsfähige Angehörige, und zwar der Ehegatte des Antragstellers sowie Personen, die mit ihm in gerader Linie verwandt oder verschwägert oder in der Seitenlinie im zweiten oder dritten Grade verwandt oder im zweiten Grade verschwägert sind[4]. Der Reichsarbeitsminister kann andere Personen als Bevollmächtigte zulassen, wenn ein dringendes Bedürfnis besteht.

(3) Personen, die nach Abs. 2 nicht als Bevollmächtigte oder Beistände zugelassen werden dürfen, sind zurückzuweisen[5]. Mit der Zurückweisung erlischt die Vertretungsmacht. Die Zurückweisung ist dem Auftraggeber unter Hinweis auf die Vorschrift des Abs. 2 mitzuteilen. Fällt die

Zurückweisung in den Lauf einer Frist und wird diese Frist versäumt, so kann die versäumte Handlung innerhalb eines Monats nach der Bekanntgabe der Zurückweisung nachgeholt werden.

(4) Die Vollmacht muß schriftlich[6] erteilt werden und auf den Namen einer bestimmten Person[7] lauten. Sie ist von Amts wegen[8] zu prüfen.

(5) Angehörige (Abs. 2) können auch ohne Nachweis[9] der Vollmacht zur Vertretung zugelassen werden. Das gleiche gilt für Rechtsanwälte und Vertreter der im Abs. 2 aufgeführten Verbände, doch ist ihnen die Nachbringung einer schriftlichen Vollmacht aufzugeben[10].

(6) Der Berechtigte muß das Verfahren gegen sich gelten lassen, wenn er zu der betreffenden Handlung auch nur mündlich Vollmacht erteilt[11] oder sie ausdrücklich oder stillschweigend genehmigt hat[12].

*) Vgl. §§ 15—19 VAO., §§ 14, 15 OVAO., § 24 RVAO.; Rechtspr. dazu VersB. 27/28 S. 91. — Die Absätze 2 und 3 sind durch Art. I Nr. 2 des Ges. vom 3. 7. 34 (RGBl. I S. 544) eingefügt worden; in Abs. 2 beruht die Einschaltung „wenn sie .... beauftragt sind" auf der Bek. der Fassung vom 2. 11. 34 (RGBl. I S. 1113); sie ist aus der VO. vom 13. 8. 34 (RGBl. I S. 774) übernommen.

AB. zu § 48

1. Eine Vollmacht ist nur für eigentliche Verfahrenshandlungen, wie Antragstellung (§ 78), Einlegung von Rechtsmitteln (§ 93), Akteneinsicht (§ 59) erforderlich. Dagegen bedarf es im allgemeinen keiner Vollmacht bei Anfragen, insbesondere von FSt. und Verbänden, über den Stand einer Versorgungssache, die Zahlbarmachung und ähnliche Angelegenheiten; über die Erteilung von Auskünften vgl. auch die AB. zu §§ 59, 60.

2. Eine beglaubigte Vollmacht soll nur verlangt werden, wenn Tatsachen vorliegen, die Zweifel an der Echtheit der Vollmacht oder an der Geschäftsfähigkeit des Vollmachtgebers rechtfertigen.

3. Bei Anträgen der obersten Leitung (Bundesleitung, Bundesvorstand usw.) der im Reichsausschuß der Kb.- und Kh.-Fürsorge vertretenen Verbände der KB. und ihrer Hinterbliebenen auf Gewährung von Härteausgleichen ist von der Vorlage einer Vollmachtsurkunde abzusehen.

4. Anträgen von Bevollmächtigten, ihnen die Versorgungsgebührnisse des von ihnen vertretenen Versorgungsberechtigten in Höhe der ihnen für ihre Mühewaltung zustehenden Vergütung zu überweisen, darf nur stattgegeben werden, wenn die zur Abtretung

des Anspruchs auf die Versorgungsgebührnisse erforderliche Genehmigung der HFSt. (RVG. § 68 Abs. 2) nachgewiesen ist und wenn der Versorgungsberechtigte die Abtretung dem VA. schriftlich angezeigt hat oder wenn der Bevollmächtigte eine von dem Versorgungsberechtigten über die Abtretung ausgestellte Urkunde vorlegt (BGB. § 410).

5. Um Vertretung im Sinne des § 48 Abs. 1 handelt es sich nicht, wenn der Antragsteller (Versorgungsberechtigte) oder ein von ihm beauftragter oder zugelassener Bevollmächtigter für einen Arzt oder ein Arzt mit Zustimmung des Antragstellers zur Erstattung eines Gutachtens Akteneinsicht beantragt. Solchen Anträgen kann daher entsprochen werden.

6. Auf Grund des § 48 Abs. 2 letzter Satz sind Mitglieder des Reichsbundes jüdischer Frontsoldaten als Bevollmächtigte und Beistände von Antragstellern nichtarischer Abstammung im Sinne des Gesetzes zur Wiederherstellung des Berufsbeamtentums vom 7. April 1933 (RGBl. I S. 175) und seiner Durchführungsbestimmungen bei den Versorgungsbehörden zugelassen, wenn sie von diesem Verbande mit der Übernahme von Vertretungen nichtarischer Antragsteller allgemein beauftragt sind. § 48 Abs. 3 findet entsprechende Anwendung.

7. Die Vorschriften der Ersten Verordnung zur Durchführung des Gesetzes über Ehrenämter in der sozialen Versicherung und der Reichsversorgung vom 19. Mai 1933 § 4 werden durch die Vorschrift des § 48 Abs. 2 und 3 nicht berührt.

Erste Verordnung zur Durchführung des Gesetzes über Ehrenämter in der sozialen Versicherung und der Reichsversorgung. Vom 19. Mai 1933 (RGBl. I S. 283)

Auf Grund des § 6 des Gesetzes über Ehrenämter in der sozialen Versicherung und der Reichsversorgung vom 18. Mai 1933 (RGBl. I S. 277) wird verordnet:

§§ 1 bis 3 usw.

§ 4

(1) Bevollmächtigte und Beistände kommunistischer Einstellung oder nichtarischer Abstammung sind zurückzuweisen, es sei denn, daß sie mit dem Antragsteller verheiratet oder in gerader Linie verwandt oder verschwägert oder in der Seitenlinie im zweiten oder dritten Grade verwandt oder im zweiten Grade verschwägert sind; hierbei gelten die Grundsätze des Gesetzes zur Wiederherstellung des Berufsbeamtentums und seiner Durchführungsbestimmungen entsprechend.

(2) Personen, die nach Abs. 1 zurückzuweisen sind, dürfen zur geschäftsmäßigen Rechtsvertretung vor den Versorgungsbehörden nicht zugelassen werden; bestehende Zulassungen sind zu widerrufen.

(3) Mit der Zurückweisung erlischt die Vertretungsmacht. Die Zurückweisung ist dem Auftraggeber bekanntzugeben.

(4) Fällt die Zurückweisung in den Lauf einer Frist und wird diese Frist versäumt, so kann die versäumte Handlung innerhalb eines Monats nach der Bekanntgabe der Zurückweisung nachgeholt werden.

BesB. zur Ersten Verordnung zur Durchführung des Gesetzes über Ehrenämter in der sozialen Versicherung und der Reichsversorgung vom 19. Mai 1933

(1) Die Vorschriften der Verordnung § 4 über die Zurückweisung von Bevollmächtigten und Beiständen gelten auch für das Verfahren vor den Verwaltungsbehörden der Reichsversorgung.

(2) Bei der Anwendung der Verordnung § 4 sind die Grundsätze des Gesetzes zur Wiederherstellung des Berufsbeamtentums und der zu seiner Durchführung erlassenen Verordnungen entsprechend anzuwenden.

(3) Die Zurückweisung ist dem Auftraggeber mit dem Hinweis darauf bekanntzugeben, daß er seine Ansprüche selbst weiterverfolgen oder einen anderen Vertreter zu bestellen habe. Die Rechtswirksamkeit der vor der Zurückweisung von dem Vertreter schriftlich oder mündlich gestellten Anträge oder abgegebenen Erklärungen wird durch die Zurückweisung nicht berührt.

1. Zum Bevollmächtigten kann jede geschäftsfähige Person — also auch eine Frau — bestellt werden, ohne Rücksicht auf Beruf oder Vorbildung (wegen der Rechtsanwälte vgl. § 145). Auch wer zum Beisitzer bei einer Spruchbehörde bestellt ist, kann in Sachen, in denen er nicht mitwirkt, für eine Partei (auch für den Fiskus nach § 49 Satz 3) als Bevollmächtigter auftreten. Über Beamte der Verwaltungsbehörden als Bevollmächtigte von VersBerechtigten im Spruchverfahren vgl. § 57 GOB. (HdR. S. 1035).

Ein Bevollmächtigter kann schriftlich Untervollmacht für einzelne Prozeßhandlungen erteilen. Übertragung der Vollmacht im ganzen (Substitution) ist jedoch nicht ohne weiteres möglich. Zustellung an einen Unterbevollmächtigten wirkt deshalb gegen den Berechtigten nur, wenn die Übertragung der Vollmacht erkennbar mit seinem Wissen und Willen geschehen ist (E. VIII, 94).

2. Unter den „Verhandlungen" sind die Beweisverhandlungen der §§ 108—111, 121 Abs. 2, die mündliche Verhandlung (§§ 117 ff.) wie auch die mündliche Erörterung der Anträge im Verwaltungsverfahren (§ 81) zu verstehen. In allen diesen Fällen ist der Vers.-Berechtigte daher befugt, einen Beistand mitzubringen. Hingegen hängt es von dem Ermessen der Verwaltungsbehörde ab, ob sie zu den von ihr veranlaßten Ermittelungen gemäß § 83 den Berechtigten überhaupt, allein oder mit einem Beistande, zulassen will.

3. Über Geschäftsfähigkeit vgl. Anm. 1 zu § 46.

4. Als Verwandte oder Verschwägerte der geraden Linie kommen z. B. Eltern, Großeltern, Stief- und Schwiegereltern sowie Kinder und Enkel in Frage. Im übrigen vgl. Anm. 7 zu § 42.

5. Über Zurückweisung von Bevollmächtigten und Beiständen kommunistischer Einstellung oder nichtarischer Abstammung vgl. Nr. 7 der AB. zu § 48.

6. Unterschrift des Vollmachtgebers ist erforderlich. Die Schriftform kann jedoch dadurch ersetzt werden, daß die Erklärung der Bevollmächtigung einer Behörde oder einem Notar gegenüber abgegeben und hierüber eine Niederschrift aufgenommen wird. — Die Vollmacht ist nach § 76 stempelfrei.

7. Vollmacht kann nur einer physischen Person erteilt werden. Namentliche Bezeichnung ist nicht erforderlich, wenn nur die gemeinte Person ohne weiteres mit Sicherheit festgestellt werden kann (RVA. vom 30. 6. 22, AN.RVA. 22 S. 433 Nr. 3119). Eine Fürsorgestelle oder ein Kriegsbeschädigtenverband können als solche nicht bevollmächtigt werden; der Name des Bevollmächtigten kann jedoch zunächst offen gelassen und erst bei Einreichung der Vollmacht eingesetzt werden. Die Vollmacht darf auch auf mehrere namentlich zu bezeichnende Personen lauten.

8. a) Ergibt die Prüfung der Vollmacht, die auch von einem der Beteiligten angeregt werden kann, daß sie z. B. wegen Formmangels nichtig ist, so gilt die Partei als unvertreten (vgl. jedoch Abs. 5 und 6).

b) Die Vollmacht zur Abhebung von Versorgungsbezügen kann von der Post beanstandet werden, wenn Anhaltspunkte dafür vorliegen, daß ein rechtswirksames Auftragsverhältnis nicht besteht oder daß dem Auftrag eine Abtretung oder Verpfändung der Bezüge ohne die hierfür erforderliche Genehmigung der HptFürsStelle zugrunde liegt (Amtsbl. des Reichspostmin. — Ausgabe A — Jahrg. 1933 Nr. 251 S. 309); vgl. auch Nr. 4 der AB. zu § 48.

9. Auch die im Abs. 2 genannten Angehörigen müssen von dem, den sie vertreten wollen, bevollmächtigt sein, nur der Nachweis, d. h. die Beibringung einer schriftlichen Vollmacht, kann ihnen erlassen werden.

In Elternrentenangelegenheiten kann z. B. der Vater ohne schriftliche Vollmacht das Verfahren für die Mutter mitbetreiben, was für Zustellungen und die Rechtskraftwirkung von erheblicher praktischer Bedeutung ist.

10. Rechtsanwälten und Vertretern der im Abs. 2 aufgeführten Verbände kann — anders als den nahen Verwandten — der Nachweis der Vollmacht nicht ganz erlassen, sondern nur gestattet werden, daß sie diesen Nachweis nachträglich erbringen.

11. Eine nachträglich erteilte Vollmacht und die Genehmigung machen die ohne Vollmacht abgegebene Erklärung mit rückwirkender

Kraft wirksam. Dies ist besonders von Bedeutung für die Einlegung von Rechtsmitteln (vgl. Anm. 5 b zu § 93).

12. Die Vorschrift des Abs. 6 trifft die Fälle, daß die vorgeschriebene Prüfung der Vollmacht unterblieben oder zu Unrecht die Ordnungsmäßigkeit angenommen worden ist und daß die im Abs. 2 aufgeführten Personen in Wirklichkeit nicht bevollmächtigt waren (Abs. 5); sie trifft aber auch den Fall, daß eine nach Abs. 5 zur Nachbringung einer Vollmacht verpflichtete Person die Vollmacht nicht nachgebracht hat. In diesem Falle kann die Behörde gegen den Berechtigten die Vollmacht als vorliegend und ordnungsmäßig ansehen. Hingegen kann die Wiederaufnahme des Verfahrens beantragt werden, wenn die Voraussetzungen des Abs. 6 nicht vorgelegen haben (§ 66 Nr. 4).

§ 49

Der Reichsfiskus wird im Spruchverfahren durch die zuständige oberste Reichsbehörde[1] vertreten. Diese kann unbeschadet ihrer eigenen Vertretungsmacht die Vertretung einer nachgeordneten Stelle übertragen[2]. Die Vorschriften des § 46 Abs. 1[3] sowie des § 48 Absätze 1 und 6[4] finden entsprechende Anwendung.

AB. zu § 49

I. Vertretung des Reichsfiskus im Berufungsverfahren der Reichsversorgung

1. (1) Im Verfahren vor den VGer. vertreten die VA. den Reichsfiskus.

(2) Zuständig ist das VA., gegen dessen Bescheid sich die Berufung richtet, im Wiederaufnahmeverfahren vor dem VGer. das nach §§ 38, 39, 41 Abs. 1, § 77 jeweils zuständige VA.

(3) Die HVA. sind berechtigt, die Vertretung jederzeit zu übernehmen.

2. (1) Im Verfahren vor dem RVGer. vertreten die HVA. den Reichsfiskus.

(2) Zuständig ist, soweit nicht Abs. 3 etwas anderes bestimmt, das HVA., das den angefochtenen Bescheid erteilt hat oder zu dessen Bereich das VA. gehört, dessen Bescheid angefochten ist, im Wiederaufnahmeverfahren vor dem RVGer. das HVA., zu dessen Bereich das VA. gehört, das im Zeitpunkt des Antrages auf Wiederaufnahme des Verfahrens für die betreffende Versorgungssache örtlich zuständig ist.

(3) Handelt es sich um Ansprüche der ehemaligen aktiven Offiziere und Beamten der alten Wehrmacht und ihrer Hinterbliebenen auf Versorgung nach den vor dem Inkrafttreten des RVG. ergangenen Militärversorgungsgesetzen oder um Rechtsstreitigkeiten

über das Erlöschen oder Ruhen der Versorgungsgebührnisse der ehemaligen Soldaten der neuen Wehrmacht und ihrer Hinterbliebenen (WVG. §§ 20, 22 bis 24, 63, 65 bis 67, 76 und 85), so vertritt den Reichsfiskus im Berufungsverfahren vor dem RVGer. das HVA. Brandenburg-Pommern. Die Berufungsschrift mit Anlagen und die Akten sind vom VA. durch Vermittlung des vorgesetzten HVA. an das HVA. Brandenburg-Pommern abzugeben. Die HVÄ. haben den streitigen Bescheid unter Angabe der Blattzahl zu bezeichnen und auf sonstige für die Beurteilung wichtige Aktenstellen (ärztliches Gutachten, besondere Ermittlungen usw.) hinzuweisen sowie kurz die eigene Auffassung zur Sach- und Rechtslage zum Ausdruck zu bringen. Bei mehreren Streitfällen gleicher Art ist auf die bereits in einem Falle vertretene Auffassung zur Sach- und Rechtslage hinzuweisen. Entsprechendes gilt für Anträge auf Wiederaufnahme des Verfahrens. Das HVA., dessen Zuständigkeit nach Abs. 2 begründet wäre, ist berechtigt, die Wiederaufnahme des Verfahrens zu beantragen.

3. Bei Berufungen gegen Bescheide des Staatlichen Versorgungs- und Pensionsamts Danzig vertritt das HVA. Brandenburg-Pommern den Reichsfiskus im Verfahren vor dem RVGer. Das gleiche gilt im Wiederaufnahmeverfahren vor dem RVGer., wenn es sich um Versorgungsberechtigte der Freien Stadt Danzig handelt.

II. Vertretung des Reichsfiskus im Verfahren vor den Spruchbehörden der Reichsversicherung

(1) In dem für die Krankenversicherung vorgeschriebenen Spruchverfahren (RVG. § 8 Abs. 5, § 17) und in dem Verfahren vor dem RVA. in den Fällen der RVO. §§ 1706 a, 1738 a wird der Reichsfiskus von den HVÄ. vertreten (vgl. auch § 152).

(2) Zuständig ist das HVA., zu dessen Bereich das für die Sache örtlich zuständige VA. gehört.

III. Zu AB. Ziff. I Nr. 1

1. Die HVÄ. sollen die Vertretung im Verfahren vor den VGer. nur übernehmen, wenn es sich um Fragen von grundsätzlicher oder sonst besonderer Bedeutung handelt oder wenn der angefochtene Bescheid vom HVA. erteilt ist. Hält das VA. diese Voraussetzung für gegeben, so hat es den Entwurf der Gegenerklärung und die Akten dem HVA. vorzulegen. Das HVA. hat das VA. von der Übernahme der Vertretung zu benachrichtigen.

2. Hat das VGer. die Abgabe der Sache nach § 129 beschlossen, so hat das VA. die Handakten umgehend dem HVA. vorzulegen.

3. Die Berufungssachen werden bei den VÄ. von den Sachbearbeitern bearbeitet, deren Sachgebiet die betreffende Versorgungssache zugeteilt ist. Besondere Sachgebiete für die Bearbeitung der Berufungssachen dürfen nicht gebildet werden. Den Amtsleitern bleibt es überlassen, inwieweit sie sich die Zeichnung der Berufungs-

sachen vorbehalten wollen. Sie haben der Wahrung eines einheitlichen Verfahrens besondere Aufmerksamkeit zuzuwenden.

4. Die Mitwirkung der Amtsärzte bei der Bearbeitung der Berufungssachen regeln die Amtsleiter im Benehmen mit dem Sachgebiet „Ärztlicher Dienst". Dieses befindet insbesondere über eine etwaige Begutachtung durch die VUSt. oder durch sonstige Fachärzte sowie über die Notwendigkeit entsprechender Anträge an das VGer.

IV. Zu AB. Ziff. I und II

1. (1) Wenn die Ausführungen in der Berufungsschrift Gegenerklärungen nicht notwendig machen, sind die Akten ohne weitere Ausführungen und ohne einen Antrag dem Gericht zu übersenden.

(2) Ist eine Vertretung in der mündlichen Verhandlung nicht beabsichtigt und die Mitteilung des Termins der mündlichen Verhandlung auch sonst nicht notwendig, so ist bei der Übersendung der Akten auf die Mitteilung (§ 102 Abs. 2) ausdrücklich zu verzichten.

2. In den Fällen der Ziff. I Nr. 2 Abs. 3 haben die HVÄ. die Akten dem HVA. Brandenburg-Pommern alsbald zu übersenden.

3. (1) Die Vertretung des Reichsfiskus durch einen Bevollmächtigten in der mündlichen Verhandlung ist nach Möglichkeit in allen Fällen zu veranlassen, in denen sie aus rechtlichen oder tatsächlichen Gründen geboten erscheint.

(2) Um Wahrnehmung von Terminen bei auswärtigen Gerichten ist gegebenenfalls das an ihrem Ort befindliche VA. zu ersuchen. Abgesehen von dringenden Fällen, haben die VÄ. zur Wahrnehmung von auswärtigen Terminen die vorherige Zustimmung des HVA. einzuholen.

(3) Durch Vereinbarung mit dem VGer. ist nach Möglichkeit dahin zu wirken, daß eine größere Zahl von Sachen, in denen eine Vertretung in der mündlichen Verhandlung in Aussicht genommen ist, in derselben Sitzung verhandelt wird, damit die Vertretung demselben Beamten übertragen werden kann.

(4) Die Bevollmächtigten sind in der Regel zur Abgabe eines Anerkenntnisses, zum Abschluß eines Vergleichs und zur Anerkennung der Verpflichtung zur Kostenerstattung zu ermächtigen. In besonderen Fällen kann die Wirksamkeit derartiger Erklärungen von der nachträglichen Genehmigung des VA. oder HVA. abhängig gemacht werden; die Erklärung, ob das Anerkenntnis usw. genehmigt wird, muß spätestens 4 Wochen nach dem Termin dem Gericht zugehen.

(5) Die Vollmacht muß die Ermächtigung zur Abgabe eines Anerkenntnisses usw. oder den Ausschluß oder die Beschränkung dieser Ermächtigung enthalten.

4. Alle Spruchsachen sind besonders beschleunigt zu bearbeiten.

V.

Wegen der Vertretung des Fiskus im Spruchverfahren bei Tumultschäden wird auf KPSG. AB. zu § 18 und Artikel II des Gesetzes zur Änderung des Kriegspersonenschädengesetzes vom 27. Februar 1934 (HdR. S. 430), bei Ansprüchen nach dem SchBG. auf die AB. zu §§ 7, 8 dieses Gesetzes (HdR. S. 545—550) und bei Ansprüchen nach dem RWSVG. auf die AB. zu diesem Gesetz (HdR. S. 534) verwiesen.

VI.

Wegen Vertretung des Reichsfiskus vor dem RVGer. bei Streitigkeiten aus Anlaß der Herabsetzung des Ruhegeldes nach dem WVG. auf 75 v. H. des ruhegeldfähigen Diensteinkommens und der entsprechenden Festsetzung des Witwen- und Waisengeldes siehe die Erlasse des RWeM. vom 21. 6. 1932 Nr. 473/32 WehrA. Vers. I a und vom 15. 8. 1932 Nr. 636/32 WehrA. Vers. I a (HdR. S. 511 a).

1. a) Für die Versorgungsgesetze (vgl. Anm. 1 zu § 1) ist die zuständige oberste Reichsbehörde seit der VO. vom 29. 12. 20 (RGBl. 21 S. 29) im Regelfall der RAM. Die Durchführung der RVG. ist im Verwaltungsverfahren unter allen Umständen Sache der VersÄmter, der HptVersÄmter und des RAM. Der RAM. ist nicht beteiligt, wenn die Ansprüche nach dem RVG. sich gegen einen Landesfiskus richten, z. B. in Tumultschädensachen nach § 18 KPG. (vgl. auch Ziff. V der AB. zu § 49, Nr. 5—9 der AB. zu § 90 und Anm. 1 b zu § 50). In solchen Angelegenheiten sind die Verwaltungsbehörden der Reichsversorgung ohne besondere Vollmacht des Landesfiskus zu dessen Vertretung nicht befugt; ihre Zuständigkeit ist mit Erteilung des Bescheids abgeschlossen (E. V, 71; VII, 58). Vertretung des Landesfiskus in Tumultschädensachen s. Nr. 5 der AB. zu § 18 KPG. (HdR. S. 431).

b) Für Angelegenheiten nach dem Wehrmachtversorgungsgesetz vgl. Nr. 2 der AB. zu § 90 WVG. (HdR. S. 521) und Ziff. I 2 Abs. 3 und Ziff. VI der AB. zu § 49. Die AB. zu § 49 sind als maßgebend bezeichnet in Nr. 7 der DurchfBest. des RAM. zum Ges. über die Versorgung der Polizeibeamten beim Reichswasserschutz (HdR. S. 535) und in den AB. zu § 8 (s. auch AB. zu § 7) des Reichsges. über die Schutzpolizei der Länder (HdR. S. 550); so auch Ziff. V der AB. zu § 49.

c) Für Danzig s. Ziff. I 3 der AB. zu § 49.

d) Vertretung des Reichsfiskus außerhalb des Spruchverfahrens: vor den Arbeitsgerichten HdR. S. 1951; in sonstigen Rechtsstreitigkeiten vor Gerichten, Steuer- und sonstigen Behörden §§ 78, 79 GOB. (HdR. S. 1052); beim Abschluß von Verträgen §§ 75—77 GOB. (HdR. S. 1051); durch Rechtsanwälte § 114 GOB. (HdR. S. 1077); des Reiches als Drittschuldners bei der

Pfändung von Versorgungsgebührnissen AB. zu § 68 RVG., Nr. 20 der besond. Bestimm. des RAM. zum OPG. und § 84 GOV. (HdR. S. 181, 607, 1054); bei der Pfändung von Gehalts-, Lohn- oder sonstigen Dienstbezügen §§ 81—83 GOV. (HdR. S. 1053); bei der Pfändung von Ansprüchen aus der Unfallversicherung § 85 GOV. (HdR. S. 1055).

2. Für den Geschäftsbereich des RAM. ist die Übertragung durch die AB. zu § 49 erfolgt. Trotz der Übertragung kann die oberste Reichsbehörde die Vertretung selbst führen.

3. Die Spruchbehörden haben also von Amts wegen zu prüfen, ob die Vertretung des Reichsfiskus von der hierfür zuständigen Behörde geführt wird.

4. Da Abs. 4 des § 48 nicht genannt ist, bedarf ein Beamter oder Angestellter der zur Vertretung berufenen Behörde nicht einer schriftlichen Vollmacht.

§ 50 *)

Dritte, die am Ausgang des Verfahrens ein berechtigtes [1] Interesse haben, können auf Antrag oder von Amts wegen zum Verfahren zugezogen werden oder dem Verfahren beitreten †). Sie sind alsdann berechtigt [2], Ausführungen zu machen und Anträge zu stellen, und müssen vom Fortgang und Ausgang des Verfahrens in Kenntnis gesetzt werden. Die Vorschriften des § 46 Absätze 1, 2 [3] sowie der §§ 47, 48 [4] gelten entsprechend.

*) Vgl. § 23 VAO., § 18 OVAO.; Rechtspr. dazu VersB. 27/28 S. 91.

AB. zu § 50

Als Dritte im Sinne des § 50 können bei Ansprüchen auf Grund des Schutzpolizeibeamtengesetzes die zuständigen Landesbehörden dem Verfahren beitreten, wenn es sich um Ansprüche wegen einer DB. handelt. Gemeinden und Gemeindeverbände, die nach KPSG. § 18 Abs. 4 dem Lande erstattungspflichtig sind, sind grundsätzlich als Dritte von Amts wegen zum Verfahren zuzuziehen.

1. a) Es genügt also auch ein wirtschaftliches Interesse, ein „rechtliches" Interesse ist nicht erforderlich. — In Betracht kommen insbesondere Personen, die dem Versorgungsberechtigten nach bürgerlichem Recht zum Ersatz des durch die DB. verursachten Schadens verpflichtet sind (vgl. z. B. § 86 Abs. 2 RVG.); ferner Hinterbliebene, die nicht Erben sind und zur Vorbereitung ihres Anspruchs auf

---

†) Vgl. Breme, Beteiligung Dritter an dem Verfahren vor den Militärversorgungsgerichten, Arbeiter-Versorgung. 1920. S. 221 bis 226.

Hinterbliebenenrente die DB.-Frage schon in dem noch anhängigen Verfahren über die Ansprüche des Verstorbenen geklärt sehen möchten, weiter Fürsorgestellen, die Ersatz ihrer Aufwendungen aus den streitigen Versorgungsgebührnissen erwarten, endlich im Verfahren über die Rückforderung überhobener Gebührnisse (§ 73) der Beamte, der dem Reiche für den durch die Überzahlung entstehenden Ausfall haftet. Hingegen können Kriegsbeschädigtenvereinigungen und Fürsorgestellen lediglich wegen ihres auf allgemeine rechtspolitische und wirtschaftliche Gesichtspunkte gegründeten Interesses oder Privatpersonen, für deren Ansprüche die zur Entscheidung stehende Rechtsfrage ebenfalls Bedeutung hat, als „Dritte" nicht in Betracht kommen. — In dem besonderen Verfahren nach §§ 146, 147 (151) ist der Träger der Unfallversicherung Partei. Im Streitverfahren über Heilbehandlung zwischen dem Versorgungsberechtigten und der Krankenkasse (§ 12 RVG., § 37 Abs. 3 Satz 2) wird der Reichsfiskus durch seinen Beitritt Nebenintervenient im Sinne des Zivilprozesses mit der Befugnis, Rechtsmittel einzulegen (AN.RVA. 26 S. 255). — Für die Beteiligung von Trägern der Reichsversicherung gelten außerdem die §§ 146, 147.

b) In Tumultschädensachen nach § 18 KPG. (vgl. Anm. 3e zu § 1 und den Auszug unten im Anhang 2) kommen bezüglich aller Ansprüche für die Zeit seit dem 1. 4. 24 als Parteien nur Land und Gemeinde in Frage (vertretende Landesbehörden s. Nr. 5. der AB. zu § 18 KPG. (HdR. S. 431). Soweit sie Partei sind, ist ihre Nichtzuziehung ein wesentlicher Mangel des Verfahrens (E. V, 71). Die beteiligte Gemeinde ist Partei, soweit sie nach Landesgesetz an Stelle des Landes leistungspflichtig ist. Soweit sie nur dem Lande ersatzpflichtig ist, ist sie am Ausgange interessiert und nach § 50 zuzuziehen (AB. zu § 50) oder beitrittsberechtigt. Näheres über die Stellung der Länder und Gemeinden im Spruchverfahren s. jetzt § 90 Abs. 6, 7 (früher auch § 96 Abs. 2), § 125 Abs. 3 Satz 2, § 143 Abs. 2, 3, im Verwaltungsverfahren § 71 Abs. 2 und Ziff. 5—9 der AB. zu § 90. Das Reich ist für die Zeit seit dem 1. 4. 24 weder Partei noch Dritter im Sinne des § 50, obschon nach § 18 Abs. 2 seine Versorgungsbehörden die Gebührnisse festsetzen; über Vertretung von Reich, Land und Gemeinde vgl. Anm. 1a zu § 49.

c) Im Saarland gelten für die verfahrensrechtliche Stellung des Reichsfiskus keine Besonderheiten mehr. Die VO. über das Verfahren in VerſSachen bezüglich des Saargebiets vom 23. 9. 22 (RGBl. I S. 754) ist durch § 2 der VO. zur Überleitung des Reichsversorgungsrechts im Saarland vom 18. 2. 35 (RGBl. I S. 245) zum 1. 3. 35 aufgehoben. In Danziger Sachen ist der Reichsfiskus nicht Partei, er kann aber wegen seines Anteils an der Kostentragung als Dritter in Frage kommen.

d) Über Ansprüche aus dem inzwischen aufgehobenen, aber für bereits erworbene Ansprüche in Geltung gebliebenen Reichsgesetz über die Schutzpolizei der Länder vom 17. 7. 22 (RGBl. I

S. 597; Aufhebung RGBl. 26 I S. 402) entscheiden, soweit es sich um eine dem RVG. entsprechenden Versorgung handelt, die Verwaltungsbehörden der Reichsversorgung, die insoweit auch die Auszahlung für Rechnung der Länder leisten (§ 7 des Ges.); im Spruchverfahren ist das Reich Partei und das Land nach § 50 VerfV. und AB. dazu zum Beitritt berechtigt. Über eine der Versorgung nach dem WBG. entsprechende Versorgung entscheiden die Landesbehörden, und auf Berufung die Spruchbehörden der Reichsversorgung (§ 8 des Ges.); hier ist das Land Partei und das Reich nicht beteiligt. Näheres s. HdR. S. 543—552.

2. Dritte können nicht durch Stellung des Versorgungsantrages (Anmeldung) das Verfahren einleiten. Sie können — außer mit Vollmacht einer Partei und in Angelegenheiten nach § 18 KPG. (§ 90 Abs. 3) — auch nicht Rechtsmittel einlegen (vgl. § 90). Hierfür besteht auch kein Bedürfnis, weil die Teilnahme des Dritten für diesen selbst keinerlei materiellrechtliche oder prozessuale Wirkungen hat (anders §§ 67, 68 ZPO.); er kann auch nicht im Versorgungsverfahren zum Schadenersatz verurteilt werden. Die gleichen Grundsätze gelten im Verfahren über Ansprüche aus dem WBG. (RVGer. 9. 2. 33 = RVBl. 33 Nr. 38[4]).

3. Minderjährige über 16 Jahre können als Dritte nicht selbständig am Verfahren teilnehmen.

4. Auch für den Dritten kann ein „besonderer Vertreter" bestellt werden, wie auch der Dritte sich durch einen Bevollmächtigten vertreten lassen kann.

V. Fristen

Vorbemerkung: Die §§ 51—55 gelten für das Verwaltungs- und Spruchverfahren, soweit nicht der Wortlaut etwas anderes ergibt; sie haben aber nur für die verfahrensrechtlichen Fristen Geltung, z. B. für Berufung, Beschwerde, Wiederaufnahme und Wiedereinsetzung. Die materiellrechtlichen Fristen (z. B. §§ 52—54 RVG.) berechnen sich — im Ergebnis übereinstimmend — nach dem BGB. (Vgl. auch Anm. 4 zu § 54).

§ 51 *)

(1) Richtet sich der Anfang einer Frist nach einem Ereignis[1] oder Zeitpunkt[2], so beginnt die Frist mit dem Tage, der auf das Ereignis oder den Zeitpunkt folgt.

(2) Wird eine Frist verlängert[3], so beginnt die neue mit Ablauf der alten Frist.

*) Vgl. § 124 RVO.; Rechtspr. dazu VersB. 27/28 S. 91; vgl. auch §§ 187, 190 BGB., § 222 ZPO.

1. Z. B. Zustellung (z. B. § 90 Abs. 8); Erlangung der Kenntnis einer Tatsache (z. B. § 55 Abs. 2).

2. Z. B. Ablauf einer anderen Frist (vgl. § 55 Abs. 3).

3. Gesetzliche Fristen können nicht verlängert werden, sondern nur von neuem beginnen (vgl. § 114). § 51 Abs. 2 hat also nur Bedeutung für Fristen, die von einer Verwaltungs- oder Spruchbehörde, z. B. bei Einforderung eines Kostenvorschusses nach § 104, gesetzt werden. Der Ablauf solcher Fristen hat aber im Gegensatz zu den gesetzlichen Fristen keinen Rechtsverlust zur unmittelbaren Folge. Der wichtigste Anwendungsfall des § 51 Abs. 2 war die Einforderung eines Gebührenvorschusses nach § 101 Abs. 3 in der Fassung der PAB. vom 27. 10. 1923, wo bestimmt war, daß der Antrag auf mündliche Verhandlung bei nicht fristzeitiger Zahlung des Vorschusses als nicht gestellt galt.

§ 52 *)

(1) Eine nach Tagen[1] bestimmte Frist endigt mit dem Ablauf ihres letzten Tages, eine nach Wochen oder Monaten bestimmte Frist mit dem Ablauf desjenigen Tages der letzten Woche oder des letzten Monats, welcher nach Benennung oder Zahl dem Tage entspricht, in den das Ereignis oder der Zeitpunkt fällt[2].

(2) Fehlt dem letzten Monat der entsprechende Tag, so endigt die Frist mit dem Monat.

*) Vgl. § 125 RVO.; § 188 BGB.; § 222 Abs. 1 ZPO.

1. Nach Tagen bemessene Fristen können als von einer Versorgungsbehörde für die Vornahme einer Verfahrenshandlung gesetzte Fristen vorkommen.

2. Erfolgt die Zustellung des Bescheids z. B. am 28. Januar, so ist der 29. Januar der erste (§ 51), der 28. Februar der letzte Tag der Berufungsfrist. Bei Zustellung am 30. Januar endet die Frist nach Abs. 2 am 28., in Schaltjahren am 29. Februar. Ist der letzte Tag ein Sonntag oder ein gesetzlicher Feiertag, so gilt § 53.

§ 53 *)

Fällt der für eine Erklärung oder für den Ablauf[1] einer Frist gesetzte Tag auf einen Sonntag oder allgemeinen Feiertag, der am Erklärungsorte — bei Rechtsmittelfristen[2] am Sitze der über das Rechtsmittel entscheidenden Behörde — staatlich anerkannt ist[3], so gilt dafür der nächstfolgende Werktag.

*) Vgl. § 127 RVO.; Rechtspr. dazu VersB. 27/28 S. 91; § 193 BGB.; § 222 Abs. 2, 3 ZPO.

1. Fristen können an einem Sonntag zwar beginnen (z. B. bei Zustellung am Sonnabend; § 51), aber nicht endigen.

2. Vgl. § 90 Abs. 8. Der Sitz der anderen Stelle, bei welcher das Rechtsmittel nach § 93 eingelegt wird, ist nicht maßgebend. Für Anträge werden die Fristen der §§ 52—54 RVG. nach den Vorschriften des BGB. berechnet. Nach der dem § 53 VerfG. entsprechenden Vorschrift des § 193 BGB. ist hier der Sitz der Stelle entscheidend, bei welcher der Antrag — auch nach § 78 Satz 2 — eingereicht wird.

3. Nach dem Reichsgesetz über die Feiertage vom 27. 2. 1934 (RGBl. I S. 129) sind als Feiertage bestimmt worden: der 1. Mai als nationaler Feiertag des deutschen Volkes, der 5. Sonntag vor Ostern (Reminiszere) als Heldengedenktag, der 1. Sonntag nach Michaelis als Erntedanktag, der Neujahrstag, der Karfreitag, der Ostermontag, der Himmelfahrtstag, der Pfingstmontag, der Bußtag am Mittwoch vor dem letzten Trinitatissonntag, der erste und zweite Weihnachtsfeiertag sowie für Gemeinden mit überwiegend evangelischer Bevölkerung das Reformationsfest, für Gemeinden mit überwiegend katholischer Bevölkerung der Fronleichnamstag (vgl. VO. zur Durchführung des Feiertagsgesetzes vom 18. 5. 1934 — RGBl. I S. 394). Das Gesetz enthält eine erschöpfende Festlegung (§ 6) und ist am 28. 2. 34 in Kraft getreten.

§ 54 *) [1]

(1) Ist ein Beteiligter durch Naturereignisse oder andere unabwendbare Zufälle [2] verhindert [3] worden, eine Verfahrensfrist [4] einzuhalten, so wird ihm auf Antrag [5] die Wiedereinsetzung in den vorigen Stand [6] erteilt.

(2) Die Wiedereinsetzung wird auf Antrag auch dann erteilt, wenn das verspätet eingelaufene Schriftstück der Post spätestens am drittletzten Tage der Frist zur Bestellung übergeben worden ist [7].

(3) Eines Antrages bedarf es nicht, wenn das Vorliegen der Voraussetzungen ersichtlich ist [8].

(4) Auf Antrag der Gegenpartei muß die Wiedereinsetzung erteilt werden, auch wenn die Voraussetzungen der Absätze 1 und 2 nicht gegeben sind [9].

*) Vgl. § 131 RVO.; Rechtspr. dazu VersB. 27/28 S. 109 f. — Abs. 4 ist durch Art. 21 Ziff. V 4 PAB. zugesetzt.

AB. zu § 54

1. Verfahrensfristen im Sinne des § 54 sind nur die im VerfG. vorgesehenen Fristen von bestimmter Dauer, insbesondere die Fristen zur Einlegung von Rechtsmitteln und Rechtsbehelfen sowie zur Beantragung der mündlichen Verhandlung (§§ 62, 90 Abs. 8, 101 Abs. 3) [4].

2. (1) Der Antrag auf Wiedereinsetzung in den vorigen Stand nach Abs. 4 ist nur zulässig, solange über das verspätet eingelegte Rechtsmittel nicht entschieden ist.

(2) Die Vorschrift des Abs. 4 gibt die Möglichkeit, im Falle der Versäumung der Rechtsmittelfrist ohne Erteilung eines neuen Bescheides nach § 71 eine Entscheidung der Spruchbehörden herbeizuführen. Ihre Anwendung wird durch die Anordnung, daß Leistungen, deren Gewährung in das pflichtmäßige Ermessen der Verwaltungsbehörde gestellt ist, nicht für zurückliegende Zeit bewilligt werden können, nicht ausgeschlossen. Die Wiedereinsetzung in den vorigen Stand ist nur zu beantragen, wenn die Versäumung der Frist entschuldbar ist und das Rechtsmittel nicht aussichtslos erscheint. Verschulden eines Bevollmächtigten oder sonstigen Vertreters, nicht aber ihrer Hilfskräfte, steht eigenem Verschulden des Klägers gleich.

1. Die in den §§ 54, 55 geregelte Wiedereinsetzung in den vorigen Stand soll die verfahrensrechtlichen Folgen abwenden, die an die Versäumung von Verfahrensfristen geknüpft sind. Sie setzt voraus, daß das Verfahren formell noch anhängig ist. Wenn der verspätete Rechtsbehelf als verspätet verworfen ist, so kann Wiedereinsetzung nicht mehr beantragt werden, außer in Verbindung mit dem weiteren Rechtsbehelf (vgl. unten Anm. 4), falls ein solcher noch zulässig ist; sie kann also die Verwerfung des Rechtsbehelfs als verspätet nur verhindern, aber nicht beseitigen. Im Gegensatz hierzu ist die Wiederaufnahme des Verfahrens (§§ 66 ff.) davon abhängig, daß das Verfahren durch rechtskräftige Entscheidung formell abgeschlossen ist, und dazu bestimmt, die formell rechtskräftige Entscheidung wieder zu beseitigen.

2. a) Unabwendbarer Zufall ist ein Ereignis, das unter den gegebenen, nach den Besonderheiten des Falles zu berücksichtigenden Umständen auch durch die äußerste diesen Umständen angemessene und vernünftigerweise zu erwartende Sorgfalt weder abzuwehren noch in seinen schädlichen Folgen zu vermeiden ist (vgl. RG., Entsch. in Zivilsachen Bd. 48 S. 409; 77 S. 161; AN.RVA. 1914 S. 666). Verschulden des Berechtigten schließt also die Wiedereinsetzung aus; überhaupt sind „unabwendbare Zufälle" in § 54 (ebenso in § 131 RVO.) etwa gleichbedeutend mit „außerhalb seines Willens liegende Verhältnisse" in § 53 Abs. 1 Nr. 4 RVG. Als unabwendbarer Zufall ist daher z. B. eine Postsperre infolge von Streik oder Staatsumwälzung und nachgewiesener Verlust des Schreibens bei der Post anzusehen (wegen der durch das Kapp-Unternehmen herbeigeführten Stockungen im Post- und Telegraphenbetriebe vgl. E. I, 167, 170). Keinen Wiedereinsetzungsgrund bildet z. B. die Unkenntnis der gesetzlichen Vorschriften, insbesondere der Fristvorschriften. Hingegen ist es ein unabwendbarer Zufall, wenn für Versorgungsangelegenheiten zuständige Stellen, z. B. Versorgungsbehörden, Fürsorgestellen irrtümlich eine unzutreffende Rechtsbelehrung geben und diese die Versäumung der Frist verschuldet. Man wird die Wiedereinsetzung überhaupt stets dann gewähren müssen, wenn der Berechtigte durch die geschäftliche Behandlung der Sache seitens der Behörden — mag sie ordnungsmäßig oder nicht ordnungsmäßig gewesen sein — in einen Irrtum über die Verfahrenslage versetzt worden ist, den er als Gesetzesunkundiger nicht erkennen konnte, und infolge dieses Irrtums eine Frist versäumt hat (E. II, 56). Keinen Wiedereinsetzungsgrund bildet unrichtige Beratung durch Privatpersonen oder unzuständige Behörden, weil es jedem freisteht, sich an zuständiger Stelle zu erkundigen. Daß noch Beweismittel beschafft werden müssen, hindert nicht die rechtzeitige Einlegung des Rechtsmittels. Über Wiedereinsetzung bei nachträglicher Berichtigung der Entscheidung vgl. Anm. 5 zu § 89.

b) Unverschuldete Unkenntnis von der ordnungsmäßigen Zustellung der Entscheidung bildet nur dann einen Wiedereinsetzungsgrund, wenn sie auf einem unabwendbaren Zufall beruht (E. I, 201). Ein solcher dürfte nicht vorliegen, wenn die Zustellung an ein Familienmitglied erfolgte und dieses dem Berechtigten keine Mitteilung machte.

c) Krankheit kann als Wiedereinsetzungsgrund nur dann in Frage kommen, wenn der Erkrankte willens- oder handlungsunfähig und daher nicht nur außerstande war, die zur Wahrung der Frist erforderliche Handlung selbst vorzunehmen, sondern auch einen anderen damit zu beauftragen.

Versäumung der Frist durch den gesetzlichen oder bevollmächtigten Vertreter oder unrichtige Belehrung durch diesen kann die Wiedereinsetzung nicht rechtfertigen, da die Partei die Verantwortung für ihren Vertreter tragen muß. Anders, wenn die amtliche Fürsorgestelle rechtzeitig bevollmächtigt ist und die Rechtsmittelfrist versäumt hat (E. II, 199). Versehen eines Büroangestellten des bevollmächtigten Rechtsanwalts ist kein Wiedereinsetzungsgrund (E. II, 249). Ist ein nicht voll Geschäftsfähiger — auch ein über 16 Jahre alter Minderjähriger (§ 46 Abs. 3, § 57) — ohne gesetzlichen oder besonderen Vertreter (§ 46 Abs. 2 Satz 2), so können Fristen gegen ihn nicht in Lauf gesetzt werden (§ 57, 68 Abs. 3). Fällt nach wirksamer Zustellung der gesetzliche Vertreter oder die Geschäftsfähigkeit weg, so wird das Verfahren mit der Wirkung unterbrochen, daß nach Beendigung der Unterbrechung die volle Frist von neuem zu laufen beginnt (§§ 113—115); die Vorschriften über die Wiedereinsetzung kommen daher in solchen Fällen nicht in Betracht.

d) Organisationsänderung bei dem mit der Sache befaßten VersAmt bildet für den Fiskus keinen Wiedereinsetzungsgrund (E. I, 143), ebensowenig Unregelmäßigkeiten im Geschäftsbetriebe (E. I, 189).

e) Fehlt in einem Bescheide die vorgeschriebene Belehrung über das zulässige Rechtsmittel und die einzuhaltende Frist (§ 87 Abs. 1), so beträgt die Rechtsmittelfrist 1 Jahr nach der Zustellung (§ 90 Abs. 8 Satz 2). Wiedereinsetzung gegen die Versäumung dieser Frist ist möglich, kann aber auch hier nicht durch Unkenntnis der Fristvorschriften begründet werden.

3. Eine Verhinderung durch Naturereignisse oder andere unabwendbare Zufälle ist nicht gegeben, wenn sie nur zu Beginn der Frist vorlag und ihre Wirkungen eine gewisse Zeit vor Ablauf der Frist beseitigt waren. Sie kommt überhaupt nur in Betracht, wenn sie für die Fristversäumnis ursächlich war.

4. Außer den in Nr. 1 der AB. zu § 54 erwähnten Fristen für Beschwerden (§ 62), Berufung (§ 90 Abs. 8) und Antrag auf mündliche Verhandlung kommen als Verfahrensfristen auch die Fristen für die Wiedereinsetzung (§ 55) und Wiederaufnahme (§ 68) in Frage. Auf die Fristen, von deren Wahrung das RVG. den Erwerb von Versorgungsansprüchen abhängig macht (vgl. z. B. §§ 52—54 RVG.) findet die Vorschrift des § 54 des Gesetzes keine Anwendung. Das RVG. sagt vielmehr im § 53 selbst, wann der Anspruch auch nach Ablauf der Frist noch geltend gemacht werden kann.

5. Vgl. jedoch Abs. 3 und 4. — Wie bereits oben in Anm. 1 ausgeführt, kann der Antrag nur bis zum formellen Abschluß des Verfahrens gestellt werden, also solange das Rechtsmittel nicht als verspätet verworfen ist (vgl. § 101 Abs. 2 Satz 2). Als „weiterer Rechtsbehelf" im Sinne der Anm. 1, mit dem der Antrag noch verbunden werden könnte, kommt nur noch der Antrag auf Wiederaufnahme des Verfahrens (§§ 66 ff.) in Frage, nachdem der Rekurs und in einschlägigen Fällen auch der Antrag auf mündliche Verhandlung gegen die Entscheidung des Vorsitzenden (§ 101 Abs. 3) beseitigt sind. Der Antrag auf Wiedereinsetzung braucht nicht ausdrücklich als solcher gestellt zu werden; es genügt, wenn die Partei ausführt, daß sie die Frist nicht habe einhalten können (vgl. auch Abs. 3).

6. Die Folge der Erteilung der Wiedereinsetzung ist, daß die Frist als nicht versäumt, die verspätete Handlung, z. B. die Einlegung der Berufung, als innerhalb der Frist vorgenommen gilt.

7. Der in Abs. 2 behandelte Wiedereinsetzungsgrund der sog. Postverspätung wird sich vielfach auch als unabwendbarer Zufall im Sinne des Abs. 1 darstellen. Wenn aber die Sendung nachweisbar spätestens am drittletzten Tage der Frist aufgegeben wurde, so ist die Wiedereinsetzung nach Abs. 2 selbst dann zu erteilen, wenn der Absender die Störungen im Postbetriebe kannte und nicht gehindert war, die Sendung früher aufzugeben. Ist aber die Nichteinhaltung der Verfahrensfrist nicht auf die postalischen Verhältnisse, sondern auf ein Versehen der Partei, z. B. bei der Adressierung einer Sendung oder ähnliche von ihr zu vertretende Umstände zurückzuführen, so kann die Wiedereinsetzung auch dann nicht erteilt werden, wenn das verspätet eingelaufene Schriftstück der Post spätestens am drittletzten Tage der Frist zur Beförderung übergeben worden ist (vgl. auch Großer Senat des RVA., 30. 4. 21, Amtl. Nachr. des RVA.

S. 330). Daß ein vorbereitendes Schreiben, z. B. der Auftrag an einen Rechtsanwalt, spätestens am drittletzten Tag abgesandt worden ist, sich aber so verspätet hat, daß die Frist nicht gewahrt werden konnte, genügt nicht (E. I, 221). Für solche Fälle kann aber Abs. 1 zutreffen, wie überhaupt die Voraussetzungen des Abs. 1 in allen Fällen zu prüfen sind, in denen Abs. 2 nicht zutrifft.

8. Die Wiedereinsetzung kann auch von Amts wegen nicht mehr erteilt werden, wenn die Antragstellung wegen Ablaufs der Fristen des § 55 Abs. 1, 2 und 3 nicht mehr möglich ist. Die Erteilung der Wiedereinsetzung ist daher ausgeschlossen, wenn z. B. die Berufung erst nach Ablauf eines Monats nach Behebung des Hindernisses eingelegt (§ 55 Abs. 1), der Antrag erst nach Ablauf eines Monats nach Erlangung der Kenntnis gestellt (§ 55 Abs. 2) oder wenn seit Ablauf der versäumten Frist 2 Jahre vergangen sind (§ 55 Abs. 3). § 54 Abs. 3 soll lediglich die Möglichkeit geben, die ersichtlichen, aber noch nicht durch Fristablauf erloschenen Wiedereinsetzungsgründe ohne besondere Anfrage an die Partei zu berücksichtigen.

9. Abs. 4 setzt die Verwaltungsbehörde in den Stand, bei Versäumung der Frist auf die bereits eingetretene Rechtskraft zu verzichten (allgemein vgl. Anm. 3 a zu § 65). Vor der Einfügung des Abs. 4 war das nach der Rechtsprechung des RVGer. nicht möglich (E. III, 235). Der Antrag der Gegenpartei ist, solange über das Rechtsmittel nicht entschieden ist, an die Fristen des § 55 nicht gebunden, weil der Fiskus auch nach Ablauf der Fristen auf Grund des § 71 jederzeit ein neues Spruchverfahren in die Wege leiten könnte. Im übrigen vgl. Nr. 2 der AB. zu § 54.

§ 55 *)

(1) Die Wiedereinsetzung ist im Falle des § 54 Abs. 1 innerhalb einer Frist zu beantragen, die der versäumten Frist entspricht[1] und mit dem Ablauf des Tages beginnt, an dem das Hindernis behoben ist.

(2) Im Falle des § 54 Abs. 2 ist die Wiedereinsetzung innerhalb eines Monats nach dem Tage zu beantragen, an welchem dem Beteiligten bekannt wird, daß er die Frist versäumt hat.

(3) Nach Ablauf von zwei Jahren nach dem Ende der versäumten Frist kann die Wiedereinsetzung nicht mehr beantragt werden[2].

*) Vgl. §§ 132—134 RVO.; Rechtspr. dazu VersB. 27/28 S. 109 f.

AB. zu § 55

Die Voraussetzungen der Wiedereinsetzung in den vorigen Stand sind glaubhaft[3] zu machen. Für den Antrag sowie für die Entscheidung über die Erteilung der Wiedereinsetzung und die Anfechtung dieser Entscheidung gelten dieselben Vorschriften wie für die verspätete Handlung[4].

1. Die Antragsfrist beträgt also bei Versäumung der Berufungsfrist 1 Monat. Auch gegen die Versäumung dieser Frist kann innerhalb der Fristen des § 55 Wiedereinsetzung beantragt werden, wenn ihre Versäumung ebenfalls auf einen Wiedereinsetzungsgrund (§ 54) zurückzuführen ist.

2. Die Wiedereinsetzung kann nach Ablauf von zwei Jahren auch nicht mehr von Amts wegen erteilt werden (vgl. Anm. 8 zu § 54), wohl aber auf Antrag der Gegenpartei nach § 54 Abs. 4.

3. Glaubhaftmachen ist weniger als beweisen. Die Glaubhaftmachung ist Vorbedingung für den Eintritt in die Prüfung der Voraussetzungen. Um dann die Wiedereinsetzung zu erteilen, muß die Behörde vom Vorliegen der Voraussetzungen überzeugt sein.

4. Ist z. B. die Berufungsfrist versäumt, so gilt folgendes: Der Antrag ist mit einer Abschrift für die Gegenpartei einzureichen (§ 95), er kann zur Wahrung der Frist bei irgendeiner deutschen amtlichen Stelle eingereicht werden (§ 93); die Entscheidung ergeht — zusammen mit der Entscheidung zur Hauptsache — nach mündlicher Verhandlung durch Urteil (§ 117) oder auch durch Verfügung des Vorsitzenden gemäß § 101; die Entscheidung ist in gleicher Weise anfechtbar wie die Entscheidung zur Hauptsache (§§ 90, 101 Abs. 3).

VI. Zustellungen†)

Vorbemerkung: Die §§ 56—58 gelten sowohl für das Verwaltungs- wie für das Spruchverfahren, soweit nicht der Wortlaut etwas anderes ergibt. Sie beziehen sich auf Zustellungen aller Art, insbesondere von Bescheiden, Ladungen, Beschlüssen, Verfügungen und Urteilen, auch von Ladungen der Zeugen und Sachverständigen und von Benachrichtigungen der Parteien von Beweisterminen. Nicht ordnungsgemäße Zustellung setzt die Rechtsmittelfrist nicht in Lauf. Ist die Ladung nicht rechtsgültig zugestellt, so muß die mündliche Verhandlung vertagt werden, sonst liegt ein wesentlicher Mangel des Verfahrens vor (vgl. § 66 Abs. 1 Nr. 4). Rechtsgültig ist nur Zustellung in richtiger Form (§§ 56, 58) und an die richtige Person (§§ 57, 58).

§ 56*)

(1) Zustellungen können in jeder Form[1] geschehen, die den Nachweis der erfolgten Zustellung und ihres Zeitpunkts ermöglicht. Es genügt die Behändigung des zuzustellenden

†) Hartung, Über Zustellungen im Verwaltungs- und Spruchverfahren der Reichsversorgung, VersB. 26/27 S. 197—199.

Schriftstücks gegen schriftliches Empfangsbekenntnis oder Übersendung durch eingeschriebenen Brief[2].

(2) Der Posteinlieferungsschein begründet die Vermutung dafür, daß die Zustellung in der ordnungsmäßigen Frist nach der Einlieferung erfolgt ist[3].

*) Vgl. § 135 RVO.; § 38 VAO., § 24 OVAO., § 25 RVAO.; Rechtspr. dazu VersV. 27/28 S. 110.

AB. zu § 56

(1) Bescheide (siehe AB. zu § 86) sind durch eingeschriebenen Brief ohne Rückschein zuzustellen, wenn durch die Zustellung eine Frist (§§ 62 und 90 Abs. 8) in Lauf gesetzt wird oder wenn wichtige Urkunden, insbesondere Nummerkarten, mit den Bescheiden übersandt werden. Aus besonderen Gründen kann für die Sicherung des Nachweises der Zustellung auch eine andere Zustellungsform angebracht sein.

(2) Die Posteinlieferungsscheine sind in den Versorgungsakten unmittelbar hinter die Urschrift des Bescheides einzufügen. Wenn Posteinlieferungsscheine nicht erteilt werden, muß auf der Urschrift des Bescheides der Tag der Einlieferung zur Post und die Nummer des Posteinlieferungsbuches vermerkt werden.

(3) Ist die Wahrung der Frist zweifelhaft, so kann der Zeitpunkt der Zustellung durch Anfrage bei der Post festgestellt werden; Laufzettelgebühren werden für die in Versorgungssachen ergehenden Anfragen über die Zustellung nicht erhoben. Im übrigen kann der Zeitpunkt der Zustellung durch alle zulässigen Beweismittel dargetan werden.

(4) Bescheide über das Ruhen der Versorgungsgebühren dürfen nicht durch Vermittlung der Behörden usw. zugestellt werden, bei denen der Versorgungsberechtigte beschäftigt ist.

1. Bei Zustellungen durch die Post mittels eingeschriebenen Briefs oder gegen Postzustellungsurkunde beantwortet sich die Frage, an welche Personen die Aushändigung des zuzustellenden Schriftstücks an Stelle des nicht angetroffenen Zustellungsempfängers mit Wirkung ordnungsmäßiger Zustellung erfolgen kann, nach den postalischen Bestimmungen (E. I, 201). Gemäß § 40 Abs. VII der Postordnung vom 30. 1. 29 (RGBl. I S. 33) werden Einschreibesendungen, wenn der Empfänger in der Wohnung nicht angetroffen wird, an ein erwachsenes Familienmitglied des Empfängers ausgehändigt. In erster Linie rechnet hierher der Ehegatte des Empfängers. Die Ladung durch eingeschriebenen Brief gilt auch als bewirkt, wenn der Brief zurückkommt, weil der Empfänger keine Vorsorge getroffen hatte, daß ihm der Brief behändigt werden konnte (E. III, 154). Anders, wenn der Empfänger verzogen ist. In diesem Falle bewirkt auch die Aushändigung an einen nahen Angehörigen in der bisherigen Wohnung keine ordnungsmäßige Zustellung. Über Einschreibesendungen mit Rückschein vgl. § 28 der Postordnung. Zustellung durch postlagernde Sendung ist möglich; vgl. RG. IV 17. 34 (VersB. 34 S. 158).

2. Die Übersendung durch eingeschriebenen Brief ist nur eine der zulässigen Arten der Zustellung. Neben der Zustellung durch eingeschriebenen Brief sind daher auch alle gesetzlich geregelten Zustellungsarten, insbesondere auch die der Zivilprozeßordnung, z. B. mit Postzustellungsurkunde, als rechtsgültige Zustellungen anzusehen. Für das Zustellen von Briefen mit Zustellungsurkunde gelten nach § 41 der in Anm. 1 erwähnten Postordnung die §§ 180—186, 195, 208 und 212 ZPO. und die Anweisung betr. die postamtliche Zustellung von Briefen mit Zustellungsurkunde (Zentralbl. f. d. Deutsche Reich 1914 S. 208).

3. Die durch den Posteinlieferungsschein begründete Vermutung für den Zeitpunkt der Zustellung kann widerlegt werden. Im Gegensatz zu § 56 Abs. 2 besteht die Vermutung im Verfahren der Reichsversicherung erst nach Ablauf von 2 Jahren nach Ausstellung des Posteinlieferungsscheins, weil dann erst die Ablieferungsscheine vernichtet sind und eine Feststellung des Behändigungstages durch die Postanstalt nicht mehr möglich ist.

§ 57 *)

(1) Für Personen, die einen gesetzlichen [1] oder besonderen Vertreter [2] haben, erfolgt die Zustellung nur an den Vertreter [3]. Betreibt ein Minderjähriger, der das sechzehnte Lebensjahr vollendet hat, das Verfahren selbständig, so erhält er gleichzeitig mit der Zustellung an seinen gesetzlichen Vertreter eine Abschrift des zuzustellenden Schriftstücks [4].

(2) Für Personen, die durch einen Bevollmächtigten [5] vertreten werden [6], erfolgt die Zustellung nur an diesen [7].

(3) Sind mehrere Vertreter [8] derselben Person vorhanden, so genügt die Zustellung an einen von ihnen [9].

*) Vgl. § 38 VAO., § 24 OVAO., § 25 RVAO.; Rechtspr. dazu VersB. 27/28 S. 110.

1. Wegen des Begriffs „gesetzlicher Vertreter" vgl. Anm. 11 zu § 42.

2. Über besondere Vertreter vgl. § 46 Abs. 2 Satz 2 und § 47.

3. Hat der Vertreter jedoch einen Bevollmächtigten, so ist nach Abs. 2 diesem zuzustellen (vgl. Anm. 6).

Ist entgegen der Vorschrift des § 57 Abs. 1, 2 eine Entscheidung nicht dem gesetzlichen oder besonderen Vertreter oder dem

Bevollmächtigten, sondern dem VersBerechtigten selbst zugestellt worden, so wird die Rechtsmittelfrist hierdurch nicht in Lauf gesetzt (vgl. RVA. 19. 12. 18, AN.RVA. 1919 S. 259). Die an sich ungültige Zustellung wird mit der tatsächlichen Empfangnahme des zuzustellenden Schriftstücks oder, wenn der Empfänger geschäftsunfähig oder beschränkt geschäftsfähig ist, mit dem Eintritt der Geschäftsfähigkeit rechtswirksam, vorausgesetzt, daß er noch über das Schriftstück verfügt und seinen Inhalt kennt (E. I, 165). Die Anschrift: An den Minderjährigen, zu Händen des gesetzlichen Vertreters, ist unrichtig; da solche Briefe auch an den Minderjährigen selbst ausgehändigt werden können, wird durch sie die Rechtsmittelfrist nur in Lauf gesetzt, wenn festgestellt wird, daß und wann der Brief von dem gesetzlichen Vertreter in Empfang genommen wurde (vgl. AN.RVA. 01 S. 626).

4. Der Lauf der Frist beginnt für den über 16 Jahre alten Minderjährigen aber nicht mit der Empfangnahme der Abschrift, sondern mit der Zustellung an den gesetzlichen oder besonderen Vertreter (bzw. an deren Bevollmächtigten; vgl. Anm. 6). Ist jedoch die Aushändigung der Abschrift bis zum Ablauf der Rechtsmittelfrist unterblieben, so ist das eine so schwerwiegende Verletzung der zwingenden Gesetzesvorschrift, die dem Minderjährigen die Wahrnehmung seiner Rechte ermöglichen soll, daß man das alsbald eingelegte Rechtsmittel als rechtzeitig wird ansehen müssen; zum mindesten ist die Wiedereinsetzung wegen „unabwendbaren Zufalls" (§ 54) zu erteilen.

5. Über Bevollmächtigte vgl. § 48. An Verwandte, die nach § 48 Abs. 5 Satz 1 ohne Nachweis der Vollmacht zugelassen werden können, kann das zuzustellende Schriftstück, wenn Vollmacht nicht vorliegt, nur gerichtet werden, wenn sie als Vertreter aufgetreten sind. Über Aushändigung eines an die Partei gerichteten Briefes an Angehörige vgl. Anm. 1 zu § 56.

6. Auch wenn der gesetzliche oder der besondere Vertreter einen Bevollmächtigten bestellt haben, erfolgt die Zustellung an den letztgenannten. Hat der 16 jährige Minderjährige für sich einen Bevollmächtigten bestellt, so erhält dieser an seiner Stelle die Abschrift.

7. Vgl. Anm. 3. Über Zustellung an einen Unterbevollmächtigten vgl. Anm. 1 zu § 48.

8. D. h. mehrere Vertreter gleicher Art, z. B. mehrere gesetzliche Vertreter (Mitvormünder) oder mehrere Bevollmächtigte. Abs. 3 gestattet also nicht die Zustellung an den gesetzlichen Vertreter, wenn dieser einen Bevollmächtigten bestellt hat.

9. Wenn mehrere Personen, z. B. Vater und Mutter oder Witwe und nicht durch sie vertretene Waise, jede für sich das Verfahren betreiben, so muß an jede von ihnen und, soweit sie für sich einen besonderen Bevollmächtigten bestellt haben, an diesen besonders zugestellt werden.

§ 58*)

(1) Wer nicht im Inlande wohnt, hat auf Verlangen[1] einen Zustellungsbevollmächtigten zu benennen.

(2) Ist der Aufenthalt unbekannt oder wird der Zustellungsbevollmächtigte nicht innerhalb einer angemessenen Frist benannt, so kann die Zustellung durch einwöchigen Aushang[2] in den Geschäftsräumen der Behörde ersetzt werden[3].

*) Vgl. § 136 RVO.; Rechtspr. dazu VersB. 27/28 S. 110.

1. Das Verlangen kann schon zu Beginn des Verfahrens gestellt werden.

2. Wegen Berechnung der Frist vgl. §§ 52, 53. Ist der Aushang z. B. an einem Mittwoch erfolgt, so endet die Frist mit Ablauf des folgenden Mittwoch, bei Aushang an einem Sonntag erst mit Ablauf des zweitnächsten Montag. Als Tag der Zustellung gilt der letzte Tag der Aushangsfrist.

3. Die Zustellung durch einwöchigen Aushang in den Geschäftsräumen der Behörde darf bei unbekanntem Aufenthalt erst vorgenommen werden, wenn die Mittel, die nach Lage des Falles zur Feststellung des Aufenthalts des VersBerechtigten führen können, erschöpft sind (vgl. AN.RVA. 1903 S. 594 Nr. 2028).

VII. Akteneinsicht†)

Vorbemerkung: Die Vorschriften über die Akteneinsicht gelten für das Verwaltungs- wie für das Spruchverfahren; sie regeln lediglich das Recht der Beteiligten und sonstigen Privatpersonen zur Einsichtnahme in die Versorgungsakten und gelten selbstverständlich nicht für die Benutzung der Akten durch Sachverständige, die um Erstattung eines Gutachtens ersucht sind. Die Verpflichtung der Versorgungsbehörden, anderen Zivilbehörden auf Ansuchen die Akten zugänglich zu machen, wenn sie dieselben für dienstliche Zwecke benötigen, beruht auf der im Verwaltungsrecht allgemein anerkannten, der Rechtshilfepflicht nahe verwandten Beistandspflicht (Amtshilfe) der öffentlichen Behörden und amtlichen Stellen gegeneinander. Infolgedessen bedarf es für die Überlassung der Akten an andere Zivilbehörden, z. B. die Vormundschaftsbehörde, der Einwilligung des Berechtigten nicht (vgl. hierzu Ziff. I der AB. zu §§ 59, 60 und § 105 GOB. — HdR. S. 1072). Hinsichtlich der Verschwiegenheitspflicht vgl. § 2. Auch die Benützung der Akten für wissenschaftliche, z. B. statistische Zwecke wird durch die §§ 59, 60 nicht eingeschränkt (Ziff. II der AB. zu §§ 59, 60).

---

†) Hartung, Die Behandlung der Versorgungsakten, V. Akteneinsicht, VersB. 26/27 S. 122—123.

§ 59 *)

(1) Die Beteiligten [1] und ihre Vertreter können Einsicht in die Akten [2] nehmen und sich daraus Auszüge und Abschriften selbst fertigen oder gegen Erstattung der Kosten erteilen lassen.

(2) Anderen Personen kann [3] ohne Einwilligung des Berechtigten oder seines gesetzlichen Vertreters die Einsicht in die Akten nur dann gestattet werden, wenn ein rechtliches [4] Interesse glaubhaft gemacht wird.

(3) Aus besonderen Gründen [5] kann die Einsicht in die Akten oder Teile derselben [6] sowie die Fertigung oder Erteilung von Auszügen und Abschriften versagt oder beschränkt werden.

(4) Entwürfe [7] zu Entscheidungen, Gutachten der Berichterstatter [8] sowie Schriftstücke, welche Abstimmungen betreffen [9], werden weder vorgelegt noch abschriftlich mitgeteilt.

*) Vgl. § 1567 Abs. 2, 3, § 1631 Abs. 2, § 1653 RVO.; § 36 VAO., § 22 OVAO.; Rechtspr. dazu VersB. 27/28 S. 110 f.

Die AB. sind hinter den Anm. zu § 60 abgedruckt.

1. Beteiligte im Sinne des § 59 sind die Parteien, und zwar auch in den in Anm. 1 zu § 50 behandelten Sonderfällen, sowie Dritte, die nach § 50 zugezogen oder beigetreten sind.

Als Vertreter kommen der gesetzliche, auch der besondere (§ 46 Abs. 2 Satz 2, § 47), und der bevollmächtigte Vertreter in Betracht.

2. Im Spruchverfahren besteht kein Anspruch auf Einsicht in die Handakten der Behörde, die den Fiskus vertritt. Dagegen kann Einsicht verlangt werden in die Akten anderer Behörden, die im Versorgungsverfahren beigezogen worden sind, soweit sich nicht aus den für sie geltenden Vorschriften etwas anderes ergibt.

3. Ein Anspruch auf Akteneinsicht steht dritten Personen auch bei Darlegung eines rechtlichen Interesses nicht zu.

4. Im Gegensatz zu § 50 genügt hier nicht ein wirtschaftliches Interesse, vielmehr wird ein „rechtliches" Interesse, d. h. ein bereits bestehendes, durch die Akteneinsicht zu sicherndes Recht verlangt. Diese Voraussetzung dürfte auch bei Personen gegeben sein, die dem Verfahren als Dritte (vgl. § 50) beitreten können und beizutreten beabsichtigen. Im übrigen vgl. Ziff. III 3 Abs. 3 der AB. zu §§ 59, 60.

5. Besondere Gründe, aus denen ausnahmsweise die Einsicht verweigert oder beschränkt werden kann, sind insbesondere in der

Art der Krankheit des Beschädigten oder Verstorbenen zu erblicken. Näheres vgl. AB. Ziff. III 2 B Abs. 1 und 2 zu §§ 59, 60, insbesondere auch wegen „vertraulicher“ Auskünfte.

6. Die Einsicht darf nur insoweit beschränkt werden, als die besonderen Gründe reichen.

7. Bescheide und Urteile sind solange Entwürfe, als sie noch nicht unterzeichnet sind.

8. Es ist unzulässig, Gutachten der Berichterstatter (vgl. § 100) den Akten des VGer. beizuheften und sie so der Einsicht der Parteien offen zu legen.

9. In Frage kommt z. B. eine Aufzeichnung über die Reihenfolge der Abstimmung über die einzelnen Fragen und das Ergebnis der Abstimmung (vgl. § 132 Abs. 2). Die Abstimmung der einzelnen Mitglieder selbst darf nach § 133 keinen schriftlichen Ausdruck finden.

§ 60 *)

(1) Über den Antrag auf Gewährung der Akteneinsicht oder Erteilung von Auszügen und Abschriften entscheidet die Versorgungsbehörde 1, bei der die Akten sich befinden 2, und zwar bei einer Verwaltungsbehörde deren Leiter 3, bei einer Spruchbehörde der Vorsitzende 3 der Kammer oder des Senats.

(2) Im Falle gänzlicher oder teilweiser Ablehnung sind die Gründe und der Zeitpunkt der Bekanntgabe in den Akten zu vermerken. Gegen die Entscheidung ist innerhalb eines Monats nach der Bekanntgabe die Beschwerde 4 zulässig.

*) Vgl. § 1631 Abs. 2 Satz 4, § 1653 Abs. 2 RVO.; § 36 VAO., § 22 OVAO.; Rechtspr. dazu VersB. 27/28 S. 110 f.

Die AB. sind hinter den Anm. zu § 60 abgedruckt.

1. Versorgungsbehörden sind nach § 1 die VersÄmter, die Hpt.-VersÄmter, die VersGerichte und das RVGer. Die Fürsorgestellen und HptFürsorgestellen der Kriegsbeschädigten- und Hinterbliebenenfürsorge sind daher nur nach Einvernehmen mit der nach § 60 zuständigen Versorgungsbehörde befugt, die Einsicht zu gewähren.

2. Im Regelfalle wird jede VersBehörde selbst darüber zu entscheiden haben, ob und in welchem Umfange die Einsicht in ihre Akten zu gewähren ist. Sind jedoch Akten einer VersBehörde an eine andere versandt, so steht die Entscheidung derjenigen zu, welche zur Zeit der Stellung des Antrags die Akten in ihrem Besitz hat. In Zweifelsfällen empfiehlt sich Anfrage bei derjenigen VersBehörde, der die Akten gehören.

3. Leiter und Vorsitzender sind jedoch befugt, ihnen unterstellten

Beamten die Einsichtgewährung zu überlassen. Vgl. Ziff. V der AB. zu §§ 59, 60.

4. Gegen die auf Beschwerde ergehende Entscheidung kann weitere Beschwerde nicht erhoben werden. Im übrigen vgl. §§ 61—64.

AB. zu §§ 59, 60

I. (1) Die Vorschriften der §§ 59, 60 finden keine Anwendung, soweit es sich um die Überlassung der Versorgungsakten und Akten der Spruchbehörden an öffentliche Behörden und ihnen gleichgestellte amtliche Stellen handelt, wie Träger der Sozialversicherung, RAfAuA., Dienststellen der Deutschen Reichsbahn-Gesellschaft.

(2) Die VBeh. sind, soweit nicht gesetzliche Vorschriften einen Anspruch auf Rechtshilfe begründen (vgl. z. B. RVO. § 115, AVG. § 318, AVAVG. § 204, RFV. § 27), auf Grund der zwischen Behörden und amtlichen Stellen bestehenden allgemeinen Beistandspflicht in der Regel zur Überlassung der Akten und Handakten an Behörden und amtliche Stellen verpflichtet (Amtshilfe).

(3) Wegen Verwertung von Versorgungsakten für eine erbbiologische Bestandsaufnahme in der Bevölkerung siehe HdR. S. 649 Abs. 34a. Wegen Aktenübersendung und Aktenauskünfte an Parteidienststellen der NSDAP. siehe GOV. § 233 Abs. 6 (HdR. S. 1169)[1].

(4) Werden die Akten nicht auf Grund einer auf gesetzlicher Grundlage beruhenden Rechtshilfevorschrift überlassen, so ist der anfordernden Stelle bei Übersendung der Akten ausdrücklich die Verpflichtung aufzuerlegen, Vorsorge zu treffen, daß von ihrem Inhalt außer ihr und den ihr vorgesetzten Stellen niemand Kenntnis erhält.

(5) Auskünfte der Steuerbehörden über das Einkommen der Versorgungsberechtigten sind, wenn sie nicht zurückbehalten werden, durch Verschluß unter Siegel der Einsicht zu entziehen.

(6) Bei Aktenübersendung aus Anlaß der Anstellung eines Versorgungsanwärters ist die Vorschrift des AGr. in der Fassung vom 16. 7. 1930 — RGBl. I S. 234 — § 25 Abs. 2 (HdR. S. 1611) zu beachten, wonach amtsärztliche Zeugnisse aus den Versorgungsakten, auf Grund deren der Versorgungsanspruch anerkannt ist, nicht mitgeteilt werden dürfen, wenn seit ihrer Ausstellung drei Jahre verflossen sind.

II. Die Vorschriften der §§ 59, 60 finden ferner keine Anwendung, soweit es sich um die Überlassung von Versorgungsakten, Handakten und Akten der Spruchbehörden zu wissenschaftlichen Zwecken handelt. Sie kann gestattet werden, wenn eine dem § 2 entsprechende Verschwiegenheit gesichert erscheint.

III. Die Vorschriften der §§ 59, 60 regeln die Einsicht in die Versorgungsakten und Akten der Spruchbehörden durch die Beteiligten, ihre Vertreter und sonstige Personen, auf die Ziff. I und II keine Anwendung finden.

1. (1) Versorgungsakten im Sinne dieser Vorschriften sind die im Verwaltungsverfahren angelegten, den Versorgungsanspruch einer bestimmten Person betreffenden Akten einschließlich der während der Zugehörigkeit zum Heer entstandenen und zu den Akten genommenen Urkunden und der bei den Krankenbuchlagern aufbewahrten Krankenurkunden. Diese Krankenurkunden können nur durch Vermittlung der VA., nicht aber bei den Krankenbuchlagern selbst eingesehen werden (siehe auch Ziff. IV).

(2) Die bei der Durchführung des Spruchverfahrens entstandenen Handakten sind nicht Versorgungsakten im Sinne dieser Vorschriften, auch wenn sie bei den Versorgungsakten aufbewahrt werden. Ein Anspruch auf Einsicht in die Handakten besteht daher nicht. Sie kann aber gewährt werden, soweit dagegen keine Bedenken bestehen.

2. A. (1) Wer als Beteiligter oder als Vertreter eines Beteiligten zur Einsicht in die Versorgungsakten und Akten der Spruchbehörden befugt ist, bestimmen die Vorschriften der §§ 46 bis 48 und 50. Bevollmächtigten kann die Einsicht ohne vorherige Beibringung der Vollmacht nur gestattet werden, wenn es sich um die in § 48 Abs. 2 Satz 1 bezeichneten Verwandten und Verschwägerten handelt.

(2) Beteiligte im Sinne des § 59 Abs. 1 sind auch Dritte, die nach § 50 zu dem Verfahren hinzugezogen worden sind oder denen der Beitritt gestattet worden ist.

(3) Den Grund oder Zweck der Akteneinsicht anzugeben, sind die Beteiligten, ihre Vertreter und Bevollmächtigten nicht gehalten.

(4) Wegen der Akteneinsicht durch einen vom Antragsteller oder Bevollmächtigten mit der Erstattung eines Gutachtens beauftragten Arzt siehe AB. zu § 48 Nr. 5.

B. (1) Grundsätzlich ist den Beteiligten und ihren Vertretern die Akteneinsicht in dem gewünschten Umfange zu gewähren. Sie wird in der Regel nur zu versagen sein,

a) soweit es mit Rücksicht auf die Art der Krankheit des Beschädigten oder Verstorbenen (Unheilbarkeit, drohende Geisteskrankheit, Geschlechtskrankheit) oder sonstige Umstände angezeigt erscheint,

b) soweit es sich um nicht von Beamten oder Angestellten einer VBeh. stammende Gutachten, Auskünfte usw. handelt, die ausdrücklich vertraulich erstattet sind oder nach ihrem Inhalt vertrauliche Behandlung angezeigt erscheinen lassen.

(2) Von der Einsicht auszuschließende Schriftstücke sind, soweit angängig und für die ordnungsmäßige Rechtsverfolgung notwendig, auf Verlangen ihrem wesentlichen Inhalte nach mündlich oder schriftlich mitzuteilen, ausgenommen Entwürfe zu Entscheidungen, Gutachten der Berichterstatter und Abstimmungen betreffende Schriftstücke (§ 59 Abs. 4). Diese Schriftstücke dürfen zwar bei den Akten aufbewahrt, aber nicht eingeheftet werden.

3. (1) Anderen Personen wie den Beteiligten und ihren Vertretern

ist die Einsicht nur in diejenigen Aktenteile zu gewähren, auf die sich das glaubhaft gemachte rechtliche Interesse (§ 59 Abs. 2) bezieht. Die Einsicht in die Einkommensmitteilungen der Steuerbehörden darf außer den Parteien und ihren Vertretern niemand gestattet werden.

(2) Eine Einwilligung des Berechtigten im Sinne des § 59 Abs. 2 liegt auch vor, wenn er in dem Antrag auf Abschluß einer Lebensversicherung die Versicherungsgesellschaft ermächtigt hat, Behörden um Auskunft über seine Gesundheitsverhältnisse zu ersuchen.

(3) Ein rechtliches Interesse im Sinne des § 59 Abs. 2 ist z. B. anzunehmen, wenn ein Gläubiger des Versorgungsberechtigten zur Befriedigung seines Anspruchs die Versorgungsgebührnisse im Wege der Pfändung in Anspruch nehmen und deshalb sich über die Art der Versorgungsgebührnisse, ihre Höhe und Pfändbarkeit und die Anschrift des Versorgungsberechtigten unterrichten will.

(4) Ist die Einwilligung des Berechtigten zur Gestattung der Akteneinsicht notwendig, so muß sie der Behörde, die die Akten verwahrt, nachgewiesen werden. Die Beglaubigung seiner Unterschrift ist nur zu verlangen, wenn Zweifel an ihrer Echtheit bestehen.

4. Schriftstücke, die der Akteneinsicht entzogen sind, sind nicht in die Akten einzuheften. Sie sind mit Ausnahme der in Ziff. III Nr. 2 B Abs. 2 bezeichneten in einem besonderen Umschlag aufzubewahren, der den Akten vorzuheften und mit einer entsprechenden Aufschrift zu versehen ist. Werden die Akten zur Einsicht durch die im § 59 Abs. 1 und 2 bezeichneten Personen (Ziff. III Nr. 2 und 3) an andere Behörden gesandt, so ist der Umschlag zu verschließen und die Behörde darauf hinzuweisen, daß Einsicht in die in dem Umschlag befindlichen Schriftstücke nicht gewährt werden kann.

5. Die in § 59 Abs. 1 und 2 bezeichneten Personen können sich Auszüge und Abschriften aus den Akten insoweit fertigen oder gegen Erstattung der Kosten erteilen lassen, als ihnen die Akteneinsicht gestattet wird (vgl. Ziff. III Nr. 2 B und Nr. 3). Die Abschrift kann auf Verlangen beglaubigt werden. Wegen der Beglaubigung siehe GOV. § 215 Abs. 6 bis 10 (HdR. S. 1158). Ein Anspruch auf Erteilung einer Abschrift der gesamten Versorgungsakten besteht nicht.

IV. (1) Die Akteneinsicht wird in den Diensträumen der VBeh. gewährt, bei der sich die Akten befinden. Sie kann auf Antrag auch bei einer günstiger gelegenen VBeh. oder einer sonstigen Behörde, insbesondere einer amtlichen FSt., gewährt werden. Sie findet unter Aufsicht eines Beamten oder Angestellten statt. Die Aushändigung von Akten an Privatpersonen ist unzulässig.

(2) Die von der NSKOV. und dem Reichstreubund ehemaliger Berufssoldaten allgemein mit der Übernahme von Vertretungen vor

den VBeh. beauftragten Mitglieder dieser Verbände (§ 48 Abs. 2) können die Versorgungsakten in den Diensträumen der VBeh. ohne Beaufsichtigung durch einen Beamten oder Angestellten einsehen. Enthalten die Akten jedoch Schriftstücke, die der Akteneinsicht entzogen sind, so gilt das nur, wenn diese Schriftstücke aus den Akten entfernt werden können. Zur Einsicht in die Akten ist, wenn tunlich, ein besonderer Raum zur Verfügung zu stellen.

V. Die Leiter der Verwaltungsbehörden sowie die Vorsitzenden der Kammern und Senate der Spruchbehörden können vorbehaltlich ihrer Entscheidung im Streitfall ihnen unterstellte Beamte allgemein ermächtigen, die Akteneinsicht im unbedenklich erscheinendem Umfange zu gestatten.

VI. Soweit nach Ziff. I und III die Einsicht in die Akten gestattet werden kann, kann auch mündlich oder schriftlich Auskunft erteilt werden. In den Fällen des § 59 Abs. 1 (Ziff. III Nr. 2) kann anderen Personen wie dem Versorgungsberechtigten selbst eine Auskunft nur gegen Vorlage einer Vollmacht erteilt werden, wenn die Annahme gerechtfertigt erscheint, daß die Auskunft nicht seinem mutmaßlichen Willen entspricht oder wenn die Beantwortung der Anfrage Rückschlüsse auf seine gesundheitlichen, persönlichen oder wirtschaftlichen Verhältnisse zuläßt.

1. Der neue Abs. 6 des § 233 GOB. entspricht dem Runderl. 6/35. Er bestimmt, daß die Aktenversendung zur Einsicht an Parteidienststellen der NSDAP. allgemein nur an den Stellvertreter des Führers auf sein Ersuchen erfolgt, daß also alle Parteidienststellen die Anforderung von Akten über den Stellvertreter des Führers leiten müssen und daß Aktenauskünfte nach pflichtmäßigem Ermessen der Behörde auch an Reichsleiter und Gauleiter der NSDAP. erteilt werden können. Nach Runderl. des RuPrMdJ. vom 5. 3. 35 — II SB. 6181/31. 1 — ist auch Anträgen des Reichsschatzmeisters der NSDAP. auf Aktenübersendung für seinen Geschäftsbereich unmittelbar zu entsprechen, soweit nicht im Einzelfall besondere Bedenken entgegenstehen.

VIII. Beschwerde

Vorbemerkung. Die §§ 61—64 über die Beschwerde gelten für das Verwaltungs- wie auch das Spruchverfahren und betreffen die Beschwerde sowohl des VersBerechtigten und des Fiskus wie auch z. B. die eines Zeugen oder Beisitzers. Wesentlich für die Beschwerde, die kein Rechtsmittel (vgl. §§ 90 ff.), wohl aber einen Rechtsbehelf (vgl. § 69 Abs. 4) darstellt, ist, daß über sie auch bei den Spruchbehörden ohne mündliche Verhandlung entschieden wird (§ 64 Abs. 3).

Nicht geregelt ist im Gesetz die sog. Dienstaufsichtsbeschwerde, für welche die allgemeinen verwaltungsrechtlichen Grundsätze maßgebend sind.

§ 61 *)

Gegen die Entscheidungen [1] der Versorgungsbehörden [2] findet in den besonders bestimmten Fällen [3] die Beschwerde [4] statt.

*) Vgl. §§ 1791—1801 RVO.; Rechtspr. dazu VersB. 27/28 S. 110.

AB. s. hinter § 64.

1. In Betracht kommen nur nicht die Hauptsache betreffende Verfügungen und Anordnungen, z. B. über Gestattung der Akteneinsicht oder Gewährung einer Entschädigung bei persönlichem Erscheinen. Gegen Entscheidungen zur Hauptsache sind lediglich Berufung und Anrufung der Kammer (vgl. §§ 90, 70, 101) gegeben.
2. Im Verfahren vor dem RVGer. ist eine Beschwerde gegen Entscheidungen des Vorsitzenden oder des Leiters der Beweisverhandlung zulässig, aber niemals gegen Entscheidungen des Senats.
3. Vgl. die Aufzählung in den AB. zu §§ 61—64.
4. Eine Beschwerde gegen eine auf Beschwerde ergangene Entscheidung (sog. weitere Beschwerde) ist nirgends vorgesehen und nicht zulässig (Nr. 3 der AB. zu §§ 61—64).

§ 62 *)

(1) Die Beschwerdefrist [1] beträgt in Fällen, für die nicht ein anderes ausdrücklich vorgeschrieben ist [2], einen Monat seit der Zustellung der anzufechtenden Entscheidung, bei Zustellung außerhalb Europas sechs Monate.

(2) Die Beschwerde ist innerhalb der vorgeschriebenen Frist schriftlich [3] oder mündlich unter Aufnahme einer Niederschrift [4] bei der Stelle einzulegen, welche die anzufechtende Entscheidung erlassen hat. Rechtswirksam ist auch die Einlegung bei einer anderen deutschen amtlichen Stelle [5] oder bei einem Träger der Reichsversicherung [6]. In diesem Falle ist die Beschwerdeschrift oder die aufgenommene Niederschrift unter Benachrichtigung des Beschwerdeführers unverzüglich an die zuständige Stelle abzugeben.

(3) Die Beschwerde hat aufschiebende Wirkung [7].

*) Vgl. §§ 128, 129 RVO.

AB. s. hinter § 64.

1. Wegen Berechnung der Frist vgl. §§ 51—53 und wegen Wiedereinsetzung in den vorigen Stand §§ 54, 55. Ein Hinweis

auf die Beschwerdemöglichkeit ist nicht erforderlich und nach den AB. zu §§ 61—64 zu unterlassen.

2. Andere Fristen sind vorgeschrieben in § 107 Abs. 3 Satz 2, § 109 Abs. 3, § 119 Abs. 3, § 121 Abs. 2 und 3, § 144 Abs. 3.

3. Wegen der Schriftlichkeit vgl. Anm. 2 zu § 78 und 3 zu § 93.

4. Die Form der Niederschrift bestimmt sich nach den Grundsätzen, die für die Stelle maßgebend sind, welche die Niederschrift aufnimmt.

5. Vgl. Anm. 7 zu § 93. Auch bei einer amtlichen Stelle der abgetrennten Gebiete kann die Beschwerde nach der VO. vom 13. 6. 22 (RGBl. S. 507) rechtswirksam eingelegt werden.

6. Träger der Reichsversicherung s. Anm. 8 zu § 93.

7. Es hat also z. B. der Zeuge, der gegen die Bestrafung Beschwerde erhebt, die Strafe und Kosten erst zu bezahlen, wenn seine Beschwerde zurückgewiesen ist.

§ 63 *)

Erachtet die Stelle, welche die angefochtene Entscheidung erlassen hat, die Beschwerde für begründet, so hat sie ihr abzuhelfen[1]. Andernfalls hat sie die Beschwerde mit den Vorgängen innerhalb einer Woche der zur Entscheidung berufenen Stelle mit einer Begründung ihrer Stellungnahme vorzulegen.

*) Vgl. §§ 44 OVAO.

AB. s. hinter § 64.

1. Erachtet die Stelle, deren Entscheidung mit der Beschwerde angefochten wird, die Beschwerde für begründet, so hat sie die Befugnis und die Pflicht, ihre Entscheidung zu ändern. Einer Entscheidung über die Beschwerde gemäß § 64 bedarf es alsdann nicht.

§ 64 *)

(1) Soweit nicht in diesem Gesetz ein anderes[1] vorgeschrieben ist, entscheidet über die Beschwerde, wenn sie sich richtet gegen eine Entscheidung

1. des Versorgungsamts das Hauptversorgungsamt,
2. des Hauptversorgungsamts das Versorgungsgericht[2],
3. des Versorgungsgerichts das Reichsversorgungsgericht[3],
4. des Vorsitzenden[4] oder des Leiters der Beweisverhandlung[5] die Kammer oder der Senat.

(2) Die Entscheidung ist den Beteiligten zuzustellen[6].

(3) Die Spruchbehörden entscheiden über die Beschwerde durch einen mit Gründen versehenen Beschluß ohne mündliche Verhandlung. Die Vorschriften über Beweisaufnahme, Unterbrechung und Aussetzung des Verfahrens sowie Beratung und Abstimmung gelten entsprechend[7].

*) Vgl. §§ 1791—1793, 1795, 1796 RVO.

AB. s. hinter den Anmerkungen.

1. Es entscheidet z. B. nach § 17 Abs. 4 über die Beschwerde eines Beisitzers eines VGer. wegen Enthebung oder Nichtenthebung vom Amte und nach § 148 über die Beschwerde wegen Festsetzung einer Ordnungsstrafe die oberste Landesverwaltungsbehörde.

2. a) Die Beschwerde geht in den gesetzlich bestimmten Fällen auch dann an das VGer., wenn in der Sache selbst, wie z. B. in Kapitalabfindungsangelegenheiten, die Berufung nicht zulässig ist.

b) Welches VGer. zu entscheiden hat, bestimmt sich nach § 38 und den AB. dazu. Entscheidend ist der Wohnort zur Zeit der Stellung des Antrags, durch den das betreffende Verfahren eingeleitet wurde, weil § 38 nur zwischen Antrag und Berufung unterscheidet.

3. Zu beachten bleibt auch hier, daß nach § 61 die Beschwerde überhaupt nur in den vom Gesetz ausdrücklich bestimmten Fällen zulässig ist.

4. Entscheidungen des Vorsitzenden s. z. B. § 60, § 144 Abs. 3.

5. Entscheidungen des Leiters der Beweisverhandlung s. z. B. § 107 Abs. 3, § 109 Abs. 3.

6. Zustellungen s. §§ 56—58.

7. Vgl. §§ 103—111, 112—116, 131—133. Außer diesen Vorschriften finden auch die allgemeinen Vorschriften der §§ 37—76 Anwendung mit Ausnahme derjenigen über Rechtskraft und Wiederaufnahme des Verfahrens (vgl. Anm. 4 zu § 65, Anm. 1 zu § 66).

AB. zu §§ 61 bis 64

1. Die Vorschriften der §§ 61 bis 64 finden nur Anwendung, soweit es sich um Beschwerden gegen Entscheidungen handelt, gegen die die Beschwerde im Gesetz ausdrücklich zugelassen ist (vgl. § 60 Abs. 2, § 82 Abs. 2, § 85 Abs. 2, § 89 Abs. 2, § 107 Abs. 3, § 109 Abs. 2, § 119 Abs. 3, § 121 Abs. 2 und 3, § 137 Abs. 4, § 144 Abs. 3, § 148 Abs. 2 und RVG. § 20 Abs. 4 — HdR. S. 96). Sie sind nicht anwendbar auf die nach allgemeinen Grundsätzen zulässige Dienstaufsichtsbeschwerde.

2. Ein Hinweis auf die Zulässigkeit der Beschwerde ist im Gesetz nicht vorgeschrieben und daher zu unterlassen.

3. Eine „weitere" Beschwerde gegen eine auf Beschwerde ergangene Entscheidung ist im Gesetz nicht zugelassen. Die auf Beschwerde ergangene Entscheidung ist daher endgültig.

IX. Rechtskraft und Wiederaufnahme des Verfahrens†)

§ 65*)

(1) Die Bescheide[1] der Verwaltungsbehörden werden dem Reichsfiskus gegenüber[2] mit der Zustellung rechtskräftig[3]. Im übrigen[4] sind die Entscheidungen der Versorgungsbehörden insoweit rechtskräftig[3], als sie nicht mehr anfechtbar sind[5].

(2) Die Rechtskraft steht der Änderung oder Aufhebung unrichtiger Bescheide[6] nicht entgegen. Das Versorgungsamt bedarf zum Erlaß eines Berichtigungsbescheides der vorherigen Genehmigung des Hauptversorgungsamts[7].

*) Keine entsprechende Vorschrift in der RVO.; Rechtspr. dazu VersB. 27/28 S. 111. Zu § 57 RVG. (Änderung der Verhältnisse) vgl. unten Fußnote zu Anm. 3 h. — Abs. 1 des § 65 ist durch Art. 21 Ziff. V 5 der PAB. geändert und durch Ges. vom 17. 3. 28 (RGBl. I S. 63) in der ursprünglichen Fassung wiederhergestellt worden. Abs. 2 ist durch Art. 21 Ziff. V 5 der PAB. angefügt worden.

AB. zu § 65

I. Zu § 65 Abs. 1

1. (1) Die Bescheide der Verwaltungsbehörde werden nur insoweit rechtskräftig, als sie über Rechtsansprüche auf Versorgungsgebührnisse entscheiden. Rechtskraft erlangt nur der entscheidende Teil des Bescheides oder Urteils; zur Feststellung ihres Umfanges ist im Zweifel die Begründung heranzuziehen. Ist die Entscheidung auf mehrere in ihrer Wirkung gleichwertige Gründe gestützt, so nimmt jeder Grund an der Rechtskraft teil (Beispiel: die Ablehnung des Versorgungsanspruchs wegen Versäumnis der Anmeldefrist und Verneinung des ursächlichen Zusammenhangs der Gesundheitsstörung mit einer DB.). Dieser Fall liegt nicht vor, wenn der Versorgungsanspruch außer wegen Verneinung des ursächlichen Zusammenhangs der Gesundheitsstörung mit einer DB. auch abgelehnt wird, weil die MdE. weniger als 25 v. H. beträgt; der letztere Grund hat für die Zukunft keine so weitgehende Bedeutung wie die Verneinung der DB.-Frage, durch die im Fall des Eintritts der Rechtskraft über den Anspruch endgültig entschieden wäre. Die Entscheidung über die Frage der DB. wird daher in solchen Fällen nicht rechtskräftig.

(2) Die Rechtskraft der früheren Entscheidung erstreckt sich nur

---

†) Über Rechtskraft, Neubescheidung usw. vgl. Breme in MfA. 20 Sp. 409 und 462, Arbeiterversorgung 20 S. 153, Zentralbl. der

auf den geltend gemachten Anspruch. Die Rechtskraft eines Bescheids, der lediglich über den Anspruch auf Versorgungsgebührnisse entschieden hat, steht daher einer Entscheidung über das Ruhen oder Erlöschen der Gebührnisse nicht entgegen und ebensowenig die Rechtskraft einer Entscheidung über diese Frage, wenn eine neue Entscheidung über das Ruhen oder Erlöschen der Gebührnisse auf Grund anderer gesetzlicher Vorschriften ergeht, die einen wesentlich verschiedenen Tatbestand voraussetzen, es sei denn, daß die frühere Entscheidung auch zur Anwendung dieser Vorschriften bereits Stellung genommen hat.

(3) Die Rechtskraft einer früheren Entscheidung schließt jedoch die Entscheidung über den erneut geltend gemachten Anspruch nur unter der Voraussetzung aus, daß er auf den gleichen Tatbestand und auf gesetzliche Vorschriften gleichen Inhalts gestützt wird. Das ist beispielsweise nicht der Fall, wenn die frühere Entscheidung auf die Vorschriften des MVG. gestützt war, der Anspruch aber nunmehr mit den Vorschriften des RVG. § 96 oder des KPSG. begründet wird. Dagegen schließt die Rechtskraft eine neue Entscheidung aus, wenn über den Anspruch auf Rente nach dem RVG. unter Zugrundelegung der MdE. entschieden worden ist und nunmehr der Anspruch auf höhere Rente wegen Beeinträchtigung der körperlichen Unversehrtheit (RVG. § 25 Abs. 3) geltend gemacht wird.

(4) Die Rechtskraft hat nur Wirkung gegenüber den am Verfahren beteiligten Parteien und ihren Rechtsnachfolgern, nicht aber gegenüber dritten Personen.

2. Wird ein Anspruch, über den bereits rechtskräftig entschieden ist, erneut geltend gemacht, so ist er unter Hinweis auf die Rechtskraft der früheren Entscheidung abzulehnen, es sei denn, daß ein

---

Reichsversich. 20 S. 513; Schmid im preuß. Verwaltungsbl. 22 S. 563, 580 und 590; Fuisting in MfA. 25 S. 145. Über Wiederaufnahme nach VerfG. und RVO. Fuisting in MfA. 26 Sp. 139, nach der RVO. Schmid in MfA. 20 Sp. 519. Über Anwendung des § 71 Grünbaum, Ärztl. Monatsschrift 25 S. 145. Oertel, Aufhebung und Abänderung rechtskräftiger Bescheide, VersB. 26/27 S. 50—52; Loesch, Die Rechtskraft der Elternrentenbescheide, VersB. 26/27 S. 117—120; Bendendorff, Über die Rechtskraft und Abweichungen von ihr im Versorgungsrecht, VersB. 27/28 S. 6—9 und S. 21—24; Duerboth, Herabsetzung der Rente ..., VersB. 27/28 S. 70/71; Duerboth DB.-Frage der Verschlimmerung bei anerkannter Verschlimmerung VersB. 27/28 S. 106; Caesar, Die Anwendung des § 57 RVG. auf die Hinterbliebenenrente, VersB. 27/28 S. 78—80; Mentzel, Die Neufeststellung der Versorgungsgebührnisse nach § 57 RVG. in Verwaltung und Rechtsprechung, Stuttgart 1928 (Verlag Kohlhammer); Arendts, RVG., Anm. zu § 57; Arendts, RVG., ARG., KPG., Anm. zu § 57 RVG.

neuer Bescheid nach § 71 erteilt wird oder wegen wesentlicher Veränderung der Verhältnisse ein Bescheid nach RVG. § 57 erteilt werden muß.

II. Zu § 65 Abs. 2

1. Während die nur der Beschwerde unterliegende Berichtigungsverfügung nach §§ 89, 137 die von vornherein gewollte, aber falsch niedergeschriebene Entscheidung zur Geltung bringt, bezweckt der mit Berufung anfechtbare Berichtigungsbescheid eine Änderung der ursprünglichen Entscheidung.

2. Die Berichtigung eines Bescheides zugunsten eines Berechtigten ist durch Bescheid nach § 71 vorzunehmen; § 65 Abs. 2 betrifft nur die Berichtigung zuungunsten des Berechtigten. (Wegen der Wiederaufnahme des Verfahrens siehe §§ 66ff.).

3. (1) Ist gegen den zu berichtigenden Bescheid Berufung eingelegt worden, so ist, solange das Spruchverfahren schwebt, eine Berichtigung nur insoweit zulässig, als der Bescheid nicht angefochten worden ist.

(2) Ist über den Anspruch durch rechtskräftige Entscheidung der Spruchbehörden entschieden, so ist eine Berichtigung nur noch insoweit zulässig, als der Bescheid im Spruchverfahren aufrechterhalten oder wiederhergestellt worden ist, nicht aber insoweit, als der Bescheid durch das Urteil sachlich geändert und der Anspruch oder eine seiner Grundlagen somit Gegenstand der gerichtlichen Entscheidung geworden ist. Insoweit besteht nur die Möglichkeit der Wiederaufnahme des Verfahrens (§§ 66ff.).

(3) Entscheidungen der Ausschüsse zur Feststellung von Entschädigungen für Aufruhrschäden (Reichsgesetz über die durch innere Unruhen verursachten Schäden vom 12. 5. 1920 § 6 — RGBl. S. 941 —) stehen in dieser Beziehung gerichtlichen Urteilen gleich.

(4) Wird der Anspruch des Klägers im Spruchverfahren anerkannt, so ist dadurch der Streit erledigt (§ 125 Abs. 3). Das Anerkenntnis kommt in seiner Wirkung einem rechtskräftigen Urteil gleich und kann daher durch Berichtigungsbescheid nicht geändert oder beseitigt werden.

4. Zur Berichtigung eines Bescheides sind nur die Verwaltungsbehörden, nicht aber die Spruchbehörden befugt. Der Berechtigte kann die Änderung eines Bescheides nur durch Einlegung der Berufung oder durch Antrag auf Wiederaufnahme des Verfahrens (§§ 66ff.) erwirken.

5. (1) Die Erteilung eines Berichtigungsbescheides ist Sache des nach §§ 38, 39, 41 Abs. 1, § 77 zuständigen VA., wenn es sich nicht um einen Bescheid handelt, der vom HVA. erteilt ist.

(2) Die VA. sind jedoch zuständig, wenn der zu berichtigende Bescheid von einem HVA. oder dem RAM. auf Grund einer durch frühere, inzwischen aufgehobene Vorschriften begründeten Zuständigkeit erteilt worden ist.

(3) Der Entwurf des Berichtigungsbescheides ist vor seiner Voll-

ziehung dem vorgesetzten HVA. zur Genehmigung vorzulegen, auch wenn das HVA. die Erteilung des Berichtigungsbescheides angeordnet hat.

(4) Der Berichtigungsbescheid soll als solcher bezeichnet werden und in seinem Eingang auf die vom HVA. erteilte Genehmigung hinweisen. Er kann ggf. mit einem Bescheid nach RVG. § 57 verbunden werden.

6. (1) Ein Berichtigungsbescheid darf nur erteilt werden, wenn der frühere Bescheid aus tatsächlichen oder rechtlichen Gründen sachlich unrichtig ist, die darin zuerkannten Gebührnisse also in Wahrheit nicht zuständig sind. Da die Vermutung für die Richtigkeit des rechtskräftigen Bescheides spricht, muß die Unrichtigkeit außer Zweifel stehen. Die Berichtigung ist zulässig, auch wenn die Unrichtigkeit des Bescheides erst durch weitere Erhebungen und spätere Feststellungen sicher dargetan ist; auf welche Beweise der Bescheid sich bei seiner irrigen Annahme gestützt hatte und der Umstand, daß die Unrichtigkeit auch schon bei Erlassung des früheren Bescheides feststellbar gewesen wäre, ist unerheblich. Verstöße gegen Verfahrensvorschriften oder die Nichtbeachtung der Vorschriften des RVG. §§ 52 ff. über die Anmeldefristen bei der früheren Entscheidung rechtfertigen die Erteilung eines Berichtigungsbescheides nicht.

(2) Bei Zweifeln an der Richtigkeit der früheren Entscheidung ist die Berichtigung nicht zulässig.

(3) Die Rechtskraft der Bescheide erstreckt sich auch auf die Feststellung der Gesundheitsstörung, für die Versorgung bewilligt ist. Ihre Bezeichnung darf, wenn nicht eine wesentliche Veränderung der Verhältnisse (RVG. § 57) dazu Anlaß gibt, nur dann ohne Erteilung eines Berichtigungsbescheides geändert werden, wenn die Änderung keine rechtlichen Nachteile, insbesondere auch hinsichtlich des Anspruchs auf Heilbehandlung für die Versorgungsberechtigten hat.

7. Durch Berichtigungsbescheid können Versorgungsgebührnisse grundsätzlich nur mit Wirkung für die Zukunft entzogen oder herabgesetzt werden, und zwar soweit es sich um die Rente Beschädigter handelt, erst mit Wirkung vom Ablauf des Monats, der auf die Zustellung des Berichtigungsbescheides folgt, soweit es sich um Versorgungsgebührnisse nach ARG. § 8, um Versorgungsgebührnisse ehemaliger aktiver Offiziere und um Hinterbliebenenbezüge — gleichviel auf Grund welchen Gesetzes — handelt, mit Wirkung vom Ablauf des Monats, in dem der Berichtigungsbescheid zugestellt worden ist; wegen der ausnahmsweise zulässigen Rückforderung siehe AB. zu §§ 73, 74 Ziff. II Nr. 2.

8. Vor der Erteilung eines Berichtigungsbescheides ist ggf. die Entscheidung des RAM. herbeizuführen, wenn die Entziehung oder Herabsetzung der Versorgungsgebührnisse eine besondere Härte bedeutet und ein Härteausgleich angezeigt ist.

9. Hat der RRH. die Erteilung eines Berichtigungsbescheides angeregt, bestehen aber gegen ihre Zulässigkeit Bedenken, so hat ihm das HVA. zu berichten.

10. Unrichtige Bescheide über Leistungen, deren Gewährung auf Grund der Versorgungsgesetze oder von Verwaltungsbestimmungen in das pflichtmäßige Ermessen der Verwaltungsbehörden gestellt ist (Kannbezüge), werden durch nichtberufsfähigen Bescheid berichtigt; wegen der Rückforderung siehe AB. zu §§ 73, 74.

1. a) Nur rechtlich wirksame Bescheide können rechtskräftig werden, also nicht Bescheide, die z. B. von einer sachlich nicht zuständigen Behörde erlassen worden sind. Die örtliche Unzuständigkeit ist nach § 41 Abs. 2 ohne Bedeutung. Die von einer sachlich zuständigen Behörde erlassene Entscheidung geht in Rechtskraft auch dann über, wenn der Inhalt den gesetzlichen Vorschriften nicht entspricht (E. III, 27), oder es etwa an der Genehmigung durch eine andere Stelle (vgl. z. B. § 71 Satz 2) fehlt. Auch unrichtige Bescheide werden also von der Rechtskraft gedeckt; Ausnahmen: Berichtigung beim Wiederauffinden verlorener Akten nach § 2 Abs. 3 Satz 3, 4 RVG., Berichtigung von Schreib- und Rechenfehlern nach §§ 89, 137, Berichtigung von Bescheiden nach § 65 Abs. 2, Wiederaufnahme des Verfahrens nach §§ 66 ff., neue Bescheide zugunsten des Berechtigten nach § 71 VerfG. und Berichtigung von Bescheiden und Urteilen in dem besonderen Verfahren nach Art. 2 des 5. Ges. zur Änderung des VerfG. vom 3. 7. 34 (RGBl. I S. 544; hier abgedruckt hinter § 71). Die Bescheide und Urteile, die so zur Berichtigung oder Änderung ergehen, sind ihrerseits wiederum der Rechtskraft fähig, dagegen nicht Berichtigungsverfügungen nach §§ 89, 137 (vgl. Anm. 4 zu § 89). Die Aushändigung des Zivilversorgungsscheins gegen Quittung steht der Erteilung eines Bescheides gleich (E. VI, 38).

b) Bescheide über Kannbezüge (vgl. Anm. 3 zu § 91) werden nicht rechtskräftig (E. VI, 9). Die Rechtskraft wäre für sie auch ohne praktische Bedeutung, weil Kannbezüge auch nach der Bewilligung vom Ermessen der Verwaltungsbehörde abhängig bleiben, also nicht geleistet werden müssen, sondern nach wie vor geleistet werden können. Näheres s. Anm. 3 zu § 91.

c) Mit Erlaß der VO. vom 1. 2. 19 über Änderung des Verfahrens in Militärversorgungssachen (RGBl. 19 S. 149) sind auch die vor dem 1. 3. 19 zugestellten Bescheide rechtskräftig geworden (E. II, 181; III, 8).

d) Ein Bescheid über einen Anspruch, der bereits im Spruchverfahren anhängig ist, wird nicht zuungunsten des Antragstellers rechtskräftig, auch wenn dieser keine Berufung einlegt (E. II, 139; IV, 222) †). Ein solcher Bescheid ist überhaupt nicht selbständig mit

†) Über neue Bescheide während eines Spruchverfahrens vgl. auch Dietz in VersB. 31 S. 158.

Berufung anfechtbar. Soweit er den Antragsteller günstiger stellt als die im Spruchverfahren zur Erörterung stehende Entscheidung, wird er rechtskräftig; er ist insoweit einem Anerkenntnis gleichzuerachten, so daß die Spruchbehörde in dem anhängigen Spruchverfahren nunmehr zu prüfen hat, ob der Kläger durch den neuen Bescheid in vollem Umfange klaglos gestellt ist oder ob und wieweit seine weitergehenden Anträge begründet sind. Über die Wirkung einer Entscheidung des VGer. über einen bereits in dem — jetzt beseitigten — Rekursverfahren anhängigen Anspruch vgl. E. IX, 113. Um den bereits im Spruchverfahren anhängigen Anspruch handelt es sich aber nicht bei einer Neufeststellung wegen Änderung der Verhältnisse (§ 57 RVG.). Diese Neufeststellung wird für sich rechtskräftig und muß besonders mit Berufung angefochten werden, so daß in dem anhängigen Spruchverfahren nur noch über den Anspruch für die Zeit bis zum Inkrafttreten der Neufeststellung zu entscheiden bleibt. Die Vorschrift des § 1608 RVO., wonach ein Rechtsmittel auch als gegen einen späteren Bescheid eingelegt gilt, der vor Erledigung des anhängigen Spruchverfahrens über eine Änderung der Verhältnisse erlassen wird, ist im Versorgungsverfahren nicht anwendbar (RVGer. 9. 4. 27, M. 18154/26).

2. Gegenüber dem Versorgungsberechtigten dagegen wird der Bescheid, wie aus Abs. 1 Satz 2 hervorgeht, erst rechtskräftig, wenn er die Frist zur Einlegung der Berufung ungenützt hat verstreichen lassen oder das Rechtsmittel erledigt ist. Die Rechtskraft tritt mithin gegenüber dem Fiskus früher als gegenüber dem VersBerechtigten ein; man spricht deshalb auch von der relativen Rechtskraft des Verwaltungsbescheides. Wenn in Tumultschädensachen nach § 18 KPG. die Länder und Gemeinden Partei sind und deshalb nach § 90 gegen den Bescheid der Versorgungsbehörde ebenfalls Berufung einlegen können, so gilt für sie hinsichtlich der Rechtskraft dasselbe wie für den VersBerechtigten. Die relative Rechtskraft eines Bescheids muß im Berufungsverfahren auch von der Spruchbehörde geachtet werden. Hieraus folgt das Verbot einer Änderung zuungunsten des Rechtsmittelklägers (sog. Verbot der reformatio in peius; vgl. Anm. 1 e und 2 a zu § 125, Anm. 4 zu § 126).

3. a) Von formeller Rechtskraft spricht man, um auszudrücken, daß gegen eine Entscheidung kein Rechtsmittel mehr gegeben ist. Die materielle Rechtskraft äußert ihre Wirkung darin, daß die Entscheidung endgültig und unabänderlich ist; weder kann der Fiskus sich durch einseitige Änderung der Entscheidung von seiner Verpflichtung frei machen, noch kann der Berechtigte eine Änderung zu seinen Gunsten verlangen oder im Spruchverfahren herbeiführen. Die Rechtskraft ist von den Verwaltungs- und Spruchbehörden nicht nur auf Einwand der Gegenpartei, sondern von Amts wegen zu berücksichtigen (ebenso Drittler in VersB. 28/29 S. 22 f.). Die Verwaltungsbehörde kann auf die Rechtskraft nicht nur durch neuen Bescheid nach § 71, sondern auch in einem anhängigen Spruchverfahren durch einfache Parteierklärung verzichten (a. a. O.); für einen Sonderfall ist das in § 54 Abs. 4 ausdrücklich klargestellt.

b) Ist eine Rente rechtskräftig zugesprochen worden, so kann sie nach Grund, Höhe und Beginn nicht mit der Begründung in Frage gestellt werden, daß DB. nicht vorliege, daß die Minderung der Erwerbsfähigkeit geringer sei oder ein späterer Zahlungsbeginn in Frage komme (vgl. in letzter Beziehung auch E. I, 160). Eine nachträgliche Minderung oder Entziehung der Rente ist, abgesehen von den oben in Anm. 1a aufgezählten Ausnahmen, nach § 57 RVG. nur möglich, wenn in den Verhältnissen, die für die Feststellung maßgebend gewesen sind, eine wesentliche Veränderung eingetreten ist. (Näheres s. unten Anm. 3h.) Auch die Feststellung des ursächlichen Zusammenhangs eines Leidens mit einer DB. im Wege der Feststellungsklage (§ 37 Abs. 1) wird rechtskräftig und ist für den Fall, daß der Antragsteller später Ansprüche erhebt, bindend.

c) Die Rechtskraft wirkt nur für und gegen die Parteien sowie ihre Rechtsnachfolger. Die Rechtskraftwirkung erstreckt sich daher z. B. auf die Erben, soweit sie die Ansprüche des Verstorbenen verfolgen. Hingegen ist die Rechtskraft der zugunsten des Verstorbenen ergangenen Entscheidung ohne Einfluß auf den Vers.-Anspruch der Hinterbliebenen, weil weder die Parteien dieselben sind, noch die Ansprüche denselben rechtlichen Inhalt haben (vgl. E. I, 191). Hier gelten jedoch kraft ausdrücklicher Vorschrift im RVG. wichtige Ausnahmen†) für die DB.-Frage — nicht für sonstige Anspruchsvoraussetzungen — in Fällen, in denen der Tod nach dem 30. 9. 27 eingetreten ist. Nach §§ 34, 36 RVG. in der Fassung vom 22. 12. 27 (RGBl. I S. 515) gilt nämlich für den Anspruch auf Sterbegeld und Hinterbliebenenversorgung — ohne Zulassung des Gegenbeweises — der Tod als Folge von DB., wenn der Rentenempfänger an einem Leiden gestorben ist, das ihm gegenüber als Folge von DB. anerkannt war und für das er bis zu seinem Tode Rente bezogen hat. Feststellung der DB. im Wege der Feststellungsklage (§ 37 Abs. 1) genügt also für sich allein nicht. — Anerkennung oder Ablehnung des Todes als Folge von DB. in einem Bescheide über Sterbegeld ist nicht bindend für die Ansprüche auf Hinterbliebenenversorgung (E. VII, 225). Die Rechtskraft der Entscheidung gegenüber einem Teil der Hinterbliebenen wirkt nicht gegenüber den übrigen Hinterbliebenen††). Die dem Reichsfiskus gegenüber eingetretene Rechtskraft wirkt gegenüber allen VersBehörden.

d) Die Gründe einer Entscheidung, z. B. des Bescheides oder Urteils, erlangen im allgemeinen keine Rechtskraft; an der Rechtskraftwirkung nehmen sie nur insoweit teil, als die Entscheidung selbst in ihnen mit enthalten ist. Die Gründe sind aber

---

†) Schulte-Holthausen, MfA. 28 Sp. 94/95.
††) A. M. mit Bedenken Benckendorff, VersB. 27/28 S. 8.

naturgemäß stets von besonderer Bedeutung für die Tragweite der Entscheidung. Die Erhebung des gleichen Anspruchs wird durch die Ablehnung mangels DB. für immer, mangels hinreichender MdE. nur auf Zeit (bis zum Nachweis einer Änderung der Verhältnisse) ausgeschlossen. Das RVGer. hat seit der PAB., d. h. seit dem Ausschluß des Rekurses in Grabsachen, mit gelegentlichen Abweichungen (z. B. E. VII, 54) in ständiger Übung (z. B. E. VII, 279) als Besonderheit des Versorgungsrechtes den Grundsatz entwickelt, daß von mehreren gleichwertig nebeneinander angeführten, aber in ihrer Wirkung nicht gleichwertigen Ablehnungsgründen (z. B. „keine DB. und keine MdE.") nur derjenige an der Rechtskraft teilnimmt, der den Antragsteller am wenigsten belastet†), und zwar auch dann, wenn die Instanz (auch das RVGer. selbst) nach eingehender Prüfung und mit vollem Bedacht die mehreren Ablehnungsgründe nebeneinandergestellt hat (s. jetzt auch Ziff. I 1 Abs. 1 der AB. zu § 65). Da es sich dabei um die ständige Rechtsprechung der obersten Spruchinstanz handelt, können rechtliche Bedenken hier unerwähnt bleiben, zumal nunmehr an ihr schon aus Gründen der Rechtssicherheit festgehalten werden muß; es muß nämlich damit gerechnet werden, daß viele Antragsteller, obschon sie nur den sie weniger belastenden Ablehnungsgrund als berechtigt ansehen, in Kenntnis der Rechtsprechung von der Rechtsmitteleinlegung abgesehen haben. Soll in zweifelsfreien Fällen der stärkere Ablehnungsgrund mit an der Rechtskraft teilnehmen und dadurch der Fall endgültig erledigt werden, so muß der stärkere Ablehnungsgrund allein oder aber so angeführt werden, daß die weiteren (schwächeren) Ablehnungsgründe ersichtlich nur ergänzend und in zweiter Linie geltend gemacht werden. — Bejahung einer Anspruchsvoraussetzung in den Gründen eines ablehnenden Urteils kann nicht rechtskräftig werden. Ist z. B. in einem Urteil die beantragte Rente versagt worden, weil die Minderung der Erwerbsfähigkeit unter 25 v. H. betrage, und in den Gründen ausgeführt, daß DB. vorliege, so sind die Ausführungen über das Vorliegen von DB. für eine künftige Prüfung nicht bindend. So auch die nur im RVBl. 22 Nr. 55 Ziff. II[4] im Auszug wiedergegebene Entscheidung des RVGer. vom 19. 10. 21. Über Bescheide dagegen vgl. Anm. 3e. Soll in einem ablehnenden Urteil der ursächliche Zusammenhang mit einer DB. rechtskräftig festgestellt werden — was seit Zulassung der Feststellungsklage nach Anm. 19 zu § 37 zulässig ist — so muß diese Feststellung in den Tenor des Urteils aufgenommen werden.

Welches Leiden als Folge von DB. rechtskräftig anerkannt oder abgelehnt ist, hängt von den Umständen ab. Wenn sich aus den Gründen nichts anderes ergibt, erstreckt sich die Anerkennung oder Ablehnung auf das Grundleiden, gleichgültig, ob dieses

†) Dazu Dietz in VersV. 27/28 S. 198 und 29 S. 92.

richtig erkannt oder bezeichnet ist (E. IV, 125). Das RVGer. nimmt dabei in Übereinstimmung mit dem RVA. an, daß die rechtskräftige Entscheidung in dem angedeuteten Umfange auch für später auftretende Folgen (Verschlimmerungen usw.) maßgebend ist; vgl. hierzu Anm. 3 g. — Die Schätzung der auf die einzelnen Leiden entfallenden MdE. wird nicht rechtskräftig; vgl. Anm. 2 c zu § 125.

e) Auch für Bescheide gilt zunächst der Grundsatz, daß die Gründe nur insoweit an der Rechtskraft teilnehmen, als sie die Entscheidung tragen. Nach der Rechtsprechung des RVGer. (insbesondere E. II, 62 und III, 214), die sich hierbei an die Rechtsprechung des RVA. anlehnt, liegt aber in der Anerkennung von DB. in den Gründen eines ablehnenden Bescheids das Zugeständnis einer rechtlich bedeutsamen Tatsache, das einem gerichtlichen Geständnisse (§§ 288—290 ZPO.) gleichzustellen ist, also nur widerrufen werden kann, wenn bewiesen wird, daß es falsch war und auf einem Irrtum beruhte. Die Anerkennung des ursächlichen Zusammenhangs eines Leidens mit einer DB. im entscheidenden Teile eines Bescheides (Feststellungsbescheides nach § 37 Abs. 1) ist dagegen nicht nur als Geständnis zu werten, sondern unterliegt den strengeren Bindungen der Rechtskraft ebenso wie die Anerkennung der DB. in den Gründen eines Rente bewilligenden Bescheides; in beiden Fällen ist ein Widerruf nur in den oben in Anm. 1 a erwähnten Ausnahmefällen möglich. Wird im Bescheid für ein Leiden Rente bewilligt, für ein anderes Leiden in den Gründen zwar DB. anerkannt, aber Rente mangels DB. abgelehnt, so wird die Bewilligung von diesem Anerkenntnis des anderen Leidens nicht getragen; dieses ist also nicht der Rechtskraft fähig, sondern wie oben als Zugeständnis zu werten. — Die Bezirkskommandos waren nicht zuständig, DB. rechtswirksam anzuerkennen (E. I, 171).

f) Soweit ein Versorgungsanspruch nach dem RVG. an die gleichen Voraussetzungen geknüpft ist wie nach den früheren Gesetzen, ist die nach altem Recht ergangene rechtskräftige Entscheidung auch für das RVG. bindend (E. III, 47). Die Verwaltungsbehörde kann aber auch hier einen neuen Bescheid nach § 71 erteilen. Die Voraussetzungen der DB. sind nach altem und neuem Recht dieselben, obschon sprachlich ein durch den Dienst verursachtes Leiden in den früheren Gesetzen selbst als DB., im RVG. aber als Folge von DB. bezeichnet wird. Auch das VGer. kann in solchen Fällen in eine sachliche Nachprüfung der DB.-Frage nur eintreten, wenn es etwa zu dem Ergebnis kommen sollte, daß der auf DB. gestützte Anspruch nicht rechtskräftig abgelehnt ist, weil z. B. die frühere Ablehnung aus einem anderen Grunde erfolgt sei. Da aber die Abstufung der Erwerbsfähigkeit im RVG. anders aufgebaut ist als in den früheren Gesetzen, insbesondere dem MVG., war bei der Umanerkennung zur Herabsetzung des Rentensatzes eine Änderung der Verhältnisse (§ 57 RVG.) nicht erforderlich (E. II, 248, 252).

g) Das RVGer. steht in Anlehnung an die Rechtsprechung des

RVA. und unter Berufung auf die Einheitlichkeit des Versorgungsanspruchs (vgl. Anm. 2 c zu § 125) auf dem Standpunkt, daß die Rechtskraft nicht nur den der Entscheidung zugrunde liegenden Zustand deckt, sondern auch maßgebend ist, wenn wegen Verschlimmerung des Zustandes eine Erhöhung der Rente beantragt wird (vgl. insbesondere E. IV, 125; VI, 133). Nach dieser Auffassung kann gegenüber einer nicht durch neue Ursachen herbeigeführten Verschlimmerung nicht eingewandt werden, daß die Anerkennung von DB. für den ursprünglichen Leidenszustand sachlich unrichtig gewesen sei.

h) Die Rechtskraft deckt den Anspruch nur in dem Bestande, der der rechtskräftigen Entscheidung zugrunde gelegen hat. Ändern sich die für die Entscheidung maßgebend gewesenen Verhältnisse, so müssen die VersGebührnisse neu festgesetzt werden (§ 57 RVG.)†). Werden die maßgebend gewesenen Verhältnisse besser, so können die rechtskräftig festgesetzten Gebührnisse herabgesetzt oder entzogen werden, werden sie schlechter, so kann der Berechtigte Erhöhung der festgesetzten oder (Wieder-)Bewilligung der mangels hinreichender MdE. entzogenen oder abgelehnten Gebührnisse beanspruchen. Dieser Grundsatz des § 57 Abs. 1 RVO. hat durch den 4. Abschnitt, 3. Titel, Art. 2 der NotVO. vom 26. 7. 30 (RGBl. I S. 311/327; s. Fußn. bei Anm. 3 b zu § 91) eine ganz wesentliche Einschränkung erfahren. Danach haben vor dem 1. 8. 1920 aus dem Militärdienst ausgeschiedene Beschädigte (nicht ihre Hinterbliebenen) einen Anspruch auf Erhöhung, Bewilligung oder Wiederbewilligung von Versorgungsgebührnissen wegen Veränderung der Verhältnisse nach § 57 Abs. 1 RVG. nur insoweit, als es sich um Gesundheitsstörungen handelt, für die sie am 31. 7. 1930 Rente bezogen haben. Für andere Gesundheitsstörungen kommt Versorgung oder höhere Versorgung wegen Änderung der Verhältnisse nur noch als Kannbezug oder als Härteausgleich in Frage; näheres s. Anm. 1 a zu § 78 und Anm. 3 und 4 zu § 91. Diese Einschränkung des § 57 RVG. hat die Bedeutung, daß die Berufung ausgeschlossen ist, soweit kein Rechtsanspruch auf Neufeststellung der Gebührnisse mehr besteht (§ 91 Abs. 1 und 2; vgl. Anm. 3 und 4 zu § 91). Die nachfolgenden Ausführungen haben also, soweit der Antragsteller vor dem 1. 8. 1920 aus dem Militärdienst ausgeschieden ist, uneingeschränkte Geltung nur für die Fälle, in denen es sich um die Besserung oder Verschlimmerung einer Gesundheitsstörung handelt, für die am 31. 7. 30 Rente bezogen wurde.

Die Erhöhung der Rente ist im Regelfall von einem Antrag abhängig (ebenso mit Einschränkungen Goetzeler, VersB. 27/28

---

†) Schrifttum über Bescheide nach § 57 RVG. s. oben bei der Überschrift vor § 65. Vgl. auch §§ 603, 608—611, 1584, 1585, 1608, 1612, 1635 RVO.; Rechtspr. dazu VersB. 27/28 S. 112 ff.; § 323 ZPO.

S. 12). Änderungen, die erst für die Zukunft erwartet werden und nicht kalendermäßig feststehen, können nicht berücksichtigt werden (E. VII, 50). Die zweijährige Frist des § 57 Abs. 2 RVG., vor deren Ablauf eine Neufeststellung nicht erfolgen darf, gilt nicht für Hinterbliebenenrenten (E. VII, 22). Im übrigen beginnt sie, wenn die Rente erst vom Berufungsgericht zugesprochen wurde, erst mit Eintritt der Rechtskraft gegenüber dem Fiskus nach § 65 Abs. 1 (E. VI, 78). Bei der Berechnung der Frist bleiben Bescheide außer Betracht, durch welche Rentenerhöhungsanträge mangels wesentlicher Änderung der Verhältnisse abgelehnt sind (E. VII, 127), ebenso ein Urteil, durch das ein Rentenminderungsbescheid aufgehoben worden ist (E. X, 222). Als Heilbehandlung, die nach § 57 Abs. 2 RVG. eine frühere Neufeststellung rechtfertigen kann, kommt auch eine nach dem RVG. gewährte ambulante Behandlung in Betracht (RVGer. 15. 10. 27, M. 2459/26), dagegen nicht eine Heilbehandlung, die vor der früheren Feststellung gewährt wurde (E. VI, 160). Richtlinien für die Nachprüfung des Grades der Erwerbsfähigkeit s. AB. zu § 57 RVG. (HdR. S. 159 ff.), ferner HdR. S. 660 ff., auch Nr. 7 Abs. 7 der AB. zu § 31 RVG. (HdR. S. 119) und Nr. 4 der AB. zu §§ 1 und 2 ARG. (HdR. S. 372). Auch nach Ablehnung mangels hinreichender Minderung der Erwerbsfähigkeit, sowie nach Abfindung der Renten für 20 v. H. (§ 104 RVG.) ist ein Antrag auf Rente vom Eintritt einer Verschlimmerung abhängig (E. IV, 148), dagegen nicht nach Abfindung einer Rente von 10 v. H. nach § 103 RVG. (E. VI, 237); in diesen Fällen kommt aber ein im Spruchverfahren verfolgbarer Rechtsanspruch auf Bewilligung nach den in Abs. 1 (der Anm. 3 h) angedeuteten Einschränkungen nicht in Frage. Bei Neuanträgen wie auch in den Bescheiden über die Neufestsetzung muß hervorgehoben werden, worin die behauptete oder festgestellte Änderung des Zustandes besteht (E. I, 182). Zuerkennung „für immer", „auf Lebenszeit" usw. steht der Neufestsetzung nach § 57 RVG. nicht entgegen (E. I, 205; II, 230). Neu- und Erhöhungsanträge wegen Verschlimmerung oder Hinzutritts weiterer Leiden können, wenn einmal rechtzeitig Versorgungsantrag gestellt war, nicht wegen Fristversäumnis nach §§ 52, 53 RVG. abgewiesen werden (E. V, 272). Das RVGer. steht dabei auf dem Standpunkt, daß die Anmeldefrist auch dann ein für allemal gewahrt ist, wenn der fristgemäß gestellte Antrag als unbegründet abgelehnt wurde (a. a. O.), daß also ein Anspruch schon angemeldet werden kann, der überhaupt noch nicht besteht; vgl. im übrigen Anm. 2 zu § 125. Die Spruchbehörden können im einem Verfahren, das sich lediglich auf einen Wiederaufnahmeantrag bezog, dessen Unbegründetheit sie feststellen, nicht eine Neufeststellung nach § 57 RVG. vornehmen (E. VII, 74). Ebenso nicht im Verfahren über einen Bescheid, der lediglich die Entziehung der Rente nach § 58 RVG. betraf (E. VI S. 53). Über die Frage, ob die Spruchbehörden über eine Neufeststellung nach § 57 RVG. entscheiden können, wenn Gegenstand des Bescheids nur eine Berichtigung nach § 65 Abs. 2 war, ist die Rechtsprechung des RVGer. nicht ganz einheitlich gewesen (vgl. Fußnote bei Anm. 1a zu § 66); die Frage wird im Anschluß an E. VII, 74 zu verneinen sein. Über Verbindung eines Berichtigungsbescheides nach § 65 Abs. 2 VerfG. mit einem Änderungsbescheid nach § 57 RVG. vgl. Anm. 6 Abs. 1.

Eine Änderung der tatsächlichen Verhältnisse ist nicht unter allen Umständen erforderlich. Die für die Festsetzung maßgebend gewesenen Verhältnisse haben sich auch geändert, wenn die Voraussetzungen des Anspruchs durch Gesetzesänderung andere geworden sind, die unveränderten tatsächlichen Verhältnisse also den Anspruch nicht mehr oder nicht mehr in voller Höhe rechtfertigen (E. V, 125) oder wenn durch Gesetzesänderung die Voraussetzungen für die Abstufung einer Leistung, z. B. der Pflegezulage, geändert sind (a. M. auf Grund der früheren Fassung des § 31 RVG. RVGer. 25. 4. 27, M. 31 298/26). Unter Umständen genügt sogar ein Berufswechsel (E. V, 242), vorausgesetzt, daß bei der früheren Feststellung der damalige Beruf eine wesentliche Rolle gespielt hat (E. VII, 142). Ohne Änderung des objektiven Befundes kann Gewöhnung an die DB.-Folgen oder an ein orthopädisches Hilfsmittel sich als wesentliche Veränderung der Verhältnisse darstellen (E. X, 178), ja sogar der reine Ablauf einer angemessenen Übergangszeit, wenn nämlich die Rente höher bemessen war, um dem Beschädigten Gelegenheit zur Schonung und Gewöhnung zu geben (E. VI, 41). Ausnahmsweise kann eine Neufeststellung nach § 57 RVG. erfolgen, wenn der Leidenszustand äußerlich unverändert geblieben, in Wirklichkeit aber nicht mehr Folge von DB. ist, sondern durch andere Umstände (z. B. Hysterie) unterhalten wird (E. VII, 290). Dagegen kann eine Änderung in der Rechtsauffassung, in der Rechtsprechung (vgl. aber § 66 Abs. 1 Nr. 12) oder in der tatsächlichen Beurteilung des Falles eine Neufeststellung nach § 57 RVG. nicht rechtfertigen (E. VI, 254), ebensowenig die Tatsache, daß der Betrieb des Beschädigten zu Kurzarbeit übergegangen ist oder die zuständige Berufsberatungsstelle ihre Ansicht über die Wettbewerbsfähigkeit des Beschädigten geändert hat (BayLVGer. 19. 10. 27, II MV. 267/26). Ergänzung oder Berichtigung der Kenntnis der an sich unveränderten Verhältnisse, Fortschritte der ärztlichen Wissenschaft usw. bilden keine Veränderung der maßgebend gewesenen Verhältnisse (E. II, 181; IV, 269). In der Vergangenheit liegende Voraussetzungen, z. B. DB., ausgeübter Beruf, Ernährereigenschaft des Sohnes vor der Einziehung, können sich nicht mehr ändern, wohl aber z. B. die Erwerbsfähigkeit, das Alter der Witwe, die Bedürftigkeit der Eltern usw. Auch die Feststellung, daß der Sohn nicht der Ernährer seiner Eltern geworden wäre, unterliegt neuer Entscheidung, sobald sich — vor Ablauf der Frist aus §§ 49, 111 RVG. — die maßgebend gewesenen Verhältnisse wesentlich verändert haben; bei Glaubhaftmachung muß also Bescheid erteilt werden (E. VIII, 3). — Wesentlich ist eine Änderung, die eine anderweitige Feststellung rechtfertigen kann. Gefordert wird eine wesentliche Änderung der für die frühere Entscheidung maßgebend gewesenen Verhältnisse; es braucht also nicht unbedingt eine Änderung des Rentenleidens vorzuliegen. Liegt eine wesentliche Änderung vor, so sind ohne Rücksicht auf das Maß der Änderung die jetzigen Verhältnisse maßgebend (E. III, 183; V, 24). Ist bereits volle Erwerbsunfähigkeit berücksichtigt (z. B. durch Bewilligung von 70 v. H. für Verschlimmerung eines früher unabhängig von DB. bereits 30 v. H. ausmachenden Leidens), so kann weitere Verschlimmerung durch DB. wohl die Bewilligung der Pflegezulage, aber nicht Erhöhung des Rentensatzes rechtfertigen (E. IX, 91). Die Neuprüfung — auch seitens der Spruchbehörden — ist aber nur insoweit zulässig, als die Verhältnisse sich geändert haben. Hat sich die Erwerbsfähigkeit geändert, so kann das VersGericht nur den Rentensatz ändern, aber nicht auch über die bereits rechtskräftig abgelehnte Ausgleichszulage nach § 28 Abs. 1 (anders u. U. Abs. 2) neu entscheiden (E. IV, 26; V, 36). Verschlechterung der Erwerbsfähigkeit (Verschlimmerung) ist nur von Bedeutung, soweit sie ebenfalls Folge von DB. ist; vgl. z. B. über den Verlust des zweiten Auges unabhängig von DB., nachdem ein Auge durch DB. verloren war, E. VI, 28 und E. VII, 282. Auch kann die Tatsache, daß ein DB.-Leiden sich um deswillen schwerer auswirkt, weil ein weiteres Leiden unabhängig von DB. hinzugetreten ist, eine Erhöhung der Rente nicht rechtfertigen (RVGer. 29. 4. 27, M. 10774/26), u. U. aber den Anspruch auf die Pflegezulage begründen (E. VII, 282).

Für die Nachuntersuchung der Altrentner gelten Besonderheiten; vgl. Nr. 4 der AB. zu §§ 1 und 2 ARG.. Ist die Umanerkennung ohne ärztliche Untersuchung, also unter Zugrundelegung des letzten Befundes, erfolgt, so ist bei der Prüfung gemäß § 57 RVG. von dem Befunde bei der letzten Untersuchung auszugehen (E. V, 24; VI, 117). Dies gilt nicht, wenn bei der Umanerkennung zwar ohne ärztliche Untersuchung, aber auf Grund anderer Ermittelungen eine neue Schätzung der MdE. stattgefunden hat; in solchen Fällen ist das Ergebnis der Ermittelungen zum Vergleich heranzuziehen (E. VII, 6).

Über Ausschluß der Berufung gegen Entscheidungen nach § 57 RVG. vgl. § 90 Abs. 2 und 3.

i) Nebenansprüche (vgl. Anm. 2c zu § 125) teilen das rechtliche Schicksal des Hauptanspruchs auch bezüglich der Rechtskraft. Wenn Rente bewilligt ist, kann die Pflegezulage, die Ausgleichszulage usw. nicht mit der Begründung abgelehnt werden, daß DB. nicht vorliege. Der Anspruch auf den Beamtenschein ist wenigstens insofern ein Nebenanspruch, als der Hundertsatz der bereits festgestellten oder gleichzeitig festzusetzenden Rente bindend ist (E. III, 260; IV, 107). Die Heilbehandlung ist kein Nebenanspruch der Rente, doch folgt aus der Fassung des § 4 RVG., daß die Anerkennung oder

Ablehnung der DB. gelegentlich der Rentenfestsetzung auch für den Anspruch auf Heilbehandlung wegen desselben Leidens maßgebend ist.

4. Während Abs. 1 Satz 1 des § 65 nur von der Rechtskraft der Verwaltungsbescheide gegenüber dem Reichsfiskus handelt, wird durch Abs. 1 Satz 2 die Rechtskraft der Bescheide gegenüber dem VersBerechtigten und die Rechtskraft der Entscheidungen der Spruchbehörden für den Reichsfiskus wie auch den VersBerechtigten geregelt. Gegenüber dem VersBerechtigten wird der Bescheid rechtskräftig, wenn er nicht mehr anfechtbar ist (vgl. Anm. 5). Entscheidungen der Spruchbehörden sind dem Reichsfiskus wie auch dem VersBerechtigten gegenüber mit Eintritt der Unanfechtbarkeit rechtskräftig (Anm. 5). Für Urteile und Verfügungen des Vorsitzenden (§ 101) gelten ferner gegenüber den Bescheiden insofern Besonderheiten, als ihre Berichtigung nach § 65 Abs. 2 nicht möglich ist und positive Feststellungen in den Gründen ablehnender Entscheidungen nicht an der Rechtskraft teilnehmen (vgl. Anm. 3e). — Im Beschwerdeverfahren ergangene Entscheidungen (§ 64) sind unanfechtbar, doch spricht man hier nicht von Rechtskraft, da sie sich auf Nebenfragen beziehen.

5. Nicht mehr anfechtbar sind alle Entscheidungen, z. B. auch Verfügungen des Vorsitzenden, gegen die ein Rechtsmittel nicht mehr gegeben ist. Unanfechtbar sind daher Bescheide mit Ablauf der Berufungsfrist, Urteile der VGer. und des RVGer. mit der Verkündung, Verfügungen des Vorsitzenden nach § 101 mit der Zustellung, soweit aber Antrag auf mündliche Verhandlung zulässig ist (§ 101 Abs. 3), mit Ablauf der Antragsfrist.

6. Während nach § 89 Schreib- und Rechenfehler beseitigt werden können, also von der Rechtskraft gar nicht gedeckt werden (E. IX, 52), gestattet § 65 Abs. 2 die sachliche Änderung rechtskräftiger Bescheide, bei denen das Versehen nicht bei der Niederschrift der Entscheidung, sondern bei der Entscheidung selbst unterlaufen ist (vgl. die Gegenüberstellung in Anm. 1 zu § 89). Die weiteren Ausnahmen von der Rechtskraft (weiteren Berichtigungsmöglichkeiten) sind oben in Anm. 1a aufgezählt. Ein Berichtigungsbescheid kann auch in einem nach § 57 RVG. wegen Änderung der Verhältnisse eingeleiteten Verfahren ergehen (E. V, 262). Berichtigung nach § 65 Abs. 2 VersG. und Rentenänderung nach § 57 RVG. können in einem Bescheide vereinigt werden (E. VII, 52). Auch die ohne besonderen Bescheid erfolgte Erteilung des Zivilversorgungsscheins kann berichtigt werden (E. VI, 38). Die Berichtigung kann nicht mit rückwirkender Kraft ausgesprochen werden (E. V, 177, 188). Insbesondere kann durch Berichtigungsbescheid nicht die Rückforderung der gezahlten Gebührnisse gefordert werden (E. VI, 83; VII, 62). In Fällen vorsätzlicher Irreführung kommt rückwirkende Aufhebung durch Wiederaufnahme (z. B. § 66 Abs. 1 Nr. 5) in Frage. Die Berichtigung ergeht durch einen Bescheid, gegen den, soweit nicht ein „Kannbezug" in Frage steht (§ 91), die Berufung

gegeben ist. Grundsätzliches über Berichtigungen†) s. Ziff. II der AB. zu § 65. Danach ist § 65 Abs. 2 einschränkend auszulegen und mit Vorsicht anzuwenden.

Ein Bescheid ist unrichtig im Sinne des § 65 Abs. 2, wenn die darin zugesprochenen Gebührnisse dem Empfänger in Wahrheit ganz oder zum Teil nicht zustanden. In Frage kommen Irrtümer nicht nur auf tatsächlichem, sondern vor allem auch auf rechtlichem Gebiete (a. M. Levin JW. 26 S. 635 ff.), besonders auch Fälle, in denen Vorschriften übersehen, unrichtig ausgelegt oder zu Unrecht angewandt sind. In rechtlicher Beziehung ist die Unrichtigkeit des Bescheides nach der Rechtsprechung und herrschenden Rechtsauffassung zur Zeit seines Erlasses zu beurteilen; Änderungen in dieser Beziehung können eine Berichtigung nach § 65 Abs. 2 nicht rechtfertigen (E. VI, 254) und nur zur Wiederaufnahme des Verfahrens nach Maßgabe des § 66 Abs. 1 Nr. 12 oder zu einem Berichtigungsverfahren nach Art. 2 des Ges. vom 3. 7. 34 (s. hinter § 71) Anlaß geben. In medizinischer Beziehung ist es für die Zulässigkeit der Berichtigung gleichgültig, ob z. B. der ursächliche Zusammenhang des Leidens mit einer DB. unter Zugrundelegung der gleichen Tatsachen nur rückschauend auf Grund fortgeschrittener medizinisch-wissenschaftlicher Erkenntnis oder auf Grund neufestgestellter Tatsachen zu verneinen ist oder endlich nach der unverändert gebliebenen wissenschaftlichen Anschauung schon damals zu verneinen war; so E. VIII, 182 (Großer Senat) unter Preisgabe vom E. V, 41; VI 185; zu vgl. auch E. V, 262, 282; VI 1, 232. In E. V, 168 ist die Berichtigung zugelassen, weil die weitere Entwicklung ergeben hatte, daß die Diagnose falsch war. Ein Ausschlußurteil (Todeserklärung) steht der Entziehung der Witwenrente durch Berichtigungsbescheid nicht entgegen, wenn die Todesvermutung widerlegt ist (E. VIII, 31). Berichtigung ist z. B. zulässig, wenn Hinterbliebenenrente nach dem RVG. bewilligt wurde, obschon nach dem MHG. kein Versorgungsanspruch bestand (E. IX, 243). Dagegen kann eine Versorgung nach dem RVG. nicht durch Berichtigungsbescheid in eine Versorgung nach KPG. umgewandelt werden, wenn sie auch nach dem RVG. gerechtfertigt ist oder sein kann (E. X, 204). Ein Berichtigungsbescheid

†) Außer den bei der Überschrift vor § 65 angeführten Nachweisen vgl. Baumm, Zur Frage der Aufhebung unrichtiger Bescheide bei Geisteskranken, Ärztl. Monatsschrift 25 S. 12—19; Levin in JW. 26 S. 635 ff.; Fuisting, Die Voraussetzungen des Berichtigungsbescheides ..., MfA. 26 Sp. 273—280; Dansauer, Versorgungsärztliche Bemerkungen über die praktische Handhabung des Berichtigungsbescheides, VersB. 27/28 S. 43—45 und S. 58 bis 61; Piske, Inhalt und Bedeutung (rückwirkende Kraft?) des Berichtigungsbescheides, MfA. 27 Sp. 430—437; Drittler, Der Berichtigungsbescheid nach § 65 Abs. 2 (Grundsätzliches), VersB. 29 S. 229 ff.

kann sich auch nicht darauf stützen, daß ein wesentlicher Verfahrensmangel vorgelegen habe oder daß die gesetzliche Antragsfrist versäumt gewesen sei (E. X, 20). Ein Bescheid des VersAmts kann hinsichtlich derjenigen Grundlagen des Anspruchs nicht berichtigt werden, die von einem Ausschuß zur Feststellung von Entschädigungen für Aufruhrschäden (Reichstumultschädengesetz vom 12. 5. 20) entschieden sind; E. VII, 131. — Urteile der Spruchbehörden können nicht nach § 65 Abs. 2, sondern nur im Wiederaufnahmeverfahren nach § 66 oder in dem besonderen Verfahren nach Art. 2 des Ges. vom 3. 7. 34 (hier abgedruckt hinter § 71) berichtigt werden. Ein Bescheid, der Gegenstand spruchgerichtlicher Nachprüfung gewesen ist, kann bezüglich derjenigen Grundlagen des Anspruchs (DB., MdE.) noch berichtigt werden, die nicht Gegenstand des Spruchverfahrens gewesen sind (E. VI, 1), und zwar auch dann noch, wenn ein Berichtigungsbescheid bereits z. Zt. des früheren Spruchverfahrens hätte erlassen werden können (E. VI, 239). Ein Anerkenntnis im Spruchverfahren steht hinsichtlich der Berichtigung einem Urteil gleich (E. VI, 288).

§ 65 Abs. 2 hat nur Berichtigungen zuungunsten des VersBerechtigten im Auge, für Berichtigungen zugunsten des Berechtigten gilt lediglich § 71 (E. IV, 208). Nur die Verwaltungsbehörde ist zur Berichtigung nach § 65 Abs. 2 befugt, so daß die Spruchbehörde die offenbar gewordene Unrichtigkeit eines früheren rechtskräftigen Bescheids nicht von sich aus berücksichtigen kann (E. IV, 204; V, 24). Die Verwaltungsbehörde kann aber den Berichtigungsbescheid schon erlassen, bevor die Berufung gegen den zu berichtigenden Bescheid erledigt ist (RVGer. 28. 6. 28 = RVBl. 29 Nr. 40[5]). Unrichtig also Ziff. II Nr. 3 Abs. 1 der AB. zu § 65 und Entscheidung des BayLVGer. vom 7. 8. 29 (VersB. 29 S. 209), wo zu Unrecht unter Hinweis auf E. IV, 222 (oben Anm. 1 d) ausgeführt ist, daß die Rechtslage des Berechtigten durch einen neuen Bescheid über den im Spruchverfahren anhängigen Anspruch nicht verschlechtert werden dürfe. § 65 Abs. 2 bezweckt aber gerade eine materielle Schlechterstellung sogar nach Eintritt der absoluten Rechtskraft. Eine prozessuale Schlechterstellung tritt durch den Berichtigungsbescheid nicht ein; denn er wird, auch wenn Berufung gegen ihn nicht eingelegt wird, nicht für sich rechtskräftig, ist vielmehr in dem über den gleichen Anspruch anhängigen Spruchverfahren mit zu erledigen. Der Berichtigungsbescheid wird aber für sich rechtskräftig, wenn sein Inhalt nicht Gegenstand des anhängigen Spruchverfahrens ist.

Ein Berichtigungsbescheid nach § 65 Abs. 2 muß als solcher auch äußerlich erkennbar sein, es genügt nicht, daß er sich stillschweigend über die Rechtskraft eines früheren Bescheides hinwegsetzt (E. V, 218). Die Unrichtigkeit muß — mit oder ohne neue Beweiserhebung — offenbar sein; sie muß bewiesen werden, da die Vermutung für die Richtigkeit spricht (E. V, 282, VI, 1; VI, 232).

An den Beweis sind deshalb strenge Anforderungen zu stellen, doch gilt auch hier der Grundsatz der Beweiserhebung von Amts wegen, so daß nicht etwa der Beweis der Unrichtigkeit vom Reichsfiskus als Partei zu erbringen ist (E. II, 165; VIII, 182/187; vgl. auch RGEZ. 85 S. 152). Bei Feststellungen, die mehr oder weniger auf Vermutungen beruhen (z. B. daß jemand der Ernährer seiner Eltern geworden wäre — § 45 RVG.), wird sich später die Unrichtigkeit schwerlich beweisen lassen. Die Berichtigungsbescheide sind nach Maßgabe der §§ 90, 91 mit der Berufung anfechtbar. Die Spruchbehörden können aber im Berichtigungsverfahren nicht über eine Neufeststellung nach § 57 RVG. entscheiden; vgl. oben Anm. 3b Abs. 2 a. E.

7. Hat das VersAmt einen Berichtigungsbescheid ohne vorherige Genehmigung des HptVersAmts erlassen, so liegt ein wesentlicher Verfahrensmangel vor, der den Eintritt der Rechtskraft an sich nicht hindert, auf Berufung aber zur Aufhebung des Bescheides führt (E. V, 262). Diese Aufhebung durch Urteil steht dem erneuten Erlaß eines Berichtigungsbescheides in ordnungsmäßiger Form nicht entgegen (a. M. Benckendorff, VersB. 27/28 S. 23, dagegen ebenso jetzt RVBl. 28 Nr. 61), weil in dem Aufhebungsurteil nicht über die Zulässigkeit der Berichtigung, sondern nur über ihre formelle Ordnungsmäßigkeit entschieden ist (vgl. E. VI, 1), der neue Berichtigungsbescheid sich also nicht gegen das Aufhebungsurteil richtet. Wird ein mit Genehmigung des HptVersAmts erlassener Berichtigungsbescheid unter Zurückverweisung der Sache an die Verwaltungsbehörde aufgehoben, so bedarf der alsdann zu erlassende Berichtigungsbescheid, wenn er den gleichen Inhalt hat, nicht einer nochmaligen Genehmigung des HptVersAmts (VersB. 32 S. 78).

§ 66*)

(1) Ein durch eine rechtskräftige Entscheidung abgeschlossenes Verfahren[1] kann auf Antrag oder von Amts wegen[2] wieder aufgenommen†) werden, wenn

1. die Stelle, welche die Entscheidung erlassen hat, nicht vorschriftsmäßig besetzt war[3a],
2. bei der Entscheidung eine Person mitgewirkt hat, die von der Mitwirkung aus einem gesetzlichen Grunde

†) Schrifttum zur Wiederaufnahme s. oben bei § 65; ferner Caesar, Stellung des Reichsfiskus im Wiederaufnahmeverfahren, VersB. 27/28 S. 45—49; Fuisting, Gedanken aus der Praxis zur Wiederaufnahme usw. in der Reichsversorgung und Reichsversicherung, MfA. 26 Sp. 139—145; Angerer, Wiederaufnahme des Verfahrens, VersB. 33 S. 52 ff.

ausgeschlossen[3b] war, sofern nicht dieses Hindernis durch Ablehnung oder Rechtsmittel[4] ohne Erfolg geltend gemacht worden ist,

3. bei der Entscheidung einer Spruchbehörde eine Person mitgewirkt hat, obgleich sie als befangen[5] abgelehnt und die Ablehnung für begründet erklärt worden war,
4. eine Partei in dem Verfahren nicht nach Vorschrift der Gesetze vertreten[6] war, sofern sie nicht die Führung des Streites ausdrücklich oder stillschweigend genehmigt hat,
5. Tatsachen, die für die Entscheidung von wesentlicher Bedeutung waren, wissentlich falsch angegeben oder verschwiegen worden sind[7],
6. eine Urkunde, auf die sich die Entscheidung stützt, fälschlich angefertigt oder verfälscht war[8],
7. durch Beeidigung eines Zeugnisses oder Gutachtens, auf das sich die Entscheidung stützt, der Zeuge oder Sachverständige vorsätzlich oder fahrlässig die Eidespflicht verletzt hat[9],
8. die Entscheidung durch eine mit öffentlicher Strafe bedrohte Handlung erwirkt worden ist[10],
9. bei der Entscheidung eine Person mitgewirkt hat, die bei der Verhandlung ihre Amtspflichten gegen die Partei verletzt hat, sofern diese Verletzung mit öffentlicher Strafe bedroht ist,
10. ein strafgerichtliches Urteil, auf das sich die Entscheidung stützt, durch ein anderes rechtskräftig gewordenes Urteil aufgehoben worden ist[11],
11. eine Partei nachträglich eine zur Zeit der Entscheidung bereits vorhandene Urkunde[12], die eine ihr günstigere Entscheidung herbeigeführt haben würde[13], auffindet[14] oder zu benutzen instand gesetzt wird[15],
12. das Reichsversorgungsgericht[16] in einer veröffentlichten grundsätzlichen Entscheidung (§ 141)[17] nachträglich eine andere Rechtsauffassung[18] ausspricht, als der Entscheidung zugrunde gelegen hat[19].

(²) In den Fällen der Nrn. 1, 3, 5 bis 12 ist die Wiederaufnahme nur zulässig, wenn die Partei ohne ihr Verschulden außerstande war, den Anfechtungsgrund[20] in dem früheren Verfahren, insbesondere durch Einlegung eines Rechtsmittels, geltend zu machen. In den Fällen der Nrn. 6 bis 9 ist die Zulässigkeit der Wiederaufnahme weiter davon abhängig, daß

a) wegen der strafbaren Handlung eine rechtskräftige strafgerichtliche Verurteilung[21] ergangen ist oder

b) ein gerichtliches Strafverfahren aus anderen Gründen[22] als wegen Mangels an Beweis nicht eingeleitet oder durchgeführt werden konnte.

*) Vgl. §§ 1722—1725, 1729, 1744 RVO.; Rechtspr. dazu VersB. 27/28 S. 125 f.

AB. zu § 66

1. (¹) Die Wiederaufnahme des Verfahrens im Sinne der §§ 66 ff. ist nur bei rechtskräftigen Entscheidungen über Rechtsansprüche zulässig. Soweit es sich darum handelt, ob bei Ansprüchen auf Elternrente oder Witwerrente der Antragsteller im Sinne der §§ 45 und 97 des RVG. sowie des § 7 des KPSG. bedürftig ist oder ob der Verstorbene im Sinne des § 45 des RVG. der Ernährer gewesen ist oder geworden wäre, ist die Wiederaufnahme unzulässig geworden (§ 91 Abs. 4 Satz 2 und AB. zu § 91 Nr. 4 Abs. 4).

(²) Anträge auf Wiederaufnahme des Verfahrens sind formlos abzulehnen, wenn keiner der in § 66 bezeichneten Wiederaufnahmegründe behauptet wird. Wenn ein Wiederaufnahmegrund behauptet, aber nicht als gegeben festgestellt wird, so ist zunächst ebenso zu verfahren und erst auf ausdrückliche Vorstellungen ein berufungsfähiger Bescheid — falls ein solcher überhaupt in Frage kommt — zu erteilen oder der Antrag der zuständigen Spruchbehörde vorzulegen. Verspätete Anträge sind ebenfalls zunächst formlos abzulehnen.

(³) Ist ein Grund zur Wiederaufnahme des Verfahrens im Sinne des § 66 gegeben und der Antrag rechtzeitig gestellt, so ist über den Antrag durch berufungsfähigen Bescheid sachlich zu entscheiden.

2. Wird im Wiederaufnahmeverfahren die frühere Entscheidung rechtskräftig aufgehoben, so sind die auf Grund dieser Entscheidung gezahlten Versorgungsgebührnisse infolge der rückwirkenden Kraft der im Wiederaufnahmeverfahren ergangenen Entscheidung als zu Unrecht empfangen zurückzuerstatten, wenn nicht der Einwand der nicht mehr bestehenden Bereicherung begründet ist (siehe AB. zu §§ 73, 74).

3. (¹) § 66 Abs. 1 Nr. 5 ist nur anwendbar, wenn Tatsachen von einer Partei oder ihrem Vertreter, nicht aber von anderen Personen

gegenüber der entscheidenden Stelle falsch angegeben oder verschwiegen worden sind.

([2]) Urteile sind keine Urkunden im Sinne des § 66 Abs. 1 Nr. 11, wenn sie lediglich zum Beweis einer für die Partei günstigeren Rechtsauffassung dienen können.

([3]) Eine günstigere Entscheidung im Sinne des § 66 Abs. 1 Nr. 11 ist nur eine die Instanz abschließende Entscheidung, nicht aber ein Beweisbeschluß.

4. In den Fällen des § 66 Abs. 1 Nr. 12 ist Voraussetzung der Wiederaufnahme, daß das RVGer. eine andere Rechtsauffassung, als sie der früheren Entscheidung zugrunde liegt, in einer grundsätzlichen und amtlich veröffentlichten Entscheidung ausgesprochen hat und daß seine Entscheidung erst nach Erlaß der früheren Entscheidung (bei Urteilen also nach der Verkündung) veröffentlicht worden ist. Zeitpunkt der Veröffentlichung ist der Tag, an dem das betreffende Heft der Entscheidungen des RVGer., Amtliche Veröffentlichung, im Buchhandel erschienen ist. Es genügt, daß die vom RVGer. ausgesprochene Rechtsauffassung in den die Entscheidung tragenden Urteilsgründen enthalten ist. Die Fassung des der Entscheidung vorangestellten Grundsatzes ist allein nicht ausschlaggebend.

5. Handelt es sich um Ansprüche nach dem WVG., so sind für die Wiederaufnahme gegen Bescheide die Vorschriften des WVG. §§ 98 ff., gegen Urteile die Vorschriften des VerfG. §§ 66 ff. maßgebend.

1. a) Die Wiederaufnahme bedeutet eine Einschränkung der Rechtskraft. Der Wiederaufnahme sind enge Grenzen gezogen, weil die Wiederaufnahmegründe im § 66 erschöpfend aufgezählt sind. Andere Ausnahmen von der Rechtskraft s. Anm. 1 a zu § 65. Die Wiederaufnahme ist ein streng formelles Verfahren, das sich ausschließlich mit der Frage zu befassen hat, ob die frühere Entscheidung hinfällig und deshalb mit dem gleichen oder einem anderen Ergebnis zu wiederholen ist. Ist deshalb allein die Wiederaufnahme Gegenstand des Bescheids gewesen, so kann die Spruchbehörde auf Berufung nicht über eine Neufeststellung der Gebührnisse nach § 57 RVG. entscheiden (E. VII, 74) †). Die Änderung der Entscheidung im Wiederaufnahmeverfahren hat rückwirkende Kraft (Benckendorff, VersB. 27/28 S. 22), so daß die Gebührnisse, die auf Grund der im Wiederaufnahmeverfahren aufgehobenen Entscheidung gezahlt sind, als zu Unrecht empfangen zurückzuzahlen sind (E. VIII, 290). Für Fälle nach §§ 66 Abs. 1 Nr. 12 ist diese Auffassung vom Großen Senat des RVGer. ausdrücklich bestätigt

†) Stübinger, Ist eine Entscheidung im Spruchverfahren auf Grund des § 57 RVG. zulässig, wenn Gegenstand des Bescheids nur ein Verfahren nach §§ 66 oder 65 Abs. 2 VerfG. gewesen ist? VersB. 28/29 S. 53 f.

(E. XI, 254). Einzelheiten über Rückzahlungspflicht s. Anm. 4b zu § 73. — In Sachen, die unter das WBG. fallen, richtet sich die Wiederaufnahme gegen Bescheide nach § 93 WBG., gegen Urteile der Spruchbehörden nach §§ 66ff. VerfG.

b) Wiederaufnahme setzt Rechtskraft voraus. Solange nur relative Rechtskraft eingetreten ist, sind die Anfechtungsgründe im ordentlichen Rechtszuge — vgl. § 66 Abs. 2 — geltend zu machen (a. a. O. S. 23). Ihre Berücksichtigung zuungunsten des Rechtsmittelklägers verstößt nicht gegen das Verbot der reformatio in peius, weil dieses nur soweit reicht wie die durch § 66 eingeschränkte Rechtskraft (a. M. BayLVGer. 26. 10. 32 = VersB. 33 S. 28; dagegen ausführlich Angerer in VersB. 33 S. 52f.). Da man bei Entscheidungen, die im Beschwerdeverfahren ergangen sind (§ 64), von Rechtskraft nicht sprechen kann (Anm. 4 zu § 65), kommt gegen sie eine Wiederaufnahme nach § 66 nicht in Frage.

c) Der Anfechtungsgrund muß sich auf diejenige Entscheidung beziehen, gegen welche die Wiederaufnahme sich richtet. Für den Fall, daß Entscheidungen mehrerer Instanzen in Frage kommen, vgl. Anm. 4 zu § 69.

2. a) Die Verwaltungsbehörde hebt einen früheren Bescheid durch einen anderen Bescheid, die Spruchbehörde ihr früheres Urteil durch ein anderes Urteil auf, wogegen die üblichen Anfechtungsmöglichkeiten gegeben sind; vgl. § 69. Liegt in einer Sache ein rechtskräftiges Urteil vor, so kann die Verwaltungsbehörde die Wiederaufnahme nur dadurch herbeiführen, daß sie einen Antrag an die Spruchbehörde richtet, die das Urteil erlassen hatte. Über den Antrag, auch seitens des Berechtigten, vgl. § 68 Abs. 4.

b) Bei der Wiederaufnahme „von Amts wegen" kann es sich nur um eine solche zuungunsten des VersBerechtigten handeln, da zugunsten des VersBerechtigten stets ein neuer Bescheid seitens der Verwaltungsbehörde erteilt werden kann, ohne daß einer der im § 66 genannten Gründe vorzuliegen braucht (§ 71).

3. a) Nach § 3 Abs. 2 des Gesetzes über Ehrenämter in der sozialen Versicherung und der Reichsversorgung vom 18. 5. 33 (RGBl. I S. 277) können Rechtsbehelfe, also auch die Wiederaufnahme, nicht darauf gestützt werden, daß die entscheidende Stelle zwischen dem 1. 3. und dem 1. 7. 33 nicht vorschriftsmäßig besetzt gewesen sei.

b) Über die Ausschließungsgründe vgl. § 42.

4. Im Verwaltungsverfahren kann ein Ausschließungsgrund, da dort eine Ablehnung auch wegen Vorliegens eines Ausschließungsgrundes nicht möglich ist (vgl. Anm. 1 zu § 43), nur durch Rechtsmittel geltend gemacht werden.

5. Über Ablehnung wegen Befangenheit vgl. § 43.

6. Nicht nach Vorschrift der Gesetze vertreten ist z. B. der Minderjährige, für den die wiederverheiratete und nicht als Vormünderin bestellte Mutter (vgl § 1697 BGB.) das Verfahren betreibt; ein Beteiligter, der geisteskrank oder zur mündlichen Verhandlung nicht ordnungsgemäß geladen ist; wer erstmalig Bescheid erhält, ohne einen Antrag gestellt zu haben oder sonst am Verfahren beteiligt gewesen zu sein, falls er nicht durch Berufung das Verfahren genehmigt hat, endlich der Fiskus, wenn er im Spruchverfahren in einem Falle, in dem das HptVersAmt zur Vertretung zuständig ist, durch ein VersAmt vertreten wird (vgl. §§ 49 und AB. dazu).

Ist der Reichsfiskus an Stelle des Landesfiskus rechtskräftig zu einer Entschädigung nach § 18 KPG. (Tumultschaden) verurteilt worden, so kann er nicht Wiederaufnahme begehren mit der Begründung, daß der Landesfiskus im Verfahren nicht nach Vorschrift der Gesetze vertreten gewesen sei (E. X, 206).

7. Nr. 5 ist ohne Vorbild in der ZPO. und in der RVO. Sie soll den besonderen Verhältnissen des Versorgungsrechts Rechnung tragen, wo die Behörden in ganz besonderem Maße auf die eigenen Angaben des Antragstellers angewiesen sind und Zeugen meist uneidlich vernommen werden, während Nr. 7 Eidesverletzung voraussetzt. Es sollte vor allem auch die Möglichkeit geschaffen werden, bei positiver Verletzung der Verpflichtung, an der Aufklärung mitzuwirken (§ 80 Abs. 1 Satz 2, § 103 Satz 3), die getroffene Entscheidung berichtigen zu können, ohne das Verhalten des Antragstellers als strafbare Handlung nach Nr. 8 bezeichnen zu müssen. Der wichtigste Anwendungsfall ist die sog. Prozeßlüge; vgl. Anm. 3 zu § 79. Ob die falsche Angabe oder das Verschweigen von der Partei selbst oder von ihrem Vertreter erfolgt ist, macht keinen Unterschied. Auch Simulation gegenüber dem behandelnden oder begutachtenden Arzte fällt hierunter. Falsche Angaben dritter Personen können dagegen die Wiederaufnahme nur nach Nr. 7 rechtfertigen (RVGer. 7. 5. 31, M 10697/31). Nr. 5 dürfte auch anwendbar sein, wenn wissentlich falsche Angabe oder wissentliches Verschweigen einer für die Entscheidung wesentlichen Tatsache seitens der Verwaltungsbehörde oder eines ihrer Beamten, sei es im Verwaltungsverfahren, sei es im Bescheid oder im Spruchverfahren nachgewiesen werden kann (vgl. RVGer. 19. 8. 27, M 21050/26). Der Nachweis, daß eine Spruchbehörde oder der Vorsitzende in den Gründen der Entscheidung eine Tatsache wissentlich falsch angegeben oder verschwiegen habe, könnte die Wiederaufnahme nach Maßgabe der Nr. 9 rechtfertigen.

8. Verfälscht — im Gegensatz zu fälschlich angefertigt — ist eine echte Urkunde, die unbefugt abgeändert worden ist. Unzutreffende Angaben in einer echten Urkunde genügen nicht, wohl aber rechnet hierher das vorsätzlich unrichtige Anfertigenlassen einer Urkunde, z. B. die standesamtliche Anmeldung eines unehelichen Kindes als eheliches (vgl. § 271 des Strafgesetzbuchs).

9. Die Eidespflicht wird insbesondere verletzt durch einen Meineid (vgl. §§ 153, 154 StGB.) und durch einen fahrlässig falschen

Eid (§ 158 StGB.). Die wissentlich falsche Abgabe einer Versicherung an Eidesstatt genügt hingegen nicht.

10. Hier kommt vor allem Betrug (vgl. § 263 StGB.) in Frage. Die Aufstellung falscher Parteibehauptungen, die der Entscheidung zugrunde gelegt worden sind, kann hierunter fallen (vgl. RVA. 23. 11. 09, AN.RVA. 1910 S. 441), sonst fällt sie unter Nr. 5 (Anm. 7); ebenso kann Simulation gegenüber dem ärztlichen Sachverständigen darunter fallen. Vertragsstrafe, ehrengerichtliche oder Disziplinarstrafe genügt nicht. Nach § 580 Abs. 1 Nr. 4 ZPO. und § 1723 Nr. 3 RVO. kommt nur eine strafbare Handlung des Gegners, seines Vertreters oder des eigenen Vertreters in Frage. Diese Einschränkung ist hier weggelassen, weil von einem „Gegner" nicht gut gesprochen werden kann, wenn eine Spruchbehörde von Amts wegen das Verfahren wieder aufnimmt, dieser Fall aber mitumfaßt werden sollte.

11. Die Aufhebung kann durch die höhere Instanz oder im Wiederaufnahmeverfahren erfolgt sein; Erlaß der Strafe durch Begnadigung oder Amnestie genügt nicht.

12. Es muß eine schriftliche Urkunde im Sinne der §§ 415—418 ZPO. sein, die zur Zeit des Erlasses der angefochtenen Entscheidung bereits vorhanden war. Ist daher die Leichenöffnung vor Erlaß der Entscheidung vorgenommen, der ärztliche Bericht darüber aber erst später angefertigt worden, so kann die Wiederaufnahme darauf nicht gestützt werden.

In Übereinstimmung mit der Rechtslehre des Zivilprozesses kommen nur solche Urkunden in Frage, die zum Beweise von Tatsachen von Erheblichkeit sind. Deshalb sind Gesetze und Verordnungen, Materialien zu Gesetzentwürfen, wissenschaftliche Abhandlungen sowie veröffentlichte Entscheidungen keine Urkunden in diesem Sinne. Insbesondere gehören Urteile des RVGer. und anderer höchster Gerichtshöfe, die zum Beweise einer für die Partei günstigeren Rechtsauffassung dienen können, nicht hierher; sie können die Wiederaufnahme nur nach Maßgabe der Ziffer 12 rechtfertigen (E. V, 79).

13. Das Erfordernis, daß die Urkunde eine günstigere Entscheidung herbeigeführt haben würde, setzt voraus, daß der Inhalt der neu aufgefundenen Urkunde für sich allein schon die Annahme rechtfertigt, daß die Urkunde die günstigere Beurteilung des erhobenen Anspruchs herbeigeführt hätte, wenn sie zur Zeit der früheren Entscheidung bekannt gewesen wäre. Es genügt nicht, daß dieser Erfolg erst in Verbindung mit anderen neuen Beweismitteln erreicht wird (vgl. RVA. 16. 1. 09, AN.RVA. S. 599, jetzt auch E. V, 147 = JW. 26 S. 889 [1]) †).

14. Als nachträglich aufgefunden ist eine Urkunde nur dann anzusehen, wenn ihr Vorhandensein oder ihr Verbleib der Partei bis zum Schlusse der letzten Tatsachenverhandlung (§ 66 Abs. 2) unbe-

†) Dazu Ausführungen von Hoffmann, JW. 26 S. 889.

kannt war und die Unkenntnis nicht auf einem Verschulden beruhte RVGer. 31. 12. 32 = VersB. 33 S. 94). So z. B. wenn ein Krankenblatt, von dem in den Vorgängen bisher nicht die Rede war, nachträglich in einer anderen Versorgungssache gleichen Namens aufgefunden wird.

15. a) „Zu benutzen in den Stand gesetzt wird" setzt voraus, daß der Benutzung einer Urkunde, die weder unbekannt noch verloren gegangen war, irgendwelche Hindernisse entgegenstanden, weil z. B. ein Krankenhaus die Herausgabe eines Krankenblattes verweigerte. Diese Voraussetzung ist auch dann gegeben, wenn eine Urkunde z. B. einer anderen Behörde des Reiches oder einer anderen Abteilung dieser Behörde zur Hand war, aber erst nachträglich an die am Verfahren beteiligte Stelle gelangt ist.

b) Die Urkunde muß wirklich herangeschafft werden; es genügt nicht, daß z. B. Existenz und Inhalt der Urkunde durch Zeugen nachgewiesen werden kann (RG. in Zivilsachen Bd. 68 S. 339 ff.; RVA. 19. 5. 1920, Amtl. Nachr. des RVA. 1921 S. 327).

c) Die Beibringung eines nachträglich erstatteten Gutachtens wie auch die nachträgliche Auffindung von Zeugen, die vorher nicht bekannt waren, reicht nicht aus.

16. Eine veröffentlichte grundsätzliche Entscheidung des inzwischen beseitigten BayerLVGer. genügte selbst dann nicht, wenn eine Sache dessen Zuständigkeit unterlag.

17. Durch den Hinweis auf § 141 ist klargestellt, daß das Urteil ausdrücklich als „grundsätzliche Entscheidung" bezeichnet und in der amtlichen Sammlung veröffentlicht sein muß. Voraussetzung ist ferner, daß die abweichende Rechtsauffassung in einer grundsätzlichen Entscheidung nicht nebenher ausgesprochen wird, sondern daß gerade diese Rechtsauffassung grundsätzlich festgelegt werden sollte. Es genügt, wenn die grundsätzliche Entscheidung nachträglich veröffentlicht ist, mag sie auch schon vor der aufzuhebenden Entscheidung erlassen sein (E. V, 79). Vgl. auch Anm. 4 zu § 68. Entscheidend ist, daß die andere Rechtsauffassung in den die Entscheidung tragenden Gründen ausgesprochen ist; ist sie nur nebenher, wenn auch mit eingehender Begründung ausgesprochen, so kann sie die Wiederaufnahme nicht rechtfertigen; die Fassung des bei der Veröffentlichung der Entscheidung vorangestellten „Grundsatzes" ist nicht ausschlaggebend.

18. Es genügt nicht, daß das RVGer. sich in einer „grundsätzlichen Entscheidung" einer anderen ärztlichen Auffassung, z. B. über die Entstehungsgründe eines bestimmten Leidens, angeschlossen hat.

19. Ob gegen die rechtskräftige Entscheidung noch ein Rechtsmittel zulässig und eingelegt worden war oder nicht, ist ohne Bedeutung. Es können also alle Bescheide und Urteile nach § 66 Abs. 1 Nr. 12 angefochten werden, sobald die ihnen zugrunde liegende Rechtsauffassung ohne Eintritt einer Gesetzesänderung durch eine veröffentlichte grundsätzliche, in einer anderen Sache ergangene Entscheidung des RVGer. als unrichtig bezeichnet wird.

20. Anfechtungsgrund ist in Fällen des § 66 Abs. 1 Nr. 12 nicht die abweichende Rechtsauffassung, sondern die Veröffentlichung einer abweichenden grundsätzlichen Entscheidung des RVGer. (E. V, S. 79; VI, 211). Geltendmachung des Anfechtungsgrundes durch Rechtsmittel ist also hier nur möglich, wenn die abweichende grundsätzliche Entscheidung vor Rechtskraft der anderen Entscheidung veröffentlicht ist.

21. Die strafgerichtliche Verurteilung ist Voraussetzung der Wiederaufnahme, aber für die rechtliche Beurteilung im Wiederaufnahmeverfahren nicht bindend (AN.RVA. 10 S. 441).

22. Andere Gründe verhindern die Einleitung oder Durchführung eines gerichtlichen Strafverfahrens, wenn z. B. der Täter gestorben oder nach der Tat geisteskrank geworden (vgl. § 203 StPO.) ist, sich im Ausland aufhält oder unter eine Amnestie fällt.

§ 67 *)

Mit dem Antrag auf Wiederaufnahme können Anfechtungsgründe, durch die eine ältere Entscheidung derselben oder einer unteren Stelle betroffen wird, geltend gemacht werden, wenn die angefochtene Entscheidung auf der älteren beruht[1].

*) Vgl. § 1726 RVO.; Rechtspr. dazu VersB. 27/28 S. 125 f.

1. Zur Erläuterung diene folgender Fall: Es ist z. B. auf Grund eines Meineids Dienstbeschädigung angenommen und eine Rente zugesprochen worden; diese ist dann wegen angeblicher Besserung des Leidens durch Bescheid entzogen (§ 57 RVG.), aber vom VGer. mit der Begründung wieder bewilligt worden, daß eine Besserung nicht eingetreten sei. In diesem Falle führt der Anfechtungsgrund (Meineid; § 66 Nr. 7) zur Aufhebung auch der letzten Entscheidung, obschon von ihm nur der erste Bescheid betroffen wurde. Ebenso, wenn die auf Grund eines Meineids bewilligte Rente von der Berufungsinstanz erhöht worden ist. In solchen Fällen ist der Wiederaufnahmeantrag gegen die Entscheidung der höheren Instanz zu richten, die auch über ihn zu entscheiden hat; vgl. Anm. 4 zu § 69.

§ 68 *)

(1) Der Antrag ist innerhalb eines Monats[1], bei Aufenthalt außerhalb Europas innerhalb sechs Monate[2] zu stellen. Wird das Verfahren von Amts wegen wieder aufgenommen, so hat die Versorgungsbehörde innerhalb eines Monats die neue Prüfung einzuleiten[3].

(²) Die Frist beginnt mit der Kenntnis des Anfechtungsgrundes[4], jedoch nicht vor Eintritt der Rechtskraft[5] der Entscheidung. Der Antrag und die Einleitung der neuen Prüfung von Amts wegen sind nach Ablauf von fünf Jahren vom Tage der Rechtskraft an[6] unzulässig.

(³) Die Vorschriften des Absatzes 2 gelten nicht, wenn die Wiederaufnahme wegen mangelnder Vertretung[7] beantragt wird. Die Frist läuft dann von dem Tage, an dem die Entscheidung der Partei oder, wenn sie nicht fähig war, den Streit selbst zu betreiben, ihrem gesetzlichen Vertreter zugestellt worden ist.

(⁴) Für den Antrag auf Wiederaufnahme finden die für die Berufung geltenden Vorschriften[8] entsprechende Anwendung. Handelt es sich um die Wiederaufnahme eines durch rechtskräftige Entscheidung einer Spruchbehörde abgeschlossenen Verfahrens und hält der Vorsitzende den Antrag für zulässig, so übersendet er der Gegenpartei eine Abschrift des Antrags, auf der der Tag seines Eingangs bei der Spruchbehörde oder bei einer amtlichen Stelle im Sinne des § 93 Satz 2 zu vermerken ist.

*) Vgl. §§ 1728, 1730 RVO.; Rechtspr. dazu VersB. 27/28 S. 126. — In Abs. 4 ist in der Bek. vom 2. 11. 34 (RGBl. I S. 1113) „die Berufung" statt „Rechtsmittel" gesetzt und Satz 2 angefügt, um der Tatsache Rechnung zu tragen, daß die Berufung nach der neuen Fassung des § 93 nicht mehr bei der Spruchbehörde einzulegen ist.

AB. zu § 68

1. Über die Vertretung des Reichsfiskus im Spruchverfahren siehe AB. zu § 49.

2. (¹) Die Wiederaufnahme des Verfahrens kann nur innerhalb eines Monats von der Erlangung der Kenntnis des Anfechtungsgrundes an beantragt oder von Amts wegen eingeleitet werden. Bei Aufenthalt außerhalb Europas beträgt die Frist für den Antragsteller sechs Monate.

(²) In den Fällen des § 66 Abs. 1 Nr. 12 beginnt die Frist des § 68 Abs. 1 für den Reichsfiskus mit dem Zeitpunkt des Eingangs der die grundsätzliche Entscheidung enthaltenden Lieferung der amtlichen Veröffentlichung der Entscheidungen des RVGer. bei dem für die Vertretung des Fiskus zuständigen HVA. oder VA. Der Eingang der einzelnen Hefte der amtlichen Veröffentlichung der Entscheidungen des RVGer. ist in ein Verzeichnis einzutragen und der Tag des Eingangs auf jedem Heft zu vermerken. Sie sind alsbald durchzusehen, ob sie eine Entscheidung enthalten, die Anlaß zu einer Wiederaufnahme des Verfahrens geben könnte.

(³) Die Versäumung der Frist des § 68 Abs. 1 schließt in den Fällen des § 66 Abs. 1 Nr. 12 die Wiederaufnahme des Verfahrens nicht aus, wenn das RVGer. in einer veröffentlichten grundsätzlichen Entscheidung erneut eine andere Rechtsauffassung ausspricht, wie die, welche der rechtskräftigen Entscheidung zugrunde gelegen hat.

1. Diese Frist gilt auch, wenn die Verwaltungsbehörde die Wiederaufnahme gegen ein Urteil betreiben will; vgl. Anm. 2a zu § 66.

2. Die sechsmonatige Frist gilt nur, wenn die Partei, die den Antrag stellt, sich außerhalb Europas aufhält, sie kommt also für den Fiskus nicht in Frage.

3. Es genügt z. B. die Zuleitung der Akten an die ärztliche Abteilung zur erneuten Stellungnahme, das Ersuchen an andere Behörden um Vornahme von Ermittelungen usw., jedoch nicht die Zuleitung der Akten an eine andere Stelle (Abteilung, Behörde, Privatpersonen) zur gutachtlichen Äußerung, ob der bekanntgewordene Sachverhalt die Wiederaufnahme rechtfertigt.

4. Die Frist beginnt mit der Kenntnis des Anfechtungsgrundes, nicht erst mit Kenntnis der Anfechtungsmöglichkeit. Anfechtungsgrund ist z. B. die Auffindung einer älteren Urkunde; mit ihr beginnt also die Frist, mag auch der Partei die Bedeutung für den Versorgungsanspruch erst später klar geworden sein. Soweit die Durchführung oder die Unmöglichkeit eines Strafverfahrens eine Voraussetzung für die Wiederaufnahme bildet (vgl. § 66 Abs. 2), beginnt die Frist, wenn dem Anfechtungsberechtigten die Tatsache der strafbaren Handlung und entweder die Rechtskraft der Verurteilung oder die Unmöglichkeit der Strafverfolgung (Anm. 22 zu § 66) bekannt geworden ist. Werden wegen Zweifelhaftigkeit des als Anfechtungsgrundes in Frage kommenden Sachverhalts Ermittelungen angestellt, so beginnt die Frist erst mit dem Eingang der die Aufklärung bringenden Feststellungen. Ob frühere Kenntnis möglich war, ist gleichgültig. Maßgebend ist für den Fiskus die Kenntnis derjenigen Stelle, die das Wiederaufnahmeverfahren einzuleiten oder zu beantragen hat, also der nach § 49 nebst AB. für die Vertretung zuständigen Verwaltungsbehörde, wenn der Wiederaufnahmeantrag an eine Spruchbehörde zu richten ist (E. VI, 81 = JW. 27 S. 205 ⁷). In Fällen des § 66 Abs. 1 Nr. 12 beginnt die Frist für den Fiskus allerdings schon mit dem Eingang der die betreffende grundsätzliche Entscheidung enthaltenden Lieferung der „Entscheidungen des RV.-Ger.“ bei der zuständigen Verwaltungsbehörde (E. VII, 89), für den VersBerechtigten dagegen erst, wenn die Veröffentlichung zu seiner Kenntnis kommt (E. V, 79), ohne Rücksicht auf die Möglichkeit früherer Kenntnis (E. IX, 275). Vorkehrungen gegen Fristversäumnis der Verwaltungsbehörden in diesen Fällen s. Nr. 2 Abs. 2 der AB. zu § 68. Der Antrag kann schon vor Beginn der Frist, z. B. vor

Veröffentlichung der abweichenden grundsätzlichen Entscheidung des RVGer. (§ 66 Abs. 1 Nr. 12) gestellt werden, wenn nur die Veröffentlichung vor rechtskräftiger Erledigung des Wiederaufnahmeverfahrens erfolgt (E. VII, 172 Ziff. 1). Der Antrag kann auch nachträglich, aber nur innerhalb der Frist des Abs. 2, auf eine die Wiederaufnahme rechtfertigende Entscheidung gestützt werden (E. IX, 275). Es genügt nicht, daß der Antrag innerhalb der Frist gestellt ist, er muß auch innerhalb der Frist auf eine veröffentlichte grundsätzliche Entscheidung gestützt werden (E. X, 245). Demnach kann zur Begründung des Antrags eine andere als die ursprünglich geltend gemachte Entscheidung nicht mehr herangezogen werden, wenn seit deren Kenntnis (beim Fiskus seit Eingang ihrer Veröffentlichung) die Frist verstrichen ist. Nach Fristablauf kann Wiederaufnahme nach § 66 Abs. 1 Nr. 12 wieder beantragt werden, wenn das RVGer. in einer veröffentlichten grundsätzlichen Entscheidung erneut eine andere Rechtsauffassung ausspricht (E. VIII, 175). Über den Fall, daß die anzufechtende Entscheidung zwischen Erlaß und Veröffentlichung der abweichenden grundsätzlichen Entscheidung erlassen ist, vgl. Anm. 17 zu § 66. Die zuständige Verwaltungsbehörde kann einen Antrag, der von einer anderen mit der Bearbeitung der Sache betrauten Versorgungsdienststelle bei der Spruchbehörde fristgerecht gestellt ist, jederzeit mit rückwirkender Kraft genehmigen (E. VII, 89).

5. Über Eintritt der Rechtskraft vgl. § 65.

6. Die fünfjährige Frist beginnt für jede Partei mit Ablauf des Tages, an dem gegen sie Rechtskraft eintritt (vgl. Anm. 4, 5 zu § 65).

Vor dem 1. 3. 19, dem Inkrafttreten der VO. vom 1. 2. 19 (RGBl. S. 149), zugestellte Bescheide haben frühestens mit dem 1. 3. 19 Rechtskraft erlangt. Auch für sie galt die fünfjährige Frist; sie begann aber nicht vor dem 1. 3. 19.

7. Wiederaufnahme wegen mangelnder Vertretung s. § 66 Nr. 4.

8. Für Rechtsmittel gelten insbesondere die §§ 93—95.

§ 69*)

(1) Über die Wiederaufnahme entscheidet[1] die Stelle, welche die aufzuhebende Entscheidung erlassen hat[2]. Soweit es sich um die Wiederaufnahme eines durch den Bescheid einer Verwaltungsbehörde rechtskräftig abgeschlossenen Verfahrens handelt, entscheidet die nach §§ 38, 39, 41 Abs. 1, § 77 des Gesetzes jeweils zuständige Verwaltungsbehörde.

(2) Handelt es sich um die Wiederaufnahme eines durch Entscheidung eines Versorgungsgerichts rechtskräftig abgeschlossenen Verfahrens, so entscheidet das Reichsversorgungs-

gericht, wenn die Wiederaufnahme Streitgegenstände betrifft, hinsichtlich derer es nach § 90 für die Berufung zuständig ist[3].

(³) Handelt es sich um mehrere Entscheidungen, die von Stellen verschiedener Ordnung erlassen sind, so entscheidet die Stelle höherer Ordnung[4].

(⁴) Für das neue Verfahren gelten die Vorschriften, die für diejenige Stelle maßgebend sind, bei welcher das neue Verfahren anhängig geworden ist[5].

(⁵) Rechtsbehelfe[6] sind zulässig, soweit solche gegen die Entscheidungen der mit der Wiederaufnahme befaßten Stelle gegeben sind[7].

*) Vgl. §§ 1727, 1733 RVO.; Rechtspr. dazu VersB. 27/28 S. 126. — Abs. 1 Satz 2 ist durch Ges. vom 17. 3. 28 (RGBl. I S. 63), Abs. 2 in der Bek. vom 2. 11. 34 (RGBl. I S. 1113) eingefügt worden. Der eingefügte Abs. 2 gibt den Inhalt des Art. 4 des Ges. vom 3. 7. 34 (RGBl. I S. 544) wieder.

AB. zu § 69

(¹) Ist das Verwaltungsverfahren durch einen rechtskräftigen Bescheid abgeschlossen worden, so entscheidet über die Wiederaufnahme die im Zeitpunkt der Entscheidung für die Versorgungssache zuständige Verwaltungsbehörde.

(²) Ist eine rechtskräftige gerichtliche Entscheidung ergangen, so ist für die Zuständigkeit zur Wiederaufnahme des Verfahrens maßgebend, ob und inwieweit das Gericht über den strittigen Punkt sachlich entschieden hat. Soweit es, sei es unter Bestätigung, sei es unter Abänderung oder Aufhebung des Bescheides, sachlich entschieden hat, entscheidet über die Wiederaufnahme das Gericht.

(³) Hat das Gericht zu dem Bescheid überhaupt keine sachliche Stellung genommen oder nur über einen Teil des Bescheides sachlich erkannt, so liegen zwei Entscheidungen vor, deren jede einem besonderen Wiederaufnahmeverfahren unterliegt; in diesem Falle ist die Verwaltungsbehörde insoweit für das Wiederaufnahmeverfahren zuständig, als keine sachliche Entscheidung des Gerichts vorliegt, vorausgesetzt, daß der Antrag auf Wiederaufnahme des Verfahrens nur den von der gerichtlichen Entscheidung nicht berührten Teil des Bescheides betrifft.

(⁴) Richtet sich der Antrag auf Wiederaufnahme aber sowohl gegen den Bescheid in dem vorstehend bezeichneten Umfang wie gegen die gerichtliche Entscheidung, so entscheidet nur das Gericht, und zwar über die Wiederaufnahme in vollem Umfang.

(⁵) Soweit nach Abs. 2 bis 4 das Gericht für das Wiederaufnahmeverfahren zuständig ist, entscheidet das RVGer., wenn es selbst oder das Bayerische Landesversorgungsgericht entschieden hat, oder wenn zwar ein VGer. entschieden hat, die Wiederaufnahme aber Streitgegenstände betrifft, hinsichtlich derer das RVGer. für die Berufung nach § 90 zuständig ist (§ 69 Abs. 2 und Artikel 4 des Fünften Gesetzes zur Änderung des Gesetzes über das Verfahren in Versorgungssachen vom 3. Juli 1934 — RGBl. I S. 544 —). Die VGer. haben bei ihnen eingegangene Anträge auf Wiederaufnahme des Verfahrens an das RVGer. unter Beifügung ihrer Akten abzugeben, wenn ihre Zuständigkeit nicht mehr gegeben ist.

(6) Wegen der am 1. Dezember 1934 bei den Gerichten anhängigen Anträge auf Wiederaufnahme des Verfahrens siehe Artikel 3 des Fünften Gesetzes zur Änderung des Gesetzes über das Verfahren in Versorgungssachen vom 3. Juli 1934 und die AB. hierzu (siehe HdR. S. 793)[8].

1. Die Entscheidung kann auf Antrag oder von Amts wegen ergehen (vgl. § 66). Die Bewilligung des Antrags wird zusammen mit der Entscheidung zur Hauptsache ausgesprochen (vgl. § 70 Abs. 3).

2. Hat die letzte Instanz lediglich ein Rechtsmittel als unzulässig oder verspätet verworfen, so wird die Wiederaufnahme vor der unteren Instanz zu beantragen sein, die aus sachlichen Gründen entschieden hat. Als Entscheidung aus sachlichen Gründen ist hier auch eine Entscheidung über die Wahrung der materiellrechtlichen Fristen (§§ 52—54 RVG.) anzusehen.

3. Der aus Art. 4 des Ges. vom 3. 7. 34 (RGBl. I S. 544) übernommene Abs. 2 des § 69 hängt mit der Beseitigung des Rekurses und der jetzt im § 90 getroffenen Teilung der Zuständigkeit zwischen RVGer. und VGer. zusammen. Ist die angefochtene Entscheidung vom RVGer. erlassen, so ergibt sich dessen Zuständigkeit für die Wiederaufnahme aus § 69 Abs. 1, gegebenenfalls in Verbindung mit Abs. 3. Das gilt sogar, wenn inzwischen die Zuständigkeit des RVGer. für derartige Fälle durch Erweiterung der Rekursausschließungsgründe oder durch die Beseitigung des Rekurses nicht mehr gegeben ist; wenn allerdings der in Frage kommende Rekursausschließungsgrund mit rückwirkender Kraft für „anhängige Fälle" ausgestattet war, so ist nach Stattgabe der Wiederaufnahme die sachliche Prüfung ausgeschlossen und der „Rekurs" als nunmehr unzulässig zu verwerfen (E. IX, 245). Ist die angefochtene Entscheidung von einem VGer. erlassen, so soll nach Abs. 2, gegebenenfalls in Verbindung mit Abs. 3, das RVGer. für die Wiederaufnahme auch zuständig sein, soweit die Zuständigkeit der VGer. durch die jetzige Fassung des § 90 auf das RVGer. übergegangen ist. In diesen Fällen hätte das RVGer. nach früherem Recht über die Wiederaufnahme in der Regel auf Rekurs gegen die Entscheidung des VGer. zu entscheiden gehabt (§ 69 Abs. 5). Zu Abs. 2 vgl. im übrigen Abs. 6 der AV. bezüglich der am 1. 12. 34 anhängigen Anträge.

4. Die Bedeutung des § 69 Abs. 3 ergibt sich aus Abs. 4 (in Verbindung mit Abs. 2 und 3) der AV. zu § 69. Um „mehrere

Entscheidungen, die von Stellen verschiedener Ordnung erlassen sind", handelt aber auch in den Fällen des § 67 (Beispiele s. Anm. 1 zu § 67), in denen der Wiederaufnahmegrund nur die Entscheidung einer unteren Instanz betrifft, diese aber die Grundlage für die Entscheidung einer höheren Instanz gebildet hat. Durch § 69 Abs. 3 wird vermieden, daß in solchen Fällen die untere Instanz über die Entscheidung der höheren Instanz mitzuentscheiden hätte.

5. Es ergeht mithin die Entscheidung über die Wiederaufnahme im Verwaltungsverfahren durch Bescheid, im Spruchverfahren durch Urteil oder nach § 70 durch Verfügung des Vorsitzenden.

6. Es kommt nicht nur die Berufung, sondern auch Antrag auf mündliche Verhandlung (§ 70 Abs. 1, § 101), Beschwerde und Wiedereinsetzung in den vorigen Stand in Frage.

7. Ob und welche Rechtsbehelfe zulässig sind, richtet sich danach, ob und wie die Entscheidung im Verfahren zur Hauptsache in der betreffenden Instanz anfechtbar ist. Z. B. ist ein Wiederaufnahmebescheid mit Berufung (§ 90), die Ablehnung der Akteneinsicht mit Beschwerde (§ 60 Abs. 2) anfechtbar.

8. Art. 3 des Ges. vom 3. 7. 34 und die AB. hierzu sind hinter den AB. zu § 90 abgedruckt. Danach sind die am 1. 12. 34 bei den BGer. anhängigen Wiederaufnahmesachen nach den bisherigen Vorschriften zu erledigen, also nicht nach § 69 Abs. 2 an das RBGer. abzugeben. Gegen die Entscheidung des BGer. ist Rekurs an das RBGer. möglich, soweit er nach den bisherigen Vorschriften (§ 92 a. F.) gegen die Entscheidung zur Hauptsache zulässig war (§ 69 Abs. 5); vgl. ferner Anm. 1 zu § 70.

§ 70 *)

(1) Im Spruchverfahren gelten für die Erledigung eines Antrags durch Verfügung die Vorschriften des § 101 entsprechend[1].

(2) Wird über den Antrag auf Wiederaufnahme nicht durch Verfügung entschieden, so wird zur Hauptsache, soweit der Anfechtungsgrund sie betrifft[2], verhandelt.

*) Vgl. §§ 1731—1733 RBO.; Rechtspr. dazu VersB. 27/28 S. 126. — § 70 enthielt ursprünglich eine dem § 101 entsprechende Sonderregelung, die durch Ges. vom 17. 3. 28 (RGBl. I S. 63) geändert wurde. Die jetzige Fassung beruht auf dem 2. Teil, Kap. IV, Art. 4, Nr. 2 der NotBO. vom 5. 6. 31 (RGBl. I S. 279). Für die am 1. 12. 34 im Spruchverfahren anhängigen Wiederaufnahmesachen vgl. unten Anm. 1 Abs. 3.

AB. zu § 70

Auf die AB. zu § 101 wird verwiesen.

1. Die entsprechende Anwendung des § 101 bedeutet, daß die

Entscheidung über die Wiederaufnahme beim RVGer. und bei den VGer. durch Verfügung des Vorsitzenden ergehen kann (§ 101 Abs. 1) oder ergehen muß (§ 101 Abs. 2), daß dem Antragsteller vor der Verwerfung des Antrags als verspätet von dem Sachverhalt Mitteilung zu machen ist und daß die Verfügung des Vorsitzenden beim RVGer. allgemein und bei den VGer. dann unanfechtbar ist, wenn sie auf Verwerfung als unzulässig oder verspätet oder auf Zurückverweisung der Sache an die Verwaltungsbehörde lautet; andernfalls kann im Verfahren vor dem VGer. mündliche Verhandlung beantragt werden.

Ein Antrag auf Wiederaufnahme des Verfahrens ist „unzulässig", wenn die Voraussetzungen des § 66 Abs. 1 und 2 nicht gegeben sind; er ist „verspätet", wenn er erst nach Ablauf der im § 68 vorgeschriebenen Fristen eingegangen ist; in diesem Falle kann Wiedereinsetzung in den vorigen Stand nach § 54 in Frage kommen. Der Antrag auf Wiederaufnahme ist „unbegründet", wenn ein Wiederaufnahmegrund nach § 66 Abs. 1 und 2 sich als gegeben erweist, trotzdem aber aus sachlichen Gründen die frühere Entscheidung im Ergebnis aufrecht zu erhalten ist. Er ist „begründet", wenn ein Wiederaufnahmegrund vorliegt und bei sachlicher Würdigung die frühere Entscheidung aufgehoben oder geändert werden muß.

Für die am 1. 12. 34 bei den Spruchbehörden anhängigen Wiederaufnahmesachen vgl. Anm. 8 zu § 69. Für sie ergeben sich daraus, daß sie nach den bisherigen Vorschriften zu erledigen sind, gewisse Besonderheiten. Zwar hatte § 70 schon durch die NotVO. vom 5. 6. 31 (RGBl. I S. 279) die jetzige Fassung erhalten; der für anwendbar erklärte § 101 ist aber durch das Gesetz vom 3. 7. 34 und die Bek. vom 2. 11. 34 (RGBl. I S. 544, 1113) geändert worden. Aus der Anwendung der bisherigen Fassung des § 101 ergibt sich für die am 1. 12. 34 beim VGer. anhängigen Wiederaufnahmesachen, daß gegen die Verfügung des Vorsitzenden, wenn sie nicht auf Verwerfung als unzulässig oder verspätet oder auf Zurückverweisung der Sache an die Verwaltungsbehörde lautet und nach den bisherigen Vorschriften der Rekurs zulässig ist, an Stelle des Antrags auf mündliche Verhandlung nur Rekurs an das RV.-Ger. gegeben ist.

2. Beruhte z. B. nur die Bewilligung der Ausgleichszulage auf wissentlich falschen Angaben (§ 66 Nr. 5), so kann nicht etwa auch die Grundrente mit der Behauptung, daß DB. nicht vorliege, in Frage gestellt werden.

§ 71 *) [1]

(1) Zugunsten des Berechtigten [2] kann die zuständige Verwaltungsbehörde [3] jederzeit [4] einen neuen Bescheid erteilen [5]. Das Versorgungsamt bedarf hierzu der vorherigen Genehmigung [6] des Hauptversorgungsamts.

(²) Bei Ansprüchen aus § 18 Abs. 1 Kriegspersonenschädengesetzes[7] vom 15. Juli 1922 in der Fassung der Bekanntmachung vom 22. Dezember 1927 (Reichsgesetzbl. I S. 515) und des Gesetzes zur Änderung des Kriegspersonenschädengesetzes vom 27. Februar 1934 (Reichsgesetzbl. I S. 135) ist die Erteilung eines neuen Bescheids nur zulässig mit der vorherigen Genehmigung des Landes oder, im Falle besonderer landesgesetzlicher Regelung, der Gemeinde oder des Gemeindeverbandes, die dem Beschädigten ersatzpflichtig sind, als auch der Gemeinde oder des Gemeindeverbandes, die nach § 18 Abs. 4 des Kriegspersonenschädengesetzes dem Lande erstattungspflichtig sind[8].

*) Vgl. §§ 603, 619, 1319 RVO.; Rechtspr. dazu VersB. 27/28 S. 126. — Abs. 2 ist durch Ges. vom 17. 3. 28 (RGBl. I S. 63) angefügt. (Näheres s. Anm. 7) und in der Bek. vom 2. 11. 34 (RGBl. I S. 1113) durch Erwähnung des Ges. vom 27. 2. 34 ergänzt worden.

AB. zu § 71

I. 1. Die Vorschrift des § 71 gibt der Verwaltungsbehörde, nicht aber den Spruchbehörden die Befugnis, zugunsten des Berechtigten auf die Rechtskraft einer Entscheidung zu verzichten, um im Rahmen der gesetzlichen Vorschriften eine sachlich richtige Entscheidung zu ermöglichen; sie gestattet aber nicht, Gebührnisse zuzusprechen, die im Gesetz nicht vorgesehen oder deren Voraussetzungen nicht erfüllt sind oder die nicht bewilligt werden dürfen, weil durch Ablauf der Anmeldefrist der Anspruch erloschen ist.

2. (¹) Die Erteilung eines neuen Bescheides ist auf Ausnahmefälle zu beschränken, grundsätzlich müssen rechtskräftige Entscheidungen als endgültig gelten. Ein neuer Bescheid darf daher nur erteilt werden, wenn die frühere Entscheidung aus rechtlichen oder tatsächlichen Gründen unrichtig ist und ihre Aufrechterhaltung eine unbillige Härte bedeuten würde. Ob eine unbillige Härte vorliegt, ist nach Lage des Falles zu beurteilen. Daß dem Antragsteller kein oder nur geringes Verschulden zur Last fällt, z. B. durch ungenügende Erfüllung der ihm nach § 80 obliegenden Pflicht zur Mitwirkung bei der Aufklärung des Sachverhalts, kann allein nicht den Ausschlag geben; vielmehr ist vor allem die wirtschaftliche Auswirkung der Aufrechterhaltung der früheren Entscheidung und der Umstand von Bedeutung, ob bei der früheren Entscheidung ein Verstoß gegen gesetzliche oder Verwaltungsvorschriften unterlaufen ist, der bei Anwendung der erforderlichen Sorgfalt vermieden worden wäre.

(²) Bestehen lediglich Zweifel an der Richtigkeit der früheren Entscheidung, so darf grundsätzlich ein neuer Bescheid, lediglich um eine gerichtliche Entscheidung zu ermöglichen, nicht erteilt werden.

3. (1) Ermittlungen darüber, ob ein neuer Bescheid zu erteilen ist, dürfen nur angestellt werden, wenn Tatsachen glaubhaft gemacht sind, die die Erteilung eines neuen Bescheides rechtfertigen könnten.

(2) Ist eine Berufung verspätet eingelegt, so kommt, solange sie nicht aus diesem Grunde zurückgewiesen ist, nur die Wiedereinsetzung in den vorigen Stand in Betracht (vgl. AB. zu § 54 Nr. 2).

(3) Ein neuer Bescheid kann zwar auch während des Spruchverfahrens erteilt werden; soweit dadurch dem Anspruch entsprochen wird, ist der Streit erledigt (§ 125 Abs. 3). In der Regel ist jedoch die Erklärung eines Anerkenntnisses zweckmäßiger.

(4) § 71 kommt nicht in Frage, soweit eine Veränderung der für die frühere Feststellung maßgebend gewesenen Verhältnisse die Erteilung eines Bescheides nach RVG. § 57 erfordert.

(5) Die Frage, ob in der früheren Entscheidung die Vorschrift des RVG. § 28 über die Ausgleichszulage richtig angewendet worden ist, kann für die Regel nicht mehr Gegenstand erneuter Prüfung sein. Nur wenn ganz besondere Umstände vorliegen und die in vorstehender Nr. 2 Abs. 1 angeführten Voraussetzungen erfüllt sind, kann die Erteilung eines neuen Bescheides in Betracht kommen. In diesem Falle ist vor der Zustimmung die Genehmigung des RAM. einzuholen.

4. (1) Die Erteilung eines neuen Bescheides ist Sache des nach §§ 38, 39, 41, 77 zuständigen VA., auch wenn der frühere Bescheid von einem anderen VA. oder auf Grund ihrer früheren Zuständigkeit von einem HVA. oder dem RAM. erteilt ist.

(2) Zur Erteilung der Genehmigung und zur Anordnung der Erteilung eines neuen Bescheides ist das übergeordnete HVA. zuständig. Anträge der Versorgungsberechtigten auf Erteilung eines neuen Bescheides sind dem HVA. nur vorzulegen, wenn das VA. ihnen stattzugeben beabsichtigt, andernfalls sind sie von dem VA. abzulehnen.

(3) Wenn auch die Erteilung eines neuen Bescheides dem pflichtmäßigen Ermessen der Verwaltungsbehörde überlassen ist, so handelt es sich doch nicht um Leistungen im Sinne des § 91 Abs. 1 (Kannbewilligungen); die für die Bewilligung solcher Leistungen maßgebenden Anordnungen finden daher keine Anwendung.

5. Neue Bescheide nach § 71 müssen stets den Hinweis auf die Zulässigkeit der Berufung und die Berufungsfrist enthalten.

6. (1) In dem neuen Bescheid ist für die rückliegende Zeit an der Rechtskraft festzuhalten; als Zeitpunkt, von dem ab auf die Rechtskraft der früheren Entscheidung verzichtet wird, auch wenn ausnahmsweise der Bescheid nur zur Ermöglichung einer gerichtlichen Entscheidung erteilt wird, ist der Erste des Monats zu bezeichnen, in dem der Bescheid erteilt wird; frühestens von diesem Zeitpunkt ab dürfen Versorgungsgebührnisse bewilligt werden.

(3) Diese Grundsätze gelten in allen Fällen, in denen ein Verzicht auf die Rechtskraft der früheren Entscheidung beantragt oder von Amts wegen erwogen wird.

7. Der neue Bescheid kann nur insoweit mit Berufung angefochten werden, als durch ihn auf die Rechtskraft der früheren Entscheidung verzichtet worden ist; insbesondere ist die zeitliche Beschränkung des Verzichts (siehe Nr. 6) für die Spruchbehörden bindend.

II. Soll in rechtskräftig abgeschlossenen Tumultschädensachen (KPSG. § 18) ein neuer Bescheid erteilt werden, so hat das HVA. die Zustimmung des Landes und der Gemeinde (des Gemeindeverbandes), die ersatz- oder erstattungspflichtig sind, herbeizuführen, bevor es die Erteilung eines neuen Bescheides genehmigt. Die Genehmigung darf nur erteilt werden, wenn sowohl das Land wie die beteiligte Gemeinde (Gemeindeverband) zustimmt.

1. a) Die Befugnis zur Erteilung eines neuen Bescheides zugunsten des Berechtigten gestattet der Verwaltungsbehörde nicht, etwas zuzubilligen, dessen Bewilligung nicht im Gesetz als Pflichtleistung oder Kannbezug vorgesehen ist. Es kann daher auf Grund des § 71 nicht eine Versorgung gewährt werden, wenn DB. nicht vorliegt oder sonstige Voraussetzungen fehlen. Es kann ferner im Wege eines neuen Feststellungsbescheides (§ 37 Abs. 1) nur über den ursächlichen Zusammenhang eines Leidens mit einer DB., nicht über sonstige Voraussetzungen eines späteren Anspruchs neu entschieden werden. Die Bedeutung des § 71 besteht darin, daß er der Verwaltungsbehörde die Möglichkeit gibt, auf Grund erneuter Prüfung zugunsten des Berechtigten auf die Rechtskraft des Bescheides und damit zugunsten der sachlichen Richtigkeit auf das durch die Rechtskraft erworbene formelle Recht zu verzichten. Trotz der Rechtskraft des Bescheides soll das Verfahren, auch wenn die Voraussetzungen des § 66 nicht vorliegen, von neuem eröffnet werden, wenn die getroffene Entscheidung sich nachträglich als materiell unrichtig herausstellt und ihre Aufrechterhaltung eine unbillige Härte bedeuten würde (Ziff. I 2 Abs. 1 der AB.). Bisweilen wird es dem Berechtigten möglich sein, nachträglich die nötige Aufklärung zu beschaffen, er ist aber, weil ein Grund für die Wiederaufnahme des Verfahrens nach § 66 nicht vorliegt, nicht in der Lage, die Aufhebung des rechtskräftig gewordenen Bescheides zu erzwingen. In solchen und ähnlichen Fällen kann er auf Grund des § 71 die Erteilung eines neuen Bescheids anregen. Vgl. weiter Anm. 2.

b) Die Erteilung eines neuen Bescheids auf Grund des § 71 †) ist rechtlich wesentlich verschieden von der Neufeststellung der Rente wegen wesentlicher Veränderung der Verhältnisse (vgl. § 57 RVG.), die gleichfalls von Amts wegen erfolgen kann (vgl. Anm. 3 h zu

†) Schrifttum s. oben bei der Überschrift vor § 65.

§ 65). Wenn die vom VersAmt verneinte DB.-Frage im Spruchverfahren — infolge Ablehnung aus anderen Gründen — offengelassen wurde und das Leiden sich verschlimmert, so trifft nicht § 71 VersG. zu, sondern § 57 RVG., d. h. das VersAmt muß einen neuen Bescheid erteilen. Das gleiche gilt nach der in Anm. 3d zu § 65 erörterten Rechtsprechung des RVGer., wenn die Ablehnung im Spruchverfahren damit begründet war, daß weder DB. noch eine hinreichende MdE. vorliege.

2. „Zugunsten des Berechtigten" ist ein Bescheid nicht nur dann erteilt, wenn ihm dadurch weitergehende sachliche Ansprüche eingeräumt werden oder wenigstens der ursächliche Zusammenhang des Leidens mit einer DB. bejaht wird, sondern auch dann, wenn der Bescheid in seinem sachlichen Inhalt von der früheren unanfechtbar gewordenen Entscheidung nicht abweicht, dem Berechtigten aber den Rechtszug vor den Spruchbehörden der Reichsversorgung wieder eröffnet (E. I, 251). Neue Bescheide dieses Inhalts sind aber nach Ziff. I 2 Abs. 2 der AB. grundsätzlich (vgl. jedoch Ziff. I 6 Abs. 1 der AB.) nicht zu erteilen.

Hat das VersAmt in Unkenntnis der bereits erfolgten rechtskräftigen Ablehnung einen neuen Bescheid erteilt, so ist zu unterscheiden: ein sachlich günstigerer Bescheid, der also eine Bewilligung oder höhere Bewilligung ausspricht, beseitigt die Rechtskraft des alten Bescheides unter allen Umständen; ein nur formell günstigerer Bescheid, der also erneut ablehnt, ist nichts als ein bloßer Verzicht auf die Rechtskraft. Verzicht setzt aber Verzichtwillen, also Kenntnis der rechtskräftigen Ablehnung voraus. Letztere kann also im Spruchverfahren noch geltend gemacht werden, wie der Fiskus im Spruchverfahren überhaupt noch alle bisher nicht geltend gemachten Ablehnungsgründe geltend machen kann, soweit sie nicht durch Verzicht ausgeschlossen sind.

3. Die zuständige Verwaltungsbehörde bestimmt sich nach Ziff. I 4 der AB. Die Spruchbehörden sind — abgesehen vom Verfahren über einen nach § 71 erlassenen Bescheid — nicht befugt, zugunsten des Klägers von der Rechtskraft einer früheren Entscheidung abzusehen.

4. Die Erteilung eines neuen Bescheides kann jederzeit — auch wenn die frühere Entscheidung im Spruchverfahren ergangen ist — erfolgen und bedarf keiner besonderen Rechtfertigung. Andererseits ist sie in das freie Ermessen der VersBehörde gestellt und kann nicht im Rechtsmittelverfahren erzwungen werden; gegen die Ablehnung eines Antrags auf Erteilung eines neuen Bescheids kann also Berufung nicht eingelegt werden. Ob die günstigere Beurteilung auf nachträglich beigebrachten Unterlagen oder auf einer abweichenden Würdigung des früheren Vorbringens oder schließlich auf einer abweichenden Auslegung gesetzlicher oder sonstiger Vorschriften beruht, ist ohne Bedeutung. Die Erteilung eines neuen Bescheides kommt in Frage sowohl, wenn die Rente zu Unrecht ganz

oder teilweise abgelehnt worden ist, wie auch, wenn sie unrichtigerweise entzogen oder gekürzt worden ist. Ein neuer Bescheid nach § 71 kann auch während eines anhängigen Spruchverfahrens ergehen (ebenso im Ergebnis Bendendorff, VersB. 27/28 S. 22; jetzt auch Ziff. I 3 Abs. 3 der AB.). Soweit der neue Bescheid dem im Spruchverfahren anhängigen Anspruch stattgibt, ist der Kläger — wie bei einem Anerkenntnis (§ 125 Abs. 3) — klaglos gestellt und der Streit erledigt. Im übrigen kann er nicht zuungunsten des Klägers rechtskräftig werden, auch wenn der VersBerechtigte nicht erneut Berufung einlegt (vgl. E. II, 139; IV, 222 und Anm. 1d zu § 65). Soweit also der neue Bescheid dem anhängigen Anspruch nicht stattgibt, ist dem Spruchverfahren Fortgang zu geben.

5. Der in der Erteilung eines neuen Bescheides zugunsten des Berechtigten liegende Verzicht auf die Rechtskraft hat nur insoweit rückwirkende Kraft, als die Verwaltungsbehörde sie ihm beilegt (E. II, 39). Hierzu trifft Ziff. I 6 der AB. nähere Anordnungen. Hat die Verwaltungsbehörde dem neuen Bescheid keine oder nur in beschränktem Umfange rückwirkende Kraft beigelegt, so sind die Spruchbehörden hieran gebunden (E. X, 151). Nach der Rechtsprechung des RVGer. kann der Verzicht wohl zeitlich, aber nicht in bezug auf bestimmte Leiden beschränkt werden (E. III, 171).

6. a) Diese Genehmigung ist zu unterscheiden von der „Zustimmung" des HptVersAmts, die der RAM. nach § 88 für alle Bescheide der VersÄmter vorschreiben kann, und von der Genehmigung des HptVersAmts, die nach § 65 Abs. 2 Satz 2 für Berichtigungsbescheide der VersÄmter erforderlich ist. Für neue Bescheide über die Ausgleichszulage ist Genehmigung des RAM. vorgeschrieben (Ziff. I 3 Abs. 5 der AB.).

b) Auch wenn die Genehmigung nicht eingeholt worden ist, erlangt der Bescheid Rechtskraft. Im Gegensatz zu einem Berichtigungsbescheide nach § 65 Abs. 2 (E. V, 262) kann ein Bescheid nach § 71 auch im Spruchverfahren nicht wegen Fehlens der Genehmigung aufgehoben werden (E. a. a. O., besonders S. 265 und VersB. 33 S. 94).

7. Das KPG. (vgl. den im Anh. 2 abgedruckten Auszug) gehört zu denjenigen Versorgungsgesetzen, die im § 1 VerfG. nicht erwähnt sind und deshalb nur insoweit unter das Verfahrensgesetz fallen, als sie selbst es bestimmen. Wenn demgemäß § 17 KPG. bestimmt, daß das Verfahren sich nach den für die Durchführung des RVG. geltenden Vorschriften, also nach dem VerfG. richtet, so mußten die durch das Ges. vom 17. 3. 28 (RGBl. I S. 63) geregelten Besonderheiten des Verfahrens strenggenommen nicht in das VerfG., sondern in das KPG. selbst eingefügt werden. Weitere Besonderheiten s. z. B. AB. zu § 50, § 90 nebst AB. § 125, § 143.

8. Die vorherige Genehmigung des Landes und der Gemeinde (vgl. Ziff. II der AB.) ist vorgeschrieben, weil die Leistungen nach

§ 18 KPG. von ihnen zu erfüllen (§ 18 Abs. 1) oder wenigstens zu tragen (§ 18 Abs. 3) sind, weil also die eingetretene Rechtskraft zu ihren Gunsten wirkt und nur durch ihren Verzicht beseitigt werden darf.

Artikel 2 des Fünften Gesetzes zur Änderung des Gesetzes über das Verfahren in Versorgungssachen vom 3. Juli 1934 (RGBl. I S. 544)*)

(1) Rechtskräftige Entscheidungen können von den Verwaltungsbehörden geändert werden, wenn sie, ohne daß eine Veränderung der für die Entscheidung maßgebend gewesenen Verhältnisse eingetreten ist, der Sach- oder Rechtslage nicht entsprechen und wenn daher der Bezug der Versorgungsgebührnisse nicht oder nicht in der zugesprochenen Höhe gerechtfertigt ist. Die Änderung einer rechtskräftigen Entscheidung ist nur mit der vorherigen Genehmigung des Reichsarbeitsministers zulässig.

(2) Gegen die Entscheidung der Verwaltungsbehörde ist die Berufung an das Reichsversorgungsgericht gegeben. Die Vorschrift des § 91 Abs. 4 Satz 2 des Gesetzes über das Verfahren in Versorgungssachen in der Fassung des Artikels 1 Nr. 4 findet keine Anwendung, soweit es sich um die Änderung einer gerichtlichen Entscheidung über die im § 91 Abs. 4 Satz 2 des Gesetzes über das Verfahren in Versorgungssachen aufgeführten Voraussetzungen des Anspruchs handelt. Die Entscheidung des Reichsversorgungsgerichts ist endgültig.

(3) Beantragt der Kläger in dem Berufungsverfahren die Neufeststellung der Versorgungsgebührnisse wegen wesentlicher Veränderung der Verhältnisse, so hat das Reichsversorgungsgericht auch hierüber zu entscheiden, sofern der Antrag bei Einlegung der Berufung gestellt ist; ist der Antrag erst später gestellt worden, so kann es darüber entscheiden. § 91 Abs. 3 des Gesetzes über das Verfahren in Versorgungssachen gilt entsprechend.

(4) Der Reichsarbeitsminister bestimmt den Zeitpunkt, mit dem Artikel 2 außer Kraft tritt.

*) Der hier wiedergegebene Art. 2 des Ges. vom 3. 7. 34 ist im HdR. durch Deckblatt hinter den AB. zu § 65, also im Anschluß an § 65 Abs. 2 eingefügt worden. Er gehört aber systematisch hinter die §§ 65—71, weil der Unterabschnitt IX „Rechtskraft und Wiederaufnahme des Verfahrens" in § 65 Abs. 1 die Rechtskraft und in §§ 65 Abs. 2, 66—71 die im ordentlichen Verfahren durchzuführenden Ausnahmen von der Rechtskraft regelt, während die hier in Rede stehende Vorschrift eine in einem besonderen Verfahren durchzuführende Ausnahme behandelt, die auch die nicht unter § 65 Abs. 2 und §§ 66—70 fallenden Fälle ergreift. — Amtliche Begründung s. hinter den AB.

AB. zu Artikel 2 des Fünften Gesetzes zur Änderung des Gesetzes über das Verfahren in Versorgungssachen

1. § 5 der Durchführungsverordnung zum Fünften Gesetz zur Änderung des Gesetzes über das Verfahren in Versorgungssachen vom 3. Juli 1934 (RGBl. I S. 547) bestimmt:

Das Präsidium des Reichsversorgungsgerichts (§ 33 des Gesetzes über das Verfahren in Versorgungssachen) bestimmt die Senate, die über Berufungen gegen die auf Grund des Artikels 2 des Gesetzes erlassenen Bescheide zu entscheiden haben. Als Beisitzer aus der sozialen Fürsorge wirkt in diesen Fällen ein in der sozialen Fürsorge erfahrener, mit dem Versorgungswesen vertrauter Arzt mit.

2. (1) Die Vorschrift des Artikels 2 ermöglicht die Nachprüfung und Änderung rechtskräftiger Entscheidungen der Verwaltungs- und Spruchbehörden, wenn sie der Sach- oder Rechtslage nicht entsprechen und wenn daher die Herabsetzung oder Entziehung der Versorgungsgebührnisse geboten ist. Sie ist nicht anwendbar, wenn nach Erlaß der rechtskräftigen Entscheidung, das ist bei Bescheiden und Verfügungen des Vorsitzenden (VerfG. § 101) nach Vollziehung durch den zuständigen Beamten oder den Vorsitzenden, beim Urteil nach der Verkündung, eine wesentliche Änderung der Verhältnisse eingetreten ist, durch die allein die Entscheidung unrichtig in dem erwähnten Sinne geworden ist. In solchen Fällen kann die rechtskräftige Entscheidung nur auf Grund der Vorschrift des RVG. § 57 oder der entsprechenden Vorschriften anderer in Betracht kommenden Versorgungsgesetze geändert werden. Artikel 2 darf insbesondere nicht zu einer Umgehung der Vorschrift des RVG. § 57 Abs. 2 Satz 1 führen, wonach Grundrente und Schwerbeschädigtenzulage infolge Änderung der Verhältnisse nicht vor Ablauf von 2 Jahren nach der Zustellung des Bescheides gemindert oder entzogen werden können, es sei denn, daß durch Heilbehandlung oder berufliche Ausbildung eine wesentliche Besserung der Erwerbsfähigkeit erreicht worden ist.

(2) In jedem Falle ist eingehend zu prüfen, ob die Entscheidung auf nicht zutreffender Würdigung der tatsächlichen Verhältnisse oder der gesetzlichen Vorschriften beruht.

(3) Die VA. sind auch zuständig, wenn die frühere Entscheidung von einer anderen Verwaltungsbehörde (HVA. usw.) in einer Sache erlassen ist, in der jetzt die VA. allgemein zuständig sind.

(4) Die VA. haben nach Aufklärung des Sachverhalts, soweit sie noch notwendig ist, die Akten dem vorgesetzten HVA. vorzulegen, das sie an den RAM. weiterleitet, wenn es die Voraussetzungen des Artikels 2 für gegeben hält.

(5) Im Eingang des Bescheides ist hervorzuheben, daß die genau zu bezeichnende Entscheidung auf Grund der Vorschrift des Artikels 2 des Fünften Gesetzes zur Änderung des Gesetzes über

das Verfahren in Versorgungssachen abgeändert oder aufgehoben wird.

(6) Artikel 2 bezweckt zwar die Änderung oder Aufhebung der bereits bei seinem Inkrafttreten, also am 5. Juli 1934, rechtskräftig gewordenen, der Sach- oder Rechtslage nicht entsprechenden Entscheidungen; er soll daher wieder aufgehoben werden, wenn dieser Zweck erreicht ist. Solange er aber in Kraft ist, kann er auch auf rechtskräftige Entscheidungen angewendet werden, die erst nach seinem Inkrafttreten ergangen sind; das gilt jedoch nicht für Entscheidungen des Reichsversorgungsgerichts über Berufungen gegen die auf Grund des Artikels 2 erteilten Bescheide.

(7) Gegen diese Bescheide ist Berufung zum Reichsversorgungsgericht zulässig.

(8) Handelt es sich um Eltern- oder Witwerrente, so findet die Vorschrift des § 91 Abs. 4 Satz 2 über die Unzulässigkeit der Berufung, soweit es sich um die Frage der Bedürftigkeit oder der Ernährereigenschaft handelt, nur Anwendung, wenn die aufgehobene oder abgeänderte Entscheidung über diese Frage von einer Verwaltungsbehörde erlassen ist. In diesem Falle ist in der Rechtsmittelbelehrung auf die Unzulässigkeit der Berufung hinzuweisen. Handelt es sich aber um die Änderung oder Aufhebung eines Urteils einer Spruchbehörde oder einer Verfügung des Vorsitzenden (VerfG. § 101), so ist die Berufung auch hinsichtlich der Frage der Bedürftigkeit oder Ernährereigenschaft zulässig (Artikel 2 Abs. 2), weil die Änderung oder Entziehung einer durch eine Spruchbehörde zugesprochenen Leistung im vollen Umfange der gerichtlichen Nachprüfung unterliegen soll. Eine auf Grund des Artikels 2 ergangene Entscheidung des Reichsversorgungsgerichts kann von der Verwaltungsbehörde nicht mehr abgeändert werden.

Aus der Begründung zum Ges. vom 3. 7. 34 (RVBl. Nr. 44 S. V 56):

6. Es ist eine bekannte Tatsache, daß eine nicht unerhebliche Zahl von ehemaligen Heeresangehörigen und Hinterbliebenen Versorgungsgebührnisse bezieht, die entweder überhaupt nicht oder nicht in der zugesprochenen Höhe berechtigt sind, ohne daß es bei der gegenwärtigen Rechtslage möglich ist, die rechtskräftige Entscheidung zu ändern und das Reich von einer in Wahrheit nicht begründeten Leistung zu befreien. Dieser Zustand kann aus ethischen und finanziellen Gründen nicht weiter aufrechterhalten werden. Demgemäß sieht Artikel 2 vor, daß die Verwaltungsbehörde solche rechtskräftige Entscheidungen, auch wenn sie von den Spruchbehörden erlassen sind, ändern kann. Eine entsprechende Maßnahme ist auf dem Gebiete der Invalidenversicherung, wo die Verhältnisse ähnlich liegen, bereits getroffen worden. Es ist selbstverständlich, daß die in Betracht kommenden Fälle besonders eingehend geprüft werden müssen, weil die Herabsetzung oder Entziehung der Versorgungsgebührnisse

in der Regel einen schweren Eingriff in die Verhältnisse des Empfängers bedeutet. Daher soll eine solche Entscheidung nur mit vorheriger Genehmigung des Reichsarbeitsministers zulässig sein; gegen die Entscheidung ist, gleichgültig um welchen Streitgegenstand es sich handelt, abweichend von der für die Zulässigkeit der Berufung in Artikel 1 Nr. 3a vorgesehenen allgemeinen Regelung mit Rücksicht auf die Bedeutung dieser Maßnahme und den Umstand, daß es sich zum Teil um die Änderung gerichtlicher Entscheidungen handeln wird, die Berufung zum Reichsversorgungsgericht zugelassen. Soweit es sich um Änderungen gerichtlicher Entscheidungen handelt, soll das Reichsversorgungsgericht abweichend von der Vorschrift des § 91 Abs. 4 Satz 2 in der Fassung des Artikels 1 Nr. 4 auch über die Frage der Bedürftigkeit und der Ernährereigenschaft bei Ansprüchen auf Eltern- und Witwenrente (siehe oben Nr. 3) entscheiden, weil in den Fällen des Artikels 2 die Verwaltungsbehörden grundsätzlich nicht endgültig über die Herabsetzung oder Entziehung einer Leistung entscheiden sollen, die eine gerichtliche Entscheidung zugesprochen hat (Artikel 2 Abs. 2). Es ist selbstverständlich, daß diese Entscheidung des Reichsversorgungsgerichts nicht mehr von der Verwaltungsbehörde geändert werden kann. Um jeden Zweifel auszuschließen, empfiehlt es sich aber, das im Gesetz selbst zum Ausdruck zu bringen.

Durch Artikel 2 wird vorübergehend (siehe Abs. 4 dieses Artikels) volle Gleichheit der Rechtsstellung des Reichs mit der der Versorgungsberechtigten, soweit es sich um die Wirkung der Rechtskraft handelt, hergestellt; denn unrichtige Entscheidungen können bereits auf Grund der Vorschrift des § 71 des Gesetzes über das Verfahren in Versorgungssachen zugunsten der Versorgungsberechtigten geändert werden, während eine Änderung zu ihren Ungunsten nach dem geltenden Recht nur in beschränktem Umfange möglich ist. Dadurch, daß eine Änderung rechtskräftiger Entscheidungen von der Genehmigung des Reichsarbeitsministers abhängig ist, ist eine die Belange der Betroffenen wahrende soziale Anwendung der Vorschrift gewährleistet.

Legt der Versorgungsberechtigte gegen einen auf Grund des Artikels 2 erteilten Bescheid Berufung ein, so soll das Reichsversorgungsgericht in der Lage sein, auch Anträge des Versorgungsberechtigten auf Neufeststellung der Versorgungsgebührnisse wegen Veränderung der Verhältnisse (§ 57 RVG.) zu berücksichtigen, soweit nicht die entsprechend anzuwendende Vorschrift des § 91 Abs. 3 des Verfahrensgesetzes entgegensteht, damit alle streitigen Ansprüche in einem Verfahren erledigt werden können (Artikel 2 Abs. 3).

Die Vorschrift des Artikels 2 findet nur Anwendung, wenn die Entscheidung der Sach- oder Rechtslage nicht entspricht, ohne daß eine Veränderung der Verhältnisse ihre Unrichtigkeit bewirkt hat. Ist eine solche Änderung eingetreten und trifft nur deshalb die frühere Entscheidung nicht mehr zu, so ist eine Neufeststellung der

Rente nur auf Grund des § 57 des Reichsversorgungsgesetzes zulässig, in welchem Fall gemäß § 90 Abs. 2 Nr. 1 in der Fassung des Artikels 1 Nr. 3a die Versorgungsgerichte über die Berufung zu entscheiden haben.

Die Vorschrift des Artikels 2 ist nicht als eine dauernd bestehende Bestimmung gedacht, sie soll vielmehr eine Nachprüfung bereits rechtskräftiger Entscheidungen ermöglichen. Deshalb soll sie vom Reichsarbeitsminister wieder außer Kraft gesetzt werden, wenn der Zweck der Vorschrift als erreicht anzusehen ist. Solange sie gilt, kann sie allerdings auch auf Entscheidungen angewandt werden, die nach ihrem Inkrafttreten ergehen. Grundsätzliche Bedenken können dagegen nicht geltend gemacht werden, da der Zeitpunkt der gerichtlichen Entscheidung nicht von ausschlaggebender Bedeutung sein kann, wenn es aus ethischen Gründen und mit Rücksicht auf die Interessen des Reichs und der Allgemeinheit, die durch Steuern die notwendigen Mittel aufzubringen hat, notwendig ist, rechtskräftige gerichtliche Entscheidungen zu ändern.

X. Sonstige Vorschriften

§ 72*

Die Geschäftssprache ist die deutsche[1]. Für die mündliche Verhandlung[2] vor den Spruchbehörden gelten die §§ 185 bis 191 des Gerichtsverfassungsgesetzes[3] entsprechend.

*) Vgl. § 11 Abs. 2 VAO., § 9 OVAO., § 42 RVAO.

1. Nach § 87 GOV. (HdR. S. 1056 f.) sind Fremdwörter zu vermeiden und ist auf einfache, natürliche und leichtverständliche Sprache besonderes Gewicht zu legen. Fingerzeige für die Gesetzes- und Amtssprache s. HdR. S. 1199 ff., Begriffsbestimmungen häufig wiederkehrender Ausdrücke s. HdR. S. 1250 ff., Behandlung fremdsprachiger Schriftstücke § 90 GOV. (HdR. S. 1059).

2. Mündliche Verhandlung s. §§ 117 ff.

3. § 185 GVG. Wird unter Beteiligung von Personen verhandelt, welche der deutschen Sprache nicht mächtig sind, so ist ein Dolmetscher zuzuziehen. Die Führung eines Nebenprotokolls in der fremden Sprache findet nicht statt; jedoch sollen Aussagen und Erklärungen in fremder Sprache, wenn und soweit der Richter dies mit Rücksicht auf die Wichtigkeit der Sache für erforderlich erachtet, auch in der fremden Sprache in das Protokoll oder in eine Anlage niedergeschrieben werden. In den dazu geeigneten Fällen soll dem Protokolle eine durch den Dolmetscher zu beglaubigende Übersetzung beigefügt werden.

Die Zuziehung eines Dolmetschers kann unterbleiben, wenn die beteiligten Personen sämtlich der fremden Sprache mächtig sind.

§ 186 GVG. Zur Verhandlung mit tauben oder stummen Personen ist, sofern nicht eine schriftliche Verständigung erfolgt, eine Person als Dolmetscher zuzuziehen, mit deren Hilfe die Verständigung in anderer Weise erfolgen kann.

§ 187 GVG. Ob einer Partei, welche taub ist, bei der mündlichen Verhandlung der Vortrag zu gestatten sei, bleibt dem Ermessen des Gerichts überlassen.

Dasselbe gilt in Anwaltsprozessen von einer Partei, die der deutschen Sprache nicht mächtig ist.

§ 188 GVG. Personen, welche der deutschen Sprache nicht mächtig sind, leisten Eide in der ihnen geläufigen Sprache.

§ 189 GVG. Der Dolmetscher hat einen Eid dahin zu leisten, daß er treu und gewissenhaft übertragen werde.

Ist der Dolmetscher für Übertragungen der betreffenden Art im allgemeinen beeidigt, so genügt die Berufung auf den geleisteten Eid.

§ 190 GVG. Der Dienst des Dolmetschers kann von dem Gerichtsschreiber wahrgenommen werden. Einer besonderen Beeidigung bedarf es nicht.

§ 191 GVG. Auf den Dolmetscher finden die Bestimmungen über Ausschließung und Ablehnung der Sachverständigen entsprechende Anwendung. Die Entscheidung erfolgt durch das Gericht oder den Richter, von welchem der Dolmetscher zugezogen ist.

§ 73*

In Versorgungssachen[1] ist der Rechtsweg vor den ordentlichen Gerichten ausgeschlossen[2]. Die Versorgungsbehörden entscheiden[3] auch über die Rückforderung†) zu Unrecht empfangener Versorgungsgebührnisse[4] sowie über den Anspruch des Reichs auf Zurückzahlung einer Kapitalabfindung. In diesem Falle ist die Entscheidung auch für das Verfahren auf Befriedigung aus einer für den Rückzahlungsanspruch bestellten Sicherungshypothek bindend[5].

*) Keine entsprechende Vorschrift in der RVO.; Rechtspr. dazu VersB. 27/28 S. 127. — Durch Ges. vom 17. 3. 28 (RGBl. I, S. 63) ist der Ausdruck „erhobener Versorgungsgebührnisse" in „empfangener Versorgungsgebührnisse" geändert und der Text von „sowie" an zugesetzt.

AB. s. hinter § 74.

---

†) Drittler, Die Rückforderung zu Unrecht erhobener Versorgungsgebührnisse, MfA. 26 Sp. 553—555. Vgl. ferner die Zusammenstellung VersB. 26/27 S. 33—40. Vgl. aber jetzt die neuen AB. zu §§ 73, 74.

1. Der Begriff der VerſSachen iſt in Ziff. I der AB. zu §§ 73, 74 umſchrieben. Nicht zu den VerſSachen gehört insbeſondere die Geltendmachung von Schadensersatzanſprüchen auf Grund einer DB. gegen Dritte, die in Höhe der vom Fiskus zu zahlenden VerſGebührniſſe auf dieſen übergegangen ſind (vgl. § 41 Abſ. 2 MGB., § 38 Abſ. 2 OPG., § 86 Abſ. 2 RBG.). — Streitigkeiten über den Steuerabzug ſ. Anm. 6 zu § 86.

Zu den VerſSachen gehört aber die Geltendmachung von Nebenanſprüchen, die zu den VerſGebührniſſen als Verzugszinſen†), Verzugsſchäden uſw. (E. III, 82 mit Schrifttum und Rechtſprechung) hinzugetreten ſind. Ebenſo Schadenerſatzanſprüche, die z. B. aus der Schadhaftigkeit eines gelieferten Hilfsmittels hergeleitet werden (E. VIII, 82). Soweit jedoch Schadenerſatzanſprüche auf Verſchulden von Beamten geſtützt werden, ſind die ordentlichen Gerichte zuſtändig (RGEZ. 111 S. 366). Ebenſo für Anſprüche der Beamten des Reichsheeres auf Penſion nach dem Reichsbeamtengeſetz (E. I, 155, VI, 215). Über das Verbot der Aufwertung von VerſGebührniſſen durch Art. VII der 12. Ergänzung des Beſoldungsgeſ. vom 12. 12. 23 (RGBl. I S. 1181) vgl. RBGer. vom 5. 6. und 17. 10. 25 (E. V, 51 und 152), ferner vom 12. 12. 25 (E. V, 233) und im Gegenſatz dazu RG. vom 18. 10. 24 und vom 17. 11. 25 (RGEZ. 109 S. 122 und 112 S. 104).

2. Dies bedeutet, daß Klagen auf VerſGebührniſſe aus den Verſorgungsgeſetzen vor den ordentlichen Gerichten††), den Amts- oder Landgerichten nicht anhängig gemacht werden können, auch nicht als Schadenerſatzklagen†††) z. B. aus § 839 BGB., zumal ſolche Schadenerſatzanſprüche durch § 86 RBG. (auch § 38 OPG.) ausdrücklich ausgeſchloſſen ſind (vgl. hierzu auch RG. in JW. 21 S. 272; RGEZ. 97 S. 180; 99 S. 45; 103 S. 134; 118 S. 111; 119 S. 299 und Beſchluß des Kammergerichts vom 31. 3 33 — VerſB. 33 S. 126) Klagen auf Verſorgungsgebührniſſe, die trotzdem erhoben werden, unterliegen der Abweiſung wegen Unzuläſſigkeit des ordentlichen Rechtswegs. Für die Vertretung des Fiskus hierbei ſei auf §§ 78, 79 GOB. (HdR. S 1052) verwieſen.

Art. 129 der Reichsverfaſſung gewährleiſtet den Beamten und

---

†) Über Verzugs- und Prozeßzinſen vgl. v. Olshauſen, Handbuch, 2. Aufl. Anm. 4b zu § 35 S. 251, teilweiſe a. M. Dorn bei Gruchot Bd. 62 S. 677/78, ferner Langer in MſA. 22 Sp. 538 bis 546 und Piske daſelbſt Sp. 596—99. Dieſe Aufſätze ſind durch Art. VII der 12. Ergänzung des Beſoldungsgeſ. überholt. Über die Rechtswirkſamkeit des Art. VII uſw. vgl. Weinhold in MſA. 25 Sp. 101—106.

††) Die frühere Rechtſprechung des Reichsgerichts zu den Militär-Verſorgungs-Geſetzen iſt zuſammengeſtellt bei v. Olshauſen in MſA. 20 Sp. 252—67.

†††) Hartung, Schadenerſatzanſprüche, VerſB. 33 S. 88ff.

Berufssoldaten den „Rechtsweg", während an anderen Stellen der Reichsverfassung der „ordentliche Rechtsweg" genannt ist. Dadurch wird für Schutzpolizei-Beamte, Offiziere des Friedensstandes und Reichswehrangehörige die Anwendung des § 73 nicht ausgeschlossen; denn auch das Spruchverfahren vor den VersGerichten und dem RVGer. ist ein Rechtsweg im Sinne des Art. 129 der Reichsverfassung (E. V, 253 Nr. 70; VI, 165; VIII, 258, 278). Zu der bezüglich der Frage „Rechtsweg" / „ordentlicher Rechtsweg" abweichenden Rechtsprechung des Reichsgerichts (RGEZ. 119 S. 296; 124 S. 173) vgl. RVGer. vom 2. 1. 29 — M. 7603/27; VersB. 29 S. 129; ferner vom 9. 6. 29 — M. 28482/28 — und Drittler in VersB. 29 S. 192; endlich E. IX, 122. Für die Versorgungsansprüche der Berufssoldaten erkennt übrigens das Reichsgericht die ausschließliche Zuständigkeit der Spruchbehörden der Reichsversorgung mit anderer Begründung an (RGEZ. 119 S. 296; dazu E. IX, 122).

3. Die für das frühere Recht wichtige Unterscheidung zwischen Ansprüchen auf Feststellung von VersGebührnissen und solchen auf Zahlung oder Regelung hat für das Spruchverfahren jede Bedeutung verloren, wie auch im Verwaltungsverfahren in der Regel nur ein einheitlicher Bescheid zu erteilen ist (vgl. Anm. 6 zu § 86). Während die Spruchbehörden bis zum Inkrafttreten des VersG. nur zur Entscheidung über Ansprüche auf Feststellung von VersGebührnissen zuständig waren, unterliegen ihrer Nachprüfung jetzt auch die Fragen des Erlöschens und Ruhens des Rechts auf Versorgung (vgl. §§ 60—66 RVG.), über die früher im ordentlichen Rechtsweg entschieden wurde. Über ausdrücklichen und stillschweigenden Vorbehalt der Regelung vgl. Anm. 5a zu § 127. Auch auf Zahlung von nach Grund und Höhe unbestrittenen Gebührnissen (vgl. § 67 RVG.) kann nicht mehr vor den ordentlichen Gerichten geklagt werden.

4.†) a) Über die Rückforderung zu Unrecht empfangener VersGebührnisse entscheiden die Verwaltungsbehörden in gleicher Weise wie über die Feststellung von Gebührnissen durch einen Bescheid, den der Empfänger mit der Berufung anfechten kann. Letzteres gilt auch bei der Rückforderung von „Kannbezügen", weil deren Rückzahlung Rechtspflicht ist, § 91 also nicht zutrifft (ebenso mit anderer Begründung E. VI, 96). Um eine „Versorgungssache" und um die „Rückforderung zu Unrecht empfangener Versorgungs-

†) Drittler, Die Rückforderung zu Unrecht erhobener Versorgungsgebührnisse, MfA. 26 Sp. 553—555; Zusammenstellung in VersB. 26/27 S. 33—40; Drittler, wie vor (mit Schrifttum), VersB. 28/29 S. 33—39; Bendendorff, Die Rückforderung ..... unter der Herrschaft des neuen Gesetzes vom 16. 12. 27 ...., VersB. 30 S. 21—24. Über die zum 1. 7. 33 eingetretene erneute Änderung der Rechtslage s. im Text Anm. 4c 3; Strübing, Wiedereinziehung zu Unrecht empfangener VersGebührn., Deutsche Kriegsopferversorgung 34, Folge 1 S. 13.

gebührnisse" handelt es sich auch, wenn die gemäß Art. I VO. vom 30. 10. 23 (RGBl. I S. 1050) gegen Rückgabe des Versorgungsscheins gezahlte einmalige Entschädigung zurückgefordert wird (E. VI, 182). Für die Rückforderung von Beträgen, die als Versorgungsgebührnisse gezahlt sind, ist das Verfahren vor den Versorgungsbehörden, insbesondere auch den Spruchbehörden gegeben ohne Rücksicht auf die Person des Empfängers, so z. B. auch für die Rückforderung von einer Darlehnsfirma, die unter Umgehung der Abtretungsvorschriften (§ 68 Abs. 2 RVG.) Rente auf Grund der Ausweiskarte erhoben und auf ein Darlehn verrechnet hat (RVGer. 28. 2. 30: VersB. 30 S. 73), oder von dem Rechtsnachfolger des Berechtigten, der nach dessen Tode die Gebührnisse weiter abgehoben hat (E. VII, 25). Eine Anfrage im Bescheid, in welcher Weise die überhobenen Gebührnisse zurückgezahlt werden sollen, ist nicht notwendig eine Entscheidung über die Rückzahlungspflicht (RVGer. 14. 9. 27, M. 28685/26). Zu Unrecht empfangene Gebührnisse können auch durch Aufrechnung gegen fällige Gebührnisse eingezogen werden (§ 74 Abs. 1 Satz 2, 3; näheres s. AB. zu §§ 68—71 RVG.). Die Aufrechnung ist im Streitfalle ebenfalls durch berufungsfähigen Bescheid auszusprechen. Über die Rückforderung des von einer Krankenkasse zu Unrecht gezahlten Versorgungs-, Kranken- und Hausgeldes (vgl. § 37) ist nicht von den VersBehörden, sondern von den Behörden der Krankenversicherung zu entscheiden; Einbehaltung von der Rente ist hier nicht zulässig (E. VI, 301). Hat aber die Krankenkasse ihren Anspruch auf Rückzahlung zu Unrecht empfangenen Krankengeldes an das Reich abgetreten, so haben über die in diesem Falle zulässige und vom Vers.-Amt ausgesprochene Aufrechnung (§ 394 Satz 1 BGB., § 68 Abs. 1 Nr. 3 RVG.) die Spruchbehörden der Reichsversorgung zu entscheiden (E. X, 132). Die Zusatzrente (früher §§ 88ff. RVG., jetzt Art. 4 des Gesetzes über Änderungen auf dem Gebiete der Reichsversorgung vom 3. 7. 34 — RGBl. I S. 341) gehört zwar zu den Versorgungsgebührnissen, doch ist ihre Rückforderung in gleichem Umfang wie die Bewilligung (Art. 4 § 5 Abs. 1 des Gesetzes vom 3. 7. 34) zunächst Sache der Fürsorgestellen. Das VersAmt hat aber zu Unrecht gezahlte Zusatzrente auf einfaches Ersuchen der Fürsorgestelle einzubehalten. Die Einbehaltung fällt dann unter § 68 Abs. 1 Nr. 3 RVG. und § 73 Satz 2, § 74 Abs. 1 Satz 3 VerfG. (RVGer. 1. 3. 29 = RVBl. 29 Nr. 34[4]). Soweit die Bewilligung der Zusatzrente Sache der Verwaltungsbehörden der Reichsversorgung ist, sind die Spruchbehörden der Reichsversorgung für die Entscheidung über die Aufrechnung von Rente gegen überzahlte Zusatzrente von vornherein zuständig, obschon gegen die Bewilligung oder Ablehnung der Zusatzrente durch das VersAmt nur die Beschwerde an das HptVers.-Amt gegeben ist (Art. 4 § 5 Abs. 2 des Gesetzes vom 3. 7. 34).

b) Zu Unrecht empfangen sind Gebührnisse, die dem Empfänger nicht zustanden, sei es daß eine Leistungspflicht überhaupt nicht bestanden hat, sei es, daß sie wieder weggefallen war. Auf Grund einer rechtskräftigen Entscheidung gezahlte Gebührnisse sind aber nicht „zu Unrecht empfangen" (E. VI, 83; VII, 62), es sei denn, daß erst nach Erlaß der Entscheidung ein Grund für den Wegfall der Zahlungspflicht eingetreten oder die rechtskräftige Entscheidung im Wiederaufnahmeverfahren — rückwirkend; Anm. 1a zu § 66 — aufgehoben oder geändert worden ist. Aufhebung oder Änderung der rechtskräftigen Entscheidung durch Berichtigungsbescheid nach § 65 Abs. 2 kann Rückzahlungspflicht für die rückliegende Zeit nicht begründen (Anm. 6 Abs. 1 zu § 65), ebensowenig eine Änderung im Verfahren nach Art. 2 des Ges. vom 3. 7. 34 (s. hinter § 71), wohl aber eine Berichtigung nach § 89 (E. IX, 52; vgl. auch Anm. 3 Abs. 2 zu § 89). Die Gebührnisse, die das Reich nach der bisherigen Fassung des § 96 auf Grund eines verurteilenden Urteils des VGer. für die Zeit nach Erlaß des Urteils bis zur Entscheidung über den von ihm eingelegten Rekurs gezahlt hat, sind zu Unrecht empfangen und zurückzuzahlen, wenn oder soweit das Urteil des VGer. vom RVGer. aufgehoben worden ist. Wenn aber die Empfänger für die gleiche Zeit Zusatzrente (§§ 88ff. a. F. RVG.) bezogen hatten, so bestand nach § 96 Abs. 4 a. F. eine Verpflichtung zur Rückzahlung nur, wenn sie ohne besondere Schwierigkeiten geleistet werden konnte. Für Fälle, die jetzt noch zur Erledigung kommen, wird dies weitergelten, obschon der Abs. 4 des § 96 durch das 5. Gesetz zur Änderung des VersG. vom 3. 7. 34 (RGBl. I S. 544) mit gestrichen worden ist.

c) Ob der Reichsfiskus die Rückzahlung zu Unrecht empfangener Gebührnisse beanspruchen kann, bestimmt sich nach öffentlichem Recht, zu dessen Ergänzung die Vorschriften des BGB. (§§ 812ff.) nur hilfsweise herangezogen werden können. Der Anspruch richtet sich stets gegen denjenigen, der durch die unberechtigte Zahlung eine Bereicherung erfahren hat, also u. U. nur gegen die Waise, auch wenn die Mutter die Gebührnisse für sie in Empfang genommen hatte (E. VI, 96). Von einem Verschulden des Empfängers ist die Rückforderung nicht abhängig (E. VI, 96, 182). Um das klarzustellen, sagt das Gesetz jetzt zu Unrecht „empfangener" statt „erhobener" Gebührnisse (Begr. zum Gesetz vom 17. 3. 28). Die Frage, ob der Rückforderung zu Unrecht empfangener Versorgungsgebührnisse der dem § 818 Abs. 3 BGB. entsprechende Einwand des Wegfalls der Bereicherung entgegengehalten werden kann, ist verschieden zu beantworten je nachdem, ob die Überzahlung vor dem 1. 10. 1927 (zu 1), in der Zeit vom 1. 10. 1927 bis 1. 7. 1933 (zu 2) oder nach dem 1. 7. 1933 (zu 3) geleistet worden ist (vgl. auch Ziff. II 3 der AB. zu §§ 73, 74):

1. Bei Überzahlungen vor dem 1. 10. 1927 ist die Aufrechnung mit laufenden Gebührnissen mit Rücksicht auf die vom RG. besonders in den Entscheidungen RGZ. 81 S. 340 und 83

S. 161 aufgestellten Grundsätze †) auch dann zulässig, wenn der Empfänger nicht mehr bereichert ist (E. V, 120; VI, 96, 110, 182; VII, 63). Das gleiche gilt, wenn Rückzahlung verlangt wird, weil der Empfänger keine Versorgung mehr bezieht und deshalb Tilgung durch Aufrechnung nicht möglich ist (E. V, 120; VI, 110 unter Preisgabe von E. III, 221). Der Einwand des Wegfalls der Bereicherung kann aber erhoben werden, wenn die Verwaltungsbehörde nach dem Tode des VersBerechtigten, obwohl ihr der Tod mitgeteilt war, noch Beträge als Versorgungsgebührnisse gezahlt hat, auf die weder der Verstorbene noch sein Rechtsnachfolger einen Anspruch hatte (E. VII, 25).

2. Für Überzahlungen in der Zeit vom 1. 10. 1927 bis 1. 7. 1933 folgt nach der Rechtsprechung des RVGer. aus dem am 1. 10. 1927 in Kraft getretenen § 39 Abs. 3 des Besoldungsgesetzes vom 16. 12. 27 (RGBl. I S. 349), daß die Überzahlung nur unter den Voraussetzungen der §§ 812 ff. BGB. zurückgefordert werden kann, daß also die Rückforderung nach § 818 Abs. 3 BGB. ausgeschlossen ist, wenn der Empfänger nicht mehr bereichert ist (E. IX, 74 mit geschichtlicher Entwicklung, Schrifttum und Rechtsprechung). Das gilt auch für die Rückforderung auf Grund einer Entscheidung im Wiederaufnahmeverfahren, durch welche die der Überzahlung zugrundeliegende Entscheidung aufgehoben worden ist (E. IX, 168). Gegenüber dem Anspruch des Reichs auf Rückzahlung der nach § 96 a. F. — für die Zeit nach Erlaß der verurteilenden Entscheidung des VGer. bis zur Entscheidung über den Rekurs des Reichs vorläufig — gezahlten Gebührnisse kann der Wegfall der Bereicherung, wie sich aus dem Grundgedanken des § 820 Abs. 1 Satz 2 BGB. ergibt, nicht eingewendet werden (E. IX, 180; vgl. aber auch oben unter b). Ebensowenig gegenüber der Rückforderung von Gebührnissen, die unter dem — nur bei Nachzahlungen, nicht bei laufenden Gebührnissen zulässigen — Vorbehalt des Irrtums gezahlt sind, (E. X, 87). Das insoweit zuständige Reichsversicherungsamt hat auch für die Zeit seit dem 1. 10. 1927 daran festgehalten, daß der Rückforderung zu Unrecht gezahlten Versorgungskrankengeldes ††) der Einwand des Wegfalls der Bereicherung nicht entgegengesetzt werden kann, mit der Begründung, daß das Versorgungskrankengeld dem

---

†) Vgl. auch die von Drittler im VersV. 28/29 S. 33 f. angeführten Entscheidungen.

††) Bothe, Rückforderung zu Unrecht gezahlten Versorgungskrankengeldes, Volkst. Zeitschr. f. d. gesamte SozVers. 33. Jahrg. 1933 Nr. 8; Hommel, Die bisherige Stellung der Oberversicherungsämter und Versicherungsämter zu dem Einwand der nicht mehr vorhandenen Bereicherung gegenüber Anträgen auf Rückerstattung zu Unrecht gezahlten Versorgungskrankengeldes und die neue Entscheidung des RVA. vom 20. 1. 1933, Arbeiterversorgung 50. Jahrg. 1933 Nr. 15.

Kassenkrankengeld auch in dieser Beziehung gleichbehandelt werden müsse (RVA. 20. 1. 33 = AN. 33 S. 183 = EuM. 34 S. 71; RVBl. 33 Nr. 49[3]; VersB. 33 S. 124). — Soweit hiernach der Einwand des Wegfalls der Bereicherung zulässig ist, hat er nicht die Bedeutung einer Einrede, sondern die eines rechtsvernichtenden Einwands. Der Wegfall ist deshalb schon zu berücksichtigen, wenn sich auch ohne ausdrückliche Berufung hierauf die Notwendigkeit der Prüfung aus dem gesamten Prozeßstoff und dem gesamten Vorbringen der Parteien ergibt. Da der Empfänger nur die Bereicherung herausgeben, aber nicht darüber hinaus geschädigt werden soll, so sind für die Frage, ob eine Bereicherung noch vorliegt, nicht rechtliche, sondern rein wirtschaftliche Gesichtspunkte maßgebend. Danach kommt es nicht auf den ganzen Vermögensstand, sondern nur auf diejenigen Vermögensteile an, die Gegenstand der nicht geschuldeten Leistung waren (so RVGer. 24. 10. 30 = RVBl. 30 Nr. 77[1]).

3. Für Überzahlungen nach dem 1. 7. 1933 ist der Einwand des Wegfalls der Bereicherung wieder ausgeschlossen durch § 50 Nr. 4 des Gesetzes zur Änderung von Vorschriften auf dem Gebiete des allgemeinen Beamten-, des Besoldungs- und des Versorgungsrechts vom 30. 6. 33 (RGBl. I S. 433).

d) Über die Deckung von Überzahlungen aus laufenden Kannbezügen und Zusatzrenten vgl. Ziff. II 4—6 der AB. zu §§ 73, 74.

5. Über die Rückforderung von Kapitalabfindungen vgl. Nr. 62—70 der AB. zu §§ 72—85 RVG. (HdR. S. 187 ff.) und Ziff. V der AB. zu §§ 73, 74 VerfG. Über die bindende Wirkung der Entscheidung gegenüber den ordentlichen Gerichten vgl. auch die Begr. zum Ges. vom 17. 3. 28.

§ 74*)

(1) Gebühren[1], außergerichtliche Kosten[2], Geldstrafen[3] sowie Kapitalabfindungen, die zurückzuzahlen sind, werden, wenn die Entscheidung[4] hierüber unanfechtbar[5] geworden ist, wie Gemeindeabgaben beigetrieben[6]. Sie können auch von den Versorgungsgebührnissen einbehalten werden. Das gleiche gilt für zu Unrecht empfangene Versorgungsgebührnisse[7].

(2) Die zuständige Versorgungsbehörde[8] kann von der Einziehung absehen[9], wenn sie mit Kosten oder Weiterungen, die in keinem Verhältnis zu der Einnahme stehen, verknüpft ist oder die Beitreibung eine besondere Härte bedeutet.

*) Vgl. §§ 28, 146 Abs. 2, §§ 754a, 1670 Abs. 3 RVO.; Rechtspr. dazu VersB. 22/28 S. 127. — Abs. 1 Satz 2 ist durch Art. 21 Ziff. V 6 der PAV. zum 31. 10. 23, der Zusatz „sowie

Kapitalabfindungen, die zurückzuzahlen sind", durch Ges. vom 17. 3. 28 zum 1. 4. 28 eingefügt.

AB. zu §§ 73, 74 s. hinter den Anmerkungen.

1. Durch die Wiedereinführung der Gebührenfreiheit (§ 142) zum 1. 4. 28 sind alle Gebührenentscheidungen, die vor dem 1. 4. 28 ergangen und — wenn auch nach diesem Tage — rechtskräftig geworden sind, unberührt geblieben. Sie können also auch weiterhin nach § 74 vollstreckt werden. In diesen Fällen soll aber § 74 Abs. 2 besonders wohlwollend angewandt werden (RVBl. 28 Nr. 45 Ziff. 8). Anwaltsgebühren fallen nicht unter § 74; vgl. auch Vorbem. und Anm. 3 zu § 145.

2. Außergerichtliche Kosten sind die Kosten der Rechtsverfolgung im Spruchverfahren, welche die unterliegende Partei dem Gegner nach § 143 zu erstatten hat.

3. Hierher gehören die Strafen des § 107 Abs. 2, § 109 Abs. 3, § 119 Abs. 3, § 121 Abs. 2 und § 148 Abs. 1. Hingegen fallen die Geldstrafen nach § 149 Abs. 2 und § 150 nicht hierunter; sie sind keine Ordnungsstrafen, sondern Strafen im Sinne des Strafgesetzbuchs, werden von den ordentlichen Strafgerichten verhängt und nach den Vorschriften der Strafprozeßordnung vollstreckt.

4. Die Entscheidung ist bei außergerichtlichen Kosten ein Urteil oder eine Verfügung des Vorsitzenden (vgl. Anm. 6 zu § 143) — ausnahmsweise ein Beschluß (§ 138 Abs. 1 Satz 2) —, bei Geldstrafen eine Verfügung des Vorsitzenden des Gerichts (§ 148 Abs. 2), des Vorsitzenden der Kammer oder des Senats (§ 121 Abs. 2 in Verbindung mit § 109 Abs. 3), des Leiters der Beweisverhandlung (§ 107 Abs. 3, § 109 Abs. 3) oder ein Beschluß der Kammer oder des Senats (§ 121 Abs. 3 in Verbindung mit § 107 Abs. 3).

5. Unanfechtbar ist die Entscheidung über die außergerichtlichen Kosten und Geldstrafen, wenn im Falle des § 143 ein Rechtsmittel gegen die Entscheidung in der Hauptsache nicht oder nicht mehr gegeben (vgl. § 92 Abs. 4) oder sonst die Beschwerde unzulässig oder die vorgeschriebene Frist verstrichen ist.

6. Wie G e m e i n d e a b g a b e n b e i g e t r i e b e n werden, bestimmt sich nach den Landesgesetzen; vgl. Ziff. II 7 der AB. zu §§ 73, 74.

7. Zu Unrecht empfangene VersGebührnisse (Pflichtleistungen sowohl wie Kannbezüge) können ebenfalls erst beigetrieben oder von den laufenden VersGebühren einbehalten (Anm. 4 b zu § 73) werden, wenn die Entscheidung über die Wiedereinziehung rechtskräftig geworden ist, da ein vom Kläger eingelegtes Rechtsmittel nach § 96 Abs. 1 insoweit aufschiebende Wirkung hat, als es sich um die Rückzahlung zu Unrecht empfangener Gebührnisse handelt (vgl. auch Anm. 1 zu § 96). Einbehaltung von laufenden Kannbezügen

und Zusatzrenten kann dagegen ohne weiteres erfolgen (Ziff. II 4—6 der AB. zu §§ 73, 74).

Zur Deckung vom Beschädigten überhobener VersGebührnisse können Sterbegeld, Sterbevierteljahr und Hinterbliebenengebührnisse nicht herangezogen werden, wohl aber rückständige VersGebührnisse des Verstorbenen (vgl. § 71 RVG.). Über die Einbehaltung überzahlter Beträge an Krankengeld, Hausgeld und Zusatzrente s. Anm. 4 zu § 73.

8. Außergerichtliche Kosten (§ 143) und zu Unrecht empfangene VersGebührnisse werden stets, auch wenn darüber ein Urteil einer Spruchbehörde ergangen ist, von der Verwaltungsbehörde eingezogen und beigetrieben, Gebühren und Geldstrafen (soweit sie Ordnungsstrafen sind; vgl. Anm. 3) von der Spruchbehörde, die sie auferlegt hat.

9. Im Gegensatz zu Gebühren, außergerichtlichen Kosten, Geldstrafen und Zahlungen nach dem bisherigen § 96 Abs. 2 (vorläufige Zahlungen auf Grund eines mit Rekurs angefochtenen Urteils) muß bei zu Unrecht empfangenen Versorgungsgebührnissen stets geprüft werden, ob einen Beamten ein Verschulden an der Überzahlung trifft, das ihn zur Tragung des Ausfalls verpflichtet. Im übrigen vgl. Ziff. III der AB. zu §§ 73, 74.

AB. zu §§ 73, 74

I. 1. Unter den Begriff „Versorgungssachen" und „Versorgungsgebührnisse" im Sinne des § 73 fallen alle Leistungen (auch Kannbezüge), die auf Grund der Versorgungsgesetze gewährt werden können, auf deren Durchführung die Vorschriften der VersG. Anwendung finden, ferner Leistungen auf Grund der zur Ergänzung dieser Gesetze im Verwaltungswege ergangenen Bestimmungen sowie die in AB. zu § 37 Ziff. I Abs. 2 bezeichneten Schadenersatzansprüche mit der dort angeführten Ausnahme.

2. Wegen der Frontzulage (Gesetz über Änderungen auf dem Gebiete der Reichsversorgung vom 3. Juli 1934) siehe AB. zu § 96a Nr. 1 und 10.

II. 1. Versorgungsgebührnisse (auch Kannbezüge) sind zu Unrecht empfangen, wenn sie nach den maßgebenden gesetzlichen oder Verwaltungsvorschriften nicht bewilligt oder gezahlt werden durften. Grundsätzlich müssen zu Unrecht empfangene Versorgungsgebührnisse dem Reich wieder erstattet werden*). Verschulden des Empfängers ist keine Voraussetzung des Anspruchs auf Erstattung, ebensowenig steht ein Verschulden des die Bewilligung oder Zahlung anordnenden Beamten der Rückforderung entgegen.

2. Dieser Grundsatz wird jedoch durch folgende Ausnahmen durchbrochen:

---

*) Wegen des Nachweises der Forderungen des Reichs aus der Reichsversorgung siehe RRO. § 27 und AB. dazu (HdR. S. 2201).

a) Leistungen, die auf Grund eines unrichtigen rechtskräftigen Bescheides gezahlt worden sind, können nicht zurückgefordert werden, wenn der Bescheid durch Berichtigungsbescheid (§ 65 Abs. 2) aufgehoben oder abgeändert wird, es sei denn, daß der Empfänger bei dem Empfang wußte, daß die Leistung zu Unrecht bewilligt worden war und daß er arglistig gehandelt hat. Das gleiche gilt, wenn durch einen Bescheid nach Artikel 2 des Fünften Gesetzes zur Änderung des Gesetzes über das Verfahren in Versorgungssachen vom 3. Juli 1934 (HdR. S. 268 a) rechtskräftige Entscheidungen geändert werden.

b) Werden Bescheide über Leistungen, auf deren Gewährung kein Rechtsanspruch besteht (Kannbezüge), aufgehoben, weil die Voraussetzungen für die Bewilligung nicht erfüllt waren, so können die zu Unrecht gewährten Gebührnisse nicht zurückgefordert werden, wenn den Empfänger kein Verschulden trifft und er im guten Glauben war.

3. (1) Auch wenn die Rückforderung zu Unrecht empfangener Versorgungsgebührnisse nach dem unter Nr. 2 Gesagten zulässig ist, besteht keine Verpflichtung zur Erstattung, wenn es sich um Leistungen handelt, die für die Zeit nach dem 30. 9. 1927 gezahlt worden sind, und wenn der Einwand der nicht mehr bestehenden Bereicherung begründet ist. Die im BGB. §§ 812 ff. niedergelegten Grundsätze finden in diesem Falle entsprechende Anwendung.

a) Der Einwand der nicht mehr bestehenden Bereicherung ist unzulässig, soweit es sich um Versorgungsgebührnisse handelt, die nach der früheren Vorschrift des § 96 Abs. 2 und 3 vorläufig gezahlt worden sind. Wird das Urteil des VGer. auf den Rekurs des Reichsfiskus aufgehoben, so wird der Empfänger von der Verpflichtung zur Erstattung nicht deshalb befreit, weil er nicht mehr bereichert ist (vgl. BGB. § 820 Abs. 1 Satz 2). Der Einwand ist ferner unzulässig, wenn es sich um die Anrechnung von Vorschüssen oder unrichtig berechneten, unter Vorbehalt des Irrtums geleisteten Nachzahlungen auf laufend zahlbare Versorgungsgebührnisse handelt, dagegen zulässig, wenn die Erstattung von Versorgungsgebührnissen verlangt wird, weil die Entscheidung, durch die sie bewilligt worden waren, im Wiederaufnahmeverfahren aufgehoben worden ist.

b) Der Einwand der nicht mehr bestehenden Bereicherung ist unbegründet, wenn der Empfänger beim Empfang der Gebührnisse den Mangel des rechtlichen Grundes gekannt hat; erfährt er ihn später, so kann der Einwand hinsichtlich des in diesem Zeitpunkte noch nicht ausgegebenen Betrages nicht geltend gemacht werden.

c) Der Einwand der nicht mehr bestehenden Bereicherung ist nicht schon deshalb begründet, weil der Empfänger den empfangenen Betrag ausgegeben hat; hat er damit Aufwendungen für sich oder seine Familie bestritten, die er sonst aus anderen Mitteln hätte machen müssen (z. B. Verwendung für den notwendigen Lebensunterhalt), hat er Anschaffungen gemacht, durch die der Wert seines Vermögens im Zeitpunkt der Rückforderung im Vergleich mit dem Wert vor dem Empfang der Versorgungsgebührnisse noch erhöht ist, oder Schulden abgetragen, so liegt noch eine Bereicherung vor. Dagegen ist das nicht der Fall, wenn die Versorgungsgebührnisse zur Verbesserung der Lebenshaltung oder für Ausgaben verwendet worden sind, die nicht notwendig waren, ohne den Empfang der Versorgungsgebührnisse nicht gemacht worden wären und den Wert seines Vermögens nicht erhöht haben.

(2) Der Einwand der nicht mehr bestehenden Bereicherung ist unzulässig, wenn Versorgungsgebührnisse nach dem 1. 7. 1933 gezahlt worden sind (§ 39 Abs. 3 des BesG. vom 16. 12. 1927 in der Fassung des § 50 Nr. 4 des Gesetzes zur Änderung von Vorschriften auf dem Gebiete des allgemeinen Beamten-, des Besoldungs- und des Versorgungsrechts vom 30. 6. 1933 — RGBl. I S. 433).

4. a) (1) Wenn feststeht, daß Versorgungsgebührnisse objektiv zu Unrecht empfangen sind, ist in allen Fällen, bevor ein Rückforderungsanspruch gegenüber dem Empfänger geltend gemacht wird, zu prüfen, ob ein Ausgleich durch Neufeststellung von Kannbezügen oder Zusatzrenten möglich ist. Es ist unerheblich, welche Art von Versorgungsgebührnissen zu Unrecht gezahlt worden ist; daher kann gegebenenfalls auch die Zusatzrente neu festgestellt werden, wenn andere Versorgungsgebührnisse überhoben sind. Dieser Ausgleich ist unabhängig davon vorzunehmen, ob ein Anspruch auf Rückforderung nach den Ausführungen unter Nr. 2 und 3 besteht oder nicht.

(2) Treffen Kannbezüge und Zusatzrenten zusammen, so ist auch bei Überzahlung von Zusatzrenten der Ausgleich durch Neufeststellung der Kannbezüge herbeizuführen, und zwar, soweit die FSt. für die Feststellung der Zusatzrenten zuständig ist, auf ihren Antrag.

b) In der Regel wird eine den Verhältnissen angemessene Herabsetzung dieser Bezüge in Betracht kommen, ihre völlige Einstellung bis zum Ausgleich der Überhebung wird nur in Ausnahmefällen möglich sein.

c) Grundsätzlich können nur Kannbezüge oder Zusatzrenten des Versorgungsberechtigten neu festgestellt werden, für den Gebührnisse zu Unrecht gezahlt worden sind. Soweit es sich um Überzahlungen an Waisen handelt, können Kannbezüge oder Zusatzrenten der Mutter oder Erziehungsbeihilfen sonstiger Waisen, soweit sie der Mutter gezahlt wurden, neu festgestellt werden, wenn die Überzahlung durch vorsätzliches Verschulden der Mutter (unrichtige Angaben, absichtliches Verschweigen) herbeigeführt worden ist.

d) Der Umstand, daß der Anspruch auf Erstattung der zu Unrecht gezahlten Versorgungsgebührnisse durch Urteil einer Spruchbehörde zurückgewiesen ist, schließt die Neufeststellung von Kannbezügen oder Zusatzrenten zum Zwecke des Ausgleichs nicht aus. Sie kommt aber nicht mehr in Betracht, wenn dem Empfänger gegenüber auf die Zurückforderung endgültig verzichtet worden ist.

e) Soweit die Feststellung der Zusatzrenten den FSt. obliegt (Gesetz über Änderungen auf dem Gebiete der Reichsversorgung vom 3. Juli 1934, Art. 4 § 5 — HdR. S. 368 e —), ist die Neufeststellung Sache der FSt., die daher auch über die Ersuchen der VBeh. um Neufeststellung der Zusatzrenten zu entscheiden haben, wenn andere Versorgungsgebührnisse wie Zusatzrente zu Unrecht gezahlt worden sind. Die Bestimmung des Betrages, um den die Zusatzrente zu kürzen ist, ist Sache der FSt.

f) Die Entscheidung ist davon abhängig, ob und in welcher Höhe unter Berücksichtigung des zu Unrecht empfangenen Betrages eine Kürzung des Kannbezuges oder der Zusatzrente vertretbar ist. Mit Rücksicht auf die Finanzlage des Reiches und die Tatsache, daß der — oft sehr erhebliche — Betrag dem Empfänger ohne rechtlichen Grund zugeflossen ist, muß bei der Prüfung der Bedürfnisfrage ein strenger Maßstab angelegt werden; daher soll von einer Kürzung der bezeichneten Gebührnisse bei schuldhafter Überhebung überhaupt nicht und im übrigen nur abgesehen werden, wenn das Bedürfnis für ihre Belassung in voller Höhe besonders dringend ist.

g) Wenn eine Neufeststellung der Kannbezüge oder Zusatzrenten nach dem Ermessen der zur Entscheidung zuständigen Behörde nicht für vertretbar erachtet wird, hat diejenige Stelle (VA., FSt.), die die überhobenen Gebührnisse gezahlt hat, dem HVA. oder der HFSt. zu berichten, die ihrerseits dem RAM. zu berichten haben, wenn sie eine Neufeststellung der in Betracht kommenden Bezüge nicht für angängig halten.

5. a) Ist ein Ausgleich des zu Unrecht gezahlten Betrages durch Neufeststellung von Kannbezügen oder Zusatzrenten mit angemessenem finanziellen Ergebnis nicht möglich und besteht nach Nr. 2 und 3 ein Anspruch auf Zurückzahlung der überhobenen Gebührnisse, so ist der überhobene Betrag durch Aufrechnung gegen den Anspruch auf laufend zahlbare Versorgungsgebührnisse oder durch Beitreibung aus sonstigem Vermögen des Empfängers einzuziehen, wenn nicht

seine Erstattung anderweitig durch Übereinkommen mit dem Empfänger sichergestellt ist oder von der Einziehung nach § 74 Abs. 2 (siehe unter Ziffer III) abgesehen wird.

b) (1) Ein berufungsfähiger Bescheid über die Verpflichtung zur Erstattung der zu Unrecht empfangenen Gebührnisse wird nur erteilt, wenn gegen die Aufrechnung Widerspruch erhoben wird oder wenn in Ermangelung einer Aufrechnungsmöglichkeit die Beitreibung aus sonstigem Vermögen des Empfängers erfolgen soll.

(2) Wird Berufung eingelegt, so ist die Durchführung der Aufrechnung gegen den Anspruch auf die laufend zahlbaren Versorgungsgebührnisse oder die Beitreibung bis zur rechtskräftigen Erledigung des Spruchverfahrens auszusetzen (§ 96). Eine etwaige Rentennachzahlung ist im Falle der Berufungseinlegung in Höhe des überhobenen Betrages bis zur rechtskräftigen Entscheidung über den Anspruch auf Zurückzahlung und die Zulässigkeit der Aufrechnung auszusetzen.

c) Nach Maßgabe des BGB. § 406 kann die Aufrechnung auch gegenüber dem neuen Gläubiger erklärt werden, wenn der Anspruch auf Versorgungsgebührnisse abgetreten worden ist.

d) Bevor ein berufungsfähiger Bescheid erteilt wird, ist bei Überhebungen für die Zeit nach dem 30. 9. 1927 zu prüfen, ob der Einwand der nicht mehr bestehenden Bereicherung (siehe Nr. 3) begründet ist, und zwar nicht nur, wenn er ausdrücklich erhoben ist, sondern auch, wenn er nach dem gesamten Vorbringen des Empfängers zu erwarten oder zu unterstellen ist; denn nach § 80 Abs. 1 ist in diesem Fall die Sachlage von Amts wegen aufzuklären; siehe jedoch Nr. 3 Abs. 2.

e) Ist eine Verurteilung des Empfängers nicht zu erwarten, weil der Einwand der nicht mehr bestehenden Bereicherung begründet erscheint, so ist von der Erteilung eines berufungsfähigen Bescheides und der weiteren Verfolgung des Anspruchs abzusehen.

6. Können überhobene Kannbezüge oder Zusatzrenten nicht nach Nr. 4 ausgeglichen werden, so gilt Nr. 5 entsprechend. Handelt es sich um überhobene Zusatzrenten, für deren Feststellung die FSt. zuständig ist, so hat die FSt. das zuständige VA. unter Mitteilung aller den Anspruch auf Erstattung begründeten Tatsachen um die weiteren nach Nr. 5 erforderlichen Maßnahmen zu ersuchen. Erforderlichenfalls sind die Akten der FSt. beizuziehen. Das Ergebnis teilt das VA. der FSt. mit; vgl. auch Bestimmungen über die Abrechnung der Ausgaben an Zusatzrenten Abschn. C Nr. 1 Abs. 4 — HdR. S. 368 dd.

7. Für das Beitreibungsverfahren (Zwangsvollstreckung) (siehe Nr. 5) gelten die landesrechtlichen Vorschriften über das Verwal-

tungszwangsverfahren zur Beitreibung von Gemeindeabgaben. Die zuständige Behörde ist unter Hinweis auf § 75 um die Beitreibung zu ersuchen.

III. Von der Einziehung des überhobenen Betrages kann unter den in § 74 Abs. 2 bestimmten Voraussetzungen abgesehen werden. Hierfür gelten folgende Vorschriften:

1. (1) Zu Unrecht empfangene Versorgungsgebührnisse usw. müssen grundsätzlich zurückgezahlt werden, jedoch soll durch die Rückzahlung der Unterhalt des Empfängers und die Erfüllung seiner gesetzlichen Unterhaltspflichten nicht gefährdet werden. Steht das Recht auf Rückforderung fest, so sind die wirtschaftlichen Verhältnisse des Empfängers eingehend zu prüfen; gegebenenfalls ist der BFV. zu hören.

(2) Die Höhe der monatlichen Abzüge ist unter Berücksichtigung der wirtschaftlichen Verhältnisse des zur Rückzahlung Verpflichteten so zu bemessen, daß die Schuldsumme in einem angemessenen Zeitraum getilgt wird.

(3) In besonderen Ausnahmefällen, z. B. bei großer Notlage infolge von Krankheiten, wird auch zu prüfen sein, ob nicht die Tilgung des überhobenen Betrags zu einem späteren Zeitpunkt begonnen werden kann.

(4) Von der Einziehung geringfügiger Überhebungen — bis zu 1 *RM* — kann in Fällen, in denen eine Aufrechnung gegen den Anspruch auf laufende Gebührnisse nicht möglich ist, abgesehen werden.

2. (1) Ergibt die Prüfung, daß die Einziehung mit Kosten oder Weiterungen verknüpft wäre, die in keinem Verhältnis zu der Einnahme stehen, oder daß die Beitreibung nach sorgfältiger Abwägung aller in Betracht kommenden Verhältnisse eine besondere Härte bedeute, so kann nach § 74 Abs. 2 von der Einziehung abgesehen werden. Das Einziehungsverfahren ist alsdann einzustellen. Voraussetzung für die Anwendung des § 74 Abs. 2 ist aber immer, daß die Forderung des Reichs an sich e i n z i e h b a r ist. Wegen der Einziehung in den Fällen der früheren Vorschrift des § 96 Abs. 2 und 3 siehe AB. zu § 96 Nr. 2.

(2) Durch RWB. § 67 (HdR. S. 1482) ist auch Bestimmung getroffen worden für die Behandlung nachweislich dauernd oder vorübergehend n i c h t e i n z i e h b a r e r Forderungen des Reichs. (Dauernde oder einstweilige Abstandnahme von der Weiterverfolgung des Anspruchs.) Die VB. regeln hierbei die Zuständigkeit der VBeh. Die für v o r ü b e r g e h e n d n i c h t e i n z i e h b a r e Forderungen getroffene Regelung (siehe Nr. 5) gilt auch für die einziehbaren Forderungen des Reichs nach VerfG. § 74 Abs. 2 und nach den BesV. Für die Anwendung der BesV. vom 12. 3. 1928 Nr. 95 Abs. 3 (HdR. S. 1690) verbleibt es jedoch bei der ausschließlichen Zuständigkeit des RAM.

3. (1) Die E i n s t e l l u n g d e s E i n z i e h u n g s v e r f a h r e n s

hat keinerlei materielle Rechtswirkung, wobei es gleichgültig ist, ob es sich um einziehbare Forderungen (VerfG. § 74 Abs. 2, BesV. von 1920 Nr. 288 Abs. 4 Satz 3 und 4 [RBesBl. 1924 S. 221] und BesV. vom 12. 3. 1928 Nr. 95 Abs. 3 [RBesBl. 1928 S. 33 — siehe HdR. S. 1690 —]) oder um nicht einziehbare Forderungen (RWB. § 67) handelt. Der Empfänger der Überhebung bleibt vielmehr zur Erstattung verpflichtet. Die Einstellung stellt also lediglich eine Anweisung an die betreffende Dienststelle dar, dauernd oder einstweilen davon abzusehen, den Anspruch weiterzuverfolgen. Im Falle der Einstellung des Einziehungsverfahrens müssen daher die wirtschaftlichen Verhältnisse des Schuldners überwacht werden. Bei vorübergehend nicht einziehbaren Forderungen müssen sie regelmäßig nachgeprüft werden, um bei Besserung der Wirtschaftslage des Schuldners das Rückforderungsrecht wieder geltend machen zu können.

(2) In die Benachrichtigungen der Empfänger von der Einstellung des Verfahrens ist ein Hinweis auf das Fortbestehen des Rückzahlungsanspruchs aufzunehmen.

4. (1) Ergibt die Prüfung, daß eine Forderung des Reichs auf Rückerstattung zu Unrecht empfangener Versorgungsgebührnisse usw. wegen der wirtschaftlichen Verhältnisse des Schuldners oder aus anderen Gründen (z. B. Tod, Auswanderung u. a.) nachweislich dauernd nicht einziehbar ist (RWB. § 67 Abs. 1), so hat das HVA. — ohne Rücksicht auf die Höhe des überhobenen Betrages — davon abzusehen, den Anspruch weiterzuverfolgen. Bei Forderungen von nicht mehr als 300 RM haben die VA. zu entscheiden.

(2) Der Nachweis, daß die Forderung weder gegenwärtig noch zukünftig einziehbar ist, dient als Beleg für die Rechnungsprüfung. In der Regel werden hierfür Niederschriften über die Unterlassung von Pfändungen, Bescheinigungen von Gerichtsvollziehern, Steuer- oder Gemeindebehörden, daß der Schuldner kein pfändbares Einkommen hat, kein Vermögen besitzt und auch solches nicht zu erwarten hat, oder dgl. verwendet.

5. Bei vorübergehend nicht einziehbaren (RWB. § 67 Abs. 2) und bei einziehbaren Forderungen (VerfG. § 74 Abs. 2, BesV. von 1920 Nr. 288 Abs. 4 Satz 3 und 4) haben bei Beträgen von nicht mehr als 3000 RM die HVA. über die Einstellung des Einziehungsverfahrens zu entscheiden. Soweit die Überhebungen nicht mehr als 300 RM betragen, sind die HVA. ermächtigt, die Befugnis zur Einstellung auf die VA. zu übertragen.

6. In dem Rahmen der Nr. 4 und 5 fällt bis zur Grenze des Betrages von 1000 RM den HVA. auch die Entscheidung darüber zu, ob die Überzahlung auf ein Verschulden von Beamten zurückzuführen ist, wenn es sich um Festsetzungen der VA. handelt. In allen anderen Fällen bleibt diese Entscheidung dem RAM. vorbehalten. Wird im Einzelfalle vom HVA. ein Verschulden fest-

gestellt, so ist, bevor Beamte ersatzpflichtig gemacht werden, dem RAM. unter eingehender Darlegung der Verhältnisse zu berichten. Zuvor ist aber dem Beamten Gelegenheit zur Äußerung zu geben, wobei er gegebenenfalls darauf hinzuweisen ist, daß er für die Kosten der Verfolgung des Ersatzanspruchs Dritten gegenüber haftet. Die Gründe für das Nichtvorliegen eines Verschuldens sind gegebenenfalls in den Akten festzulegen.

7. Besteht kein Anspruch auf Rückerstattung überhobener Versorgungsgebührnisse usw. und ist auch ein Ausgleich durch Neufeststellung von Kannbezügen oder Zusatzrenten (siehe Ziff. II Nr. 4) nicht möglich, so ist nur zu prüfen, ob ein Verschulden von Beamten vorliegt. Die Zuständigkeit regelt sich nach Nr. 6.

8. (1) Für die Einstellung des Einziehungsverfahrens gemäß RVG. § 56 Abs. 4 Satz 3 und die Prüfung des Verschuldens von Beamten gelten hinsichtlich der Zuständigkeit Nr. 5 und 6 entsprechend.

(2) Sind die Voraussetzungen für die Rückforderung nach § 56 Abs. 4 Satz 4 a. a. O. gegeben, so gelten die Bestimmungen über die Einstellung des Einziehungsverfahrens (Nr. 2) mit der Maßgabe, daß die bis zum 31. 7. 1926 zu Unrecht gezahlten Beträge mit Rücksicht auf die erst durch das Vierte Gesetz zur Abänderung des RVG. vom 8. 7. 1926 eingetretene Änderung des RVG. nicht zurückzufordern sind. Im letzteren Falle entscheiden über die Einstellung des Einziehungsverfahrens die VÄ. ohne Rücksicht auf die Höhe des überhobenen Betrages, während hinsichtlich der Zuständigkeit für die Prüfung des Verschuldens von Beamten Nr. 6 entsprechend gilt.

9. (1) Bei Überhebungen, die vom RRH. festgestellt worden sind, darf das Einziehungsverfahren nur vom RRH. eingestellt werden (RHO. § 105 mit AB. II zu 2 und 3 — HdR. S. 1441); das gleiche gilt, wenn bei der Vorprüfung Überhebungen festgestellt worden sind und der RRH. zu ihnen Stellung genommen oder durch eine Anfrage oder dgl. zu erkennen gegeben hat, daß eine Stellungnahme beabsichtigt ist.

(2) Die den vorgesetzten Dienststellen vorzulegenden Berichte müssen erkennen lassen, ob es sich um eine Beanstandung durch den RRH. oder bei der Vorprüfung handelt, und ob der RRH. zur Einstellung des Einziehungsverfahrens bereits Stellung genommen hat. Wird in solchen Fällen das Verschulden von Beamten verneint, so haben bei Beträgen bis zu 1000 RM, wenn es sich um Festsetzungen der VÄ. handelt, die HVÄ. dem RRH. über ihre Entscheidung zur Schuldfrage zu berichten. Erhebt der RRH. Einwendungen oder handelt es sich um Beträge über 1000 RM, so ist die Entscheidung des RAM. einzuholen. Wird im Einzelfalle vom HVA. ein Verschulden von Beamten festgestellt, so ist nach Nr. 6 zu verfahren.

10. (1) Im Gegensatz zur bloßen Einstellung des Einziehungsverfahrens behandeln RWB. § 66 den Verzicht des Reichs auf einziehbare Forderungen, deren Einziehung nach Lage des einzelnen Falls für den Schuldner eine besondere Härte bedeuten würde. Dieser Verzicht, der als „Niederschlagung" bezeichnet wird, kommt also nur in Frage, wenn ein erfüllbarer Rechtsanspruch auf Rückzahlung besteht, und stellt einen Verzicht auf den Anspruch dar, der auch in Zukunft jede Rückforderung ausschließt. Zur Niederschlagung können gegebenenfalls auch Forderungen vorgelegt werden, die zwar in der Gegenwart zwangsweise nicht beizutreiben sind, für die aber begründete Aussicht besteht, daß sie in der Zukunft erfüllt werden. Die Niederschlagung darf nur in ganz besonderen Ausnahmefällen beantragt werden. Hierbei ist Voraussetzung, daß die Verwirklichung des Anspruchs für den Verpflichteten eine grobe Unbilligkeit oder eine schwere Härte darstellen würde.

(2) Ansprüche des Reichs gegen Beamte oder Angestellte aus Kassen- oder Rechnungsfehlbeträgen sowie Forderungen gegen Beamte, Angestellte oder Arbeiter auf Ersatz von Schäden infolge schuldhaften Verhaltens im Dienste dürfen nach RHO. § 53 (HdR. S. 1422) nur von dem Führer und Reichskanzler oder auf Grund einer von ihm erteilten Ermächtigung niedergeschlagen werden. Die zuständigen Reichsminister, Staatssekretäre oder deren Vertreter sind ermächtigt, die Ansprüche mit Zustimmung des Reichsministers der Finanzen niederzuschlagen. Ansprüche bis zur Höchstgrenze von 100 RM im einzelnen Falle kann der zuständige Reichsminister selbständig niederschlagen. In allen anderen Fällen bedarf es nach § 54 a. a. O. (HdR. S. 1422), soweit nicht durch Gesetz etwas anderes angeordnet ist, eines Beschlusses der Reichsregierung. Ansprüche bis zur Höchstgrenze von 10 000 RM im einzelnen Falle kann der zuständige Reichsminister im Einvernehmen mit dem Reichsminister der Finanzen niederschlagen.

11. (1) Anträge auf Einstellung des Einziehungsverfahrens wegen überhobener Beträge sind dem HVA. und dem RAM. von Fall zu Fall vorzulegen.

(2) Für jeden einzelnen Fall ist eine besondere Nachweisung nach Formbl. I 73 aufzustellen, dem die mit Seitenzahlen versehenen und gehefteten Akten beizufügen sind.

(3) Eingehende Prüfung der Anträge ist von vornherein zur Vermeidung unnötiger Rückfragen erforderlich. Die Akten müssen genauen Aufschluß darüber ergeben, was zu dieser Prüfung veranlaßt worden ist. Den einzelnen Angaben, Zahlen usw. ist ein Hinweis auf die Stelle (Blatt) der Akten hinzuzufügen.

12. Für die Einstellung des Einziehungsverfahrens wegen der Gebührnisse, welche nach dem WVG. gezahlt sind, ist der RWeM. zuständig, bei Angehörigen der Schutzpolizei der RAM. im Einvernehmen mit den zuständigen Ministerien der Länder.

IV. (1) Für die Rückerstattung zu Unrecht empfangener Versorgungsgebührnisse durch ehemalige Beamte der alten Wehrmacht und ihre Hinterbliebenen gilt die Vorschrift des BesG. vom 30. 4. 1920 § 34 Abs. 4 in der Fassung des Artikel 9 der Verordnung zur Herabminderung der Personalausgaben des Reichs (PAV.) vom 27. 10. 1923 (RGBl. I S. 999 ff.), soweit es sich um Überhebungen für die Zeit vor dem 1. 10. 1927 handelt; im übrigen siehe BesV. vom 12. 3. 1928 Nr. 95 (HdR. S. 1690).

(2) Ziff. II Nr. 3, 4, 5 und Ziff. III gelten mit der Maßgabe entsprechend, daß berufungsfähige Bescheide nicht erteilt werden (vgl. RBG. §§ 149 ff.).

V. (1) Den Anspruch des Reichs auf Zurückzahlung einer Kapitalabfindung macht das zuständige HVA. durch Erteilung eines berufungsfähigen Bescheides geltend. Für die Vollstreckung ist § 74 maßgebend. Der Bescheid hat, soweit es sich um den Rückforderungsanspruch des Reichs handelt, auch Rechtskraft gegenüber den dinglich haftenden Personen. Wenn daher der Anspruch aus der Sicherungshypothek gegenüber diesen Personen vor den ordentlichen Gerichten geltend gemacht werden muß, kann die Verpflichtung zur Zurückzahlung der Abfindungssumme nicht mehr in Zweifel gezogen werden. Zur Befriedigung des Anspruchs auf Zurückzahlung können die noch laufend zahlbaren Versorgungsgebührnisse in voller Höhe einbehalten werden. Wegen der aufschiebenden Wirkung der Berufung vgl. § 96.

(2) Eine Verpflichtung zur Rückforderung einer Kapitalabfindung besteht nur in den Fällen des Kapitalabfindungsgesetzes vom 3. 7. 1916 (RGBl. S. 680) § 11, des Kapitalabfindungsgesetzes für Offiziere vom 26. 7. 1918 (RGBl. S. 994) § 8 und des RVG. § 82. Beim Vorliegen besonderer Umstände kann jedoch von der Rückzahlung ganz oder teilweise abgesehen werden. Es ist daher in jedem Fall zu prüfen, ob mit Rücksicht auf die Lage des Falles die Rückzahlung zu verlangen ist. Die Entscheidung, ob davon abgesehen werden kann, ist dem RAM. vorbehalten, dem gegebenenfalls unter Vorlage der Akten zu berichten ist.

§ 75*)

(1) Die öffentlichen Behörden 1, insbesondere auch die Fürsorgestellen und Hauptfürsorgestellen der Kriegsbeschädigten- und Kriegshinterbliebenenfürsorge, sind verpflichtet 2, den Versorgungsbehörden auf Ersuchen Rechtshilfe 3 zu leisten. Die Träger der Reichsversicherung sind auf Ersuchen der Versorgungsbehörden zur Auskunfterteilung verpflichtet 4. Öffentliche Anstalten und Anstalten öffentlich-rechtlicher Körperschaften müssen den Versorgungs-

behörden auf Verlangen die bei ihnen geführten Krankenpapiere zur Einsichtnahme überlassen, wenn der Versorgungsberechtigte damit einverstanden ist[5].

(²) Die aus der Rechtshilfe erwachsenden baren Auslagen[6] mit Ausnahme der Portokosten sind von der ersuchenden Behörde zu erstatten. Den Fürsorgestellen und Hauptfürsorgestellen werden nur die gemäß §§ 82 und 85 an Beteiligte, Zeugen und Sachverständige zu zahlenden Entschädigungen erstattet[7].

*) Vgl. §§ 115—117 RVO.; Rechtspr. dazu VersB 27/28 S. 127. — Im § 75 Abs. 1 ist der letzte Satz durch Ges. vom 17. 3. 28 (RGBl. I S. 63) zum 1. 4. 28 eingefügt.

AB. zu § 75

1. Eine Verpflichtung der Finanzämter zur Mitteilung der Einkommens- und Vermögensverhältnisse kann aus § 75 nicht hergeleitet werden; daher können die Finanzämter nur mit Einwilligung der Beteiligten um Auskunft ersucht werden.

2. (¹) Das Gesetz macht die Verpflichtung zur Überlassung der Krankenpapiere, abgesehen von der Zustimmung des Versorgungsberechtigten, lediglich davon abhängig, daß die Krankenpapiere bei der Anstalt geführt worden sind. Es ist daher belanglos, ob die Krankenpapiere von Verwaltungsbeamten oder Ärzten der Anstalt verwahrt werden. Ob die Krankenpapiere in Urschrift oder in Abschrift zur Verfügung gestellt werden, bleibt der Anstalt überlassen. In letzterem Falle sind angemessene Schreibgebühren zu erstatten. Urschriften der Krankenpapiere sind möglichst bald zurückzugeben. Die Vorschrift des § 15 des Gesetzes zur Verhütung erbkranken Nachwuchses vom 14. Juli 1933 (RGBl. I S. 529) steht der Überlassung der Krankenpapiere nicht entgegen.

(²) In den Ersuchen um Überlassung der Krankenpapiere ist auf die Vorschrift des Gesetzes und darauf hinzuweisen, daß der Versorgungsberechtigte der Überlassung zugestimmt hat.

3. (¹) Die Vorschrift des § 75 Abs. 2 über die Verpflichtung der ersuchten Behörde zur Tragung der Portokosten gilt auch bei Auskunfterteilung durch Krankenkassen, da unter Rechtshilfe, zu der die Krankenkassen nach RVO. § 116 den VBeh. gegenüber verpflichtet sind, auch die Auskunfterteilung zu verstehen ist. Die Verpflichtung zur Auskunfterteilung ist im § 75 Abs. 1 nur deshalb hervorgehoben, um zum Ausdruck zu bringen, daß die Auskunfterteilung an die VBeh. nicht unbefugt im Sinne der RVO. § 141 ist.

(²) Die Mitwirkung der Fürsorgeverbände (HFSt. und FSt.) bei der Prüfung der Voraussetzungen des Anspruchs auf den Beamtenschein ist als Maßnahme der Berufsfürsorge für Schwerbeschädigte zu den ihnen durch die RFV. übertragenen Aufgaben zu rechnen und daher nicht Rechtshilfe im Sinne des § 75 Abs. 1. Die durch diese Mitwirkung entstehenden Kosten sind daher nicht zu erstatten.

4.(1) Die VÄ. haben, wenn es nach Lage eines Versorgungsfalles erforderlich erscheint — insbesondere vor ärztlichen Untersuchungen oder Nachuntersuchungen — die über den Versorgungsberechtigten oder Antragsteller bei den Versicherungsträgern der reichsgesetzlichen Invaliden-, Angestellten-, Knappschafts- oder Unfallversicherung etwa vorhandenen Akten anzufordern. Ob solche Akten vorliegen, ist, falls es sich nicht schon aus den Versorgungsakten ergibt, durch Befragen des Versorgungsberechtigten oder Antragstellers, nötigenfalls durch Rückfrage bei den Versicherungsträgern oder anderen amtlichen Stellen festzustellen.

(2) Entscheidungen der Versorgungsbehörden, die für die Versicherungsträger von Wert sein können, sind ihnen von Amts wegen mitzuteilen.

1. a) Unter „öffentliche Behörden" fallen Reichs-, Landes- und Gemeindebehörden, Gerichts- und Verwaltungsbehörden, die Zivil- und Militärbehörden wie auch kirchliche Behörden. Die Mitwirkung der deutschen Behörden im Auslande, insbesondere der Konsulate, wird vor allem bei Angelegenheiten von früheren Kriegsgefangenen und von im Auslande wohnenden VersBerechtigten in Frage kommen. Für letztere kommen auch die Fürsorgeeinrichtungen für reichsdeutsche Kriegsbeschädigte und Kriegshinterbliebene im Ausland (Verzeichnis HdR. S. 2457) in Betracht. Über den Schriftverkehr mit den in Frage kommenden Behörden und Stellen des In- und Auslandes enthalten die §§ 103—138 GOV. (HdR. S. 1070 ff.) ausführliche Bestimmungen. Abkommen mit benachbarten Staaten und Versorgung in den abgetrennten Gebieten s. HdR. S. 8 ff.

b) Eine Verpflichtung der Verwaltungsbehörden der Reichsversorgung zur Rechtshilfe gegenüber anderen Behörden ist im VersG. nicht ausdrücklich vorgeschrieben, sie folgt aber aus der allgemeinen Beistandspflicht (Amtshilfe; unten Anm. 3) und aus Sondervorschriften anderer Gesetze (z. B. §§ 115, 116 RVO.). Über die Überlassung der Versorgungsakten an andere Behörden usw. vgl. Ziff. I der AB. zu §§ 59, 60. Auskunftspflicht gegenüber dem Erbgesundheitsgericht s. § 7 des Ges. zur Verhütung erbkranken Nachwuchses vom 14. 7. 33 (RGBl. I S. 529). Über versorgungsärztliche Mitarbeit bei der Durchführung des erwähnten Gesetzes vgl. Runderlaß Nr. 26/1934.

2. Die Rechtshilfepflicht besteht nicht nur in den Fällen, wo sie im RVG., im VersG. oder in den AB. zu diesen Gesetzen ausdrücklich vorgesehen ist, sondern überall da, wo zur Durchführung der Reichsversorgung die Inanspruchnahme einer anderen Behörde notwendig ist. Das Ersuchen kann nur abgelehnt werden, wenn die angegangene Behörde örtlich nicht zuständig ist, wenn Geschäfte der in Frage stehenden Art überhaupt nicht zum Aufgabenkreis der ersuchten Behörde gehören oder der ersuchten Behörde verboten sind, z. B. eidliche Vernehmung eines Zeugen durch die amtliche Fürsorgestelle. Die ersuchte Behörde darf z. B. nicht nachprüfen, ob die ersuchende Behörde die betreffende Amtshandlung wegen nicht zu großer Entfernung hätte selbst vornehmen sollen (vgl. Zentralblatt der Reichsversich. 20 Sp. 624). Bei Ablehnung des Ersuchens ist die Beschwerde im Aufsichtswege, bei Ablehnung seitens des Amtsgerichts (§ 84) an das übergeordnete Oberlandesgericht zulässig (vgl. §§ 167 ff. des Gerichtsverfassungsgesetzes).

3. Rechtshilfe im engeren Sinne bezieht sich begrifflich nur auf solche Amtshandlungen, die an sich die ersuchende Stelle selbst vorzunehmen hätte, aber aus örtlichen oder sachlichen Gründen nicht selbst vornehmen kann. Der weitere Begriff der Rechtshilfe umfaßt jedoch die Pflicht der Behörden, sich bei Erledigung von Aufgaben, die an sich anderen Dienststellen obliegen, helfend zu betätigen (allgemeine Beistandspflicht oder Amtshilfe), z. B. auch durch Überlassung von Akten zur Einsicht (vgl. RVA. 11. 10. 19, AN. des RVA. S. 441). Das Ersuchen um Rechtshilfe wird in der Regel eine Beweisaufnahme (vgl. § 83 Abs. 2, §§ 84, 103, 121 Abs. 2) zum Gegenstande haben, ferner auch Beitreibungen (§ 74), Vollstreckung von Geldstrafen (§ 109 Abs. 3) und Zustellungen (z. B. §§ 86, 102, 139).

Über den Verkehr mit den Strafregisterbehörden, der vor allem bei der Behandlung von Anträgen auf den Beamtenschein (§ 33 RVG.) und Versorgungsscheine nach anderen Versorgungsgesetzen in Frage kommt, vgl. Anlage 3 zur GOV. (HdR. S. 1253 ff.). Dort sind das Gesetz über beschränkte Auskunft aus dem Strafregister usw. vom 9. 4. 20 (RGBl. S. 507), die Strafregisterverordnung in der Fassung vom 17. 2. 34 (RGBl. I S. 140), die Bekanntmachung der Strafregisterbehörden vom 20. 3. 25 (ReichsminBl. S. 223) und die Bekanntmachung der Behörden und Stellen, denen Auskunft aus dem Strafregister zu erteilen ist, vom 1. 2. 34 (ReichsminBl. S. 67) abgedruckt und besondere Bestimmungen über den Verkehr in Strafregistersachen mit den Behörden in Danzig, Elsaß-Lothringen und Polen angeschlossen (HdR. S. 1264 ff.). Ist ausnahmsweise Auskunft über Strafen erforderlich, die der beschränkten Auskunft unterliegen, so ist dem RAM. zu berichten; vgl. § 4 des erwähnten Gesetzes vom 9. 4. 20 und Nr. 6 Abs. 3, 4 der besonderen Bestimmungen zu § 33 RVG. (HdR. S. 125). Über gewisse Bestrafungen, die ein Ruhen usw. der Gebührnisse nach § 60 Abs. 2, § 61 Abs. 1 Nr. 3—5 RVG. zur Folge haben, machen die Justizbehörden den VersÄmtern von sich aus Mitteilung.

Über Rechtshilfepflicht der öffentlichen Krankenanstalten vgl. unten Anm. 5; laufende Meldungen der Standesbeamten in Preußen s. RVBl. 26 Nr. 64; 28 Nr. 6 (nicht im HdR.); Zusammenarbeit mit Fürsorgestellen s. §§ 115—122 GOV.

(HdR. S. 1079 ff.), in Beamtenscheinangelegenheiten Nr. 3 Abs. 2 der AB. zu § 75; Inanspruchnahme der Fürsorgestellen für Ermittlungen s. AB. zu § 83 und § 120 GOB. (HdR. S. 1081 f.); Verzeichnis der Hauptfürsorgestellen HdR. S. 2429 f.

Für die Beschaffung der nötigen Unterlagen, wie Personalpapiere, Krankenurkunden usw. stehen eine Reihe von Sonderbehörden zur Verfügung, insbesondere die Krankenbuchlager, Reichsarchivzweigstellen, das Zentralnachweiseamt für Kriegerverluste und Kriegergräber, das Landesfinanzamt Berlin (als Nachfolger der zum 31. 3. 33 aufgelösten Restverwaltung für Reichsaufgaben) und sonstige Stellen für Abwicklungsangelegenheiten und die Territorialdelegierten der freiwilligen Krankenpflege. Über Zuständigkeit und Anschriften dieser Stellen und den Geschäftsverkehr mit ihnen vgl. §§ 123—131 GOB. (HdR. S. 1084 ff.), bezüglich der Territorialdelegierten auch das Verzeichnis HdR. S. 2459. Für Auskunft über Angehörige von Sonderformationen vgl. auch Arendts, RBG., ARG., KPG. S. 14/15. Auskünfte aus den Katastern der früheren Pensionsregelungsbehörden erteilen die in dem Verzeichnis HdR. S. 1284 a ff. aufgeführten Versorgungsbehörden. Falls Unterlagen aus dem Ausland beschafft werden müssen, sind die §§ 132—137 GOB. über Auslandsschriftverkehr (HdR. S. 1098 ff.) zu beachten.

Für die Anwendung der Ruhensvorschriften werden bei den Versorgungsbehörden vielfach Auskünfte der Steuerbehörden benötigt; vgl. darüber Nr. 1 der AB. zu § 75 und Ziff. I Abs. 4 der AB. zu §§ 59, 60.

Ohne Ersuchen, also von Amts wegen, machen die Anstellungsbehörden über Ruhensgründe und über Beamte, die unter die Ruhensvorschriften fallen, den Versämtern Mitteilung; vgl. AB. zu §§ 60—66 RBG. (HdR. S. 177 f.).

4. Träger der Reichsversicherung s. Anm. 8 zu § 93. Die Rechtshilfepflicht der Versicherungsträger bestand bereits auf Grund des § 116 RVO. und ist deshalb hier nicht besonders erwähnt. Die Auskunftspflicht†), die sich als Teil der Rechtshilfepflicht darstellt (vgl. Nr. 3 Abs. 1 der AB. zu § 75), ist besonders hervorgehoben, um klarzustellen, daß die Auskunftserteilung gegenüber den VersBehörden auch ohne Einwilligung des Versicherten nicht „unbefugt" im Sinne des § 141 RVO. ist.

Über Portokosten im Schriftverkehr zwischen Behörden und Reichsversicherungsträgern vgl. Arbeiterversorgung 23 S. 321.

5. Die Rechtshilfepflicht der öffentlichen Krankenanstalten und der Krankenanstalten öffentlich-rechtlicher Körperschaften (Städte, Gemeinden, Versicherungsträger usw.) ist hier für einen Sonderfall, die Überlassung von Krankenpapieren, besonders

---

†) v. Frankenberg, Die Auskunft über Versicherungsbezüge, Krankenversicherung 22 S. 376—378.

hervorgehoben und abgegrenzt. Daneben gelten für sie auch die allgemeinen Vorschriften in Abs. 1 Satz 1, 2. In der Reichsversorgung wie auch in der Reichsversicherung hatten sich Schwierigkeiten †) insofern ergeben, als die Krankenanstalten vielfach zwar zur Erstattung von Gutachten bereit waren, aber die Überlassung der Krankengeschichten, Sektionsprotokolle und sonstigen Krankenpapiere über die Behandlung von Beschädigten oder Verletzten mit der Begründung verweigerten, daß die Überlassung gegen die ärztliche Schweigepflicht (§ 300 StGB.) verstoße oder die Gefahr der Mißdeutung durch Nichtärzte in sich berge. Den VersBehörden wie auch den Trägern und Behörden der Reichsversicherung mußte aber daran liegen, die Krankenpapiere zur Erstattung eines Gutachtens oder Obergutachtens einer nach sachlichen Gesichtspunkten ausgewählten Autorität vorlegen zu können. Der Standpunkt des RAM. und des RVA. (RVBl. 26 Nr. 7 und AN. des RVA. 16 S. 492, 563) hat sich in der Praxis gegen die erwähnten Widerstände nicht durchzusetzen vermocht. Auch der preußische Runderlaß vom 13. 12. 25 (MBl. i. V. 25 S. 1280 = RVBl. 26 Nr. 7 = Volkswohlfahrt 26 S. 383) wurde von den preußischen Zentralbehörden in Einzelfall mit dem Hinweis auf die ärztliche Schweigepflicht eingeschränkt.

Durch die zum 1. 4. 28 erfolgte Einfügung des Satz 3 in § 75 Abs. 1 ist für das Versorgungswesen der Hinweis auf die ärztliche Schweigepflicht im Regelfall als begründet anerkannt. Nach der Rechtsprechung des RG. genügt das stillschweigende Einverständnis des Behandelten, wenn es nach den Umständen anzunehmen ist (RGEZ. Bd. 30 S. 382). Die Offenbarung einer Tatsache ist nicht unbefugt i. S. des § 300 StGB., wenn sie durch eine gesetzliche Vorschrift für geboten oder für zulässig erklärt oder auch nur durch eine sittliche Pflicht geboten ist (RGEStr. Bd. 38 S. 62; RGEZ. Bd. 53 S. 315), in solchen Fällen selbst dann nicht, wenn sie gegen den Willen des Behandelten erfolgt. Vgl. im übrigen Nr. 2 der AB. — Die Beifügung der Einverständniserklärung des Behandelten ist

†) Über die widersprechenden Auffassungen bezüglich der Überlassung von Krankenpapieren vgl. z. B. Wiegand, Zeitschr. f. ärztl. Fortbildung 22 S. 317; Zahn, Münchener Med. Wochenschrift 27 Nr. 11 und 12; Tunk, a. a. O. S. 643; Rosenfeld, Deutsche Med. Wochenschrift 27 S. 667; Fischer, Zeitschr. f. d. ges. Neurologie und Psychiatrie Bd. 100 S. 652—61; ferner Zeitschrift f. d. gesamte Krankenhauswesen 22. Jahrg. S. 315 und Ärztl. Monatsschrift 27 S. 63; zusammenfassend Stahl, Berufsgenossenschaft 28 S. 177 bis 187. Anscheinend nicht veröffentlicht sind die Richtlinien des Reichsverbandes der priv. gemeinn. Kranken- und Pflegeanstalten vom 1. 7. 27 und die Denkschrift des Vereins der Krankenhausärzte vom 15. 10. 27. Vgl. auch Ebermeyer, Der Arzt im Recht, Handbuch für Ärzte, Verlag Georg Thieme, Leipzig 1930 (dazu für das Versorgungswesen Hartung in VersB. 30 S. 116 f.).

zweckmäßig, aber nicht erforderlich; es genügt die amtliche Erklärung, daß sie vorliegt (vgl. Nr. 2 Abs. 2 der AB. zu § 75), oder der Hinweis, daß das Einverständnis nach den Umständen des Falles anzunehmen ist. Letzterenfalls ist ein Hinweis auf RGEZ. Bd. 30 S. 382 zweckmäßig. — Für die privaten Krankenanstalten besteht keine Verpflichtung zur Überlassung von Krankenpapieren. Doch werden Weigerungen — wie übrigens auch bei den öffentlichen Anstalten — erfahrungsgemäß nicht aufrecht erhalten, wenn der in Betracht kommende Arzt zur Vernehmung als Zeuge über den Inhalt der Krankenpapiere vom zuständigen Amtsgericht, das nach §§ 75, 84 um die Vernehmung ersucht werden kann, oder von der Spruchbehörde nach § 107 vorgeladen wird.

Zu Nr. 2 Abs. 1 letzter Satz der AB. zu § 75 (§ 15 des Ges. zur Verhütung erbkranken Nachwuchses) vgl. den übereinstimmenden Erlaß vom 17. 8. 34 (MinBl. f. d. Preuß. innere Verwaltung Nr. 35 Sp. 1103 = VersB. 34 S. 184 f.).

6. Nach der Aufzählung in der Begründung gehören zu den baren Auslagen: Tagegelder, Fahrkosten, Gebühren für Zeugen und Sachverständige und ähnliche Ausgaben. Über Gebühren für Zeugen und Sachverständige vgl. Anm. 2 zu § 85. Die Erstattung etwa eines Teils der Besoldung des mit der Erledigung des Ersuchens befaßten Beamten oder Angestellten kann nicht in Frage kommen. Dagegen gehören Schreibgebühren nach der Rechtsprechung des Kammergerichts zu den „baren Auslagen" (Berufsgenossenschaft 27 Sp. 93, 94). Abs. 2 gilt nur für Auslagen, die „aus der Rechtshilfe" erwachsen, er gilt also nicht für solche Amtsgeschäfte, die sich als eigene Aufgaben der ersuchten Behörde darstellen. Demgemäß erhebt die Post auch keine Laufschreibengebühr bei Anfragen der VGer. und des RVGer. über die Zustellung der von ihnen oder den Verwaltungsbehörden der Reichsversorgung aufgelieferten Postsendungen.

7. Die Begründung für diese Einschränkung ergibt sich aus Nr. 3 Abs. 2 der AB. zu § 75.

§ 76*)

(1) Gebühren- und stempelfrei †) [1] sind alle gerichtlichen und außergerichtlichen Verhandlungen und Urkunden, Vollmachten und amtlichen Bescheinigungen sowie Eintragungen in das Grundbuch, die zur Durchführung der Versorgungsgesetze und der zu ihrer Ergänzung ergangenen Vorschriften erforderlich werden [2].

---

†) Über Gebühren- und Stempelfreiheit in der Reichsversicherung vgl. Hanow-Hoffmann zu §§ 137/38, Handbuch der UnfVers. Bd. I, 3. Aufl. S. 645, Welge in Arbeiterversorgung 1911 S. 413.

(²) Die Vorschriften über die Gebühren und Auslagen der Notare werden hierdurch nicht berührt.

*) Vgl. §§ 137, 138 RVO.; Rechtspr. dazu VersB. 27/28 S. 127. — Durch Ges. vom 17. 3. 28 (RGBl. I S. 63) ist in Abs. 1 des § 76 im Hauptsatz „sowie Eintragungen in das Grundbuch" eingefügt und im Relativsatz „im Verfahren vor den Versorgungsbehörden" gestrichen worden.

AB. zu § 76

1. Gerichtliche und außergerichtliche Verhandlungen, Urkunden, Vollmachten, amtliche Bescheinigungen und Eintragungen in das Grundbuch, die zur Durchführung der Versorgungsgesetze und der zu ihrer Ergänzung ergangenen Vorschriften, zu denen insbesondere die Ausführungsvorschriften und die AGr. zu rechnen sind, erforderlich werden, sind gebühren- und stempelfrei. Diese Vorschrift gilt insbesondere dann, wenn die Dienststellen der Landes- und Bezirksfürsorgeverbände (HFSt. und FSt.) gegen Verpfändung der Versorgungsgebührnisse Darlehen gewähren und sich weitere Sicherungen, wie Hypotheken, bestellen lassen. Auch Darlehen, die von der Kreditgemeinschaft gemeinnütziger Selbsthilfeorganisationen durch Vermittlung der FSt. oder von den an ihre Stelle getretenen Behörden gewährt werden, fallen unter diese Vorschrift, ebenso amtliche Bescheinigungen, die im Zusammenhang mit der Vorschrift über die Gewährung der Zusatzrente oder für die Vormerkung des Inhabers eines Versorgungsscheines bei einer Behörde (amtsärztliche Zeugnisse) ausgestellt werden[3].

2. Die Vorschrift des § 76 gilt auch, wenn Erbscheine ausschließlich zur Geltendmachung von Versorgungsgebührnissen benötigt werden. Diese Voraussetzung muß dem Nachlaßgericht glaubhaft nachgewiesen werden. Die den Versorgungsbehörden vorgelegten Erbscheine dürfen, wenn sie nur zur Geltendmachung von Versorgungsgebührnissen ausgestellt sind, nicht wieder ausgehändigt werden, sondern sind zu den Akten zu nehmen; Abschriften der Erbscheine dürfen nicht erteilt werden.

3. (¹) Der Besitz der deutschen Reichsangehörigkeit wird, soweit er zur Begründung des Anspruchs auf Versorgungsgebührnisse nachgewiesen werden muß, von den zuständigen Landesbehörden kostenlos im Wege des Schriftwechsels bestätigt, in Bayern und Anhalt aber nur auf Ersuchen der VBeh.; das Ersuchen ist in Bayern an die Bezirksämter und Stadträte der unmittelbaren Städte (in München an die Polizeidirektion), in Anhalt an das Staatsministerium, Abteilung des Innern, in Dessau zu richten.

(²) Im übrigen werden Staatsangehörigkeitsausweise, Geburtsurkunden usw., soweit sie zur Durchführung der Versorgungsgesetze und ihrer Ergänzungsvorschriften erforderlich sind, kosten- und stempelfrei erteilt.

4. (1) Die für eine Anstellung auf Grund eines Versorgungsscheines notwendigen ärztlichen Gutachten sind auch von den beamteten Versorgungsärzten kostenfrei zu erstatten, gleichgültig, ob der Inhaber des Versorgungsscheins die Begutachtung bei dem beamteten Arzt selbst oder bei der VBeh. beantragt. Dies gilt für die Inhaber aller Versorgungsscheine ohne Rücksicht darauf, ob sie bei VDst. beschäftigt sind oder nicht.

(2) Die Vorschrift des § 76 begründet aber keinen Anspruch auf wiederholte Ausstellung gebührenfreier Gutachten, es sei denn, daß besondere Umstände, wie eine wesentliche Änderung im Gesundheitszustand des Antragstellers, vorliegen und daß daher die erneute Begutachtung vor dem Ablauf von zwei Jahren seit der letzten Begutachtung (vgl. AGr. § 25 Abs. 1 — HdR. S. 1611) im Sinne des § 76 erforderlich erscheint. Die Ausstellung eines Zeugnisses ist unter Angabe des Datums auf dem Versorgungsschein zu vermerken; Ersuchen um gebührenfreie Begutachtung sind zurückzuweisen, wenn nicht seit der letzten Untersuchung wenigstens zwei Jahre verflossen sind oder besondere Umstände die erneute Begutachtung erforderlich machen.

1. a) Da es sich bei der Versorgung um die Durchführung einer Ehrenpflicht des Reiches handelt, sollen alle Verhandlungen usw. von den zuständigen Behörden gebühren- und stempelfrei aufgenommen werden; Notare hingegen erheben für ihre Amtshandlungen Gebühren und Auslagenersatz (vgl. Abs. 2). Für das Versorgungsverfahren selbst ergibt sich Gebührenfreiheit im Verwaltungsverfahren aus dem Fehlen von Gebührenvorschriften, im Spruchverfahren aus § 142.

b) Im Streitfalle haben über die Gebühren- und Stempelfreiheit je nach den Landesgesetzen die Steuerbehörden oder die ordentlichen Gerichte zu entscheiden.

c) § 76 kann als reichsgesetzliche Vorschrift durch landesgesetzliche Verwaltungsgebühren-Ordnungen nicht eingeschränkt werden und ist auch z. B. durch das mehrfach geänderte preuß. Ges. über staatliche Verwaltungsgebühren vom 29. 9. 23 (Ges.-Samml. S. 455) mit Verwaltungsgebührenordnung vom 30. 12. 26 (Ges.-Samml. S. 327) nicht eingeschränkt. Ersatz barer Auslagen (§ 3 Abs. 3 a. a. O.) wird durch § 76 nicht ausgeschlossen.

2. Die Gebührenfreiheit genießen auch die österreichischen Kriegsbeschädigten und Kriegshinterbliebenen nach Art. III § 6 des im HdR. S. 8 abgedruckten Vertrages zwischen Deutschland und Österreich.

3. Nachdem zum 1. 4. 28 die Einschränkung „im Verfahren vor den VersBehörden" gestrichen ist, dürfte die in den AB. zum Ausdruck gekommene Auffassung über den Umfang der Gebühren- und Stempelfreiheit unbedenklich sein.

Zweiter Abschnitt
Verwaltungsverfahren

I. Sachliche Zuständigkeit der Verwaltungsbehörden

§ 77

Die Versorgungsämter[1] sind zuständig für die Bearbeitung und Entscheidung aller Versorgungsangelegenheiten, soweit nicht der Reichsarbeitsminister die Hauptversorgungsämter für zuständig erklärt[2].

AB. zu § 77

Die HVA. sind zuständig:

1. für die Entscheidung in allen Angelegenheiten der Kapitalabfindung[3]; Vorbereitung durch die VA. und die HFSt.,
2. für die Gewährung, Instandsetzung und den Ersatz von Körperersatzstücken außer Zahnersatz und von orthopädischen und anderen Hilfsmitteln.

   Besteht kein Rechtsanspruch auf Heilbehandlung, so ist die Entscheidung des RAM. herbeizuführen, soweit nicht die Entscheidung den HVA. (OVSt.) übertragen ist (siehe HdR. S. 32),
3. für die Gewährung von Zahnersatz, wenn die Kosten 100 *RM* übersteigen; betragen sie mehr als 500 *RM*, so ist die Genehmigung des RAM. erforderlich.

   Besteht kein Rechtsanspruch auf Heilbehandlung, so dürfen die HVA. im Rahmen ihrer Zuständigkeit Zahnersatz nur genehmigen, wenn der Zahnverlust durch eine auf DB. beruhende Kieferverletzung verursacht ist. In allen anderen Fällen gelten als Kostengrenze für die Zuständigkeit der HVA. bei Zahnbehandlung 40 *RM*, bei Zahnersatz einschließlich Zahnbehandlung 100 *RM*. Im übrigen entscheidet der RAM. (vgl. RVG. AB. zu § 8 Nr. 2b — HdR. S. 38),
4. für die Erstattung der Kosten einer von dem Beschädigten selbst durchgeführten Heilbehandlung, wenn der erstattungsfähige Betrag 100 *RM* nicht übersteigt; andernfalls entscheidet der RAM. (vgl. RVG. § 4 Abs. 3 — HdR. S. 17 — und § 8 Abs. 3 — HdR. S. 37 — sowie AB. zu § 4 Nr. 2c Abs. 2 — HdR. S. 18 — und AB. zu § 8 Nr. 28 a und b — HdR. S. 49),

   Für die zahnärztliche Behandlung gelten als Beihilfegrenze, bis zu der die HVA. ohne Genehmigung des RAM. selbständig entscheiden können, bei Zahnbehandlung 40 *RM* und bei Zahnersatz einschließlich Zahnbehandlung 100 *RM* (vgl. AB. zu § 8 Nr. 2c — HdR. S. 38b — und 28c Abs. 3 — HdR. S. 50),
5. für die Bewilligung von Zuschüssen zu den Kosten der Heil-

behandlung an kriegsbeschädigte ehemalige Militärpersonen (aktive Offiziere und Beamte), die keinen Rechtsanspruch auf Heilbehandlung haben, soweit nicht die Genehmigung des RAM. erforderlich ist (siehe HdR. S. 875),

6. für die Bewilligung von Bade- und Heilstättenkuren einschließlich der Kurverlängerungen (RVG. § 8 Abs. 2 — HdR. S. 37 —) und für die Durchführung der Heilbehandlung durch das Reich an Stelle der Krankenkasse (RVG. § 8 Abs. 7 und AB. zu § 8 Nr. 29 — HdR. S. 51 —), ferner für die Genehmigung von Anträgen der Landesversicherungsanstalten auf Behandlung Sozialversicherter in Versorgungs-(Lungen-)Krankenhäusern (siehe HdR. S. 733).

Der Genehmigung des RAM. bedürfen:

a) Kuren in ausländischen Kurorten und Heilanstalten,
b) Kurverlängerungen, wenn sie bei Badekuren über 14 Tage und bei Heilstättenkuren über eine Gesamtdauer von sechs Monaten hinausgehen,
c) Bade- und Heilstättenkuren an Beschädigte, die keine Rente beziehen oder Versorgung nur wegen eines zeitlichen Zusammenhangs erhalten,
d) die Aufnahme von Beamten usw. gegen Erstattung der Kosten in reichseigene Versorgungskrankeneinrichtungen, wenn die zu behandelnde Gesundheitsstörung nicht auf einer DB. (RVG. § 2) beruht,

7. für die Ermächtigung der Krankenkassen zur Gewährung einer baren Leistung statt der Heilbehandlung und für den Erlaß näherer Bestimmungen nach RVG. § 10 Abs. 2 (siehe AB. zu § 10 Nr. 1 — HdR. S. 52 —).

1. Der Schwerpunkt des Versorgungswesens soll bei den Ortsbehörden, den für die Beteiligten am leichtesten erreichbaren Versorgungsämtern liegen. Die HptVersÄmter sollen in der Hauptsache Aufsichtsbehörden sein (§ 5 Abs. 2), im übrigen aber nur mit Geschäften betraut werden, deren einheitliche Erledigung, wie z. B. bei der Kapitalabfindung, für größere Bezirke angezeigt erscheint (Begr.). Härteausgleiche, z. B. nach § 113 RVG., werden vom RAM. auf Vorlage seitens des HptVersAmts oder vom Hpt.-VersAmt bewilligt, soweit nicht die VersÄmter ausdrücklich für zuständig erklärt sind; vgl. AB. zu § 113 RVG. (HdR. S. 233). Die im Gesetz überhaupt nicht erwähnten reinen Verwaltungsaufgaben fallen in erster Linie den HptVersÄmtern zu.

2. Die Bearbeitung der einzelnen Versorgungsfälle außer den unter Nr. 1—7 der AB. genannten obliegt jetzt ganz den Vers.-Ämtern einschließlich der Regelung, Zahlbarmachung und Verrechnung. — Über sog. Härteausgleiche s. Anm. 1 und über Härteausgleiche bei Antragstellung nach Außerkraftsetzung des § 53 RVG. (nachträgliche Antragstellung) und Einschränkung des § 57 RVG. (Änderung der Verhältnisse) auch Nr. 5 der AB. und Abs. 1 und

4 der BesBest. zu §§ 52—54 RVG. und Nr. 8 Abs. 4 der AB. zu § 57 RVG. (HdR. S. 151, 153, 161); über Erziehungsbeihilfen für Kriegerwaisen s. HdR. S. 328 Abschnitt V.

3. Es handelt sich nur um die Kapitalabfindung zum Erwerb oder zur wirtschaftlichen Stärkung eigenen Grundbesitzes; vgl. §§ 72—85 RVG. nebst AB. (HdR. S. 187 ff.), sowie § 6 ARG., ferner § 2 mit Nr. 4 der Besonderen Bestimmungen des RAM. dazu (HdR. S. 444), §§ 38 ff., §§ 79, 81 Abs. 3 WVG. Von älteren Gesetzen vgl. das Gesetz über die Kapitalabfindung an Stelle der Kriegsversorgung vom 3. 7. 16 (RGBl. S. 680) nebst dem Ergänzungsgesetz vom 26. 7. 18 (RGBl. S. 993) und das Kapitalabfindungsgesetz für Offiziere vom 26. 7. 18 (RGBl. S. 994) mit AB. vom 7. 11. 18 (RGBl. S. 1319); vgl. dazu HdR. S. 597 ff. Nicht zu der Kapitalabfindung gehört die Abfindung der Witwen bei Wiederverheiratung (§ 39 RVG.), wohl aber die Kapitalabfindung der Witwen nach §§ 72, 82 RVG.

Über KapAbf. für Kapitulanten vgl. HdR. S. 404 Nr. 105; für Altrentner § 6 ARG. nebst AB. (HdR. S. 373). Bei Erteilung von Auskünften in Angelegenheiten der Kapitalabfindung sind Nr. 4 Abs. 3 und Nr. 5 der AB. zu §§ 72—85 RVG. (HdR. S. 188 f.) zu beachten.

II. Antragstellung†)

§ 78*)

Die Anträge[1] in Versorgungsangelegenheiten sind schriftlich[2] oder mündlich[3] unter Aufnahme einer Niederschrift[4] bei dem Versorgungsamte[5] zu stellen[6], auch wenn für die Entscheidung das Hauptversorgungsamt zuständig ist. Rechtswirksam ist auch die Antragstellung bei einer anderen deutschen amtlichen Stelle[7] oder bei einem Träger der Reichsversicherung[8]. Die Anträge sind in solchen Fällen unter Benachrichtigung des Antragstellers unverzüglich an die zuständige Stelle abzugeben[9].

*) Vgl. §§ 129, 1545—1551, 1613, 1636, 1650 RVO.; §§ 13 bis 15, 73—81 VAO.; Rechtspr. dazu VersB. 27/28 S. 141 ff.

AB. zu § 78

(1) Anträge können auch bei einer amtlichen Stelle der nach dem Friedensvertrag vom 28. 6. 1919 (RGBl. S. 1329) vom Deutschen Reich abgetrennten Gebiete gestellt werden (VO. vom 13. 6. 1922, RGBl. I S. 507).

---

†) Goetzeler, Über Antragsprinzip im Versorgungswesen, VersB. 27/28 S. 11—13.

(²) Die Zurücknahme eines Antrags auf Versorgung hat nur rechtliche Wirkung, wenn sie vor Zustellung des auf den Antrag erteilten Bescheides bei der Verwaltungsbehörde eingeht.

1. a) Der Antrag ist, abgesehen von erneuten Erhöhungs- oder sonstigen Ergänzungsanträgen, gleichbedeutend mit der „Anmeldung" des Anspruchs. Der Antrag ist, soweit es sich nicht um eine von Amts wegen zu gewährende Versorgung handelt, Voraussetzung für das Bestehen des Anspruchs und entscheidend für den Beginn der Rente oder der erhöhten Rente (vgl. § 55 RVG.) wie für die örtliche Zuständigkeit der Verwaltungsbehörde (§ 38).

Wird der Antrag erst nach Ablauf der vorgeschriebenen Fristen (vgl. §§ 52—54 RVG.) gestellt, so ist die Geltendmachung eines Anspruchs ausgeschlossen. Nach §§ 52, 54 RVG. sind die Ansprüche innerhalb 2 Jahren nach der Entlassung oder dem Tode anzumelden. § 53 RVG., der die nachträgliche Anmeldung bei Verschlimmerung und Neueintritt von DB.-Folgen usw. innerhalb einer Nachfrist von 6 Monaten zuließ, ist durch den 4. Abschnitt, 3. Titel, Art. 1 der NotVO. vom 26. 7. 30 (RGBl. I S. 311, 327; s. Fußnote bei Anm. 3 b zu § 91) für alle Beschädigte (nicht für Hinterbliebene), die vor dem 1. 8. 20 aus dem Militärdienst ausgeschieden sind, mit dem 28. 7. 30 außer Kraft gesetzt worden. Gleichzeitig ist durch Art. 2 a. a. O. der Anspruch auf Wiedergewährung oder Erhöhung von Versorgungsgebührnissen wegen Veränderung der Verhältnisse (§ 57 RVG.) für solche Gesundheitsstörungen vor dem 1. 1. 20 ausgeschiedener Versorgungsberechtigter ausgeschlossen worden, für die am 31. 7. 30 keine Rente bezogen wurde. Für gewisse Gruppen von Fällen konnte man zu dem Ergebnis kommen, daß sie weder durch die Außerkraftsetzung des § 53 RVG. (Art. 1 a. a. O.) noch durch die Einschränkung des § 57 RVG. (Art. 2 a. a. O.) betroffen würden. Das galt besonders für Fälle, in denen ein Beschädigter eine Teilrente von 10 v. H. nach dem MVG. bezogen hatte, die nach § 103 RVG. bei Einführung des RVG. gegen eine einmalige Abfindung weggefallen war, weil nämlich in diesen Fällen die Anmeldung des Anspruchs bereits erfolgt war und ein Anspruch auf Wiedergewährung von Rente nicht von einer wesentlichen Veränderung der Verhältnisse abhängig war (E. VI, 237). Auf diese Fälle und auf die Fälle nach dem KPG. sind die vorerwähnten Vorschriften der NotVO. vom 26. 7. 30 durch den 1. Teil, Kap. III Art. 2 der NotVO. vom 14. 6. 32 (RGBl. I S. 273/277; s. Fußnote bei Anm. 3 b zu § 91) mit rückwirkender Kraft ab 28. 7. 30 ausgedehnt worden. Der Hauptzweck der hier behandelten Einschränkungen war die Entlastung der Spruchbehörden durch Ausschluß der Berufung in den einschlägigen Fällen (§ 91 Abs. 1 und 2). Deshalb wurde in Art. 1 und 2 a. a. O. und in den DurchfBest. die Bewilligung der ohne Außerkraftsetzung der §§ 53 und 57 RVG. zu gewährenden Versorgung in Form von Kannbezügen und Härteausgleichen zugelassen. Vgl. dazu jetzt die Nr. 5 der AB. und die

VefBest. zu §§ 52—54 RVG. sowie die Nr. 8 der AB. und die VefBest. zu § 57 RVG. (HdR. S. 151, 153, 160, 162); s. ferner auch Nr. 5 Abs. 3 der AB. zu § 1 RVG. (HdR. S. 7) sowie Anm. 3 h Abs. 1 zu § 65 und Anm. 3 b und 4 zu § 91.

Soweit der Anspruch von der Stellung eines Antrags abhängig ist (unten zu b), geht er auf die Erben nur über, wenn er bei Lebzeiten durch Anmeldung zur Entstehung gelangt ist. Über die Auszahlung an die Erben vgl. Nr. 10 der AB. zu § 67 RVG. (HdR. S. 179f.). — § 78 gilt auch für Anträge auf Feststellung des ursächlichen Zusammenhangs einer Gesundheitsstörung mit einer DB. (§ 37 Abs. 1). Diese bedeuten keine „Anmeldung" des Vers.-Anspruchs; näheres s. Anm. 20 zu § 37. § 78 gilt endlich auch für Anträge auf Kannbezüge und Härteausgleiche.

b) Die Versorgung auf Grund des RVG. wie auch der übrigen Versorgungsgesetze mit Ausnahme des MHG. 07 wird im allgemeinen nur auf Antrag gewährt. Ist der Antrag nicht aktenkundig, so ist im Wege freier Beweiswürdigung zu prüfen, ob und wann er gestellt ist (RVGer. 22. 2. 27, M. 12 132/26).

c) Anträge auf Versorgung können nicht mehr zurückgenommen†) werden, wenn darüber entschieden und die Entscheidung zugestellt ist (Abs. 2 der AB. zu § 78). Der Antragsteller kann also die ergangene und vielleicht schon rechtskräftig gewordene Entscheidung nicht durch Zurücknahme des Antrags hinfällig machen. Zurücknahme des Antrags im Spruchverfahren bedeutet lediglich Zurücknahme der Berufung.

2. Das Gesuch kann von fremder Hand, insbesondere von einer Fürsorge- oder Beratungsstelle geschrieben sein, es braucht auch nicht von dem Antragsteller unterschrieben werden, vielmehr muß es genügen, daß sich der Antragsteller aus dem Schriftstück ergibt (§ 79 Abs. 1; vgl. auch Anm. 3 zu § 93). Bestätigt wird der Eingang des Antrages nur auf besonderen Wunsch.

3. Die mündliche Antragstellung hat den Vorteil, daß das VerfAmt darauf hinwirken kann, daß sofort alle notwendigen oder wünschenswerten Angaben gemacht werden. Klagen über ein neues Leiden gelegentlich einer Untersuchung können u. U. als Erhöhungsantrag aufgefaßt werden.

4. Die Aufnahme einer Niederschrift soll jeden Zweifel an der Tatsache der Antragstellung ausschließen. Unterbleibt die Aufnahme einer Niederschrift, so ist es Beweisfrage, ob die Erklärung z. B. nur eine Erkundigung oder einen Versorgungsantrag darstellt.

5. In der Regel bei dem nach den §§ 38, 39 und den AB. dazu örtlich zuständigen VerfAmte. Wirksam ist auch die Antragstellung bei einem anderen VerfAmt oder einem HptVerfAmt (§ 78 Satz 2), wie überhaupt bei jeder deutschen amtlichen Stelle, einem

---

†) Lieb, Zurücknahme von Versorgungsanträgen, VersB. 30 S. 119.

Träger der Reichsversicherung und den in Abs. 1 der AB. genannten Stellen. Ein VersAmt, in dessen Bezirk der Antragsteller wohnt, muß den Antrag entgegennehmen, auch wenn es aus irgend einem Grunde für die Entscheidung nicht zuständig ist. Das VersAmt wird zweckmäßig auch die an Ort und Stelle zu erledigenden Ermittelungen anstellen, um so ein späteres Ersuchen seitens des zuständigen Amtes (§ 83 Abs. 2) zu erübrigen.

Wie sich aus der Fassung ergibt, besagt § 78 Satz 1 nur, daß Anträge in Angelegenheiten, in denen entweder das VersAmt oder das HptVersAmt zu entscheiden hat (vgl. § 37 und Anm. 3 zu § 37), beim VersAmt zu stellen sind. Soziale Fürsorge (§§ 21—23 RVG.) ist bei der amtlichen Fürsorgestelle zu beantragen. Heilbehandlung ist von Kassenmitglieder bei der Krankenkasse zu beantragen, von Zugeteilten (und Ausgesteuerten) ebenfalls bei der Krankenkasse, wenn Behandlung für ein Leiden gewünscht wird, für das DB. anerkannt ist und Rente in Form eines Rechtsanspruchs bezogen wird, andernfalls beim VersAmt. Heilbehandlung, die vom Reiche zu gewähren ist (§ 8 RVG., § 37 VerfG.), ist stets beim VersAmt zu beantragen.

6. Geschäftsfähige können den Antrag selbst oder durch Bevollmächtigte stellen. Für Geschäftsunfähige oder beschränkt Geschäftsfähige kann nur der gesetzliche oder besondere Vertreter (§ 46 Abs. 2) entweder selbst oder durch Bevollmächtigte Versorgung beantragen. Minderjährige können selbst oder durch Bevollmächtigte Anträge stellen, wenn sie 16 Jahre alt sind (vgl. §§ 46, 48).

7. Über „deutsche amtliche Stellen" vgl. Anm. 7 zu § 93.

8. Träger der Reichsversicherung s. Anm. 8 zu § 93.

9. Als Tag der Antragstellung gilt in solchen Fällen der Tag des Eingangs bei der „anderen deutschen amtlichen Stelle oder einem Träger der Reichsversicherung", nicht etwa erst der Tag des Eingangs bei der „zuständigen Stelle". Hiernach ist also auch die Frage zu entscheiden, ob die Antragsfristen (z. B. §§ 52—54 RVG.) eingehalten sind.

§ 79 *)

(1) Die Anträge sollen[1] die Leistungen[2], die begehrt werden, bezeichnen, die zur Begründung erforderlichen Tatsachen[3] und Beweismittel[4] angeben und von dem Antragsteller oder einer zu seiner Vertretung befugten Person[5] mit Orts- und Tagesangabe unterzeichnet sein.

(2) Die Verwaltungsbehörden (§ 4) haben auf die Stellung sachdienlicher Anträge hinzuwirken[6] und gegebenenfalls deren Ergänzung zu veranlassen[7].

*) Vgl. §§ 1584, 1612, 1635 RVO.; Rechtspr. dazu VersB. 27/28 S. 141 ff.

AB. zu § 79

1. (1) Bei Anträgen auf Erhöhung einer bewilligten oder Wiedergewährung einer entzogenen Versorgung sind die Voraussetzungen des geltend gemachten Anspruchs glaubhaft[8] zu machen. Ohne Glaubhaftmachung ist die Behörde nicht verpflichtet, in eine Prüfung des Antrags einzutreten. Das gleiche gilt, wenn bereits ein Antrag abgelehnt worden war, weil die MdE. weniger als 25 v. H. betragen hatte, oder wenn es sich um Anträge handelt, die unter die Verordnung vom 26. 7. 1930, Vierter Abschnitt, Dritter Titel (Reichsversorgung), Artikel 1 und 2 (RGBl. I S. 311, 327) fallen, siehe auch RVG. BesB. zu §§ 52 bis 54 (HdR. S. 153) und BesB. zu § 57 Nr. 1 Abs. 2 (HdR. S. 163).

(2) Die Glaubhaftmachung muß sich ggf. nicht nur auf den Eintritt einer Verschlimmerung, sondern auch auf den ursächlichen Zusammenhang mit einer DB. erstrecken.

2. Es genügt, daß ein begründeter Anlaß für die behördliche Prüfung dargetan wird. In diesem Falle ist nach Abschluß der Prüfung ein Bescheid zu erteilen[9]. Andernfalls ist dem Antragsteller mitzuteilen, daß der Antrag nicht weiter verfolgt werden könne, es sei denn, daß der Antragsteller zunächst eine Ergänzung seiner Angaben, ärztliche Bescheinigungen, Auskünfte von Krankenhäusern usw. auf seine Kosten beibringe; der Gegenstand solcher Bescheinigungen usw. ist unter Hervorhebung der maßgebenden Gesichtspunkte genau zu bezeichnen.

3. Die Änderung der für die Entscheidung maßgebenden Verhältnisse muß nach der früheren Entscheidung eingetreten sein, andernfalls kann nur die Erteilung eines neuen Bescheides nach § 71 in Betracht kommen.

4. Als Beweismittel überlassene Schriftstücke, die für den Antragsteller von besonderem Wert sein können, sind — nötigenfalls nach Fertigung einer Abschrift für die Akten — zurückzugeben.

1. Ein Antrag, der dieser Sollvorschrift nicht entspricht, ist wirksam; nachträgliche Ergänzung ist zulässig (vgl. § 79 Abs. 2).

2. Es soll angegeben werden, ob z. B. Krankengeld, Hausgeld, Heilanstaltspflege, Hauspflege, eine Badekur, Rente, Pflegezulage, Übergangsgeld oder der Beamtenschein beantragt wird. Genaue Angaben liegen im Interesse des Antragstellers, weil sie eine beschleunigte Entscheidung ohne Rückfragen ermöglichen. Eine besondere Angabe darüber, in welcher Höhe Rente beansprucht wird oder in welchem Maße die Erwerbsfähigkeit gemindert ist, braucht jedoch nicht gemacht zu werden.

3. Zu diesen Tatsachen gehört z. B. die Art und Weise der Entstehung des Leidens, die Mitwirkung militärdienstlicher Verhältnisse, bei Hinterbliebenenansprüchen die Zeit und Ursache des Todes und das verwandtschaftliche Verhältnis des Antragstellers zu dem Verstorbenen.

Das Verbot der „Prozeßlüge“ †), das Verbot wissentlich falscher Parteibehauptungen zur Begründung des geltend gemachten Anspruchs, in § 138 Abs. 1 ZPO. in der Fassung des Art. 1 Ziff. I 1 des Gesetzes zur Änderung des Verfahrens in bürgerlichen Rechtsstreitigkeiten vom 27. 10. 1933 (RGBl. I S. 780) gilt formell nur für den Zivilprozeß. Es gilt aber als Grundsatz, zumal im Hinblick auf die Mitwirkungspflicht des § 80 Abs. 1 Satz 2, auch für das Versorgungsverfahren, und zwar auch im Verwaltungsverfahren. Wissentlich falsche Angaben können u. U. zur Bestrafung wegen Betruges führen und sind — diese Folgerung fehlt in der ZPO. und in der RVO. — Wiederaufnahmegrund nach § 66 Abs. 1 Nr. 5.

4. Solche **Beweismittel** sind z. B. Zeugen für die Entstehungsursache der Gesundheitsstörung, Ausweise über eine militärärztliche Behandlung, Atteste eines Zivilarztes, Bescheinigungen des Arbeitgebers über die Beeinträchtigung der Erwerbsfähigkeit usw.

5. Gesetzlicher Vertreter oder Bevollmächtigter (vgl. §§ 46 bis 48).

6. Aus der Verpflichtung der VersBehörden, ein durch Antragstellung eingeleitetes Versorgungsverfahren von Amts wegen durchzuführen, folgt, daß die Behörde auch auf die Ergänzung unsachgemäßer Anträge hinzuwirken hat. Im Spruchverfahren gilt § 120 Abs. 2.

7. Es berechtigt also die Unvollständigkeit oder Unverständlichkeit eines Antrags nicht zu seiner Ablehnung.

8. Die Glaubhaftmachung (Nr. 2 der AB.) ist Voraussetzung für den Eintritt in die sachliche Prüfung des Antrags. Bewilligung setzt Nachweis oder wenigstens Wahrscheinlichkeit der rechtsbegründenden Tatsachen voraus.

Es müssen die „Voraussetzungen des geltend gemachten Anspruchs“ glaubhaft gemacht werden, also Tatsachen, die den Anspruch rechtfertigen können. Bleibt andernfalls der Antragsteller trotz Zufertigung einer aufklärenden Mitteilung dabei, daß die behaupteten Tatsachen nach dem Gesetz den Anspruch zu rechtfertigen vermögen, so muß hierüber die Entscheidung der Spruchbehörden durch Erteilung eines berufungsfähigen Bescheides ermöglicht werden, vorausgesetzt, daß die fraglichen Tatsachen nach Erlaß der früheren, rechtskräftig gewordenen Entscheidung eingetreten sind und nach § 91 die Berufung überhaupt zulässig ist.

9. Gegen die formlose Ablehnung der gestellten Anträge kann Berufung eingelegt werden, wenn die Verwaltungsbehörde verpflichtet war, einen berufungsfähigen Bescheid zu erteilen; vgl. Anm. 1 Abs. 2 zu § 90.

---

†) Zum Verbot der „Prozeßlüge“ vgl. JW. 33 S. 2429 und 2674.

III. Aufklärung des Sachverhalts

§ 80*)[1]

(1) Der Sachverhalt ist von Amts wegen aufzuklären[2]. Die Beteiligten sind verpflichtet, zur Aufklärung mitzuwirken[3].

(2) Soweit die Bewilligung der Versorgungsgebührnisse von den Familien-, Vermögens- oder Einkommensverhältnissen der Antragsteller abhängig ist, haben diese auf Verlangen der Versorgungsbehörde darüber Auskunft zu geben und ihr nach Bewilligung von Versorgungsgebührnissen jede wesentliche Änderung dieser Verhältnisse unverzüglich anzuzeigen. Die Versorgungsbehörde muß auf diese Verpflichtung hinweisen.

(3) Die Versorgungsbehörden sind berechtigt, die Zahlung der Versorgungsgebührnisse von der Vorlage einer amtlichen Bescheinigung über die persönlichen Verhältnisse der Versorgungsberechtigten abhängig zu machen[4]. Die näheren Bestimmungen über Form und Inhalt der Bescheinigung und über die Voraussetzungen, unter denen ihre Vorlage verlangt werden kann, trifft der Reichsarbeitsminister. Die Bescheinigung muß von einer zur Führung eines amtlichen Siegels berechtigten öffentlichen Behörde, Stelle oder Urkundsperson ausgestellt sein.

(4) Zur Vorlage der Bescheinigung kann durch einfachen Brief aufgefordert werden. Die Vorschriften des § 58 finden Anwendung[5].

*) Zu Abs. 1 vgl. § 1617 RVO.; Rechtspr. dazu VersB. 27/28 S. 143 f. — Die Abs. 2—4 des § 80 sind durch Ges. vom 17. 3. 28 (RGBl. I S. 63) eingefügt.

AB. zu § 80

1. (1) Der Sachverhalt muß nach der tatsächlichen und rechtlichen Seite klargestellt werden, soweit es nach der Lage des Falles erforderlich ist. Der Antragsteller ist nötigenfalls aufzufordern, alle für die Entscheidung wesentlichen Tatsachen anzugeben und ärztliche Gutachten, Bescheinigungen und sonstige Beweismittel, die er besitzt oder sich zu beschaffen beabsichtigt, vorzulegen. Alle notwendigen Ermittlungen sind möglichst gleichzeitig

anzustellen *). Krankenblätter der Krankenhäuser usw. sind grundsätzlich in Urschrift anzufordern; eine Ausnahme ist nur zulässig, wenn die Überlassung der Urschrift verweigert wird.

(2) Die ärztliche Untersuchung und Begutachtung soll erst vorgenommen werden, wenn alle für die Beurteilung notwendigen Unterlagen vorliegen. Die Untersuchung muß grundsätzlich so eingehend sein, daß sie eine abschließende Beurteilung ermöglicht. Die Bekundungen der behandelnden Ärzte über ihre Wahrnehmungen oder die von dem Antragsteller beigebrachten ärztlichen Gutachten sind eingehend zu würdigen.

2. (1) Die Kosten privat- oder amtsärztlicher Zeugnisse und Gutachten, die ein Beteiligter beigebracht hat, können erstattet werden, wenn sie wesentlich zur Klärung des Sachverhalts beigetragen haben und dem Antrag stattgegeben ist. Im allgemeinen können jedoch keine höheren Kosten erstattet werden, als entstanden wären, wenn die Versorgungsbehörde das Zeugnis oder Gutachten unmittelbar eingeholt hätte.

(2) Die Kosten ärztlicher Zeugnisse und Gutachten, die zur Glaubhaftmachung der Voraussetzungen eines Anspruchs (AB. zu § 79 Nr. 1) vorgelegt worden sind, können nicht erstattet werden, es sei denn, daß sie für die Begutachtung des Amtsarztes des VA. und damit für die Entscheidung über den Anspruch von wesentlicher Bedeutung waren, insbesondere wenn sie den Verzicht auf weitere Untersuchungsmaßnahmen und Erhebungen ermöglicht hatten.

(3) Werden nur Kannbezüge oder Härteausgleiche bewilligt oder ist der Anspruch erst im Spruchverfahren anerkannt worden, so können Kosten nicht erstattet werden (vgl. aber § 143).

3. Auf die sich aus § 80 Abs. 2 ergebende Verpflichtung zur unverzüglichen Mitteilung jeder wesentlichen Änderung der Verhältnisse ist grundsätzlich in jedem Bescheid hinzuweisen. Gegebenenfalls kann darauf durch besondere Verfügung verwiesen werden.

4. Für die Vorlage einer amtlichen Bescheinigung über die persönlichen Verhältnisse des Versorgungsberechtigten (§ 80 Abs. 3) gelten die Vorschriften der DOZR. §§ 27 bis 31 (HdR. S. 2288). Erforderlichenfalls kann die Vorlage einer solchen Bescheinigung mit der im § 80 Abs. 3 bestimmten Wirkung auch zu einem anderen Zeitpunkt als dem Schluß des Rechnungsjahres verlangt werden.

5. Wegen der Auskunfterteilung durch die Finanzämter siehe AB. zu § 75 Nr. 1.

*) Siehe auch GOV. § 198 Abs. 2 (HdR. S. 1146).

1. Die Vorschrift des § 80 findet nach den §§ 103, 121 auch im Spruchverfahren Anwendung.

2. Wenngleich es zur Einleitung des Versorgungsverfahrens der Stellung eines Antrags bedarf (vgl. z. B. § 1 RVG.), so erfolgt die weitere Durchführung des Verwaltungsverfahrens doch von

Amts wegen, da ein allgemeines Interesse an der sachgemäßen Erledigung der auf öffentlicher Grundlage beruhenden Versorgungsansprüche besteht. Es darf daher von dem VersBerechtigten nicht etwa verlangt werden, daß er selbst alle Behauptungen, die seinen Anspruch stützen können, vorbringt und Beweis hiefür antritt. Im übrigen vgl. Anm. 1a zu § 125. — Wichtige Auskunftsstellen s. Anm. 3 Abs. 4 zu § 75.

3. a) Es ist in erster Linie Sache der Verwaltungsbehörden, den VersBerechtigten die Beschaffung der Unterlagen für ihre Ansprüche zu vermitteln und die Aufklärung der tatsächlichen Verhältnisse herbeizuführen. Hierbei haben sich die Beamten von jeder Engherzigkeit in der Beurteilung der gestellten Anträge und von kleinlichen Beanstandungen freizumachen. Der VersBerechtigte ist aber verpflichtet, seinerseits nach besten Kräften zur Aufklärung mitzuwirken. Diese Mitwirkungspflicht bezieht sich jedoch nur auf die Aufklärung in sachlicher Beziehung. Über die rechtliche Würdigung und die Hilfsmittel dazu vgl. Anm. 2d zu § 125. Ordnungsmäßige Aufklärung des Sachverhalts dient der Beschleunigung des anschließenden Spruchverfahrens.

b) Über die Nachteile, die dem VersBerechtigten erwachsen, wenn er gewissen Anordnungen der Behörde nicht Folge leistet, vgl. § 81 Abs. 2.

4. Durch Abs. 3, 4 hat die frühere Verwaltungsübung, die laufende Zahlung von gewissen amtlichen Bescheinigungen, z. B. jährlichen Lebensbescheinigungen, abhängig zu machen, die gesetzliche Grundlage erhalten. Nichtbeibringung der vorgeschriebenen Bescheinigungen hat nicht den Verlust des Anspruchs, sondern nur die vorläufige Einbehaltung und spätere Nachzahlung der Gebührnisse zur Folge. Über diese sog. Lebensbescheinigungen†) vgl. Nr. 4 der AB.

5. § 58 betrifft die Benennung eines Zustellungsbevollmächtigten und die öffentliche Zustellung.

§ 81 *) [1]

(1) Das persönliche Erscheinen des Versorgungsberechtigten zur mündlichen Erörterung der gestellten Anträge [2], zur ärztlichen Untersuchung [3] oder zur Vornahme sonstiger Feststellungen sowie seine Beobachtung in einem Krankenhaus [4] oder einer Heilanstalt können jederzeit [5] angeordnet werden.

(2) Leistet der Berechtigte einer solchen Anordnung ohne wichtigen Grund [6] nicht Folge, so können [7] daraus ungünstige

†) Benckendorff, Über die Lebens- oder Jahresbescheinigungen, VersB. 30 S. 51 ff.

Schlüsse für den geltend gemachten Anspruch gezogen werden, wenn die Anordnung einen entsprechenden Hinweis[8] enthält.

*) Rechtspr. zur RVO. s. VersB. 27/28 S. 144.

AB. zu § 81

1. (1) Das persönliche Erscheinen eines Beteiligten soll nur angeordnet werden, wenn Aufklärung auf schriftlichem Wege, durch Ersuchen anderer Behörden, insbesondere der amtlichen FSt., oder in sonstiger Weise nicht zu erlangen ist und für den Beteiligten auch nicht die Möglichkeit besteht, gelegentlich und ohne Einbuße von Arbeitsverdienst vorzusprechen. Die Anordnung wird, soweit es sich nicht um Heilbehandlung, Anpassen von Körperersatzstücken und dgl. handelt, abgesehen von Ausnahmefällen, auf den Fall beschränkt bleiben müssen, daß eine Untersuchung durch einen Amtsarzt oder einen Facharzt oder eine Beobachtung notwendig ist. Die Dauer einer Beobachtung ist auf das unbedingt erforderliche Maß zu beschränken.

(2) Die Benachrichtigung von der Anordnung des persönlichen Erscheinens soll den Hinweis enthalten, daß der zum Erscheinen Aufgeforderte ihr nicht ohne vorherige Rückfrage Folge leisten darf, wenn er verzogen oder vorübergehend von seinem Wohnort abwesend ist und infolgedessen durch das Erscheinen größere Kosten entstehen würden[9].

(3) Die Verwaltungsbehörde kann das persönliche Erscheinen des Beteiligten auch vor der amtlichen FSt., einer anderen Behörde oder einem Arzt anordnen[9].

(4) Für die Benachrichtigung von der Anordnung des persönlichen Erscheinens gilt das Formbl. I 37.

2. Werden bei einer ärztlichen Untersuchung Zeichen einer schweren, dem Untersuchten noch nicht bekannten Erkrankung festgestellt, die die Aufmerksamkeit des Untersuchten erfordern, so ist er in geeigneter Weise davon zu unterrichten.

1. Die Vorschrift des § 81 ist in den §§ 103, 121 auch für das Spruchverfahren für anwendbar erklärt.

2. Zur mündlichen Erörterung der gestellten Anträge wird das persönliche Erscheinen nur in Ausnahmefällen angeordnet werden dürfen (vgl. AB. zu § 81). Insbesondere kann die Ausfüllung von Fragebogen auf schriftlichem Wege oder durch Inanspruchnahme anderer Behörden, vor allem der Amtlichen Fürsorgestellen, erreicht werden (vgl. § 83 Abs. 2, § 75).

3. Ärztliche Untersuchung, nötigenfalls auch Beobachtung in einem Krankenhaus oder in einer Heilanstalt werden vielfach notwendig werden zur Feststellung, ob und in welchem Umfange die Erwerbsfähigkeit infolge einer Dienstbeschädigung gemindert und ob die körperliche Unversehrtheit des Beschädigten schwer beeinträchtigt ist. Aus der Mitwirkungspflicht des VersBerechtigten folgt auch die Verpflichtung, sich kleinen diagnostischen Eingriffen, z. B. einer Magenausspülung, zu unterziehen. In Chloroformnarkose auszuführende Untersuchungen, Einstiche in den Wirbelkanal oder das Gehirn und Impfungen zu dulden, ist er nicht verpflichtet (vgl. HdR. S. 647 Abs. 18). Die Leichenöffnung ist nur mit Zustimmung der Angehörigen zulässig. Untersuchung durch nichtarische Ärzte und Zahnärzte kann nach §§ 5, 6 der VO. vom 23. 6. 33 (abgedruckt bei § 22) abgelehnt werden.

4. Auch in einem Versorgungskrankenhaus, einer Universitätsklinik. Die Einweisung in ein Krankenhaus erfolgt in der für Krankenkassenmitglieder ortsüblichen Verpflegungsklasse.

5. Die Vorladung kann auch nach Bewilligung von Gebührnissen erfolgen, wenn festgestellt werden soll, ob z. B. eine Besserung eingetreten und deshalb Minderung oder Entziehung der Rente angezeigt ist; vgl. jedoch § 57 Abs. 2 RVG. — Der RAM. hat den Verwaltungsbehörden wiederholt aufgegeben, während eines schwebenden Spruchverfahrens von weiteren Ermittlungen, auch von einer erneuten Untersuchung abzusehen. Läßt das Vorbringen des Klägers im Berufungsverfahren eine Ergänzung der bisher getroffenen Feststellungen notwendig oder angezeigt erscheinen, so ist diese beim Gericht (z. B. in der Gegenschrift, § 98 Abs. 2) anzuregen. Denn im Spruchverfahren hat der Reichsfiskus lediglich die Stellung einer Partei; die Doppelstellung des Fiskus im Verwaltungsverfahren hat mit dem Beginn des Spruchverfahrens ihr Ende erreicht (vgl. E. II, 165).

6. Als wichtige Gründe können außer Krankheit und dringender geschäftlicher Abhaltung auch häusliche Verhältnisse, wie Krankheit oder Niederkunft der Ehefrau, auch die Tatsache, daß bei Abwesenheit des VersBerechtigten die Kinder unversorgt sein würden, in Frage kommen.

7. Es ist in das Ermessen der Verwaltungsbehörde gestellt, ob sie aus dem Verhalten des Antragstellers ungünstige Schlüsse für den von diesem erhobenen Anspruch ziehen will. Mit Rücksicht darauf, daß der Sachverhalt von Amts wegen aufzuklären ist (vgl. § 80), hat die Behörde zunächst aber jedenfalls alle ihr zu Gebote stehenden Mittel zur Aufklärung zu erschöpfen. Die ungünstigen Schlüsse dürfen nach Lage der Sache nicht widersinnig sein; z. B. kann nicht angenommen werden, daß verlorene Glieder wiedergewachsen seien. Voraussetzung ist, daß Anordnung und Hinweis dem Berechtigten zugegangen sind. U. U. kann also der Nachweis hierfür notwendig werden. Abgesehen hiervon kann die Anordnung durch einfachen Brief getroffen werden. Ein berufungsfähiger Bescheid über die Anordnung kommt keinesfalls in Frage.

Der im § 81 nicht geregelte Fall, daß der Antragsteller der Aufforderung, ein in seinen Händen befindliches, ausschlaggebendes

Beweismittel für eine Tatsache vorzulegen, nicht Folge leistet (vgl. § 83 Abs. 1 Satz 2), ist entsprechend zu behandeln. Die Behörde kann die Entscheidung aussetzen oder den Antrag mangels hinreichenden Nachweises ablehnen.

8. Es braucht nur darauf hingewiesen werden, daß aus der Nichtbefolgung der Anordnung ungünstige Schlüsse für den erhobenen Anspruch gezogen werden können; anders als nach §§ 19 und 58 RVG. ist es aber nicht erforderlich, ausdrücklich auf eine bestimmte Folge, z. B. Entziehung der Rente, hinzuweisen.

Während nach § 81 Abs. 2 die infolge der Weigerung unterbliebene Beweiserhebung nachgeholt werden kann, haben die Nichtbefolgung nach § 19 RVG. und die Weigerung nach § 58 RVG. materiellen Rechtsverlust zur Folge, der von den Spruchbehörden nicht rückgängig gemacht werden kann. Die Spruchbehörden haben dann nur zu prüfen, ob die Weigerung berechtigt war und der Hinweis auf den Rechtsverlust ordnungsmäßig erfolgt ist, sie dürfen nicht prüfen, ob die Entziehung etwa nach § 57 RVG. sachlich gerechtfertigt war (E. VI, 53).

9. Nr. 1 Abs. 2 und 3 der AB. zu § 81 finden nach den AB. zu § 144 auch im Spruchverfahren Anwendung.

Die Anordnung des Erscheinens vor der Amtlichen Fürsorgestelle im Einzelfalle kann dadurch ersetzt werden, daß die Fürsorgestelle durch eine Vereinbarung zwischen ihr und der Versorgungsbehörde allgemein ermächtigt wird, für bestimmte Arten von Fällen selbständig Vorladungen zu erlassen.

§ 82 *) [1]

(1) Wer einer Anordnung gemäß § 81 Folge leistet, erhält [2] auf Verlangen in angemessenem Umfang [3] Ersatz der baren Auslagen [4] und Entschädigung für entgangenen Arbeitsverdienst [5]. Ist die Anordnung durch einen unbegründeten Antrag des Versorgungsberechtigten veranlaßt worden, so kann der Ersatz abgelehnt werden, sofern der Antragsteller sich nicht in einem entschuldbaren Irrtum befunden hat.

(2) Gegen die Festsetzung oder Ablehnung ist innerhalb eines Monats nach der Bekanntgabe die Beschwerde [6] zulässig; die Bekanntgabe ist in den Akten zu vermerken.

(3) Erscheint der Versorgungsberechtigte ohne Anordnung einer Versorgungsbehörde aus einem der im § 81 Abs. 1 aufgeführten Gründe, so kann auf Verlangen Ersatz der baren Auslagen und Entschädigung für entgangenen Arbeitsverdienst in angemessenem Umfang geleistet wer-

den, wenn die Notwendigkeit des Erscheinens von der Versorgungsbehörde anerkannt wird.

*) Abs. 3 ist durch Ges. vom 17. 3. 28 (RGBl. I S. 63) angefügt.

AB. zu § 82

I[7]. 1. (1) Auslagen für Verpflegung und Unterkunft werden auf Antrag in Grenzen der für die Reisekostenstufe V der Reichsbeamten bei Dienstreisen von gleicher Dauer jeweils festgesetzten Tage- und Übernachtungsgelder erstattet[8]. Für Verpflegung ist auch bei Reisen unter 30 km oder von kürzerer Dauer als 6 Stunden auf Antrag Entschädigung zu gewähren, wenn und soweit sie angemessen ist. Wenn jedoch bei eintägigen Reisen von mehr als 12stündiger Dauer und bei längeren als eintägigen Reisen höhere Ausgaben entstanden sind und als notwendig und angemessen anerkannt werden, so gelten für die Kostenerstattung die Sätze der Reisekostenstufe IV als Höchstgrenze; wird die Nacht zur Reise verwendet, ohne daß eine Unterkunft genommen wird, so wird ein Übernachtungsgeld nach AB. Nr. 28 Abs. 2 zum Gesetz über die Reisekostenvergütung der Beamten (RBesBl. 1933 S. 192 Nr. 2262) gewährt.

(2) Personen, die an dem Orte der VDst. oder innerhalb eines Umkreises von weniger als 2 km wohnen, infolge einer Anordnung nach § 81 mehr als 3 Stunden von ihrer Wohnung abwesend sind und deshalb für Verpflegung erhöhte Ausgaben haben, kann diese Mehrausgabe auf Antrag in angemessenem Umfang ersetzt werden.

(3) Eine Belegung der Ausgaben ist nicht erforderlich. Es genügt für den Nachweis der Art und Höhe der entstandenen Auslagen in der Regel eine Erläuterung und pflichtmäßige Versicherung.

2. Soweit bei Beobachtungen oder Untersuchungen freie Verpflegung oder Unterkunft zur Verfügung gestellt wird, werden Auslagen für selbstbeschaffte Verpflegung oder Unterkunft nicht erstattet, es sei denn, daß besondere Umstände die Ablehnung der bereitgestellten Verpflegung oder Unterkunft rechtfertigen.

3. (1) An Fahrkosten wird bei Eisenbahnfahrten der Fahrpreis der 3. Wagenklasse erstattet. Die Mehrkosten für Benutzung der 2. Wagenklasse werden an Oberschenkelamputierte und Krückenträger ohne weiteres gezahlt, im übrigen nur dann, wenn die Benutzung dieser Klasse vom Versorgungsarzt als notwendig bescheinigt wird. Die Mehrkosten für Eil- oder Schnellzugbenutzung werden erstattet, wenn sie eine Verminderung der zu zahlenden Beträge zur Folge hat oder aus besonderen Gründen erforderlich ist. Besondere Gründe in diesem Sinne sind beispielsweise gegeben, wenn bei Reisen aus Anlaß einer Badekur usw. die Reisedauer durch die Benutzung von Eil- oder Schnellzügen wesentlich abgekürzt wird und dadurch die mit längerer Fahrtdauer der Personenzüge verbundenen Anstrengungen vermieden werden. Zum Nachweis der benutzten Wagenklasse und Zugart genügt die pflichtmäßige Versicherung

der Ersatzberechtigten. Kosten für Schlafwagenbenutzung können nicht erstattet werden.

(²) Straßenbahnfahrkosten und sonstige Nebenkosten werden in angemessenem Umfang ersetzt, und zwar auch in Fällen, in denen das Erscheinen am Wohnort des Vorgeladenen angeordnet worden ist. Die Benutzung der Straßenbahn kann aber nur als notwendig anerkannt werden, wenn Hin- und Rückweg mehr als 2 km beträgt, es sei denn, daß besondere Gründe, wie körperliche Behinderung, besondere Dringlichkeit usw., vorliegen.

4. Die Erstattung der Auslagen für die Benutzung anderer Verkehrsmittel ist nur zulässig, wenn die regelmäßigen Verkehrsmittel aus besonderen Gründen nicht benutzt werden können. Die Notwendigkeit der Benutzung ist in diesen Fällen besonders zu begründen.

5. Bei unentgeltlicher Benutzung anderer Verkehrsmittel wie der Eisenbahn und bei Benutzung eigener Fuhrwerke oder Fahrräder usw. kann unabhängig davon, ob Eisenbahn oder Straßenbahn vorhanden und benutzbar ist, der jeweilige Eisenbahnfahrpreis für die 3. Wagenklasse unter Zugrundelegung der kürzesten Landwegstrecke gezahlt werden, vorausgesetzt, daß dadurch unter Berücksichtigung der Ersparnisse an Zeit und Entschädigung für Verdienstausfall Mehrkosten gegenüber der Benutzung der Eisenbahn usw. nicht entstehen. Die Kosten für die Annahme eines Fuhrwerklenkers und die Unterbringung des Fuhrwerks am Orte des Erscheinens sind dadurch abgegolten. Steht aber die hiernach zu gewährende Entschädigung mit den nachgewiesenen Kosten für die Annahme eines Fuhrwerklenkers oder die Unterbringung des Fuhrwerks in einem solchen Mißverhältnis, daß sie nicht als angemessener Ersatz dieser Auslagen im Sinne des § 82 gelten kann, so ist der Mehrbetrag dieser Aufwendungen insoweit zu ersetzen, als es nach der Lage der Verhältnisse angemessen ist.

6. Werden außerhalb der Ortsgrenze des Wohnorts Landwegstrecken von mehr als 3 km zu Fuß zurückgelegt, so werden für jeden angefangenen Kilometer 0.20 *RM* gewährt.

7. (¹) Die Auslagen für Begleitpersonen werden unter entsprechender Anwendung vorstehender Bestimmungen erstattet, wenn der Versorgungsarzt die Notwendigkeit der Begleitung bescheinigt. Zu den erstattungsfähigen Auslagen gehört neben dem Aufwand für Verpflegung, Unterkunft und Fahrkosten auch der den Begleitpersonen entgangene Arbeitsverdienst (vgl. Ziff. II), vorausgesetzt, daß der Versorgungsberechtigte zur Erstattung verpflichtet ist. Von dieser Einschränkung kann abgesehen werden, wenn es sich bei dem Begleiter um einen Familienangehörigen handelt, dessen eigener Arbeitsverdienst regelmäßig auch dem Versorgungsberechtigten zugute kommt (Ehefrau, Kinder usw.). Von dem Arbeitsverdienst muß aber in solchen Fällen — als nichterstattungsfähig — abgesetzt werden, was der Begleiter für seinen Lebensunterhalt in der gleichen Zeit

unter normalen Verhältnissen verbraucht hätte, denn insoweit ist er bereits durch Entschädigung für Unterkunft und Verpflegung abgefunden.

(²) Hat sich der Versorgungsberechtigte zu einer Vergütung des Begleiters verpflichtet, so kann ihm Ersatz hierfür neben der für Verpflegung, Unterkunft und Fahrkosten zu leistenden Entschädigung in angemessenem Umfang gewährt werden. Er darf aber den Betrag nicht überschreiten, den ein Krankenpfleger für diese Dienstleistung als solcher nach den am Wohnort des Versorgungsberechtigten ortsüblichen Sätzen zu beanspruchen hat. Neben der Erstattung des dem Begleiter entgangenen Arbeitsverdienstes ist jedoch eine Entschädigung wegen einer solchen Verpflichtung des Versorgungsberechtigten ausgeschlossen.

(³) Abs. 1 und 2 finden entsprechende Anwendung, wenn Kinder oder Waisen zum Erscheinen zur ärztlichen Untersuchung zwecks Feststellung ihres Gesundheitszustandes (RVG. § 30 Abs. 4 Satz 1 — HdR. S. 113 —, § 41 Abs. 3 Satz 1 — HdR. S. 137) eines Begleiters auch aus einem anderen Grunde als wegen körperlicher oder geistiger Gebrechen bedürfen (z. B. wegen ungenügender geistiger Reife, Ungewandtheit usw.); die VBeh. entscheiden über die Notwendigkeit der Begleitung nach Lage des Falles, ohne daß es eines ärztlichen Gutachtens bedarf.

II[7]. 1. In der Benachrichtigung von der Anordnung des persönlichen Erscheinens ist darauf hinzuweisen, daß die Höhe des entgangenen Arbeitsverdienstes, falls Ersatzleistung beantragt wird, durch eine Bescheinigung des Arbeitgebers oder in sonstiger Weise zu belegen ist. Aus der Bescheinigung muß Stundenlohn (Schichtlohn, Wochenlohn usw.) und Arbeitszeit ersichtlich sein, ferner daß der Versorgungsberechtigte bei dem Arbeitgeber beschäftigt ist und durch das Erscheinen einen Verdienstausfall erleidet. Eine Beglaubigung der Bescheinigung ist im allgemeinen nicht erforderlich; Zweifel an ihrer Richtigkeit sind aufzuklären. Ausfall an Arbeitslosenunterstützung steht einem Ausfall an Arbeitsverdienst gleich. Bei Festbesoldeten kann auf Grund der Tatsache, daß sie die versäumten Arbeiten nachholen müssen, ein Verdienstausfall nicht angenommen werden. Bei Angehörigen freier Berufe liegt ein erstattungsfähiger Ausfall an Arbeitsverdienst in der Regel und insbesondere dann nicht vor, wenn ein Betrieb kaufmännischer, gewerblicher, landwirtschaftlicher oder sonstiger Art trotz Abwesenheit des Inhabers weiterläuft, ohne daß die Annahme eines bezahlten Vertreters notwendig wird. Wird jedoch ein Ausfall an Arbeitsverdienst, z. B. von kaufmännischen Vertretern, Reisenden, Kleinhandwerkern, Heimarbeitern, dargetan, so kann Ersatz beansprucht werden; für die Berechnung ist der Jahresverdienst maßgebend, wenn sonstige ausreichende Unterlagen nicht beigebracht werden können.

2. Auf den entgangenen Arbeitsverdienst sind Krankengeld und Hausgeld, auch wenn sie auf Grund der RVO. gewährt werden, an-

zurechnen; Ermittlungen hierüber sind nur erforderlich, wenn Anhaltspunkte dafür vorliegen, daß diese Gebührnisse bezogen werden. Soweit bei Beobachtungen durch freie Unterkunft und Verpflegung Ersparnisse in der eigenen Wirtschaft des Beteiligten eintreten, kann ein abgemessener Abzug gemacht werden.

III. Die Entschädigung ist beschleunigt — möglichst sofort, bei Beobachtungen spätestens bei ihrem Abschluß — zu zahlen; bei länger dauernder Beobachtung kann, falls notwendig, ein Vorschuß gezahlt werden.

IV. Den FSt. für Kb. und Kh. sind Entschädigungen nach § 82 nur zu erstatten, wenn die FSt. den Versorgungsberechtigten entweder auf Grund eines Ersuchens der VBeh. oder einer für bestimmte Fälle getroffenen allgemeinen Vereinbarung vorgeladen hat, soweit es sich nicht um ihre Mitwirkung bei der Prüfung der Voraussetzungen des Anspruchs auf den Beamtenschein handelt (vgl. AB. zu § 75 Nr. 3 Abs. 2).

V. Von der Vorschrift des § 82 Abs. 3 ist wohlwollend Gebrauch zu machen; dies gilt auch für die OVSt.

1. Die Vorschrift des Abs. 1 über Ersatz der baren Auslagen und Entschädigung für entgangenen Arbeitsverdienst bei Vorladungen entspricht im wesentlichen dem ursprünglichen Inhalt des § 58 RVG., der deshalb wegfallen konnte und gelegentlich einer Neufassung des RVG. durch eine andere Vorschrift ersetzt ist.

Wird jemand auf Ersuchen einer Spruchbehörde von der Verwaltungsbehörde zu einer ärztlichen Untersuchung vorgeladen, so gilt nicht § 82, sondern § 144 (vgl. unten Anm. 7).

2. Die Erstattung von Auslagen und Verdienstausfall ist, wenn das Erscheinen angeordnet war, im Gegensatz zu Nr. 2 der AV. zu § 80 unabhängig davon, ob das persönliche Erscheinen zur Aufklärung beigetragen und zu einer günstigeren Beurteilung des Anspruchs geführt hat. Eine Ausnahme hiervon enthält Abs. 1 Satz 2. Bei Erscheinen ohne Anordnung gilt § 82 Abs. 3.

3. Es besteht also keine Verpflichtung, insbesondere den entgangenen Arbeitsverdienst stets voll zu ersetzen, so z. B. dann nicht, wenn er das übliche Maß wesentlich überschreitet.

4. Über Ersatz der Auslagen vgl. Ziff. I der AB.

5. Über Verdienstausfall vgl. Ziff. II der AB.

6. Vgl. §§ 61—64. — Da es sich um einen verfahrensrechtlichen Ersatzanspruch handelt, ist die Berufung unzulässig. Auch gelegentlich der Berufung gegen den Bescheid zur Hauptsache kann über den Ersatzanspruch nicht entschieden werden. Demgegenüber gehören die Ersatzansprüche nach § 20 RVG. (Reisekosten, Verdienstausfall usw. bei Heilbehandlung) zwar zu den materiellrechtlichen Heilbehandlungskosten, gegen ihre Ablehnung oder Festsetzung ist trotzdem nur die Beschwerde gegeben (§ 20 Abs. 4 RVG.). Vgl. hierzu auch Anm. 7 zu § 82 und Anm. 5 zu § 37. — Aus der Stellung des Abs. 2 im § 82 folgt, daß gegen die Festsetzung oder Ablehnung bei Erscheinen ohne Anordnung (Abs. 3) nicht die an das HptVersAmt oder VGer. gehende Beschwerde, sondern nur die an das HptVersAmt und RAM. gehende Aufsichtsbeschwerde gegeben ist.

7. Ziff. I und II finden nach den AB. zu § 144 auch im Spruchverfahren Anwendung. Sie gelten nach den AB. zu § 20 RVG. auch für die Fälle der Heilbehandlung nach § 20 RVG. Jedoch werden Reisekosten usw. bei Heilbehandlung durch die Krankenkasse nur nach den für die Krankenkasse geltenden Vorschriften ersetzt (E. III, 98 und AB. zu § 20 RVG.; vgl. auch Anm. 5 zu § 37 und Anm. 6 zu § 82).

8. Vgl. Gesetz über Reisekostenvergütung der Beamten vom 15. 12. 33 (RGBl. I S. 1067)†).

§ 83 *) 1

(1) Die Verwaltungsbehörde kann zur Aufklärung des Sachverhalts Ermittelungen anstellen 2 und Beweis erheben 3. Sie kann insbesondere Zeugen und Sachverständige vernehmen 4, Gutachten 5 und amtliche Auskünfte jeder Art einholen, den Augenschein einnehmen und Urkunden beschaffen oder ihre Vorlegung oder Beibringung den Beteiligten aufgeben 6.

(2) Ist die Beweisaufnahme vor der zuständigen Verwaltungsbehörde mit Schwierigkeiten verbunden, namentlich wegen der Entfernung des Aufenthaltsorts der zu vernehmenden Person vom Sitze der Verwaltungsbehörde, so kann eine andere Verwaltungsbehörde und, wenn die Beweisaufnahme vor dieser ebenfalls Schwierigkeiten unterliegen würde, eine andere Behörde 7, auch eine Fürsorgestelle oder Hauptfürsorgestelle der Kriegsbeschädigten- und Kriegshinterbliebenenfürsorge um die Erledigung ersucht werden 8. Das gleiche gilt bei Gefahr im Verzuge.

*) Vgl. §§ 1571—1578, 1613 Abs. 3 RVO.; Rechtspr. dazu VersB. 27/28 S. 157.

AB. zu § 83

(1) Ersuchen an Behörden, einschließlich der Fürsorgeverbände (FSt.), sind unzulässig, wenn eine Angelegenheit von der VersB. selbst, insbesondere auf schriftlichem Wege, erledigt werden kann.

(2) Um Ermittlungen über die persönlichen und wirtschaftlichen Verhältnisse der Antragsteller oder der Versorgungsberechtigten

---

†) Vogels, Handbuch des Reisekostenrechts, 2. Aufl. 1935, Verlag Trowitzsch u. Sohn, Berlin.

sind grundsätzlich die FSt. zu ersuchen. Andere Stellen dürfen zu diesem Zwecke nur in Anspruch genommen werden, wenn es unbedingt erforderlich ist. Das Ersuchen ist auf die für die Entscheidung notwendigen Ermittlungen zu beschränken; hierauf ist besonders bei der Verwendung von Fragebögen zu achten (vgl. GOV. § 120 Abs. 4 — HdR. S. 1081).

1. Die Vorschrift des § 83 ist in den §§ 103, 121 auch für das Spruchverfahren für anwendbar erklärt.

2. Die Ermittelungen sind gleichzeitig und nicht nacheinander zu veranlassen, wie die Behörde jede Angelegenheit von vornherein in erschöpfender Weise in Angriff nehmen und möglichst in einer Verfügung alle Punkte berücksichtigen soll, die der Aufklärung bedürfen. — Über die Rechtshilfepflicht anderer Behörden vgl. § 75.

3. a) Im Gegensatz zum Spruchverfahren (§ 108) besteht im Verwaltungsverfahren für die Beteiligten kein Recht, zur Beweisaufnahme zugelassen zu werden und z. B. den Zeugen und Sachverständigen Fragen vorlegen zu lassen. Die Verwaltungsbehörde kann ihnen aber die Teilnahme und Fragestellung gestatten (vgl. Anm. 2 zu § 48).

b) Über die Würdigung der erhobenen Beweise im Verwaltungsverfahren enthalten das Gesetz und die AB. keine Vorschriften. Auch die Verwaltungsbehörden entscheiden auf Grund freier Beweiswürdigung; vgl. hierüber Anm. 1 zu § 125. Auf § 2 Abs. 2 und 3 RVG. (Wahrscheinlichkeit des ursächlichen Zusammenhangs usw.) sei hingewiesen.

4. a) Die Verwaltungsbehörden können, wenn Zeugen oder Sachverständige nicht erscheinen oder die Aussage verweigern, selbst keinerlei Zwangsmittel anwenden, sie können in solchen Fällen nur das Amtsgericht um die Vernehmung ersuchen, dem die Zwangsmittel der ZPO. zur Verfügung stehen (§ 84).

b) Eidliche Vernehmung durch die Verwaltungsbehörden ist nicht zulässig, weil sie im Gesetz nicht ausdrücklich gestattet ist. Die Regel wird die uneidliche Vernehmung bilden. Nur wenn die Beeidigung zur Herbeiführung einer wahrheitsgemäßen Aussage notwendig erscheint, ist eidliche Vernehmung am Platze. Diese kann nur durch das Amtsgericht erfolgen (§ 84 Abs. 2). — Die Spruchbehörden sind selbst zur eidlichen Vernehmung befugt; vgl. §§ 106, 107.

c) Eidesstattliche Versicherungen sind mit Vorsicht aufzunehmen, da sie erfahrungsgemäß nicht mit derselben Sorgfalt abgegeben werden wie eidliche Zeugenaussagen und bei fahrlässiger Unrichtigkeit überhaupt nicht und bei wissentlicher Unrichtigkeit nur strafbar sind, wenn sie gegenüber einer zur Abnahme eidesstattlicher Versicherungen zuständigen Behörde, wozu jedenfalls die Verwaltungsbehörden der Reichsversorgung nicht gehören†), abgegeben sind (§ 156 StGB.).

---

†) Seel, Eidesstattliche Versicherungen, VersB. 30 S. 45ff.

5. a) Wird ein Gutachten von einer Klinik beigezogen, so braucht es nicht unbedingt von dem Vorstand der Klinik auch abgefaßt zu sein; vielfach werden diese Gutachten von einem jüngeren Arzt verfaßt, von dem Vorstand der Klinik aber mitunterzeichnet. Aus der Unterschrift des Vorstandes ist zu folgern, daß dieser die schriftliche Ausarbeitung auf Grund seiner eigenen Beobachtung und Untersuchung gebilligt hat. — Die nach § 22 gewählten Gerichtsärzte sollen von den Verwaltungsbehörden nicht um Begutachtung ersucht werden. — Über die Würdigung ärztlicher Gutachten vgl. Anm. 1c zu § 125, über Gebühren der Sachverständigen vgl. Anm. 2 zu § 85. Über Untersuchung durch nichtarische Ärzte und Zahnärzte vgl. §§ 5, 6 der VO. vom 23. 6. 33 (abgedruckt bei § 22).

b) Auch die Äußerung des Sachgebiets „Ärztlicher Dienst" des VersAmts ist ein sachverständiges Gutachten, das eine der wichtigsten Unterlagen für die Verwaltungsentscheidung bildet. Spricht sich dieses Gutachten für Anerkennung von DB. aus, so ist dies aber weder für die Entscheidung des VersAmts bindend, noch eine Anerkennung des Anspruchs gegenüber dem VersBerechtigten. Wieweit die versorgungsärztlichen Gutachten der Prüfung durch das Sachgebiet „Ärztlicher Dienst" des HptVersAmts oder durch den leitenden Arzt des VersAmts unterliegen, ergibt sich aus HdR. S. 675 ff. (Abschnitt F). Über ärztliche Untersuchung VersBerechtigter im Ausland vgl. HdR. S. 650.

c) Wichtige Hilfsmittel für die Begutachtung sind die in Anm. 3 zu § 3 erwähnten „Anhaltspunkte". Eingehende Weisungen für die versorgungsärztliche Gutachtertätigkeit enthält HdR. S. 641 ff.

6. Wegen Nichtbefolgung solcher Auflagen vgl. Anm. 7 Abs. 2 zu § 81.

7. Vgl. Anm. 1 zu § 75. Es wird sich empfehlen, das Ersuchen unmittelbar an diejenige Stelle zu richten, die es, ohne eine andere Behörde in Anspruch zu nehmen, selbst erledigen kann.

8. Die Verpflichtung der ersuchten Behörde, dem Ersuchen Folge zu leisten, ergibt sich aus § 75; vgl. insbesondere Anm. 2 und 3 zu § 75. Aus den AB. zu § 83 kann die ersuchte Stelle nicht das Recht zur Ablehnung des Ersuchens, sondern nur zur Dienstaufsichtsbeschwerde herleiten.

§ 84*)

(1) Leisten Zeugen oder Sachverständige der Vorladung nicht Folge oder verweigern sie ohne Vorliegen der in den §§ 376, 383 bis 385, 407, 408 der Zivilprozeßordnung[7] bezeichneten Gründe ihr Zeugnis oder die Erstattung des Gutachtens, so kann[1] die für die Entscheidung zuständige Behörde das für den Wohnort des Zeugen oder Sachver-

ständigen zuständige Amtsgericht um die Vernehmung ersuchen.

(2) Erscheint es zur Herbeiführung einer wahrheitsgemäßen Aussage notwendig, so kann das Amtsgericht um eidliche Vernehmung ersucht werden [2].

(3) In den Fällen der Absätze 1 und 2 finden die Vorschriften der Zivilprozeßordnung [3] entsprechende Anwendung; die Aussage oder die Eidesleistung darf nicht deshalb verweigert werden, weil dieses Gesetz oder die Reichsversicherungsordnung eine Schweigepflicht [4] begründet. Ob die Aussage oder die Eidesleistung verweigert werden darf, entscheidet der ersuchte Richter. Gegen seine Entscheidung ist innerhalb einer Woche Beschwerde an das zunächst höhere Gericht [5] nach den Vorschriften der Zivilprozeßordnung [6] zulässig.

*) Vgl. §§ 1571—1578, 1613 Abs. 3 RVO.; Rechtspr. dazu VersB. 27/28 S. 157.

1. Die Verwaltungsbehörde wird stets zu prüfen haben, ob nicht die Entscheidung ohne die Vernehmung möglich ist.

2. Ob die Beeidigung zur Herbeiführung einer wahrheitsgemäßen Aussage notwendig ist, hängt lediglich vom Befinden des VersAmts oder HptVersAmts ab. Das Amtsgericht ist zur Nachprüfung der Notwendigkeit nicht befugt, es hat jedoch zu prüfen, ob die Beeidigung nicht durch § 393 Nr. 1—4 ZPO. verboten ist. Vgl. im übrigen Anm. 2 zu § 75.

3. Vgl. §§ 376—386, 389 Abs. 1, §§ 390, 392—396, 400 bis 402, 407—410, 413, 414 ZPO. Es handelt sich hauptsächlich um die Vorschriften über die Verpflichtung, zu erscheinen, auszusagen und den Zeugen- oder Sachverständigeneid zu leisten, um die Gründe der Verweigerung der Aussage oder der Eidesleistung, die Folgen des Ausbleibens oder der Weigerung und den Anspruch auf Zeugen- und Sachverständigengebühren. Die Vorschrift des § 397 ZPO. über die Teilnahme der Parteien findet keine Anwendung; vgl. Anm. 3a zu § 83.

4. Wegen der Schweigepflicht vgl. unten Anm. 2 zu § 107.

5. Das zunächst höhere Gericht ist das dem ersuchten Amtsgericht übergeordnete Landgericht.

6. Vgl. §§ 567 ff. ZPO. Das Beschwerderecht steht nicht nur dem Zeugen oder Sachverständigen, sondern auch der ersuchenden Verwaltungsbehörde, dem VersBerechtigten und einem am Verfahren beteiligten Dritten (§ 50) zu.

7. Die im § 84 Abs. 1 erwähnten Vorschriften der ZPO. lauten in der Fassung vom 8. 11. 1933:

§ 376 ZPO. Öffentliche Beamte, auch wenn sie nicht mehr im Dienste sind, dürfen über Umstände, auf welche sich ihre Pflicht zur Amtsverschwiegenheit bezieht, als Zeugen nur mit Genehmigung ihrer vorgesetzten Dienstbehörde oder der ihnen zuletzt vorgesetzt gewesenen Dienstbehörde vernommen werden. Für die Mitglieder der Reichsregierung bedarf es der Genehmigung der Reichsregierung, für die Mitglieder einer Landesregierung der Genehmigung der Landesregierung.

Die Genehmigung darf nur versagt werden, wenn die Ablegung des Zeugnisses dem Wohle des Reiches oder eines deutschen Landes Nachteil bereiten würde.

Für die Mitglieder der Reichsregierung gelten die Vorschriften des Reichsministergesetzes vom 27. März 1930 (RGBl. I S. 96).

Die Genehmigung ist durch das Prozeßgericht einzuholen und dem Zeugen bekanntzumachen.

Der Reichspräsident kann unter der Voraussetzung des Abs. 2 das Zeugnis verweigern. Dies gilt auch für einen früheren Präsidenten, soweit es sich um Tatsachen handelt, die sich während seiner Amtsführung ereignet haben oder die ihm infolge seiner Amtsführung bekannt geworden sind.

§ 383 ZPO. Zur Verweigerung des Zeugnisses sind berechtigt:

1. der Verlobte einer Partei;
2. der Ehegatte einer Partei, auch wenn die Ehe nicht mehr besteht;
3. diejenigen, welche mit einer Partei in gerader Linie verwandt, verschwägert oder durch Adoption verbunden, oder in der Seitenlinie bis zum dritten Grade verwandt oder bis zum zweiten Grade verschwägert sind, auch wenn die Ehe, durch welche die Schwägerschaft begründet ist, nicht mehr besteht;
4. Geistliche in Ansehung desjenigen, was ihnen bei der Ausübung der Seelsorge anvertraut ist;
5. Personen, welchen kraft ihres Amtes, Standes oder Gewerbes Tatsachen anvertraut sind, deren Geheimhaltung durch die Natur derselben oder durch gesetzliche Vorschrift geboten ist, in betreff der Tatsachen, auf welche die Verpflichtung zur Verschwiegenheit sich bezieht.

Die unter Nr. 1 bis 3 bezeichneten Personen sind vor der Vernehmung über ihr Recht zur Verweigerung des Zeugnisses zu belehren.

Die Vernehmung der Nr. 4, 5 bezeichneten Personen ist, auch wenn das Zeugnis nicht verweigert wird, auf Tatsachen nicht zu richten, in Ansehung welcher erhellt, daß ohne Verletzung der Verpflichtung zur Verschwiegenheit ein Zeugnis nicht abgelegt werden kann.

§ 384 ZPO. Das Zeugnis kann verweigert werden:

1. über Fragen, deren Beantwortung dem Zeugen oder einer Person, zu welcher derselbe in einem der im § 383 Nr. 1—3

bezeichneten Verhältnisse steht, einen unmittelbaren vermögensrechtlichen Schaden verursachen würde;

2. über Fragen, deren Beantwortung dem Zeugen oder einem der im § 383 Nr. 1 bis 3 bezeichneten Angehörigen desselben zur Unehre gereichen oder die Gefahr strafgerichtlicher Verfolgung zuziehen würde;
3. über Fragen, welche der Zeuge nicht würde beantworten können, ohne ein Kunst- oder Gewerbegeheimnis zu offenbaren.

§ 385 ZPO. In den Fällen des § 383 Nr. 1 bis 3 und des § 384 Nr. 1 darf der Zeuge das Zeugnis nicht verweigern

1. über die Errichtung und den Inhalt eines Rechtsgeschäfts, bei dessen Errichtung er als Zeuge zugezogen war;
2. über Geburten, Verheiratungen oder Sterbefälle von Familienmitgliedern;
3. über Tatsachen, welche die durch das Familienverhältnis bedingten Vermögensangelegenheiten betreffen;
4. über diejenigen auf das streitige Rechtsverhältnis sich beziehenden Handlungen, welche von ihm selbst als Rechtsvorgänger oder Vertreter einer Partei vorgenommen sein sollen.

Die im § 383 Nr. 4, 5 bezeichneten Personen dürfen das Zeugnis nicht verweigern, wenn sie von der Verpflichtung zur Verschwiegenheit entbunden sind.

§ 407 ZPO. Der zum Sachverständigen Ernannte hat der Ernennung Folge zu leisten, wenn er zur Erstattung von Gutachten der erforderten Art öffentlich bestellt ist oder wenn er die Wissenschaft, die Kunst oder das Gewerbe, deren Kenntnis Voraussetzung der Begutachtung ist, öffentlich zum Erwerbe ausübt oder wenn er zur Ausübung derselben öffentlich bestellt oder ermächtigt ist.

Zur Erstattung des Gutachtens ist auch derjenige verpflichtet, welcher sich zu derselben vor Gericht bereit erklärt hat.

§ 408 ZPO. Dieselben Gründe, welche einen Zeugen berechtigen, das Zeugnis zu verweigern, berechtigen einen Sachverständigen zur Verweigerung des Gutachtens. Das Gericht kann auch aus anderen Gründen einen Sachverständigen von der Verpflichtung zur Erstattung eines Gutachtens entbinden.

Die Vernehmung eines öffentlichen Beamten als Sachverständigen findet nicht statt, wenn die vorgesetzte Behörde des Beamten erklärt, daß die Vernehmung den dienstlichen Interessen Nachteile bereiten würde. Für die Mitglieder einer Landesregierung wird diese Erklärung von der Landesregierung abgegeben. Für die Mitglieder der Reichsregierung gelten die Vorschriften des Reichsministergesetzes vom 27. März 1930 (RGBl. I S. 96).

Wer bei einer richterlichen Entscheidung mitgewirkt hat, soll über Fragen, die den Gegenstand der Entscheidung gebildet haben, nicht als Sachverständiger vernommen werden.

§ 85*)[1]

(1) Zeugen und Sachverständige erhalten auf Verlangen Gebühren wie bei Vernehmungen vor den ordentlichen Gerichten in bürgerlichen Rechtsstreitigkeiten[2].

(2) Gegen die Festsetzung oder Ablehnung ist innerhalb eines Monats nach der Bekanntgabe die Beschwerde[3] zulässig; die Bekanntgabe ist in den Akten zu vermerken.

*) Vgl. § 1579 RVO.; Rechtspr. dazu VersB. 27/28 S. 158.

1. Die Vorschrift des § 85 findet nach §§ 103, 121 auch im Spruchverfahren Anwendung.

Bei Vernehmung durch das Amtsgericht gilt § 84 Abs. 3.

2. Die Höhe der Zeugen- und Sachverständigengebühren bestimmt sich nach der Gebührenordnung für Zeugen und Sachverständige in der Fassung vom 21. 12. 25 (RGBl. I S. 471), deren § 4 nach dem 6. Teil Kap. I § 15 der NotVO. vom 6. 10. 31 (RGBl. I S. 537/565) bis auf weiteres nicht mehr anzuwenden ist. Die einschlägigen Gebührenordnungen für schriftliche Gutachten sind in der Sozialen Medizin 31 Sp. 554—556 zusammengestellt†).

3. Vgl. §§ 61—64.

IV. Bescheide

Vorbemerkung: Bescheide im Sinne der §§ 86—89 sind die Entscheidungen der Verwaltungsbehörden zur Hauptsache (z. B. Festsetzung, Ablehnung von Versorgungsgebührnissen). Insbesondere finden die §§ 86 ff. auch auf Bescheide Anwendung, die in das Gebiet der bisherigen Regelung fallende Entscheidungen treffen oder über Rückzahlungen von VersGebührnissen (vgl. § 73) befinden. Man unterscheidet berufungsfähige und nichtberufungsfähige Bescheide (§§ 90, 91). Entscheidungen über Vorfragen oder Nebenpunkte (z. B. über die Notwendigkeit einer Beobachtung, über Vorschußbewilligung oder Akteneinsicht) oder anderweite Mitteilungen, wie z. B., daß eine Entscheidung noch nicht ergehen könne (sog. Zwischenbescheide) oder daß zur nochmaligen Bescheidung nach § 71 kein Anlaß vorliege, fallen nicht unter den Begriff des Bescheids. Sie ergehen durch eine sog. „Benachrichtigung". Näheres ergeben die AB. zu § 86.

§ 86*)††)

(1) Die Bescheide der Verwaltungsbehörden sind in tatsächlicher und rechtlicher Beziehung[1] zu begründen, schriftlich auszufertigen[2] und den Beteiligten zuzustellen[3].

---

†) Vgl. auch Kersten, Sachverständigengebühren und Unkostenersatz für die Ärzte als Gutachter vor den Spruchbehörden der Sozialversicherung und der Reichsversorgung, Med. Klinik 31 Nr. 30.

††) Paschke, Wie kann die Feststellung, Anweisung, Buchung

(2) In Bescheiden, die eine Bewilligung von Versorgungsgebührnissen enthalten, sind zugleich Betrag[4] und Beginn der Leistung festzustellen und die Grundlagen der Berechnung[5] ersichtlich zu machen[6]; im übrigen genügt ein Hinweis auf die von dem Reichsarbeitsminister veröffentlichten Rententafeln.

*) Vgl. §§ 1569a, 1583, 1586, 1589, 1631 RVO.; Rechtspr. dazu VersB. 27/28 S. 158 mit Berichtigung S. 173. — Durch den 2. Teil, Kap. IV, Art. 4, Nr. 3 der NotVO. vom 5. 6. 31 (RGBl. I S. 279) ist in Abs. 2 „Art der Berechnung" durch „Grundlagen der Berechnung" ersetzt und der letzte Halbsatz angefügt worden.

AB. zu § 86

I. 1. (1) Die Entscheidung der Verwaltungsbehörden über Feststellung (Bewilligung, Entziehung, Herabsetzung, Ablehnung) und Zahlung von Gebührnissen, Anerkennung einer Gesundheitsstörung als Folge einer DB. und Rückforderung von Gebührnissen geschieht durch Bescheid (Ausnahmen siehe Nr. 2). Ob es sich um Geldleistungen oder sonstige Leistungen, wie Badekuren oder Heilstättenbehandlung, handelt, macht keinen Unterschied.

(2) Berufungsfähige Bescheide (§ 87 Abs. 1) werden nur erteilt, wenn es sich um Rechtsansprüche handelt und Berufung zulässig ist (siehe § 91, vgl. auch AB. zu § 37 Ziff. II und III), sowie bei der Rückforderung von Versorgungsgebührnissen, gleichgültig, ob ein Rechtsanspruch auf Bewilligung bestand oder nicht, und bei der Rückforderung von Kapitalabfindungen.

(3) In allen anderen Fällen werden nicht berufungsfähige Bescheide mit dem Hinweis erteilt, daß ein Rechtsmittel nicht gegeben ist (§ 87 Abs. 2).

2. (1) Keine Bescheide, sondern Mitteilungen (Benachrichtigungen) ergehen in folgenden Fällen:

A. wenn eine Entscheidung zur Sache abgelehnt wird, z. B. weil der Anspruch nicht glaubhaft gemacht ist (AB. zu § 79 Nr. 1) oder weil über den Anspruch bereits rechtskräftig entschieden ist,

B. wenn nur über Vorfragen oder Nebenpunkte, z. B. Notwendigkeit einer Beobachtung, Vorschußbewilligung, Akteneinsicht entschieden wird,

C. wenn zur Deckung zu Unrecht empfangener Versorgungsgebührnisse die Aufrechnung gegen fällige Gebührnisse erklärt wird; ein berufungsfähiger Bescheid wird in diesem

---

und Rechnungslegung der VersGebührnisse vereinfacht werden? Kb.- und Kh.-Fürsorge, 8. Jahrg., S. 233—39. Ferner Caesar, Der Bescheid, VersB. 28 S. 149—151, endlich Allgemeines über Bescheide VersB. 26/27 S. 17ff.

Falle nur erteilt, wenn gegen die Zulässigkeit der Aufrechnung Einwendungen erhoben werden (siehe AB. zu §§ 73, 74 Ziff. II Nr. 5),

D. wenn es sich nur um Ergänzung eines Bescheids handelt, insbesondere

a) bei Geburt, Tod oder Vollendung des 16. Lebensjahres eines Kindes oder einer Waise, beim Tod der Mutter einer Waise,

b) bei Verheiratung und Auflösung der Ehe eines Schwerbeschädigten,

c) bei Änderung der Ortszulage,

d) bei Änderung der Elternrente wegen des Todes eines weiteren Sohnes oder eines Elternteils,

e) bei Änderung des ruhenden Betrages der Versorgungsgebührnisse infolge Wegfalls der Minderung des die Anwendung der Ruhensvorschriften bedingenden Einkommens.

(²) Benachrichtigungen — siehe D — sind als solche zu bezeichnen, sie müssen die Änderung und ihren Grund, die Höhe der neufestgesetzten Gebührnisse, den Zeitpunkt des Zahlungsbeginns und in den Fällen unter D e eine Berechnung des zahlbaren Betrages enthalten sowie einen Hinweis, daß die Benachrichtigung als Ergänzung des Bescheides gilt. Der Bescheid ist mit einem entsprechenden Vermerk zu versehen.

3. (¹) Sind im Verwaltungsverfahren neue Tatsachen festgestellt worden, die zur Ablehnung des Antrages nötigen, dem Antragsteller aber nach Lage der Akten nicht bekannt sind, so ist ihm, wenn es nach Lage des Falles angemessen erscheint, vor Erteilung des Bescheides mitzuteilen, aus welchen Gründen seinem Antrag nicht entsprochen werden kann.

(²) Gleichzeitig mit der Mitteilung ist eine Frist von einem Monat, gerechnet von der Zustellung dieser Mitteilung an, zur Abgabe einer Gegenerklärung zu bestimmen. Der Bescheid darf erst nach Eingang der Gegenerklärung oder nach fruchtlosem Ablauf der Frist erteilt werden.

(³) Geht eine mündliche oder schriftliche Äußerung des Antragstellers oder seines Vertreters vor Ablauf der Frist beim VA. ein, so ist in der Begründung des Bescheides auf die Ausführungen des Antragstellers oder seines Vertreters, soweit notwendig, einzugehen.

4. Die Begründung der Bescheide muß die für die Entscheidung wesentlichen tatsächlichen und rechtlichen Gesichtspunkte enthalten. Wird einem Antrage auf Erhöhung der Rente oder auf Gewährung oder Erhöhung der Pflegezulage stattgegeben, so ist eine nähere Ausführung über die Art der Verschlimmerung in dem Bescheide nicht erforderlich und häufig zur Vermeidung einer Beunruhigung des Beschädigten auch unzweckmäßig. Es genügt, wenn die Erhöhung wegen Verschlimmerung des Versorgungsleidens bewilligt wird.

5. (1) Die Gesundheitsstörung muß ihrer Art nach eindeutig und erschöpfend bezeichnet werden. Soweit es hiermit vereinbar ist, kann mit Rücksicht auf den Beschädigten oder die Hinterbliebenen eine zweckdienliche Umschreibung des Leidenszustandes (z. B. bei Geisteskrankheiten, bösartigen Geschwülsten, Spätsyphilis usw.) angebracht sein. Ansteckende Krankheiten (Tuberkulose) erfordern dagegen für ihre Bekämpfung die Kenntnis des Erkrankten. Wegen Änderung der Bezeichnung der Gesundheitsstörung siehe AB. zu § 65 Ziff. II Nr. 6 Abs. 3.

(2) Ausdrücke, die von den Beteiligten als verletzend empfunden werden können, wie „Psychopath", „Neuropath", „Rentenhysteriker", sind in den Bescheiden zu vermeiden.

(3) Soweit die ärztlichen Gutachten für die Bezeichnung der Gesundheitsstörung keinen genügenden Anhalt bieten, ist sie im Benehmen mit dem Amtsarzt festzustellen.

II. (1) Die Feststellung der Versorgungsgebührnisse auf Grund eines Urteils der Spruchbehörden enthält, soweit lediglich das Urteil ausgeführt wird, keine Entscheidung; sie kann daher nicht mit Berufung angefochten werden. Ist im Urteil Betrag und Beginn der Leistung festgesetzt, so ergeht lediglich eine Benachrichtigung von der Ausführung des Urteils. Dies gilt auch, wenn im Urteil der zu zahlende Betrag zwar nicht zahlenmäßig, aber doch so angegeben ist, daß die Feststellung sich nur als rechnerischer Vorgang darstellt; Fehler in der Berechnung sind entsprechend den für Bescheide gegebenen Vorschriften des § 89 zu berichtigen.

(2) Hat die Spruchbehörde nur über den Grund des Anspruchs und einzelne Grundlagen für die Berechnung oder nur über die von den Parteien bemängelten Punkte entschieden (§ 127 Abs. 2 und 3), so ist bezüglich der im Urteil nicht entschiedenen Punkte, soweit also die Feststellung eine über die rein rechnungsmäßige Ausführung des Urteils hinausgehende Entscheidung enthält, die Berufung zulässig. In solchen Fällen ist im Bescheid unter Bezug auf das Urteil darauf hinzuweisen, inwieweit Berufung noch zulässig ist. Entsprechend ist zu verfahren, wenn die Spruchbehörde über die Anwendung der Ruhensvorschriften nicht entschieden hat, ihre Anwendung aber geboten ist.

(3) Abs. 1 und 2 gelten bei Erledigung des Streits durch Anerkenntnis entsprechend.

III. (1) Abgesehen von den in Ziff. I Nr. 2 D bezeichneten Fällen werden Versorgungsgebührnisse bei wesentlicher Änderung der Verhältnisse durch „Rentenänderungsbescheid" neu festgestellt, der an die Stelle des letzten Bescheids tritt. Der zuletzt erteilte Bescheid ist mit einem entsprechenden Hinweis zu versehen und nach Eintritt der Rechtskraft des Änderungsbescheids zu durchstreichen. Die dem Versorgungsberechtigten erteilte Ausfertigung ist einzufordern (Formbl. I 69), unter Beifügung eines Hinweises auf den Änderungsbescheid durch Durchstreichen unbrauchbar zu machen und zurückzugeben. Die Absendung des Änderungsbescheids darf dadurch aber nicht verzögert werden.

(²) Bei Änderung oder Aufhebung eines Bescheids gemäß § 65 Abs. 2, §§ 69, 71 oder durch Urteil ist entsprechend zu verfahren. Das gleiche gilt in den Fällen des Artikels 2 des Fünften Gesetzes zur Änderung des Gesetzes über das Verfahren in Versorgungssachen vom 3. Juli 1934 (HdR. S. 768 a)[7].

IV. 1. (¹) Als Ersatz für abhanden gekommene oder nicht mehr benutzbare Rentenbescheide oder Benachrichtigungen können auf Antrag Bescheinigungen nach Formbl. I 8 — für Beschädigte — und nach Formbl. I 31 — für Hinterbliebene — erteilt werden. Die Urschrift (Formbl. I 7 und I 30) ist zu den Rentenakten zu nehmen.

(²) Zweite Ausfertigungen von Bescheiden usw. sollen nur noch ausnahmsweise erteilt werden, wenn die Ausfertigung mit Angabe besonderer Gründe (an Stelle einer Bescheinigung) ausdrücklich erbeten wird. In der Regel wird in diesen Fällen — besonders bei älteren Bescheiden — eine auf Seite 1 und 2 des Rentenbescheids beschränkte auszugsweise Ausfertigung genügen.

(³) Die Bescheinigungen müssen die wesentlichen Angaben aus dem früheren Rentenbescheid oder der Benachrichtigung enthalten.

(⁴) Die Ausfertigungen müssen mit dem Rentenbescheid oder der Benachrichtigung im Wortlaut übereinstimmen. Auszugsweise Ausfertigungen sind am Kopf als solche zu bezeichnen.

2. (¹) Für Bescheinigungen ist eine Schreibgebühr von 0,50 *RM*, für zweite Ausfertigungen eine solche nach RBesBl. 1927 S. 22 Nr. 1468 (siehe GOV. § 86 Abs. 9 — HdR. S. 1056 —) zu erheben. Für die Annahme und Buchung der Gebühren gelten die Bestimmungen der DOZR. § 11 Abs. 6 und 7 (HdR. S. 2271) und der GOV. § 86 Abs. 11 (HdR. S. 1056) sinngemäß.

(²) Liegen besondere Verhältnisse vor (z. B. ungünstige Wirtschaftslage, nachweisbar unverschuldeter Verlust des Bescheids u. dgl.), so kann von der Erhebung einer Schreibgebühr abgesehen werden.

3. Wird eine Bescheinigung oder zweite Ausfertigung für nicht mehr benutzbare Rentenbescheide oder Benachrichtigungen erteilt, so sind diese einzuziehen und zu vernichten.

1. a) Die Begründung „in tatsächlicher und rechtlicher Beziehung" muß unter Angabe von Gründen darlegen, welche der nach dem Gesetz für eine Bewilligung erheblichen Tatsachen festgestellt oder nicht festgestellt sind. Von diesem Gesichtspunkt aus beantwortet sich auch die Frage, wieweit der Inhalt ärztlicher Gutachten wiederzugeben ist. Die Begründung kann ganz kurz gefaßt werden, wenn dem Antrag voll entsprochen wird; bei Ablehnung eines Teiles, z. B. der Ausgleichszulage, bedarf nur der abgelehnte Teil näherer Begründung. Die Ablehnung eines Anspruchs damit zu begründen, daß DB. nicht vorliege oder daß ein ursächlicher Zusammenhang nicht bestehe, ist ungenügend. Es ist darzulegen, aus welchen Gründen DB. nicht vorliegt oder ein Zusammenhang nicht besteht. In allen Fällen muß die Begründung so beschaffen sein, daß sie dem VersBerechtigten die Entscheidung ermöglicht, ob er sich bei dem Bescheide beruhigen oder Berufung einlegen soll. Auf die vom Antragsteller zur Begründung seiner Anträge gemachten Ausführungen ist auch in anderen als den in Ziff. I 3 der AB. zu § 86 erwähnten Fällen einzugehen. Durch ausreichende Begründung wird der Einlegung aussichtsloser Rechtsmittel entgegengewirkt. Im übrigen vgl. Ziff. I 4 und 5 der AB.

b) Soweit es sich um die Veränderung der maßgebend gewesenen Verhältnisse (§ 57 RVG.) handelt, ist anzugeben, inwiefern eine Besserung oder Verschlimmerung eingetreten oder nicht eingetreten ist. Dabei kann die abweichende Schätzung des Erwerbsfähigkeitsgrades nur aus der festgestellten Veränderung des Zustandes hergeleitet werden, nicht umgekehrt.

c) Bescheide, die einen Antrag auf Rente mangels MdE. um mindestens 25 v. H. ablehnen, müssen nach Ziff. II 4 der AB. zu § 37 stets eine Entscheidung über den ursächlichen Zusammenhang des Leidens mit einer DB. und eine entsprechende Begründung enthalten, falls ein Antrag auf Feststellung der DB. nach Ziff. II 1 Abs. 2 der AB. zu § 37 zulässig wäre (vgl. Anm. 19 zu § 37).

d) In Berichtigungsbescheiden nach § 65 Abs. 2 muß zur Begründung angegeben werden, worin die Unrichtigkeit des zu berichtigenden Bescheids erblickt wird (E. V, 29, 219). Das gleiche muß gelten für Bescheide nach Art. 2 des Ges. vom 3. 7. 34 (abgedruckt hinter § 71).

2. Eine nur mündliche Mitteilung über die Stellungnahme der Behörde zu dem gestellten Antrage ist nicht bindend.

3. Über die Zustellung vgl. §§ 56—58.

Bei oder vor Zustellung des Bescheids ist vielfach der Fürsorgestelle, der Krankenkasse und anderen Stellen Mitteilung zu machen; Nr. 10 der AB. zu § 55 RVG., Nr. 13 der AB. zu § 56 RVG., § 121 GDB. (HdR. S. 155 ff., 1081). Bescheinigungen zur Durchführung der Anrechnungsvorschriften des § 112a des Gesetzes über Arbeitsvermittlung und Arbeitslosenversicherung sind nur auf Anforderung des Arbeitsamts auszustellen; werden die Gebührnisse innerhalb 1½ Jahren nach der Ausstellung einer solchen Bescheinigung erhöht, so hat das VersAmt dem Arbeitsamt von Amts wegen eine neue Bescheinigung zu übersenden (HdR. S. 155, 835 ff.). Für die Anrechnung von Versorgungsgebührnissen auf Bezüge aus der Invaliden-, Angestellten- und knappschaftlichen Pensionsversicherung (Verordnungen vom 8. 12. 31 und 19. 10. 32 [RGBl. 31 I S. 699, 722; 32 I S. 499] ist die Höhe der Versorgungsgebührnisse den Versicherungsträgern, da diese durch die Post Kenntnis erhalten, nur auf Anfordern mitzuteilen (HdR. S. 837 ff.).

4. Über sämtliche geltend gemachten Leiden ist in einem Bescheide zu entscheiden, da der VersAnspruch ein einheitlicher ist (E. I,

79). Abgesehen hiervon sind auch Teilbescheide, z. B. über die Rente, die Schwerbeschädigtenzulage, während z. B. die Entscheidung über die Ausgleichszulage (§ 28 RVG.) vorbehalten bleibt, zulässig. Ein solcher Teilbescheid ist zweckmäßig, wenn wegen einzelner Punkte noch zeitraubende Ermittelungen notwendig sind, während im übrigen Bewilligung bereits erfolgen kann. Näheres s. Anm. 2 c zu § 125 und Anm. 5 zu § 127.

5. a) Anläßlich der Feststellung des Betrages der Rente hat der Bescheid sich u. a. auch darüber auszusprechen, wieviel die Minderung der Erwerbsfähigkeit beträgt und in welcher Höhe die Rente nach den §§ 61 ff. RVG. zu ruhen hat. Eine ins einzelne gehende mathematische Berechnung ist nicht erforderlich. Über den Hinweis auf die Verpflichtung zur Mitteilung wesentlicher Änderungen der Verhältnisse vgl. Nr. 3 der AB. zu § 80.

b) Die Verantwortung für die rechnerische Richtigkeit des Rentenbescheides wie der Anweisung überhaupt trägt allein der Bürobeamte, nicht der Sachbearbeiter. Zu diesem rechnerischen Teil gehört z. B. auch die richtige Durchführung der vom Sachbearbeiter hinsichtlich des Hundertsatzes der Grundrente, der Ausgleichszulage, der Ortszulage und der Kinderzulage getroffenen Entscheidung. Näheres §§ 84 ff. der Rechnungslegungsordnung nebst AB. (HdR. S. 2226 ff.). Über Zeichnungsrecht der Bürobeamten, insbesondere bezüglich der rechnerischen Richtigkeit vgl. §§ 209 ff. GOB. (HdR. S. 1154 ff.).

6. a) Das Gesetz kennt kein besonderes Regelungsverfahren und keinen besonderen Regelungsbescheid, wie auch dem RVG. und dem ARG. abweichend von den älteren Gesetzen ein besonderes Regelungsverfahren von vornherein unbekannt gewesen ist. Es ergeht, soweit nicht die Entscheidung über einzelne von mehreren geltend gemachten Ansprüchen vorbehalten bleibt (vgl. Anm. 4), nur ein einheitlicher Bescheid, in dem auch die Anrechnung etwaiger Vorschüsse sowie die Vorschriften über das Ruhen der Rente (§§ 61 ff. RVG.) zu berücksichtigen sind. Die Berücksichtigung der Ruhensvorschriften oder weiterer Ruhensvorschriften gilt aber stets auch ohne ausdrücklichen Hinweis als vorbehalten (Rechtspr. s. Anm. 5a zu § 127). Mitteilung von Ruhensgründen seitens anderer Behörden s. Anm. 3 zu § 75.

b) Die festgesetzten Gebührnisse werden in der Regel durch die Post (am Postschalter), aber auch durch Überweisung auf Postscheck- oder Bankkonto ausgezahlt. Näheres s. Dienstordnung f. d. Zahlung und Rechnungslegung von Versorgungsgebührnissen (HdR. S. 2255 ff.). Die Gebührnisse werden bereits in den letzten Tagen vor Monatsbeginn gezahlt; näheres a. a. O. § 3. — Bestimmungen über die Einrichtung von Karteien und die Führung der Kartenblätter s. § 224 Abs. 9, §§ 238 ff. GOB. (HdR. S. 1163, 1172 ff.).

c) Bei der Zahlbarmachung der Bezüge ist nach Anwendung etwa zu berücksichtigender Ruhensvorschriften auch der Steuerabzug durchzuführen, der aber für die Bezüge nach dem RVG. und dem ARG. nicht in Betracht kommt. Für Streitigkeiten über den Steuerabzug von den VersGebührnissen sind die Spruchbehörden der Reichsversorgung nicht zuständig (RVGer. vom 22. 12. 25. M. 4102/25). Über Steuervergünstigungen für Kriegsbeschädigte und Kriegshinterbliebene vgl. die Zusammenstellung HdR. S. 957 ff.

7. Art. 2 des Ges. vom 3. 7. 34 ist hinter § 71 abgedruckt.

§ 87*)

(1) In den Bescheiden der Verwaltungsbehörden muß das zulässige Rechtsmittel[1] und die Frist[2], in der es einzulegen ist, angegeben werden[3],[4].

(2) Ein Bescheid, der nicht anfechtbar[5] ist, soll[6] den Hinweis enthalten, daß gegen ihn ein Rechtsmittel nicht gegeben ist.

*) Vgl. §§ 1590, 1631 Abs. 4 RVO.; Rechtspr. dazu VersB. 27/28 S. 159. — Abs. 1 des § 87 enthielt ursprünglich einen Satz 2, der im 2. Teil, Kap. IV, Art. 4, Nr. 4 und 6 der NotVO. vom 5. 6. 31 (RGBl. I S. 279) gestrichen und durch Abs. 8 (damals Abs. 4) Satz 2 des § 90 ersetzt worden ist (vgl. unten Anm. 4).

AB. zu § 87

1. Zulässiges Rechtsmittel im Sinne des § 87 ist nur die Berufung.

2. Wegen der Rechtsmittelbelehrung siehe AB. zu § 93 Nr. 1 Abs. 1.

3. Wegen Anrufung des bei den Hauptversorgungsämtern gebildeten Ausschusses gegen die Entscheidungen der VA. über den Anspruch auf die Frontzulage siehe § 96a.

4. Für die Verfolgung von Ansprüchen ehemaliger aktiver Beamter der alten Wehrmacht und ihrer Hinterbliebenen auf Ruhegeld (auch nach OPG. § 32), Witwen- und Waisengeld ist nicht die Berufung (§ 90), sondern der ordentliche Rechtsweg gegeben.

1. Als zulässiges Rechtsmittel kommt, soweit eine Anfechtung überhaupt stattfindet, nur die Berufung (§ 90) in Betracht. Ein Einspruch an eine höhere Verwaltungsinstanz ist nicht vorgesehen. Für Benachrichtigungen (Vorbem. zu § 86) und sonstige Verfügungen, die nicht Bescheide sind, ist ein entsprechender Hinweis nicht vorgeschrieben. Soweit die Beschwerde zulässig ist, hat ein Hinweis hierauf nach Nr. 2 der AB. zu §§ 61—64 zu unterbleiben.

2. Nach § 90 Abs. 8 ist die Frist für die Berufung ein Monat.

3. Die Rechtsmittelbelehrung soll verhüten, daß der VersBerechtigte aus Unkenntnis der Verfahrensvorschriften die Frist versäumt und so den Bescheid rechtskräftig werden läßt; sie ist nicht nur für ganz oder teilweise ablehnende, sondern auch für Bescheide

notwendig, die dem gestellten Antrage voll entsprechen. Bezieht sich der Bescheid lediglich auf einen Kannbezug (vgl. Anm. 3 zu § 91), ohne daß darin die Ablehnung eines Rechtsanspruchs mitenthalten ist (vgl. Anm. 1 zu § 91), so ist darauf hinzuweisen, daß ein Rechtsmittel gegen ihn nicht zulässig ist (vgl. § 87 Abs. 2, § 91).

4. Bei fehlender, unvollständiger oder unrichtiger Rechtsmittelbelehrung gilt jetzt § 90 Abs. 8 Satz 2. Bis zur NotVO. vom 5. 6. 31 enthielt der Abs. 1 des § 87 einen Satz 2, wonach die Rechtsmittelfrist nicht in Lauf gesetzt wurde, so daß Versäumung der Berufungsfrist und Eintritt der Rechtskraft gegenüber dem Empfänger durch Fristablauf nicht möglich war. Wieweit gegen eine formlose Mitteilung Berufung eingelegt werden kann, ist in Anm. 9 zu § 79 und Anm. 1 Abs. 2 zu § 90 erörtert.

5. Vgl. § 91.

6. Das Fehlen des Hinweises in unanfechtbaren Bescheiden hat keinerlei Rechtsfolgen. Der Hinweis soll in diesem Falle verhindern, daß der VersBerechtigte unzulässigerweise Berufung einlegt. Ist ein mit der Berufung anfechtbarer Bescheid fälschlicherweise als unanfechtbar bezeichnet, so gilt das in Anm. 4 Gesagte. Wo die Berufung unzulässig ist, wird sie durch den versehentlichen oder absichtlichen Hinweis auf die Berufungsmöglichkeit nicht zulässig.

§ 88

Der Reichsarbeitsminister kann anordnen[1], daß die Bescheide des Versorgungsamts der Zustimmung[2] des Hauptversorgungsamts bedürfen.

1. Eine solche Anordnung kann z. B. getroffen werden, um für gewisse Angelegenheiten eine einheitlichere Durchführung sicherzustellen.

2. Fehlen der nach § 88 erforderlichen Zustimmung hat auf die Gültigkeit des Bescheides ebensowenig Einfluß wie das Fehlen der Genehmigung in Fällen des § 71 (vgl. Anm. 6 zu § 71).

§ 89*)

(1) Schreib- und Rechenfehler sowie ähnliche offenbare Unrichtigkeiten[1], die in dem Bescheide[2] vorkommen, sind jederzeit[3] auf Antrag[4] oder von Amts wegen zu berichtigen. Über die Berichtigung entscheidet die nach den §§ 38, 39, 41 Abs. 1, § 77 jeweils zuständige Verwaltungsbehörde. Die Verfügung, die den Bescheid berichtigt, wird auf der Urschrift und den Ausfertigungen des Bescheids vermerkt.

(2) Gegen die Entscheidung ist die Beschwerde[5] zulässig.

*) Für Bescheide keine ausdrückliche Vorschrift in der RVO.; Rechtspr. dazu VersB. 27/28 S. 159. — In Abs. 1 Satz 2 beruht

die Fassung „die .... jeweils zuständige Verwaltungsbehörde" statt „die Verwaltungsbehörde, die den Bescheid erlassen hat" auf dem 2. Teil, Kap. IV, Art. 4, Nr. 5 der NotVO. vom 5. 6. 31 (RG.-Bl. I S. 279).

AB. zu § 89

Mängel der in § 89 bezeichneten Art werden durch die Rechtskraft nicht gedeckt. Versorgungsgebührnisse, die infolge solcher Mängel gezahlt sind, sind zu Unrecht empfangen und sind zurückzufordern, soweit nicht der Einwand der nicht mehr bestehenden Bereicherung (vgl. AB. zu §§ 73, 74) entgegensteht.

1. a) Nur Schreib- und Rechenfehlern ähnliche Unrichtigkeiten können berichtigt werden, d. h. Flüchtigkeitsversehen, bei denen etwas anderes niedergeschrieben wurde als gewollt war, bei denen also der Ausdruck des Gewollten mit dem Gewollten nicht übereinstimmt (vgl. auch E. II, 87). Unrichtigkeit des Gewollten, also der beabsichtigten Entscheidung, kann nicht auf Grund des § 89 beseitigt werden, gleichgültig, ob die Unrichtigkeit auf Unkenntnis, Übersehen oder falscher Auslegung der maßgebenden Vorschrift, auf unzureichender oder unrichtiger Beurteilung des Sachverhalts, auf einer falschen Annahme oder auf unvollständigen oder gar falschen Angaben eines Beteiligten beruht. Solche Unrichtigkeiten können zuungunsten des Berechtigten, wenn nicht Berichtigung nach § 65 Abs. 2 möglich ist (vgl. Anm. 6 zu § 65), nur unter den Voraussetzungen der Wiederaufnahme des Verfahrens (§§ 66—70) oder nach Art. 2 des Ges. vom 3. 7. 1934 (hinter § 71), zugunsten des Berechtigten stets (§ 71) richtig gestellt werden.

b) Eine Unrichtigkeit ist offenbar, wenn aus dem Gesamtinhalt des Bescheides, aus dem Zusammenhang von Entscheidung und Begründung, das Vorliegen eines Versehens, einer Abweichung des Ausgesprochenen vom Gewollten erkennbar ist. Auch hierbei ist Kenntnis des Gesetzes zu unterstellen, so daß es ohne Bedeutung ist, ob mangelnde Gesetzeskenntnis den Empfänger gehindert hat, den Irrtum zu erkennen.

2. Bescheide über „Kannbezüge" (§ 91) können ohne weiteres, also auch ohne die Voraussetzungen des § 89, berichtigt werden. Über Berichtigung der Urteile der Spruchbehörden vgl. § 137.

3. Die Berichtigung kann auch nach Einlegung der Berufung gegen den Bescheid, selbst nach Erlaß eines den Bescheid bestätigenden Urteils des VGer. oder des RVGer. noch erfolgen. Die Vorschrift des § 89 bedeutet also, daß Unrichtigkeiten der genannten Art von der Rechtskraft nicht gedeckt werden.

Auf Grund der Berichtigung können überzahlte Gebührnisse nach den allgemeinen Regeln (Anm. 4 zu § 73) zurückgefordert werden, auch wenn der Empfänger die Unrichtigkeit ohne Verschulden nicht erkannt hat (E. IX, 52).

4. Auch wenn der Berechtigte erst nach Eintritt der Rechtskraft den Antrag stellt, muß die Berichtigung erfolgen (vgl. Anm. 3).

Sie steht beim Vorliegen der Voraussetzungen nicht im Ermessen der Verwaltungsbehörde wie etwa der neue Bescheid nach § 71. Im Gegensatz zu diesem und zur Berichtigung nach § 65 Abs. 2 stellt sich die Berichtigung nicht als eine neue Entscheidung, sondern als Klarstellung der alten dar. Infolgedessen bedarf das VersAmt hier nicht der vorherigen Genehmigung des HptVersAmts. Aus dem gleichen Grunde kann die Zulässigkeit der Berichtigungsverfügung in einem späteren Spruchverfahren nachgeprüft werden ohne Rücksicht darauf, ob Beschwerde eingelegt und wie darüber entschieden wurde (E. IX, 95). Von einer Rechtskraft der Berichtigungsverfügung kann also nicht gesprochen werden.

5. Durch die Übersendung des berichtigten Bescheides wird keine neue Berufungsfrist eröffnet, da der Berechtigte das Versehen und den wirklichen Willen der Behörde, weil eine offenbare Unrichtigkeit vorliegen muß, erkennen konnte (vgl. auch E. I, 124), es kann aber die Wiedereinsetzung in den vorigen Stand nach §§ 54, 55 in Frage kommen (E. III, 23). — Über die Beschwerde vgl. §§ 61—64.

Dritter Abschnitt
Spruchverfahren

I. Rechtsmittel

Vorbemerkung: „Rechtsmittel" ist allein die Berufung (§ 90 Abs. 1), über die entweder das RVGer. oder ein VGer. entscheidet (§ 90 Abs. 2—4). Der Rekurs gegen Entscheidungen der VGer. ist seit dem 1. 12. 34 — mit Ausnahme für die anhängigen Sachen — beseitigt. Die Berufung und die sonstigen, auf Anfechtung einer Verwaltungs- oder Gerichtsmaßnahme abzielenden Verfahrenshandlungen (Beschwerde, Wiedereinsetzung, Wiederaufnahme, Anrufung der Kammer oder des Senats) werden unter der gemeinsamen Bezeichnung „Rechtsbehelfe" (vgl. z. B. § 69 Abs. 4) zusammengefaßt. Einen „Einspruch" an eine höhere Verwaltungsinstanz kennt das Gesetz nicht.

§ 90*)

(1) Gegen die Bescheide[1] der Verwaltungsbehörden ist die Berufung[2] gegeben.

(2) Über die Berufung[3] entscheiden die Versorgungsgerichte endgültig[4],

1. wenn es sich in dem Verfahren um den Grad der Minderung der Erwerbsfähigkeit oder um die Neufeststellung der Rente (§§ 24 bis 30a des Reichsversorgungsgesetzes) wegen Veränderung der Verhältnisse handelt[5],

2. wenn es sich um Heilbehandlung[6], Hausgeld[7] oder Sterbegeld[8] handelt,
3. wenn es sich um Elternrente[9] handelt,
4. wenn es sich um Ausgleichs-, Frauen-, Kinder- oder Ortszulage oder um den Anspruch auf den Beamtenschein handelt[10],
5. wenn es sich um die Gebührnisse für das Sterbevierteljahr[10], um Heiratsabfindung[10] oder die Erwerbsunfähigkeit des Witwers (§ 97 des Reichsversorgungsgesetzes, § 7 des Kriegspersonenschädengesetzes) handelt,
6. wenn es sich um die besonderen Voraussetzungen[11] des Anspruchs auf Rente im Falle des § 4 des Kriegspersonenschädengesetzes oder auf Waisenrente in den Fällen des § 41 Abs. 2 Nrn. 4 und 5 und Abs. 4 des Reichsversorgungsgesetzes handelt,
7. wenn es sich um den Zeitpunkt des Beginns oder Aufhörens der Versorgung (§§ 55 und 56 des Reichsversorgungsgesetzes) oder um Rente handelt, die für begrenzte, bereits abgelaufene Zeiträume zu gewähren ist[12].

(3) Im übrigen entscheidet über die Berufung das Reichsversorgungsgericht; es entscheidet ferner über die Berufung, wenn die Verwaltungsbehörde die Gesundheitsstörung nicht als feststellbar erachtet oder in den Fällen des Abs. 2 Nrn. 1 bis 3 die Gesundheitsstörung oder den Tod nicht als Folge einer Dienstbeschädigung anerkannt hat[13].

(4) Betrifft die Berufung mehrere Streitgegenstände, für die zum Teil das Versorgungsgericht, zum Teil das Reichsversorgungsgericht zuständig ist, so entscheidet das Reichsversorgungsgericht[14]. Das gleiche gilt, wenn erst in dem Verfahren vor dem Versorgungsgericht ein Anspruch oder eine Voraussetzung des Anspruchs streitig wird, hinsichtlich derer zur Entscheidung über die Berufung das Reichsversorgungsgericht zuständig ist[15]. Das Versorgungsgericht hat in diesen Fällen die Sache an das Reichsversorgungsgericht abzugeben.

(5) Streitigkeiten über die sachliche Zuständigkeit entscheidet das Reichsversorgungsgericht durch Urteil oder Verfügung des Vorsitzenden[16].

(6) Ländern und Gemeinden (Gemeindeverbänden), die gemäß § 18 Abs. 1 des Kriegspersonenschädengesetzes[17] vom 15. Juli 1922 in der Fassung der Bekanntmachung vom 22. Dezember 1927 (Reichsgesetzbl. I S. 515) und des Gesetzes zur Änderung des Kriegspersonenschädengesetzes vom 27. Februar 1934 (Reichsgesetzbl. I S. 135) dem Beschädigten ersatzpflichtig sind, steht das Rechtsmittel der Berufung in gleicher Weise zu.

(7) Gemeinden und Gemeindeverbänden, die mit Rücksicht auf die Bestimmungen des § 18 Abs. 4 des Kriegspersonenschädengesetzes[18] gemäß § 50 zum Verfahren von Amts wegen zugezogen werden oder ihm beitreten, steht das Rechtsmittel der Berufung wie den Ländern zu. Bescheide und Urteile müssen ihnen zugestellt werden.

(8) Die Berufungsfrist[19] beträgt einen Monat seit der Zustellung[20] der anzufechtenden Entscheidung, bei Zustellung außerhalb Europas sechs Monate. Wenn die Rechtsmittelbelehrung oder die Fristangabe (§ 87 Abs. 1) fehlt oder unrichtig ist, beträgt die Berufungsfrist ein Jahr seit der Zustellung[21].

*) Vgl. §§ 128, 1675, 1699 RVO.; Rechtspr. dazu VersB. 27/28 S. 174. — Durch Ges. vom 17. 3. 28 (RGBl. I S. 63) sind die Abs. 6 und 7 (damals Abs. 2 und 3) zum 1. 4. 28 eingefügt. Durch NotVO. vom 5. 6. 31 (RGBl. I S. 279) ist in Abs. 8 (damals Abs. 4) der Satz 2 an Stelle des gleichzeitig gestrichenen § 87 Abs. 1 Satz 2 angefügt worden. Nach dem ursprünglichen Abs. 1 war gegen die Bescheide der Verwaltungsbehörden für den Kläger die Berufung an das VGer. und gegen die Urteile der VGer. für beide Parteien der Rekurs an das RVGer. gegeben. Art. 1 Nr. 3 des Ges. vom 3. 7. 34 (RGBl. I S. 544) hat diesen Abs. 1 durch die jetzigen Abs. 1—5 mit Wirkung vom 1. 12. 34 ersetzt und damit den Rekurs gegen die Entscheidungen der VGer. beseitigt†). Für die am 1. 12. 34 anhängigen Spruchsachen vgl. Art. 3 des Ges. vom 3. 7. 34 nebst Fußnote und AB. (unten hinter den AB. zu § 90). Danach kann

†) Christoph, Das Fünfte Gesetz zur Änderung des Verfahrens in VersSachen, RABl. 34 S. II 255 ff.; Förster, Die Änderung des Versorgungsrechts und des Verfahrens durch die Gesetze vom 3. 7. 34, SozPrax. 34 Sp. 1060 ff.; Weyrich, Die Vereinfachung des Rechtsmittelverfahrens nach der Neufassung des VersG. vom 2. 11. 34, VersB. 35 S. 11; Nilson, Rechtsmittel im VersVerfahren (§§ 90—96, 101), VersB. 35 S. 17.

auch nach dem 30. 11. 34 z. B. noch Rekurs eingelegt werden, wenn die Berufung — entsprechendes gilt für Wiederaufnahmeverfahren — vor dem 1. 12. 34 eingelegt war. Das trifft auch zu für alle Fälle, in denen über die Berufung vor dem 1. 12. 34 entschieden war, dagegen nicht für Fälle, in denen der Bescheid zwar vor dem 1. 12. 34 zugestellt war, die Berufung aber erst am 1. 12. 34 oder später eingeht (RVBl. 34 Nr. 77 Ziff. V).

AB. zu § 90

1. Die Vorschriften des § 90 Abs. 1 bis 5 sind mit dem 1. Dezember 1934 in Kraft getreten (Dritte Verordnung zur Durchführung des Fünften Gesetzes zur Änderung des Gesetzes über das Verfahren in Versorgungssachen vom 2. November 1934 — Reichsgesetzbl. I S. 1113 —). Gegen die Entscheidung der Verwaltungsbehörden ist von diesem Zeitpunkt ab nur noch das Rechtsmittel der Berufung gegeben, soweit es nicht durch § 91 ausgeschlossen ist.

2. Über die Berufung entscheidet das VGer. von diesem Zeitpunkt ab nur, wenn sie ausschließlich Streitgegenstände betrifft, über die die VGer. bisher endgültig entschieden haben, bei denen also der Rekurs ausgeschlossen war. Ein Streit darüber, ob eine schwere Beeinträchtigung der körperlichen Unversehrtheit (RVG. § 25 Abs. 3) vorliegt, steht einem Streit über den Grad der Minderung der Erwerbsfähigkeit gleich.

3. (1) Betrifft die Berufung Streitgegenstände, bei denen bisher der Rekurs zulässig war, so ist zur Entscheidung über die Berufung das RVGer. zuständig, und zwar auch dann, wenn die Berufung auch Streitgegenstände betrifft, über die die VGer. bisher endgültig entschieden haben. Das ist beispielsweise der Fall, wenn es sich um den Grad der Minderung der Erwerbsfähigkeit oder um die Neufeststellung der Rente (RVG. § 57) oder um Heilbehandlung, Hausgeld, Sterbegeld und Elternrente handelt und wenn der ursächliche Zusammenhang auch nur einer der geltend gemachten Gesundheitsstörungen mit einer DB. streitig ist; ferner, wenn neben dem Grad der Minderung der Erwerbsfähigkeit oder neben der Neufeststellung der Rente die Pflegezulage oder ihre Höhe streitig ist.

(2) Ferner entscheidet über die Berufung das RVGer., wenn das VA. eine geltend gemachte Gesundheitsstörung nicht als feststellbar erachtet hat und wenn mit der Berufung Bewilligung der Rente wegen dieser Gesundheitsstörung beantragt wird; das gilt auch, wenn das VA. wegen anderer Gesundheitsstörungen Rente bewilligt hat und die Berufung außer der Berücksichtigung der nicht als feststellbar erachteten Gesundheitsstörung wegen der als Folge einer DB. anerkannten Gesundheitsstörungen nur Erhöhung der Rente oder Ausgleichs-, Frauen-, Kinder- oder Ortszulage betrifft.

(3) Wird erst im Verfahren vor dem VGer. der Anspruch auf Rente oder Erhöhung der Rente auch auf eine Gesundheitsstörung

gestützt, die vom VA. nicht als feststellbar erachtet worden war, so hat das VGer. die Sache an das RVGer. abzugeben.

(4) Das RVGer. ist demgemäß z. B. stets zuständig, wenn es sich um die Anwendung der Ruhensvorschriften, um den Anspruch auf Pflegezulage, um die Versagung der Rente gemäß RVG. §§ 19, 58, um die Frage, ob ein Beschädigter im Sinne des RVG. § 27 Abs. 4 blind ist, um die Frage, ob ein Verschulden im Sinne des KPSG. § 18 vorliegt, um die Einrede der Verjährung, um Anerkennung einer Gesundheitsstörung als Folge einer DB. (VerfG. § 37 Abs. 1), um Ansprüche ehemaliger aktiver Offiziere der alten Wehrmacht und ihrer Hinterbliebenen auf Versorgung nach den früheren Militärversorgungsgesetzen, um Ansprüche der Kapitulanten auf Dienstzeitrente, um Zurückforderung zu Unrecht empfangener Versorgungsgebührnisse oder um den Anspruch des Reichs auf Zurückzahlung einer Kapitalabfindung handelt.

4. Die Vorschriften des § 90 Abs. 1 bis 5 und Abs. 8 finden auch Anwendung bei Ansprüchen ehemaliger Angehöriger der Schutzpolizei der Länder auf Versorgung nach dem RVG., wenn die Landesgesetze nach SchBG. § 8 bestimmen, daß das Spruchverfahren nach dem VerfG. gegen die Bescheide der Verwaltungsbehörde zulässig ist.

5. Bei Ansprüchen auf Versorgung nach KPSG. § 18 (Tumultschäden) sind im Verwaltungsverfahren das Land und die Gemeinde (Gemeindeverband), die dem Beschädigten oder seinen Hinterbliebenen gegenüber ganz oder teilweise ersatzpflichtig sind, als Parteien beteiligt.

6. Gemeinden oder Gemeindeverbände, die dem Land nach KPSG. § 18 Abs. 4 erstattungspflichtig sind, sind grundsätzlich nach § 50 zum Verfahren von Amts wegen zuzuziehen.

7. (1) Die Länder werden durch die höheren Verwaltungsbehörden vertreten, in deren Bezirke das schädigende Ereignis eingetreten ist (siehe auch KPSG. AB. zu § 18 und Artikel II des Gesetzes zur Änderung des Kriegspersonenschädengesetzes vom 27. Februar 1934 Ziffer I Nr. 5 — HdR. S. 431).

(2) Für die Vertretung der Gemeinden und Gemeindeverbände sind die Vorschriften der Landesgesetze maßgebend.

8. (1) Den Ländern, Gemeinden und Gemeindeverbänden ist nach Eingang des Antrages des Beschädigten oder seiner Hinterbliebenen alsbald eine Abschrift zuzustellen; dabei ist je nach Lage des Falles auf die Vorschrift des § 90 Abs. 6 oder Abs. 7 hinzuweisen und in den Fällen des § 90 Abs. 7 ausdrücklich zu bemerken, daß die Gemeinde oder der Gemeindeverband nach VerfG. § 50 zum Verfahren zugezogen wird. Entsprechendes gilt, wenn ein Verfahren von Amts wegen (RVG. § 57, VerfG. § 65 Abs. 2, §§ 66 ff., § 71, Fünftes Gesetz zur Änderung des Gesetzes über das Verfahren in Versorgungssachen vom 3. Juli 1934, Artikel 2 — HdR. S. 768 a) eingeleitet worden ist.

(2) Nach Abschluß des Verwaltungsverfahrens sind den Ländern, Gemeinden oder Gemeindeverbänden vor Erteilung des Bescheides die Akten zu übersenden. Nach Wiedereingang der Akten und nach Erledigung etwa gestellter Beweisanträge ist der Bescheid zu erteilen, der den Ländern und Gemeinden (Gemeindeverbänden), und zwar auch den nach § 50 zum Verfahren zugezogenen Gemeinden, auch im Falle der Ablehnung zuzustellen ist. Bei Veränderungen, die den Berechtigten durch „Benachrichtigungen" mitgeteilt werden (vgl. AB. zu § 86 Ziff. I Nr. 2 Abs. 1 D), genügt eine kurze Mitteilung an die betreffende Landes- usw. Behörde.

9. Für die Vertretung der Länder und Gemeinden (Gemeindeverbände) im Spruchverfahren ist Nr. 7 maßgebend. Eine Bevollmächtigung des zuständigen VA. oder HVA. zur Führung des Rechtsstreites bleibt hiervon unberührt.

Artikel 3 des Fünften Gesetzes zur Änderung des Gesetzes über das Verfahren in Versorgungssachen vom 3. Juli 1934 (RGBl. I S. 544)

Der Reichsarbeitsminister bestimmt den Zeitpunkt, mit dem die Vorschriften des Artikels 1 Nrn. 3, 5 bis 7, 9 bis 12, 14, 16 und 17 in Kraft treten. Für die Erledigung der in diesem Zeitpunkt anhängigen Rechtsmittel und Anträge auf Wiederaufnahme des Verfahrens sind die bisher geltenden Vorschriften †) mit Ausnahme

†) Drittler, Die Erledigung der am 1. 12. 34 anhängig gewesenen Rechtsmittel, VersW. 35 S. 34.

Die wichtigsten der für anhängige Spruchsachen maßgebend gebliebenen Vorschriften hatten bis zum 30. 11. 1934 folgenden Wortlaut:

§ 90 VersG. a. F.

(1) Gegen die Bescheide der Verwaltungsbehörden ist für den Kläger die Berufung an das VGer. und gegen die Urteile der VGer. für beide Parteien der Rekurs an das RVGer. gegeben.

(2) Ländern und Gemeinden . . . (wie jetzt Abs. 6, nur „der Berufung und des Rekurses" statt „der Berufung").

(3) Gemeinden und Gemeindeverbänden . . . (wie jetzt Abs. 7, nur „stehen dieselben Rechtsmittel" statt „steht das Rechtsmittel der Berufung").

(4) Die Rechtsmittelfrist beträgt . . . (wie jetzt Abs. 8).

§ 91 VersG. a. F.

(auch in allen anhängigen Sachen ist die jetzige Fassung anzuwenden).

§ 92 VersG. a. F.

(1) Der Rekurs ist ausgeschlossen, wenn es sich in dem Verfahren um den Grad der Minderung der Erwerbsfähigkeit oder um die Neufeststellung der Rente (§§ 24 bis 30 des Reichsversorgungsgesetzes) wegen Veränderung der Verhältnisse handelt. Der Rekurs ist jedoch zulässig, wenn streitig ist, ob ein Leiden Folge einer Dienstbeschädigung ist. Hat jedoch das Ver-

des § 91, der auch auf anhängige Rechtsmittel und Anträge auf Wiederaufnahme des Verfahrens in der Fassung des Artikels 1 Nr. 4 anzuwenden ist, maßgebend. Das Bayerische Landesversorgungsgericht hat die im Zeitpunkt des Inkrafttretens des Artikels 1 Nr. 16 anhängigen Sachen noch nach den bisher geltenden Vorschriften zu erledigen. Die Zurückverweisung einer in diesem Zeitpunkt bei den Versorgungsgerichten und dem Bayerischen Landesversorgungsgericht anhängigen Sache an eine Vorinstanz ist jedoch nicht mehr zulässig. Rekurse, Berufungen, Anträge auf Wiederaufnahme des Verfahrens und sonstige Anträge, die nach diesem Zeitpunkt beim Bayerischen Landesversorgungsgericht eingehen, hat es an das Reichsversorgungsgericht abzugeben.

AB. zu Artikel 3 des Fünften Gesetzes zur Änderung des Gesetzes über das Verfahren in Versorgungssachen

1. Die Vorschriften des Artikels 1 Nrn. 3, 5 bis 7, 9 bis 12, 14, 16 und 17 sind mit dem 1. Dezember 1934 in Kraft getreten (Dritte Verordnung zur Durchführung des Fünften Gesetzes zur Änderung des Gesetzes über das Verfahren in Versorgungssachen vom 2. November 1934 — Reichsgesetzbl. I S. 1113).

---

sorgungsgericht das Leiden für nicht feststellbar erachtet, so ist der Rekurs ausgeschlossen, und zwar auch, wenn es sich lediglich um die Anerkennung einer Gesundheitsstörung als Folge einer Dienstbeschädigung (Feststellungsklage) handelt.

Der Rekurs ist ferner ausgeschlossen, soweit es sich um Heilbehandlung, Hausgeld oder Sterbegeld handelt, es sei denn, daß der ursächliche Zusammenhang des Schadens oder des Todes mit einer Dienstbeschädigung streitig ist.

Unzulässig ist auch ein Rekurs, der lediglich die Entscheidung über die Gebühren oder die außergerichtlichen Kosten des Verfahrens anficht.

NotVO. vom 26. 7. 1930 (RGBl. I S. 311), 4. Abschnitt, 3. Titel:

Artikel 3.

Der Rekurs ist bis auf weiteres außer in den im § 92 des Gesetzes über das Verfahren in Versorgungssachen aufgeführten Fällen ausgeschlossen:

1. wenn das Versorgungsgericht die Sache an die Verwaltungsbehörde zurückverwiesen oder die Berufung als unzulässig oder verspätet zurückgewiesen hat,
2. wenn es sich um Elternrente handelt, es sei denn, daß der ursächliche Zusammenhang des Todes mit der Dienstbeschädigung im Verfahren vor dem Versorgungsgerichte streitig gewesen ist und das Versorgungsgericht den ursächlichen Zusammenhang bejaht oder verneint hat,
3. soweit es sich um Ausgleichs-, Frauen-, Kinder- oder Ortszulage oder um den Anspruch auf den Beamtenschein handelt,
4. soweit es sich um Gebührnisse für das Sterbevierteljahr, die Höhe der Witwenrente, um Heiratsabfindung oder um die Bedürftigkeit

2. ([1]) Die am 1. Dezember 1934 bei den VGer., dem RVGer. und dem Bayerischen Landesversorgungsgericht anhängigen Berufungen, Rekurse und Anträge auf Wiederaufnahme des Verfahrens werden noch nach den bisherigen Vorschriften erledigt, jedoch mit der Maßgabe, daß die Vorschrift des § 91 Abs. 4 Satz 2 des Verfahrensgesetzes in der Fassung des Artikels 1 Nr. 4 über die Einschränkung der Zulässigkeit der Berufung bei Ansprüchen auf Eltern- und Witwerrente auch in diesen Fällen anzuwenden ist.

([2]) Gegen die Urteile der VGer. in den in dem genannten Zeitpunkt bereits anhängigen Sachen ist daher der Rekurs in dem bisherigen Umfange (§ 92 Verfahrensgesetz und Artikel 3 des Dritten Titels des Vierten Abschnitts der Verordnung des Reichspräsidenten zur Behebung finanzieller, wirtschaftlicher und sozialer Notstände vom 26. Juli 1930 — Reichsgesetzbl. I S. 311, 327) für beide Parteien zulässig. Wurde vom Reich, einem Lande oder einer Gemeinde (Gemeindeverband) Rekurs eingelegt, so findet hinsichtlich der Zahlung der von dem VGer. zugesprochenen Versorgungsgebührnisse § 96 Abs. 2 bis 4 in der bisherigen Fassung Anwendung.

([3]) Das Bayerische Landesversorgungsgericht hat ebenso wie das RVGer. die in diesem Zeitpunkt bei ihm anhängigen Rekurse

---

oder Erwerbsunfähigkeit des Witwers (§ 97 des Reichsversorgungsgesetzes, § 7 des Kriegspersonenschädengesetzes) handelt,

5. soweit es sich um die besonderen Voraussetzungen des Anspruchs auf Rente im Falle des § 4 des Kriegspersonenschädengesetzes oder auf Waisenrente in den Fällen des § 41 Abs. 2 Nr. 4 und 5, Abs. 3 Satz 1 und Abs. 4 des Reichsversorgungsgesetzes handelt,
6. soweit es sich um den Zeitpunkt des Beginns oder Aufhörens der Versorgung (§§ 55 und 56 des Reichsversorgungsgesetzes) oder um Rente handelt, die für begrenzte, bereits abgelaufene Zeiträume zu gewähren ist.

Diese Vorschrift findet auf die beim Inkrafttreten dieser Verordnung anhängigen Rekurse Anwendung.

§ 96 VersG. a. F.

(1) Ein vom Kläger eingelegtes Rechtsmittel hat . . . (wie jetzt § 96).

(2) Der vom Reiche, von einem Lande oder von einer Gemeinde (einem Gemeindeverbande) eingelegte Rekurs bewirkt keinen Aufschub, soweit es sich um Heilbehandlung außer Krankengeld und Hausgeld (§§ 4 bis 11, §§ 19, 20), Grundrente und Schwerbeschädigtenzulage (§ 27), Hinterbliebenenrente (§§ 36 bis 50) nach dem Reichsversorgungsgesetze für die Zeit nach Erlaß des angefochtenen Urteils handelt.

(3) Im Falle der Bedürftigkeit können von den Verwaltungsbehörden für diese Zeit auf Antrag für ehemalige Berufsoffiziere und ihre Hinterbliebenen Ruhegehalt und Hinterbliebenengebührnisse bis zur Hälfte des zugesprochenen Betrags angewiesen werden.

(4) Die nach den Vorschriften der Abs. 2 und 3 gezahlten Gebührnisse sind im Falle der Aufhebung des Urteils des Versorgungsgerichts zu erstatten. Von der Einziehung kann abgesehen werden, wenn die Voraussetzungen des § 74 Abs. 2 gegeben sind.

noch nach den bisherigen Vorschriften zu erledigen. Doch ist zur Beschleunigung des Verfahrens im Verfahren vor den VGer. und vor dem Bayerischen Landesversorgungsgericht die Zurückverweisung einer solchen Sache an eine Vorinstanz nicht mehr zulässig. Das Bayerische Landesversorgungsgericht hat alle nach dem 30. November 1934 bei ihm eingehenden Rechtsmittel, Anträge auf Wiederaufnahme des Verfahrens und sonstigen Anträge an das RVGer. abzugeben.

(4) Mit dem 1. Juli 1935 endet die Arbeit des Bayerischen Landesversorgungsgerichts. Die nicht erledigten Sachen gehen mit diesem Tage auf das RVGer. über (Verordnung zur Ergänzung des Fünften Gesetzes zur Änderung des Gesetzes über das Verfahren in Versorgungssachen vom 18. Januar 1935 — RGBl. I S. 19).

1. Sowohl ablehnende wie auch bewilligende Bescheide, aber nicht Benachrichtigungen (vgl. Vorbem. zu § 86) können mit der Berufung angefochten werden. Es macht auch keinen Unterschied, ob es sich um Geld- oder Sachleistungen, um Rente oder Nebenbezüge, um Bewilligung, Entziehung, Minderung oder Rückforderung (vgl. § 73 Satz 2) oder nur um die Anerkennung oder Verneinung des ursächlichen Zusammenhangs des Leidens mit einer DB. (§ 37 Abs. 1) handelt. Die Berufung findet aber nicht statt, soweit die Bescheide Leistungen betreffen, deren Gewährung in das pflichtmäßige Ermessen der Verwaltungsbehörde gestellt ist oder die Berufung sonst durch § 91 ausgeschlossen ist.

Gegen die Bewilligung oder Ablehnung der Zusatzrente (Art. 4 des Ges. über Änderungen auf dem Gebiete der Reichsversorgung vom 3. 7. 34 — RGBl. I S. 541) ist Berufung nicht gegeben, sondern Beschwerde an die HptFSt., wenn die FSt., und an das HptVersAmt, wenn das VersA. zuständig ist (Art. 4 § 5 a. a. O.). Dagegen ist die Berufung zulässig über die orthopädische Versorgung, auch die Art und Ausführung der Hilfsmittel, dagegen nicht über Ersatzansprüche nach § 20 oder § 82 VersG. Ob die Berufung zulässig ist, hängt nach den §§ 90, 91 von dem Inhalt der Entscheidung ab, nicht von der Form, die von der Verwaltungsbehörde gewählt wurde. Auch gegen Bescheide ohne Berufungsklausel und gegen formlose Benachrichtigungen ist Berufung gegeben, wenn die Verwaltungsbehörde die Absicht oder die Pflicht hatte, einen berufungsfähigen Bescheid zu erteilen (E. IX 99).

Ordnet das VersAmt an, daß die Frauenzulage oder die Kinderzulage gemäß §§ 29, 30 Abs. 5 RVG. nicht an den Beschädigten selbst gezahlt wird, so kann dieser nach der Rechtspr. des RVGer. (E. IX, 160) dagegen nicht Berufung, sondern nur Beschwerde an das HptVersAmt einlegen. Daß die Ehefrau oder der Pfleger, wenn Zahlung an sie abgelehnt wird, nur Dienstaufsichtsbeschwerde erheben können, steht außer Zweifel.

2. a) Die Berufung ist — abgesehen von Abs. 6 und 7 — nur für den Kläger gegeben, gegen Bescheide der VersBehörden des

Saargebiets konnte jedoch bis zum 28. 2. 35 auch der deutsche Finanzkommissar Berufung einlegen.

b) Berufung ist unbeschadet des § 91 nur zulässig, wenn der VersBerechtigte durch den Bescheid der Verwaltungsbehörde beschwert ist; ob eine solche Beschwerung vorliegt, bestimmt sich nach der Wirkung des Bescheides, insbesondere nach der Rechtskraftwirkung. Da die Gründe des Bescheids nicht in Rechtskraft übergehen (vgl. Anm. 3 d zu § 65), kann eine Berufung, die sich lediglich gegen die Begründung richtet, keinen Erfolg haben (E. VI, 244), mögen die Darlegungen der Gründe auch nicht stichhaltig sein. Der Kläger kann nicht Berufung einlegen, um weniger zu erhalten (E. III, 130). Eine Beschwerung kann stets nur aus der Sache selbst hergeleitet werden; es kann daher nicht etwa lediglich wegen der grundsätzlichen Bedeutung der Entscheidung für andere Verfahren Berufung eingelegt werden.

3. Die Teilung der sachlichen Zuständigkeit zwischen dem RVGer. und den VGer., wie sie sich aus § 90 Abs. 2—4 ergibt, gilt auch für unzulässige (§ 91) und verspätete (§ 90 Abs. 8) Berufungen.

4. a) Während die Entscheidungen der VGer. vor dem 1. 12. 34 mit Rekurs an das RVGer. anfechtbar waren, soweit er nicht durch § 92 und die NotVO. vom 26. 7. 30 (RGBl. I S. 311) ausgeschlossen war, ist jetzt gegen die Verfügungen der Kammervorsitzenden nur Antrag auf mündliche Verhandlung nach Maßgabe des § 101 Abs. 3 und gegen die Urteile der Kammern überhaupt kein Rechtsmittel mehr gegeben. Für die am 1. 12. 34 anhängig gewesenen Spruchsachen s. jedoch oben Anm. *) zu § 90. Die Endgültigkeit der Entscheidungen schließt Wiederaufnahme des Verfahrens nach §§ 66 ff., Berichtigung von Schreibfehlern nach § 137 und Änderungen in einem Verfahren nach Art. 2 des Ges. vom 3. 7. 34 (oben hinter § 71) nicht aus.

b) Das VGer. — über örtliche Zuständigkeit vgl. § 38 — ist nur zuständig, wenn die Nrn. 1—7 des Abs. 2 zutreffen und nicht eine der in Abs. 3 Halbsatz 2 und Abs. 4 bestimmten Ausnahmen gegeben ist. Über Berufungen, für die keine ausdrückliche Bestimmung über die sachliche Zuständigkeit getroffen ist, hat also das RVGer. zu entscheiden (vgl. § 90 Abs. 3 „Im übrigen"), ebenso über Berufungen, deren Gegenstand zur Zuständigkeit teils der VGer., teils des RVGer. gehört. Tritt letzteres durch Erweiterung der Anträge erst im Laufe des Verfahrens vor dem VGer. ein, so ist die Sache an das RVGer. abzugeben (§ 90 Abs. 4). Ist die sachliche Zuständigkeit zweifelhaft, so entscheidet über diese das RVGer. (Abs. 5).

c) Die VGer. sind nach § 90 Abs. 2—4 zuständig für diejenigen Fälle, in denen bisher der Rekurs ausgeschlossen war; die Rechtsprechung des RVGer. zur Zulässigkeit des Rekurses ist deshalb im folgenden als Beleg für die Stellungnahme zur Zuständigkeit der

VGer. mitangeführt. Eine Abweichung besteht insofern, als bisher der Rekurs ausgeschlossen war, jetzt aber das RVGer. zuständig ist, wenn ein Leiden — bisher vom VGer., jetzt von der Verwaltungsbehörde — für nicht feststellbar erachtet worden ist (vgl. Nr. 3 Abs. 2 und 3 der AV. zu § 90).

5. Bei Streit über den Grad der MdE. oder über die Neufeststellung wegen Änderung der Verhältnisse (§ 57 RVG.; vgl. Anm. 3 b zu § 65) ist das VGer. zuständig, soweit nicht Abs. 3 oder 4 zutrifft (vgl. dazu unten Anm. 13). Welcher Art die Streitpunkte sind (z. B. ärztliche Beurteilung, Verfahrensmängel; E. VII, 247), ob sie auf materiell- oder verfahrensrechtlichem, auf tatsächlichem oder rechtlichem Gebiet liegen, ist für die Zuständigkeit bedeutungslos. Das VGer. ist auch zuständig, wenn die Bedeutung der Verdienstverhältnisse (§ 25 Abs. 2 RVG.) oder die Versehrtheitsrente (§ 25 Abs. 1 RVG.) streitig ist, bei der Versehrtheitsrente ohne Rücksicht darauf, ob es sich nur um ihre Höhe oder überhaupt um das Vorliegen einer „schweren Beeinträchtigung der körperlichen Unversehrtheit" handelt (E. IX, 248); wenn der Zeitpunkt der Änderung streitig ist (E. VII, 305); wenn streitig ist, ob die einjährige Frist des § 57 Abs. 2 RVG. eingehalten ist oder eingehalten werden mußte (RVGer. vom 16. 5. 29 — M. 30950/27 = RVBl. 29 Nr. 48[5a]). Welcher Art die geltend gemachte Änderung der Verhältnisse ist, ob Änderung des Gesundheitszustandes, Anpassung und Gewöhnung, ob Änderung des Familienstandes usw., ist gleichgültig. — Über Ausschluß der Berufung bei Anträgen auf Neufeststellung vgl. § 91 Abs. 3.

Zu beachten ist, daß § 31 RVG. (Pflegezulage) in § 90 Abs. 2 Nr. 1 nicht miterwähnt ist. Bei Streit über die Höhe der Pflegezulage ist also das VGer. auch dann nicht zuständig, wenn es sich um die Neufeststellung nach § 57 RVG. handelt (vgl. auch unten Anm. 12).

6. a) Ein im Spruchverfahren verfolgbarer Rechtsanspruch auf Heilbehandlung besteht nach § 4 RVG. nur für solche Gesundheitsstörungen, für die der Antragsteller Rente als Rechtsanspruch (nicht als Kannbezug oder Härteausgleich) bezieht. Lehnt also das VA. Heilbehandlung für eine andere Gesundheitsstörung ab, so ist das Spruchverfahren überhaupt ausgeschlossen (§ 91). Wird in solchen Fällen die Ablehnung mit dem Nichtvorliegen von DB. begründet, so ist trotzdem die DB. nicht streitig, weil für die Entscheidung im Spruchverfahren gleichgültig; die Berufung ist also nicht nach § 90 Abs. 3 vom RVGer., sondern vom VGer. als unzulässig zu verwerfen. Ob der Antragsteller Feststellungsklage erheben kann, bestimmt sich nach § 37 Abs. 1 Satz 2.

b) Über Heilbehandlung für Anspruchsrentenleiden, die von der Krankenkasse zu gewähren ist, wird im Spruchverfahren der RVO. entschieden; ebenso über Ersatz für Reisekosten aus Anlaß der Heilbehandlung (E. III, 98) und über den — jetzt nach § 4 Abs. 3 und

§ 8 Abs. 3 vorletzter Satz RVG. nur noch als Kannbezug in Frage kommenden — Ersatz für Kosten selbstbeschaffter Heilbehandlung (E. III, 269). Die Spruchbehörden der Reichsversorgung haben nur zu entscheiden, soweit das Reich die Heilbehandlung selbst durchführt. Im einzelnen vgl. § 37 Abs. 2, 3.

c) Es handelt sich nicht um „Heilbehandlung", so daß nicht das VGer., sondern das RVGer. zuständig ist, wenn die geforderte Leistung nicht unter den Begriff der Heilbehandlung fällt. Über letzteres hat die VO. zur Durchführung des § 7 RVG. vom 8. 5. 29 (RGBl. I S. 93, HdR. S. 29), soweit es sich um Körperersatzstücke, orthopädische und andere Hilfsmittel handelt, erschöpfend und bindend Bestimmung getroffen. In ihr nicht aufgeführte Gegenstände sind somit keine Körperersatzstücke und Hilfsmittel im Sinne des RVG. und fallen demnach überhaupt nicht unter den Begriff der Heilbehandlung (E. III, 271). So hat das VGer. zu entscheiden über ein bestimmtes Kunstbeinsystem (E. III, 134), über einen Einbauapparat am Fahrrad (E. V, 79), über eine Pelzhose (E. V, 180), über einen Blindenführhund (E. VI, 85); um Heilbehandlung handelt es sich auch, wenn aus der Schadhaftigkeit eines gelieferten Hilfsmittels Schadenersatzansprüche hergeleitet werden (E. VIII, 82), so daß hierüber das VGer. zu entscheiden hat. Dagegen ist das RVGer. zuständig zur Entscheidung über Anträge auf Lieferung eines Selbstfahrers mit Motorantrieb (RVGer. vom 2. 10. 24 = RVBl. Nr. 422), sowie auf Fahrräder und Dreiräder (RVGer. vom 14. 10. 25, M. 8113/25), Badewannen, Kohlen, Flügelpumpen, Hüte, Maßschuhe, Hemdentuch, Füllfederhalter usw., weil alle diese Sachen als Leistungen der Heilbehandlung nicht in Frage kommen. Endlich ist das RVGer. zuständig, wenn auf Grund anderer Gesetze als des RVG. oder eines auf dieses verweisenden Gesetzes Heilbehandlung oder orthopädische Versorgung begehrt wird (E. I, 141).

7. Über die Berechnung des Hausgeldes (§ 13 RVG.) ergeht im Streitfalle ein Bescheid des VersAmts; im übrigen vgl. Anm. 7 zu § 37.

8. Nach § 34 Abs. 2 RVG. ist die Höhe des Sterbegeldes davon abhängig, ob der Tod die Folge einer DB. ist; hierüber entscheidet nach § 90 Abs. 3 das RVGer. Bei Streit über die Anrechnung eines sonstigen Sterbegeldes nach § 34 Abs. 4 RVG. ist das VGer. zuständig.

9. Gegen Bescheide über Elternrente ist die Berufung nach Maßgabe des § 91 Abs. 4 ausgeschlossen. Soweit sie zulässig ist, entscheidet nach § 90 Abs. 3, wenn der ursächliche Zusammenhang des Todes mit einer DB. streitig ist, das RVGer., sonst das VGer. — Bei der Rückforderung zu Unrecht empfangener Elternrente (§ 73) und bei Streit über Einbehaltung (Regelung) von Elternrente wird die Zuständigkeit des VGer. weder durch § 90 Abs. 2 Nr. 3 noch durch Nr. 7 begründet (E. IX, 207; X, 57).

10. Ausgleichszulage §§ 28, 30a RVG., Frauenzulage § 29 RVG., Kinderzulage § 30 RVG., Ortszulage § 51 RVG., Beamtenschein § 33 RVG., Gebührnisse für das Sterbevierteljahr § 35 RVG., Heiratsabfindung § 39 RVG.

11. a) Nach § 4 KVG. erhalten Beschädigte unter 14 Jahren Heilbehandlung und soziale Fürsorge nach dem RVG. Ihr Anspruch auf Rente (von 20 v. H. der nach dem RVG. zu gewährenden Gebührnisse) ist von der besonderen Voraussetzung abhängig, daß dem Unterhaltspflichtigen infolge der Beschädigung besondere Aufwendungen erwachsen.

b) Pflegekinder erhalten nur dann Waisenrente, wenn der Verstorbene sie bei seinem Tode mindestens seit seiner Einziehung zum Militärdienst oder seit einem Jahre unentgeltlich unterhalten oder für sie Kinderzulage nach § 30 RVG. bezogen hat (§ 41 Abs. 2 Nr. 4 RVG.). Uneheliche Kinder erhalten nur dann Waisenrente, wenn die Vaterschaft des Verstorbenen glaubhaft gemacht ist (§ 41 Abs. 2 Nr. 5 RVG.). Wenn für dieselbe Waise mehrere Waisenrenten nach dem RVG. in Betracht kommen, so wird nur die günstigere Waisenrente gewährt (§ 41 Abs. 4 RVG.).

c) Sind nur die unter a) und b) erwähnten besonderen Voraussetzungen streitig, so entscheidet das VGer., sonst nach § 90 Abs. 3 und 4 das RVGer.

12. In § 90 Abs. 2 Nr. 7 ist die Fassung zu beachten. Die Pension der Offiziere ist weder „Versorgung (§§ 55 und 56 RVG.)", noch „Rente" im Sinne der Nr. 7 (E. IX, 233), die also für sie nicht die Zuständigkeit des VGer. begründen kann. Die Pflegezulage (vgl. auch oben Anm. 5) fällt unter „Versorgung (§§ 55 und 56 RVG.)", dagegen nicht unter „Rente" (E. IX, 226; X, 7); wenn aber der Streit um Pflegezulage für begrenzte, bereits abgelaufene Zeiträume sich lediglich als ein Streit um den Zeitpunkt des Beginns oder Aufhörens der Pflegezulage darstellt, wird die Zuständigkeit des VGer. gegeben sein.

Über Rückforderung zu Unrecht empfangener Elternrente vgl. oben Anm. 9. Bei Begrenzung des Rentenbezugs durch den Tod des Berechtigten trifft § 90 Abs. 2 Nr. 7 nicht zu (E. IX, 196; X, 7); die Zuständigkeit bleibt also unberührt, wenn der Berechtigte — vor Erteilung des Bescheids oder auch erst während des Berufungsverfahrens — stirbt und das Verfahren von den Erben aufgenommen wird. Auch wenn für eine zurückliegende Zeit Verjährung des Anspruchs nach BGB. geltend gemacht wird, paßt § 90 Abs. 2 Nr. 7 nicht; es handelt sich dabei weder um den „Beginn der Versorgung (§§ 55 und 56 RVG.)", noch um die „Gewährung" (sondern lediglich um die Auszahlung) der Rente (E. X, 25). Ebenso handelt es sich lediglich um die Auszahlung und nicht um die „Gewährung", wenn die Rente nach § 19 RVG. für bestimmte Zeit versagt wurde (E. X, 33), wird also Berufung dagegen eingelegt, so ist es für die

Zuständigkeit gleichgültig, ob die Zeit, für die die Rente versagt wurde, bereits ganz der Vergangenheit angehört.

13. Die Zuständigkeit des RVGer. ist die umfassendere. Das RVGer. ist zuständig in allen nicht in Abs. 2 ausdrücklich den VGer. zugewiesenen, sowie in allen zugewiesenen Angelegenheiten, wenn bestimmte Streitpunkte vorliegen (Abs. 3) oder zugewiesene mit nicht zugewiesenen Angelegenheiten zusammentreffen (Abs. 4). Es ist auch zuständig, wenn Leistungen beansprucht werden, die in den Gesetzen nicht vorgesehen sind; vgl. z. B. Anm. 6c.

In den nach Abs. 2 Nr. 1—3 den VGer. zugewiesenen Angelegenheiten ist das RVGer. zuständig, wenn die Verwaltungsbehörde das geltend gemachte oder ein geltend gemachtes Leiden als nicht bestehend oder wenigstens als nicht feststellbar erachtet hat oder wenn streitig ist, ob ein festgestelltes Leiden oder eine festgestellte Verschlimmerung Folge von DB. ist; in allen Fällen ist jedoch Voraussetzung, daß das Leiden oder die Veränderung der Verhältnisse einen Rechtsanspruch auf Versorgung oder höhere Versorgung begründen kann (vgl. Anm. 3b Abs. 1 zu § 65, Anm. 1a zu § 78 und Anm. 3b und 4 zu § 91). Hat die Verwaltungsbehörde eine Verschlimmerung als nicht feststellbar erachtet, so bewendet es bei der Zuständigkeit des VGer., außer wenn sie vorsorglich auch den ursächlichen Zusammenhang mit einer DB. bestritten hat oder bestreitet (E. X, 43). Ist streitig, ob ein Leiden durch DB. entstanden oder nur verschlimmert worden ist, so ist die DB. streitig und das RVGer. zuständig (E. VIII, 33). Dem Streit um die DB. steht der Streit um die absichtliche Herbeiführung des Schadens nach § 2 Abs. 4 RVG. oder das mitwirkende Verschulden nach § 18 KPG. gleich (E. V, 251).

14. Aus Abs. 4 erklärt es sich, weshalb es in Abs. 2 Nr. 1—7 überall „wenn es sich ... handelt" heißt, auch wo es in den bisherigen Vorschriften über die Zulässigkeit des Rekurses „soweit es sich ... handelt" hieß. „Wenn" ist also in Abs. 2 Nr. 1—7 überall gleichbedeutend mit „wenn nur".

15. Wenn umgekehrt im Verfahren vor dem RVGer. die ursprünglichen Klageanträge soweit eingeschränkt werden, daß der verbleibende Rest nicht über die Zuständigkeit des VGer. hinausgeht, könnte die Abgabe der Sache an das VGer. in Betracht kommen. Diese Auffassung würde aber dazu führen, daß eine Sache bei mehrfacher Ausdehnung und Einschränkung der Anträge wiederholt zwischen RVGer. und VGer. hin- und hergehen müßte. Man wird aus der umfassenderen Zuständigkeit des RVGer. und der Tatsache, daß in Abs. 4 Satz 2 und 3 nur die Abgabepflicht des VGer. vorgeschrieben ist, folgern können, daß das RVGer. zuständig bleibt, wenn seine Zuständigkeit von vorneherein oder infolge Erweiterung der Anträge einmal begründet war.

16. § 90 Abs. 5 betrifft nur die Entscheidung über die sachliche Zuständigkeit der Spruchbehörden (RVGer. oder VGer.), während die Entscheidung über die örtliche Zuständigkeit (welches von mehreren VGer.) in § 40 geregelt ist.

Ein Urteil über die sachliche Zuständigkeit ergeht nach mündlicher Verhandlung (§§ 117, 135 ff.). Bejaht das RVGer. die eigene Zuständigkeit, so wird es in der Regel im gleichen Urteil sachlich entscheiden. Es steht aber nichts im Wege, daß die noch notwendigen Ermittlungen bis nach der Entscheidung des Senats über die Zuständigkeit ausgesetzt werden, wenn die Entscheidung dem Vorsitzenden zweifelhaft erscheint, oder daß der Senat bei Bejahung der Zuständigkeit des RVGer. weitere Erhebungen beschließt. — Verfügung des Vorsitzenden s. § 101. Der Vorsitzende wird durch Verfügung die Bejahung der Zuständigkeit immer erst zusammen mit der sachlichen Entscheidung aussprechen. Es erscheint nicht angängig, daß der Vorsitzende die Zuständigkeit des RVGer. durch Verfügung bejaht, wenn er die Sachentscheidung vor den Senat bringen will.

17. Über die Vorschriften zum Kriegspersonenschädenges. vgl. Anm. 7 und 8 zu § 71. — Den Ländern, Gemeinden und Gemeindeverbänden steht in Tumultschädensachen (§ 18 KPG.) die Berufung in gleicher Weise wie den VersBerechtigten zu. Auch für den Eintritt der Rechtskraft (§ 65 Abs. 1) und den Erlaß eines Berichtigungsbescheides (§ 65 Abs. 2) sind sie in gleicher Weise Partei wie der VersBerechtigte.

Soweit Länder und Gemeinden nach § 18 Abs. 1 KPG. dem VersBerechtigten haften, sind sie Partei — und zwar auch schon im Verwaltungsverfahren — nach § 90 Abs. 6. Soweit Gemeinden nur nach § 18 Abs. 3 KPG. den Aufwand zu tragen, also z. B. dem Lande zu erstatten haben, kommen sie für das Verwaltungs- und Spruchverfahren als Dritte gemäß § 50 in Frage. Sie können aber im Gegensatz zu anderen Dritten Berufung einlegen, auch erst durch Einlegung der Berufung dem Verfahren beitreten. Näheres s. Nr. 5—9 der AB. zu § 90. Da sie danach stets beizuziehen sind, müssen ihnen die Entscheidungen stets zugestellt werden. Land und Gemeinde sind als notwendige Streitgenossen anzusehen, so daß rechtzeitige Einlegung eines Rechtsmittels durch einen Streitgenossen für die übrigen wirkt und Zuziehung zum Verfahren als Partei oder nach § 50 stets geboten ist. Besonderheiten für die Erstattung außergerichtlicher Kosten s. § 143 Abs. 2, 3.

18. Nr. 5—8 der AB. zu § 90 beziehen sich auch auf das Verwaltungsverfahren, obschon sie nach Stellung und Inhalt des § 90 zum Abschnitt „Spruchverfahren" gehören. Nr. 9 gilt nur für das Spruchverfahren.

19. Abs. 8 schließt sich an die Sondervorschriften für Tumultschäden in Abs. 6 und 7 an, gilt aber auch für die Berufungen nach Abs. 1.

Über die Berechnung der Berufungsfrist vgl. §§ 51 bis 55. Die Berufungsfrist endigt also, wenn der letzte Tag ein

Sonntag oder ein am Sitze der zuständigen Spruchbehörde staatlich anerkannter Feiertag ist, erst mit Ablauf des nächsten Werktages (§ 53); bei Versäumung der Frist kommt Wiedereinsetzung in den vorigen Stand in Frage (§§ 54, 55). Im übrigen vgl. auch § 93. Da die Berufungsfrist eine Ausschlußfrist ist, ist eine Verlängerung derselben nicht möglich, doch kann die Gegenpartei auf Innehaltung nachträglich verzichten (§ 54 Abs. 4).

20. Über Zustellungen vgl. §§ 56—58. In der Regel wird eine Berufung erst nach Zustellung des Bescheides eingelegt werden, da der Inhalt des Bescheides nach § 86 durch Zustellung dem Vers.-Berechtigten bekannt gemacht wird. Eine Einlegung der Berufung vor Zustellung ist nur zulässig, wenn der VersBerechtigte von der Entschließung der Verwaltungsbehörde mit ihrem Wissen und Willen auf schriftlichem Wege erfahren hat (E. II, 52). Bei Zustellung an den Vater des volljährig gewordenen Klägers beginnt die Frist mit der tatsächlichen Aushändigung an den Kläger selbst (E. II, 66). Weitere Beispiele s. zu §§ 56, 57. Wird ein Bescheid nach der Zustellung gemäß § 89 berichtigt, so beginnt nicht etwa eine neue Berufungsfrist (E. I, 124; III, 23).

21. § 90 Abs. 8 Satz 2 ist durch die NotVO. vom 5. 6. 31 (RGBl. I S. 279) mit Wirkung vom 7. 6. 31 an die Stelle des gleichzeitig gestrichenen § 87 Abs. 1 Satz 2 getreten. Bis dahin wurde die Rechtsmittelfrist überhaupt nicht in Lauf gesetzt, wenn die vorgeschriebene Rechtsmittelbelehrung fehlte oder unrichtig war. Für früher zugestellte Entscheidungen gilt jetzt § 90 Abs. 8 Satz 2, die einjährige Frist begann mit dem Inkrafttreten der neuen Fassung (E. X, 186).

Die Rechtsmittelbelehrung ist nicht deshalb unrichtig im Sinne des § 90 Abs. 8 Satz 2, weil entgegen den AB. zu § 93 angegeben ist, daß die Berufung bei der Spruchbehörde einzulegen sei, selbst wenn dabei das VGer. an Stelle des RVGer. (oder umgekehrt) als zuständig bezeichnet ist. § 90 Abs. 8 Satz 2 trifft aber zu, wenn die Angabe, bei welcher Stelle die Berufung einzulegen ist, überhaupt fehlt.

§ 91 *)

(1) Die Berufung ist ausgeschlossen[1], soweit die Gewährung der Leistungen nach den Versorgungsgesetzen[2] in das pflichtmäßige Ermessen der Verwaltungsbehörde gestellt ist[3].

(2) Die Berufung ist ferner ausgeschlossen gegen die Entscheidung über einen nach dem 27. Juli 1930 erstmalig oder auf Grund des § 57 des Reichsversorgungsgesetzes gestellten Antrag eines Beschädigten, der vor dem 1. August 1920 aus dem Militärdienst ausgeschieden ist und am 31. Juli 1930 keine Rente bezogen hat[4].

(3) Ist ein Antrag auf Neufeststellung der Versorgungsgebührnisse wegen wesentlicher Veränderung der Verhältnisse (§ 57 des Reichsversorgungsgesetzes) rechtskräftig abgelehnt worden, so ist gegen die Ablehnung eines neuen Antrages auf Neufeststellung der Versorgungsgebührnisse wegen Veränderung der Verhältnisse die Berufung auch ausgeschlossen, wenn der neue Antrag vor Ablauf von 2 Jahren seit Rechtskraft der früheren Entscheidung gestellt worden ist[5].

(4) Die Berufung ist weiter ausgeschlossen gegen die Ablehnung eines nach dem 31. März 1930 gestellten Antrags auf Elternrente, wenn der Sohn (Enkel) vor dem 1. April 1927 gestorben ist. Die Berufung ist auch ausgeschlossen, soweit es sich darum handelt, ob bei Ansprüchen auf Elternrente oder Witwerrente der Antragsteller im Sinne der §§ 45 und 97 des Reichsversorgungsgesetzes sowie des § 7 des Kriegspersonenschädengesetzes bedürftig ist oder ob der Verstorbene im Sinne des § 45 des Reichsversorgungsgesetzes der Ernährer gewesen ist oder geworden wäre[6].

*) Die Abs. 2—4 sind durch die NotVO. vom 5. 6. 31 (RGBl. I S. 279) mit Wirkung auch für die beim Inkrafttreten anhängigen Sachen (Art. 5 a. a. O.) angefügt worden. Abs. 4 Satz 2 hat durch das Ges. vom 3. 7. 34 (RGBl. I S. 547) mit Wirkung vom 5. 7. 34 die jetzige Fassung erhalten, und zwar nach Art. 3 a. a. O. mit Wirkung auch für die beim Inkrafttreten anhängigen Sachen.

AB. zu § 91

1. Behauptet der Antragsteller im Verwaltungsverfahren oder im Spruchverfahren, daß es sich um eine Verschlimmerung der Gesundheitsstörung handelt, für die am 31. 7. 1930 Rente bezogen worden ist, daß die glaubhaft gemachte wesentliche Veränderung also nicht durch eine andere, trotz des ursächlichen Zusammenhanges von jener verschiedene Gesundheitsstörung herbeigeführt ist, so ist die Berufung durch VerfG. § 91 Abs. 1 in Verbindung mit der Verordnung vom 26. 7. 1930, Vierter Abschnitt, Dritter Titel (Reichsversorgung), Artikel 2 Abs. 2a (RGBl. I S .311, 327) — siehe HdR. S. 159 — nicht ausgeschlossen.

2. (1) § 91 Abs. 2 knüpft an die Verordnung vom 26. 7. 1930, Vierter Abschnitt, Dritter Titel (Reichsversorgung), Artikel 1 und 2 (RGBl. I S. 311, 327) — siehe HdR. S. 151, 159 — an und schließt die Berufung in allen Fällen aus, in denen nach den erwähnten Vorschriften nur noch Härteausgleiche oder Kannbezüge in Frage kommen. Berufungsfähige Bescheide sind also an Beschädigte, die

vor dem 1. 8. 1920 aus dem Militärdienst ausgeschieden sind, nicht mehr zu erteilen, wenn sie ihre Ansprüche erst nach dem 27. 7. 1930 angemeldet haben oder anmelden (Artikel 1 a. a. O.), ebensowenig, wenn sie zwar ihre Ansprüche früher rechtzeitig angemeldet haben, aber am 31. 7. 1930 keine Rente bezogen und nach dem 27. 7. 1930 einen Antrag nach RVG. § 57 (Wiedergewährung entzogener oder Bewilligung abgelehnter Gebührnisse) gestellt haben oder stellen (Artikel 2 a. a. O.). Die neue Vorschrift gilt sowohl für Anträge auf Gewährung von Versorgung (Leistungsklage nach VerfG. § 37 Abs. 1 Halbs. 1) wie für Anträge auf Feststellung des ursächlichen Zusammenhangs einer Gesundheitsstörung mit einer DB. (Feststellungsklage nach VerfG. § 37 Abs. 1 Halbs. 2).

(²) Wer am 31. 7. 1930 keine Rente bezog, kann bei Ausscheiden vor dem 1. 8. 1920 und Antragstellung nach dem 27. 7. 1930 gegen die Ablehnung seines erstmaligen oder auf RVG. § 57 gestützten Antrags wie gegen die Bewilligung eines Härteausgleichs oder Kannbezugs niemals Berufung einlegen (§ 91 Abs. 2) und erhält deshalb keinen berufungsfähigen Bescheid.

3. (¹) § 91 Abs. 3 hat praktische Bedeutung nur für die Fälle, in denen die Berufung nicht schon durch § 91 Abs. 1 oder 2 ausgeschlossen ist. Er setzt voraus, daß bereits früher ein Antrag aus RVG. § 57 (Erhöhung, Wiedergewährung entzogener oder Bewilligung abgelehnter Gebührnisse) rechtskräftig abgelehnt worden ist und der neue Antrag aus RVG. § 57 — wenn auch mit anderer Begründung — vor Ablauf von zwei Jahren seit Eintritt der Rechtskraft gestellt ist. Er findet Anwendung ohne Rücksicht darauf, ob die Verordnung vom 26. 7. 1930 den Antrag berührt, ob also der Antragsteller vor oder nach dem 31. 7. 1920 aus dem Militärdienst ausgeschieden ist, ob er am 31. 7. 1930 Rente bezogen hat sowie ob der frühere oder der neue Antrag vor oder nach dem 27. 7. 1930 gestellt ist. Er findet auf alle Fälle der Neufeststellung der Versorgungsgebührnisse im Sinne des RVG. § 57, also auch dann Anwendung, wenn ein Anspruch auf Pflegezulage oder auf Hinterbliebenenrente gemäß RVG. § 57 geltend gemacht wird; er gilt aber nur für den Fall der Ablehnung des neuen Antrags; im Falle einer Bewilligung richtet sich die Zulässigkeit der Berufung lediglich nach § 91 Abs. 1 und 2.

(²) Soweit die Berufung nicht durch § 91 Abs. 1 oder 2 ausgeschlossen ist, wird also auf Anträge nach RVG. § 57, wenn sie vor Ablauf der zweijährigen Frist gestellt sind, nur die Bewilligung, wenn sie dagegen nach Ablauf der zweijährigen Frist gestellt sind, sowohl die Bewilligung als auch die Ablehnung durch berufungsfähigen Bescheid ausgesprochen. Allgemeine Voraussetzung für den Eintritt in die sachliche Prüfung und damit für die Erteilung eines Bescheides bleibt auch hier, daß die Voraussetzungen des geltend gemachten Anspruchs glaubhaft gemacht sind (AB. zu § 79).

(³) Die Frist des § 91 Abs. 3 beginnt in allen Fällen mit dem

Zeitpunkte der Rechtskraft der Entscheidung über den früheren Antrag. Maßgebend ist,

a) wenn der Bescheid der Verwaltungsbehörde nicht angefochten worden ist, der Ablauf der Berufungsfrist,

b) wenn das Urteil des VGer. mit Rekurs anfechtbar war, aber Rekurs nicht eingelegt worden ist, der Ablauf der Rekursfrist,

c) der Ablauf der Berufungs- oder Rekursfrist auch dann, wenn die Berufung oder der Rekurs verspätet eingelegt worden ist,

d) im Falle der Zurücknahme eines zulässigen und rechtzeitig eingelegten Rechtsmittels der Zeitpunkt, in dem die Erklärung hierüber dem Gerichte zugegangen ist,

e) wenn gegen ein Urteil des VGer. der Rekurs nicht zulässig war, der Zeitpunkt der Verkündung des Urteils (die Einlegung eines unzulässigen Rekurses ist ohne Bedeutung),

f) wenn Rekurs zulässig war und rechtzeitig eingelegt worden ist, der Zeitpunkt der Verkündung des Urteils des RVGer.

(4) Die Frist des § 91 Abs. 3 wird nicht verlängert oder erneut in Lauf gesetzt, wenn nach rechtskräftiger Ablehnung eines Antrages des Beschädigten auf Neufeststellung seiner Versorgungsgebührnisse und vor Ablauf der zweijährigen Frist ein neuer Antrag des Beschädigten auf Neufeststellung seiner Versorgungsgebührnisse auf Grund der bezeichneten Vorschrift durch nichtberufsfähigen Bescheid abgelehnt wird.

4. (1) § 91 Abs. 4 Satz 1 bezieht sich auf Fälle, in denen bei Stellung des Antrags auf Elternrente die Frist des RVG. §§ 49, 111 abgelaufen war, ohne Unterschied, ob es sich um einen erstmaligen Antrag oder um die Wiederholung eines früher abgelehnten Antrags handelt. Wenn die Vorschrift zutrifft, ist die Berufung auch ausgeschlossen, wenn geltend gemacht wird, daß die Voraussetzungen des RVG. § 45 schon vor dem 1. 4. 1930 eingetreten waren.

(2) Die Berufung ist ausgeschlossen, soweit es sich um die Entscheidung des VA. darüber handelt, ob bei Ansprüchen auf Eltern- oder Witwerrente der Antragsteller nach RVG. §§ 45, 97 und KPSG. § 7 bedürftig ist oder ob der Verstorbene der Ernährer im Sinne des RVG. § 45 gewesen ist oder geworden wäre. Die Entscheidung des VA. über diese Fragen ist daher endgültig.

(3) Ist der Anspruch auf Elternrente nur deshalb abgelehnt worden, weil der Tod nicht als Folge einer DB. anerkannt worden ist, so ist wegen der Frage des ursächlichen Zusammenhangs des Todes mit einer DB. die Berufung zulässig. Da das Gericht über die Frage der Bedürftigkeit und der Ernährereigenschaft nicht mehr entscheiden kann, hat die Berufung nur die Bedeutung eines Antrages auf Anerkennung des Todes als Folge einer DB. (Feststellungsklage), es sei denn, daß in dem Bescheid Bedürftigkeit und Ernährereigenschaft anerkannt worden sind. Entsprechendes gilt

für Ansprüche auf Witwerrente, soweit es sich um die Bedürftigkeit handelt.

(4) Die Vorschrift des § 91 Abs. 4 Satz 2 findet auch auf die bei ihrem Inkrafttreten (5. 7. 1934) anhängigen Berufungen, Rekurse und Anträge auf Wiederaufnahme eines durch rechtskräftige Entscheidung einer Spruchbehörde abgeschlossenen Verfahrens Anwendung (Durchführungsverordnung vom 3. 7. 1934 — RGBl. I S. 547 — § 4). Soweit es sich um die Frage der Bedürftigkeit oder Ernährereigenschaft handelt, ist daher das Rechtsmittel oder der Antrag auf Wiederaufnahme des Verfahrens unzulässig geworden.

(5) In den Fällen des § 91 Abs. 4 Satz 1 werden keine berufungsfähigen Bescheide erteilt; das gleiche gilt in den Fällen des Abs. 4 Satz 2, wenn der Anspruch ausschließlich mit der Begründung abgelehnt wird, daß Bedürftigkeit oder Ernährereigenschaft nicht vorliege.

5. Die Ablehnung von Anträgen wegen Fristversäumnis ist stets mit der Entscheidung über Härteausgleiche oder Kannbezüge — wenn eine solche überhaupt angezeigt ist — zu verbinden, also nicht vorbehaltlich der weiteren Prüfung auszusprechen. Stehen Rechtsansprüche und Kannbezüge nebeneinander zur Entscheidung — z. B. wenn Verschlimmerung einer Gesundheitsstörung, für die am 31. 7. 1930 Rente bezogen wurde, und Hinzutritt einer weiteren Gesundheitsstörung geltend gemacht wird —, so sind zwar getrennte Entscheidungen zu erlassen, diese aber gleichzeitig zuzustellen. Wenn die Berufung ausgeschlossen ist, ist ausdrücklich darauf hinzuweisen, daß die Entscheidung endgültig ist.

6. Berufungen gegen neue Bescheide nach VerfG. § 71 sind durch § 91 Abs. 2 bis 4 nicht ausgeschlossen; wenn also der ursprüngliche Antrag zur Begründung eines Rechtsanspruchs rechtzeitig gestellt war, so ist es ohne Bedeutung, wann die Anregung zur Erteilung eines neuen Bescheides gegeben wurde.

1. Über die sog. Kannbezüge und Härteausgleiche (vgl. Anm. 3) kann im Spruchverfahren nicht erkannt werden, und zwar selbst dann nicht, wenn im Bescheide die Berufung versehentlich oder absichtlich als zulässig bezeichnet ist (E. I, 6, 85; III, 132; VI, 5, 245). Auch zur Feststellung einzelner Voraussetzungen (DB., Heereszugehörigkeit usw.) eines Kannbezugs kann Berufung nicht eingelegt werden (E. VI, 244; X, 81; vgl. jetzt auch § 37 Abs. 1 Satz 2 und Anm. 17 zu § 37). Das Gericht hat selbst zu prüfen, ob es sich um einen Kannbezug handelt. Nur „soweit" ein Bescheid Kannbezüge betrifft, ist die Berufung nach Abs. 1 ausgeschlossen; ist daher über Pflichtleistungen und Kannbezüge zugleich entschieden, so ist die Berufung gegen die Entscheidung über die Pflichtleistung zulässig. Enthält ein Bescheid über einen Kannbezug unausgesprochen auch eine Entscheidung über eine Pflichtleistung — es wird z. B. auf den Versorgungsantrag einer Witwe lediglich Witwenbeihilfe aus § 40 RVG. festgesetzt oder abgelehnt — so ist Berufung mit dem Antrag auf Bewilligung der Witwenrente zulässig.

2. Über den Begriff „Versorgungsgesetze" vgl. Anm. 1 zu § 1. Über die Frage, ob Leistungen nicht nur im Verwaltungswege, sondern durch die Versorgungsgesetze als Pflichtleistung vorgesehen sind, ist die Berufung zulässig.

3. a) Die Gewährung der Leistungen ist in das pflichtmäßige Ermessen der Verwaltungsbehörde gestellt, wenn auf die Leistung nach dem materiellen Recht auch beim Vorliegen der gesetzlichen Voraussetzungen kein Rechtsanspruch besteht („Kannbezüge", „Kannvorschriften")†). Die Gesetze wählen in solchen Fällen nicht die Ausdrücke „hat Anspruch", „wird gewährt", „erhält" usw., sondern „kann bewilligt werden", „kann bewilligen", „kann erhalten" usw. Auch der verschiedentlich vorkommende Ausdruck „soll bewilligt werden" usw. bezeichnet lediglich einen „Kannbezug" (RV.-Ger. 13. 2. 28, M. 6213/27). Ob das pflichtmäßige Ermessen sich auf die Leistung selbst oder nur auf Art und Umfang der Leistung bezieht, macht keinen Unterschied (E. VI, 8). Auch beim Vorliegen der Voraussetzungen kann die Bewilligung nicht im Spruchverfahren erzwungen werden. Die Kannbezüge sind eine Art Naturalobligationen des öffentlichen Rechts, sie können also nicht mit der Begründung, daß auf sie ein Rechtsanspruch nicht bestanden habe, zurückgefordert werden; vgl. jedoch die AB. zu §§ 73, 74. Über Unzulässigkeit der Feststellungsklage vgl. Anm. 17 zu § 37. Soweit ein Bescheid solche Kannbezüge betrifft, soll er den Hinweis enthalten, daß ein Rechtsmittel gegen ihn nicht gegeben ist (§ 87

---

†) Über Kannbezüge (auch über Vererblichkeit und Rechtsnatur nach Bewilligung): Breme, Zentralbl. der Reichsvers. 20 Sp. 164—171; Dorn, Gruchots Beiträge Bd. 62 S. 675 ff. (mit Schrifttum); Fuisting, Arbeiterversorgung 19 Heft 17; Kretzschmar, MfA. 25 Sp. 381—90, Sp. 473—80, Sp. 627—37; v. Olshausen, Handb. zum MHG., Anm. 18 zu § 22, Anm. 10 zu § 27, Anm. 8 zu § 29 und Nr. 4 des Anhangs S. 250; Schulte-Holthausen, MfA. 21 Sp. 579/80; Seel, Anm. 3 zu Art. II § 1 VO. vom 1. 2. 19 S. 55/56. — Unter Berücksichtigung der Kannbezüge nach der NotVO. vom 26. 7. 30 (vgl. Anm. 3 b): Seel, Die Entwicklung der Kannbezüge der Reichsvers., VersV. 32 S. 67 ff.; über die Entwicklung der Kannbezüge in der Zeit der NotVOen s. Schulte-Holthausen in VersV. 33 S. 102 ff., 114 ff.; Loesch, Der Begriff „Versorgungsberechtigte" nach dem RVG., VersV. 32 S. 102 ff.; zur gleichen Frage Angerer in VersV. 32 S. 49 ff. sowie Geiger und Weinmeyer in Bayer. FürsBl. 32 Nr. 4; Hartung, Pfändung von Kannbezügen, VersV. 30 S. 85; zur gleichen Frage Rissom in JW. 30 S. 764 und Köster in ArbVers. 34 S. 481.

Abs. 2). Ob es sich wirklich um einen Kannbezug und deshalb um einen unanfechtbaren Bescheid handelt, entscheiden im Streitfall die Spruchbehörden. — Die sog. Härteausgleiche (z. B. § 113 RVG.) stehen verfahrensrechtlich den Kannbezügen gleich, ihre Bewilligung ist meist an strengere Voraussetzungen gebunden und vielfach dem HptVersAmt oder dem RAM. vorbehalten; vgl. die Aufzählung in den AB. zu § 113 RVG. (HdR. S. 233) sowie Nr. 5 der AB. zu §§ 52—54 RVG. und Nr. 8 Abs. 4 der AB. zu § 57 RVG. (HdR. S. 151 und 161 mit Deckblättern).

Orthopädische und andere Hilfsmittel sind keine Kannbezüge, auch nicht das zweite Kunstbein, das nach § 3 der VO. zu § 7 RVG. vom 3. 7. 22 (HdR. S. 29) in einfacher Ausführung geliefert werden „kann"; das „kann" bedeutet hier nur eine Art einschränkende facultas alternativa zu dem Anspruch auf zwei Kunstbeine. Auch der Kostenersatz selbstbeschaffter Hilfsmittel (§ 5 der VO. zu § 7 RVG.) ist kein Kannbezug (E. III, 271).

Die Kannbezüge werden durch Bewilligung nicht zu Pflichtleistungen. Die Belassung oder Entziehung ist ebenso wie die Bewilligung den Verwaltungsbehörden überlassen und nicht mit der Berufung anfechtbar (E. VI, 5). Sie können ohne Berichtigungsbescheid nach § 65 Abs. 2 durch einfache Verwaltungsverfügung, aber nicht mit rückwirkender Kraft, entzogen werden (RVGer. 19. 9. 29, M. 14139/28 = RVBl. 30 Nr. 4[a]); vgl. auch Ziff. II 10 der AB. zu § 65. Gegen Bescheide über Rückforderung zu Unrecht gezahlter Kannbezüge ist die Berufung zulässig. Vgl. auch Anm. 1 b zu § 65 und Anm. 4 zu § 73.

Kannbezüge sind nicht vererblich; über ihre Auszahlung nach dem Tode des Berechtigten vgl. Nr. 10 Abs. 4, 5 der AB. zu § 67 RVG. (HdR. S. 180). Sie sind nach der herrschenden Lehre auch nicht pfändbar (Kammergericht vom 21. 1. 30 — JW. 30 S. 764 und VersB. 30 S. 58); neuerdings ist die Praxis der Gerichte und die Auffassung im Schrifttum, vor allem infolge der Ausdehnung der Kannbezüge (unten Anm. 3 b), nicht einheitlich (vgl. das in der Fußnote zu dieser Anm. angeführte Schrifttum). RVGer. und RVA. haben auch die Anrechnung von Kannbezügen auf Bezüge aus der Reichsversicherung für nicht statthaft erklärt; vgl. jedoch unten Anm. 3 b.

b) Kannbezüge waren im RVG. ursprünglich nur vorgesehen, „wo entweder eine gesetzliche schematische Regelung bei der Vielgestaltigkeit der Einzelfälle große Schwierigkeiten bereitet hätte (z. B. Heilbehandlung im Ausland, Badekur) oder wo das Gesetz nur einen Ausgleich von Härten im Einzelfall geben will, ohne daß eine rechtliche oder moralische Verpflichtung des Reiches, Versorgung zu leisten, besteht (z. B. Übergangsgeld, Witwenbeihilfe)"; so Kerschensteiner, Handausgabe zum RVG. S. 12. Diese Kannbezüge alter Art sind mit Recht von Bedürftigkeit abhängig. Ganz anders liegen die Verhältnisse bei den Kannbezügen neuer

Art. Durch die NotVO. vom 26. 7. 30 (RGBl. I S. 311), 4. Abschnitt, 3. Titel, Art. 1 und 2 †) und die DurchfBest. dazu ist nämlich zur Entlastung der Spruchbehörden für die vor dem 1. 8. 1920 aus dem Militärdienst ausgeschiedenen Beschädigten (nicht ihre Hinterbliebenen) bei Antragstellung nach dem 27. 7. 1930 die Vorschrift des § 53 RVG. (nachträgliche Antragstellung) außer Kraft

---

†) Verordnung des Reichspräsidenten zur Behebung finanzieller, wirtschaftlicher und sozialer Notstände vom 26. 7. 1930 (RGBl. I S. 311, 327). Vierter Abschnitt, Dritter Titel (Reichsversorgung) — in Kraft getreten am 28. 7. 1930:

Artikel 1

Die Vorschrift des § 53 des RVG. wird, soweit es sich um Beschädigte handelt, die vor dem 1. August 1920 aus dem Militärdienst ausgeschieden sind, bis auf weiteres mit der Maßgabe außer Kraft gesetzt, daß Heilbehandlung gewährt werden kann.

Artikel 2

(1) Die Vorschrift des § 57 Abs. 1 des Reichsversorgungsgesetzes findet bis auf weiteres auf Beschädigte, die vor dem 1. August 1920 aus dem Militärdienst ausgeschieden sind, nur insoweit Anwendung, als es sich um Gesundheitsstörungen handelt, für die am 31. Juli 1930 Rente bezogen wurde.

(2) Die Versorgungsgebührnisse der Beschädigten können neu festgestellt werden, wenn

a) die wesentliche Veränderung durch eine Gesundheitsstörung hervorgerufen ist, die mit der Gesundheitsstörung, für die am 31. Juli 1930 Rente bezogen wurde, im ursächlichen Zusammenhang steht,

b) eine Gesundheitsstörung bis zum 31. Juli 1930 rechtskräftig als Folge einer Dienstbeschädigung anerkannt worden war und der Gesundheitszustand sich durch Verschlimmerung dieser Gesundheitsstörung oder durch eine andere mit ihr in ursächlichem Zusammenhang stehende Gesundheitsstörung wesentlich verändert hat.

Verordnung des Reichspräsidenten vom 14. 6. 1932 (RGBl. I S. 273/277), Erster Teil, Kap. III (Reichsversorgung), Artikel 2 — in Kraft getreten am 28. 7. 1930 (Art. 5):

Artikel 2

(1) Beschädigten, die vor dem 1. August 1920 aus dem Militärdienst ausgeschieden sind und am 31. Juli 1930 keine Rente bezogen haben, kann allgemein nur noch Versorgung in entsprechender Anwendung der Verordnung des Reichspräsidenten . . . vom 26. Juli 1930, Vierter Abschnitt, Dritter Titel (Reichsversorgung), Artikel 2 Abs. 2 b (Reichsgesetzbl. I S. 311, 327) gewährt werden.

gesetzt und die Vorschrift des § 57 RVG. (Neufeststellung wegen Änderung der Verhältnisse) auf die Gesundheitsstörungen beschränkt worden, für die am 31. 7. 1930 Rente bezogen wurde. Soweit diese Einschränkungen zutreffen, ist der Rechtsanspruch auf Versorgung (§§ 53, 57 RVG.) oder höhere Versorgung (§ 57 RVG.) beseitigt und durch Kannbezüge und Härteausgleiche ersetzt worden †). Im einzelnen vgl. dazu die Hinweise in Anm. 1a zu § 78; s. auch Anm. 3 h Abs. 1 zu § 65 und Anm. 1 a zu § 78. Diese Kannbezüge (und Härteausgleiche) neuer Art sind Versorgung für regelrechte DB.-Folgen, deren Besonderheit lediglich darin besteht, daß sie erst später aufgetreten sind. Ihre sachlichen Voraussetzungen sind die gleichen, wie die der Rechtsansprüche auf Versorgung. Sie bilden also die Versorgung für den im Gesetz vorgesehenen Regelfall und nicht wie die Kannbezüge alter Art für weiter abliegende und nur aus sozialen Gründen einbezogene Fälle. Aus diesem Grunde sind die in der Zeit der Notverordnungen eingeführten sachlichen Einschränkungen (Bedürftigkeit, MdE. von mindestens 50 v. H. usw.) inzwischen — aber noch nicht ganz — wieder beseitigt, so daß jetzt der Hauptunterschied gegenüber den Rechtsansprüchen im Ausschluß der Berufung besteht (§ 91 Abs. 1, 2 und Anm. dazu). Welche Besonderheiten für die Kannbezüge neuer Art gegenüber denen alter Art zu gelten haben, z. B. bezüglich des Begriffs „Versorgungsberechtigter" in § 10, der Anrechnung auf Bezüge aus der Reichsversicherung, der Pfändbarkeit usw., ist noch nicht in allen Punkten geklärt (vgl. das bei Anm. 3a angeführte Schrifttum); für die Anrechnung auf die Invalidenrente s. § 1274 RVO. in der Fassung des Ges. vom 3. 7. 34, für den Begriff „Kriegsbeschädigter" in der öffentlichen Fürsorge s. § 20 der Reichsgrundsätze in der Fassung der VO. vom 26. 5. 33 (RGBl. I S. 316).

4. Soweit die NotVO. vom 26. 7. 30 (RGBl. I S. 327) durch

(²) Auf Beschädigte, die Versorgung nach dem Gesetz über den Ersatz der durch den Krieg verursachten Personenschäden (Kriegspersonenschädengesetz) vom 15. Juli 1922 in der Fassung vom 22. Dezember 1927 (Reichsgesetzbl. I S. 533) beanspruchen oder beziehen, finden die Vorschriften des Abs. 1 und der in Abs. 1 genannten Verordnung, Vierter Abschnitt, Dritter Titel, Artikel 1 und 2 mit der Maßgabe entsprechende Anwendung, daß der Zeitpunkt der in den §§ 2 und 18 des Kriegspersonenschädengesetzes genannten schädigenden Ereignisse an die Stelle des Ausscheidens aus dem Militärdienste tritt.

†) Über die Gründe, die zur Umwandlung der Rechtsansprüche in Kannbezüge und Härteausgleiche durch Außerkraftsetzung des § 53 RVG. (nachträgliche Anmeldung) und Einschränkung des § 57 RVG. (Änderung der Verhältnisse) geführt haben, vgl. Begr. zum Entwurf eines 6. Ges. zur Änderung des RVG. und eines 5. Ges. zur Änderung des VerfG. (Reichstagsdrucks. Nr. 2190/28).

Außerkraftsetzung des § 53 RVG. und Einschränkung des § 57 RVG. die Rechtsansprüche auf Versorgung durch Kannbezüge und Härteausgleiche ersetzt hat, ist die Berufung an sich schon nach § 91 Abs. 1 ausgeschlossen. Abs. 2 hat den Ausschluß der Berufung für die wichtigste und am eindeutigsten zu bezeichnende Gruppe nochmals ausdrücklich ausgesprochen, nämlich für die Entscheidung über die nach dem 27. 7. 1930 gestellten (eingegangenen) Anträge derjenigen ehemaligen Soldaten, die vor dem 1. 8. 1920 aus dem Militärdienst ausgeschieden sind und am 31. 7. 1930 keine Rente bezogen haben, gleichgültig, ob sie früher einmal Rente bezogen haben und ob die Rente nach dem 31. 7. 30 weggefallen ist oder nicht; mit dieser Gruppe befaßt sich Nr. 2 der AB. Für die nach dem 27. 7. 1930 gestellten Anträge der vor dem 1. 8. 1920 ausgeschiedenen Versorgungsberechtigten, die am 31. 7. 1930 Rente bezogen haben, ist zu unterscheiden. Handelt es sich um dieselbe Gesundheitsstörung, für die am 31. 7. 1930 Rente bezogen wurde, so ist die Berufung zulässig (Rechtsanspruch), handelt es sich dagegen um eine andere Gesundheitsstörung, mag sie auch mit jener in ursächlichem Zusammenhang stehen, so ist die Berufung nach § 91 Abs. 1 in Verbindung mit der NotVO. vom 26. 7. 30 a. a. O. Art. 2 ausgeschlossen (Kannbezug oder Härteausgleich); mit dieser Gruppe befaßt sich Nr. 1 der AB., indem dort darauf hingewiesen ist, daß über die Frage, ob es sich um dieselbe Gesundheitsstörung handelt, die Berufung durch § 90 Abs. 1 nicht ausgeschlossen ist (ebenso E. X, 135). Über den Begriff „dieselbe Gesundheitsstörung" s. Nr. 1 der Bes.-Best. zu § 57 RVG. (HdR. S. 162). Auch über die Pflegezulage ist unter den angegebenen Voraussetzungen bei Antragstellung nach dem 27. 7. 1930 die Berufung nur noch zulässig, wenn für die Gesundheitsstörung, für die sie beansprucht wird, am 31. 7. 1930 Rente bezogen wurde (E. X, 175).

5. § 91 Abs. 3 ist in Nr. 3 der AB. ausführlich erläutert, deren Abs. 3 und 4 auf E. X, 135 beruhen. § 91 Abs. 3 gilt auch, wenn Pflegezulage oder Hinterbliebenenrente auf Grund des § 57 RVG. erneut geltend gemacht wird (E. X, 135). Entscheidend ist, ob der erneute Antrag innerhalb von 2 Jahren seit der Rechtskraft der früheren Entscheidung gestellt ist, dagegen ist es ohne Bedeutung, ob die Ablehnung des erneuten Antrages vor oder nach Ablauf der zweijährigen Frist erfolgt ist (E. X, 214). Über Neufeststellung wegen Änderung der Verhältnisse nach § 57 RVG. vgl. im übrigen Anm. 3 h zu § 65.

6. Zu § 91 Abs. 4 (Elternrente und Witwerrente), insbesondere auch über seine Anwendung auf die am 1. 12. 1934 anhängigen Sachen, vgl. Nr. 4 der AB. § 91 Abs. 4 Satz 2 findet keine Anwendung bei Änderung gerichtlicher Entscheidungen über Elternrente nach Artikel 2 des Ges. vom 3. 7. 34 (hinter § 71; vgl. Abs. 2 Satz 2 a. a. O.); in diesen Fällen ist also Berufung (an das RV.-Ger.) auch über die Bedürftigkeit und die Ernährerfrage zulässig.

§ 92 *)
(fortgefallen)

*) Der mehrfach geänderte § 92 und die ergänzenden Vorschriften im 4. Abschnitt, 3. Titel, Art. 3 der NotVO. vom 26. 7. 30 (RGBl. I S. 311) sind im Zusammenhang mit der Beseitigung des Rekurses zum 1. 12. 34 durch Art. 1 Nr. 5 und 17 des Ges. vom 3. 7. 34 (RGBl. I S. 544) gestrichen worden. Beide Vorschriften betrafen die Ausschließung des Rekurses und sind nach Art. 3 des Ges. vom 3. 7. 34 (abgedruckt hinter den AB. zu § 90) auch nach dem 30. 11. 34 noch anzuwenden für die Rekurse, die am 1. 12. 34 anhängig waren oder nach dem 30. 11. 1934 noch eingelegt werden können (vgl. Anm. *) zu § 90). Ihr Wortlaut ist deshalb bei § 90 in der Fußnote abgedruckt.

Dem gestrichenen § 92 entspricht § 1700 RVO.; Rechtspr. dazu VersB. 27/28 S. 174 f.

§ 93 *) [1]

Die Berufung [2] ist schriftlich [3] oder mündlich unter Aufnahme einer Niederschrift [4] bei der Verwaltungsbehörde einzulegen [5], die den angefochtenen Bescheid erlassen hat [6]. Rechtswirksam ist auch die Einlegung bei einer anderen deutschen amtlichen Stelle [7] oder bei einem Träger der Reichsversicherung [8]. In diesem Falle ist die Berufungsschrift oder die aufgenommene Niederschrift unter Benachrichtigung des Antragstellers unverzüglich an die zuständige Verwaltungsbehörde abzugeben.

*) Vgl. §§ 129, 1680, 1709 RVO.; § 13 Abs. 1 OVAO.; § 22 Abs. 1 RVAO.; Rechtspr. dazu VersB. 27/28 S. 175. — Die Fassung von Satz 1 und 3 beruht auf Art. 1 Nr. 6 des Ges. vom 3. 7. 34 (RGBl. I S. 544); vor dem 1. 12. 34 waren die Rechtsmittel „bei derjenigen Stelle einzulegen, die darüber zu entscheiden hat".

AB. zu § 93

1. (1) Die Berufung ist von dem Inkrafttreten der Vorschrift des § 93 Satz 1 (1. Dezember 1934) ab bei der Verwaltungsbehörde einzulegen, die den angefochtenen Bescheid erlassen hat. Die Rechtsmittelbelehrung hat daher von diesem Zeitpunkt an zu lauten:

„Gegen diesen Bescheid ist Berufung zulässig. Sie ist schriftlich oder mündlich bei dem obengenannten Versorgungsamt (Hauptversorgungsamt) binnen einer Frist von einem Monat seit der Zustellung (bei Zustellung außerhalb Europas binnen einer Frist von sechs Monaten) einzulegen."

(2) Das VA. hat nach Eingang der Berufung zu prüfen, welche Spruchbehörde zur Entscheidung über die Berufung zuständig ist und welche Verwaltungsbehörde den Reichsfiskus im Spruchverfahren zu vertreten hat.

(3) Ist das RVGer. für die Entscheidung zuständig (§ 90), so hat das VA. die Berufungsschrift oder die über die Berufung aufgenommene Niederschrift mit den Vorgängen sowie einer für das RVGer. bestimmten Abschrift des Bescheids dem vorgesetzten HVA. vorzulegen (§ 97 Abs. 1 Satz 2).

2. Berufungen können auch bei einer amtlichen Stelle der auf Grund des Friedensvertrages vom 28. 6. 1919 (RGBl. S. 687) vom Deutschen Reiche abgetrennten Gebiete eingelegt werden (Verordnung vom 13. 6. 1922, RGBl. I S. 507).

3. Der Tag des Eingangs der Berufung ist sogleich auf der Urschrift und den Abschriften zu vermerken. Der Umschlag ist zu den Akten zu nehmen, der Poststempel muß lesbar bleiben.

4. Wegen Weitergabe der Berufung mit den Versorgungsakten an die zuständige Spruchbehörde siehe § 97.

1. Die Vorschrift des § 93 entspricht der des § 78 (Antragstellung) und ist in § 68 Abs. 4 sowie in den §§ 101, 112 für anwendbar erklärt.

2. Entsprechende Vorschriften gelten über: Beschwerde (§ 62 Abs. 2), Wiedereinsetzung (AB. zu § 55), Wiederaufnahme (§ 68 Abs. 4) und Anträge (§ 78).

3. Erfordernis der Schriftlichkeit ist weit auszulegen. Fehlen der Unterschrift macht die Einlegung der Berufung nicht unwirksam (vgl. § 94). Telegraphische Einlegung ist stets zulässig, telephonische nur, wenn der entgegennehmende Beamte die Erklärung schriftlich weitergibt (ebenso E. II, 269; a. M. das RVA., vgl. AN.RVA. 24 S. 70 Nr. 3158). Das Reichsgericht hält telegraphische Einlegung eines Rechtsmittels selbst dann für ausreichend, wenn das Telegramm durch Fernsprecher aufgegeben, also nicht in Urschrift unterschrieben wurde (RGEZ. 139 S. 45); das muß hier erst recht gelten, weil § 94 die Unterschrift nicht bindend vorschreibt. Im übrigen vgl. Anm. 2 zu § 78.

4. Die Form der Niederschrift und die Zulässigkeit ihrer Aufnahme richtet sich nach den für Niederschriften des aufnehmenden Beamten geltenden Vorschriften. Aus Formfehlern erwächst dem die Berufung Einlegenden kein Nachteil. Eine Verpflichtung zur Entgegennahme der Berufung dürfte nur für das zuständige Gericht, die Verwaltungsbehörden und die Amtlichen Fürsorgestellen, dagegen nicht für die sonstigen in Satz 2 genannten Stellen bestehen.

5. a) Zur rechtswirksamen Einlegung ist erforderlich, daß die Berufung innerhalb der Berufungsfrist (§ 90 Abs. 8) bei einer der in § 93 Satz 1 und 2 und Nr. 2 der AB. zu § 93 aufgeführten Stellen eingegangen ist, d. h. daß es in ortsüblicher Art durch Vermittlung eines zur Empfangnahme berechtigten Beamten oder Angestellten in die tatsächliche Verfügungsgewalt der Stelle gelangt ist †).

b) Die Einlegung der Berufung kann auch durch einen Bevollmächtigten (§ 48) erfolgen. Sie ist selbst dann wirksam, wenn der Kläger zu ihr keinen Auftrag erteilt hatte, sie aber nachträglich genehmigt hat. Das Gericht wird unter Umständen in dieser Richtung Ermittelungen anstellen müssen.

6. Die Verwaltungsbehörde, bei der die Berufung eingeht, hat nach Nr. 1 und 3 der AB. zu § 93 und nach § 97 nebst AB. zu verfahren. Geht die Berufungsschrift anders als von der Verwaltungsbehörde bei der Spruchbehörde ein, so findet § 93 Abs. 3 Anwendung.

7. Ob die deutsche amtliche Stelle sich im Inlande oder Auslande befindet, ist gleichgültig. Es genügt daher z. B. auch der Eingang bei einem Konsulat, einer Gesandtschaft oder einem Seemannsamte, nicht aber etwa bei einem — wenn auch in Deutschland befindlichen — ausländischen Konsulat usw. Amtliche Stellen sind vor allem auch die Fürsorgestellen der Kriegsbeschädigten- und Kriegshinterbliebenenfürsorge. Es genügt aber nicht, daß die amtliche Stelle, z. B. die Fürsorgestelle mit der Einlegung der Berufung beauftragt wird. Bloße Erteilung einer Prozeßvollmacht an die Fürsorgestelle ist noch keine Einlegung der Berufung (E. I, 167). Auch die Abfassung der Berufungsschrift durch den vom Kläger bevollmächtigten Beamten oder Angestellten einer Amtlichen Fürsorgestelle unter Benutzung ihrer Einrichtungen, z. B. Papier mit Aufdruck, ist nicht gleichbedeutend mit dem Eingang der Berufung bei einer amtlichen Stelle (E. II, 196). Nicht ausreichend ist ferner die Übergabe eines Briefes an die Postanstalt zur Beförderung, da diese die Berufungsschrift nur als Vermittler des Absenders erhält. Der Antrag an die Polizeibehörde auf Erteilung eines Armutszeugnisses zwecks Klageerhebung ist keine Berufung; RVA. vom 24. 2. 25 (MfA. 25 Sp. 603). In Fällen nach § 90 Abs. 6 und 7 müssen auch die Landes- oder Gemeindebehörden für befugt erachtet werden, die Berufung bei einer „anderen amtlichen Stelle", z. B. auch bei einer Versorgungsbehörde, und einem Träger der Reichsversicherung einzulegen; denn § 93 Satz 2 soll nicht nur einen Schutz gegen Unkenntnis der zuständigen Stelle, sondern auch die Möglichkeit bieten, die Frist nach im letzten Augenblick zu wahren.

8. Träger der Reichsversicherung sind in erster Linie die Krankenkassen, die Berufsgenossenschaften und die Landesversicherungsanstalten sowie die Reichsversicherungsanstalt für Angestellte. Hinzu kommen ferner z. B. noch die Ersatzkassen (§§ 503 ff. RVO.), die Sonderanstalten sowie die Reichsknappschaft mit den

---

†) Zahlreiche Beispiele s. in der Zusammenstellung der Rechtsprechung zur Reichsversicherung VersB. 27/28 S. 174 Abs. 6 zu § 90 VerfG.

Bezirksknappschaften und die Reichsanstalt für Arbeitsvermittlung und Arbeitslosenversicherung mit den Landesarbeitsämtern und Arbeitsämtern.

§ 94 *)

Die Berufungsschrift[1] soll[2] die Beteiligten, den Gegenstand des Anspruchs und die angefochtene Entscheidung bezeichnen, einen bestimmten Antrag[3] enthalten, die zur Begründung erforderlichen Tatsachen und Beweismittel[4] angeben und von der Partei oder einer zu ihrer Vertretung befugten Person mit Orts- und Tagesangabe unterzeichnet sein.

*) Vgl. § 1709 RVO.; § 13 Abs. 2, § 14 Abs. 1 OVAO., § 22 Abs. 2, § 24 RVAO.; Rechtspr. dazu VersB. 27/28 S. 175.

1. Ob ein Schriftstück als Berufung aufzufassen ist, richtet sich ohne Rücksicht auf den oft unklaren, ungenauen oder unrichtigen Wortlaut nach dem erkennbaren Zweck der Erklärung. Falsche Bezeichnung (z. B. als Einspruch oder Beschwerde) schadet nicht. Der Wille, ein Rechtsmittel einzulegen, ist zu unterstellen, wenn sich die Unzufriedenheit mit einer Entscheidung aus dem Schriftstück ergibt. Er kann jedoch nicht angenommen werden, wenn aus dem sonstigen Inhalt des Schriftstücks ersichtlich ist, daß die Einlegung des Rechtsmittels erst in einer späteren Zeit erfolgen soll (vgl. E. I, 226). Hiernach kann unter Umständen die Einsendung der anzufechtenden Entscheidung ohne Anschreiben (vgl. AN. des RVA. 1908 S. 498), eines günstigen ärztlichen Gutachtens oder einer Vollmacht (E. II, 141) eine Rechtsmitteleinlegung darstellen.

2. Enthält die Rechtsmittelschrift diese Angaben nicht, so ist das Rechtsmittel deshalb nicht unwirksam, da nur eine Sollvorschrift vorliegt; das Gericht soll nur feststellen können, um welchen Bescheid oder welches Urteil es sich handelt.

3. Bei unbestimmten, allgemein gehaltenen Anträgen wird darauf zu achten sein, ob aus der Fassung des Antrages des Beschädigten zu entnehmen ist, daß er die Feststellung der ihm aus seinen Kriegsbeschädigungen insgesamt zustehenden VersGebührnisse anstrebt. Der Kläger, der z. B. eine höhere Rente begehrt, ist nicht etwa genötigt, sich auf einen bestimmten Prozentsatz der Rente festzulegen. Hat er dies aber getan, so kann das Gericht trotzdem über diesen Antrag hinausgehen, wenn dies nach den ärztlichen Gutachten angebracht erscheint, da das Gesetz die Bestimmung des früheren Rechts, daß die Entscheidung „innerhalb der erhobenen Ansprüche" zu ergehen hat, nicht übernommen hat.

4. Über wissentlich falsche Parteibehauptungen („Prozeßlügen") vgl. Anm. 3 zu § 79. Als Beweismittel kommen vor allem Zeugen und ärztliche Sachverständige, auch frühere Gutachten usw. in Frage. Auch Briefe des Verstorbenen können unter Umständen als Beweismittel dienen.

§ 95 *)

(1) Der Berufungsschrift ist für jeden Beteiligten[1] eine Abschrift beizufügen. Fehlen Abschriften, so kann der Vorsitzende der Partei oder ihrem Vertreter aufgeben, sie nachzureichen oder sie selbst anfertigen lassen; die Kosten können von der Partei oder ihrem Vertreter eingezogen werden.

(2) Von Schriftstücken, die als Beweismittel dienen sollen[2], sind ebenfalls Abschriften für die Beteiligten beizufügen. Inwieweit hiervon abgesehen werden kann, unterliegt dem Ermessen des Vorsitzenden.

*) Vgl. § 20 VAO., § 13 Abs. 3, § 16 OVAO., § 22 Abs. 3 RVAO.; Rechtspr. dazu VersB. 27/28 S. 175.

1. Beteiligte sind hier die Parteien und die nach § 50 beigetretenen oder zugezogenen Dritten; vgl. jedoch § 97 Abs. 2.

2. Also z. B. von Äußerungen des Arbeitgebers über die Erwerbsfähigkeit oder von ärztlichen Zeugnissen oder Bescheinigungen.

§ 96 *)

Eine vom Kläger eingelegte Berufung hat aufschiebende Wirkung[1], [2], wenn es sich um die Versagung der Rente nach § 19 des Reichsversorgungsgesetzes[3], um die Rückzahlung zu Unrecht empfangener Versorgungsgebührnisse[4] oder um die Rückzahlung einer Kapitalabfindung[5] handelt. Das gleiche gilt für die Gewährung der erforderlichen Heilbehandlung, wenn die wegen des Leidens bewilligte Rente entzogen und die Gewährung der Heilbehandlung abgelehnt worden ist, weil die Gesundheitsstörung nicht mehr als Folge einer Dienstbeschädigung anerkannt worden ist[6].

*) Vgl. §§ 130, 620, 1320, 1682, 1710, 1779, 1794 RVO.; Rechtspr. dazu VersB. 27/28 S. 175. — Die Fassung des § 96 ist durch Ges. vom 22. 12. 22 (RGBl. I S. 982), Ges. vom 17. 3. 28 (RGBl. I S. 63), NotVO. vom 5. 6. 31 mit Berichtigung vom 2. 6. 31 (RGBl. I S. 279, 358) und Art. 1 Nr. 7 des Ges. vom 3. 7. 34 (RGBl. I S. 544) geändert worden. Die zum 1. 12. 34 gestrichenen Absätze 2—4 nebst den dazu erlassenen AB. (s. HdR. S. 801) haben nach Art. 3 des Ges. vom 3. 7. 34 noch Bedeutung für die nach den bisherigen Vorschriften zu erledigenden Rekurse (vgl. Anm. *) zu § 90); ihr letzter Wortlaut ist deshalb bei § 90 in der Fußnote abgedruckt.

AB. zu § 96

1. Die Vorschrift des § 96 Satz 2 bedeutet, daß die erforderliche Heilbehandlung bis zur rechtskräftigen Erledigung des Spruchver-

fahrens über die Entziehung der Rente so zu gewähren ist, wie wenn die Rente nicht nach RVG. § 57 oder VerfG. § 65 Abs. 2 oder dem Fünften Gesetz zur Änderung des Gesetzes über das Verfahren in Versorgungssachen vom 3. Juli 1934, Artikel 2 (HdR. S. 768 a)[7] entzogen worden wäre. Als erforderliche Heilbehandlung gelten die gesetzlichen Regelleistungen der Krankenkassen sowie Krankenhausbehandlung. Krankengeld und Hausgeld wird aber nicht gezahlt (RVG. § 12 Abs. 1, § 4 Abs. 1 Satz 1).

2. Wenn nach den bisher geltenden Vorschriften der Reichsfiskus gegen die Entscheidungen der VGer. Rekurs eingelegt hat oder der Rekurs noch zulässig ist und eingelegt wird (Fünftes Gesetz zur Änderung des Gesetzes über das Verfahren in Versorgungssachen vom 3. Juli 1934 Artikel 3), finden § 96 Abs. 2 bis 4 in der bisherigen Fassung[8] und die AB. hierzu auch nach dem 30. November 1934 Anwendung (siehe HdR. S. 794)[9]. Wegen der Rückforderung der hiernach gezahlten Gebührnisse siehe AB. zu §§ 73, 74 Ziff. II, III und IV. Da durch vorläufige Zahlung der vom VGer. zuerkannten Gebührnisse die zum Lebensunterhalt notwendigen Mittel gewährt werden sollen, muß bei Geltendmachung des Anspruchs auf Erstattung mit besonderem Wohlwollen geprüft werden, ob die Beitreibung nicht eine besondere Härte im Sinne des § 74 Abs. 2 bedeuten würde und ob deshalb nicht von der Einziehung abzusehen und das Einziehungsverfahren dauernd einzustellen ist. Bei Empfängern, die lediglich auf Versorgungsgebührnisse und Renten aus der sozialen Versicherung oder auf sonstiges Einkommen in der ungefähren Höhe der letzteren angewiesen sind, ist schlechthin in der Zurückforderung eine besondere Härte im Sinne des Gesetzes anzunehmen. Das Einkommen der Kinder oder sonstiger Verwandter bleibt bei der Prüfung dieser Frage außer Betracht, weil für die Frage der Leistungsfähigkeit in diesen Fällen nur das Vermögen und Einkommen des Empfängers von Bedeutung sein kann.

3. Die Vorschrift des § 96 gilt nicht für das Verfahren vor den Spruchinstanzen der Krankenversicherung. Hier sind die Vorschriften der RVO. §§ 130, 1682, 1710 maßgebend.

1. Aus § 96 folgt, daß die Berufung des Klägers nur in den ausdrücklich aufgeführten Fällen aufschiebende Wirkung hat. Hieraus ergibt sich die praktische Folge, daß die Minderung oder Entziehung einer Rente in Übereinstimmung mit der Vorschrift des § 55 Abs. 3 RVG. — außer dem Falle des § 19 RVG. — vor Rechtskraft des Bescheides vollzogen, und daß Leistungen des VersBerechtigten (Rückzahlungen) erst nach Eintritt der Rechtskraft bewirkt werden müssen. Die Zahlung der dem Kläger im Bescheide bereits zugesprochenen Gebührnisse erleidet durch seine Berufung keinen Aufschub. — Der Berufung des Landes oder der Gemeinde in Fällen nach § 18 KVG. (§ 90 Abs. 2, 3 VerfG.) ist eine aufschiebende Wirkung nicht beigelegt.

2. Bei Versagung der Rente nach § 19 RVG. und bei Heilbehandlung (§ 96 Abs. 1 Satz 2 und Nr. 1 der AB. zu § 96) wird man sich auf den Standpunkt stellen müssen, daß die aufschiebende Wirkung der Berufung materiellrechtliche Bedeutung hat, so daß also die zunächst weitergewährten Leistungen auch beim Obsiegen des Fiskus nicht zurückgefordert werden können.

3. Nach § 19 RVG. kann unter bestimmten Voraussetzungen dem Beschädigten, der eine die Heilbehandlung betreffende Anordnung ohne gesetzlichen oder sonst triftigen Grund nicht befolgt, die Rente auf Zeit ganz oder teilweise versagt, d. h. entzogen, gemindert oder, falls noch nicht bewilligt, abgelehnt werden. § 96 besagt, daß die früher schon bewilligte Rente in der alten Höhe weitergezahlt werden muß, solange nicht die vom Kläger gegen den Entziehungs- oder Minderungsbescheid eingelegte Berufung erledigt ist. Ist die erst noch zu bewilligende Rente auf Grund des § 19 RVG. zunächst abgelehnt worden, so folgt aus der aufschiebenden Wirkung der Berufung nicht, daß eine Rente nun vorläufig gezahlt werden müßte.

4. Bei der Rückforderung zu Unrecht empfangener Gebührnisse (§ 73) ist die aufschiebende Wirkung der Berufung des Klägers, um Zweifel auszuschließen, hier nochmals betont, sie folgt schon aus § 74 Abs. 1.

5. Über die Rückzahlung einer Kapitalabfindung vgl. die AB. zu §§ 73, 74.

6. Heilbehandlung s. §§ 4—20 RVG., § 37 Abs. 2, 3 VerfG. Über die Bedeutung der aufschiebenden Wirkung bei der Heilbehandlung s. Nr. 1 der AB. zu § 96 und oben Anm. 1d.

7. Art. 2 des Ges. vom 3. 7. 34 ist hinter § 71 abgedruckt.

8. § 96 Abs. 2—4 in der bisherigen Fassung sind bei § 90 in der Fußnote abgedruckt.

9. Hier abgedruckt hinter den AB. zu § 90.

§ 96 a*)

(1) Gegen die Entscheidung des Versorgungsamts über den Anspruch auf die Frontzulage (Artikel 1 des Gesetzes über Änderungen auf dem Gebiete der Reichsversorgung vom 3. Juli 1934 — Reichsgesetzbl. I S. 541) kann binnen einem Monat nach der Zustellung des Bescheids, bei der Zustellung außerhalb Europas binnen sechs Monaten, die Entscheidung des beim Hauptversorgungsamt gebildeten Ausschusses angerufen werden, wenn der Anspruch mit der Begründung abgelehnt worden ist, daß die Gesundheitsstörung nicht auf eine Kriegsdienstbeschädigung im Sinne des Artikels 1 § 1 Abs. 2 des Gesetzes über Änderungen auf dem Gebiete der

Reichsversorgung zurückzuführen ist. Die Anrufung des Ausschusses ist jedoch ausgeschlossen, wenn bereits entschieden ist, daß die Gesundheitsstörung nicht Folge einer Dienstbeschädigung ist. Die Entscheidung des Ausschusses ist endgültig.

(2) Der Ausschuß besteht aus einem Vorsitzenden und zwei Beisitzern, von denen einer von dem Führer der National-Sozialistischen Kriegsopferversorgung vorzuschlagen ist. Der Reichsarbeitsminister bestellt die Vorsitzenden, die Beisitzer und ihre Stellvertreter. Sie müssen kriegsdienstbeschädigt (Art. 1 § 1 Abs. 2 des Gesetzes über Änderungen auf dem Gebiete der Reichsversorgung) sein.

(3) Für das Verfahren vor dem Ausschuß gelten die Vorschriften der §§ 77 bis 89 über das Verwaltungsverfahren entsprechend.

*) § 96a ist durch Art. 1 Nr. 8 des Ges. vom 3. 7. 34 (RGBl. I S. 544) mit Wirkung vom 5. 7. 34 (Art. 3 a. a. O.) eingefügt.

AB. zu § 96 a

1. Die §§ 2 und 3 der Durchführungsbestimmungen vom 3. 7. 1934 (RGBl. I S. 547) bestimmen:

§ 2

1. Die Anrufung des Ausschusses geschieht durch schriftliche oder mündliche Erklärung, die an das Versorgungsamt zu richten ist, das den Bescheid erteilt hat. Im Falle mündlicher Erklärung ist eine Niederschrift aufzunehmen.

Das Versorgungsamt hat die Erklärung mit den Akten und sonstigen Schriftstücken, die über den Anspruch vorhanden sind, unverzüglich dem Ausschuß vorzulegen.

2. Der Vorsitzende und ein Beisitzer des Ausschusses werden aus den bei den Verwaltungsbehörden der Reichsversorgung tätigen Beamten bestellt, und zwar der Beisitzer aus den bei ihnen tätigen beamteten Ärzten.

Die Beisitzer sollen am Sitze des Hauptversorgungsamts wohnen.

Die Bestellung des Vorsitzenden, der Beisitzer und ihrer Stellvertreter kann jederzeit widerrufen werden. Der Führer der National-Sozialistischen Kriegsopferversorgung ist vor dem Widerruf der Bestellung der auf seinen Vorschlag bestellten Beisitzer und Stellvertreter zu hören.

3. Der Vorsitzende verpflichtet die Beisitzer bei Antritt ihres Amtes durch Handschlag auf die gewissenhafte Erfüllung ihrer Pflicht unter Hinweis auf die Vorschriften der §§ 2 und

131 Abs. 2 Satz 2 des Gesetzes über das Verfahren in Versorgungssachen, die entsprechende Anwendung finden. Über die Verpflichtung ist eine Niederschrift aufzunehmen.

4. Die auf Vorschlag des Führers der National-Sozialistischen Kriegsopferversorgung bestellten Beisitzer und ihre Stellvertreter erhalten eine Entschädigung nach Maßgabe der Verordnung über die Entschädigung der Beisitzer aus den Versorgungsberechtigten bei den Spruchbehörden der Reichsversorgung vom 31. März 1933 (Reichsministerialbl. 1933 S. 146) und der Verordnung zur Änderung dieser Verordnung vom 24. März 1934 (Reichsministerialbl. 1934 S. 292) in gleicher Weise wie die Beisitzer aus den Versorgungsberechtigten bei den Versorgungsgerichten.

5. Die Vorschriften der §§ 3, 42, 46 bis 48, 50, 51 bis 60, 65, 66 bis 69, 72 bis 76, 90 Abs. 8 Satz 2, 93 Sätze 2 und 3, 94, 132 Abs. 1, 133, 143 Absätze 1 und 4 des Gesetzes über das Verfahren in Versorgungssachen finden im Falle der Anrufung des Ausschusses entsprechende Anwendung.

6. Ist aus Anlaß eines Antrages auf Bewilligung einer Rente (§ 24 des Reichsversorgungsgesetzes) oder auf Anerkennung einer Gesundheitsstörung als Folge einer Dienstbeschädigung die Höhe der durch die Folgen der Dienstbeschädigung bewirkten Minderung der Erwerbsfähigkeit festgestellt worden, so ist diese Feststellung für die Entscheidung über den Anspruch auf Frontzulage maßgebend, wenn nicht wegen wesentlicher Veränderung der Verhältnisse oder auf Grund des § 65 Abs. 2 des Gesetzes über das Verfahren in Versorgungssachen oder des Artikels 2 des Gesetzes (vom 3. 7. 1934) eine andere Feststellung zu treffen ist.

Wird der Anspruch auf die Frontzulage mit der Begründung abgelehnt, daß die Minderung der Erwerbsfähigkeit durch die Folgen der Kriegsdienstbeschädigung bei einem Alter des Antragstellers von 50 Jahren und mehr weniger als 30 vom Hundert, im übrigen weniger als 70 vom Hundert beträgt, ist die Entscheidung des Versorgungsamts über die Höhe der Minderung der Erwerbsfähigkeit endgültig.

Die Entscheidungen des Versorgungsamts auf Grund des § 3 des Artikels 1 des Gesetzes über Änderungen auf dem Gebiete der Reichsversorgung vom 3. Juli 1934 (RGBl. I S. 541) sind endgültig.

§ 3

1. Ein Antrag auf Anerkennung einer Gesundheitsstörung als Folge einer Kriegsdienstbeschädigung ist nicht zulässig.

Die Versorgungsbehörden entscheiden über die Rückforderung zu Unrecht empfangener Frontzulagen.

2. Bei Anträgen auf Bewilligung der Frontzulage ist zu prüfen,

ob eine KDB. vorliegt und ob durch sie bei einem Alter von 50 Jahren und mehr die Erwerbsfähigkeit um mindestens 30 v. H., bei einem Alter von weniger als 50 Jahren um mindestens 70 v. H. gemindert ist. Die Rechtskraft der Entscheidungen, durch die auf Grund der vor dem RVG. ergangenen Militärversorgungsgesetze KDB. anerkannt worden ist, steht einer erneuten Prüfung nicht entgegen. Ist bereits entschieden, daß die Gesundheitsstörung nicht Folge einer DB. ist, so ist diese Entscheidung bindend. Die Ablehnung des Antrages aus diesem Grunde ist endgültig (§ 96 a Abs. 1 Satz 2). Eine Entscheidung in diesem Sinne liegt vor, wenn sie rechtskräftig oder (wie bei Kannansprüchen) endgültig ist. Im übrigen ist die Frage, ob eine KDB. vorliegt, nur zu prüfen, wenn die Minderung der Erwerbsfähigkeit mindestens 30 oder 70 v. H. beträgt.

3. Die Feststellung des durch KDB. bewirkten Grades der Minderung der Erwerbsfähigkeit hat zu unterbleiben, wenn die Minderung der Erwerbsfähigkeit durch alle als Folge einer Dienstbeschädigung anerkannten Gesundheitsstörungen bei einem Alter von 50 Jahren und mehr bereits auf weniger als 30 v. H., im übrigen auf weniger als 70 v. H. festgestellt ist.

4. (1) Die letzte im Zusammenhang mit einem Antrag auf Bewilligung der Rente oder Anerkennung der Gesundheitsstörung als Folge einer DB. (VerfG. § 37 Abs. 1) getroffene Entscheidung über den Grad der Minderung der Erwerbsfähigkeit ist für den Anspruch auf die Frontzulage maßgebend (Durchführungsverordnung § 2 Nr. 6). Es ist unerheblich, ob diese Entscheidung Rechtskraft erlangt hat oder nicht (wie bei Kannansprüchen) und ob sie dem Antragsteller mitgeteilt worden ist.

(2) Sind mehrere Gesundheitsstörungen als Folge einer DB. anerkannt, so gilt dasselbe. Muß der Anspruch auf die Frontzulage abgelehnt werden, weil nicht alle Gesundheitsstörungen als Folge einer KDB. anerkannt werden, und weil deshalb die Minderung der Erwerbsfähigkeit durch die Folgen einer KDB. weniger als 30 oder 70 v. H. beträgt, so hat das VA. in dem Bescheid die Gesundheitsstörungen, die nicht als Folge einer KDB. anerkannt werden, aufzuführen. Insoweit ist die Anrufung des Ausschusses zulässig. Erkennt er die noch streitigen Gesundheitsstörungen als Folge einer KDB. an, so ist wie in den Fällen der Nr. 4 Abs. 1 Satz 1 die letzte Feststellung für den Grad der Minderung der Erwerbsfähigkeit maßgebend. Werden vom Ausschuß nicht alle noch streitigen Gesundheitsstörungen als Folge einer DKB. anerkannt, so entscheidet das VA., ob die durch sämtliche als Folge einer KDB. anerkannten Gesundheitsstörungen bewirkte Minderung der Erwerbsfähigkeit mindestens 30 oder 70 v. H. beträgt.

(3) Die Entscheidung des VA. über den Grad der durch KDB. bewirkten Minderung der Erwerbsfähigkeit ist nicht anfechtbar (Durchführungsverordnung § 2 Nr. 6).

5. Ist eine Entscheidung über die Höhe der Minderung der Er-

werbsfähigkeit durch eine als Folge einer KDB. anerkannte Gesundheitsstörung noch nicht getroffen, wie bei ehemaligen aktiven Offizieren, Beamten und Kapitulanten der alten Wehrmacht, so entscheidet das VA., ob die Minderung der Erwerbsfähigkeit mindestens 30 oder 70 v. H. beträgt. Die Entscheidung ist nicht anfechtbar. Nr. 4 gilt entsprechend.

6. Wird mit dem Antrag auf Frontzulage erstmalig die Bewilligung einer Rente beantragt, so ist zunächst über diesen Antrag zu entscheiden. Die daraufhin getroffene Entscheidung über den Grad der Minderung der Erwerbsfähigkeit durch eine KDB. ist für den Antrag auf die Frontzulage maßgebend und endgültig.

7. Ist wegen der Höhe der Minderung der Erwerbsfähigkeit durch die geltend gemachte KDB. bereits ein Spruchverfahren anhängig, so ist die Entscheidung über die Frontzulage bis zur Erledigung des Spruchverfahrens zurückzustellen, es sei denn, daß das VA. eine Minderung der Erwerbsfähigkeit durch KDB. um 30 oder 70 v. H. anerkennt.

8. (1) Soweit eine Entscheidung über die Minderung der Erwerbsfähigkeit durch die KDB. bereits vorliegt, ist eine erneute Nachprüfung der Höhe der Erwerbsfähigkeit nur zulässig, wenn eine wesentliche Veränderung im Sinne des § 57 RVG. eingetreten ist oder wenn die Voraussetzungen eines Berichtigungsbescheides (VerfG. § 65 Abs. 2) oder des Fünften Gesetzes zur Änderung des Gesetzes über das Verfahren in Versorgungssachen, Artikel 2 (HdR. S. 768 a) gegeben sind.

(2) Die Möglichkeit, wegen Veränderung der Verhältnisse die Bewilligung der Rente oder ihre Erhöhung zu beantragen, bleibt unberührt. Solche Anträge sind nach den hierfür maßgebenden Bestimmungen (AB. Nr. 1 bis 3 zu § 79 VerfG.) zu behandeln. Die Entscheidung über den Antrag auf die Frontzulage ist bis zur Erledigung des Antrages auf Neufeststellung der Rente auszusetzen, wenn die geltend gemachten Gesundheitsstörungen als Folge einer KDB. anerkannt werden.

9. Die Entscheidungen des VA. über die Frontzulage sind endgültig, wenn es sich um das Sterbevierteljahr, um den Zeitpunkt des Beginns oder Aufhörens der Zahlung, um Entziehung wegen wesentlicher Veränderung der Verhältnisse und um das Ruhen handelt (Gesetz über Änderungen auf dem Gebiete der Reichsversorgung, Artikel 1 § 3, Durchführungsverordnung § 2 Nr. 6 Abs. 3).

10. Gegen Bescheide, durch die zu Unrecht empfangene Frontzulagen zurückgefordert werden, ist die Berufung zulässig (Durchführungsverordnung § 3 Abs. 2).

11. Der Ausschuß bei den HVA. führt die Bezeichnung:

„Ausschuß für Ansprüche auf die Frontzulage beim Hauptversorgungsamt . . . . .“

12. Der Vorsitzende des Ausschusses oder der als Beisitzer mitwirkende beamtete Arzt muß Mitglied der NSKOV. sein.

13. Bei der Übersendung der Akten an den Ausschuß hat das VA., soweit erforderlich, zu den Ausführungen des Antragstellers Stellung zu nehmen.

14. Die Entschädigung der auf Vorschlag des Führers der NSKOV. bestellten Beisitzer und ihrer Stellvertreter setzt der Vorsitzende fest.

15. Die im Verfahren vor dem Ausschuß anfallenden Schriftstücke werden nach Abschluß des Verfahrens in einem besonderen Umschlag den Versorgungsakten vorgeheftet.

16. Über die Gestattung der Akteneinsicht entscheidet, solange das Verfahren bei dem Ausschuß anhängig ist, der Vorsitzende endgültig.

17. Zur Berichtigung einer Entscheidung des Ausschusses gemäß VerfG. § 65 Abs. 2 ist der Ausschuß zuständig, dem die Akten gegebenenfalls von dem VA. vorzulegen sind.

18. Die im VerfG. § 76 vorgesehene Gebühren- und Stempelfreiheit gilt auch dann, wenn die Gebühren- oder Stempelpflicht aus Anlaß des Verfahrens vor dem Ausschuß entstanden ist.

19. (1) Der Ausschuß hat den Sachverhalt unter entsprechender Anwendung der Vorschriften des Gesetzes über das Verfahren in Versorgungssachen §§ 80 Abs. 1, 81 bis 85 aufzuklären. Er trifft seine Entscheidung durch Bescheid (VerfG. § 86), der vom Vorsitzenden zu unterzeichnen ist.

(2) Der Vorsitzende entscheidet über die Berichtigung von Schreibfehlern und ähnlichen offenbaren Unrichtigkeiten, soweit er nicht die Entscheidung des Ausschusses für notwendig erachtet.

(3) Er setzt die Entschädigung gemäß VerfG. § 82 und die Gebühren gemäß § 85 fest. Gegen seine Entscheidung ist innerhalb eines Monats nach der Bekanntgabe Beschwerde (VerfG. § 61) an das HVA. zulässig.

20. Die Mitglieder des Ausschusses stimmen in folgender Reihenfolge:

1. der auf Vorschlag des Führers der NSKOV. bestellte Beisitzer,
2. der beamtete Arzt,
3. der Vorsitzende.

21. Die bei dem Ausschuß entstehenden sächlichen Verwaltungsausgaben sind im Einzelplan VII des Reichshaushaltsplanes bei den entsprechenden Titeln des Kapitels 11 zu buchen. Zu den sächlichen Verwaltungsausgaben gehören auch die an die Beisitzer zu zahlenden Vergütungen. Sie sind für das Rechnungsjahr 1934 außerplanmäßig hinter Titel 24 a zu buchen.

II. Vorbereitung der mündlichen Verhandlung

§ 97*)

(1) Die Verwaltungsbehörde (§ 93) hat die Berufungsschrift oder die über die Berufung aufgenommene Nieder-

schrift unverzüglich mit sämtlichen Akten[1] und Schriftstücken, die über den Anspruch vorhanden sind, einschließlich derjenigen, die sich in Vorakten befinden, der zur Entscheidung über die Berufung zuständigen Spruchbehörde[2], wenn erforderlich mit einer Gegenschrift vorzulegen. Ist zur Vertretung des Reichsfiskus im Spruchverfahren eine andere Verwaltungsbehörde zuständig, so sind die Berufungsschrift (Niederschrift) und die Vorgänge dieser Behörde zu übersenden, die sie unverzüglich, gegebenenfalls mit einer Gegenschrift, der zuständigen Spruchbehörde vorlegt.

(²) Wenn Abschriften der Berufungsschrift und der sonstigen als Beweismittel dienenden Schriftstücke nicht beigefügt waren (§ 95), läßt sie die den Reichsfiskus vertretende Behörde für ihren Gebrauch anfertigen.

*) Vgl. § 22 VAO.; § 17 Abs. 1—3 OVAO.; § 22 Abs. 4 RVAO. — Die Fassung des § 97 ist zum 1. 12. 34 durch Art. 1 Nr. 9 des Ges. vom 3. 7. 34 (RGBl. I S. 544) der Tatsache angepaßt worden, daß die Berufung jetzt nicht mehr bei der Spruchbehörde, sondern bei der Verwaltungsbehörde einzulegen (§ 93) und der Rekurs beseitigt ist. Der neue Abs. 2 trägt einem praktischen Bedürfnis Rechnung. Soweit noch Rekurs eingelegt werden kann (s. Anm. *) zu § 90), hat das VGer. dem RVGer. mit den Akten eine Abschrift des angefochtenen Urteils zu übersenden (§ 79 a. F., Art. 3 des Ges. vom 3. 7. 34).

AB. zu § 97

1. Von der Gegenschrift ist, wenn sie neue und wesentliche Ausführungen enthält, für den Kläger eine Abschrift beizufügen (§ 99 Abs. 2). In ihr darf auf Erlasse, die nicht im RVBl. veröffentlicht sind, nicht verwiesen werden. Erscheint insbesondere die Verwertung eines in den nur für den inneren Dienst bestimmten Runderlassen bekanntgegebenen Erlasses zur Begründung der von der Verwaltungsbehörde vertretenen Auffassung zweckmäßig, so ist sein Inhalt ohne weitere Verweisung als Ansicht der Verwaltungsbehörde niederzulegen.

2. Die Gegenschriften hat der das VA. oder HVA. vertretende Beamte nur im Entwurf zu zeichnen. An Stelle der Unterzeichnung der Reinschriften tritt die Beglaubigung durch einen Beamten (siehe GOV. § 215; HdR. S. 1158).

3. Auf AB. zu § 49 Ziffer IV wird verwiesen.

4. Von der Übersendung der Berufungsschrift an die zuständige Spruchbehörde ist der Kläger zu benachrichtigen.

5. Sollten außer dem Reichsfiskus noch weitere Beteiligte vor-

handen sein (§ 90 Abs. 6 und 7 und § 50), so läßt die Verwaltungsbehörde gegebenenfalls auch die für diese Beteiligten notwendigen Abschriften anfertigen.

6. (1) Schriftstücke, die nach der Berufungsschrift bei der Verwaltungsbehörde eingehen, sind unverzüglich dem zuständigen Gericht nachzureichen, wenn sie auf das anhängige Spruchverfahren Bezug haben. Ein beim VA. gestellter Antrag auf Erhöhung der Rente wegen einer nach Einlegung der Berufung eingetretenen Verschlimmerung kann daher trotz des Spruchverfahrens Gegenstand eines neuen Verwaltungsverfahrens werden. Das VA. hat von jedem solchen Erhöhungsantrag und der beabsichtigten Erledigung dem HVA. Mitteilung zu machen, wenn das HVA. den Reichsfiskus in dem bereits anhängigen Spruchverfahren vertritt; in diesem Falle kann ohne seine Zustimmung, solange das Spruchverfahren schwebt, ein Bescheid nicht erteilt werden.

(2) Wird dem Antrag stattgegeben, so wird dadurch unter Umständen auch das Spruchverfahren gegenstandslos werden. Daher ist der Bescheid der Spruchbehörde mitzuteilen, solange das Verfahren nicht rechtskräftig abgeschlossen ist.

(3) Soll der Antrag abgelehnt werden und ist die Berufung nicht durch § 91 Abs. 3 ausgeschlossen, so ist er an das Gericht abzugeben, um ein zweites Berufungsverfahren zu vermeiden; der Antragsteller ist entsprechend zu verständigen.

1. a) Der Spruchbehörde einzureichen sind sämtliche Schriftstücke, die über den Anspruch bei der Verwaltung entstanden sind, insbesondere also die Akten der entscheidenden Behörde einschließlich aller Vorakten. Die Verwaltungsbehörde ist aber nicht verpflichtet, außer dem Posteinlieferungsschein einen Nachweis für den Tag der Zustellung des Bescheids miteinzureichen. Im Zweifelsfall muß die Spruchbehörde sich an die Postanstalt wenden (RVA.AN. 13 S. 521).

b) Nicht einzureichen sind die gelegentlich der Vertretung des Fiskus in einem — auch früheren — Spruchverfahren entstandenen Vorgänge (sog. „Handakten"), ferner nicht die Akten der Amtlichen Fürsorgestelle, doch wird die Beiziehung der letzteren zum Zwecke der Beweisaufnahme zulässig sein. Soweit man hierbei eine Ausnahme machen will bei den Vorgängen, die durch die Betätigung der Fürsorgestelle als Parteivertreterin entstanden sind, so ist zu beachten, daß die Fürsorgestelle eine solche Stellung nur im Spruchverfahren einnehmen kann; im Verwaltungsverfahren hat sie, auch wenn sie mit Vollmacht des Berechtigten Anträge stellt, diese Stellung nicht, vermöge ihrer doppelten Aufgabe, einerseits staatlich bestellte Sachwalterin der Versorgungsberechtigten zu sein, andererseits die Versorgungsbehörden bei der Durchführung der Versorgung zu unterstützen (vgl. die Zuständigkeitsgrundsätze vom 6. 12. 19, Amtl. Nachr. des RAM. S. 85ff. und RVBl. 22 Nr. 253 unter 10, jetzt auch § 27 der Reichsgrundsätze — HdR. S. 924).

2. Zuständige Spruchbehörde s. § 90 Abs. 2—4.

§ 98*)

(fortgefallen)

*) Nach § 98 a. F. hatte der Vorsitzende eine Abschrift der Rechtsmittelschrift der Gegenpartei zu übersenden, die innerhalb einer zu bestimmenden Frist eine Gegenschrift einreichen konnte. Im Hinblick auf die neue Fassung des § 93 Abs. 1 und des § 97 ist § 98 durch Art. 1 Nr. 10 des Ges. vom 3. 7. 34 (RGBl. I S. 544) zum 1. 12. 34 gestrichen worden; er ist aber in den anhängigen Sachen noch anzuwenden (Art. 3 a. a. O.).

§ 99*)

(1) Für die Gegenschrift und die weiteren Schriftsätze gelten die Vorschriften des § 95 entsprechend[1]; von ihrer Anwendung kann bei Schriftsätzen, die neue und wesentliche Ausführungen nicht enthalten, abgesehen werden.

(2) Von der Gegenschrift und den weiteren Schriftsätzen ist, wenn sie neue und wesentliche Ausführungen enthalten, eine Abschrift den Beteiligten mitzuteilen[2].

*) Vgl. §§ 20, 21 VAO. § 16 OVAO., § 23 RVAO.

1. Beifügung von Abschriften für jeden Beteiligten.

2. Die Mitteilung der Gegenschrift und der weiteren Schriftsätze verfehlt ihren Zweck, wenn sie erst zusammen mit dem Urteil oder überhaupt so spät erfolgt, daß eine Gegenäußerung nicht mehr möglich ist.

§ 100*)

(1) Der Vorsitzende bestellt in den einzelnen Sachen einen oder mehrere Berichterstatter[1]. Beim Versorgungsgerichte kann er selbst die Berichterstattung übernehmen.

(2) Die Beisitzer aus den Versorgungsberechtigten[2] sind nicht verpflichtet, die Berichterstattung zu übernehmen.

(3) Die Berichterstatter haben vor der Verhandlung sich zur Sache schriftlich zu äußern. Der Vorsitzende des Gerichts kann nähere Anordnungen treffen.

*) Vgl. § 17 Abs. 4 OVAO., § 13 Abs. 2, § 25 Abs. 2, 3 RVAO. — In Abs. 1 ist ein durch Art. 21 Ziff. V 8 der PAV. eingefügter Satz 3, der die Berichterstattung durch den Vorsitzenden der Kammer in nicht rekursfähigen Sachen einschränkte, durch Art. 1 Nr. 11 des Ges. vom 3. 7. 34 (RGBl. I S. 544) zugleich mit der Beseitigung des Rekurses zum 1. 12. 34 gestrichen worden. Trotz Art. 3 a. a. O. wird er auch in anhängigen Sachen nicht mehr anzuwenden sein.

1. a) Zu den Aufgaben des Berichterstatters gehören die schriftliche Äußerung vor und der Vortrag in der mündlichen Verhandlung (§ 100 Abs. 3, § 120 Abs. 1), die Zustimmung zu wichtigen Verfügungen oder Anordnungen des Vorsitzenden (§§ 101, 102 Abs. 1, § 103 Satz 2), die Ausführung der Beweisaufnahme (§ 103) und die Mitunterzeichnung des Urteils (§ 136). Auch hat der Berichterstatter nach allgemeinen Grundsätzen die Verpflichtung zum Entwerfen der Urteilsgründe.

b) Nach § 20 Abs. 2 und § 36 Abs. 2 ist für die Tätigkeit als Berichterstatter eine besondere Vergütung zu gewähren.

2. Beisitzer aus den Versorgungsberechtigten s. §§ 13, 30.

§ 101 *) †)

(1) Der Vorsitzende kann, auch nach einer von ihm oder dem Gericht angeordneten Beweisaufnahme [1], durch eine mit Gründen versehene Verfügung [2] einer Berufung ganz oder teilweise stattgeben oder sie ganz oder teilweise zurückweisen. In gleicher Weise kann er unter Aufhebung der angefochtenen Entscheidung die Sache an die Vorinstanz zurückverweisen [3], der Vorsitzende einer Kammer des Versorgungsgerichts aber nur, wenn das Verfahren an einem wesentlichen Mangel leidet. Ist ein Berichterstatter bestellt, so ist sein Einverständnis erforderlich [4].

(2) Ist die Berufung unzulässig, verspätet [5] oder nach übereinstimmender Ansicht des Vorsitzenden und des Berichterstatters aus anderen Gründen aussichtslos, so muß sie durch Verfügung zurückgewiesen werden. Soll die Berufung als verspätet zurückgewiesen werden, so ist dem Antragsteller zuvor unter Mitteilung des Sachverhalts [6] Gelegenheit zur Äußerung binnen einem Monat nach der Zustellung der Aufforderung zu geben.

(3) Die Verfügung des Vorsitzenden eines Senats des Reichsversorgungsgerichts sowie die Verfügung, durch die die Berufung als unzulässig oder verspätet zurückgewiesen oder die Sache an eine Vorinstanz zurückverwiesen wird, ist nicht anfechtbar. Im übrigen kann gegen die Verfügung binnen

---

†) Für die frühere Fassung des § 101 vgl. Caesar, Verfügungen des Vorsitzenden gemäß § 101 VerfG., VersB. 27/28 S. 27 bis 29. — Für die Fassung von 1928 s. Drittler, Die Verfügung des Vorsitzenden nach § 101 VerfG., VersB. 33 S. 33 ff.

der im § 90 Abs. 8 bestimmten Frist der Antrag auf mündliche Verhandlung beim Versorgungsgericht gestellt werden; § 93 gilt entsprechend[7]. Die Verfügung muß einen Hinweis auf die Zulässigkeit oder Unzulässigkeit der Anfechtung unter Angabe der Frist enthalten. Wird der Antrag rechtzeitig gestellt, so gilt im Falle seiner Zulässigkeit die Verfügung des Vorsitzenden als nicht ergangen[8]. Ist der Antrag unzulässig[9], so hat ihn der Vorsitzende zurückzuweisen.

*) Vgl. §§ 1657, 1658, 1713, 1776 RVO.; Rechtspr. dazu Verf.-B. 27/28 S. 175. — Die jetzige Fassung des § 101 beruht auf Art. 1 Nr. 12 des Ges. vom 3. 7. 34 (RGBl. I S. 544) und der Bek. der Fassung vom 2. 11. 34 (RGBl. I S. 1113). Sie ist am 1. 12. 34 in Kraft getreten, doch ist für die an diesem Tage in der Spruchinstanz anhängigen Sachen die bisherige Fassung maßgebend (Art. 3 a. a. O.; abgedruckt hinter den AB. zu § 90). Das bedeutet, daß die Sachen durch Verfügung des Senatsvorsitzenden auch an das VGer. zurückverwiesen werden (und dann erneut durch Rekurs an das RVGer. gelangen) können, während den VGer. die Zurückverweisung an die Vorinstanz in diesen Sachen durch Art. 3 a. a. O. ausdrücklich untersagt ist (vgl. auch Anm. 3 zu § 126), und daß gegen die Verfügung des Kammervorsitzenden, die einer Berufung stattgibt oder eine Berufung als unbegründet („aussichtslos") zurückweist, innerhalb eines Monats entweder Antrag auf mündliche Verhandlung gestellt oder, wenn nach den bisherigen Vorschriften Rekurs zulässig ist, Rekurs an das RVGer. eingelegt werden kann. Frühere Änderungen des § 101 durch Art. 21 Ziff. V 9 der PAB., Art. I Ziff. 3 der VO. vom 12. 2. 24 (RGBl. I S. 59), Ges. vom 17. 3. 28 (RGBl. I S. 63) und die NotVO. vom 5. 6. 31 (RGBl. I S. 279) hatten das Anwendungsgebiet der Verfügung des Vorsitzenden immer mehr erweitert und die dagegen gegebenen Rechtsbehelfe immer mehr eingeschränkt.

AB. zu § 101

(1) Es ist dem Ermessen des Vorsitzenden, der der Zustimmung des etwa bestellten Berichterstatters bedarf, überlassen, ob eine Berufung durch schriftliche Verfügung oder durch Urteil erledigt werden soll. Durch Verfügung kann auch, gegebenenfalls im Rahmen der Vorschrift des § 127, der Berufung stattgegeben oder die Sache an die Verwaltungsbehörde zurückverwiesen werden. Die Zurückverweisung durch den Vorsitzenden der Kammer eines Versorgungsgerichts ist aber nur wegen eines wesentlichen Mangels des Verfahrens zulässig.

(2) Eine Verpflichtung zur Erledigung durch Verfügung besteht beim VGer. und RVGer., wenn die Berufung unzulässig, verspätet

oder nach übereinstimmender Ansicht des Vorsitzenden und des Berichterstatters aus anderen Gründen aussichtslos ist. Die Verpflichtung zur Erledigung durch Verfügung setzt voraus, daß die bezeichneten Voraussetzungen nach der Überzeugung des Vorsitzenden und gegebenenfalls des Berichterstatters erfüllt sind. Bestehen Bedenken oder Zweifel, so ist die Sache zur mündlichen Verhandlung zu bringen.

(3) Der Antrag auf mündliche Verhandlung kann nur gegen die Verfügung des Vorsitzenden einer Kammer des Versorgungsgerichts gestellt werden; er ist jedoch ausgeschlossen, wenn durch die Verfügung die Berufung als unzulässig oder verspätet zurückgewiesen oder die Sache an die Verwaltungsbehörde zurückverwiesen worden ist.

1. Durch die insoweit auf der NotVO. vom 5. 6. 31 (RGBl. I S. 279) beruhende Fassung ist klargestellt, daß eine Verfügung des Vorsitzenden auch noch ergehen kann, wenn schon mündliche Verhandlung stattgefunden hat (früher anders E. VII, 137).

2. Die Verfügung des Vorsitzenden ist nur nach Maßgabe des § 101 Abs. 3 anfechtbar; für die abweichende Rechtslage bei den am 1. 12. 1934 anhängigen Sachen s. jedoch oben Anm. *). Die Verfügung ist der Rechtskraft (§ 65 Abs. 1) fähig und steht überhaupt einem Urteile der Kammer oder des Senats mit gewissen Abweichungen völlig gleich. Für die Berichtigung von Schreibfehlern und die Ergänzung der Verfügung hinsichtlich unerledigt gebliebener Punkte gelten die §§ 137, 138, obschon dort nur von Urteilen die Rede ist (so auch Dietz, VersB. 32 S. 182). Wiederaufnahme nach §§ 66 ff. ist gegen Verfügungen des Vorsitzenden zulässig, Wiedereinsetzung nach §§ 54, 55 ist nur deshalb nicht möglich, weil bei Verwerfung als verspätet kein Rechtsbehelf mehr gegeben ist, mit dem der Antrag auf Wiedereinsetzung verbunden werden könnte. Als grundsätzlich im Sinne der §§ 129, 141 kommt eine Verfügung nicht in Frage, weil nach § 141 Satz 2 nur der Senat eine Entscheidung als grundsätzlich bezeichnen kann. Die Verfügung ist im Sinne des § 130 eine Entscheidung des Senats; sie bindet also die anderen Senate, jedoch nicht den eigenen Senat, auch nicht den Vorsitzenden selbst für spätere Verfügungen, sie darf nicht von der Entscheidung eines — anderen oder des eigenen — Senats abweichen. — Abgabe an das RVGer. (§ 129) und Verweisung an den Großen Senat (§ 130) können nicht durch Verfügung des Vorsitzenden, sondern nur durch Beschluß der Kammer oder des Senats erfolgen. Entscheidung über die außergerichtlichen Kosten (§ 143) ist wohl auch durch Verfügung möglich, wenn die Sache sich ohne Entscheidung zur Hauptsache erledigt hat; wenn § 143 Abs. 4 Satz 2 sagt „durch Urteil", so soll das nur bedeuten, daß über die Kosten in gleicher Weise zu entscheiden ist, wie über die Hauptsache zu entscheiden gewesen wäre.

3. Zurückverweisung an die Vorinstanz s. § 126. Für die am

1. 12. 1934 anhängigen Sachen gilt die in Anm. 3 zu § 126 erwähnte Einschränkung auch hier.

4. Bestellung eines Berichterstatters § 100. Das Einverständnis sämtlicher Berichterstatter ist erforderlich, wenn mehrere bestellt sind. Beim RVGer. muß stets ein Berichterstatter bestellt werden; ist beim VGer. kein Berichterstatter bestellt, so kann der Vorsitzende die Verfügung allein erlassen. Ob ein Berichterstatter bestellt ist und zugestimmt hat, tritt nach außen nicht in die Erscheinung und ist eine innerdienstliche Angelegenheit. Das Fehlen des Einverständnisses läßt die Rechtswirksamkeit der Verfügung unberührt und ist auch kein Wiederaufnahmegrund, auch nicht nach § 66 Abs. 1 Nr. 1.

5. Unzulässigkeit der Berufung § 91. Verspätet ist ein Rechtsmittel, das erst nach Ablauf der Frist von 1 Monat, bei Zustellung außerhalb Europas von 6 Monaten (§ 90 Abs. 2), bei einer der im § 93 genannten Stellen eingegangen ist; s. aber auch § 90 Abs. 8 Satz 2.

6. Durch Mitteilung von der Tatsache der Fristversäumnis soll dem Kläger Gelegenheit gegeben werden, etwaige Wiedereinsetzungsgründe (§§ 54, 55) geltend zu machen.

7. Die entsprechende Anwendung des § 93 bedeutet, daß die Anrufung der Kammer auch dann rechtzeitig erfolgt ist, wenn sie innerhalb der im Abs. 3 Satz 2 angegebenen Frist zwar nicht bei dem VGer. oder RVGer., wohl aber bei einer anderen deutschen amtlichen Stelle oder bei einem Träger der Reichsversicherung eingegangen ist (vgl. Anm. 7, 8 zu § 93).

8. Die Kammer hat also nicht zu prüfen, ob die Verfügung des Vorsitzenden zulässig war. Die Sache ist, wenn die Frist eingehalten wird, so zu behandeln, als wäre die Verfügung des Vorsitzenden nicht ergangen. Es ist daher gemäß § 117 über das Rechtsmittel mündlich und öffentlich zu verhandeln (für das frühere Recht gleicher Ansicht E. I, 52). Das Urteil ist wie sonst üblich und nicht durch Bezugnahme auf die Verfügung des Vorsitzenden zu begründen, auch wenn es mit der Verfügung des Vorsitzenden übereinstimmt.

9. Als unzulässig dürfte hier ein verspäteter Antrag nicht gelten können; die Unzulässigkeit ergibt sich nämlich ohne weiteres aus dem Inhalt der Verfügung (Abs. 3), während die Rechtzeitigkeit erst besonderer Prüfung bedarf. Es dürfte hier also mit Absicht nur „unzulässig" gesagt sein. Bei Versäumung der Antragsfrist ist Wiedereinsetzung in den vorigen Stand (§§ 54, 55) möglich; deshalb ist, bevor der Antrag als verspätet zurückgewiesen wird, nach Abs. 2 Satz 2 zu verfahren.

§ 102 *)

(1) Der Vorsitzende bestimmt Ort und Zeit der mündlichen Verhandlung. Er kann Zeugen und Sachverständige [1] laden und anderes anordnen, insbesondere auch das per-

sönliche Erscheinen eines Beteiligten; ist ein Beisitzer Berichterstatter[2], so ist, abgesehen von dringenden Fällen, sein Einverständnis erforderlich.

(2) Von Ort und Zeit der mündlichen Verhandlung sind die Beteiligten nach Vorschrift der §§ 56 bis 58 zu benachrichtigen[3]; sie sind darauf hinzuweisen, daß auch im Falle ihres Ausbleibens verhandelt und entschieden werden kann[4]. Soweit das persönliche Erscheinen eines Beteiligten angeordnet wird[5], ist ihm zu eröffnen, daß aus seinem Nichterscheinen ungünstige Schlüsse für den geltend gemachten Anspruch gezogen werden können[6].

(2) Zwischen der Benachrichtigung und dem Tage der mündlichen Verhandlung soll in der Regel ein Zeitraum von mindestens einer Woche liegen[7].

*) Vgl. §§ 1619, 1655 RVO.; §§ 38—40 VAO., §§ 24, 25 OVAO., § 25 RVAO.; Rechtspr. dazu VersB. 27/28 S. 175f. — In Abs. 3 ist durch die NotVO. vom 5. 6. 31 (RGBl. I, S. 279) die Frist von „einer Woche" auf „zwei Wochen" verlängert worden.

AB. zu § 102

Hat der von einem Bevollmächtigten vertretene Kläger um Mitteilung des Verhandlungstermins ersucht, weil er daran teilzunehmen beabsichtigt, so soll diesem Ersuchen durch formlose Benachrichtigung entsprochen werden.

1. Über Zeugen und Sachverständige vgl. §§ 105ff.

2. Über die Bestellung von Berichterstattern vgl. § 100. Es ist das Einverständnis sämtlicher Berichterstatter erforderlich, falls mehrere bestellt sind.

3. Die Terminsbenachrichtigung ist also zuzustellen; es genügt nach § 56 Behändigung gegen schriftliches Empfangsbekenntnis oder Übersendung durch eingeschriebenen Brief. Sie ergeht für Personen, die einen gesetzlichen oder besonderen Vertreter haben, an diesen und, falls vorhanden, nur an den Bevollmächtigten. 16jährige Minderjährige, die das Verfahren selbständig betreiben, oder ihre Bevollmächtigten erhalten eine Abschrift der Nachricht. Im Falle des § 58 genügt Aushang in den Geschäftsräumen der Behörde.

4. Bleiben die Beteiligten aus, so verzichten sie damit lediglich darauf, persönlich gehört zu werden. Es findet dann nicht etwa wie im Zivilprozeß ein Versäumnisverfahren statt, vielmehr hat das Gericht trotzdem in vollem Umfange den Sachverhalt von Amts wegen aufzuklären.

5. Der Kläger, dessen persönliches Erscheinen angeordnet wird, ist neben der Benachrichtigung seines gesetzlichen Vertreters oder

des Bevollmächtigten selbst zu laden. Über Ersatz der baren Auslagen und des entgangenen Arbeitsverdienstes vgl. § 144. Für die Anordnung des persönlichen Erscheinens, von Untersuchungen und Beobachtungen bestehen im Spruchverfahren keinerlei Beschränkungen. So gilt, um dem richterlichen Ermessen volle Freiheit zu lassen, Nr. 1 Abs. 1 der AB. zu § 81 hier nicht, während Abs. 2 und 3 in den AB. zu § 144 für anwendbar erklärt sind.

6. Über die Möglichkeit, aus dem Nichterscheinen ungünstige Schlüsse zu ziehen, und den Hinweis hierauf vgl. Anm. 7 und 8 zu § 81, der durch §§ 103, 121 für anwendbar erklärt ist.

7. Nichteinhaltung der Ladungsfrist macht, da es sich nur um eine Sollvorschrift handelt, Vertagung an sich nicht notwendig. Ist aber die Benachrichtigung so spät zugestellt, daß der Kläger nicht mehr erscheinen konnte, so stellt das einen wesentlichen Mangel des Verfahrens dar, da alsdann einer der wichtigsten Grundsätze, der Anspruch auf rechtliches Gehör, nicht gewahrt ist (vgl. E. I, 34).

III. Beweisaufnahme vor der mündlichen Verhandlung

Vorbemerkung: Eine im Spruchverfahren notwendige Beweisaufnahme soll in der Regel vor der mündlichen Verhandlung erfolgen, so daß nur spruchreife Sachen zur mündlichen Verhandlung angesetzt werden. Die Notwendigkeit einer Vertagung zum Zwecke der Beweisaufnahme sowie auch die Erhebung von Beweisen in der mündlichen Verhandlung, soweit es sich nicht um die Anhörung des Gerichtsarzts handelt, müssen auf Ausnahmefälle beschränkt bleiben. Um dies zu betonen, ist die „Beweisaufnahme vor der mündlichen Verhandlung" zum Gegenstande besonderer und ausführlicher Vorschriften gemacht; im Abschnitt „Mündliche Verhandlung" ist auf diese lediglich verwiesen.

§ 103 *)

Ist die Sache nicht genügend aufgeklärt, so soll der Vorsitzende vor der mündlichen Verhandlung weitere Ermittlungen anstellen und Beweis erheben[1]. Ist ein Beisitzer zum Berichterstatter bestellt, so ist sein Einverständnis erforderlich[2]; der Vorsitzende kann ihn mit der Ausführung beauftragen. Die Vorschriften der §§ 80, 81, 83 und 85 finden entsprechende Anwendung[3]. Die Verwaltungsbehörde, die den angefochtenen Bescheid erlassen hat oder den Reichsfiskus im Spruchverfahren vertritt, soll nur beim Vorliegen besonderer Gründe um die Ausführung der Beweisaufnahme ersucht werden[4].

*) Vgl. §§ 1579, 1652 Abs. 1 RVO.; § 26 VAO.; Rechtspr. dazu VersB. 27/28 S. 176.

AB. zu § 103

1. (1) Ersucht eine Spruchbehörde eine VDst. um Begutachtung durch einen Amtsarzt, so ist für das Gutachten ein Pauschbetrag von 15 *RM* und bei Beobachtung in einer VUSt., einem VKrH. usw. außerdem der jeweilige Verpflegungssatz zu berechnen. Das RVGer. erhält jedoch Gutachten kostenfrei.

(2) Für den Ersatz der baren Auslagen und des entgangenen Arbeitsverdienstes ist § 144 maßgebend. Die Zahlung kann auf Ersuchen der Spruchbehörde für ihre Rechnung geleistet werden, andernfalls ist der Antragsteller wegen des Ersatzes an die Spruchbehörde zu verweisen (siehe auch HdR. S. 671 und 843).

2. Hat ein Amtsarzt bereits im Verwaltungsverfahren ein Gutachten abgegeben, so ist er in den unter Nr. 1 genannten Fällen mit der Erstattung des Gutachtens, um das eine Spruchbehörde ersucht hat, grundsätzlich nicht zu beauftragen, es sei denn, daß das Gericht ausdrücklich um seine erneute Äußerung ersucht hat. Steht ein geeigneter anderer Arzt nicht zur Verfügung, so ist das Ersuchen unter entsprechender Begründung der Spruchbehörde zurückzugeben.

1. a) Der Vorsitzende kann also insbesondere Zeugen und Sachverständige vernehmen (§§ 105—108) sowie amtliche Auskünfte jeder Art einholen. Hinsichtlich der Beweismittel besteht gegenüber den für den Zivilprozeß geltenden Vorschriften nur insofern eine Beschränkung, als im Verfahren in Versorgungssachen zwar die Vernehmung der Parteien (§§ 445—455 ZPO.), und zwar unabhängig von Parteianträgen, als Beweismittel in Frage kommt, dagegen die e i d l i c h e Parteivernehmung (§ 452 ff. ZPO.) nicht zulässig ist.

b) Beweisbeschlüsse, die im Laufe des Verfahrens ergehen, können nicht mit einem Rechtsmittel selbständig angefochten werden, da es sich um lediglich die Endentscheidung vorbereitende Anordnungen des Gerichts handelt.

2. Ist Einverständnis über Notwendigkeit und Art einer Ermittelung oder einer Beweisaufnahme zwischen dem Vorsitzenden und dem Berichterstatter nicht zu erzielen, so muß die Kammer oder der Senat in der mündlichen Verhandlung hierüber Beschluß fassen.

3. Auch im Spruchverfahren ist also der Sachverhalt von Amts wegen aufzuklären und sind die Beteiligten verpflichtet, hierbei mitzuwirken (§ 80). Es besteht schon vor der mündlichen Verhandlung die Möglichkeit, den Kläger vorzuladen (§ 81), Zeugen und Sachverständige zu vernehmen und sonstige Beweise zu erheben oder ihre Beibringung den Beteiligten aufzugeben (§§ 83, 85). An Stelle des nicht angeführten § 82 (Kosten des persönlichen Erscheinens) gelten im Spruchverfahren die §§ 143, 144. Der § 84 ist nicht erwähnt, weil der Vorsitzende oder der von ihm beauftragte Berichterstatter selbst das Erscheinen und die Aussage von Zeugen und Sachverständigen durch Geldstrafen erzwingen und ihre Vereidigung vornehmen können. Reichen Geldstrafen nicht aus, so kann das Amtsgericht um die Erledigung ersucht werden; dieses kann nach § 390 Abs. 2 ZPO. als weiteres Zwangsmittel Haftstrafe verhängen oder nach § 380 Abs. 2 ZPO. die zwangsweise Vorführung anordnen (vgl. § 107 Abs. 3 Satz 3).

4. Ist ausnahmsweise ein bestimmter Arzt unmittelbar um Abgabe eines Gutachtens ersucht worden, so wird dessen Vergütungsanspruch durch seine Eigenschaft als Beamter oder Angestellter einer Versorgungsdienststelle nicht berührt. In diesem Falle gelten nicht die AB. zu § 103, sondern HdR. S. 671 Nr. 4. Gutachten, die von einer Spruchbehörde bei Versorgungsdienststellen oder einzelnen ihrer Ärzte angefordert werden, sind weder zu prüfen (vgl. Anm. 5 b zu § 83) noch mit einem Sichtvermerk zu versehen, sondern von der ersuchten Stelle unmittelbar der Spruchbehörde zu übersenden (HdR. S. 671 Nr. 4 Abs. 6).

§ 104 *)

Auf Antrag des Klägers muß ein bestimmter Arzt gutachtlich gehört werden[1], es sei denn, daß einem solchen Antrag im Laufe des Spruchverfahrens bereits einmal entsprochen worden ist[2]. Die Anhörung kann davon abhängig gemacht werden, daß der Antragsteller die Kosten vorschießt und vorbehaltlich einer anderen Entscheidung des Gerichts endgültig trägt[3]. Das Gericht kann einen Antrag, der nicht spätestens eine Woche vor der mündlichen Verhandlung[4] gestellt worden ist, ablehnen.

*) Vgl. §§ 1582, 1681 RVO. — Nach der ursprünglichen Fassung des § 104 war die Anhörung des vom Kläger benannten Arztes mit oder ohne Vorschußeinziehung den Spruchbehörden freigestellt. Die jetzige Fassung beruht auf dem Ges. vom 17. 3. 28 (RGBl. I S. 63) und der NotVO. vom 5. 6. 31 (RGBl. I S. 279); durch letztere wurden die Einschränkung in Satz 1 und der Satz 3 eingefügt.

AB. zu § 104

1. Ein Anspruch auf Anhörung eines bestimmten Arztes besteht nicht, wenn sie unmöglich einen Einfluß auf die Entscheidung haben kann (z. B. wenn die Frage des ursächlichen Zusammenhangs mit einer DB. rechtskräftig verneint ist) oder wenn auf Antrag des Klägers im Lauf des Spruchverfahrens bereits ein von ihm bezeichneter Arzt über die geltend gemachte Gesundheitsstörung gehört worden ist.

2. (1) Die durch die Anhörung des Arztes entstehenden Kosten sind, soweit sie nicht der Kläger endgültig zu tragen hat, gerichtliche Kosten (§ 144) und können daher dem Reichsfiskus nicht auferlegt werden, und zwar auch nicht, wenn der Streit durch Anerkenntnis des Reichsfiskus erledigt wird (§ 125 Abs. 3).

(2) Die Erstattung der vom Antragsteller geleisteten Vorschüsse aus Reichsmitteln ist nicht zulässig, etwaige Anträge dieses Inhalts haben die Verwaltungsbehörden an das zuständige Gericht abzugeben.

3. Wegen des Ausschlusses von Gutachtern siehe die Zweite Verordnung zur Durchführung des Gesetzes über Ehrenämter in der sozialen Versicherung und der Reichsversorgung vom 23. Juni 1933 § 1 (HdR. S. 747)[5].

4. Wegen der Begutachtung durch einen vom Kläger bestimmten ärztlichen Versorgungsbeamten siehe HdR. S. 671 Nr. 4 Abs. 3a.

1. Die Auswahl der zu hörenden ärztlichen Sachverständigen ist zunächst dem Ermessen des Gerichts überlassen. Beantragt aber der Kläger — nicht der Beklagte —, daß ein bestimmter Arzt gutachtlich gehört wird†), so muß das Gericht diesem Antrage, selbst wenn es die Anhörung für völlig aussichtslos ansieht, stattgeben, außer wenn die Entscheidung nicht von der medizinischen Beurteilung des Falles abhängt, z. B. weil Abweisung wegen bereits vorliegender Rechtskraft oder aus sonstigen rechtlichen Gesichtspunkten erfolgen muß (E. VII, 279) oder der Anspruch — z. B. auf Pflegezulage — auch bei Zugrundelegung der vom Kläger behaupteten Beschwerden nicht begründet ist (E. VIII, 16; auch E. VIII, 219) oder den sachlichen Anträgen ohnehin schon voll entsprochen wird. In anderen Fällen kann es den Antrag nur nach fruchtloser Einforderung eines Kostenvorschusses ablehnen (E. VIII, 219), außer wenn es sich um einen wiederholten oder einen zu spät gestellten Antrag (§ 104 Satz 1 und 3; vgl. Anm. 2 und 4) handelt oder der Antrag nur aus Mutwillen oder zur Verschleppung des Verfahrens gestellt ist. Bei unberechtigter Ablehnung des Antrags liegt ein wesentlicher Verfahrensmangel vor. Es genügt die Bezeichnung des Arztes nach seiner Berufsstellung, z. B. den Leiter der chirurgischen Abteilung eines bestimmten Krankenhauses. Die nochmalige Anhörung eines Arztes, der sich zu dem fraglichen Streitpunkt bereits ausreichend geäußert hat, kann nicht verlangt

†) Decker, Die Anhörung eines bestimmten Arztes nach § 104 VerfG., VersB. 28/29 S. 6ff. Ferner Versorgung und Fürsorge 30 Nr. 7: § 104 VerfG., eine segensreiche Vorschrift; Liebrecht, Der nach dem Gesetz für Versicherungsbehörden und -Instanzen bestehende Zwang, bestimmte Ärzte zu hören, Innungskrankenkasse 34 S. 297ff.; Kleeis, Gutachtliche Anhörung eines bestimmten Arztes nach § 1681 RVO., Volkst. Zeitschr. f. d. ges. SozVers. 34 S. 270.

werden. Als ausreichende Äußerung kann aber ein Privatgutachten, das ohne Kenntnis der Akten erstattet ist, nicht angesehen werden (E. IX, 134). Im Hinblick auf die Pflicht des Gerichts zur Sachaufklärung kann der Kläger den Antrag davon abhängig machen, daß nicht schon von Amts wegen ein weiteres ärztliches Gutachten eingeholt wird; dieser Vorbehalt ist sogar bei jedem Antrag als selbstverständlich zu unterstellen (E. X, 292). Wenn also noch ein ärztliches Gutachten erforderlich ist, muß dieses in allen Fällen zunächst von Amts wegen von dem benannten oder einem anderen Sachverständigen eingeholt werden. Erst dann ist dem Antrage aus § 104 näher zu treten, wenn der Kläger ihn noch aufrecht erhält. Dem Gericht steht es frei, dem vom Kläger benannten Gutachter, ebenso wie einem von ihm selbst ausgewählten, die Akten zu übersenden oder von ihm ein Gutachten ohne Berücksichtigung der — dem Kläger vielleicht ungünstigen — Akten einzufordern. Der Kläger kann auch von sich aus ein Gutachten eines von ihm gewählten Arztes beibringen. Diesem Arzt kann dazu mit Einwilligung des Klägers die Akteneinsicht gemäß §§ 59, 60 und den AB. gestattet werden.

2. Vor Einfügung des mit „es sei denn, daß" eingeleiteten Satzteils hat das RBGer. ausgesprochen, daß die Anhörung mehrerer Ärzte gleichzeitig oder nacheinander verlangt werden kann, wenn jeder von ihnen sich über eine andere Beweisfrage oder von einem anderen fachärztlichen Standpunkt aus äußern soll oder wenn seit der Erstattung des ersten Gutachtens die Grundlagen der ärztlichen Beurteilung sich durch neue Tatsachen oder neue medizinische Gesichtspunkte — abweichende ärztliche Beurteilung durch einen anderen Sachverständigen genügt hierfür nicht — geändert haben (E. X, 17). Diese Grundsätze werden auch unter der jetzigen Fassung des § 104 Satz 1 noch Geltung beanspruchen können, zumal auch Nr. 1 der AB. die Einschränkung „über die geltend gemachte Gesundheitsstörung" enthält.

3. Die Kosten der Anhörung eines bestimmten Arztes†) gehören nach der Übung des RBGer. zu den gerichtlichen und nicht zu den außergerichtlichen Kosten des Verfahrens nach § 143. Dagegen werden Verdienstausfall und Reisekosten, die der Kläger aus Anlaß der Begutachtung neben dem gezahlten Vorschuß getragen hat, nach § 143 zu behandeln sein. Die Entscheidung über die Rückzahlung usw. ergeht nicht im Urteil, sondern durch besonderen Beschluß der Kammer oder des Senats. Unterliegt der Kläger, so gilt der Vorschuß ohne besonderen Beschluß in Höhe der tatsächlich entstandenen Kosten als verfallen; stellt sich die Einholung des Gutachtens nachträglich als notwendig oder für die Entscheidung wesentlich heraus, so kann durch Beschluß die Rückzahlung angeordnet werden. Ob-

---

†) Glehn, Die Kosten aus § 104 VerfG. (§ 1681 RVO.), Vers.-B. 32 S. 118f.

siegt der Kläger, so wird die Rückzahlung durch Beschluß angeordnet, doch kann in besonderen Fällen, z. B. wenn sich die Einholung des Gutachtens als überflüssig erwiesen hat, der Vorschuß ganz oder teilweise einbehalten werden. Über den eingeforderten Vorschuß hinaus entstandene Mehrkosten der Begutachtung können vom Kläger eingefordert werden, wenn dieser sich zur Nachzahlung ausdrücklich verpflichtet hat. Soweit der Vorschuß nicht verbraucht wurde, wird er ohne weiteres zurückgezahlt. Wird die Hauptsache durch Zurücknahme des Rechtsmittels oder Anerkenntnis des Beklagten erledigt, so kann trotzdem durch Beschluß über die Rückzahlung des Kostenvorschusses entschieden werden (a. M. Glehn in VersB. 32 S. 119), weil die Einschränkungen des § 143 Abs. 1 und des § 144 Abs. 2 Satz 2 („bei der Verhandlung" und „in der mündlichen Verhandlung über die Hauptsache") in § 104 fehlen.

4. Zwischen dem Eingangstage und dem Tage der mündlichen Verhandlung muß eine volle Woche (7 Tage) liegen (E. X, 258).

5. Die VO. vom 23. 6. 33 ist bei § 22 abgedruckt.

§ 105

Den Zeugen und Sachverständigen ist bei der Ladung der Gegenstand ihrer Vernehmung mitzuteilen[1]. Aus besonderen Gründen, namentlich zur Herbeiführung einer unbeeinflußten Aussage, kann hiervon abgesehen werden. Die Gründe sind in den Akten zu vermerken.

1. Zuweilen kann es zweckmäßig sein, einem Zeugen oder Sachverständigen aufzugeben, sich vor der Vernehmung über bestimmte Punkte aus seinen Büchern, Aufzeichnungen usw. zu unterrichten oder diese Unterlagen zur Vernehmung mitzubringen.

§ 106 *)

Zeugen und Sachverständige können vereidigt[1] werden, wenn es zur Herbeiführung einer wahrheitsgemäßen Aussage für notwendig erachtet wird.

*) Vgl. § 1652 Abs. 2, §§ 1679, 1701 RVO.

1. Die Spruchbehörden sind also im Gegensatz zu den Verwaltungsbehörden befugt, einen Zeugen oder Sachverständigen selbst eidlich zu vernehmen. Aus § 107 Abs. 1 ergibt sich, daß der Eid in der in der ZPO. vorgeschriebenen Form zu leisten ist. Die ZPO. (Fassung vom 8. 11. 33) schreibt vor:

§ 392 ZPO. Die Beeidigung erfolgt nach der Vernehmung. Mehrere Zeugen können gleichzeitig beeidigt werden. Die Eidesnorm geht dahin, daß der Zeuge nach bestem Wissen die reine Wahrheit gesagt und nichts verschwiegen habe.

§ 410 ZPO. (1) Die Beeidigung des Sachverständigen erfolgt vor oder nach Erstattung des Gutachtens. Die Eidesnorm geht dahin, daß der Sachverständige das von ihm erforderte Gutachten unparteiisch und nach bestem Wissen und Gewissen erstatten werde oder erstattet habe.

(2) Ist der Sachverständige für die Erstattung von Gutachten der betreffenden Art im allgemeinen beeidigt, so genügt die Berufung auf den geleisteten Eid; sie kann auch in einem schriftlichen Gutachten erklärt werden.

§ 481 ZPO. (1) Der Eid wird in der Weise geleistet, daß der Richter die Eidesnorm mit der Eingangsformel:

„Sie schwören bei Gott dem Allmächtigen und Allwissenden"

vorspricht und der Schwurpflichtige darauf die Worte spricht (Eidesformel):

„Ich schwöre es, so wahr mir Gott helfe!"

(2) Der Schwörende soll bei der Eidesleistung die rechte Hand erheben.

(3) Sollen mehrere Personen gleichzeitig einen Eid leisten, so wird die Eidesformel von jedem Schwurpflichtigen einzeln gesprochen.

§ 107 *)

(1) Die Vorschriften der Zivilprozeßordnung [1] über die Pflicht, als Zeuge oder Sachverständiger zu erscheinen, auszusagen und den Zeugen- oder Sachverständigeneid zu leisten, sowie über die Ablehnung eines Sachverständigen finden entsprechende Anwendung. Die Aussage oder die Eidesleistung darf nicht deshalb verweigert werden, weil dieses Gesetz oder die Reichsversicherungsordnung eine Schweigepflicht [2] begründet.

(2) Gegen Zeugen und Sachverständige, die sich auf Ladung ohne genügende Entschuldigung nicht einfinden, die Aussage oder die Eidesleistung ohne Angabe eines Grundes oder, nachdem der angegebene Grund rechtskräftig für unerheblich [3] erklärt ist, verweigern, kann eine Ordnungsstrafe in Geld verhängt werden [4]. Außerdem können ihnen die durch das Ausbleiben oder die Weigerung entstehenden Kosten auferlegt werden. Die getroffenen Anordnungen sind wieder aufzuheben, wenn das Ausbleiben nachträglich genügend entschuldigt wird.

(3) Über die Zulässigkeit der Verweigerung der Aussage oder der Eidesleistung sowie der Ablehnung eines Sach-

verständigen und über die Auferlegung von Strafe und Kosten entscheidet der Leiter der Beweisverhandlung[5]. Gegen die Entscheidung ist für die Parteien sowie für die Zeugen und Sachverständigen innerhalb einer Woche die Beschwerde[6] gegeben. Ist das Amtsgericht um die Vernehmung ersucht, so gilt die Vorschrift des § 84 Abs. 3[7].

*) Vgl. §§ 1574, 1576—1578 RVO.; Rechtspr. dazu VersB. 27/28 S. 176. — Die Fassung „Ordnungsstrafe in Geld" beruht zufolge der in Anm. 4 erwähnten VO. auf der Bek. der Gesetzesfassung vom 20. 3. 28 (RGBl. I S. 71).

1. In der ZPO. vgl. über die Pflicht, zu erscheinen: als Zeuge §§ 380—382, 386 Abs. 3, als Sachverständiger §§ 402, 407, 411 Abs. 2 und 3; auszusagen: als Zeuge §§ 376, 383—386, als Sachverständiger §§ 407, 408; den Zeugen- oder Sachverständigeneid zu leisten §§ 391 ff., 402. Über die Ablehnung von Sachverständigen vgl. § 406. Die nach § 406 ZPO. zulässigen Ablehnungsgründe (vgl. §§ 41, 42 ZPO.) decken sich im großen und ganzen mit den Ablehnungsgründen nach §§ 42, 43 VerfG. Jedoch kann ein Sachverständiger nicht abgelehnt werden, weil er früher in der Sache als Zeuge oder Sachverständiger vernommen worden ist (§ 42 Abs. 1 Nr. 6 VerfG.). Über die Ablehnung eines nichtarischen Sachverständigen treffen die §§ 5 und 6 der insoweit bei § 22 abgedruckten 2. DurchführungsVO. zum Gesetz über Ehrenämter usw. Bestimmung. — Über die Folgen unberechtigter Weigerung des Erscheinens, der Aussage oder der Eidesleistung gelten an Stelle der einschlägigen Vorschriften der ZPO. die des § 107 Abs. 2, 3 VerfG.

2. Das VerfG. begründet eine Schweigepflicht in den §§ 2 und 131 Abs. 2 Satz 2, die RVO. im § 141. In diesen Fällen ist die Aussage als Zeuge oder Sachverständiger nicht „unbefugt" im Sinne des § 150 VerfG. oder des § 141 RVO. Die Aussage darf dagegen aus Gründen der Schweigepflicht von Geistlichen, Rechtsanwälten, Notaren, Ärzten usw. gemäß § 383 Nr. 4, 5 ZPO. und von öffentlichen Beamten gemäß § 376 ZPO. verweigert werden. Beisitzer der Spruchbehörden dürfen über den Hergang und das Stimmenverhältnis bei der Abstimmung (§ 131 Abs. 2) nur aussagen, wenn Beweis erhoben wird über die Behauptung, daß das vom Vorsitzenden verkündete Urteil nicht dem Abstimmungsergebnis entsprochen habe.

3. Welche Weigerungsgründe erheblich sind, bestimmt sich auf Grund des Abs. 1 nach den in Anm. 1 aufgeführten Vorschriften der ZPO. über die Verpflichtung zur Aussage und Eidesleistung.

4. Der Strafrahmen beträgt nach Art. II der VO. über Vermögensstrafen und Bußen vom 6. 2. 24 (RGBl. I S. 44) und § 2 der VO. vom 12. 12. 24 (RGBl. I S. 775) 1—1000 Reichsmark. Beitreibung der Geldstrafe s. § 74.

5. Leiter der Beweisverhandlung ist der Vorsitzende der Kammer oder des Senats oder der von ihm beauftragte Berichterstatter (§ 103 Satz 2).

6. Über die Beschwerde vgl. §§ 61—64. Die Frist beträgt hier, damit das Verfahren nicht über Gebühr aufgehalten wird, ausnahmsweise eine Woche. Zu entscheiden hat die Kammer oder der Senat durch Beschluß ohne mündliche Verhandlung (§ 64 Abs. 1 Nr. 4, Abs. 3 Satz 1).

7. Die Verweisung auf § 84 Abs. 3 bedeutet, daß der ersuchte Amtsrichter ausschließlich nach den ihm geläufigen Vorschriften der ZPO. zu verfahren hat und daß er als Zwangsmittel gegen Zeugen und Sachverständige nicht wie die Spruchbehörden nur Geldstrafe (§ 107 Abs. 2), sondern auch Haftstrafe verhängen und die zwangsweise Vorführung anordnen kann (vgl. § 380 ZPO.). Über die Beschwerde entscheidet in diesem Fall das Landgericht nach den Vorschriften der §§ 568 ff. ZPO.

§ 108*)

(1) Bei Vernehmung von Zeugen und Sachverständigen ist den Beteiligten[1] Gelegenheit zur Teilnahme zu geben[2]. Die Vorschriften des § 102 Abs. 2 und 3[3] finden entsprechende Anwendung.

(2) Die Beteiligten sind berechtigt, den Zeugen und Sachverständigen Fragen vorlegen zu lassen. Der Leiter der Beweisverhandlung kann ihnen die unmittelbare Fragestellung gestatten. Er entscheidet vorbehaltlich der Beschlußfassung durch das Gericht[4] über die Zulässigkeit einer Frage.

*) Vgl. §§ 1562, 1563, 1573 RVO.; § 25 VAO.; Rechtspr. dazu VersB. 27/28 S. 176.

1. Über den Begriff „Beteiligte" vgl. Anm. 1 zu § 59. Zu den Beteiligten gehören hier auch die gesetzlichen und die bevollmächtigten Vertreter, wie sich aus dem Hinweis auf § 102 Abs. 2 und 3 ergibt.

2. Im Gegensatz hierzu besteht bei Vernehmungen durch die Verwaltungsbehörden für die Beteiligten kein Anspruch auf Teilnahme.

3. Über Benachrichtigung von Ort und Zeit der Vernehmung.

4. Hat der Leiter der Beweisverhandlung eine Frage als unzulässig zurückgewiesen und hält die Kammer oder der Senat sie für zulässig und erheblich, so ist die Vernehmung zu ergänzen.

§ 109*)

(1) Parteien, ihre Vertreter und Beistände, Zeugen, Sachverständige und nichtbeteiligte Personen, die den zur

Aufrechterhaltung der Ordnung erlassenen Anordnungen nicht Folge leisten, können vom Leiter der Beweisverhandlung entfernt werden.

(2) Machen die genannten Personen sich einer Ungebühr[1] schuldig, so kann der Leiter der Beweisverhandlung gegen sie, soweit es sich nicht um Rechtsanwälte handelt, vorbehaltlich der strafgerichtlichen oder disziplinarischen Verfolgung, eine Ordnungsstrafe in Geld oder bis zu drei Tagen Haft festsetzen[2]. Gegen die Festsetzung ist innerhalb einer Woche nach der Bekanntgabe die Beschwerde[3] zulässig.

*) Vgl. § 1663 RVO. — Eine als Abs. 1 den jetzigen Vorschriften des § 109 vorangehende Vorschrift über die Zurückweisung von Bevollmächtigten und Beiständen ist durch Art. 1 Nr. 13 des Ges. vom 3. 7. 34 (RGBl. I S. 544) im Zusammenhang mit der Neuregelung in § 48 Abs. 2, 3 zum 1. 12. 34 gestrichen worden. Wegen „Ordnungsstrafe in Geld" vgl. die Angabe bei § 107.

1. Es ist zur ordnungsmäßigen Durchführung der Ansprüche der VersBerechtigten in deren eigenstem Interesse erforderlich, daß die gerichtliche Verhandlung nicht gestört wird. Stört ein Beteiligter die Ruhe und Ordnung der gerichtlichen Verhandlung oder verletzt er die Würde des Gerichts, so liegt eine Ungebühr vor, die durch eine Ordnungsstrafe geahndet werden kann (vgl. E. II, 89).

2. Über den Strafrahmen vgl. Anm. 4 zu § 107. Über die Beitreibung der Geldstrafe vgl. § 74. Um die Vollstreckung der Haftstrafe wird das Amtsgericht ersucht (vgl. § 75).

3. Über die Beschwerde vgl. Anm. 6 zu § 107.

§ 110 *)

(1) Über das Ergebnis der Beweisverhandlung ist unter Zuziehung eines vereidigten oder vom Leiter der Beweisverhandlung durch Handschlag verpflichteten Schriftführers eine Niederschrift aufzunehmen[1]. Die Vorschriften der §§ 123 und 124[2] gelten entsprechend.

(2) Über das Ergebnis eines Augenscheins[3] kann der Leiter der Beweisverhandlung in einfacheren Fällen allein eine Feststellung zu den Akten bringen.

*) Vgl. § 28 VAO., § 32 OVAO.; Rechtspr. dazu VersV. 27/28 S. 176.

1. Die Fassung der Niederschrift bestimmt der Leiter der Beweisverhandlung.

2. Die §§ 123, 124 enthalten Vorschriften über Form und In-

halt der Verhandlungsniederschrift. Die Verlesung der schriftlich niedergelegten Aussage ist auch hier nicht erforderlich. Bei Beweisaufnahme durch das RVGer. außerhalb der mündlichen Verhandlung kann die Niederschrift durch einen Beisitzer (§ 123 Abs. 1) nur aufgenommen werden, wenn dieser vom Leiter der Beweisverhandlung durch Handschlag verpflichtet wird.

3. Gegenstand der Augenscheinseinnahme kann insbesondere der Körper des Kriegsbeschädigten sein. Durch den vorgeschriebenen Aktenvermerk soll das Ergebnis für die spätere Verhandlung festgelegt werden. Über die Würdigung des Augenscheins gegenüber ärztlichen Gutachten vgl. Anm. 1 c zu § 125.

§ 111*)

(1) Den Beteiligten[1] ist der Inhalt und auf Verlangen eine Abschrift der Beweisverhandlungen[2] mitzuteilen.

Von der Mitteilung ärztlicher Zeugnisse und Gutachten kann nur aus besonderen Gründen[3], die in den Akten zu vermerken sind, abgesehen werden. Das Gericht kann die Mitteilung nachholen.

*) Vgl. §§ 1591, 1653 RVO.; § 30 VAO.; Rechtspr. dazu VersV. 27/28 S. 176 f. — Die Pflicht zur Mitteilung ärztlicher Zeugnisse und Gutachten (Abs. 2) ist durch Ges. vom 17. 3. 28 (RG.-Bl. I S. 63) erweitert worden.

1. „Beteiligte" s. Anm. 1 zu § 59. Hat ein Beteiligter einen Vertreter, so erhält nur dieser Mitteilung.

2. Auf Verlangen ist also Abschrift der nach § 110 Abs. 1 aufgenommenen Niederschrift mitzuteilen. Mitteilung einer Abschrift des nach § 110 Abs. 2 aufgenommenen Aktenvermerks über das Ergebnis eines Augenscheins kann ebenfalls verlangt werden, da die Einnahme des Augenscheins nach § 110 nur einen Sonderfall der Beweisverhandlung darstellt.

3. Besondere Gründe liegen z. B. vor, soweit die Angaben über die Art des Leidens den VersBerechtigten beunruhigen oder dem Andenken des Beschädigten bei seinen Hinterbliebenen abträglich sein würden oder soweit nicht von Beamten oder Angestellten einer Verwaltungsbehörde stammende Gutachten ausdrücklich als vertraulich bezeichnet sind oder nach ihrem Inhalt vertrauliche Behandlung angezeigt erscheinen lassen (vgl. Ziff. III 2 B der AB. zu §§ 59. 60).

IV. Unterbrechung und Aussetzung des Verfahrens.

Vorbemerkung: Die Unterbrechung tritt selbsttätig ein, die Aussetzung nur durch eine Anordnung des Vorsitzenden oder des Gerichts. Im Verwaltungsverfahren ist eine förmliche Unterbrechung oder Aussetzung des Verfahrens nicht vorgesehen. Die Verwaltungsbehörde kann sich ohne weiteres mit den Rechtsnachfolgern in Verbindung setzen.

§ 112*)

(1) Durch den Tod des Klägers wird das Verfahren bis zur Aufnahme durch den Rechtsnachfolger 1 unterbrochen 2.

(2) Die Aufnahme erfolgt durch eine Erklärung gegenüber der zuständigen Spruchbehörde; die Vorschriften des § 93 finden entsprechende Anwendung 3. Wird die Aufnahme verzögert, so kann der Vorsitzende auf Antrag oder von Amts 4 wegen dem Verfahren Fortgang geben 5.

*) Vgl. § 29 VAO.; § 21 OVAO.; Rechtspr. dazu VersB. 27/28 S. 177.

1. Rechtsnachfolger sind nicht die Hinterbliebenen als solche, sondern die Erben. Eine den §§ 614, 1302 RVO. entsprechende Vorschrift, wonach gewisse Angehörige als „bezugsberechtigte" den Erben vorangehen, fehlt für das Versorgungsrecht. In dem aufgenommenen Verfahren können die Erben nicht ihre etwaigen Hinterbliebenenansprüche verfolgen (vgl. auch Anm. 7 zu § 38).

2. Unterbrechung wegen des Todes des Klägers tritt auch ein, wenn der Kläger im Spruchverfahren durch einen gesetzlichen oder besonderen Vertreter oder einen Bevollmächtigten vertreten ist. Über die Wirkungen der Unterbrechung vgl. § 114.

3. Die Aufnahme des Verfahrens muß also schriftlich oder mündlich unter Aufnahme einer Niederschrift und nicht notwendig dem Gericht gegenüber erklärt werden.

4. Zur Fortsetzung des Verfahrens von Amts wegen wird das Gericht nur unter besonderen Voraussetzungen Anlaß haben.

5. Hierzu ist zunächst die Ermittelung der Rechtsnachfolger erforderlich.

§ 113

(1) Das Verfahren wird ferner unterbrochen, wenn der Kläger beschränkt geschäftsfähig oder geschäftsunfähig wird 1. Das gleiche gilt, wenn der gesetzliche Vertreter des Klägers stirbt oder seine Vertretungsbefugnis verliert 2, ohne daß der Kläger geschäftsfähig geworden ist.

(2) Die Unterbrechung endigt, wenn der Kläger geschäftsfähig oder ein gesetzlicher 3 Vertreter bestellt wird.

1. Über beschränkte Geschäftsfähigkeit und Geschäftsunfähigkeit vgl. Anm. 4 und 5 zu § 46.

2. Verlust der Vertretungsbefugnis tritt ein beim

Vater, wenn er für tot erklärt oder wegen eines an dem Kinde verübten Verbrechens oder vorsätzlichen Vergehens zu schwerer Strafe rechtskräftig verurteilt wird (§§ 1679, 1680 BGB.), bei der Mutter als Inhaberin der elterlichen Gewalt außerdem, wenn sie eine neue Ehe eingeht (§§ 1686, 1697 a. a. O.), beim Vormund, wenn der Mündel vollgeschäftsfähig (z. B. volljährig) wird, die Vormundschaft vom Vormundschaftsgerichte aufgehoben oder der Vormund entmündigt, für tot erklärt oder vom VormGericht entlassen wird (§§ 1790, 1882—1889 a. a. O.). Verheiratung des Kindes hat Geschäftsfähigkeit nicht zur Folge und läßt die Vertretungsbefugnis unberührt. Unterbrechung tritt nicht ein, wenn die elterliche Gewalt nur ruht (§§ 1676, 1677 a. a. O.), wenn dem elterlichen Gewalthaber nur die Vermögensverwaltung oder die Nutznießung nicht zusteht (§§ 1647, 1661, 1662, 1666, 1670 a. a. O.) oder wenn beim Wegfall eines Vormundes ein Mitvormund vorhanden ist. Vorhandensein eines Gegenvormunds (§ 1792 a. a. O.) hindert die Unterbrechung nicht. Die Unterbrechung tritt beim Wegfall des gesetzlichen Vertreters auch ein, wenn der 16 Jahre alte Minderjährige das Verfahren selbst betreibt (§ 46 Abs. 3). Wegfall des Bevollmächtigten hat Unterbrechung des Verfahrens nicht zur Folge.

3. Durch Bestellung eines besonderen Vertreters (§ 46 Abs. 2 Satz 2, § 47) endigt die Unterbrechung, ebenso durch Bestellung eines Vormundes (§ 1793 BGB.) oder eines Pflegers (§§ 1909 ff. BGB.). Der 16 Jahre alte Minderjährige kann durch eigene Verfahrenshandlungen (§ 46 Abs. 3) die Unterbrechung nicht beendigen.

§ 114

(1) Die Unterbrechung des Verfahrens hat die Wirkung, daß der Lauf einer jeden Frist aufhört und nach Beendigung der Unterbrechung die volle Frist von neuem zu laufen beginnt[1].

(2) Durch die nach dem Schlusse einer mündlichen Verhandlung eintretende Unterbrechung wird die Verkündung[2] der auf Grund dieser Verhandlung zu erlassenden Entscheidung nicht gehindert.

1. § 114 Abs. 1 hatte vor Abschaffung des Rekurses vor allem Bedeutung, wenn die Unterbrechung des Verfahrens (§ 112 Abs. 1, § 113 Abs. 1) nach der Zustellung des Urteils vor Ablauf der Rekursfrist eintrat; in solchen Fällen begann mit der Beendigung der Unterbrechung (§ 112 Abs. 2, § 113 Abs. 2), z. B. mit Eintritt der Volljährigkeit oder Bestellung eines Vormunds oder Pflegers, die Rekursfrist in vollem Umfang von neuem. Dasselbe gilt für alle sonstigen Verfahrensfristen, insbesondere auf Grund des § 115 auch für die Berufungsfrist. — Gegen den Fiskus laufen die Fristen trotz der für den Kläger eingetretenen Unterbrechung weiter.

2. Die Zustellung des Urteils kann in Fällen des § 112 an die Rechtsnachfolger sofort erfolgen, sobald auf ihrer Seite eine Verzögerung vorliegt (§ 112 Abs. 2 Satz 2), in Fällen des § 113 erst, wenn der Kläger geschäftsfähig geworden oder ein gesetzlicher Vertreter bestellt worden ist.

Über die Frage, welche Bedeutung dem Urteil zukommt, wenn das Verfahren schon vor der mündlichen Verhandlung unterbrochen wurde, vgl. die Entscheidung des RVA. in AN.RVA. 24 S. 138 Nr. 3169 (Großer Senat) = EuM. 16 S. 373. In Übereinstimmung hiermit nimmt auch das RVGer. an, daß das Urteil nicht nichtig, sondern — soweit kein ordentliches Rechtsmittel mehr gegeben ist — mit Wiederaufnahme nach § 66 Abs. 1 Nr. 4 anfechtbar ist.

§ 115

Die Vorschriften der §§ 112, 113 und 114 Abs. 1 finden entsprechende Anwendung, wenn die Voraussetzungen der Unterbrechung nach Zustellung des Bescheids einer Verwaltungsbehörde vor Einlegung der Berufung eintreten[1].

1. Nach Zustellung des Bescheides und vor Einlegung der Berufung ist ein Spruchverfahren noch nicht anhängig, so daß von einer Unterbrechung des Spruchverfahrens noch nicht gesprochen werden kann. Der Vorteil, das Aufhören des Fristablaufs infolge der Unterbrechung, soll dem Kläger jedoch auch in solchen Fällen unter denselben Voraussetzungen zugute kommen. Ein Bescheid wird also, wenn die Voraussetzungen der Unterbrechung des Verfahrens während der Berufungsfrist eintreten, nicht rechtskräftig, bis nach Aufnahme des Verfahrens durch die Rechtsnachfolger, Eintritt der Geschäftsfähigkeit oder Bestellung eines gesetzlichen Vertreters die Berufungsfrist erneut verstrichen ist. Im Falle des § 112 wird die Aufnahme in der Regel durch Einlegung der Berufung seitens der Rechtsnachfolger geschehen. Die Anwendung des § 112 Abs. 2 Satz 2 kommt nicht in Frage, statt dessen kann der Bescheid den Rechtsnachfolgern erneut zugestellt werden.

§ 116*)

(1) Hängt der Anspruch von einem familienrechtlichen oder erbrechtlichen Verhältnis†) ab, so kann das Gericht oder der Vorsitzende das Verfahren aussetzen und den Beteiligten aufgeben, das Verhältnis im ordentlichen Rechtswege feststellen zu lassen[1].

(2) Bei der Aussetzung wird bestimmt, bis wann die

†) Über Verwandtschaft, Schwägerschaft und Erbfolge s. die Zusammenstellungen VersB. 26/27 S. 27—30.

Klage zu erheben ist [2]; die Frist kann auf Antrag verlängert werden.

*) Vgl. § 1654 RVO.; Rechtspr. dazu VersB. 27/28 S. 177.

1. Zwecks Feststellung, ob z. B. die Klägerin mit dem Verstorbenen durch eine gültige Ehe verbunden war, also als seine Witwe anzusehen ist, ob ein Kind ein eheliches Kind des Verstorbenen oder des Beschädigten (§ 30 RVG.) ist, ob die Kläger Erben des Versorgungsberechtigten sind usw., kann vor der mündlichen Verhandlung der Vorsitzende, in derselben die Kammer oder der Senat die Parteien an die ordentlichen Gerichte verweisen. Die Spruchbehörden können hierüber aber auch selbst entscheiden; vgl. z. B. E. III, 11 über die Unehelichkeit eines während der Ehe geborenen Kindes, die der Fiskus ohne Erhebung einer besonderen Anfechtungsklage im Spruchverfahren geltend machen kann, wenn Ehemann der Mutter gestorben ist, ohne das Anfechtungsrecht verloren zu haben (§§ 1593 ff. BGB.). Über die Aussetzung befindet der Vorsitzende oder das Gericht. Eine Vereinbarung der Parteien hierüber ist nicht bindend.

Über einen Sonderfall der Aussetzung des Verfahrens (Ansprüche nach § 18 KPG.) vgl. Anm. 3e zu § 1.

2. Nach fruchtlosem Ablauf der Frist nimmt das Verfahren seinen Fortgang; erneute Aussetzung, insbesondere, wenn die Klage nachträglich erhoben wird, ist zulässig.

V. Mündliche Verhandlung

§ 117 *)

(1) Die von der Kammer oder dem Senate zu treffenden Entscheidungen [1] ergehen nach mündlicher Verhandlung [2], soweit nicht in diesem Gesetz ein anderes vorgeschrieben ist [3].

(2) Die mündliche Verhandlung ist öffentlich [4]. Die Öffentlichkeit kann aus Gründen des öffentlichen Wohles oder der Sittlichkeit oder auf Antrag des Klägers [5] aus besonderen Gründen für die ganze Verhandlung oder einen Teil derselben [6] ausgeschlossen werden. Hierüber kann unter Ausschluß der Öffentlichkeit verhandelt werden [7].

*) Vgl. §§ 1660, 1679, 1701 RVO.

1. Von der Kammer oder dem Senat zu treffen sind alle Entscheidungen der Spruchbehörden, soweit nicht im Gesetz bestimmt ist, daß der Vorsitzende oder der Leiter der Beweisverhandlung oder die Mitglieder des Gerichts, die das Urteil unterschrieben haben (§ 137), entscheiden oder entscheiden können, z. B. § 60 (Akteneinsicht), § 103 (Beweisaufnahme), § 107 (Weigerung von Zeugen usw.), § 116 (Aussetzung), § 144 (Entschädigung für persönliches Erscheinen). Insbesondere kann der Vorsitzende im Einverständnis mit dem etwa bestellten Berichterstatter nach § 101 ein Rechtsmittel ohne mündliche Verhandlung verwerfen oder zurückweisen. In gleicher Weise kann er einen Antrag auf Wiederaufnahme des Verfahrens nach § 70 verwerfen.

2. Die mündliche Verhandlung setzt nicht notwendig die Anwesenheit der Parteien oder ihrer Vertreter voraus. Bei der Ladung werden sie vielmehr schon darauf hingewiesen, daß auch im Falle ihres Ausbleibens verhandelt und entschieden werden kann (vgl. § 102 Abs. 2). Der nicht erscheinende Kläger verzichtet durch sein Fernbleiben lediglich darauf, persönlich gehört zu werden, der Vorsitzende ist trotzdem verpflichtet, alles wesentliche von Amts wegen aufzuklären (vgl. §§ 120, 121). Ein Versäumnisverfahren wie im Zivilprozeß ist dem Versorgungsverfahren fremd.

3. Entscheidung der Kammer oder des Senats ohne mündliche Verhandlung ist vorgeschrieben bei Zuständigkeitsstreitigkeiten (§ 40), bei Ablehnungsgesuchen (§ 44) und bei der Beschwerde (§ 64) und zugelassen bei der Ergänzung eines Urteils bezüglich des Kostenpunktes (§ 138). Entscheidungen nach mündlicher Verhandlung ergehen, soweit sie die Hauptsache betreffen, durch Urteil mit Ausnahme der Abgabe der Sache an das RVGer. im Falle des § 129, Entscheidungen ohne mündliche Verhandlung ergehen durch Beschluß.

4. a) Es kann der Verhandlung also jedermann beiwohnen, auch soweit er weder als Partei oder Parteivertreter noch sonst als Beteiligter, Zeuge oder Sachverständiger mit der Sache befaßt ist.

b) Nicht öffentlich sind die Beweisaufnahme und die Beratung; Ausnahmen s. § 118 Abs. 2 und § 131 Abs. 2 Satz 3.

5. Zur Stellung des Antrages werden sich VersBerechtigte veranlaßt sehen, die aus der Bekanntgabe ihrer Krankheit oder aus den Erörterungen über die Entstehung ihres Leidens eine Beeinträchtigung ihres Ansehens oder ihres wirtschaftlichen Fortkommens befürchten. Es genügen besondere Gründe irgendwelcher Art. Gefährdung der Sittlichkeit oder des Staatswohls ist nicht Voraussetzung.

6. Auch für die Verkündung der Gründe des Urteils kann die Öffentlichkeit ausgeschlossen werden.

7. Der Beschluß über die Ausschließung der Öffentlichkeit ist öffentlich zu verkünden.

§ 118 *)

(1) Der Zutritt zur öffentlichen Verhandlung kann unerwachsenen und solchen Personen versagt werden, die sich nicht im Besitze der bürgerlichen Ehrenrechte [1] befinden oder in einer der Würde des Gerichts nicht entsprechenden Weise erscheinen.

(²) Zu nichtöffentlichen Verhandlungen² kann das Gericht einzelnen Personen den Zutritt gestatten; einer Anhörung der Beteiligten bedarf es nicht.

*) Vgl. §§ 1664, 1679, 1701 RVO.

1. Aberkennung der bürgerlichen Ehrenrechte ist eine Nebenstrafe des Strafrechts; vgl. §§ 32 ff. StGB.

2. Über Zulassung dritter Personen zur Beratung vgl. § 131 Abs. 2.

§ 119*)

(¹) Die Sachen werden in der Regel in der durch den Aushang vor dem Sitzungszimmer bekanntgemachten Reihenfolge verhandelt¹.

(²) Dem Vorsitzenden liegt die Aufrechterhaltung der Ordnung in der Sitzung ob. Er eröffnet, leitet und schließt die Verhandlung, erteilt das Wort und kann es demjenigen, der seinen Anordnungen nicht Folge leistet, entziehen.

(³) Die Vorschriften des § 109² finden entsprechende Anwendung mit der Maßgabe, daß die dort dem Leiter der Beweisverhandlung zustehenden Befugnisse vom Gericht ausgeübt werden und die Beschwerde nur im Verfahren vor dem Versorgungsgerichte zulässig ist.

(⁴) War die Zurückweisung eines Bevollmächtigten oder Beistands (§ 48 Abs. 3) dem Beteiligten nicht vorher rechtzeitig angedroht, so ist die Verhandlung zu vertagen, wenn der Beteiligte nicht erschienen ist oder es auf Befragen beantragt. Wird ein Beteiligter zur Aufrechterhaltung der Ordnung aus dem Sitzungszimmer entfernt (§ 109 Abs. 1), so wird in gleicher Weise verfahren, wie wenn er sich freiwillig entfernt hätte³.

*) Vgl. §§ 1663, 1664 RVO.; § 26 OVAO.; § 26 RVAO.

1. Von der Reihenfolge wird z. B. abgewichen werden, wenn die bestehenden Zugverbindungen dem Kläger erst ein späteres Erscheinen gestatten oder eine Partei oder ihr Vertreter aus irgendeinem Grunde darum bitten.

2. § 109 betrifft die Aufrechterhaltung der Ordnung (Sitzungspolizei) durch Entfernen wegen Ungehorsams und Bestrafung wegen Ungebühr.

3. War z. B. das persönliche Erscheinen des Klägers zwecks Untersuchung angeordnet, und wird er vor deren Vornahme wegen Ungehorsams entfernt, so können gemäß § 121 Abs. 2 in Verbin-

dung mit §§ 103, 81 Abs. 2 ungünstige Schlüsse für den geltend gemachten Anspruch gezogen werden. Wird ein Vertreter nach § 109 Abs. 1 entfernt, so ist Vertagung nach § 119 Abs. 4 Satz 1 nicht erforderlich.

§ 120*)

(1) Die mündliche Verhandlung beginnt nach dem Aufruf der Sache mit der Darstellung des Sachverhalts[1] durch den Vorsitzenden oder den Berichterstatter[2].

(2) Demnächst sind die Beteiligten zu hören[3]. Der Vorsitzende hat das Sach- und Streitverhältnis mit ihnen zu erörtern und dahin zu wirken, daß sie über alle erheblichen Tatsachen sich vollständig erklären sowie angemessene und sachdienliche Anträge stellen[4].

(3) Die Anträge können ergänzt, berichtigt und geändert werden[5]. Der Vorsitzende hat den Beisitzern auf Verlangen zu gestatten, Fragen an die Beteiligten sowie die Zeugen und Sachverständigen zu stellen. Zweifel über die Zulässigkeit einer Frage entscheidet das Gericht.

*) Vgl. § 44 VAO., § 28 OVAO., § 27 RVAO.

1. Die Darstellung wird sich auf das in tatsächlicher und rechtlicher Beziehung Wesentliche beschränken müssen, damit auch der im Erfassen und Beurteilen rechtlicher Tatbestände weniger geschulte Beisitzer aus den VersBerechtigten dem Vortrag der zur Verhandlung stehenden Fälle zu folgen vermag.

2. Wegen Bestellung von Berichterstattern vgl. § 100.

3. Bei ihren Ausführungen für und gegen den erhobenen Anspruch sind die Parteien nicht an das gebunden, was sie im Verwaltungsverfahren geltend gemacht haben; so kann der Fiskus Nichtinnehaltung der Anmeldefrist (§ 2 MVG., §§ 52—54 RVG.) noch geltend machen, wenn er auch im Bescheide nur sachliche Ablehnungsgründe angeführt hat (E. III, 244) und umgekehrt. Die Ausführungen der Parteien sind auch dann beachtlich, wenn sie nicht vorher in einem Schriftsatz schriftlich niedergelegt sind.

4. Wie die Verwaltungsbehörden nach § 79 Abs. 2 auf die Stellung sachdienlicher Anträge hinzuwirken haben, so legt das Gesetz zum Schutze der geschäftsungewandten VersBerechtigten die gleiche Verpflichtung den Vorsitzenden der Kammern und Senate auf.

5. Der Kläger kann daher im Laufe des Spruchverfahrens den ursprünglichen Antrag auf weitere Ansprüche oder Anspruchsteile ausdehnen, vorausgesetzt, daß sie Gegenstand des Bescheids gewesen sind. Er kann seinen Antrag sowohl aus einer anderen Beurteilung heraus wie auch mit der Begründung erhöhen, daß nach Erlaß des Bescheides eine Änderung der Verhältnisse eingetreten sei.

Er kann sich endlich zur Begründung des Rentenanspruchs auf einen anderen tatsächlichen Hergang oder auf ein Leiden berufen, das er im Verwaltungsverfahren noch nicht geltend gemacht hatte (vgl. auch E. I, 79); da der Versorgungsanspruch als einheitliches Ganzes aufzufassen ist, ist es nicht erforderlich, daß auch die einzelnen zur Begründung angeführten Tatsachen Gegenstand des Verwaltungsverfahrens und des Bescheides gewesen sind. Neu geltend gemachte Leiden können aber im Spruchverfahren nicht Gegenstand sachlicher Nachprüfung sein, soweit sie einen Rechtsanspruch auf Versorgung oder höhere Versorgung nicht rechtfertigen können, weil insoweit die Berufung ausgeschlossen ist; vgl. Anm. 3b und 4 zu § 91.

§ 121 *)

(1) Hält das Gericht die Sache noch nicht für genügend aufgeklärt, so beschließt es den erforderlichen Beweis[1]. Die Ausführung des Beweisbeschlusses kann einem Mitglied der Kammer oder des Senats übertragen werden.

(2) Für die Beweisaufnahme durch das Gericht und das beauftragte Mitglied gelten die Vorschriften der §§ 103 bis 111 entsprechend[2].

(3) Findet die Beweisaufnahme durch das Gericht statt, so entscheidet dieses in den Fällen des § 107 Abs. 3[3]. Gegen die Entscheidung des Versorgungsgerichts findet innerhalb einer Woche die Beschwerde[4] statt.

*) Vgl. §§ 1665, 1679, 1701 RVO.; Rechtspr. dazu VersB. 27/28 S. 177.

1. Beweis darf nur beschlossen und erhoben werden, soweit er erforderlich ist. Tatsachen, die bei Gericht offenkundig sind, bedürfen, was im § 291 ZPO. ausdrücklich bestimmt ist, aber auch hier gilt, keines Beweises, ebensowenig Tatsachen, von deren Vorliegen das Gericht nach dem Zusammenhang oder den glaubwürdigen Angaben einer Partei mit guten Gründen überzeugt ist. Als offenkundig können aber Tatsachen bei einer Kammer oder einem Senat nur dann bezeichnet werden, wenn mindestens die Mehrzahl der Richter sie als offenkundig kennt. Unzulässig ist eine Beweiserhebung, deren Ergebnis an der Entscheidung nichts mehr ändern kann. Es ist z. B. unzulässig, über den Grad der MdE. Beweis zu erheben, wenn das Gericht der Überzeugung ist, daß der ursächliche Zusammenhang des Leidens mit einer DB. fehlt oder daß das Rechtsmittel unzulässig oder verspätet ist. Die Entscheidung darüber, ob und in welchem Umfange Beweis zu erheben ist, trifft das Gericht nach eigenem Ermessen. Das Gericht kann über die von den Parteien gegebenen Anregungen hinaus Beweis erheben, wie es auch Beweisanträge unbeachtet lassen kann, wenn es von ihrer Zwecklosigkeit überzeugt ist (vgl. auch Anm. 1a zu § 125). Eine Ausnahme besteht für die vom Kläger beantragte Anhörung eines bestimmten Arztes, die nach § 104 auch im Falle der Zwecklosigkeit nicht einfach abgelehnt, sondern nur von vorheriger Vorschußleistung abhängig gemacht werden kann.

2. Für die in der mündlichen Verhandlung beschlossene und entweder sofort durch das Gericht oder nachher durch das beauftragte Mitglied, auch den Vorsitzenden, ausgeführte Beweisaufnahme gelten also dieselben Vorschriften wie für eine vor der mündlichen Verhandlung vom Vorsitzenden angeordnete Beweisaufnahme mit der aus Abs. 3 sich ergebenden Abweichung; s. Anm. 3.

3. Bei Beweisaufnahme durch das Gericht entscheidet also an Stelle des „Leiters der Beweisverhandlung" das Gericht (nicht der Vorsitzende allein) über die Zulässigkeit der Verweigerung der Aussage oder der Eidesleistung, über die Ablehnung eines Sachverständigen sowie über die Auferlegung von Strafe und Kosten.

4. Über Beschwerde vgl. §§ 61—64, über den Grund für die abweichende Bemessung der Frist Anm. 6 zu § 107. Gegen die Entscheidung des RVGer. ist Beschwerde nicht gegeben. Unter „Entscheidung" sind in Abs. 3 nicht der Beweisbeschluß, der nicht für sich anfechtbar ist (Anm. 1 zu § 103), sondern die bei seiner Durchführung nach § 107 Abs. 3 ergehenden Anordnungen zu verstehen.

§ 122 *)

Ist eine Partei bei der Beweisaufnahme nicht zugegen und nicht vertreten [1], so darf in dieser Verhandlung ein ihr ungünstiges Urteil nur erlassen werden, wenn über das Stattfinden der Beweisaufnahme der Partei vor der Verhandlung Mitteilung gemacht ist [2] oder die Beweisaufnahme lediglich in der Anhörung eines ärztlichen Sachverständigen [3] besteht.

*) Vgl. § 28 Abs. 5 Satz 2 OVAO.; Rechtspr. dazu VersB. 27/28 S. 177 f.

1. Im übrigen aber kann, trotzdem eine Partei in der mündlichen Verhandlung nicht vertreten war, auch über Tatsachen verhandelt und entschieden werden, die von der anderen Partei in der Verhandlung zum ersten Male vorgebracht worden sind.

2. Die Mitteilung muß ersehen lassen, über welchen Punkt eine Beweisaufnahme stattfinden soll. Es soll die Partei Gelegenheit haben, sich zu dem Ergebnis der Beweisaufnahme zu äußern (vgl. §§ 108, 111), wenn sie nicht trotz Mitteilung vom Stattfinden der Beweisaufnahme ferngeblieben ist. Ist die Mitteilung unterblieben, so muß vertagt werden, auch wenn die Beweisaufnahme weitere Klärung nicht gebracht hat, weil der Partei nicht die Möglichkeit abgeschnitten werden darf, weitere Beweismittel zu benennen oder durch Fragen und Vorhalte an die Zeugen und Sachverständigen (§ 108 Abs. 2) zur restlosen Klärung beizutragen. Es braucht aber nicht vertagt zu werden, wenn das Gericht zu der Überzeugung gelangt, daß der zum Gegenstand der Beweisaufnahme gemachte Punkt für die Entscheidung unwesentlich ist.

3. Die Anhörung eines ärztlichen Sachverständigen wird besonders bei den VersGerichten vorkommen, wo nach § 22 Gerichtsärzte bestellt werden.

§ 123 *)

(1) Über die Verhandlung ist durch einen vereidigten Schriftführer[1], an dessen Stelle beim Reichsversorgungsgericht die Beisitzer treten können, eine Niederschrift aufzunehmen.

(2) Die Niederschrift enthält Ort und Tag der Verhandlung, die Bezeichnung der Kammer oder des Senats, Namen und Dienststellung oder Beruf des Vorsitzenden, der Beisitzer und des Schriftführers unter Angabe der Eigenschaft, in der sie mitwirken, den Namen des etwa zugezogenen Dolmetschers, die Bezeichnung der Streitsache, die Namen der erschienenen Beteiligten[2] und Vertreter sowie die Angabe, daß öffentlich verhandelt oder die Öffentlichkeit für die ganze Verhandlung oder einen Teil derselben ausgeschlossen ist[3].

*) Vgl. § 1672 RVO.; § 45 VAO., § 29 OVAO.; § 28 RVAO.; Rechtspr. dazu VersB. 27/28 S. 178. — Der Zwischensatz in Abs. 1 ist durch Art. I Ziff. 4 der VO. vom 12. 2. 24 (RVBl. I S. 59) eingefügt.

1. Die Zuziehung eines nicht vereidigten, nur durch Handschlag verpflichteten Schriftführers ist hier im Gegensatz zu § 110 nicht zulässig.

2. Beteiligte im Sinne des § 123 sind die Parteien, ihre Vertreter und zugezogene oder beigetretene Dritte (§ 50).

3. Über Ausschluß der Öffentlichkeit vgl. § 117 Abs. 2.

§ 124 *)

(1) In der Niederschrift ist der Gang der Verhandlung im allgemeinen anzugeben.

(2) Ferner sind aufzunehmen:

1. Erklärungen der Beteiligten über die Zurücknahme der

Berufung, Anerkenntnisse sowie andere Erklärungen, deren Feststellung angezeigt erscheint[1],

2. Anträge und erhebliche Erklärungen der Beteiligten, die von dem Inhalt der Schriftsätze abweichen,
3. die wesentlichen Aussagen der Zeugen[2] und die Feststellung, ob sie beeidigt sind oder nicht,
4. die wesentlichen Ausführungen der Sachverständigen[2],
5. das Ergebnis eines Augenscheins[3],
6. Beschlüsse, die Urteilsformel und deren Verkündung.

(3) Der Aufnahme in die Niederschrift steht die Aufnahme in eine Schrift gleich, die der Niederschrift als Anlage beigefügt, als solche von dem Vorsitzenden und dem Schriftführer gekennzeichnet und in der Niederschrift aufgeführt ist.

(4) Die Niederschrift ist vom Vorsitzenden und vom Schriftführer, wenn sie jedoch eine Urteilsformel enthält, auch von dem etwa bestellten Berichterstatter[4] zu unterschreiben. Ist dieser Berichterstatter verhindert, so genügt die Unterschrift des Vorsitzenden. Ist dieser verhindert, so unterschreibt für ihn der Berichterstatter oder ein anderer Beisitzer. Die Tatsache der Verhinderung des Vorsitzenden oder des Berichterstatters ist in der Niederschrift zu vermerken.

*) Vgl. §§ 46, 47 VAO., §§ 30, 31 OVAO., § 28 RVAO.: Rechtspr. dazu VersV. 27/28 S. 178.

1. †) Durch die Zurücknahme der Berufung und das Anerkenntnis des Anspruchs gilt der Streit als erledigt (§ 125 Abs. 3). Über Wirkung und Anfechtung von Zurücknahme und Anerkenntnis vgl. Anm. 3 zu § 125. Die Zurücknahme des Antrags auf Versorgung in der Spruchinstanz bedeutet rechtlich nur die Zurücknahme des Rechtsmittels, so daß damit der angefochtene Bescheid nicht gegenstandslos, sondern rechtskräftig wird (ebenso Arendts im Zentralbl. für Reichsversicherung und Reichsversorgung 30 S. 108). Ein Anerkenntnis unter einer Bedingung oder einem Vorbehalt ist nichtig.

Zu den anderen Erklärungen der Nr. 1 gehören auch Verzichte und Vergleiche. Was Verzichte angeht, so kann auf den Versorgungsanspruch als solchen überhaupt nicht verzichtet werden, außer

---

†) Drittler, Anerkenntnis, Verzicht, Vergleich und Zurücknahme des Rechtsmittels, VersV. 31 S. 56 ff.

wenn der Anspruch von einem Antrag (Anmeldung) abhängig und der Verzicht einer Zurücknahme des Antrags gleichzuachten ist; in diesem Falle kann der Antrag erneuert werden, solange die Anmeldefrist nicht abgelaufen ist. Auf die Auszahlung der einzelnen Leistungen kann nicht unwiderruflich verzichtet werden; nach dem Widerruf fällig werdende Zahlungen können wieder beansprucht werden (AB. Nr. 4 zu § 1 RVG., Nr. 11, 12 zu § 67 RVG.). Auf Gebührnisse, die nicht von einem Antrag abhängig sind, kann nicht im voraus verzichtet werden (RVGer. 15. 11. 26 Nr. 5539/26). Den Verzicht eines Polizeibeamten auf die einmalige Übergangsbeihilfe hat das RVGer. als unwirksam angesehen, obschon er zur Erlangung der lebenslänglichen Anstellung gefordert und gegeben wurde (E. VIII, 132). Das RVA. dagegen hat Verzicht auf Rente zwecks Anstellung als Beamter als zulässig (Entsch. und Mitt. des RVA. 21 S. 169) und auch für den Fall der Entlassung im Dienststrafverfahren unter Belassung eines Teils des Ruhegehalts auf Zeit als weiterhin bindend erklärt (ArbVers. 34 S. 482). Ein Vergleich kann unter dem Vorbehalt des Widerrufs innerhalb bestimmter Frist abgeschlossen werden (BayLVGer. 25. 11. 32 = VersB. 33 S. 59).

2. Die Aufnahme der Aussagen und Ausführungen der Zeugen und Sachverständigen kann sich auf die Wiedergabe ihres Inhalts beschränken (Begr.). Ihre Personalien sind natürlich anzugeben.

3. Die Aufnahme des Ergebnisses des Augenscheins ist insbesondere erforderlich, wenn der Kläger im Termin zur mündlichen Verhandlung erschienen ist.

4. Vgl. § 100. — Die Vorlesung der Eintragungen zu Ziff. 1 bis 6 ist entgegen § 80 der Bestimmungen vom 18. 2. 19 nicht vorgeschrieben.

§ 125 *)

(1) Das Gericht trifft die Entscheidung auf Grund freier Beweiswürdigung[1].

(2) Die angefochtene Entscheidung kann auch aus anderen als den von den Beteiligten geltend gemachten Gründen geändert oder bestätigt werden[2].

(3) Soweit die Parteien den Anspruch anerkennen oder die Berufung zurücknehmen, gilt der Streit als erledigt[3]. Im Falle des § 90 Abs. 6[4] findet diese Vorschrift nur Anwendung, soweit alle Parteien, im Falle des § 90 Abs. 7, soweit auch die am Rechtsstreit beteiligten Gemeinden oder Gemeindeverbände den Anspruch anerkennen oder die Berufung zurücknehmen.

*) Vgl. §§ 1666, 1709 Abs. 2 RVO.; § 31 VAO., § 33 OVAO., § 31 RVAO.; Rechtspr. dazu VersB. 27/28 S. 178. — In Abs. 2

ist der Satz: „Änderungen sind auch zuungunsten der Partei zulässig, die das Rechtsmittel eingelegt hat“, durch Art. 21 Ziff. V 10 der PAV. zum 31. 10. 23 angefügt und durch Art. I Nr. 2 des Ges. vom 4. 8. 24 (RGBl. I S. 677) zum 1. 9. 24 wieder gestrichen worden. In Abs. 3 ist der Satz 2 durch Ges. vom 17. 3. 28 (RGBl. I S. 63) zugesetzt.

AB. zu § 125

1. Das Anerkenntnis kann nicht widerrufen und unter Umständen nur unter besonderen Voraussetzungen angefochten werden. Vor Abgabe eines Anerkenntnisses ist daher sorgfältig zu prüfen, ob die rechtlichen und tatsächlichen Voraussetzungen dafür erfüllt sind.

2. Kommt die den Reichsfiskus vertretende Behörde zur Überzeugung, daß der Anspruch des Klägers ganz oder teilweise begründet ist, so ist er in dem entsprechenden Umfang anzuerkennen, ohne das Anerkenntnis von Bedingungen abhängig zu machen. Es ist außer dem Gericht alsbald dem Kläger und, wenn die Anschrift bekannt ist, auch dem Bevollmächtigten durch formlose Mitteilung bekanntzugeben, gleichzeitig ist die Feststellung und Zahlung der entsprechenden Rente vorläufig anzuordnen, ein Bescheid ist erst nach rechtskräftiger Erledigung des Spruchverfahrens zu erteilen (siehe auch AB. zu § 86 Ziff. II). Kommt Heilbehandlung in Betracht, so ist die Krankenkasse entsprechend zu benachrichtigen. Wegen des Anerkenntnisses der Verpflichtung zur Kostenerstattung siehe AB. zu § 143 Nr. 2.

1. a) Die Ergebnisse der Verhandlung sind von dem Gericht frei zu werten. Abgesehen von Sonderfällen (vgl. Anm. 1 f) liegt den Parteien nicht die Beweislast für die ihnen günstigen Tatsachen ob, sie müssen aber die Angaben machen, die notwendig sind, um das Gericht in die Lage zu versetzen, die erforderlichen Tatsachen feststellen zu können. Die Anträge der Parteien begrenzen nicht die Prüfungs- und Entscheidungsbefugnis des Gerichts; es kann über diese Anträge hinausgehen, z. B. neben Rente auch die nicht besonders beantragte Ausgleichszulage bewilligen (vgl. auch Anm. 3 zu § 94). Auch Tatsachen, die von den Parteien nicht vorgebracht worden sind, hat das Gericht zu berücksichtigen.

b) Über die Würdigung der erhobenen Beweise, d. h. darüber, ob ein Beweis als erbracht anzusehen ist, enthält das VerfG. keine Vorschriften. Jedenfalls dürfen aber die Spruchbehörden an die Beweisführung nicht einen ähnlich strengen Maßstab anlegen, wie etwa die ordentlichen Gerichte im Zivil- und Strafprozeß. Doch hat der Grundsatz „in dubio pro reo“ oder „in dubio mitius“ für das Verfahren der Reichsversorgung keine Geltung. Zum Beweise der rechtsbegründenden Tatsachen genügt es, wenn für sie ein solcher Grad von Wahrscheinlichkeit besteht, daß sich vernünftigerweise die richterliche Überzeugung darauf gründen kann†). Im § 2 Abs. 2 RVG. ist das für den Hauptanwendungsfall (Zusammenhang des Leidens mit einer DB.) besonders hervorgehoben (vgl. E. I, 228; III, 47). Auch die Frage, ob ein Sohn der Ernährer seiner Eltern geworden wäre, insbesondere ob er geheiratet hätte oder nicht, ist nach den Grundsätzen der Wahrscheinlichkeit zu beurteilen (E. V, 161 = JW. 27 S. 202[2]).

c) Ärztliche Gutachten††) sind nicht bindend, sondern wie andere Beweismittel frei zu würdigen. Sie bilden auch nicht die einzige, sondern nur eine der Quellen, aus denen das Gericht seine Überzeugung schöpft. Allerdings wird z. B. in Heilbehandlungsangelegenheiten, wenn es sich um Art und Umfang der erforderlichen Heilmaßnahmen (§ 5 RVG.) oder die Art der zu gewährenden orthopädischen Hilfsmittel (§ 7 RVG.) handelt, die Ansicht der ärztlichen Sachverständigen ausschlaggebend sein müssen. Die freie Beweiswürdigung verbietet es, etwa dem Gutachten eines beamteten Arztes oder eines Facharztes grundsätzlich den Vorzug vor anderen Gutachten zu geben, wenngleich fachärztlichen Gutachten naturgemäß eine besondere Bedeutung zukommt. Mehrere in einer Sache erstattete Gutachten sind vielmehr nach der Überzeugungskraft ihrer Gründe gegeneinander abzuwägen; einer ärztlichen Stellungnahme ohne Begründung kann daher gegenüber begründeten Gutachten keine Bedeutung zukommen. Auch das Gutachten des Gerichtsarztes (§ 22)

---

†) Drittler, Der Zweifel bei der Feststellung der Versorgungsgebührnisse, VersB. 29 S. 220 f.

††) Behrend, Die ärztl. Gutachten und ihre Bedeutung für die Rechtsprechung der Spruchbehörden, Zeitschr. f. ärztl. soz. Versorgungswesen 23 Sp. 325—33, dazu Flammer a. a. O. Sp. 427; Buttersack, Wahrscheinlich oder möglich? Betrachtungen zur DB.-Frage, a. a. O. 22 Sp. 265; Döllner, Gerichtsärztl. Erfahrungen aus dem MilVersWesen, Ärztl. SachverstZtg. 24 S. 92—94 und S. 104—07; Silberschmidt, Die Wertung ärztl. Gutachten in der Versicherung, insbes. der Sozialversicherung, Zeitschrift für die ges. VersichWiss. 24 S. 31—42; Oesterlen, Wahrscheinlichkeit, Ärztl. Monatsschrift 26 S. 367; v. Socha-Borzestowski, Ein Beitrag zur Wahrscheinlichkeit, a. a. O. 27 S. 19; Weil, Die Stellung des ärztlichen Sachverständigen beim OVA. und VGer., Ärztl. SachverstZtg. 27 S. 267—268; Angerer, Was fordert der Verwaltungsbeamte und der Richter von den Gutachten der Versorgungsärzte, VersB. 30 S. 37 ff.; Arendts, „Gefälligkeitsatteste", Die med. Welt 28 S. 413; Kersten, Der Arzt als Gutachter im Sachverständigenbeweis vor den Spruchbehörden der Sozialvers. und der Reichsversorgung, Med. Klinik 31 Nr. 12. — Grundlegende Ausführungen s. auch im Abschnitt „Ärztliche Gutachtertätigkeit, Beurteilung der Erwerbsfähigkeit und Prüfung der Versorgungsgutachten im HdR. S. 641 ff.

nimmt keine Sonderstellung ein; es ist jedoch mit besonderer Vorsicht zu bewerten, wenn es im Gegensatz zu Gutachten steht, die auf Grund längerer Beobachtung erstattet sind. Über die Bedeutung von Äußerungen des Sachgebiets „Ärztlicher Dienst" des VersAmts vgl. Anm. 5b zu § 83. Lediglich auf Grund des Augenscheins zugunsten oder zuungunsten des Klägers von den übereinstimmenden Gutachten der gehörten ärztlichen Sachverständigen abzuweichen, ist meist bedenklich und jedenfalls besonders zu begründen, weil es dem Gericht in der Regel nicht möglich sein wird, die Bedeutung des sich darbietenden Gebrechens und den Einfluß etwaiger Übertreibung ohne sachverständige und eingehende Untersuchung zuverlässig zu beurteilen. Ergeben sich aus dem Augenschein Bedenken gegen die vorliegenden ärztlichen Gutachten, so empfiehlt es sich, weitere Begutachtung anzuordnen.

Über die Bedeutung vom Beklagten im Spruchverfahren beigebrachter ärztlicher Gutachten und die Stellung des Fiskus im Spruchverfahren vgl. E. II, 165.

d) Das Gericht ist nicht darauf beschränkt, seiner Entscheidung die Verhältnisse bis zum Erlaß der Entscheidung der Vorinstanz zugrunde zu legen, kann vielmehr auch nach der Vorentscheidung eingetretene Veränderungen der für die Entscheidung maßgebend gewesenen Verhältnisse berücksichtigen. Ob dies zweckmäßig ist, hängt namentlich davon ab, ob unter Berücksichtigung der Veränderung der Verhältnisse, z. B. der Verschlimmerung im Gesundheitszustande, eine Entscheidung ohne umfangreichere Beweiserhebung möglich ist (vgl. z. B. E. I, 121, 130). Die Einheitlichkeit des VersAnspruchs zwingt nicht zur Berücksichtigung aller eingetretenen Änderungen (Anm. 2c).

e) Gewisse Schranken für die Prüfungs- und Entscheidungsbefugnis des Gerichts ergeben sich aus dem Begriffe der Rechtskraft. Näheres vgl. Anm. 3 zu § 65. Die Vorentscheidung darf insbesondere nicht zuungunsten der Partei geändert werden, die allein das Rechtsmittel eingelegt hat (sog. Verbot der reformatio in peius)†) Eine Abänderung zuungunsten liegt aber dann nicht vor, wenn das Gericht von der Vorinstanz angenommene Voraussetzungen des Anspruchs verneint, sofern nur im Ergebnis der Kläger nicht schlechter gestellt ist als durch die von ihm angefochtene Entscheidung (E. I, 144).

f) In Sonderfällen ergeben sich Bindungen aus gesetzlichen Vermutungen, die aber durch Gegenbeweis widerlegt werden können. In solchen Fällen kann man von einer Art Beweislast sprechen. Nach dem Gesetz über Fürsorge für Kriegsgefangene vom 15. 8. 17 (RGBl. S. 725) und § 2 Abs. 3 RVG. sind die Angaben des Beschädigten über Vorgänge bei der Gefangennahme und

†) Lehmann, Zur Lehre vom Verbot der reformatio in peius (in der Reichsversicherung) MfA. 23 Sp. 25—33.

in der Gefangenschaft der Entscheidung zunächst zugrunde zu legen. Das gleiche gilt nach § 2 Abs. 3 RVG., wenn Akten verloren gegangen sind. Die Vermutung spricht gegen absichtliche Herbeiführung der Beschädigung (§ 2 Abs. 4 RVG.); die Entscheidung im kriegsgerichtlichen Verfahren enthebt die Versorgungsbehörden nicht der selbständigen Prüfung des Falles (E. I, 179). — Das Zugeständnis einer Tatsache seitens des Fiskus in einem Bescheide hat die Beweislast für das Gegenteil zur Folge; vgl. Anm. 3c zu § 65. Auch für die Unrichtigkeit eines Bescheides (§ 65 Abs. 2) trifft den Fiskus die Beweislast.

Bei Verschollenen wird bis zu dem Tage, der als Todestag festzusetzen ist, das Fortleben und, sobald die Todeserklärung gerichtlich ausgesprochen ist, von dem genannten Tage ab der Tod vermutet (§§ 18, 19 BGB.). Über Todeserklärung Kriegsverschollener vgl. VO. vom 18. 4. 16 (RGBl. S. 296) in der Fassung der Bek. vom 9. 8. 17 (RGBl. S. 703) und des Ges. vom 20. 2. 25 (RGBl. I S. 15), im übrigen §§ 13ff. BGB. und §§ 960ff. ZPO. — Vermutet wird auch die Vaterschaft des Ehemanns der Mutter (§ 1591 BGB.).

Ohne Zulassung des Gegenbeweises gilt nach §§ 34, 36 RVG. der Tod als Folge einer DB., wenn der Beschädigte an einem Leiden gestorben ist, das als Folge von DB. anerkannt war, und für das er bis zu seinem Tode Rente bezogen hat; vgl. Anm. 1c zu § 65.

2. a) Das Gericht muß unabhängig von den seitens der Parteien gegen die angefochtene Entscheidung oder das Rechtsmittel erhobenen Einwendungen alle Voraussetzungen des Anspruchs nachprüfen. Die Spruchbehörde muß z. B. den ablehnenden Bescheid bestätigen, wenn sie zwar den vom Fiskus allein geltend gemachten Ablehnungsgrund, daß DB. nicht vorliege oder daß der Anspruch durch Fristablauf erloschen sei (§§ 52ff. RVG.), als unrichtig ansieht, aber zu der Überzeugung kommt, daß der Kläger nicht der deutschen Wehrmacht (§ 1 RVG.) und auch nicht dem Kreise der im § 96 RVG. genannten Personen angehört habe. Es darf jedoch nicht gegen das Verbot der reformatio in peius verstoßen werden (Anm. 1e). Da die Begründung nicht an der Rechtskraft teilnimmt, liegt in der Bestätigung der Entscheidung unter Änderung der Gründe ein solcher Verstoß nicht (vgl. E. I, 144).

b) Die Spruchbehörden dürfen prüfen, ob ein Gesetz verfassungsmäßig zustandegekommen ist (E. IV, 188). Für die Spruchbehörden ebenso bindend wie die Gesetz selbst sind die Ausführungsbestimmungen, soweit sie auf Grund des § 114 Abs. 1 RVG. ergangen sind. Bei anderen Ausführungsbestimmungen können die Spruchbehörden prüfen, ob sie mit dem Gesetz in Einklang stehen. — Für die Verjährung von Rückständen sind die Grundsätze des bürgerlichen Rechtes anwendbar. Die Verjährung ist nur auf Einrede zu berücksichtigen (E. II, 74).

c) Wesentliche Gesichtspunkte für den Umfang der zu treffenden Entscheidung ergeben sich aus der Einheitlichkeit des Versorgungsanspruchs†) und der Selbständigkeit der einzelnen Versorgungsarten.

Die im § 3 RVG. in einer Nummer zusammengefaßten Leistungen bilden je eine selbständige Versorgungsart. Heilbehandlung (Nr. 1) und Rente (Nr. 3) sind z. B. selbständige Hauptansprüche. Krankengeld und Hausgeld (Nr. 1) sind Nebenansprüche zur Heilbehandlung, Pflegezulage und Zusatzrente (Nr. 3) Nebenansprüche zur Rente. Die Anmeldefrist (§ 52 RVG.) muß für jede Versorgungsart besonders gewahrt werden (E. VI 123, 190 unter Aufgabe von E. V, 38), wird aber bezüglich sämtlicher Nebenansprüche derselben Versorgungsart durch ein und denselben Antrag gewahrt; so kann nach Bewilligung der Rente die Pflegezulage nicht wegen Fristversäumnis abgelehnt werden (E. VI, 217). Dagegen wirkt die Rechtskraft der über eine Versorgungsart (z. B. Rente) getroffenen Entscheidung auch für die übrigen Versorgungsarten (z. B. Beamtenschein). Innerhalb der einzelnen Versorgungsarten folgt aus der Gesamtheit der anspruchsbegründenden Tatsachen (z. B. bestimmte MdE. als Folge von DB.), nur ein einheitlicher Anspruch. So ist eine einheitliche Rente festzusetzen, auch wenn mehrere Leiden als Folge einer DB. bestehen oder mehrere DB.en den Gesundheitszustand beeinträchtigt haben oder endlich eine Beeinträchtigung der körperlichen Unversehrtheit (§ 25 Abs. 3 RVG. und VO. vom 1. 9. 20/21. 12. 27 — RGBl. 20 S. 1633; 27 I S. 491) mit einer durch ein weiteres Leiden hervorgerufenen MdE. zusammentrifft (E. I, 79, 185; II, 235; IV, 115); vgl. jedoch unten den übernächsten Absatz. In solchen Fällen sind weder mehrere Renten festzusetzen, noch kann die MdE. durch einfaches Zusammenrechnen der auf die einzelnen Leiden entfallenden MdE. bestimmt werden (E. I, 185). Aus demselben Grunde sind auch mehrere Kriegszulagen selbst bei Teilnahme an mehreren Kriegen nicht möglich (E. II, 103). Der Zahlungsbeginn für die einzelnen (weiteren) Ansprüche oder Anspruchsteile richtet sich jedoch nach den §§ 55, 56 RVG. (E. VIII, 46). Die Schätzung der auf die einzelnen Leiden entfallenden MdE., die der Gesamtschätzung zugrunde liegt, ist nur Berechnungsgrundlage, so daß sie weder in Rechtskraft übergeht (Anm. 3d zu § 65), noch auch für die Spruchbehörde bindend ist, wenn diese den Kreis der zu berücksichtigenden Leiden weiter oder enger zieht. Nur die Herabsetzung der Gesamtschätzung, nicht der zu-

---

†) Vgl. die Zusammenstellung der Rechtsprechung des RVGer. im RABl. 26 nichtamtl. Teil S. 292*—94*; ferner vom RVGer. abweichend Christoph, Über die Einheitlichkeit usw., a. a. O. S. 294*—96*; s. auch Prahler, Die Einheitlichkeit usw., VersB. 27/28 S. 130—132. Über Schäden während mehrerer Dienstleistungen vgl. v. Olshausen-Dorn S. 184/85.

grunde liegenden Einzelschätzungen, ist nach dem Verbot der reformatio in peius (vgl. Anm. 1 e) ausgeschlossen (E. I, 144). Macht der Kläger im Spruchverfahren geltend, daß noch ein weiteres, bisher nicht geltend gemachtes Leiden bestehe, so kann er damit nicht auf ein besonderes Verfahren verwiesen werden, weil darin nur eine weitere Begründung des erhobenen Anspruchs liegt (E. I, 79; II, 235); ebenso, wenn er sein Leiden auf eine andere, bisher nicht geltend gemachte DB. stützt. Behauptet er aber, daß erst im Laufe des Verfahrens sein Leiden sich verschlimmert habe oder ein weiteres Leiden hinzugetreten sei, so behauptet er damit eine Erweiterung seines Anspruchs, die von der Spruchinstanz im selben Verfahren berücksichtigt werden kann, aber nicht muß (vgl. Anm. 1 d zu § 125). Da der Rentenanspruch stets als im ganzen Umfange geltend gemacht anzusehen ist, so gilt ein in der Entscheidung nicht berücksichtigtes Leiden als aberkannt. Es kann daher später nur wegen Änderung der Verhältnisse nach § 57 RVG. geltend gemacht werden und führt dann, falls es noch einen Rechtsanspruch begründen kann (vgl. unten den übernächsten Absatz) zur Festsetzung einer einheitlichen Rente für den gesamten Leidenszustand (E. VII, 164). Ebenso kann der schon vor der Entscheidung eingetretene Tod eines weiteren Sohnes nicht mehr nachträglich zwecks Erhöhung der Elternrente (§ 46 Abs. 2 RVG.) geltend gemacht werden (E. VIII, 256). Ferner kann der Anspruch nach rechtskräftiger Verneinung des ursächlichen Zusammenhangs mit einer DB. nicht mehr auf einen anderen Vorgang, eine andere DB. gestützt werden. Insoweit kann also auch von einer prozessualen Einheitlichkeit des Rentenanspruchs, der Notwendigkeit, alle bestehenden Leiden wie auch alle angeblichen Zusammenhänge mit DB. im selben Verfahren geltend zu machen, gesprochen werden. Ein Verzicht des Reichsfiskus auf die Rechtskraft (§ 71) erfaßt den Rentenanspruch — abgesehen von zeitlichen Einschränkungen (E. II, 39; III, 171) — in seinem ganzen Umfang, so daß im anschließenden Spruchverfahren auch wieder weitere Leiden geltend gemacht werden können (E. III, 171). Der Begriff der DB. ist nach MVG. und RVG. einheitlich, obschon die Gesundheitsstörung im MVG. als DB., im RVG. als Folge von DB. bezeichnet wird (E. I, 194; III, 179). Überhaupt ist der Anspruch nach dem RVG. zusammen mit dem früheren Anspruch nach dem MVG. als ein einheitlicher Anspruch anzusehen, so daß über Ansprüche nach dem RVG. im Spruchverfahren erst nach erfolgter Umanerkennung durch die Verwaltungsbehörden entschieden werden konnte (E. I, 236). Nur für diejenigen Personen, deren Rente von 10 v. H. nach § 103 RVG. abgefunden ist, kam ein neuer selbständiger und deshalb unabhängig von § 57 RVG. zu beurteilender Anspruch in Frage (E. VI, 237).

Das RVGer. bezieht die Einheitlichkeit des Rentenanspruchs nicht nur auf den jeweils gegebenen Tatbestand und die daraus folgenden Ansprüche, sondern sieht die Ansprüche auch in ihrer zeitlichen Entwicklung als einheitlich an, und zwar sowohl hinsichtlich der Rechtskraft als auch hinsichtlich der Anmeldefrist (§ 52 RVG.). Die rechtskräftige Entscheidung über den ursächlichen Zusammenhang eines Leidens mit einer DB. ist bindend für spätere, nicht aus anderer Ursache entstandene Verschlimmerungen (E. IV, 125), dagegen nicht für hinzutretende weitere Leiden. Eine besondere Anmeldefrist (§ 52 RVG.) kommt nach fristgemäßer Anspruchsanmeldung für Verschlimmerung und Hinzutritt neuer Leiden nicht in Frage (E. VI, 133). Durch einen mangels DB. abgelehnten Antrag ist die Frist ein für allemal gewahrt (E. V, 272 und Dietz, VersB. 26/27 S. 155), ebenso wenn die Ablehnung mangels MdE. um mindestens 25 v. H. erfolgte (s. auch Prahler, VersB. 27/28 S. 132). Wird dagegen aus Verschlimmerung oder Hinzutritt eines weiteren Leidens der Anspruch auf eine andere Versorgungsart hergeleitet, so müssen für diese die Antragsfristen (§§ 52, 53 RVG.) besonders gewahrt sein, so für den Beamtenschein nach rechtzeitiger Anmeldung des Rentenanspruchs (E. VI, 123, 190; früher abweichend E. V, 38). Ein vor dem 1. 4. 20 gestellter Antrag auf den Anstellungsschein nach § 17 MVG. wahrt nicht die Frist für die Anmeldung des Anspruchs auf den Beamtenschein nach § 33 RVG. (E. VI, 197). Der Beamtenschein kann aber nach Maßgabe des § 53 Abs. 1 Nr. 1, 4, 5 und Abs. 3, aber nicht nach Abs. 1 Nr. 2, 3 RVG. nachträglich beantragt werden (E. VI, 190, 226; VII, 46).

Die vorstehenden Ausführungen (Anm. 2 c Abs. 2 und 3) gelten uneingeschränkt nur für die vor dem 27. 7. 30 gestellten Anträge und für die nach dem 26. 7. 30 gestellten Anträge solcher Personen, die erst nach dem 31. 7. 20 aus dem Militärdienst ausgeschieden sind. In allen anderen Fällen ist nämlich infolge der NotVO. vom 26. 7. 30 (RGBl. I S. 311) nachträgliche Antragstellung nach § 53 RVG. nicht mehr möglich und die Einheitlichkeit des Versorgungsanspruchs grundsätzlich durchbrochen. In diesen Fällen besteht, selbst wenn die Anmeldung früher rechtzeitig erfolgt ist, ein Rechtsanspruch auf Versorgung oder höhere Versorgung nur noch für die Verschlimmerung solcher Gesundheitsstörungen, für die am 31. 7. 30 Rente bezogen wurde; andernfalls kommen nur noch Kannbezüge oder Härteausgleiche allein oder neben der als Rechtsanspruch bezogenen Rente in Frage. Näheres s. Anm. 3 b zu § 65, Anm. 1 a zu § 78 und Anm. 3 b und 4 zu § 91.

Durch Teilurteil†) (über Teilbescheid s. Anm. 4 zu § 86) kann wohl die Entscheidung über eine selbständige Versorgungsart (z. B. den Beamtenschein) oder auch über einen Nebenanspruch (z. B. die Ausgleichszulage) vorbehalten werden (vgl. auch § 138), aber nicht die Berücksichtigung eines Tatbestandsteils, z. B. eines

†) Über End-, Teil-, Zwischenurteile vgl. auch Drittler, VersB. 30 S. 149.

Lungenleidens, während für eine Kopfverletzung bereits Rente festgesetzt wird. In solchen Fällen kann aber unter den Voraussetzungen des § 126 Zurückverweisung an eine Vorinstanz erfolgen. Ein Urteil, das sich nach § 127 Abs. 3 auf die Entscheidung der von den Parteien bemängelten Punkte beschränkt, ist kein Teilurteil, sondern ein Endurteil, weil es das Verfahren in vollem Umfang erledigt.

d) Die Anwendung der Gesetze auf den gegebenen Tatbestand und ihre Auslegung, also die rechtliche Würdigung ist ebenso wie die tatsächliche oder Beweiswürdigung Sache des Gerichts. Die Parteien können zwar die nach ihrer Ansicht maßgebenden rechtlichen Gesichtspunkte darlegen (Rechtsausführungen) und auf Gesetzesvorarbeiten, frühere Entscheidungen, Schrifttum usw. hinweisen, auch ihre Meinung über das Beweisergebnis äußern und näher begründen, sind aber hierzu nicht verpflichtet. Insoweit besteht also die in den §§ 80, 103 vorgesehene Pflicht der Beteiligten zur Mitwirkung bei der Aufklärung nicht. Ein wichtiges Hilfsmittel für die Auslegung der Gesetze sind die Entscheidungen des RVGer. und die für verwandte Vorschriften der Reichsversicherung ergangenen Entscheidungen des Reichsversicherungsamts. Näheres s. Anm. 1 zu § 141 und Fußnoten daselbst.

3. a) Wird das Rechtsmittel zurückgenommen, so ergeht ein Urteil nicht mehr. Das Verfahren findet damit seinen Abschluß, daß die abgegebene Erklärung in die Niederschrift aufgenommen wird (§ 124 Abs. 2 Nr. 1). Auf Antrag ist noch über die Erstattung der außergerichtlichen Kosten zu entscheiden. Näheres vgl. zu § 143. — Wird der Anspruch anerkannt, so gilt der Streit ebenfalls ohne Urteil als erledigt; das Anerkenntnis steht aber für die Berichtigung nach § 65 Abs. 2 einem Urteil gleich (E. VI S. 288). Über Anerkenntnis der Kostenpflicht vgl. zu § 143.

b) Das Anerkenntnis und die Zurücknahme des Rechtsmittels †) können nicht widerrufen werden. Das Anerkenntnis kann aber bis zum Erlaß eines Urteils wegen Mängel des Willens oder der Erklärung angefochten werden (JW. 87 S. 434; 89 S. 431 [7]). Die Zurücknahme eines Rechtsmittels kann nicht schon bei entschuldbarem, sondern nur bei unabwendbarem Irrtum angefochten werden (E. II, 67; III, 117; IX, 18). Bestreitet die Partei, daß eine Anerkenntnis oder eine wirksame Zurücknahme vorliegt, so ist darüber durch Urteil zu entscheiden.

4. § 90 Abs. 6 und 7 beziehen sich auf Angelegenheiten nach § 18 KPG. (Tumultschäden). Näheres s. Anm. 7 und 8 zu § 71. Im Falle des § 90 Abs. 6 sind die dem Lande ersatzpflichtigen Gemeinden und Gemeindeverbände nur „beteiligt", wenn sie zum Verfahren zugezogen oder ihm beigetreten sind. Ein Rechtsmittel kann hier nur von sämtlichen Streitgenossen, auch soweit sie es selbst nicht eingelegt haben, zurückgenommen werden.

---

†) Vgl. die Fußnote bei Anm. 2 zu § 124.

§ 126 *)

(1) Hebt das Gericht die angefochtene Entscheidung auf[1], so kann[2] es die Sache an die Vorinstanz[3] zurückverweisen[4]. Das Versorgungsgericht ist zur Zurückverweisung nur befugt, wenn das Verfahren an einem wesentlichen Mangel[5] leidet.

(2) Die Verwaltungsbehörde, an welche die Sache vom Reichsversorgungsgerichte zurückverwiesen wird, ist an die rechtliche Beurteilung[6] gebunden, die der Aufhebung des angefochtenen Bescheids zugrunde liegt[7].

*) Vgl. § 1690 Abs. 1, § 1715 Abs. 1 Satz 1, Abs. 2 RVO.; Rechtspr. dazu VersB. 27/28 S. 189 ff. — Im Zusammenhang mit der Beseitigung des Rekurses ist in der Bek. der Fassung vom 2. 11. 34 (RGBl. I S. 1113) in Abs. 1 „die Vorinstanz" statt „eine Vorinstanz" und in Abs. 2 „Die Verwaltungsbehörde" statt „Die Stelle" gesetzt worden; „Bescheids" statt „Urteils" in Abs. 2 beruht auf der Berichtigung RGBl. 34 I S. 1216. Über die Besonderheiten für die am 1. 12. 34 anhängigen Sachen vgl. unten Anm. 3 und 6.

AB. zu § 126

1. Durch die Aufhebung eines Bescheides und die Zurückverweisung der Sache an die Verwaltungsbehörde wird ein früherer Bescheid, der durch den im Spruchverfahren aufgehobenen Bescheid geändert worden war (RVG. § 57, VerfG. § 65 Abs. 2, Fünftes Gesetz zur Änderung des Gesetzes über das Verfahren in Versorgungssachen vom 3. Juli 1934, Artikel 2 — HdR. S. 768 a), nicht wiederhergestellt; denn das Urteil oder die Verfügung enthält in diesem Falle keine sachliche Entscheidung. Bis zum Erlaß des neuen Bescheides bemißt sich daher die einstweilige Leistungspflicht nach dem im Spruchverfahren aufgehobenen Bescheid, wenn nicht eine vorläufige Leistung nach § 128 angeordnet ist.

2. Der zu erlassende neue Bescheid darf nicht ungünstiger sein als der im Spruchverfahren aufgehobene Bescheid.

1. Die Entscheidung muß aufgehoben werden, wenn sie unrichtig ist oder das Verfahren der Vorinstanzen aus sachlichen oder formellen Gründen nicht als die ordnungsmäßige Grundlage der getroffenen Entscheidung anzusehen ist. Während das VGer. im Falle der Aufhebung zur Zurückverweisung †) nur dann befugt ist, wenn das Verfahren an einem wesentlichen Mangel leidet, besteht diese Einschränkung für das RVGer. nicht. Über Kostenentscheidung bei Zurückverweisung vgl. Anm. 1 zu § 143.

---

†) Drittler, Die Zurückverweisung (§ 126 VerfG.), VersB. 34 S. 184 ff.

2. Ob das Gericht von der Befugnis zurückzuverweisen Gebrauch machen will, hängt von seinem Ermessen ab; es kann einen erforderlichen Beweis selbst erheben oder die erforderlichen Erhebungen unter Zurückverweisung durch die untere Instanz vornehmen lassen. Dabei ist es unerheblich, ob der Kläger die Zurückverweisung selbst beantragt hat; andererseits kann er die Zurückverweisung auch nicht etwa erzwingen. Auch wesentliche Verfahrensmängel zwingen nicht zur Zurückverweisung. Ist die Sache spruchreif, empfiehlt es sich, daß das Gericht selbst entscheidet (E. I, 30), auch wenn dadurch eine Partei hinsichtlich sachlicher Voraussetzungen eine Instanz verliert (E. VI, 56). Die Gefahr des Verlustes einer Instanz berechtigt das VGer. nicht zur Zurückverweisung (Bay. LVGer. 18. 10. 27, II MV. 2856/26). Die Unterlassung sachlicher Prüfung bei Ablehnung wegen Fristversäumnis ist kein Mangel des Verfahrens (Bay. LVGer. a. a. O. und 12. 11. 27, II MV. 2428/27).

3. Nach Art. 3 des Ges. vom 3. 7. 34 (abgedruckt hinter den AB. zu § 90) bleiben für die am 1. 12. 34 anhängigen Berufungs-, Rekurs- und Wiederaufnahmeverfahren die bisherigen Vorschriften maßgebend, doch ist den VGer. (und dem Bay. LVG.) in diesen Sachen die Zurückverweisung an die (eine) Vorinstanz ausdrücklich untersagt (Satz 4 a. a. O.). Das RVGer. kann die am 1. 12. 34 bei ihm anhängigen Sachen an das VGer. oder an die Verwaltungsbehörde zurückverweisen. Ob es zur Zurückverweisung auch in den am 1. 12. 34 bei einem VGer. anhängig gewesenen und inzwischen durch Rekurs an das RVGer. gelangten Sachen befugt ist, erscheint zweifelhaft; der Wortlaut des Art. 3 Satz 4 a. a. O. („einer in diesem Zeitpunkt bei den VGer. anhängigen Sache") spricht dafür, der Wortlaut der zugehörigen AB. Nr. 2 Abs. 3 („im Verfahren vor den VGer.") spricht dagegen.

4. Auch im Falle der Zurückverweisung besteht das Verbot der reformatio in peius (vgl. Anm. 1e zu § 125); wie das entscheidende Gericht den Kläger nicht selbst schlechter stellen kann, so wird auch eine solche Schlechterstellung nicht durch die Zurückverweisung ermöglicht. Es darf also weder die Spruchbehörde der Aufhebung eine — nach Abs. 2 u. U. bindende — Rechtsauffassung zugrunde legen, die zu einem ungünstigeren Ergebnis führen würde, noch auch dürfen die Instanzen bei ihrer erneuten Entscheidung den Kläger schlechter stellen als in dem aufgehobenen Urteil.

5. a) Ein wesentlicher Mangel des Verfahrens†) liegt stets vor, wenn es sich um einen Verstoß gegen eine zwingende — verfahrensrechtliche — Vorschrift zum Schutze öffentlicher Interessen handelt; dient die verletzte zwingende Vorschrift lediglich zum Schutze der Parteien oder einer Partei, so kommt es darauf an,

†) Zahlreiche Beispiele von Verfahrensmängeln s. in der Zusammenstellung der Rechtsprechung des RVA. zu § 1690 Abs. 1 RVO. in VersfV. 27/28 S. 189 ff.

welchen Wert das zu schützende Recht für diese hat, und in welchem Maße die verletzte Vorschrift diesen Schutz zu sichern bestimmt und geeignet ist (vgl. E. II, 111). Das Vorliegen eines wesentlichen Verfahrensmangels berechtigt, aber verpflichtet nicht das VGer. — ebenso das RVGer. — zur Zurückverweisung; das Gericht kann unter Heilung des Mangels selbst sachlich entscheiden.

b) Als wesentliche Mängel des Verfahrens sind insbesondere auch die Verletzung der amtlichen Ermittelungspflicht (§ 80) und ungenügende Begründung des Bescheides (§ 86; E. X, 104) anzusehen. Auch wird ein wesentlicher Mangel des Verfahrens stets dann anzunehmen sein, wenn einer der im § 66 Nr. 1—9 aufgeführten Verfahrensmängel gegeben ist. Unrichtigkeit der Entscheidung ist kein Verfahrensmangel, aber wohl unzureichende Prüfung der Sach- und Rechtslage.

6. a) Eine Bindung besteht nur bezüglich der „rechtlichen Beurteilung", d. h. der Anwendung des Gesetzes auf den festgestellten Sachverhalt. Zur „rechtlichen Beurteilung" gehört auch die Feststellung einer Anspruchsvoraussetzung, z. B. des ursächlichen Zusammenhangs mit einer DB., in den Gründen des Urteils. Im übrigen können weitere Beweise erhoben, auch die früher erhobenen anders gewürdigt werden. Auf diese Weise kann u. U. ein anderer Sachverhalt festgestellt werden, so daß auch andere Rechtssätze anzuwenden sind und deshalb die vom RVGer. ausgesprochene Rechtsauffassung für den Fall bedeutungslos ist. Hat z. B. das RVGer. eine Sache zurückverwiesen mit der Begründung, daß der vom Kläger ausgeübte Beruf — entgegen der Ansicht der Vorinstanz — die Gewährung der Ausgleichszulage rechtfertige (§ 28 RVG.), so kann diese trotzdem wieder abgelehnt werden, wenn sich nunmehr ergibt, daß der Kläger diesen Beruf gar nicht ausgeübt hat. Die Erhebung einzelner bestimmter Beweise kann das Gericht nur dann bindend anordnen, wenn es annimmt, daß der Sachverhalt sich auf andere Weise nicht aufklären lasse (E. X, 104). Gelangt die Sache im weiteren Verfahren erneut an das RVGer., so ist dieses an seine frühere Rechtsauffassung ebenfalls gebunden. — Wird eine Sache vom VGer. an die Verwaltungsbehörde zurückverwiesen, so ist diese an die vom VGer. zugrunde gelegte rechtliche Beurteilung nicht gebunden.

b) Aus Art. 3 des Ges. vom 3. 7. 34 (abgedruckt hinter den AB. zu § 90) ergibt sich, daß die rechtliche Beurteilung durch das RVGer. auch für das VGer. bindend ist, wenn das RVGer. eine Sache vor oder nach dem 1. 12. 34 an das VGer. zurückverwiesen hat (oben Anm. 3).

c) Unabhängig von Zurückverweisungen ist eine Bindung der VGer. — nicht der Verwaltungsbehörden — an die Entscheidungen des RVGer. in § 129 vorgesehen.

7. Rechtsausführungen im Urteil des RVGer., die nur nebenbei geäußert sind, also für die Zurückverweisung nicht ausschlaggebend waren, sind nicht bindend.

§ 127 *)

(1) Hält das Gericht den Anspruch für begründet[1], so stellt es in der Regel zugleich Betrag und Beginn der Leistung fest[2]. Soweit über den Betrag entschieden wird, muß aus der Entscheidung die Art der Berechnung[3] ersichtlich sein.

(2) Das Gericht kann unter Angabe von Gründen sich darauf beschränken, über den Grund des Anspruchs[4] und über alle oder einzelne Grundlagen für die Berechnung der Leistungen zu entscheiden.

(3) In gleicher Weise kann das Gericht sich auf die Entscheidung der Punkte beschränken, die von den Parteien bemängelt werden[5].

*) Vgl. §§ 1668, 1679, 1701 RVO.; Rechtspr. dazu VersV. 27/28 S. 191.

1. Ein Anspruch ist begründet, wenn diejenigen Tatsachen sämtlich erwiesen sind, von deren Vorliegen das Gesetz das Bestehen des Anspruchs abhängig macht; darüber, wann eine Tatsache erwiesen ist, vgl. Anm. 1 b zu § 125. Wird nur eine Voraussetzung (z. B. DB.) als erwiesen angesehen, während die übrigen noch der Aufklärung bedürfen, so kann das RVGer. ohne weiteres, das VGer. aber nur beim Vorliegen eines wesentlichen Verfahrensmangels eine Zurückverweisung an die Vorinstanz aussprechen (§ 126).

2. Die Vorschrift des Abs. 1 über die Feststellung der Leistung entspricht im wesentlichen der für den Bescheid im Verwaltungsverfahren im § 86 Abs. 2 gegebenen, da die Spruchbehörden zutreffendenfalls an Stelle der Verwaltungsbehörden die Rente feststellen. Wenn das Gericht aber den Anspruch des Klägers für begründet hält, ist es nicht angängig, lediglich den Bescheid der Verwaltungsbehörde aufzuheben, ohne eine sachliche Entscheidung zu fällen, vielmehr muß in solchen Fällen stets zum mindesten dem Grunde nach entschieden oder die Sache an die Vorinstanz zurückverwiesen werden. Anders als die Verwaltungsbehörde braucht das Gericht aber nicht stets den Betrag der Leistung festzusetzen, weil es hierzu nicht selten eingehender Ermittelungen bedarf, die besser durch die Verwaltungsbehörden vorgenommen werden. Wird in Ausführung des Urteils ein Bescheid oder eine Benachrichtigung erlassen, so ist dagegen die Berufung nur bezüglich der im Urteil nicht entschiedenen Punkte zulässig. Näheres s. Ziff. II der AB. zu § 86. — Über Festsetzung eines Endtermins für die Rentenzahlung vgl. E I, 107, 113, 132.

3. Wegen der Art der Berechnung vgl. Anm. 5 zu § 86.

4. a) Das Gericht darf dem Grunde nach, aber — abgesehen von der Feststellungsklage; s. unten b — nicht allein über einzelne Voraussetzungen des Anspruchs, z. B. die frühere Zugehörigkeit zur Wehrmacht usw., entscheiden. Die Zuerkennung dem Grunde nach kann nur erfolgen, wenn sämtliche Voraussetzungen des Anspruchs feststehen und nur noch die zahlenmäßige Höhe zweifelhaft ist. Es ist nicht angängig, einen Anspruch in bedingter Weise, also unter Vorbehalt der Entscheidung über eine oder mehrere Voraussetzungen zuzuerkennen. Bei Klagen von Beschädigten nach dem RVG. muß deshalb z. B. vorher festgestellt sein, daß die als Folge einer DB. aufzufassende Minderung der Erwerbsfähigkeit mindestens 25 v. H. beträgt (vgl. § 24 RVG.). Wenn die zunächst streitige DB. anerkannt wird, aber zweifelhaft bleibt, ob die MdE. mindestens 25 v. H. beträgt, kann nur Zurückverweisung an die Vorinstanz erfolgen, falls die Voraussetzungen dafür (§ 126) gegeben sind.

b) Bei Einführung der Feststellungsklage durch Ges. vom 17. 3. 28 (RGBl. I S. 63 und RVBl. Nr. 44; vgl. Anm. 12 bis 20 zu § 37) ist § 127 unverändert in Geltung geblieben. Nur der Umfang der Entscheidungsbefugnis ist im § 37, die Art der Erledigung aber im § 127 geregelt. Ein reines Feststellungsurteil kann natürlich ergehen, wenn ein Anspruch gar nicht erhoben ist und, soweit ersichtlich, noch nicht erhoben werden kann (vgl. Anm. 14 zu § 37). Wird aber ein Anspruch geltend gemacht, so gilt § 127. Das Gericht kann sich dann nur „unter Angabe von Gründen" (§ 127 Abs. 2, 3) auf die Feststellung des ursächlichen Zusammenhangs mit einer DB. beschränken. Sonst muß es — wenn nicht Zurückverweisung nach § 126 möglich ist — nach § 127 Abs. 2 zum mindesten über den Grund, d. h. sämtliche Voraussetzungen (oben Anm. 4 a), und die Grundlagen der Berechnung des Anspruchs entscheiden. Als hinreichender Grund für eine Beschränkung auf die Feststellung des ursächlichen Zusammenhangs des Leidens mit einer DB. wird z. B. die Tatsache in Frage kommen, daß über eine an sich noch nicht genügend belegte Voraussetzung eine Meinungsverschiedenheit nicht zu erwarten ist, was aber hinsichtlich des Grades der MdE. durchweg nicht der Fall sein wird. Für das VGer. genügt hier nicht der Hinweis, daß die übrigen Voraussetzungen von der Vorinstanz noch nicht geprüft sind; denn darin würde eine Zurückverweisung der Sache an die Vorinstanz liegen, die nach § 126 dem VGer. in Ermangelung eines wesentlichen Verfahrensmangels nicht gestattet ist.

5. a) Der Gesetzgeber ist davon ausgegangen, daß es genügt, aber auch erforderlich ist. daß das Gericht über die Punkte entscheidet, deren Entscheidung notwendig ist, um den Streit der Parteien endgültig und möglichst ohne Anhängigmachen eines weiteren Spruchverfahrens zu schlichten †). Es kann z. B. eine Entscheidung

---

†) Drittler, Zur Auslegung des § 127 Abs. 3 VerfG., VerfB. 30 S. 147.

lediglich über die Ausgleichszulage nach § 28 RVG. ergehen, wenn allein darüber Streit besteht. Im Urteil kann insbesondere auch die Berücksichtigung bereits geleisteter Vorschüsse oder sonstiger Zahlungen ausdrücklich oder stillschweigend vorbehalten werden (Begr.). Wenn weder im Tenor noch in der Begründung des Urteils hierauf eingegangen ist, so folgt daraus, daß das Gericht die Entscheidung über diese Punkte hat vorbehalten wollen. Auch die Berücksichtigung der Ruhensvorschriften oder weiterer Ruhensvorschriften gilt stets ohne besonderen Hinweis als vorbehalten (RVGer. 14. 11. 27 = JW. 28 S. 438†); ferner RVBl. 27 Nr. 74[4] und E. IX, 22).

b) Die Beschränkung des Gerichts auf die Entscheidung einzelner Punkte darf nicht zum Erlaß eines Feststellungsurteils über andere Punkte als den ursächlichen Zusammenhang des Leidens mit einer DB. (für diesen Fall vgl. Anm. 4) führen. Ist z. B. nur die Zugehörigkeit zum Heere streitig, so darf das Gericht nicht lediglich die Zugehörigkeit verneinen oder bejahen, vielmehr ist im ersten Falle die Berufung zurückzuweisen, im letzten — falls nicht Zurückverweisung nach § 126 möglich ist — nach Abs. 2 zu verfahren.

§ 128 *)[1]

Wird nach § 126 die Sache an die Vorinstanz zurückverwiesen oder nach § 127 Abs. 2 nur über den Grund des Anspruchs entschieden, so kann das Gericht auf Antrag eine vorläufige Leistung von bestimmter Höhe anordnen[2], wenn der Kläger bedürftig ist. Die Anordnung ist nicht anfechtbar[3].

*) Vgl. § 1668 Abs. 2, § 1690 Abs. 2, § 1715 Abs. 1 Satz 2 RVO.; Rechtspr. dazu VersB. 27/28 S. 191. — Durch Ges. vom 22. 12. 22 (RGBl. I S. 982) ist in Satz 1 ein Zusatz gestrichen worden, der die vorläufige Leistung auf bestimmte Rententeile beschränkte.

1. Die Vorschrift des § 128 trifft dagegen Vorkehrung, daß der VersBerechtigte wegen der Zurückverweisung und der damit verbundenen Verzögerung des Verfahrens Not leidet.

2. Die Anordnung und die Festsetzung der Höhe der Leistung erfolgt im Urteil.

3. Ein Rechtsmittel gegen die Anordnung ist mithin nicht gegeben. Der Kläger kann aber nicht unter allen Umständen damit rechnen, daß ihm die als vorläufige Leistung gezahlten Beträge auf alle Zeit verbleiben. Ergibt sich nachträglich, daß die vorläufige Leistung z. B. zu hoch war, so muß der Empfänger die überzahlten Beträge nach allgemeinen Grundsätzen zurückerstatten.

---

†) Dazu Diefenbach, JW. 28 S. 438.

§ 129*)

Will das Versorgungsgericht[1] von einer amtlich veröffentlichten grundsätzlichen Entscheidung[2] des Reichsversorgungsgerichts abweichen[3] oder handelt es sich um eine noch nicht feststehende Auslegung gesetzlicher Vorschriften von grundsätzlicher Bedeutung, so hat es die Sache an das Reichsversorgungsgericht abzugeben[4]. Der Abgabebeschluß[5] muß die Rechtsauffassung des Gerichts begründen und den Beteiligten zugestellt[6] werden. Das Reichsversorgungsgericht entscheidet an Stelle des Versorgungsgerichts[7].

*) Vgl. §§ 1693, 1799 RVO.; Rechtspr. dazu VersB. 27/28 S. 191 f. — Bis zur Beseitigung des Rekurses zum 1. 12. 34 war Abgabe an das RVGer. nur in nicht rekursfähigen Sachen geboten; nach Art. 3 des Ges. vom 3. 7. 34 (RGBl. I S. 544) bleibt für die am 1. 12. 34 anhängigen Berufungen die bisherige Fassung maßgebend.

1. Nur die VGer. sind an die amtlich veröffentlichten Entscheidungen des RVGer. gebunden. Für eine entsprechende Bindung der Verwaltungsbehörden besteht kein Bedürfnis, weil der Berechtigte gegen den Bescheid Berufung einlegen kann. Die Verwaltungsbehörden werden aber von der Rechtsprechung des RVGer. nur abweichen, wenn Aussicht besteht, daß auf dem Wege über § 130 (Großer Senat) eine Änderung der Rechtsprechung herbeigeführt werden kann.

2. Eine amtlich veröffentlichte grundsätzliche Entscheidung liegt nur vor, wenn sie von dem Senat für grundsätzlich erklärt und gemäß dem Beschlusse des Präsidiums (vgl. § 33) in den Entscheidungen des RVGer. veröffentlicht worden ist (vgl. § 141).

3. Die Bindung der VGer. an die amtlich veröffentlichten grundsätzlichen Entscheidungen des RVGer. war vor der Beseitigung des Rekurses auf die nicht rekursfähigen Sachen beschränkt, sie ist, weil jetzt die VGer. innerhalb ihrer sachlichen Zuständigkeit (§ 90) stets endgültig entscheiden, auf alle Entscheidungen ausgedehnt worden. Die VGer. in Bayern sind an die veröffentlichten grundsätzlichen Entscheidungen des Bay. LVGer. nicht mehr gebunden, da mit dessen Aufhebung der bisherige § 154 gestrichen worden ist; ihre Bindung an die Rechtsprechung des RVGer. ist im bisherigen Umfang bestehen geblieben. Die grundsätzlichen Entscheidungen des Reichsversicherungsamts und der Landesversicherungsämter, auch soweit sie zu wörtlich übereinstimmenden Vorschriften der Reichsversicherung ergangen sind, binden die VGer. nicht, können aber für die Auslegung herangezogen werden; Hinweise s. Anm. 1 zu § 141.

4. a) Das VGer. hat von Amts wegen über die Abgabe zu

befinden; den Parteien steht ein Antragsrecht nicht zu. Es braucht nicht die Abgabe der Sache in ihrer Gesamtheit erfolgen, vielmehr ist es auch zulässig, nur einen Teil an das RVGer. abzugeben, soweit ein Teilurteil zulässig ist (vgl. Anm. 4 zu § 86 und Anm. 2c zu § 125). Abgabe allein wegen der außergerichtlichen Kosten ist aber unzulässig (E. IV, 36).

b) Ein Abgabebeschluß ist aufzuheben, wenn zur Zeit der Entscheidung durch das RVGer. die Rechtslage, auf der die fragliche Entscheidung des RVGer. beruht, durch die Gesetzgebung geändert oder die Auslegung der fraglichen Gesetzesvorschrift durch die Gesetzgebung oder die Rechtsprechung des RVGer. geklärt ist (E. X, 89). Ein unzulässiger Abgabebeschluß kann vom VGer. — z. B. auf Vorstellungen seitens des RVGer. — aufgehoben werden, andernfalls ist er vom RVGer. aufzuheben. Mit der Aufhebung wird die Sache ohne ausdrückliche Zurückverweisung in die Lage vor Erlaß des Abgabebeschlusses zurückversetzt (E X, 89).

5. Der Abgabebeschluß hat in einem Termin zur mündlichen öffentlichen Verhandlung zu ergehen, von dem die Parteien zu benachrichtigen sind. Abgabe durch Verfügung des Vorsitzenden ohne mündliche Verhandlung ist nicht möglich (vgl. auch AN.RVA. 25 S. 246).

6. Die Zustellung des Abgabebeschlusses an die Beteiligten ist vorgeschrieben, damit diese in der Lage sind, im Verfahren vor dem RVGer. Einwendungen gegen die Rechtsauffassung der verweisenden Kammer des VGer. geltend zu machen.

7. Das RVGer. hat die Zulässigkeit einer vom VersGer. zugelassenen Wiederaufnahme des Verfahrens nachzuprüfen (E. V, 79).

§ 130*)

(1) Will ein Senat des Reichsversorgungsgerichts in einer grundsätzlichen Rechtsfrage 1 von einer früheren Entscheidung eines anderen Senates abweichen, so hat er die Sache zur Entscheidung an den Großen Senat (§ 34) zu verweisen 2. Das gleiche gilt, wenn ein Senat von einer Entscheidung des Großen Senats selbst abweichen will.

(2) Der verweisende Senat hat in dem Verweisungsbeschlusse die Entscheidung, von der er abweichen will, zu bezeichnen und seine eigene Rechtsauffassung zu begründen.

*) Vgl. § 1717 RVO.; § 21 RVAO.; Rechtspr. dazu VersV. 27/28 S. 192.

1. Die frühere Entscheidung, von der abgewichen werden soll, braucht von dem erkennenden Senat nicht gemäß § 141 für grundsätzlich erklärt worden zu sein; daß sie von dem Präsidium (§ 33) auch zur Veröffentlichung in den „Entscheidungen des RVGer." bestimmt worden ist, ist gleichfalls nicht erforderlich. Voraussetzung für die Verweisung an den Großen Senat †) ist aber, daß die frühere Entscheidung auf der grundsätzlichen Rechtsfrage beruht, in welcher der verweisende Senat abweichen will. Die Verweisung ist daher nicht erforderlich, wenn die abweichende Rechtsansicht in der früheren Entscheidung in den Gründen nur nebenher geäußert worden ist, selbst wenn sie eingehend begründet worden und grundsätzlich ausgesprochen ist. Die Fassung des einer Entscheidung vorangestellten Grundsatzes ist, wie bei § 66 Abs. 1 Nr. 12 (E. VIII, 66), nicht maßgebend. Ärztliche Auffassungen und andere Tatfragen können nicht zur Verweisung führen. Liegen widersprechende Entscheidungen zweier Senate vor, so macht die Abweichung sowohl von der einen wie von der anderen Verweisung nötig. Eine Entscheidung eines Senats, die von einer vorher ergangenen Entscheidung des Großen Senats abweicht, gibt zur Verweisung keinen Anlaß. Bei der gegenwärtigen Zusammensetzung ist auch der Senat mit der gleichen Bezeichnung stets ein „anderer Senat" im Sinne des § 130 Abs. 1 Satz 1.

2. Der verweisende Senat bestimmt eins seiner Mitglieder, das für die Entscheidung der Sache in den Großen Senat eintritt (vgl. § 34 Abs. 4). Vom Präsidium bestimmte Mitglieder des Großen Senats (§ 34 Abs. 3), die am Verweisungsbeschlusse mitgewirkt haben, sind weder von der Mitwirkung im Großen Senat nach § 42 Abs. 1 Nr. 7 ausgeschlossen, noch befangen im Sinne des § 43 (vgl. Anm. 3 zu § 43). Die Zurücknahme der Verweisung durch den verweisenden Senat erscheint zulässig, wenn die Voraussetzungen für die Verweisung nicht mehr für gegeben erachtet werden. Hält der Große Senat die Voraussetzungen der Verweisung nicht für gegeben, so verweist er die Sache an den verweisenden Senat zurück. Verweisung, Rücknahme und Rückverweisung ergehen durch Beschluß, der den Parteien zuzustellen ist.

VI. Beratung und Abstimmung. Verkündung der Entscheidungen

§ 131 *)

(1) Bei Entscheidungen auf Grund einer Verhandlung dürfen nur Mitglieder mitwirken, die an der Verhandlung teilgenommen haben[1].

(2) Die Beratung und Abstimmung schließen sich unmittelbar an die Verhandlung an[2] und sind nicht öffentlich[3]. Die Anwesenden sind verpflichtet, den Hergang und

---

†) Drittler, Die Verweisung an den Großen Senat nach § 130 VersG. (und § 1717 RVO.), VersB. 33 S. 26 ff.

das Stimmenverhältnis geheimzuhalten[4]. Außer den zur Entscheidung Berufenen und dem Schriftführer dürfen nur die bei dem Gerichte zu ihrer Ausbildung beschäftigten Personen zugegen sein[5], soweit der Vorsitzende ihnen die Anwesenheit gestattet.

(3) Der Vorsitzende leitet die Beratung, stellt die Fragen und sammelt die Stimmen.

*) Vgl. §§ 49, 50 ArbGG., § 34 OVGO.. §§ 30, 31 Abs. 2 RVGO.; Rechtspr. dazu VersR. 27/28 S. 192. — In Abs. 2 Satz 1 des § 131 ist das Wort „unmittelbar" durch Ges. vom 17. 3. 28 (RGBl. I S. 63) eingefügt.

AB. zu § 131 Abs. 2

Die Vorschrift des § 131 Abs. 2 Satz 1 bringt zum Ausdruck, daß in jeder Streitsache unmittelbar nach Beendigung der mündlichen Verhandlung die Beratung stattzufinden hat, daß es also unzulässig ist, mehrere Streitsachen nacheinander zu verhandeln und dann erst in eine Beratung über sie einzutreten.

1. Tritt vor Abschluß der Abstimmung eine Verhinderung eines Mitgliedes ein, so kann wegen Beschlußunfähigkeit des Gerichts eine Entscheidung nicht ergehen. Wenn während oder nach Abschluß der Verhandlung ein anderer als Mitglied eintritt, muß zunächst die ganze Verhandlung wiederholt werden.

2. Bis zum 1. 4. 28 war es zulässig, mehrere Sachen hintereinander zu verhandeln und dann erst die Beratung vorzunehmen. Die jetzige Fassung über den unmittelbaren Anschluß der Beratung und Abstimmung steht aber einer kürzeren oder längeren Unterbrechung der Beratung nicht entgegen, wenn sie zur Klärung einer aufgetretenen Rechtsfrage angezeigt erscheint. Die tatsächlichen Unterlagen dagegen können nach Abschluß der mündlichen Verhandlung nur durch deren Wiedereröffnung ergänzt werden.

3. Findet die Beratung und Abstimmung statt, ohne daß das Gericht sich in das Beratungszimmer zurückgezogen oder die Beteiligten und die etwaigen Zuhörer hat abtreten lassen, so liegt darin ein Verstoß gegen Abs. 2 Satz 1. Die Anwesenheit der Parteien im Beratungszimmer ist zulässig, sofern sie nur wesentliche Teile der Beratung nicht wahrzunehmen vermögen, dagegen ist es unzulässig, daß das Gericht die eine Partei abtreten läßt, der anderen aber die Anwesenheit im Sitzungssaale, in dem die Beratung stattfindet, gestattet (E. II, 273). Die Beratung muß den Gerichtsmitgliedern Gelegenheit zur freien Aussprache geben. Wenn es auch in Ausnahmefällen zulässig ist, so widerspricht es doch im Regelfalle dem Sinne des § 131, wenn das Gericht sich nur dann zur Beratung zurückzieht, wenn ein Beisitzer eine Aussprache wünscht oder die Frage des Vorsitzenden, ob Bedenken bestehen, bejaht oder die

Sache „nicht einfach" liegt (E. IV, 260). Bei dem erschienenen Kläger kann sonst leicht der Eindruck entstehen, daß das Gericht die Sache nicht mit der gebührenden Sorgfalt prüfe oder gar nach einer vorgefaßten Meinung entscheide. In der Praxis wird es für zulässig erachtet, daß der Vorsitzende in ganz zweifelsfreien Sachen ohne Ausschluß der Öffentlichkeit sich der Übereinstimmung sämtlicher Beisitzer vergewissert. Stimmt auch nur ein Beisitzer nicht zu, so ist eine besondere Beratung, in der er seine Bedenken äußern kann, unerläßlich.

4. Es ist also z. B. auch unzulässig, in der mündlichen oder schriftlichen Urteilsbegründung zum Ausdruck zu bringen, daß das Urteil einstimmig oder mit Stimmenmehrheit zustande gekommen sei. Auf die Verpflichtung, den Hergang und das Stimmenverhältnis geheimzuhalten, werden die Beisitzer bei ihrer Verpflichtung ausdrücklich hingewiesen (§§ 19, 31). Wegen der allgemeinen Verschwiegenheitspflicht vgl. § 2. Auch darf die Abstimmung der einzelnen Mitglieder nach § 133 Abs. 3 keinen schriftlichen Ausdruck finden. Bekanntgabe der Abstimmung in der Niederschrift ist unzulässig (E. II, 110). Aufzeichnungen über die Reihenfolge der Abstimmung über die einzelnen Fragen sind zulässig (vgl. § 59 Abs. 4).

5. Auch der Gerichtsarzt darf während der Beratung nicht anwesend sein; seine Anwesenheit könnte, auch wenn er in die Beratung nicht eingreift, die Meinungsäußerung der Mitglieder des Gerichts beeinträchtigen.

§ 132*

(1) Das Gericht entscheidet nach Stimmenmehrheit[1].

(2) Bilden sich in bezug auf Beträge, über die zu entscheiden ist, mehr als zwei Meinungen, deren keine die Mehrheit für sich hat, so werden die für den größeren Betrag abgegebenen Stimmen den für den zunächst geringeren Betrag abgegebenen Stimmen so lange hinzugerechnet, bis sich eine Mehrheit ergibt[2].

(3) Es stimmen in nachstehender Reihenfolge:

1. die Berichterstatter mit Ausnahme des Vorsitzenden, der die Berichterstattung selbst übernommen hat[3],
2. der Beisitzer aus den Versorgungsberechtigten,
3. der Beisitzer aus der sozialen Fürsorge[4],
4. der richterliche Beamte,
5. das Mitglied des Reichsversorgungsgerichts oder der an seiner Stelle mitwirkende Hilfsrichter,
6. der Vorsitzende.

(4) Beim Großen Senate[5] richtet sich die Reihenfolge der Stimmabgabe innerhalb derselben Gruppe nach dem Dienstalter[6], bei gleichem Dienstalter nach dem Lebensalter. Der dem Dienstalter oder Lebensalter nach Jüngere stimmt zuerst.

*) Vgl. §§ 1667, 1679, 1701 RVO.; § 50 VAO., § 34 OVAO., § 32 RVAO. — Wegen des Ausdrucks „richterliche Beamte" s. die Angabe bei § 10.

1. Für eine Entscheidung im bewilligenden wie im ablehnenden Sinne sind beim VGer. zwei Stimmen, beim RVGer. drei Stimmen erforderlich.

2. Wollen z. B. beim RVGer. zwei Mitglieder des Senats die Rente nach einer Minderung der Erwerbsfähigkeit um 30 v. H. bewilligen, während die übrigen Mitglieder je 50, 60 und 70 v. H. zugrunde legen wollen, so lautet das Urteil auf 50 v. H., weil die für 60 und 70 v. H. abgegebenen Stimmen der für 50 v. H. abgegebenen zugezählt werden.

3. Dies ist nach § 100 Abs. 1 nur bei dem VGer. zulässig.

4. Diese Reihenfolge gilt auch für die nach § 10 Abs. 4, § 27 Abs. 4 statt der Beisitzer aus der sozialen Fürsorge mitwirkenden Personen.

5. Großer Senat s. §§ 34, 130.

6. Maßgebend ist für die beiden Mitglieder des RVGer. nicht das Besoldungsdienstalter, sondern das sog. Stellendienstalter, für die übrigen Beisitzer das Dienstalter als Beisitzer beim RVGer.

§ 133 *)

(1) Niemand darf die Abstimmung über eine Frage verweigern, weil er bei der Abstimmung über eine vorhergehende Frage in der Minderheit geblieben ist.

(2) Meinungsverschiedenheiten über Gegenstand, Fassung und Reihenfolge der Fragen und über das Ergebnis der Abstimmung entscheidet das Gericht.

(3) Die Abstimmung der einzelnen Mitglieder darf keinen schriftlichen Ausdruck finden[1].

*) Vgl. § 50 RVAO., § 34 OVAO., § 32 Abs. 4 RVAO.

1. a) Schriftliche Aufzeichnungen über die Abstimmung würden die im § 131 Abs. 2 Satz 2 vorgeschriebene Geheimhaltung sowohl den Beteiligten, die nach § 52 Einsicht in die Akten nehmen können, als auch der Aufsichtsbehörde gegenüber gefährden. Das Stimmenverhältnis darf weder in der Niederschrift über die Verhandlung noch in der Urteilsbegründung zum Ausdruck kommen; vgl. auch Anm. 4 zu § 131.

b) Nach § 59 Abs. 4 dürfen Schriftstücke, welche Abstimmungen betreffen, den Beteiligten zur Einsicht weder vorgelegt noch abschriftlich mitgeteilt werden. Vgl. Anm. 9 zu § 59.

§ 134 *)

Die Entscheidungen werden durch den Vorsitzenden öffentlich verkündet[1]. Dabei werden die Gründe mitgeteilt[2], soweit es für erforderlich erachtet wird.

*) Vgl. § 50 VAO., § 34 OVAO., § 32 Abs. 4 RVAO.

1. Die Entscheidungen werden auch dann öffentlich verkündet, wenn die Öffentlichkeit für die Verhandlung oder einen Teil derselben gemäß § 117 Abs. 2 ausgeschlossen war. Öffentlich zu verkünden sind nicht nur Urteile, sondern auch die nach mündlicher Verhandlung gefaßten Beschlüsse über Vertagung, Beweiserhebung usw. Da im Gegensatz zu Beratung und Abstimmung (§ 131 Abs. 2) nicht vorgeschrieben ist, daß die Verkündung sich unmittelbar an Verhandlung und Beratung anschließen muß, wird die Verkündung in einer späteren öffentlichen Sitzung (Verkündungstermin) mit derselben Besetzung, zu der die Beteiligten ebenso zu laden sind wie zur mündlichen Verhandlung, zulässig sein. — Die Verkündung der Urteile erfolgt ebenso wie ihre Ausfertigung (vgl. Anm. 2 zu § 140) „Im Namen des Deutschen Volkes".

2. Über den Ausschluß der Öffentlichkeit bei Verkündung der Gründe vgl. Anm. 6 zu § 117.

VII. Urteil

§ 135 *)

(1) Das Urteil wird schriftlich abgefaßt[1]. Es enthält die Entscheidungsgründe[2], eine Darstellung des Sachverhalts, soweit sie zur Begründung erforderlich ist, und die hiervon äußerlich zu sondernde Urteilsformel.

(2) Im Eingang des Urteils sind die Parteien und ihre gesetzlichen Vertreter, das Gericht, welches die Entscheidung gefällt hat, und die Mitglieder, welche bei ihr mitgewirkt haben, diese nach § 123 Abs. 2, aufzuführen. Auch ist der Sitzungstag, an dem die Entscheidung ergangen ist, zu bezeichnen und anzugeben, daß mündlich verhandelt wird.

*) Vgl. § 1671 Abs. 2, §§ 1679, 1692, 1701 RVO.; §§ 33, 34, 53 VAO., § 36 OVAO., § 34 RVAO.; Rechtspr. dazu VersB. 27/28 S. 192. — Im Zusammenhang mit der Beseitigung des Rekurses ist in den Bek. der Fassung vom 2. 11. 34 (RGBl. I S. 1113) Abs. 1

des § 135 dahin geändert worden, daß auch bei allen Urteilen der VGer. ein getrennter Tatbestand nicht unbedingt erforderlich ist, und der bisherige, bereits durch Ges. vom 17. 3. 28 und NotVO. vom 5. 6. 31 geänderte Abs. 3 (Rechtsmittelbelehrung) weggelassen worden. Aus Art. 3 des Ges. vom 3. 7. 34 (RGBl. I S. 544) ist zu folgern, daß die Urteile der VGer. in den am 1. 12. 34 anhängigen Sachen „einen Hinweis über die Zulässigkeit des Rekurses und die Frist, in der er einzulegen ist, zu enthalten" haben (Abs. 3 a. F.) und, soweit noch Rekurs zulässig ist, einen getrennten Tatbestand enthalten müssen; fehlt die Rechtsmittelbelehrung, so gilt § 90 Abs. 8.

1. Wer das Urteil abzufassen hat, ist im Gesetz nicht bestimmt, um nicht in die bisherige, aus den Bedürfnissen der Praxis hergeleitete Übung der Gerichte einzugreifen. In der Regel wird es vom Berichterstatter, in dessen Ermangelung vom Vorsitzenden abgefaßt werden. Der obersten Landesverwaltungsbehörde oder dem Vorsitzenden des Gerichts bleibt es unbenommen, hierüber nötigenfalls nähere Anordnungen zu treffen (Begr.).

2. Die Begründung des Urteils hat sich auf das zur Rechtfertigung zur Entscheidung Notwendige zu beschränken. Besonderer Begründung wird es z. B. bedürfen, warum das Gericht unter mehreren widersprechenden ärztlichen Gutachten sich gerade dem einen angeschlossen hat. Die bloße Angabe, daß das Gericht dem einen Gutachten den Vorzug gegeben habe, enthält zwar den Grund dafür, daß das Urteil so und nicht anders ausgefallen ist, stellt aber keine hinreichende Begründung der Entscheidung dar. Im übrigen vgl. auch Anm. 1 zu § 86.

§ 136 *)

(1) Die Urteile des Versorgungsgerichts sind von dem Vorsitzenden der Kammer und dem Berichterstatter zu unterschreiben[1]. Hat der Vorsitzende die Berichterstattung selbst übernommen oder ist der Berichterstatter verhindert, so unterschreibt der Vorsitzende allein. Ist der Vorsitzende verhindert, so unterschreibt für ihn ein Beisitzer.

(2) Die Urteile des Reichsversorgungsgerichts werden von dem Vorsitzenden des Senats und den Berichterstattern, falls jedoch nur ein Berichterstatter bestellt ist, noch von einem weiteren Mitglied des Senats unterschrieben. Ist der Vorsitzende oder ein Berichterstatter verhindert, so unterschreibt für das verhinderte Mitglied ein anderes Mitglied des Senats.

*) Vgl. § 54 VAO., § 36 OVAO., § 34 RVAO.

1. § 136 bezieht sich nur auf die bei den Akten verbleibende Urschrift des Urteils. Über die Vollziehung der Ausfertigungen vgl. § 140. Die Urschrift muß von den in Abs. 1 und 2 genannten Personen mit dem vollen Namen unterzeichnet werden.

§ 137 *)

(1) Schreib- und Rechenfehler, sowie ähnliche offenbare Unrichtigkeiten [1], die im Urteil vorkommen, sind jederzeit auf Antrag oder von Amts wegen zu berichtigen.

(2) Ob zu berichtigen ist, entscheiden ohne mündliche Verhandlung die Mitglieder des Gerichts, die das Urteil unterschrieben haben. Bei Stimmengleichheit ist die Berichtigung abzulehnen.

(3) Die Verfügung, die ein Urteil berichtigt, ist auf die Urschrift des Urteils und die Ausfertigungen zu setzen oder mit diesen urkundlich zu verbinden [2].

(4) Die Verfügung, die eine Berichtigung ablehnt, ist unanfechtbar. Gegen die Verfügung, welche die Berichtigung eines Urteils des Versorgungsgerichts ausspricht, ist die Beschwerde [3] an das Reichsversorgungsgericht gegeben.

*) Vgl. §§ 1673, 1679, 1701 RVO.; Rechtspr. dazu VersB. 27/28 S. 192.

AB. zu § 137

Die AB. zu § 89 gilt entsprechend.

1. a) Eine „ähnliche offenbare Unrichtigkeit" liegt nur dann vor, wenn infolge eines Versehens bei der Abfassung des Tenors zwischen dem, was das Urteil aussprechen sollte, und dem, was es tatsächlich ausgesprochen hat, ein Widerspruch besteht und sich aus dem gesamten Urteilsinhalt dieser Mangel und das wirklich Gewollte mit Gewißheit einwandfrei ergibt (vgl. E. II, 87). Im übrigen vgl. Anm. 1 zu § 89 über die Berichtigung von Fehlern eines Bescheides. Nach Abs. 2 ist eine Berichtigung nicht möglich, wenn der Vorsitzende der Kammer, der das Urteil allein unterschrieben hat, verhindert ist (E. X, 199). Eine sachliche Änderung, wie im § 65 Abs. 2 für Bescheide zugelassen, ist bei Urteilen nur unter den Voraussetzungen der Wiederaufnahme des Verfahrens (§§ 66 ff.) oder in einem Verfahren nach Art. 2 des Ges. vom 3. 7. 34 (abgedruckt hinter § 71) möglich.

b) Die Beseitigung von Unrichtigkeiten, Auslassungen, Widersprüchen im Tatbestand eines Urteils (vgl. § 320 ZPO.) kann nicht verlangt werden. Auch bei Widersprüchen zwischen den mündlich verkündeten und den schriftlichen Urteilsgründen kommt eine Berichtigung nicht in Frage; die schriftlichen Gründe sind maßgebend (E. V, 69).

c) Auch Verfügungen des Vorsitzenden (§ 101) können nach § 137 berichtigt werden; vgl. Anm. 2 zu § 101.

2. Ist die berichtigende Verfügung nicht der Vorschrift des Abs. 3 entsprechend auf das Urteil gesetzt oder mit diesem verbunden worden, so berührt dies die Wirksamkeit der Berichtigung nicht (vgl. auch RVA. 5. 11. 20, Amtl. Nachr. des RVA. 1920 S. 183). Die berichtigten Ausfertigungen werden den Parteien zurückgesandt.

3. Über die Beschwerde vgl. §§ 61—64. Gegen die Berichtigung eines Urteils des RVGer. ist Beschwerde nicht gegeben.

§ 138 *)

(1) Hat das Urteil einen von einer Partei erhobenen Haupt- oder Nebenanspruch oder den Kostenpunkt ganz oder teilweise übergangen, so wird es auf Antrag nachträglich ergänzt[1]. Über den Antrag kann ohne mündliche Verhandlung entschieden werden, wenn es sich nur um den Kostenpunkt[2] handelt.

(2) Die ergänzende Entscheidung[3] wird auf der Urschrift des Urteils und den Ausfertigungen vermerkt oder mit diesen urkundlich verbunden[4].

*) Vgl. §§ 1674, 1679, 1701 RVO.; Rechtspr. dazu VersB. 27/28 S. 192 f.

1. Auch nach § 138 kann das Urteil nicht geändert, sondern nur hinsichtlich derjenigen Punkte, die übergangen sind, ergänzt werden, wie das Gericht auch über einzelne Ansprüche ausdrücklich durch Teilurteil (vgl. Anm. 2c zu § 125) und alsdann über die übrigen durch ein weiteres Urteil entscheiden kann. Die Ergänzung des Urteils kann, anders die Berichtigung nach § 137, nur auf Antrag einer Partei erfolgen. Eine Frist für den Antrag ist nicht vorgesehen. — Eine nach § 101 erlassene Verfügung des Vorsitzenden kann ebenfalls nach § 138 ergänzt werden (Anm. 2 zu § 101) und zwar durch Verfügung des Vorsitzenden (unten Anm. 3) oder notfalls auch durch Urteil.

2. Eine Ergänzung allein bezüglich des Kostenpunktes ist nur möglich im Falle des § 143 (außergerichtliche Kosten), weil im Falle des § 144 Abs. 1 über die Vergütung für persönliches Erscheinen eine Entscheidung der Kammer oder des Senats überhaupt nicht ergeht und im Falle des § 144 Abs. 2 die Vergütung endgültig als abgelehnt gilt, wenn das Gericht in der mündlichen Verhandlung über die Hauptsache diesen Punkt nicht berührt (vgl. § 144 Abs. 2 Satz 2).

3. a) Die ergänzende Entscheidung erfolgt durch Urteil, wenn sie jedoch nur den Kostenpunkt betrifft und ohne mündliche Verhandlung ergeht, durch Beschluß. Sie kann auch durch Verfügung des Vorsitzenden nach § 101 ergehen, und zwar zur Ergänzung sowohl eines Urteils als auch einer nach § 101 ergangenen Verfügung. Aus § 138 Abs. 1 Satz 2 kann die Unzulässigkeit der Verfügung zur Ergänzung in der Hauptsache nicht hergeleitet werden. Dort ist nur die mündliche Verhandlung bei Ergänzung im Kostenpunkt als entbehrlich bezeichnet, wenn die Kammer oder der Senat über die Ergänzung entscheidet. Deren Entscheidung kann aber nach § 101 durch eine Verfügung des Vorsitzenden ersetzt werden, gleichgültig ob sie auf Grund mündlicher Verhandlung zu entscheiden hätten oder nicht.

b) Die ergänzende Entscheidung ist ebenso wie die ergänzte Entscheidung, als deren nachgeholter Teil sie sich darstellt, unanfechtbar, außer wenn sie beim VGer. durch Verfügung des Vorsitzenden ergeht und nach § 101 Abs. 3 Antrag auf mündliche Verhandlung möglich ist. Wird jedoch eine Entscheidung des VGer. ergänzt, das vor dem 1. 12. 34 oder nachher in einer am 1. 12. 34 im Spruchverfahren anhängigen Sache ergangen ist, so bestimmt sich die Anfechtbarkeit der ergänzenden Entscheidung nach den bisherigen Vorschriften (Art. 3 des Ges. vom 3. 7. 34; abgedruckt bei § 90), weil der durch die Ergänzung zu erledigende Punkt anhängig geblieben ist. In diesen Fällen kann also gegen eine ergänzende Entscheidung des VGer. noch Rekurs eingelegt werden, soweit er nach den bisherigen Vorschriften zulässig ist.

4. Für den Fall, daß der Vermerk oder die urkundliche Verbindung unterbleibt, vgl. Anm. 2 zu § 137.

§ 139 *)

Eine Ausfertigung des Urteils soll spätestens drei Wochen nach der Verkündung den Beteiligten zugestellt werden[1].

*) Vgl. § 1671 Abs. 2, §§ 1679, 1701 RVO.; § 37 OVAO., § 36 RVAO. — Ein Abs. 2, der vorschrieb, daß das VGer., dessen Urteil angefochten war, eine Abschrift des vom RVGer. erlassenen Urteils erhielt, ist im Zusammenhang mit der Beseitigung des Rekurses in der Bek. der Fassung vom 2. 11. 34 (RGBl. I S. 1113) weggelassen worden; er ist aber nach Art. 3 des Ges. vom 3. 7. 34 (RGBl. I S. 544) in den am 1. 12. 34 anhängigen Sachen noch anzuwenden.

1. Wie und an wen zuzustellen ist, besagen die §§ 56—58.

§ 140 *)

(1) Ausfertigungen[1] und Abschriften sind als solche zu bezeichnen.

(2) Die Ausfertigungen erhalten bei den Versorgungs-

gerichten die Überschrift, die für die Urteile der ordentlichen Gerichte vorgesehen[2] ist. Am Schlusse wird die Ausfertigung mit dem Siegel des Versorgungsgerichts versehen und von dem Vorsitzenden der Kammer, im Falle seiner Behinderung von seinem Stellvertreter unterschrieben.

(3) Hat die oberste Landesverwaltungsbehörde bestimmt, daß die Ausfertigungen von einem Büro- oder Kanzleibeamten des Versorgungsgerichts unterzeichnet werden, so ist unter die einschließlich der Unterschriften gefertigte Abschrift zu setzen:

„Die Übereinstimmung dieser Ausfertigung mit der Unterschrift wird hiermit beglaubigt.“

Der Beamte unterschreibt diesen Zusatz unter Beifügung seiner Amtseigenschaft.

(4) Beim Reichsversorgungsgerichte werden die Ausfertigungen der Urteile mit der Überschrift versehen:

„Im Namen des Deutschen Volkes!“

(5) Sie enthalten neben dem Siegel des Reichsversorgungsgerichts die Schlußformel:

„Urkundlich unter Siegel und Unterschrift
Das Reichsversorgungsgericht
der .... Senat.“

(6) Die Ausfertigung vollzieht ein vom Präsidenten bestimmter Beamter.

*) Vgl. § 38 OVAO., § 35 RVAO. — Abs. 6 hat seine jetzige Fassung durch Ges. vom 17. 3. 28 (RGBl. I S. 63) erhalten; bis dahin wurden die Ausfertigungen vom Vorsitzenden oder einem Mitglied des Senats vollzogen. In Abs. 4 beruht die Fassung „Im Namen des Deutschen Volkes!“ statt „Im Namen des Reichs!“ auf Art. 1 Nr. 15 des Ges. vom 3. 7. 34 (RGBl. I S. 544); vgl. dazu Anm. 2.

AB. zu § 140

Das VGer. führt ein Siegel, das die Bezeichnung des VGer. unter Angabe des Sitzes enthält und im übrigen durch die oberste Landesverwaltungsbehörde bestimmt wird.

Das RVGer. führt zwei Siegel:

1. ein großes, das dem Siegel des Reichsgerichts entspricht und nur bei förmlichen Ausfertigungen, insbesondere der Urteile, gebraucht wird,

2. ein kleineres, das den bei den Gesandtschaften des Deutschen Reiches eingeführten Siegeln entspricht, mit der Umschrift „Reichsversorgungsgericht".

1. Ausfertigungen unterscheiden sich von Abschriften dadurch, daß sie unter Beobachtung der in den Abs. 2—5 vorgeschriebenen Förmlichkeiten gefertigt werden; sie vertreten die Urschrift, die bei den Akten des Gerichts verbleibt, in jeder Beziehung.

2. Nach Art. 1 des Ersten Gesetzes zur Überleitung der Rechtspflege auf das Reich vom 16. 2. 1934 (RGBl. I S. 91) sprechen sämtliche deutschen Gerichte Recht „Im Namen des Deutschen Volkes!" Diese Formel ist auch für die Spruchbehörden der Reichsversorgung und der Reichsversicherung, mögen sie Reichs- oder Landesbehörden sein, maßgebend. Sie wurde insbesondere vom RVGer. auch schon berücksichtigt, bevor § 140 Abs. 4 eine entsprechende Fassung erhalten hatte.

§ 141 *)

Grundsätzliche Entscheidungen des Reichsversorgungsgerichts †) werden amtlich veröffentlicht [1]. Der Senat entscheidet darüber, ob die Entscheidung grundsätzlich ist; über die Veröffentlichung beschließt das Präsidium (§ 83) [2].

*) Vgl. § 1716 RVO.

1. Die amtlichen Veröffentlichungen erfolgen in den „Entscheidungen des Reichsversorgungsgerichts", die im Verlage von Julius Springer (früher Behrend & Co.) in Berlin erscheinen. Der erste Band ist 1921 erschienen. Sonstige Veröffentlichungen s. Fußnote zu § 141. Die Entscheidungen des RVGer. sind das wichtigste Hilfsmittel für die Auslegung der Versorgungsgesetze und des VerfG. Da zahlreiche Vorschriften der RVO. die gleichen Fragen — teils übereinstimmend, teils abweichend — regeln, kann für die Klärung vieler Fragen die Rechtsprechung des Reichsversicherungsamts und der Landesversicherungsämter zur Reichsversicherung ††) herangezogen werden. Die

†) Eine Auswahl aus den Entscheidungen des RVGer. wird laufend veröffentlicht im RVBl. als „Winke für die Praxis", ferner in gekürzter Fassung von Arendts in der JW., von Dietz im VersB., von Tschorn in der MfA. Zusammenfassende Besprechungen werden von Zielke in der MfA. in zwangloser Folge veröffentlicht. Veröffentlichung der neuen Entscheidungen ohne Begründung und nach Paragraphen des RVG., VerfG. usw. geordnet, s. bei Soergel, Jahrbuch des Reichsversich.-, Reichsversorgungs- und Fürsorgerechts (Verlag Kohlhammer Stuttgart).

††) Auf die entsprechenden verfahrensrechtlichen Vorschriften der RVO. und ausführliche Zusammenstellungen der dazu ergangenen Rechtsprechung ist im vorliegenden Buche bei den einzelnen Vorschriften unter *) verwiesen.

grundsätzlichen Entscheidungen des RVA. werden in den „Amtlichen Nachrichten des RVA.", seit 1. 1. 28 „Amtliche Nachrichten für Reichsversicherung" (Teil IV des RABl.), eine Auswahl von Entscheidungen des RVA. und der LVA. in den „Entsch. und Mitt. des RVA." veröffentlicht. Zusammenstellung ohne Begründung siehe Soergel, Jahrbuch des Reichsversicherungs-, Reichsversorgungs- und Fürsorgerechts (Verlag Kohlhammer, Stuttgart). Hinweise s. RVO. mit Anmerkungen, herausgegeben von Mitgliedern des RVA., 4 Bände, Verlag Julius Springer, Berlin, 2. Auflage 1930.

2. über Abgabe der Sache an das RVGer., falls das VGer. von einer amtlich veröffentlichten grundsätzlichen Entscheidung des RVGer. abweichen will, vgl. § 129.

VIII. Gebühren und Kosten†)

§ 142*)

Das Verfahren vor den Spruchbehörden ist gebührenfrei[1].

*) Vgl. § 1803 RVO. — Auch nach der ursprünglichen Fassung war das Spruchverfahren gebührenfrei, nachdem in der VO. vom 1. 2. 19 (RGBl. S. 149) die Auferlegung einer Gebühr vorgesehen war. Durch Art. 21 Ziff V 11 der PAV. wurde wieder eine Gebühr eingeführt, die zum 1. 4. 28 durch Ges. vom 17. 3. 28 (RGBl. I S. 63) wieder beseitigt wurde.

1. a) Das Spruchverfahren ist jetzt — wie das Verwaltungsverfahren von jeher — völlig gebührenfrei. Auch Auslagen, z. B. Zeugengebühren und Kosten der Zustellung, haben die Parteien den Spruchbehörden nicht zu erstatten. Durch den Ersten Teil Kap. III Art. 3 der NotVO. vom 14. 6. 32 (RGBl. I S. 273, 278) war die Regierung ermächtigt, eine Gebühr einzuführen mit der Wirkung, daß das Rechtsmittel als nicht eingelegt gilt, wenn die Gebühr nicht binnen einer bestimmten Frist entrichtet wird. Von dieser Ermächtigung ist kein Gebrauch gemacht worden.

b) Entscheidungen über die Auferlegung einer Gebühr, die vor dem 1. 4. 28 ergangen sind und nicht auf Rekurs aufgehoben werden, bleiben in Kraft. Ob sie auch vor dem 1. 4. 28 rechtskräftig geworden sind, ist gleichgültig (unrichtig RVBl. 28 Nr. 45 Ziff. 8). In solchen Fällen gelten § 74 und § 92 Abs. 3 weiter, doch soll die Nichteinziehung (§ 74 Abs. 2) besonders wohlwollend in Erwägung gezogen werden (a. a. O.).

---

†) Über Gebühren und Kosten (nach den damaligen Vorschriften) vgl. Breme im Zentralbl. der Reichsversicherung 20 Sp. 102—113 und 142—148; Huber in MfA. 19 Sp. 706.

§ 143 *)

(1) Bei der Verhandlung[1] wird von Amts wegen geprüft, ob und in welchem Betrage die unterlegene Partei[2] dem Gegner die Kosten[3] der Rechtsverfolgung im Spruchverfahren zu erstatten hat.

(2) Im Falle des § 90 Abs. 6[4] haften Länder und Gemeinden (Gemeindeverbände) anteilig; für den Anteil der Länder und Gemeinden (Gemeindeverbände) ist die im § 18 Abs. 4 des Kriegspersonenschädengesetzes für die Verteilung der Kosten der Versorgung vorgesehene oder zugelassene Regelung maßgebend.

(3) Wenn in den Fällen des § 90 Abs. 7[4] nur die Gemeinde oder der Gemeindeverband Berufung eingelegt hat, ist diese Körperschaft zur Erstattung der Kosten verpflichtet. Hat eine Gemeinde oder ein Gemeindeverband neben dem Lande Berufung eingelegt, so finden die Vorschriften des Abs. 2 entsprechende Anwendung. In diesem Falle können die durch die Beteiligung einer Gemeinde oder eines Gemeindeverbandes entstandenen besonderen Kosten diesen Körperschaften auferlegt werden.

(4) Die Höhe der zu erstattenden Kosten wird in der Entscheidung festgesetzt. Wird die Sache ohne Entscheidung zur Hauptsache erledigt, so wird auf Antrag[5] über die Erstattung durch Urteil[6] entschieden.

*) Vgl. §§ 1670, 1679, 1701 RVO.; § 44 OVAO., § 40 RVAO.; Rechtspr. dazu VersB. 27/28 S. 193. — Die Abs. 2 und 3 sind durch Ges. vom 17. 3. 28 (RGBl. I S. 63) zum 1. 4. 28 eingefügt. Im Hinblick auf die Beseitigung des Rekurses zum 1. 12. 34 ist in der Bek. der Fassung vom 2. 11. 34 (RGBl. I S. 1113) in Abs. 3 zweimal „Berufung" statt „ein (oder das) Rechtsmittel" gesetzt worden; für die am 1. 12. 34 anhängigen Sachen bleibt nach Art. 3 des Ges. vom 3. 7. 34 (RGBl. I S. 544) die bisherige Fassung maßgebend.

AB. zu § 143

1. Bei der Zurückverweisung einer Sache (§ 126) kann über die Kostenerstattung nicht entschieden werden, weil noch keine Partei unterlegen ist. Diese Entscheidung liegt der Verwaltungsbehörde ob, an die die Sache zurückverwiesen wird.

2. (1) Im Falle der Anerkennung des Anspruchs (§ 125 Abs. 3 Satz 1) kann der Vertreter des Reichsfiskus (§ 49) auch die Ver-

pflichtung zur Erstattung der dem Kläger im Spruchverfahren entstandenen Kosten insoweit anerkennen, als mit einer Verurteilung nach § 143 Abs. 4 Satz 2 zu rechnen ist, jedoch unter dem Vorbehalt, daß das Anerkenntnis als nicht abgegeben gilt, wenn der Kläger mit dem anerkannten Betrag nicht einverstanden ist und die Entscheidung des Gerichts beantragt. Ergeht über den Hauptanspruch eine Entscheidung des Gerichts, so kommt ein Anerkenntnis in der Kostenfrage nicht in Betracht.

(²) Als außergerichtliche Kosten kommen außer den im einzelnen darzulegenden Unkosten für die Beschaffung von Beweismitteln (ärztlichen Gutachten usw.) sowie den Unkosten und dem Verdienstausfall bei nicht von der Spruchbehörde angeordneten notwendigen Reisen in der Hauptsache die Kosten für die Vertretung des Klägers durch einen Bevollmächtigten (§ 48 Abs. 2) in Betracht. Es können jedoch nur Kosten erstattet werden, die dem Kläger selbst durch die Vertretung entstanden sind. Es muß also nachgewiesen werden, daß der Kläger für die Vertreter entweder eine Gebühr gezahlt hat oder zur Zahlung verpflichtet ist.

(³) Für die Höhe des dem Kläger für die Vertretung zuzubilligenden Ersatzes können als Anhalt die Beträge dienen, die im allgemeinen von den Spruchbehörden als angemessen erachtet werden, wobei zu berücksichtigen ist, ob in den durch Anerkenntnis erledigten Fällen eine Vertretung des Klägers in der mündlichen Verhandlung stattgefunden hat.

1. Es besteht kein allgemeiner Grundsatz, nach dem der unterliegende Teil die außergerichtlichen Kosten des andern zu tragen hat, vielmehr ist in jedem Einzelfalle von Amts wegen bei der Verhandlung die Frage der Kostentragung frei zu prüfen. Maßgebend wird sein, ob die Maßnahmen, durch welche die Kosten entstanden sind, zur zweckentsprechenden Rechtsverfolgung notwendig waren. — Ist die Entscheidung über Kosten aus § 143 vorbehalten oder übersehen worden, so gilt für die Ergänzung des Urteils § 138. Bei Zurückverweisung der Sache an die Vorinstanz nach § 126 muß die Entscheidung über die außergerichtlichen Kosten der Rechtsmittelinstanz der abschließenden Entscheidung vorbehalten werden (E. IX, 16); in solchen Fällen hat also zunächst die Verwaltungsbehörde über die im Spruchverfahren entstandenen außergerichtlichen Kosten mitzuentscheiden.

2. a) In der Regel wird nur Kostentragung seitens des unterlegenen Fiskus in Frage kommen. Es kann jedoch auch dem unterlegenen Kläger die Erstattung von Kosten an den Fiskus auferlegt werden, wenn dieser z. B. mit Rücksicht auf die besondere Lage des Falles ausnahmsweise sich veranlaßt gesehen hat, einen Anwalt mit seiner Vertretung zu beauftragen (vgl. E. I, 20). Dagegen sind Kosten, die dem Fiskus durch die Durchführung des Verfahrens im allgemeinen entstehen, nicht nach § 143 erstattungsfähig, weil sie zu den sachlichen Ausgaben der Behörden zählen, die diese für ihre

Tätigkeit innerhalb ihres Aufgabenkreises aus Reichsmitteln zu bestreiten haben (E. V, 1).

b) Erledigt sich ein nachträglich unzulässig gewordenes Rechtsmittel ohne sachliche Entscheidung, so ist der Kläger nicht „unterlegen" (vgl. E. IV, 41), er kann aber zur Kostenerstattung verurteilt werden, wenn er mit der Zurücknahme säumig gewesen ist und dadurch dem Gegner Kosten entstanden sind (E. IV, 104). Dem Gegner können u. U. die vor Unzulässigwerden des Rechtsmittels entstandenen Kosten auferlegt werden. In beiden Fällen ist bei Erledigung der Sache ohne Urteil nach Abs. 4 zu verfahren.

3. a) Die zu erstattenden Kosten — außergerichtliche Kosten im Gegensatz zu den gerichtlichen Kosten des § 144 — umfassen alle Aufwendungen, die zur zweckentsprechenden Rechtsverfolgung oder Rechtsverteidigung notwendig waren. Hierher gehören insbesondere die Kosten eines vom Kläger beigebrachten ärztlichen Gutachtens, die Aufwendungen für Reisen und der Ausfall an Arbeitsverdienst, der durch Wahrnehmung von Terminen entstanden ist, sowie die Kosten eines besonderen Vertreters gemäß § 47. Zu den aufzuerlegenden Kosten rechnen auch die eines geeigneten Beistandes, insbesondere eines Rechtsanwalts. Kosten für einen auswärtigen Vertreter sind bis zur Höhe der durch Annahme eines Rechtsanwalts am Sitze des Gerichts entstehenden Kosten erstattungsfähig. Auch die Kosten für die Vertretung durch einen Angestellten einer Kriegsbeschädigtenorganisation können erstattet werden, sofern durch diese Vertretung dem Kläger tatsächlich Kosten entstanden sind. Darüber, daß auch Kosten, die einer Partei durch die Tätigkeit ihres Vertreters vor der Zustellung der Rechtsmittelfrist und nach der Zurücknahme des Rechtsmittels erwachsen sind, u. U. als außergerichtliche Kosten erstattungsfähig sein können, vgl. E. II, 84. Die Kosten für bare Auslagen und entgangenen Arbeitsverdienst sind jedoch dann nicht von der unterlegenen Partei zu erstatten, wenn der Kläger auf Anordnung persönlich erschienen ist, weil sie in diesem Falle als gerichtliche Kosten von dem Gericht erstattet werden (§ 144). Näheres, insbesondere über ein Anerkenntnis der Kostenpflicht seitens des HptVersAmts bei Anerkenntnis des Hauptanspruchs und Erstattungsfähigkeit der Auslagen, vgl. oben Nr. 2 der AB. zu § 143. Die persönliche Wahrnehmung der Termine — mit oder ohne Entsendung eines Bevollmächtigten —, auch die Annahme eines Rechtsanwalts oder eines sonstigen Vertreters, muß wohl immer als zweckentsprechend angesehen werden.

b) Etwaige im Verwaltungsverfahren durch die Rechtsverfolgung erwachsene Kosten können nicht dem Gegner auferlegt werden.

4. § 90 Abs. 6 und 7 betreffen Angelegenheiten nach § 18 KPG. (Tumultschäden). Über die Vorschriften des VerfG. zum Kriegspersonenschädengesetz. vgl. Anm. 7 und 8 zu § 71 und Anm. 5 zu § 90. Da Land und Gemeinde notwendige Streitgenossen sind (Anm. 5 zu § 90), schreibt § 143 Abs. 2 für den Fall, daß sie nach § 90 Abs. 6 Partei sind, ihre Kostentragungspflicht ohne Rücksicht darauf vor, ob der Kläger, das Land oder die Gemeinde das Rechtsmittel eingelegt hat. Ist eine Gemeinde nur dem Lande nach § 18 Abs. 3 KPG. ersatzpflichtig und deshalb nach § 90 Abs. 7 nur als Dritte (§ 50) beteiligt, so besteht nach § 143 Abs. 3 für sie nur dann eine Kostentragungspflicht, wenn sie — allein oder neben dem Lande — das Rechtsmittel eingelegt hatte.

5. Der Antrag kann von beiden Parteien gestellt werden. Das frühere Recht, Art. II § 17 der VO. vom 1. 2. 19, war in dieser Beziehung enger, indem es nur die Entscheidung über die Kosten des Gegners der das Rechtsmittel zurücknehmenden Partei zuließ, nicht aber umgekehrt die Feststellung der Verpflichtung des Gegners zur Erstattung der Kosten der das Rechtsmittel zurücknehmenden Partei.

6. Die Entscheidung über die Kostenerstattungspflicht ergeht also, wenn sich die Hauptsache ohne Entscheidung erledigt hat, in gleicher Weise, wie sie zusammen mit der Entscheidung zur Hauptsache ergangen wäre. Das ist vorgeschrieben, weil in solchen Fällen die Entscheidung über die Kostentragung davon abhängt, welche Partei im Falle der Durchführung des Rechtsstreits unterlegen sein würde. Im Falle der Ergänzung des Urteils nach § 138 erschien ein Beschluß ohne mündliche Verhandlung (vgl. Anm. 3 zu § 138) ausreichend, weil dort die Entscheidung zur Hauptsache bereits vorliegt. Trotz der Fassung „durch Urteil" wird die Entscheidung aus § 143 Abs. 4 auch durch Verfügung nach § 101 ergehen können, weil nach der jetzigen Fassung des § 101 auch die Entscheidung zur Hauptsache in jedem Falle, also nicht nur im Falle der Zurückweisung des Rechtsmittels, hätte durch Verfügung ergehen können (vgl. Anm. 2 zu § 101 und Anm. 3 zu § 138).

§ 144 *)

(1) Ist der Kläger auf Anordnung[1] des Vorsitzenden oder des Gerichts in der mündlichen Verhandlung oder zu einer Beweisaufnahme[2] erschienen, so werden ihm bare Auslagen und entgangener Arbeitsverdienst auf Antrag in angemessenem Umfang[3] als gerichtliche Kosten[4] vergütet. Der Reichsarbeitsminister kann Näheres bestimmen und insbesondere anordnen, daß die Vergütung nach den für Zeugen geltenden Vorschriften erfolgt.

(2) Ist der Kläger ohne Anordnung in der mündlichen Verhandlung erschienen, so finden die Vorschriften des Absatzes 1 Anwendung, sofern ihm keine außergerichtlichen Kosten (§ 143) zugesprochen sind und das Gericht feststellt,

daß sein Erscheinen für die Entscheidung von wesentlicher Bedeutung war[5]. Wird diese Feststellung in der mündlichen Verhandlung über die Hauptsache nicht ausdrücklich getroffen, so gilt die Verfügung endgültig[6] als abgelehnt.

(3) Die Vergütung nach den Absätzen 1 und 2 wird durch den Vorsitzenden festgesetzt[7]. Gegen seine Verfügung ist innerhalb einer Woche nach der Bekanntgabe die Beschwerde[8] zulässig.

AB. zu § 144

1. Gerichtliche Kosten sind alle Kosten, die durch Anordnung des Vorsitzenden oder des Gerichts verursacht werden, insbesondere auch die Kosten einer auf Antrag des Klägers nach § 104 angeordneten Anhörung eines Arztes.

2. Zu den gerichtlichen Kosten (§ 144) gehören auch Ersatz der baren Auslagen und des entgangenen Arbeitsverdienstes, wenn solche Kosten aus Anlaß einer Beweisaufnahme (§§ 103, 121), z. B. durch eine von der Spruchbehörde angeordnete ärztliche Untersuchung, entstanden sind. Wegen Begutachtung durch eine VDst. auf Ersuchen einer Spruchbehörde siehe § 103 AB. Nr. 1.

3. AB. zu § 81 Nr. 1 Abs. 2 und 3 sowie AB. zu § 82 Ziff. I und II finden entsprechende Anwendung.[9]

*) Vgl. §§ 1669, 1679, 1701 RVO.; Rechtspr. dazu VersB. 27/28 S. 193.

1. Über die Anordnung des persönlichen Erscheinens vgl. § 102.

2. In Frage kommt insbesondere eine zur Aufklärung der Sache vor der mündlichen Verhandlung gemäß § 103 angeordnete Beweisaufnahme. § 144 gilt auch, wenn der Kläger auf Veranlassung einer Spruchbehörde zur Untersuchung durch eine Versorgungsdienststelle (Versorgungsärztliche Untersuchungsstelle usw.) oder durch einen Arzt einer Versorgungsdienststelle vorgeladen wird; vgl. Nr. 1 Abs. 2 der AB. zu § 103.

3. Wegen der baren Auslagen, des Arbeitsverdienstes und der Erstattung „in angemessenem Umfange" vgl. Anm. 3—5 zu § 82. Bei Einweisung in Krankenanstalten kommen nur die Kosten der für Krankenkassenmitglieder ortsüblichen Verpflegungsklasse in Frage. Vgl. im übrigen Ziff. I und II der AB. zu § 82, auf die in Nr. 3 der AB. zu § 144 verwiesen ist.

4. Die Kosten des Erscheinens auf Anordnung können, da sie einen Teil der gerichtlichen Kosten bilden, niemals nach § 143 der unterlegenen Partei auferlegt werden.

5. Ist der Kläger ohne Anordnung erschienen und siegt er ob, so wird die Erstattung der Kosten, soweit das Erscheinen zur zweckentsprechenden Rechtsverfolgung notwendig war, nach § 143 dem Fiskus als der unterlegenen Partei auferlegt. Unterliegt der

ohne Anordnung in der mündlichen Verhandlung — nicht auch zu einer Beweisaufnahme außerhalb der mündlichen Verhandlung — erschienene Kläger, so werden ihm die durch das Erscheinen entstandenen baren Auslagen und etwaiger entgangener Arbeitsverdienst auf Antrag in angemessenem Umfange (Abs. 1) als gerichtliche Kosten erstattet, sofern sein Erscheinen für die Entscheidung des Gerichts von wesentlicher Bedeutung war und das Gericht dies in der mündlichen Verhandlung über die Hauptsache (Abs. 2 Satz 2) festgestellt hat. In diesem Falle handelt es sich also gewissermaßen um eine nachträgliche Anordnung des persönlichen Erscheinens, weshalb die Kostenerstattung gemäß § 144 Abs. 1 erfolgt.

6. Die Vergütung gilt in diesem Falle dem Grunde nach als endgültig abgelehnt; es kommt mithin eine Verfügung des Vorsitzenden aus Abs. 3 überhaupt nicht in Frage.

7. Voraussetzung für die Festsetzung der Vergütung durch den Vorsitzenden ist im Falle des Abs. 2, daß das Gericht ausdrücklich die Feststellung getroffen hat, daß das Erscheinen des Klägers für die Entscheidung von wesentlicher Bedeutung war (vgl. Anm. 6).

8. Die Beschwerde kann sich dagegen richten, daß in der Verfügung des Vorsitzenden der Kostenbetrag zu gering angesetzt oder die Entstehung von Auslagen verneint worden ist. Über die Beschwerde vgl. im übrigen §§ 61 ff.

9. Nr. 1 Abs. 1 der AB. zu § 81 ist nicht für anwendbar erklärt, um dem Gericht oder dem Vorsitzenden volle Freiheit darüber zu lassen, ob das persönliche Erscheinen anzuordnen ist. Aus den angezogenen Vorschriften der AB. zu §§ 81, 82 ergibt sich, daß die Vorladung den Hinweis enthalten soll, daß der Vorgeladene ihr nicht ohne vorherige Rückfrage Folge leisten darf, wenn er verzogen oder vorübergehend ortsabwesend ist und infolgedessen durch das Erscheinen größere Kosten entstehen würden, ferner daß, wenn Erstattung begehrt werden soll, in gewissem Umfang Belege beizubringen sind, und endlich, daß auch die Kosten eines angeordneten Erscheinens vor einer Amtl. Fürsorgestelle, einer anderen Behörde oder einem Arzt in Frage kommen. Ziff. I, II der AB. zu § 82 regeln den Umfang der Ersatzleistung.

IX. Gebühren der Rechtsanwälte†)

Vorbemerkung: Die Vergütung und die Entschädigung, die dem Rechtsanwalt im einzelnen Falle von seinem Auftraggeber zu zahlen ist, wird nicht etwa durch die Spruchbehörden der Reichsversorgung festgesetzt. Zu der Höhe der Gebühren eines Rechtsanwalts kann im Spruchverfahren nur Stellung genommen werden, wenn es sich darum handelt, ob und in welchem Betrage z. B. der Fiskus dem obsiegenden VersBerechtigten für die Annahme des

---

†) Müller, Die Anwaltsgebühren im Militärversorgungsverfahren, JW. 19 S. 297.

Rechtsanwalts, wenn sie zur zweckentsprechenden Rechtsverfolgung nötig war, Kosten zu erstatten hat (vgl. Anm. 3 zu § 143). Diese durch die VersGerichte erfolgende Festsetzung gilt naturgemäß nur im Verhältnis des Klägers zu dem Fiskus (vgl. auch E. I, 58). Über das Verhältnis des Rechtsanwalts zu seinem Auftraggeber vgl. Anm. 9 zu § 145.

§ 145 *)

(1) Die Vergütung[1] für die Berufstätigkeit eines Rechtsanwalts im Verfahren vor den Spruchbehörden[2] beträgt für jede Instanz[3] eine bis einhundert Reichsmark[4].

(2) Für die Teilnahme an Beweisverhandlungen außerhalb des Sitzes der Spruchbehörde[5] kann der Rechtsanwalt, wenn seine Anwesenheit notwendig war, außer der Vergütung eine angemessene Entschädigung[6] beanspruchen.

(3) Werden mehrere Streitfälle zwischen denselben Parteien zu gemeinsamer Verhandlung und Entscheidung verbunden[7], so werden die Vergütung und die Entschädigung für die Instanz nur einmal gewährt.

(4) Auslagen, wie Schreib- und Postgebühren und Reisekosten[8] werden nicht besonders erstattet, sind jedoch bei der Bemessung der Vergütung und der Entschädigung zu berücksichtigen.

(5) Eine Vereinbarung, nach der Vergütung, Entschädigung oder Auslagen über diese Vorschriften hinaus zu zahlen sind, ist nichtig[9].

*) Vgl. §§ 1804, 1805 RVO. nebst VO. vom 24. 12. 11/14. 12. 23 (RGBl. 11 S. 1094/23 I S. 1198). — In Abs. 1 des § 145 sind die Geldbeträge mehrfach, zuletzt durch Ges. vom 17. 3. 28 (RGBl. I S. 63), den Währungsverhältnissen angepaßt worden.

1. a) Die Tätigkeit des Rechtsanwalts wird in einer Summe vergütet, die innerhalb der im Abs. 1 gesetzten Grenzen je nach Art und Umfang der geleisteten Dienste verschieden hoch bemessen werden kann (vgl. Anm. 9). Bei Bemessung der Vergütung sind Schreib- und Postgebühren sowie Kosten für Reisen des Rechtsanwalts nach Abs. 4 mit zu berücksichtigen.

b) Soweit der Umfang der von dem Anwalt entfalteten Tätigkeit nicht aus den Akten hervorgeht, ist ihm die Möglichkeit zu geben, darüber nähere Angaben zu machen, wenn das Gericht nach § 143 prüfen muß, in welchem Umfange die Erstattung der vom Auftraggeber zu zahlenden Gebühren der Gegenpartei aufzuerlegen ist.

2. Über die Höhe der einem Rechtsanwalt für seine Tätigkeit im Verwaltungsverfahren zustehenden Vergütung fehlt Bestimmung. Erstattungsfähig ist diese Vergütung nicht; vgl. Anm. 3 b zu § 143.

3. Auch wenn die Instanz durch ein unzulässiges Rechtsmittel (§§ 91, 92) eingeleitet wurde.

4. Die Mindest- und Höchstsätze der Vergütung sind für die Tätigkeit vor den Versorgungsgerichten und vor dem RVGer. die gleichen.

5. Hat die Beweisverhandlung außerhalb des Wohnsitzes des Rechtsanwalts am Sitze der Spruchbehörde stattgefunden, so rechtfertigt dies die Gewährung der besonderen Entschädigung nicht.

6. Auch bei der Entschädigung sind nach Abs. 4 Schreib- und Postgebühren sowie Reisekosten zu berücksichtigen.

7. Verbindung kommt z. B. in Betracht, wenn die Witwe und Erbin eines VersBerechtigten sowohl den Bescheid über die Ansprüche des Verstorbenen als auch den Bescheid über die Hinterbliebenengebührnisse ansicht. Abs. 3 wird auch gelten müssen, wenn die gesamte Tätigkeit des Rechtsanwalts zeitlich vor der Verbindung der Sachen liegt, gilt jedoch nicht, wenn die Sachen zwar in derselben Sitzung, aber getrennt verhandelt und entschieden werden.

8. Es kommen in erster Linie Kosten für Reisen zu mündlichen Verhandlungen oder zu Beweisaufnahmen in Frage. Über die Erstattung der Reisekosten eines auswärtigen Anwalts durch die Gegenpartei (§ 143) vgl. Anm. 3 a zu § 143.

9. Für die Beziehungen zwischen dem VersBerechtigten und seinem Anwalt sind stets die zwischen diesen getroffenen Vereinbarungen ohne Rücksicht auf eine abweichende Festsetzung des zu erstattenden Betrages durch die Spruchbehörde (vgl. Vorbem. vor § 145) maßgebend; diese Vereinbarung muß sich jedoch innerhalb der Grenzen des § 145 halten. Sollte ein VersBerechtigter z. B. einem Anwalt eine Vergütung von über 100 Reichsmark zugesagt haben, so ist die Abrede in vollem Umfange nichtig. Nach allgemeinen Grundsätzen kann in solchem Falle sowie in Fällen, in denen eine Vereinbarung nicht getroffen ist, eine angemessene Vergütung und Entschädigung gefordert werden, die sich aber ebenfalls in den Grenzen der Abs. 1—4 halten müssen. Im Streitfalle werden über die Höhe die ordentlichen Gerichte entscheiden müssen (E. I, 58). — Für Bevollmächtigte, die nicht Rechtsanwälte sind, ist die Vereinbarung der Vergütung im Gesetz an keine Mindest- oder Höchstgrenze gebunden.

X. Besonderes Verfahren beim Zusammentreffen von Versorgungsansprüchen und Ansprüchen aus der Unfallversicherung nach der Reichsversicherungsordnung†)[1]

§ 146*)

(1) Kommt wegen desselben Schadens[2] oder eines Teiles desselben entweder nur die Versorgung nach den Versor-

†) Drittler, Das Verfahren beim Zusammentreffen ....,

gungsgesetzen[3] oder nur die Entschädigung nach den Vorschriften der Reichsversicherungsordnung über Unfallversicherung[4] in Betracht, und haben sowohl die Versorgungsbehörden[5] wie die Träger oder Spruchbehörden der Unfallversicherung[6] den Anspruch rechtskräftig anerkannt, so hebt, wenn die zuletzt ergangene Entscheidung von einer Versorgungsbehörde erlassen war, das Reichsversorgungsgericht[7] die zu Unrecht ergangene Entscheidung auf und erkennt zugleich über die Rückerstattung der zu Unrecht geleisteten Zahlungen.

(²) Zur Verhandlung und Entscheidung sind zwei vom Präsidenten des Reichsversicherungsamts bezeichnete nichtständige Mitglieder dieses Amtes, und zwar ein Arbeitgeber und ein Versicherter aus dem entsprechenden Bereiche der Unfallversicherung (§ 87 Abs. 1, § 89 der Reichsversicherungsordnung), als weitere Beisitzer[8] zuzuziehen.

(³) Das Verfahren wird auf Antrag eines Beteiligten eingeleitet. Als Parteien[9] gelten der Versorgungsberechtigte, der Reichsfiskus und der Träger der Unfallversicherung.

*) Vgl .§§ 1706, 1706 a RVO. (§ 151 VerfG.).

AB. zu § 146

In dem Verfahren nach § 146 kann nur darüber entschieden werden, ob und inwieweit der Beschädigte zur Erstattung der zu Unrecht geleisteten Zahlungen verpflichtet ist, nicht aber über etwaige Ansprüche des Trägers der Unfallversicherung gegen den Reichsfiskus und umgekehrt.

1. Der Ausdruck „Zusammentreffen" ist im verfahrensrechtlichen Sinne zu verstehen. In den §§ 146, 147 — ebenso im § 151 — sind alle Fälle geregelt, in denen nach materiellem Recht: 1. der Leidenszustand oder ein Teil desselben sowohl aus der Unfallversicherung als auch aus der Reichsversorgung nebeneinander zu entschädigen, 2. der Leidenszustand zu einem Teile aus der Unfallversicherung, zum anderen aus der Reichsversorgung zu entschädigen ist, 3. der Leidenszustand oder ein Teil desselben entweder nur aus der Unfallversicherung oder nur aus der Reichsversorgung zu entschädigen ist. In den zu 3. genannten Fällen kann von einem Zu-

---

VersB. 34 S. 166 ff.; für das Recht vor dem VerfG. Fuisting, Der Versorgungs- und Rentenanspruch beim Zusammentreffen ...., ArbVers. 19 S. 181 ff.

sammentreffen von Ansprüchen im materiell-rechtlichen Sinne nicht die Rede sein. In den Fällen zu 1. kommt die Ruhensvorschrift des § 63 Nr. 1 RVG. zur Anwendung. In den Fällen zu 2. berühren die Ansprüche sich gegenseitig nicht, in den Fällen zu 3. schließen sie sich gegenseitig aus. Da in all diesen Fällen die Zuteilung und Scheidung nach Unfallversicherung und Reichsversorgung schwierig ist und in getrennten Verfahren Entscheidungen ergehen können, die miteinander nicht vereinbar sind, so ist hier ein gemeinsames Verfahren vorgesehen, in dem auch die Rechtskraft der im besonderen Verfahren ergangenen Entscheidungen beseitigt werden kann. § 146 soll unberechtigte Doppelversorgung beseitigen, § 147 unberechtigte Doppelablehnung vermeiden. Sind beide Verfahren durchgeführt und durch Entscheidungen abgeschlossen, die in der Grenzziehung zwischen Unfallversicherung und Reichsversorgung übereinstimmen, so bieten die §§ 146, 147, 151 keine Handhabe, ein gemeinsames Verfahren zwecks anderweitiger Abgrenzung einzuleiten. Das gleiche gilt, wenn beide Verfahren durch rechtskräftige Ablehnung abgeschlossen sind, und zwar auch dann, wenn der Leidenszustand von den Versorgungsbehörden als Unfallfolge und von den Versicherungsträgern oder -behörden als Folge einer DB. bezeichnet worden ist. Ein Verfahren nach § 147 kann überhaupt nur in einem schwebenden Verwaltungs- oder Spruchverfahren eingeleitet werden (E. VII, 145), während umgekehrt § 146 beiderseitige Rechtskraft voraussetzt.

Ein Zusammentreffen im Sinne der §§ 146, 147, 151 kommt z. B. in Frage, wenn ein Heeresangehöriger im Wege der Kommandierung einer bestimmten Arbeitsstelle zur Verfügung gestellt worden oder während eines Urlaubs in einem unfallversicherten Betrieb tätig gewesen ist (vgl. z. B. E. II, 34), überhaupt in allen Fällen, in denen zweifelhaft ist, ob ein Unfall einem Betriebe oder dem Militärdienst zuzurechnen ist, ferner wenn jemand eine DB. und außerhalb der Militärdienstzeit einen Betriebsunfall erlitten hat und zweifelhaft ist, ob die DB. und der Betriebsunfall oder ob eines von beiden für die bestehende Minderung der Erwerbsfähigkeit ursächlich ist, endlich, wenn jemand sein durch Unfall entstandenes Leiden auf eine gar nicht erlittene, also erfundene DB. zurückgeführt hat und umgekehrt, wie auch, wenn jemand ein aus innerer Ursache entstandenes Leiden zu Unrecht auf einen Unfall oder eine DB. oder auf beides zurückführt. Gleichgültig ist, ob die entscheidenden Stellen die Möglichkeit der anderen, nicht zu ihrer Zuständigkeit gehörenden Entschädigung in Betracht gezogen haben oder nicht.

2. Unter dem „Schaden" ist die Gesundheitsstörung oder der Tod zu verstehen. Es handelt sich nicht um „denselben" Schaden, wenn vom Träger der Unfallversicherung der Anspruch der Hinterbliebenen auf Entschädigung aus Anlaß eines tödlich verlaufenen Unfalls und von der Versorgungsbehörde der Anspruch der

Erben auf die Militärrente des Verstorbenen anerkannt ist (E. III, 101).

3. Wegen des Begriffs der VersGesetze vgl. Anm. 1 zu § 1. Anwendung des § 146 auf Versorgung nach dem Kriegspersonenschädengesetz ist unbedenklich, weil das KPG. zwar nach dem RVG. ergangen und deshalb kein „Versorgungsgesetz" nach § 1 VersG. ist, aber das RVG. und das VersG. für anwendbar erklärt. Für ein Verfahren nach § 146 ist kein Raum, wenn die aus der Versorgung bewilligte Leistung ein Kannbezug (Anm. 3 zu § 91) ist, weil über Kannbezüge das Spruchverfahren allgemein, also auch nach §§ 146, 147 ausgeschlossen ist und der Kannbezug von der Verwaltungsbehörde jederzeit ohne weiteres entzogen werden kann.

4. Vgl. §§ 537 ff. RVO.

5. Die Verwaltungsbehörden oder die Spruchbehörden.

6. Träger der Unfallversicherung sind nach § 623 RVO. vor allem die Berufsgenossenschaften. Vgl. aber auch §§ 624 ff. RVO. Spruchbehörden der Unfallversicherung sind die Oberversicherungsämter und das Reichsversicherungsamt.

7. Für die Zuständigkeit des RVGer. nach § 146 VersG. oder des RVA. nach § 1706a RVO. (§ 151 VersG.) ist maßgebend, welche der beiden anerkennenden Entscheidungen zuletzt erlassen worden ist. Entscheidungen, durch welche die Anerkennung durch Zurückweisung eines Rechtsmittels bestätigt oder die zuerkannte Entschädigung, sei es in einer höheren Instanz, sei es wegen Änderung der Verhältnisse, anderweit festgesetzt oder entzogen worden ist, sind für die Zuständigkeit bedeutungslos. In dem gemeinsamen Verfahren nach § 146 können nur solche Einwendungen erhoben und berücksichtigt werden, die sich auf die erfolgte Grenzziehung zwischen Versorgung und Unfallversicherung beziehen. Alle Einwendungen dagegen, die sich nicht aus dem wechselseitigen Verhältnis der ergangenen Einzelentscheidungen ergeben, sondern dartun sollen, daß die eine oder die andere Entscheidung nach dem für sie maßgebenden Recht aus sonstigen Gründen unrichtig ist, können nicht berücksichtigt werden (ähnlich auch E. IX, 55). Insoweit bleibt also die Rechtskraft der Einzelentscheidungen maßgebend.

Nr. 1 der AB. zu § 146 (Entscheidung über die Rückerstattung) entspricht E. IX, 104.

8. Diese Erweiterung des Senats erfolgt, weil sich die Rechtsprechung des RVGer. in diesem Falle — wie auch in dem des § 147 — auch auf Ansprüche gegen die Träger der Unfallversicherung erstreckt. An Stelle des erweiterten Senats kann nicht der Vorsitzende durch Verfügung nach § 101 entscheiden. Hält der Vorsitzende die Voraussetzungen des § 146 nicht für gegeben, so kann er das dem Antragsteller unter Darlegung der Gründe mitteilen. Wird der Antrag trotzdem aufrecht erhalten, so muß über die Zulässigkeit der erweiterte Senat entscheiden.

9. Der Versorgungsberechtigte, der Reichsfiskus und der Träger der Unfallversicherung sind mithin zu laden und haben alle Befugnisse einer Partei, insbesondere also das Recht, Anträge zu stellen. Die Entscheidung des RVGer. bewirkt Rechtskraft gegen jeden von ihnen.

§ 147 *)

(1) Kommt statt der Versorgung nach den Versorgungsgesetzen 1 oder neben ihr wegen desselben Schadens 2 eine Entschädigung nach den Vorschriften der Reichsversicherungsordnung über Unfallversicherung 3 in Frage, so können die mit der Sache befaßten Versorgungsbehörden in jeder Lage des Verwaltungs- oder Spruchverfahrens 4 dem Träger der Unfallversicherung die Verhandlungen mitteilen und ihn zur Anerkennung der Entschädigungspflicht auffordern. Lehnt dieser die Entschädigungspflicht ab oder erklärt er sich nicht innerhalb eines Monats, so ist die Sache durch das Reichsversorgungsgericht 5 zu entscheiden. Das Reichsversorgungsgericht entscheidet über die erhobenen Ansprüche in ihrem vollen Umfang 6. Es kann dabei den Träger der Unfallversicherung zur Entschädigung verurteilen, auch wenn der Anspruch gegen ihn bereits rechtskräftig abgelehnt worden ist.

(2) Die Vorschriften des § 146 Absätze 2 7 und 3 Satz 2 8 finden Anwendung.

*) Vgl. §§ 1735—1738 a RVO. (§ 151 VersG.).

AB. zu § 147

Ein Verfahren nach § 147 ist nur in einem noch schwebenden Verwaltungs- oder Spruchverfahren zulässig; die Vorschrift ist daher nicht anwendbar, wenn die VBeh. zur sachlichen Entscheidung über den Versorgungsanspruch nicht berufen sind, insbesondere, wenn der sachlichen Nachprüfung der Einwand der rechtskräftig entschiedenen Sache entgegensteht.

1. Wegen des Begriffs „Versorgungsgesetze" vgl. Anm. 3 zu § 146. — Über das Anwendungsgebiet des § 147 im allgemeinen vgl. Anm. 1 zu § 146. Soweit nur Kannbezüge (Anm. 3 zu § 91) in Frage stehen, ist § 147 aus den in Anm. 3 zu § 146 angegebenen Gründen nicht anwendbar (ebenso zu § 1738 a RVO. RVA. vom 20. 6. 33; AN. 33 S. 377 = EuM. 34 S. 376). Über Fälle nach dem KPG. vgl. ebenfalls Anm. 3 zu § 146.

Das Verfahren nach § 147 VersG. und § 1738 a RVO. (§ 151 VersG.) ist dem Verfahren nach §§ 1735—1737 RVO. nachgebildet. Während aber ein Verfahren nach §§ 1735, 1736 voraussetzt, daß abgesehen von der Höhe der Entschädigung nur streitig ist, welcher Versicherungsträger entschädigungspflichtig ist, gilt das Verfahren nach § 147 VersG. und § 1738 a RVO. auch für den im der Unfallversicherung durch Beiladung nach § 1703 RVO. zu erledigenden Fall, daß beide als entschädigungspflichtig in Frage kommenden Stellen (hier Reich und Träger der Unfallversicherung) oder eine von ihnen den Anspruch überhaupt bestreiten. Gegenteiliges kann auch nicht aus der Tatsache hergeleitet werden, daß § 1738 a RVO. in einem Abschnitt steht mit der Überschrift „Streit mehrerer Versicherungsträger über die Entschädigungspflicht"; als er in Ermangelung einer sonst passenden Stelle hier nachträglich eingefügt wurde, erschien die Erweiterung der Überschrift nicht angezeigt.

2. Vgl. Anm. 2 zu § 146.

3. Vgl. §§ 537 ff. RVO. Träger der Unfallversicherung s. Anm. 6 zu § 146. Zuständig ist derjenige Träger der Unfallversicherung, dem der in Frage kommende Unfallbetrieb angehört.

4. Nur solange das Verwaltungs- oder Spruchverfahren nicht rechtskräftig durch Ablehnung zum Abschluß gekommen ist, kann das Verfahren nach § 147 eingeleitet werden (E. VII, 145; IX, 186; vgl. auch Anm. 1 zu § 146). Ist es durch Anerkennung des Anspruchs rechtskräftig abgeschlossen, so kann ein Verfahren nach § 146 in Frage kommen.

5. Für die Erledigung durch Verfügung des Vorsitzenden und die Behandlung unzulässiger Anträge gilt Anm. 8 zu § 146.

6. Das RVGer. entscheidet nicht nur, ob das Reich oder der Träger der Unfallversicherung oder beide zur Leistung verpflichtet sind, sondern setzt auch zugleich die von dem einen oder dem andern oder von beiden geschuldete Leistung fest. Es dürfte aber auch zulässig sein, daß es nur entscheidet, ob das Reich oder der Träger der Unfallversicherung oder zu welchem Anteil beide entschädigungspflichtig sind, und die weitere Entscheidung den danach zuständigen Instanzen überläßt.

7. Erweiterung des Senats durch zwei nichtständige Mitglieder des Reichsversicherungsamts.

8. Parteien sind der VersBerechtigte, der Reichsfiskus und der Träger der Unfallversicherung (vgl. Anm. 9 zu § 146).

Dritter Teil

Erster Abschnitt

Schutz- und Strafvorschriften

§ 148*)

(1) Beisitzer der Spruchbehörden[1], die ohne genügende Entschuldigung nicht rechtzeitig zu den Sitzungen sich einfinden oder der Erfüllung ihrer Obliegenheiten in anderer

Weise sich entziehen, werden mit einer Ordnungsstrafe in Geld und mit Auferlegung der durch ihr Verhalten verursachten Kosten bestraft[2].

(²) Die Strafe wird beim Versorgungsgerichte durch den Vorsitzenden, beim Reichsversorgungsgerichte durch den Präsidenten ausgesprochen. Erfolgt nachträglich genügende Entschuldigung, so ist sie aufzuheben oder zu ermäßigen. Gegen die Verfügung des Vorsitzenden des Versorgungsgerichts ist die Beschwerde[3] an die oberste Landesverwaltungsbehörde zulässig. Die Vorschrift des § 74 Abs. 1 findet Anwendung[4].

*) Vgl. §§ 53, 76, 95 RVO. — Wegen „Ordnungsstrafe in Geld" vgl. die Angabe bei § 107.

1. Also der Versorgungsgerichte und des RVGer.

2. Wenngleich der Ausdruck „werden bestraft" für die Auffassung spricht, daß die Bestrafung erfolgen muß, wird der Vorsitzende nach pflichtgemäßem Ermessen zu prüfen haben, ob sich der Fall zur Bestrafung eignet. Ist das verspätete Erscheinen zur Sitzung von vornherein ausreichend entschuldigt, so darf eine Strafe nicht ausgesprochen werden. Erfolgt nachträglich genügende Entschuldigung, so muß die Strafe aufgehoben oder ermäßigt werden (vgl. Abs. 2 Satz 2). — Über den Strafrahmen vgl. Anm. 4 zu § 107.

3. Über die Beschwerde vgl. §§ 61 ff.

4. Die Strafe wird demnach, wenn die Verfügung unanfechtbar geworden ist, wie eine Gemeindeabgabe beigetrieben (vgl. Anm. 6 zu § 74).

§ 149*)

(¹) Macht ein Beisitzer aus den Versorgungsberechtigten seinem Arbeitgeber von der Einladung zu Sitzungen der Spruchbehörden ohne schuldhaftes Zögern Mitteilung, so gibt diesem das Fernbleiben keinen Grund[1], das Arbeitsverhältnis ohne Einhaltung einer Kündigungsfrist zu lösen.

(²) Arbeitgeber und ihre Vertreter, die vorsätzlich einen bei ihnen beschäftigten Beisitzer aus den Versorgungsberechtigten in der Ausübung des Amtes beschränken oder wegen der Übernahme oder der Art der Ausübung benachteiligen[2], werden mit Geldstrafe bis zu einhundertfünfzig Reichsmark oder mit Haft bestraft[3].

*) Vgl. §§ 139, 140 RVO. — Die Bekanntmachung der Fassung des VerfG. vom 20. 3. 28 (RGBl. I S. 71) hat zufolge der VO. über Vermögensstrafen und Bußen vom 6. 2. 24 (RGBl. I S. 44)

„Geldstrafe bis zu eintausend Mark" durch „Geldstrafe" ersetzt. Durch die Bek. der Fassung vom 2. 11. 34 (RGBl. I S. 1113) wurde „Geldstrafe bis zu einhundertfünfzig Reichsmark" für „Geldstrafe" zur Klarstellung eingefügt, weil im Schrifttum (z. B. Arendts-Fuisting, 2. Aufl. Anm. 4 zu § 149) vereinzelt der Strafrahmen irriger Weise mit 3—10000 RM angegeben wurde.

1. Ob das Fernbleiben ohne Mitteilung einen Grund bildet, das Arbeitsverhältnis ohne Einhaltung einer Kündigungsfrist zu lösen, kann nur an Hand des einzelnen Falles auf Grund der für das Dienstverhältnis geltenden Vorschriften (BGB., Handelsgesetzbuch, Gewerbeordnung) entschieden werden.

2. Die Mitwirkung als Beisitzer einer Spruchbehörde ist ein öffentliches Ehrenamt, das von den Versorgungsberechtigten übernommen werden muß, sofern nicht die im § 16 aufgeführten Gründe für die Ablehnung des Amtes vorliegen. Die Arbeitgeber sind deshalb verpflichtet, den zur Ausübung des Amtes erforderlichen Urlaub zu erteilen.

3. Die Strafen des § 149 Abs. 2 sind Strafen im Sinne des Strafgesetzbuchs und werden nicht von den Spruchbehörden, sondern von den ordentlichen Strafgerichten verhängt und vollstreckt.

§ 150 *)

Wer unbefugt offenbart, was ihm vermöge seiner dienstlichen Tätigkeit bei einer Versorgungsbehörde über die gesundheitlichen und wirtschaftlichen Verhältnisse eines Beteiligten, in Hinterbliebenenangelegenheiten auch des Verstorbenen, bekannt geworden ist, wird, soweit nicht nach den allgemeinen Strafgesetzen eine härtere Strafe verwirkt ist, mit Geldstrafe oder mit Gefängnis bis zu drei Monaten bestraft[1]. Die Verfolgung tritt nur auf Antrag des Versorgungsberechtigten oder der Dienstaufsichtsbehörde[2] ein.

*) Vgl. §§ 141—148 RVO.; Rechtspr. dazu VersB. 27/28 S. 90. — Die Bekanntmachung der Fassung des VersG. vom 20. 3. 28 (RGBl. I S. 71) hat zufolge der VO. über Vermögensstrafen und Bußen vom 6. 2. 24 (RGBl. I S. 44) „Geldstrafe bis zu dreihundert Mark" durch „Geldstrafe" ersetzt.

1. Die Strafvorschrift des § 150 soll die Beachtung der zum Schutze der VersBerechtigten im § 2 für alle bei den Verwaltungs- und Spruchbehörden tätigen Personen vorgesehenen Pflicht zur Verschwiegenheit sichern.

Für die Strafen des § 150 gilt Anm. 3 zu § 149.

Da Gefängnis angedroht ist, betrifft § 150 ein Vergehen. Der Strafrahmen für die Geldstrafe beträgt deshalb nach Art. I der

VO. vom 6. 2. 24 (RGBl. I S. 44) und § 2 der VO. vom 12. 12. 24 (RGBl. I S. 775) 3—10000 *RM.*

2. Dienstaufsichtsbehörde ist für die Verwaltungsbehörden und das RVGer. der RAM., für die VersGerichte die zuständige oberste Landesverwaltungsbehörde mit einer Besonderheit für Preußen (vgl. zu § 7).

Zweiter Abschnitt

Schlußvorschriften

§ 151

(1) Die §§ 1703 a und 1737 a der Reichsversicherungsordnung werden aufgehoben.

(2) In die Reichsversicherungsordnung werden folgende Vorschriften eingestellt[1]:

1703 a.

Kommt wegen desselben Schadens oder eines Teiles desselben entweder nur die Unfallentschädigung oder nur die Versorgung nach dem Reichsversorgungsgesetz oder einem vor seinem Inkrafttreten ergangenen Militärversorgungsgesetz in Betracht und haben sowohl die Träger oder Spruchbehörden der Unfallversicherung wie die Versorgungsbehörden den Anspruch endgültig anerkannt, so hebt, wenn die zuletzt ergangene Entscheidung von einem Träger oder einer Spruchbehörde der Unfallversicherung erlassen war, ein Spruchsenat des Reichsversicherungsamts die zu Unrecht ergangene Entscheidung auf und erkennt zugleich über die Rückerstattung der zu Unrecht geleisteten Zahlungen.

Zur Verhandlung und Entscheidung sind zwei vom Präsidenten des Reichsversorgungsgerichts bezeichnete Beisitzer dieses Gerichts, und zwar je eine in der sozialen Fürsorge erfahrene, mit dem Versorgungswesen vertraute Person und ein Versorgungsberechtigter (§§ 29 und 30 des Gesetzes über das Verfahren in Versorgungssachen vom 10. Januar 1922) als weitere Beisitzer zuzuziehen. Ihre Teilnahme gilt für ihre Vergütung als Teilnahme an einer Sitzung des Reichsversorgungsgerichts.

Das Verfahren wird auf Antrag eines Beteiligten eingeleitet. Als Parteien gelten der Verletzte, der Reichsfiskus und der Träger der Unfallversicherung.

1738 a.

Kommt statt der Unfallentschädigung oder neben ihr wegen desselben Schadens die Versorgung nach dem Reichsversorgungsgesetz oder einem vor seinem Inkrafttreten ergangenen Militärversorgungsgesetz in Frage, so können die mit der Sache befaßten Träger oder Spruchbehörden der Unfallversicherung in jeder Lage des Feststellungs- oder Spruchverfahrens der nach dem Gesetz über das Verfahren in Versorgungssachen vom 10. Januar 1922 zuständigen Verwaltungsbehörde die Verhandlungen mitteilen und sie zur Anerkennung der Versorgungspflicht auffordern. Lehnt diese die Versorgung ab oder erklärt sie sich nicht innerhalb eines Monats, so ist durch einen Spruchsenat des Reichsversicherungsamts zu entscheiden. Der Senat entscheidet über die erhobenen Ansprüche in vollem Umfang. Er kann dabei den Reichsfiskus zur Gewährung der Versorgung verurteilen, auch wenn der Anspruch gegen ihn bereits rechtskräftig abgelehnt worden ist.

Die Vorschriften des § 1706 a Absätze 2 und 3 Satz 2 finden Anwendung.

1. Die Ergänzung der RVO. ist notwendig geworden, um entsprechend dem in den §§ 146, 147 geregelten Verfahren für das Versorgungswesen auch die Befugnisse des RVA. zu erweitern, damit auf beiden Rechtsgebieten eine unberechtigte Doppelversorgung beseitigt oder eine unberechtigte Doppelablehnung vermieden werden kann. Im übrigen vgl. oben zu §§ 146, 147.

§ 152

Bei dem Streite zwischen einer Krankenkasse und dem Reiche über Ersatzansprüche[1] (§ 17 des Reichsversorgungsgesetzes) finden die Vorschriften des § 49 über die Vertretung des Reichsfiskus im Spruchverfahren Anwendung.

AB. zu § 152

Wegen der Vertretung des Reichsfiskus in einem Streit zwischen einer Krankenkasse und dem Reich siehe AB. zu § 49 Ziff. II.

1. Die Krankenkassen erhalten vom Reich Ersatz der Kosten, die ihnen durch die Durchführung eines Heilverfahrens bei einem Kriegsbeschädigten erwachsen, wenn die Kasse im Einzelfalle nicht schon nach der RVO., sondern nur nach dem RVG. zur Durchführung des Heilverfahrens verpflichtet war (vgl. § 15 RVG.). Entsteht in solchen Fällen ein Streit zwischen einer Krankenkasse und dem Reich über Ersatzansprüche, so wird dieser nach § 17 RVG. durch das Versicherungsamt und in zweiter Instanz durch das Oberversicherungsamt (vgl. §§ 1636, 1675 RVO.), wenn aber streitig ist, ob die Krankheit mit einer als Folge von DB. anerkannten Gesundheitsstörung zusammenhängt, durch die Spruchbehörden der Reichsversorgung entschieden. Für die Fälle der erstgenannten Art mußte das Gesetz über die Vertretung des Reichsfiskus besondere Vorsorge treffen. Handelt es sich darum, ob die Krankheit mit einer Gesundheitsstörung zusammenhängt, die als Folge einer Dienstbeschädigung anerkannt ist, so findet § 49 hinsichtlich der Vertretung ohne weiteres Anwendung, da über diesen Streit in dem Spruchverfahren vor den Spruchbehörden der Reichsversorgung zu entscheiden ist.

§ 153 *)

(1) Weitere Bestimmungen erläßt der Reichsarbeitsminister[1]. Für die Versorgung der in den auf Grund des Friedensvertrages vom 28. Juni 1919 (Reichsgesetzbl. S. 1329) vom Deutschen Reiche abgetrennten Gebieten und im Saargebiet[2] wohnenden oder wohnhaft gewesenen Personen kann er auch von den Vorschriften dieses Gesetzes abweichende Anordnungen treffen.

(2) Die oberste Landesverwaltungsbehörde kann die ihr durch dieses Gesetz zugewiesenen Aufgaben auf andere Stellen übertragen[3].

*) Durch Ges. vom 17. 3. 28 (RGBl. I S. 63) ist ein durch Ges. vom 22. 12. 22 (RGBl. I S. 982) angefügter und durch Art. 21 Ziff. V 12 der PAV. geänderter Abs. 3 gestrichen worden, der den RAM. ermächtigte, in den §§ 145, 148—150 die Geldbeträge der Geldentwertung anzupassen. In der Bek. der Fassung vom 2. 11. 34 (RGBl. I S. 1113) ist in Abs. 1 Satz 2 „mit Zustimmung des Reichsrats“ wegen der Beseitigung des Reichsrats weggelassen worden.

AB. zu § 153

Von den auf Grund der Ermächtigung in Abs. 1 Satz 2 ergangenen Verordnungen sind noch in Kraft:

1. Die Verordnung über Rekurse gegen Urteile des Militärversorgungsgerichts in Danzig vom 5. 7. 1922 (RGBl. I S. 562):

„Das Reichsversorgungsgericht entscheidet über Rekurse gegen Urteile des Militärversorgungsgerichts in Danzig, auch wenn sie nach dem 9. Januar 1920 ergangen sind."

2. Die Verordnung über Berufungen gegen Bescheide des Staatlichen Versorgungs- und Pensionsamts für die Freie Stadt Danzig vom 9. März 1935 (RGBl. I S. 359):

„Auf Grund des § 153 Abs. 1 Satz 2 des Gesetzes über das Verfahren in Versorgungssachen in der Fassung der Bekanntmachung vom 2. November 1934 (RGBl. I S. 1113) wird hiermit verordnet:

Das Reichsversorgungsgericht entscheidet über Berufungen gegen Bescheide des Staatlichen Versorgungs- und Pensionsamts für die Freie Stadt Danzig, soweit nicht das Staatliche Versorgungsgericht für die Freie Stadt Danzig zuständig ist."

1. Der RAM. hat Ausführungsbestimmungen vom 30. 1. 22 (Zentralbl. S. 79 und RVBl. Nr. 121) und Weitere Ausführungsbestimmungen vom 30. 10. 22 (Zentralbl. S. 1013 und RVBl. Nr. 931) erlassen. Nach mehrfachen Änderungen und Ergänzungen, die im RVBl. und vereinzelt auch im RBesBl. veröffentlicht und teilweise zunächst nicht als AB. bezeichnet wurden, sind die AB. in geänderter und ergänzter Fassung im HdR. veröffentlicht und nach Bekanntmachung der jetzigen Fassung des VerfG. unter dem 17. 11. 34 (RVBl. Nr. 78) wieder mehrfach geändert worden. Sie sind im vorliegenden Werke dem Gesetzestext jeweils in lateinischem Druck angefügt.

Die für April 1935 in Aussicht stehenden Deckblätter (Neudruck des VerfG. und der AusfBest.) zum HdR. bringen weitere Änderungen der AusfBest.; sie konnten in der vorliegenden Bearbeitung während der Drucklegung noch berücksichtigt werden.

2. Die Ermächtigung hinsichtlich des Saargebiets ist überholt durch die VO. zur Überleitung des Reichsversorgungsrechts im Saarland vom 18. 2. 35 (RGBl. I S. 245). Durch § 1 dieser VO. sind die dort genannten reichsrechtlichen Gesetze und Verordnungen, darunter auch das Verfahrensgesetz, im Saarland zum 1. 3. 35 eingeführt. Durch § 2 sind zum gleichen Zeitpunkt die von der Regierungskommission des Saargebiets auf dem Gebiete der Reichsversorgung erlassenen Vorschriften und die nach § 153 VerfG. erlassene VO. des RAM. über das Verfahren in Versorgungssachen bezüglich des Saargebiets vom 23. 9. 22 (RGBl. I S. 754) außer Kraft gesetzt. § 5 gliedert das VGer. Saarbrücken dem dortigen Oberversicherungsamt gemäß § 6 VerfG. an. Auch die VO. zur Durchführung des Gesetzes über das Verfahren in Versorgungssachen im Saargebiet vom 13. 1. 30 (RGBl. I S. 1), in der die Anwendung der §§ 146, 147, 151 VerfG. geregelt war, gilt seit dem 1. 3. 35 nicht mehr. Vgl. auch das Gesetz über die

vorläufige Verwaltung des Saarlandes vom 30. 1. 35 (RGBl. I S. 66), das im Saargebiet am 1. 3. 35 in Kraft getreten ist †).

3. Solche Übertragungen sind durch die AB. der Länder vielfach erfolgt.

§§ 154—160 *)
(sind weggefallen).

*) § 154 ist durch Art. 1 Nr. 16 des Ges. vom 3. 7. 34 (RGBl. I S. 544) gestrichen worden, die §§ 155—160 sind in der Bekanntmachung der neuen Fassung des VerfG. vom 2. 11. 34 (RGBl. I S. 1113) als überholt weggelassen worden. Es betrafen:

§ 154 das Bayerische Landesversorgungsgericht, das beim Bayerischen Landesversicherungsamt errichtet war und über die Rekurse gegen Urteile der bayerischen VGer. entschied. Das Bay. LVGer. ist durch Art. 1 Nr. 16 des Ges. vom 3. 7. 34 (RGBl. I S. 544) zusammen mit der Streichung des § 154 zum 1. 12. 34 aufgehoben worden. Die an diesem Tage anhängigen Sachen hat es nach den bisherigen Vorschriften zu erledigen; vgl. *) bei § 90. Über Abgabe der am 1. 7. 35 unerledigten Sachen an das RVGer. vgl. Nr. 2 Abs. 4 der AB. zu Art. 3 des Ges. vom 3. 7. 34 (abgedruckt hinter den AB. zu § 90).

§ 155 die Landesdienststelle für das Rentenversorgungswesen in München. An ihre Stelle war seit dem 1. 4. 24 das HptVers.-Amt Bayern getreten.

§ 156 das Inkrafttreten des VerfG. zum 1. 2. 22.

§ 157 die Überleitung der Regelungsstreitigkeiten, für die bis zum 1. 2. 22 die Klage im ordentlichen Rechtsweg gegeben war, in das Spruchverfahren.

§ 158 das Außerkrafttreten früherer Verfahrensvorschriften, insbesondere der Zuständigkeits- und Verfahrensvorschriften in den vor dem RVG. erlassenen Militärversorgungsgesetzen, der (das Spruchverfahren einführenden) VO. über Änderung des Verfahrens in Militärversorgungssachen vom 1. 2. 19 (RGBl. S. 149), des Ges. betr. Änderung dieser VO. vom 15. 5. 20 (RGBl. S. 1064) und des Ges. über die Versorgungsbehörden vom 15. 5. 20 (RGBl. S. 1063). Nach Abs. 2 des § 158 treten, soweit in gesetzlichen und sonstigen Bestimmungen auf die aufgehobenen Vorschriften verwiesen war, die entsprechenden Vorschriften des VerfG. an ihre Stelle; diese Vorschrift gilt trotz ihrer förmlichen Aufhebung weiter.

§ 159 die Überleitung der Mitglieder und Beisitzer des Reichs-Militärversorgungsgerichts und der Vertrauensärzte der Militärversorgungsgerichte.

§ 160 verfahrensrechtliche Besonderheiten für die Pensionsfragen

---

†) Über die Entwicklung des Versorgungsrechts im Saargebiet bis zur Rückgliederung s. Die Versorgung der Kriegsopfer im Saargebiet, VersB. 35 S. 26.

der aktiven Offiziere der alten Wehrmacht usw. und ihrer Hinterbliebenen und für den Vollzug des Offizierentschädigungs- und des Kapitulantenentschädigungsgesetzes. Diese Besonderheiten waren auf Grund des Art. 21 Ziff. V 13 der PAB. bereits durch die VO. vom 21. 12. 23 (RBBl. Nr. 988) und, nachdem das Reichspensionsamt für die ehemalige Wehrmacht durch die VO. vom 1. 2. 24 (RGBl. I S. 65) zum 31. 3. 24 aufgehoben war, durch den Erlaß vom 29. 2. 24 (RBBl. Nr. 115) beseitigt worden.

Anhang 1.

Auszug aus dem Wehrmachtversorgungsgesetz

in der Fassung vom 19. 9. 25 (RGBl. I S. 349/389) mit den Änderungen durch das Gesetz vom 21. 1. 35 (RGBl. I S. 21).

Fünfter Teil

Verfahren

§ 81

(1) Die Erteilung der Zeugnisse (§ 6 Abs. 1, 2), des Zivildienstscheins an Übergangsgebührnisse beziehende Soldaten (§§ 10, 61 Abs. 1) sowie die Feststellung der Übergangsgebührnisse (§§ 7, 32), der Zulage hierzu (§ 8), der Kinder-, Frauen- und Teuerungszuschläge zu den Übergangsgebührnissen (§§ 14, 53), der einmaligen Übergangsbeihilfe an Übergangsgebührnisse beziehende Soldaten (§§ 15, 54) und der einmaligen Umzugsentschädigung an Übergangsgebührnisse beziehende Soldaten und an Hinterbliebene (§§ 16, 55, 80) erfolgt durch die Regimenter, die selbständigen Bataillone und die gleichgestellten Truppen- und Marineteile oder Behörden, denen die Versorgungsberechtigten angehören oder zur Zeit der Entlassung angehört haben. Das gleiche gilt entsprechend für die Feststellung der einmaligen Zuwendung für das Sterbevierteljahr (§ 78 Abs. 2).

(2) Die Feststellung eines Vorschusses auf die Übergangsgebührnisse und auf die Zulage hierzu an Unteroffiziere und Mannschaften (§ 9) sowie eines Vorschusses auf die Übergangsgebührnisse an Offiziere (§ 51) erfolgt durch die für die vorgenannten Regimenter usw. zuständigen Wehrkreis- oder Stationskommandos.

(3) Die Feststellung des Ruhegehalts (§§ 4, 31), der Kinder-, Frauen- und Teuerungszuschläge hierzu (§ 53), der Kapitalabfindung (§§ 38, 79), der einmaligen Übergangsbeihilfe an ruhegehaltsberechtigte Offiziere (§ 54), der einmaligen Umzugsentschädigung an ruhegehaltsberechtigte Offiziere (§ 55), des Witwen- und Waisengeldes (§ 76), des Zuschusses für das Sterbevierteljahr (§ 78 Abs. 1) sowie die Erteilung des Zivildienstscheins an ruhegehaltsberechtigte Offiziere (§ 61 Abs. 1) und die Entscheidung, welche Hinterbliebenenversorgung günstiger ist (§ 76 Abs. 4), erfolgt durch den Reichswehrminister. Er kann seine Befugnisse auf andere Behörden übertragen.

§ 85

Die Regelung der Versorgungsgebührnisse erfolgt durch die im Gesetz über das Verfahren in Versorgungssachen vom 10. Jan. 1922 (RGBl. S. 59) vorgesehenen Verwaltungsbehörden.

§ 89

Die Zahlung der einmaligen Übergangsbeihilfe und der einmaligen Umzugsentschädigung erfolgt durch die Regimenter, die selbständigen Bataillone und die gleichgestellten Truppen- und Marineteile oder Behörden, denen die Versorgungsberechtigten zur Zeit der Entlassung angehören oder angehört haben, die Zahlung der übrigen im § 81 bezeichneten Versorgungsgebührnisse durch Vermittlung der im Gesetz über die Versorgungsbehörden [1]) vorgesehenen Verwaltungsbehörden.

§ 90

(1) Gegen die Bescheide der Regimenter, der Bataillone und der gleichgestellten Truppen- und Marineteile oder Behörden und des Reichswehrministers, in denen über Ansprüche aus diesem Gesetz oder über die Rückforderung zu Unrecht erhobener Versorgungsgebührnisse entschieden wird, sowie gegen die Bescheide der für die Regelung vorgesehenen Behörden (§ 85) ist die Berufung zulässig (Gesetz über das Verfahren in Versorgungssachen vom 10. Januar 1922 — RGBl. S. 59 — in der Fassung vom 2. November 1934 — RGBl. I S. 1113).

(2) Über die Berufung entscheiden die Versorgungsgerichte endgültig, wenn es sich um die Erteilung der Zeugnisse nach § 6 Abs. 1, 2, um die Höhe der festgestellten Versorgungsgebührnisse nach den §§ 7, 8, 14, 15, 16, 27, 32, 53, 54, 55, 70, 78, 80 und um die Regelung der Übergangsgebührnisse nach §§ 23 a, 66 a handelt. Im übrigen entscheidet über die Berufung das Reichsversorgungsgericht.

§ 103

Für das Verfahren nach den §§ 2, 5, 33, 33 a, 35, 76 Abs. 4 (soweit eine Versorgung nach dem Reichsversorgungsgesetze gewährt wird), § 77 gelten lediglich die Vorschriften über das Verfahren in Versorgungssachen nach dem Reichsversorgungsgesetze [2]).

---

[1]) Dieses Gesetz ist versehentlich in der Bekanntm. der neuen Fassung (RGBl. 25 I S. 349) stehen geblieben und auch in den Berichtigungen vom 20. 11. 25 (RGBl. I S. 389) nicht durch das Verfahrensgesetz ersetzt worden.

[2]) Es gilt in diesen Angelegenheiten also lediglich das Verfahrensgesetz. Die angeführten Vorschriften ordnen die Anwendung des Reichsversorgungsgesetzes an.

Anhang 2.

Auszug aus dem Kriegspersonenschädengesetz

in der Fassung vom 22. 12. 27 (RGBl. I S. 515, 533) mit Änderungen durch das Ges. vom 27. 2. 34 (RGBl. I S. 135).

§ 1

(1) Reichsangehörige, die durch den letzten Krieg innerhalb oder außerhalb des Reichsgebiets Schädigungen an Leib oder Leben erlitten haben und nicht zu den nach dem Reichsversorgungsgesetz vom 12. Mai 1920 (RGBl. S. 989) versorgungsberechtigten Personen gehören, erhalten mit Wirkung vom 1. April 1920 für sich und ihre Hinterbliebenen Versorgung. Diese bestimmt sich nach dem Reichsversorgungsgesetze nebst den Ausführungsbestimmungen, soweit nicht die nachfolgenden Vorschriften etwas anderes enthalten.

(2) Mit Genehmigung der Reichsregierung kann die Versorgung auch solchen Zivilpersonen gewährt werden, welche die Reichsangehörigkeit nicht besitzen.

§ 16

Für die nach diesem Gesetz erforderlichen Entscheidungen im Verwaltungs- und Spruchverfahren sind die Behörden zuständig, die für die Feststellung der nach dem Reichsversorgungsgesetze zu gewährenden Gebührnisse zuständig sind.

§ 17

Das Verfahren vor den im § 16 bezeichneten Behörden richtet sich nach den Vorschriften, die für die Durchführung des Reichsversorgungsgesetzes gelten.

§ 18[1])

(1) Die Ansprüche für Schäden an Leib und Leben, die im Zusammenhang mit inneren Unruhen durch offene Gewalt oder durch ihre Abwehr unmittelbar verursacht werden, bestimmen sich für die Zeit vom 1. April 1920 ab nach den Vorschriften dieses Gesetzes mit der Maßgabe[2]), daß sie sich gegen das Land richten, in dem der Schaden entstanden ist; durch Landesgesetz kann bestimmt werden, daß an Stelle des Landes ganz oder zum Teil die Gemeinden oder Gemeindeverbände ersatzpflichtig sind, in deren Bezirk der Schaden entstanden ist. Dies gilt auch für die in den §§ 43, 44 des Reichsversorgungsgesetzes genannten Personen, sofern der Tod ihres

---

[1]) Vgl. VerfG. AB. zu § 50, § 71 Abs. 2, AB. zu § 71, § 90 Abs. 6, 7, AB. zu § 90, § 125 Abs. 3, § 143 Abs. 2, 3.

[2]) Gegen Land oder (und) Gemeinde richten sich die Ansprüche erst seit dem 1. 4. 24; vgl. VO. vom 29. 3. 24 (RGBl. I S. 381).

Ernährers auf die im Satze 1 bezeichneten Umstände zurückzuführen ist; entsprechendes gilt auch für den Witwer (§ 7). Wenn bei der Entstehung des Schadens ein Verschulden des Betroffenen mitgewirkt hat, so findet § 254 BGB. Anwendung.

(2) Keinen Anspruch auf Versorgung nach den Vorschriften des Abs. 1 begründen Gesundheitsschädigungen, die jemand als Angehöriger einer staatsfeindlichen Partei oder ihrer Hilfs- oder Ersatzorganisationen oder bei der Förderung der Bestrebungen einer staatsfeindlichen Partei im Zusammenhange mit inneren Unruhen erlitten hat. Der Reichsarbeitsminister bestimmt im Einvernehmen mit dem Reichsminister des Innern, welche Parteien als staatsfeindlich im Sinne dieser Vorschrift zu gelten haben und welche Organisationen als Hilfs- oder Ersatzorganisation dieser Parteien anzusehen sind.

(3) Für das Verfahren gelten die §§ 16, 17 dieses Gesetzes, und zwar auch, soweit Ansprüche für die Zeit vor dem 1. April 1920 erhoben werden.

(4) Die Kosten der Versorgung für die durch innere Unruhen verursachten Personenschäden tragen vorbehaltlich anderer landesgesetzlicher Regelung in Höhe von zwei Dritteln das Land, in dem der Schaden entstanden ist, und in Höhe von einem Drittel die beteiligte Gemeinde. Die Landeszentralbehörde kann den Anteil leistungsschwacher Gemeinden höheren Gemeindeverbänden ganz oder zum Teil auferlegen. Die Landeszentralbehörde kann bestimmen, daß wirtschaftlich und örtlich zusammenhängende Gemeinden für die Erstattung als eine einheitliche Gemeinde zu gelten haben.

Artikel II des Gesetzes zur Änderung des Kriegspersonenschädengesetzes vom 27. Februar 1934 (RGBl. I S. 135)

Eine auf Grund des § 18 des Kriegspersonenschädengesetzes zuerkannte Versorgung kann entzogen werden, wenn der Beschädigte im Zeitpunkt der Beschädigung Angehöriger einer staatsfeindlichen Partei oder ihrer Hilfs- oder Ersatzorganisation war, oder wenn er die Beschädigung bei der Förderung der Bestrebungen einer staatsfeindlichen Partei im Zusammenhange mit inneren Unruhen erlitten hat. Die Entscheidung trifft der Reichsarbeitsminister; sie ist für die Gerichte bindend.

Anhang 3.

Gesetz über die Versorgung der Kämpfer für die nationale Erhebung[1])

vom 27. Februar 1934 (RGBl. I S. 133)
mit Ausführungsbestimmungen und Durchführungsverordnung.

§ 1

(1) Angehörige der Nationalsozialistischen Deutschen Arbeiterpartei und des Stahlhelm, Bund der Frontsoldaten, sowie ihrer Gliederungen erhalten auf Antrag wegen der die Gesundheit schädigenden Folgen von Körperverletzungen, die sie während der Zugehörigkeit zu der Nationalsozialistischen Deutschen Arbeiterpartei, zum Stahlhelm, Bund der Frontsoldaten, oder ihren Gliederungen vor dem 13. November 1933 im Zusammenhange mit dem politischen Kampf für die nationale Erhebung durch politische Gegner erlitten haben, Versorgung unter entsprechender Anwendung der Vorschriften des Reichsversorgungsgesetzes, soweit nachstehend nicht etwas anderes bestimmt ist. Das gleiche gilt für ihre Hinterbliebenen.

(2) Die Vorschriften des Abs. 1 finden entsprechende Anwendung auf frühere Angehörige der Nationalsozialistischen Deutschen Arbeiterpartei, des Stahlhelm, Bund der Frontsoldaten, und ihrer Gliederungen sowie der inzwischen aufgelösten nationalen Verbände und ihre Hinterbliebenen.

(3) Der Antrag bedarf der Zustimmung der Hilfskasse, Hauptabteilung der Reichsleitung der Nationalsozialistischen Deutschen Arbeiterpartei; die Hilfskasse kann auch selbst den Antrag stellen.

AB. zu § 1

1. Die Zugehörigkeit zu der Nationalsozialistischen Deutschen Arbeiterpartei und dem Stahlhelm, Bund der Frontsoldaten, sowie ihren Gliederungen und zu den in § 1 Abs. 2 genannten nationalen Verbänden setzt voraus, daß der Beschädigte ordnungsmäßiges Mitglied nach den Bestimmungen der Satzungen usw. im Zeitpunkt der Schädigung gewesen ist.

2. Die Hitler-Jugend (einschließlich Deutsches Jungvolk, Bund Deutscher Mädel und der Jungmädel im BDM.) ist eine Gliederung der Nationalsozialistischen Deutschen Arbeiterpartei im Sinne des § 1 Abs. 1 des Gesetzes. Die Vorschriften des Gesetzes finden auch Anwendung auf frühere Angehörige des Scharnhorst, Bund Deutscher Jungmannen, der bis zu seiner Eingliederung in die Hitler-Jugend im Jahre 1933 eine Gliederung des Stahlhelm, Bund der Frontsoldaten, war (§ 1 Abs. 2).

---

[1]) Begründung zum Gesetz s. RVBl. 34 S. 17.

3. Politische Gegner im Sinne des § 1 Abs. 1 sind die kommunistischen und marxistischen Parteien und Organisationen sowie ihre Anhänger; aber auch Angehörige anderer Parteien können als politische Gegner in Betracht kommen.

4. Eine Körperverletzung ist durch politische Gegner verursacht, wenn ein ursächlicher Zusammenhang der Körperverletzung mit Kampfhandlungen politischer Gegner besteht.

5. Anträge auf Versorgung, die vor dem Inkrafttreten des Gesetzes gestellt sind, sind rechtswirksam.

6. (1) Nach § 1 des Gesetzes bestimmt sich die Versorgung der unter das NKVG. fallenden Personen grundsätzlich nach dem RVG. mit AB. (HdR. S. 1). Dementsprechend finden allgemein auch die zum RVG. erlassenen und noch ergehenden Verordnungen sowie die Erlasse und Auslegungen des RAM. zum RVG., insbesondere die Bestimmungen für die Versorgungsheilbehandlung (siehe RVG. §§ 4 bis 20 — HdR. S. 16 ff.) sowie der Ärztliche und der Zahnärztliche Reichstarif für das Versorgungswesen (HdR. S. 306 ff.) Anwendung, soweit sich nicht aus dem NKVG. und aus den AB. etwas anderes ergibt.

(2) Das der Versorgung nach § 1 zugrunde liegende „schädigende Ereignis" steht einer Dienstbeschädigung im Sinne des RVG. gleich. Den „DB.-Folgen" und den „DB.-Leiden" im Sinne des RVG. entsprechen die „Schädigungsfolgen" und die „Schädigungsleiden" nach dem NKVG. Im Schriftverkehr sowie bei Benutzung und Ausfüllung der Formblätter sind diese Bezeichnungen zu wählen. Die Bezeichnung „Anspruchsrentenleiden" gilt auch für das NKVG.

7. (1) Nationale Verbände im Sinne des § 1 Abs. 2 des Gesetzes sind:

1. Organisation Roßbach,
2. Verband nationalgesinnter Soldaten[1]),
3. Adler und Falken,
4. Brüder vom Stein,
5. Organisation C,
6. Organisation Escherich,
7. Bund Oberland,
8. Bund Wiking,
9. Reichsflagge,
10. Reichskriegsflagge,
11. Bund Westküste,
12. Frontkriegerbund e. V., Reichsverband, mit dem Hauptsitz in München,
13. Bund Olympia,
14. Jungdeutscher Treubund,

[1]) Es handelt sich nicht um den 1933 in das Vereinsregister eingetragenen, sondern um den 1922 aufgelösten Verband nationalgesinnter Soldaten.

15. Deutschbanner Schwarz-Weiß-Rot,
16. Organisation Bismarck,
17. Frontbann,
18. Wehrwolf,
19. Berliner Selbstschutz,
20. Jungnationaler Bund E. V.,
21. Organisation Heinz,
22. Bund Schlageter E. V.,
23. Reichsverband der Baltikumkämpfer,
24. Deutsch-Völkische Freiheitspartei,
25. Deutscher Bismarck-Orden.

§ 1 Abs. 2 des Gesetzes gilt auch für Angehörige ehemaliger Freikorps und Einwohnerwehren, die im Zusammenhang mit dem politischen Kampf für die nationale Erhebung durch politische Gegner Körperverletzungen erlitten haben, und ihre Hinterbliebenen, wenn das RVG. (AB. zu § 1 Nr. 1 und 3 — HdR. S. 5/6) keine Anwendung findet.

(3) Sollten ehemalige Angehörige anderer Verbände Versorgung beantragen, so ist unter Beifügung einer Stellung der höheren Landesverwaltungsbehörde (Regierung usw.) die Entscheidung des RAM. darüber herbeizuführen, ob der Verband als nationaler Verband im Sinne des § 1 Abs. 2 des Gesetzes anzusehen ist.

8. Soweit es sich um Versorgung nach dem NKVG. handelt, ist im Hinblick auf die Vorschrift des § 1 Abs. 3 den Ersuchen der Hilfskasse der NSDAP auf Überlassung der Versorgungsakten zu entsprechen.

§ 2

(1) Die Rente eines Beschädigten beträgt:

20 vom Hundert der nach dem Reichsversorgungsgesetze zu gewährenden Gebührnisse, wenn er das 14. Lebensjahr noch nicht vollendet hat und wenn dem Unterhaltspflichtigen infolge der Gesundheitsschädigung besondere Aufwendungen erwachsen;

30 vom Hundert dieser Gebührnisse, wenn er das 14. Lebensjahr vollendet hat;

60 vom Hundert, wenn er das 15. Lebensjahr vollendet hat;

80 vom Hundert, wenn er das 16. Lebensjahr vollendet hat;

100 vom Hundert, wenn er das 17. Lebensjahr vollendet hat.

(2) Bei Anwendung der §§ 28, 33, 36, 41 Abs. 2 Nr. 4, 45, 52 und 55 Abs. 2 und 4 des Reichsversorgungsgesetzes tritt an Stelle der Militärdienstzeit der Zeitpunkt der Schädigung. Die Vorschriften des Reichsversorgungsgesetzes über das Übergangsgeld (§ 32) finden keine Anwendung.

AB. zu § 2

(1) Bei Gewährung der zur Heilbehandlung gehörenden Geldleistungen treten für die Berechtigten, die das 17. Lebensjahr noch nicht vollendet haben, die im § 2 vorgesehenen Hundertsätze an die

Stelle der Bezüge bei Erwerbsunfähigkeit (RVG. § 12) oder bei Minderung der Erwerbsfähigkeit um 80 v. H. (RVG. § 13). Entsprechendes gilt für die Pflegezulage.

(²) Der Tag des schädigenden Ereignisses muß im Hinblick auf die Vorschrift des § 2 Abs. 2 festgestellt werden.

§ 3

Den Hinterbliebenen der Personen, die infolge einer Schädigung im Sinne des § 1 gestorben sind, steht Sterbegeld zu, auch wenn der Verstorbene nicht Rentenempfänger gewesen ist.

AB. zu § 3

Ist der Tod durch eine Schädigung im Sinne des § 1 des Gesetzes verursacht worden, so sind die in § 34 Abs. 2 des RVG. bestimmten vollen Sätze des Sterbegeldes zu zahlen, auch wenn der Verstorbene nicht Rentenempfänger war. Ist der Tod nicht die Folge einer Schädigung im Sinne des § 1 des Gesetzes, so erhalten die Hinterbliebenen eines Rentenempfängers ein Drittel der im RVG. § 34 Abs. 2 bestimmten Sätze.

§ 4

Auf die nach diesem Gesetze Versorgungsberechtigten finden die Vorschriften des Gesetzes über die Beschäftigung Schwerbeschädigter entsprechende Anwendung.

§ 5

Wird wegen derselben Gesundheitsschädigung (§ 1) Versorgung oder Entschädigung nach § 18 des Kriegspersonenschädengesetzes in der Fassung vom 22. Dezember 1927 (RGBl. I S. 515) oder nach dem Besatzungspersonenschädengesetz in der Fassung vom 12. April 1927 (RGBl. I S. 103) gewährt, so ruht diese Versorgung oder Entschädigung in Höhe der nach diesem Gesetze gewährten Versorgung.

AB. zu § 5

(¹) Sind die Voraussetzungen einer Versorgung nach dem KPSG. § 18 erfüllt, so ist auch ein Bescheid auf Grund des KPSG. § 18 zu erteilen und von dem Zeitpunkt, von dem ab Versorgung nach § 1 des Gesetzes gewährt wird, das Ruhen der Versorgung nach KPSG. § 18 anzuordnen.

(²) Ein Antrag auf Versorgung nach § 1 des Gesetzes gilt auch als Antrag auf Versorgung nach KPSG. § 18; ein Antrag auf Versorgung nach dieser Vorschrift auch als Antrag auf Versorgung nach § 1 des Gesetzes, wenn eine Versorgung nach dieser Vorschrift in Betracht kommt.

(³) Ist die Versorgung nach dem KPSG. § 18 bereits rechtskräftig bewilligt, so ist auf Antrag des Beschädigten zu prüfen, ob auch Versorgung nach § 1 des Gesetzes in Betracht kommt, und bejahendenfalls nach der AB. zu § 8 Nr. 1 zu verfahren.

§ 6

(1) Die Vorschriften des § 75 des Gesetzes zur Änderung von Vorschriften auf dem Gebiete des allgemeinen Beamten-, des Besoldungs- und des Versorgungsrechts vom 30. Juni 1933 (RGBl. I S. 433), der Dritten Verordnung des Reichspräsidenten zur Sicherung von Wirtschaft und Finanzen usw. vom 6. Oktober 1931, Dritter Teil, Kapitel V, Abschnitt I § 10 und Abschnitt II § 10 in der Fassung des § 62 Nr. 1 und 2 des genannten Gesetzes vom 30. Juni 1933 sowie der Vierten Verordnung des Reichspräsidenten zur Sicherung von Wirtschaft und Finanzen vom 8. Dezember 1931, Fünfter Teil, Kapitel IV, Abschnitt 1 §§ 10 und 11 (RGBl. I S. 699, 723), der Verordnung zur Ergänzung von sozialen Leistungen vom 19. Oktober 1932 Artikel 4 Abs. 1 (RGBl. I S. 499) und der Verordnung des Reichspräsidenten zur Milderung von Härten in der Sozialversicherung und in der Reichsversorgung vom 18. Februar 1933 Artikel 1 (RGBl. I S. 69) finden auf die nach diesem Gesetze gewährten Versorgungsgebührnisse Anwendung[1]).

(2) Die Vorschriften des § 112a Abs. 1 Nr. 2, Abs. 2 und 3 des Gesetzes über Arbeitsvermittlung und Arbeitslosenversicherung finden auf die nach diesem Gesetze gewährten Versorgungsgebührnisse mit der Maßgabe Anwendung, daß ein Betrag bis zu 25 Reichsmark im Monat von der Anrechnung ausgenommen ist.

§ 7

Der Lauf der in den §§ 33, 49, 52 und 54 des Reichsversorgungsgesetzes bezeichneten Fristen beginnt frühestens mit dem Inkrafttreten dieses Gesetzes.

§ 8

(1) Für die nach diesem Gesetz im Verwaltungsverfahren erforderlichen Entscheidungen sind die im § 1 des Gesetzes über das Verfahren in Versorgungssachen bezeichneten Verwaltungsbehörden zuständig. Gegen ihre Entscheidung kann binnen einem Monat nach der Zustellung, bei Zustellung außerhalb Europas binnen sechs Monaten, die Entscheidung eines beim Hauptversorgungsamt Bayern gebildeten Ausschusses angerufen werden. Seine Entscheidung ist endgültig.

(2) Der Ausschuß besteht aus einem Vorsitzenden sowie einem Arzt und einem weiteren Beisitzer. Der Reichsarbeitsminister bestellt die Vorsitzenden, die Beisitzer und ihre Stellvertreter, und zwar die Ärzte auf Vorschlag des Führers der deutschen Ärzteschaft, die

---

[1]) Die Anwendung der Vorschriften der Vierten Verordnung des Reichspräsidenten zur Sicherung von Wirtschaft und Finanzen vom 8. Dezember 1931, Fünfter Teil, Kapitel IV, Abschnitt 1 §§ 10 und 11 (RGBl. I S. 699, 723), der Verordnung zur Ergänzung von sozialen Leistungen vom 19. Oktober 1932 Artikel 4 Abs. 1 (RGBl. I S. 499) und der Verordnung des Reichspräsidenten zur Milderung von Härten in der Sozialversicherung und in der Reichsversorgung vom 18. Februar 1933 Artikel 1 (RGBl. 1 S. 69) auf Renten nach dem NKVG. ist nunmehr durch das Gesetz über Änderungen auf dem Gebiete der Reichsversorgung vom 3. Juli 1934 Artikel 8 (RGBl. I S 541) — siehe HdR. S. 368f — neu geregelt.

übrigen Beisitzer auf Vorschlag der Reichsleitung der Nationalsozialistischen Deutschen Arbeiterpartei.

(³) Für das Verfahren vor dem Ausschuß gelten die Vorschriften des Gesetzes über das Verfahren in Versorgungssachen über das Verwaltungsverfahren entsprechend.

AB. zu § 8

1. (¹) Die Versorgungsämter haben jeden erstmaligen Antrag auf Versorgung nach § 1 des Gesetzes, auch wenn es sich um Leistungen handelt, die in das pflichtmäßige Ermessen der Verwaltungsbehörden gestellt sind (Kannleistungen, Härteausgleich), der Hilfskasse, Hauptabteilung der Reichsleitung der Nationalsozialistischen Deutschen Arbeiterpartei, München 43, Postschließfach 40, zur Stellung zuzuleiten, falls die Hilfskasse den Antrag nicht selbst gestellt hat. Das gleiche gilt für Anträge auf Versorgung, die vor der Veröffentlichung des Gesetzes bei den Versorgungsämtern eingegangen sind. Stimmt die Hilfskasse dem Antrag nicht zu, so ist er, gegebenenfalls unter Hinweis auf die Zulässigkeit der Anrufung des Ausschusses (§ 8 des Gesetzes), abzulehnen. Die Hilfskasse wird dem Versorgungsamt die in ihrem Besitz befindlichen Unterlagen mitteilen, wenn sie den Antrag auf Versorgung selbst stellt oder dem Antrag des Berechtigten zustimmt.

(²) Handelt es sich um Anträge von Angehörigen des Stahlhelm, Bund der Frontsoldaten, oder ihrer Hinterbliebenen, so wird die Hilfskasse sich mit der Sozialabteilung im Bundesamt des Stahlhelm, Bund der Frontsoldaten, ins Benehmen setzen, bevor sie zu dem Antrag Stellung nimmt, und die von ihr übersandten Unterlagen dem Versorgungsamt mitteilen, wenn sie dem Antrag zustimmt.

(³) Entsprechend wird sie, soweit das möglich ist, bei Anträgen ehemaliger Angehöriger der in § 1 Abs. 2 des Gesetzes genannten nationalen Verbände verfahren.

(⁴) Hat die Hilfskasse dem erstmaligen Antrag zugestimmt, so sind ihr weitere Anträge des Versorgungsberechtigten nicht mehr vorzulegen, es sei denn, daß Versorgung wegen einer Gesundheitsschädigung beantragt wird, auf die der erstmalige Antrag nicht gestützt war und die mit der bereits geltend gemachten Gesundheitsschädigung nicht in ursächlichem Zusammenhang steht.

2. Der Ausschuß führt die Bezeichnung „Ausschuß für Versorgungsansprüche der Kämpfer für die nationale Erhebung beim Hauptversorgungsamt Bayern."

3. Bei der Übersendung der Akten an den Ausschuß hat das Versorgungsamt, soweit erforderlich, zu den Ausführungen des Antragstellers Stellung zu nehmen.

4. Die Entschädigung der Beisitzer setzt der Vorsitzende fest.

5. Die im Verfahren vor dem Ausschuß anfallenden Schriftstücke werden nach Abschluß des Verfahrens in einem besonderen Umschlag den Versorgungsakten vorgeheftet.

6. Über die Gestattung der Akteneinsicht entscheidet der Vorsitzende des Ausschusses, solange das Verfahren bei dem Ausschuß anhängig ist. Seine Entscheidung ist endgültig.

7. Zur Berichtigung einer Entscheidung des Ausschusses gemäß dem Gesetz über das Verfahren in Versorgungssachen § 65 Abs. 2 ist der Ausschuß zuständig, dem die Akten gegebenenfalls von den Versorgungsämtern vorzulegen sind.

8. (1) Die Anrufung des Ausschusses ist ausgeschlossen, soweit die Gewährung der Leistungen in das pflichtmäßige Ermessen der Verwaltungsbehörde gestellt ist (VerfG. § 91 Abs. 1 in Verbindung mit der Durchführungsverordnung § 5).

(2) Der Ausschuß entscheidet auch über Ansprüche auf Zurückzahlung zu Unrecht empfangener Versorgungsgebührnisse oder von Kapitalabfindungen endgültig.

9. Die in dem Gesetz über das Verfahren in Versorgungssachen § 76 vorgesehene Gebühren- und Stempelfreiheit gilt auch, wenn die Gebühren- oder Stempelpflicht aus Anlaß des Verfahrens vor dem Ausschuß entstanden ist.

10. Der Ausschuß hat den Sachverhalt unter entsprechender Anwendung der Vorschriften des Gesetzes über das Verfahren in Versorgungssachen (§§ 80 Abs. 1, 81 bis 85) aufzuklären. Er trifft seine Entscheidung durch Bescheid (VerfG. § 86). Der Bescheid ist von dem Vorsitzenden zu unterzeichnen; er entscheidet über die Berichtigung von Schreib- und Rechenfehlern und ähnlichen offenbaren Unrichtigkeiten, soweit er nicht die Entscheidung des Ausschusses für notwendig erachtet.

11. Die Mitglieder des Ausschusses stimmen in nachfolgender Reihenfolge:

1. der Arzt,
2. der auf Vorschlag der Reichsleitung der Nationalsozialistischen Deutschen Arbeiterpartei bestellte Beisitzer,
3. der Vorsitzende.

12. Die bei dem Ausschuß entstehenden sächlichen Verwaltungsausgaben sind im Einzelplan VII des Reichshaushaltsplanes bei den entsprechenden Titeln des Kapitels 11 zu buchen. Zu den sächlichen Verwaltungsausgaben gehören auch die an die Beisitzer zu zahlenden Vergütungen; sie sind für das Rechnungsjahr 1933 außerplanmäßig hinter Titel 24 zu buchen.

13. Die Ausgaben für Versorgungsgebührnisse, Unterstützungen und Heilbehandlung für 1933 sind hinter Kapitel 3 des Einzelplans XII außerplanmäßig unter „Versorgung der Kämpfer für die nationale Erhebung" zu buchen.

§ 9

Die auf Grund dieses Gesetzes gewährte Versorgung kann entzogen werden, wenn der Versorgungsberechtigte aus der Nationalsozialistischen Deutschen Arbeiterpartei oder dem Stahlhelm, Bund der Frontsoldaten, ausgeschlossen ist oder wenn nach seinem Ausscheiden Tatsachen bekannt werden, die den Ausschluß zur Folge gehabt hätten. Das gleiche gilt entsprechend für ehemalige Angehörige der in § 1 Abs. 2 genannten nationalen Verbände. Die Entscheidung trifft der Reichsarbeitsminister, ein Rechtsmittel ist nicht zulässig.

§ 10

Sofern sich in einzelnen Fällen aus den Vorschriften dieses Gesetzes besondere Härten ergeben, kann der Reichsarbeitsminister im Einvernehmen mit dem Reichsminister der Finanzen einen Ausgleich gewähren.

AB. zu § 10

Befürwortet die Hilfskasse (AB. zu § 8 Nr. 1) die Bewilligung eines Härteausgleichs, so sind die Akten dem RAM. auf dem Dienstwege vorzulegen, nachdem die sachlichen Voraussetzungen für einen Härteausgleich, insbesondere die Frage des ursächlichen Zusammenhangs mit dem behaupteten schädigenden Ereignis und die Frage des Bedürfnisses geprüft sind.

§ 11

Das Gesetz tritt mit dem 1. Januar 1934 in Kraft.

Wird der Antrag auf Versorgung vor dem 1. Januar 1935 gestellt, so wird die nach diesem Gesetze zustehende Versorgung vom 1. Januar 1934 ab gewährt, wenn die Voraussetzungen für die Gewährung der Versorgung an diesem Tage erfüllt sind. Sterbegeld wird auch gewährt, wenn der Tod vor dem 1. Januar 1934 eingetreten ist.

AB. zu § 11

1. Das Sterbegeld ist, wenn der Tod vor dem 1. Januar 1934 eingetreten ist, nach den an diesem Tage geltenden Vorschriften des RVG. zu gewähren.

2. (1) Für die Verteilung der Kosten einer einheitlichen Rente (Durchführungsverordnung § 6 Abs. 3) gelten Nr. 2 Abs. 1 der AB. zu § 7 des Schutzpolizeibeamtengesetzes und Ziff. I Nr. 2 Abs 2 der AB. zu § 18 des KPSG. (HdR. S. 545 und 430) entsprechend.

(2) Vor Bewilligung der Versorgung nach § 1 des Gesetzes ist festzustellen, ob der Antragsteller bereits Versorgung nach einem der in § 6 der Durchführungsverordnung genannten Gesetze bezieht. Bejahendenfalls ist für die Versorgung nach § 1 des Gesetzes ein besonderes Aktenheft anzulegen und als Beilage zu den bereits vorhandenen Versorgungsakten zu nehmen.

(3) Ist die einheitliche Rente aus Renten festgestellt, die für Rechnung des Reichs gezahlt werden, so findet für die Buchung Abs. 1 entsprechende Anwendung.

3. Steht der Anspruch auf Versorgung nach § 1 des Gesetzes fest und hat die Hilfskasse (AB. zu § 8 Nr. 1) dem Antrag zuge-

stimmt oder ihn selbst gestellt, so können Vorschüsse gewährt werden, wenn die Versorgung nicht alsbald festgestellt werden kann.

§ 12

Der Reichsarbeitsminister erläßt im Einvernehmen mit dem Reichsminister der Finanzen die zur Durchführung dieses Gesetzes erforderlichen Rechts- und Verwaltungsvorschriften; er bestimmt, welche Verbände als nationale Verbände im Sinne des § 1 Abs. 2 anzusehen sind.

Verordnung zur Durchführung des Gesetzes über die Versorgung der Kämpfer für die nationale Erhebung

Vom 27. Februar 1934 (RGBl. I S. 135)

Auf Grund des § 12 des Gesetzes über die Versorgung der Kämpfer für die nationale Erhebung vom 27. Februar 1934 (RGBl. I S. 133) wird hiermit verordnet:

§ 1

Die Anrufung des Ausschusses (§ 8) erfolgt durch schriftliche oder mündliche Erklärung, die an das Versorgungsamt zu richten ist, das den Bescheid erteilt hat. Im Falle mündlicher Erklärung ist eine Niederschrift aufzunehmen.

Das Versorgungsamt hat die Erklärung mit den Akten und sonstigen Schriftstücken, die über den Anspruch vorhanden sind, unverzüglich dem Ausschuß vorzulegen.

§ 2

Der Vorsitzende des Ausschusses muß die Befähigung zum höheren Justiz- oder Verwaltungsdienst besitzen.

Die Beisitzer sollen in München oder seinen Vororten wohnen.

Die Bestellung des Vorsitzenden, der Beisitzer und ihrer Stellvertreter kann jederzeit widerrufen werden; soweit es sich um Beisitzer oder ihre Stellvertreter handelt, ist die Stelle, auf deren Vorschlag sie bestellt worden sind, vorher zu hören.

§ 3

Der Vorsitzende verpflichtet die Beisitzer bei Antritt ihres Amtes durch Handschlag auf gewissenhafte Erfüllung ihrer Pflicht unter Hinweis auf die Vorschriften der §§ 2 und 131 Abs. 2 Satz 2 des Gesetzes über das Verfahren in Versorgungssachen, die entsprechende Anwendung finden. Über die Verpflichtung ist eine Niederschrift aufzunehmen.

§ 4

Die Beisitzer bei dem Ausschuß erhalten eine Entschädigung nach Maßgabe der Verordnung über die Entschädigung der Beisitzer aus den Versorgungsberechtigten bei den Spruchbehörden der Reichsversorgung vom 31. März 1933 (Reichsministerialbl. 1933

S. 146)[1]) in gleicher Weise wie die Beisitzer aus den Versorgungsberechtigten bei den Versorgungsgerichten.

§ 5

Die Vorschriften der §§ 42, 46 bis 48, 50, 51 bis 60, 65, 66 bis 69, 72 bis 76, 90 Abs. 4 Satz 2[2]), 91 Abs. 1 und 3, 93 Satz 2 und 3, 94, 96 Abs. 1[3]), 132 Abs. 1 und 2, 133, 143 Abs. 1 und 4 des Gesetzes über das Verfahren in Versorgungssachen finden im Falle der Anrufung des Ausschusses entsprechende Anwendung.

§ 6

Trifft eine Gesundheitsschädigung im Sinne des § 1 des Gesetzes mit einer anderen Gesundheitsschädigung zusammen, die durch eine im Heeres- oder Polizeidienst erlittene Dienstbeschädigung im Sinne des Reichsversorgungsgesetzes, des Altrentnergesetzes, des Wehrmachtversorgungsgesetzes, des Reichsgesetzes über die Schutzpolizei der Länder oder des Gesetzes über die Versorgung der Polizeibeamten beim Reichswasserschutze oder durch die in den §§ 1 und 2 sowie § 18 des Kriegspersonenschädengesetzes bezeichneten Ursachen hervorgerufen ist, so ist eine einheitliche Rente festzustellen, wenn die Erwerbsfähigkeit durch diese Gesundheitsschädigungen insgesamt um mindestens 25 v. H. gemindert ist.

Gegen die Entscheidung des Versorgungsamts über die Feststellung der einheitlichen Rente ist die Anrufung des Ausschusses (§ 8 des Gesetzes) zulässig.

Wird eine einheitliche Rente auf Grund von Renten festgestellt, deren Kosten zum Teil das Reich und zum Teil ein Land zu tragen hat, so bestimmt sich der das Reich und das Land treffende Kostenanteil nach dem Grade der Minderung der Erwerbsfähigkeit, der für die ihnen zur Last fallenden Renten maßgebend ist.

§ 7

Die Spruchbehörden der Reichsversorgung haben die bei ihnen anhängigen Verfahren über Ansprüche auf Versorgung durch Urteil oder Verfügung des Vorsitzenden einzustellen und die Akten an die Hilfskasse, Hauptabteilung der Reichsleitung der Nationalsozialistischen Deutschen Arbeiterpartei, München 43, Postschließfach 40, abzugeben, wenn die Voraussetzungen einer Versorgung nach § 18 des Kriegspersonenschädengesetzes nicht gegeben sind, aber eine Versorgung nach § 1 des Gesetzes über die Versorgung der Kämpfer für die nationale Erhebung in Betracht kommt.

---

[1]) Anwendung findet ferner die VO. zur Änderung der VO. über die Entschädigung der Beisitzer aus den Versorgungsberechtigten bei den Spruchbehörden der Reichsversorgung vom 24. 3. 1934 (RMBl. S. 292) — siehe auch HdR. S. 745 —.

[2]) § 90 Abs. 8 Satz 2 in der Fassung vom 2. November 1934.

[3]) § 96 in der Fassung vom 2. November 1934.

Anhang 4.

Die Spruchbehörden der Reichsversorgung.

(Nach dem Stande vom 1. März 1935.)

I. Das Reichsversorgungsgericht

in Berlin W 35, Tirpitzufer 52; Tel. B 1 Kurfürst 8351.

II. 61 Versorgungsgerichte (Landesbehörden).

a) Preußen (34):

Versorgungsgericht Berlin in Charlottenburg 2, Berlinerstr. 11; Tel. C 1 Steinplatz 5186.
" Königsberg i. Pr., Königstr. 65/67; Tel. 34071.
" Gumbinnen, Friedrich-Wilhelmplatz 1; Tel. 2251.
" Allenstein, Kleebergerstr. 32—34; Tel. 3241.
" Marienwerder, Regierungsplatz 1; Tel. 2341.
" Potsdam, Am Kanal 61; Tel. 2616.
" Frankfurt a. Oder, Regierungsgebäude; Tel. 2701.
" Stettin, Hakenterrasse 3/4; Tel. 25131.
" Köslin, Bergstr. 41; Tel. 2987.
" Schneidemühl, Danziger Platz (Regierung); Tel. 2341, 2351.
" Breslau I, Neumarkt 1—8; Tel. 12451.
" Liegnitz, Regierung (Schloßplatz); Tel. 1931.
" Oppeln, Friedrichsplatz 1; Tel. 3169.
" Magdeburg, Oranienstr. 13 und Remtergang 1; Tel. 33881.
" Merseburg, Schloß (Erweiterungsbau); Tel. 29.
" Erfurt, Neuwerkstr. 30; Tel. 398.
" Schleswig, Poststr. 4; Tel. 2141.
" Hannover, Archivstr. 2; Tel. Waterloo 44221.
" Hildesheim, Domhof 3; Tel. 2721—30.
" Lüneburg, Kefersteinstr. 28; Tel. 3448.
" Stade, Regierungsgebäude; Tel. 72—74.
" Osnabrück, Kanzlerwall 18; Tel. 4171.
" Aurich, Schloßplatz 3; Tel. 12.
" Münster i. W., Domplatz 3; Tel. 24451.
" Minden, Weserglacisstr. 2; Tel. 1411—14.
" Dortmund, Poppelsdorferstr. 11; Tel. 21661.

Versorgungsgericht Kassel, Schloßplatz 1; Tel. 5742—56.
" Wiesbaden, Luisenstr. 13; Tel. 59361.
" Koblenz, Schloß; Tel. 2940.
" Düsseldorf, Cecilienallee 1; Tel. 33067.
" Köln a. Rh., Zeughausstr. 8; Tel. 220901.
" Trier, Sichelstr. 8; Tel. 4241.
" Aachen, Theaterplatz 14; Tel. 27511.
" Sigmaringen, Karlstr. 13; Tel. 313, 314.

b) Bayern (6):

" München 2, Ludwigstr. 14; Tel. 20849 u. 296798.
" Landshut, Seligenthalerstr. 10; Tel. 292.
" Speyer, Weberstr. 11; Tel. 81.
" Nürnberg, Weintraubengasse 1; Tel. 26189.
" Würzburg, Friedenstr. 11; Tel. 4862.
" Augsburg, Holbeinstr. 12; Tel. 1417.

c) Sachsen (5):

" Bautzen, Schloß Ortenburg, Nordgebäude; Tel. 2402 u. 2405.
" Chemnitz, Hartmannstr. 24; Tel. 33041 (Polizei).
" Dresden-A. 1, Zeughausstr. 2; Tel. 25446.
" Leipzig, Bosestr. 4; Tel. 13694, 23767.
" Zwickau, Reichsstr. 8; Tel. 6205.

d) Württemberg (1):

" Stuttgart, Rotebühlstr. 79; Tel. 61519, 62660.

e) Baden (4):

" Konstanz, Lutherplatz 8/10; Tel. 1326.
" Freiburg i. Br., Kaiserstr. 15; Tel. 5488.
" Karlsruhe, Herrenstr. 45; Tel. 6300.
" Mannheim, Schloß, rechter Flügel; Tel. 26925.

f) Thüringen:

" Gotha, Schloßberg 12; Tel. 1336—37.

g) Hessen:

" Darmstadt, Neckarstr. 1; Tel. 5001.

h) Hamburg:

" Hamburg 36, Gorch Fock-Wall 17; Tel. 351061—64.

i) Mecklenburg:

" Schwerin i. M., Gr. Moor 36; Tel. 5051.

k) Braunschweig:

Versorgungsgericht Braunschweig, Turnierstr. 7; Tel. 1186.

l) Oldenburg:

" Oldenburg, Hindenburgstr. 42; Tel. 6291.

m) Anhalt:

" Dessau, Am Bahnhof 4; Tel. 1212.

n) Bremen:

" Bremen, Am Wall 201; Tel. Domsheide 21411.

o) Lippe:

" Detmold, Regierungsgebäude; Tel. 3051.

p) Lübeck:

" Lübeck, Große Burgstr. 4; Tel. 25186—89.

q) Schaumburg-Lippe:

(VersGer. Hannover).

r) Saarland:

" Saarbrücken, Roonstr. 2; Tel. 28256.

Anhang 5.

Hauptversorgungsämter, Versorgungsämter und sonstige Versorgungsdienststellen†).

(Nach dem Stande vom 1. März 1935.)

11 Hauptversorgungsämter, 76 Versorgungsämter, 1 Prüfamt für Heilbedarf, 33 Orthopädische Versorgungsstellen (OVSt.), 15 Versorgungsärztliche Untersuchungsstellen (VUSt.), 9 Versorgungskuranstalten (VKurA.), 3 Versorgungskrankenhäus. (VKrh.), 3 Kriegsinvalidenhäuser.

Sonstige Abkürzungen:

P. = Pensionsamt (zuständig für Ruhegeld- usw. Angelegenheiten nach Ziff. II Abs. 1 der AB. zu §§ 38, 41 Abs. 1 und RVBl. 34 Nr. 74).

NW. = Neue Wehrmacht (zuständig für Versorgungsangelegenheiten der neuen Wehrmacht nach Ziff. II Abs. 2 der AB. zu §§ 38, 41 Abs. 1).

I. Hauptversorgungsamt Ostpreußen

Königsberg i. Pr. 9, Brahmsstr. 9; Tel. Hindenburg 24161.

Versorgungsamt Allenstein, Wadangerstr. 60; Tel. 2646. Sonderaufgaben: NW.

" Insterburg, Artilleriestr. 2; Tel. 198. Sonderaufgaben: reichsdeutsche Rentenversorgungsberechtigte im Memelgebiet, in der Union der Sozialistischen Sowjet-Republiken, in Estland, Finnland, Lettland und Litauen.

" Königsberg i. Pr. 9, Brahmsstr. 9; Tel. Hindenburg 24161. Sonderaufgaben: P., NW., Betriebskrankenkassen des Reichs in Königsberg u. Pillau, Hilfswerk Rothenstein.

" Lötzen, Angerburger Chaussee, Tel. 238.

" Marienburg in Westpr., Birkgasse 80/82, Tel. 2051. Sonderaufgaben: NW., reichsdeutsche Rentenversorgungsberechtigte im Gebiet der Freien Stadt Danzig.

OVSt. Allenstein, Hohensteinerstr. 30; Tel. 2916.

---

†) Die Bezirke der Versorgungsdienststellen ergeben sich im Zweifelsfall aus den Verzeichnissen HdR. S. 2369 ff. und aus dem alphabetischen Verzeichnis der Verwaltungsbezirke HdR. S. 2409 ff.

OVSt. Königsberg 1, Königstraße zwischen Nr. 26 u. 27; Tel. Hindenburg 24161.

VUSt. Königsberg 1, Königstraße zwischen Nr. 26 u. 27; Tel. Hindenburg 24161.

II. Hauptversorgungsamt Schlesien
Breslau I, Dominikanerplatz 6; Tel. 42001.

Versorgungsamt Breslau I, Bürgerwerder, Block 6; Tel. 42001. Sonderaufgaben: **P.**, **NW.**

" Gleiwitz I, Keithstr. 7; Tel. 3228. Sonderaufgaben: reichsdeutsche Rentenversorgungsberechtigte in Polnisch-Oberschlesien und den polnischen Kreisen Bielitz-Biala, Czenstochau, Bendzin und Oswiecim.

" Liegnitz I, Haynauerstr. 120; Tel. 2130, 2158. Sonderaufgaben: **NW.**

" Oppeln, Malapanerstr. 75; Tel. 3837.

" Ratibor, Brunken 16; Tel. 2965. Sonderaufgaben: reichsdeutsche Rentenversorgungsberechtigte im Hultschiner Gebiet.

" Schweidnitz, Sedanplatz 2; Tel. 3164.

OVSt. Breslau I, Kirchstr. 2; Tel. 42001.

OVSt. Gleiwitz I, Keithstr. 7; Tel. 3228.

VUSt. Breslau X, Werderstr. 88; Tel. 42001.

VKurA. Landeck i. Schles., Beuthenerstr. 2; Tel. 327.

III. Hauptversorgungsamt Brandenburg-Pommern
Berlin-Schöneberg I, General-Papestraße; Tel. G 1 Stephan 2761.

Versorgungsamt I Berlin*). Stadt Berlin, Buchstabe A—H. Sonderaufgaben: Betriebskrankenkasse des Reichs in Berlin (Tel. G 1 Stephan 5757) und Ausführungsbehörde für Unfallversicherung.

" II Berlin*). Stadt Berlin, Buchstabe J—Q. Sonderaufgaben: **NW.**

" III Berlin*). Stadt Berlin, Buchstabe R—Z.

" IV Berlin*). Stadt- und Landkreise um Berlin. Sonderaufgaben: reichsdeutsche Rentenversorgungsberechtigte im Ausland, soweit nicht anderen VersÄmtern zugeteilt, u. Krankenbuchlager Berlin.

" V Berlin*). Nur Sonderaufgaben: **P.**

" VI Berlin in Berlin-Spandau, Fehrbellinerstraße 29; Tel. C 7 Spandau 3522, 9201. Nur

---

*) Berlin-Schöneberg I, General-Papestr.; Tel. G 1 Stephan 2671.

Sonderaufgaben: Arbeiter- und Angestellten-Unterstützungen (frühere Heeresbetriebe; vgl. HdR. S. 856/7).
Versorgungsamt Frankfurt a. O., Bahnhofstr. 1/2; Tel. 2674. Sonderaufgaben: NW.
" Schneidemühl, Zeughausstr. 1; Tel. 2578. Sonderaufgaben: P., NW. und reichsdeutsche Rentenversorgungsberechtigte in Polen, soweit nicht VersAmt Gleiwitz zuständig.
" Stettin I, Am Heiliggeisttor 4—5; Tel. 25016. Sonderaufgaben: P., NW. und reichsdeutsche Rentenversorgungsberechtigte in Schweden und Norwegen.
" Stolp i. P., Hindenburgstr. 41; Tel. 2201.
Prüfamt für Heilbedarf im Versorgungswesen Berlin in Berlin-Tempelhof, Friedrich Wilhelmstr. 1/5; Tel. G 1 Südring 4414.
OVSt. Berlin, Berlin-Schöneberg I, General-Papestr.; Tel. G 1 Stephan 2761.
OVSt. Frankfurt a. O., Hindenburgstr. 1; Tel. 2672.
OVSt. Stettin I, Friedrichstr. 17; Tel. 25016.
VUSt. Berlin, Berlin-Schöneberg, General-Papestr.; Tel. G 1 Stephan 2761.
VUSt. Stettin I, Friedrichstr. 17; Tel. 25016.
Beobachtungs-Abteilung Potsdam als Zweigstelle der VUSt. Berlin, Potsdam, Königsweg; Tel. 2753.
Kriegsinvalidenhaus Berlin NW 40, Scharnhorststr. 33; Tel. D 1 Norden 3939.
Kriegsinvalidenhaus Stolp i. P., Langestr. 36.

IV. Hauptversorgungsamt Niedersachsen-Nordmark Hannover-Linden, Marktplatz 1; Tel. 43641.

Versorgungsamt Altona I, Mathildenstraße 44; Tel. 421 448. Sonderaufgaben: NW.
" Braunschweig I, Kasernenstr. 25; Tel. 4295.
" Flensburg, Duburgerstraße 72; Tel. 243. Sonderaufgaben: reichsdeutsche Rentenversorgungsberechtigte in Dänemark.
" Hamburg in Altona I, Palmaille 65/71; Tel. 421 581. Sonderaufgaben: P., reichsdeutsche Rentenversorgungsberechtigte in England, Betriebskrankenkasse des Reichs in Altona.
" Hannover, Hannover-Linden, Marktplatz 1; Tel. 43641. Sonderaufgaben: P., NW., Betriebskrankenkasse des Reichs in Hannover.
" Hildesheim I, Goslarsche Straße 9; Tel. 4781.

Versorgungsamt Kiel, Feldstr. 21; Tel. 454 und 4737. Sonderaufgaben: P., NW.
" Oldenburg i. O., Pferdemarkt 13; Tel. 3051. Sonderaufgaben: P., NW.
" Osnabrück, Süsterstr. 46; Tel. 6414 und 5846.
" Rostock i. M., Sankt Georgstr. 109; Tel. 2047 und 2048. Sonderaufgaben: P. ab 1. April 1935, NW.
OBSt. Altona I, Missundestr. 19; Tel. 436868.
OBSt. Bremen I, Richtweg 25; Tel. Domsheide 27624.
OBSt. Hannover I, Adolfstr. 10; Tel. 43632.
OBSt. Rostock i. M., Sankt Georgstr. 109; Tel. 2047 und 2048.
BUSt. Altona I, Alsenstr. 8; Tel. 432745.
BUSt. Hannover I, Adolfstr. 8; Tel. 43078.

V. Hauptversorgungsamt Westfalen

Münster i. W., Ägidiistraße 66—68; Tel. 22254.

Versorgungsamt Bielefeld I, Stapenhorststr. 62; Tel. 502 u. 503.
" Dortmund I, Lindemannstr. 78; Tel. 24051.
" Gelsenkirchen I, Franz Bielefeldstr. 1; Tel. 27651.
" Münster i. W., Ägidiistr. 66—68; Tel. 22255. Sonderaufgaben: P.
" Soest, Vor dem Röttentor 14; Tel. 138.
OBSt. Dortmund I, Lindemannstr. 78; Tel. 24051.
OBSt. Münster i. W., Ägidiistr. 66—68; Tel. 22254.
BUSt. Münster i. W., Hindenburgplatz 87; Tel. 23495.
BKurA. Bad Driburg, Bahnhofstr. 1; Tel. 10.
BKrH. Minden i. W., Simeonsplatz 8; Tel. 1434.

VI. Hauptversorgungsamt Rheinland

Koblenz I, Falkensteinstr. 2/20; Tel. 2834.

Versorgungsamt Aachen I, Bismarckstr. 126/128; Tel. 31822. Sonderaufgaben: reichsdeutsche Rentenversorgungsberechtigte in den Niederlanden und Belgien.
" Düsseldorf 10, Roßstraße 92, 92a; Tel. Gneisenau 36066. Sonderaufgaben: P. ab 1. April 1935, NW.
" Duisburg-Hamborn in Duisburg I, Hansastraße 86; Tel. 32158.
" Essen I, Friedrichstr. 1; Tel. 22257, 22258.
" Koblenz I, Falkensteinstr. 2/20; Tel. 2834. Sonderaufgaben: P., NW.

Versorgungsamt **Köln I**, Vorgebirgstr. 49; Tel. Hansa 91341—91343.
" **Saarbrücken I**[1]), Mainzerstr. 134; Tel. 21021. Sonderaufgaben: reichsdeutsche Rentenversorgungsberechtigte in Frankreich und Rentenversorgungsberechtigte mit französischer Staatsangehörigkeit.
" **Trier I**, Gartenfeldstr. 24; Tel. 3645. Sonderaufgaben: reichsdeutsche Rentenversorgungsberechtigte in Luxemburg.
" **Wuppertal** in Wuppertal-Barmen I, Oberbörnerstr. 57; Tel. 52711, 52712.
OVSt. **Düsseldorf** 10, Roßstr. 92a; Tel. Gneisenau 36066.
OVSt. **Essen I**, Friedrichstr. 1; Tel. 22258.
OVSt. **Koblenz I**, Falkensteinstr. 2/20; Tel. 2834.
OVSt. **Köln** in Köln-Deutz I, Siegburgerstr. 97/99; Tel. Freiheit 13395.
OVSt. **Saarbrücken** (ab 1. 4. 35).
VUSt. **Köln** in Köln-Deutz I, Siegburgerstr. 97/99; Tel. Freiheit 11410.

[1]) Bis zum 31. 3. 35 bestehen noch die VersÄmter Neunkirchen (Saar) und Saarlouis, ihre Aufgaben gehen mit dem 1. 4. 35 auf das VersAmt Saarbrücken über; das HptVersAmt Saarbrücken ist zum 1. 3. 35 aufgelöst worden (vgl. RVBl. 35 Nr. 9).

VII. Hauptversorgungsamt Hessen
Kassel I, Landgrafenstr. 2; Tel. 31825, 31853.

Versorgungsamt **Darmstadt I**, Eschollbrückerstr. 27; Tel. 4743, 4744.
" **Frankfurt a. M.** 17, Marienstr. 10; Tel. Senkenberg 31251, 31252.
" **Gießen**, Lessingstr. 3; Tel. 3158.
" **Kassel I**, Viktoriastr. 3; Tel. 1609, 1610. Sonderaufgaben: **P.** ab 1. 4. 35, **NW.**
" **Mainz**, Rheinstr. 2 und 4; Tel. 41541. Sonderaufgaben **P., NW.**
OVSt. **Frankfurt a. M.** in Frankfurt a. M. West 13, Ginnheimerstr. 40; Tel. Maingau 72339.
OVSt. **Kassel I**, Albrechtstr. 20; Tel. 30311.
VUSt. **Kassel I**, Albrechtstr. 20; Tel. 30311.
VKurA. **Bad Homburg v. d. H.**, Luisenstr. 80/82; Tel. 3022.
VKurA. **Bad Nauheim**, Luisenstr. 17; Tel. 2095.
VKurA. (Wilhelmsheilanstalt) **Wiesbaden**, Adolf Hitler-Platz 3; Tel. 26626.
VKrH. **Hanau**, Apfelallee 71; Tel. 2282.
Kriegsinvalidenhaus **Carlshafen a. d. Weser**, Invalidenstr. 15.

VIII. Hauptversorgungsamt Mitteldeutschland
Magdeburg, Hohenzollernstr. 8; Tel. 22985, 22986, 24130.

Versorgungsamt Dessau, Leopoldstr. 24; Tel. 2293, 3793.
" Erfurt, Anger 6; Tel. 22726. Sonderaufgaben: NW.
" Gera, Pariserstr. 1; Tel. 3525, 4545.
" Gotha, Emmighausstr. 8; Tel. 1779. Sonderaufgaben: P.
" Halle a. S. I, Schloßberg 2; Tel. 26382, 26676.
" Magdeburg I, Hohenzollernstr. 8; Tel. 22985, 22986, 24130. Sonderaufgaben: P., NW.
OVSt. Erfurt, Anger 6; Tel. 27098.
OVSt. Halle a. S. I, Dessauerstr. 68; Tel. 25524.
OVSt. Magdeburg I, Hohenzollernstr. 8; Tel. 22985, 22986, 24130.
VUSt. Magdeburg I, Domplatz 10; Tel. 35965.

IX. Hauptversorgungsamt Sachsen
Dresden A 1, Zirkusstr. 38; Tel. 25961.

Versorgungsamt Bautzen, Am Königswall 3; Tel. 3104.
" Chemnitz 1, Feldstr. 13; Tel. 23044.
" Dresden N 6, Große Meißnerstr. 15; Tel. 25961. Sonderaufgaben: P., NW., reichsdeutsche Rentenversorgungsberechtigte in der Tschechoslowakei, Krankenbuchlager Dresden (Tel. 56505).
" Leipzig N 22, Ehrensteinstr. 3; Tel. 55225, 55338. Sonderaufgaben: NW., Betriebskrankenkasse des Reichs in Leipzig (Tel. 55077).
" Plauen i. V., Neuendorferstr. 8; Tel. 2593.
OVSt. Dresden N 15, Marienallee 15; Tel. 54668.
OVSt. Leipzig N 22, Planitzstr. 22; Tel. 51839.
OVSt. Zwickau Sa., Werdauerstr. 62; Tel. 2196.
VUSt. Dresden N 15, Marienallee 13; Tel. 50031.

X. Hauptversorgungsamt Bayern
München 43, Barerstr. 38—40; Tel. 27221.

Versorgungsamt Augsburg 2, Morellstr. 30; Tel. 1883, 1884.
" Bayreuth II, Heldstr. 7; Tel. 170.
" Landau i. d. Pfalz, Reiterstr. 16; Tel. 2015.
" Landshut 1, Friedhofstr. 7; Tel. 195.
" München-Stadt in München 16, Heßstr. 104; Tel. 53612. Sonderaufgaben: P., NW., Krankenbuchlager München 20, Maillingerstr. 43 a; Tel. 53612, Nebenstelle 20.
" München-Land in München 43, Barerstr. 38

bis 40; Tel. 27221. Sonderaufgaben: reichsdeutsche Rentenversorgungsberechtigte in Österreich, in Ungarn und in den Balkanstaaten (ohne Türkei).

Versorgungsamt Nürnberg 1, Ludwigstr. 36; Tel. 24857. Sonderaufgaben: NW.

" Regensburg I, Bertoldstr. 2; Tel. 2392. Sonderaufgaben: NW.

" Würzburg I, Wörthstr. 23; Tel. 73251.

OVSt. Landau i. d. Pfalz, Reiterstr. 16; Tel. 2015.

OVSt. München 2 NW, Lazarettstr. 10, III. Eingang; Tel. 63177.

OVSt. Nürnberg 7, Bärenschanzstr. 14; Tel. 60084.

OVSt. Würzburg II, Wörthstr. 23; Tel. 73251.

VUSt. München 20, Lazarettstr. 10; Tel. 60760.

VUSt. Würzburg II, Wörthstr. 23; Tel. 73234.

VKurA. Bad Kissingen, Bismarckstr. 7a; Tel. 2666.

XI. Hauptversorgungsamt Südwestdeutschland Karlsruhe I, Moltkestr. 18 A; Tel. 7080—7082.

Versorgungsamt Freiburg i. Br., Sautierstr. 30; Tel. 3766. Sonderaufgaben: reichsdeutsche Rentenversorgungsberechtigte in der Schweiz.

" Heidelberg, Plöck 79; Tel. 5651, 5652.

" Karlsruhe 1, Moltkestr. 18 a; Tel. 7080—7082. Sonderaufgaben: P., NW.

" Rottweil a. N., Johanniterstr. 16; Tel. 336.

" Stuttgart I, Rotebühlstr. 30; Tel. 62940, 62947 bis 62949. Sonderaufgaben: P., NW., reichsdeutsche Rentenversorgungsberechtigte in Spanien und Portugal, Krankenbuchlager Stuttgart.

" Ulm a. D. in Neu-Ulm a. D., Krankenhausstr. 19; Tel. 7491, 7492. Sonderaufgaben: NW.

OVSt. Freiburg i. Br., Sautierstr. 30; Tel. 3766.

OVSt. Karlsruhe 1, Moltkestr. 20 K; Tel. 5490.

OVSt. Stuttgart, Schellingstr. 13; Tel. 90921.

VUSt. Heidelberg, Landhausstr. 31; Tel. 2847.

VUSt. Stuttgart 13, Teckstr. 56; Tel. 41567.

VKurA. Bad Mergentheim, Schloß 10/12; Tel. 566.

VKurA. Waldeck bei Nagold in Nagold, Herrenbergerstraße 59; Tel. Nagold 3.

VKurA. Wildbad im Schwarzwald; Tel. 158.

VKrH. Weingarten i. Württ.; Tel. 2905.

Sachverzeichnis

Die großen Zahlen bezeichnen, wo nichts anderes angegeben ist, die Gesetzesparagraphen, die kleinen die Anmerkungen. AB. = Ausführungsbestimmungen, Vorb. = Vorbemerkung, Anh. = Anhang.

O.

P.

R.

T.

FSC
www.fsc.org
MIX
Papier | Fördert gute Waldnutzung
FSC® C083411

Kolibri 360 GmbH
Ferdinand-Jühlke-Straße 7
99095 Erfurt, Deutschland
produktsicherheit@kolibri360.de